长治年鉴

2017

长治市地方志办公室　编

方志出版社
Publishing House of Local Records

图书在版编目（CIP）数据

长治年鉴 .2017/ 长治市地方志办公室编 .-- 北京：方志出版社，2017.12
ISBN 978-7-5144-2691-5

Ⅰ . ①长… Ⅱ . ①长… Ⅲ . ①长治 -2017- 年鉴Ⅳ . ① Z522.53

中国版本图书馆 CIP 数据核字（2017）第 279722 号

长治年鉴（2017）

编　　者：长治市地方志办公室
责任编辑：顾洁
出 版 人：冀祥德
出 版 者：方志出版社
地址　北京市朝阳区潘家园东里 9 号（国家方志馆 4 层）
邮编　100021
网址　http：//www.fzph.org
发　　行：方志出版社发行中心
电话　（010）67110500
经　　销：各地新华书店
印　　刷：长治市票证印刷厂
开　　本：889 × 1194　　1/16
印　　张：26.25
字　　数：670 千字
版　　次：2017 年 12 月第 1 版　　2017 年 12 月第 1 次印刷
印　　数：001 ~ 800 册

ISBN 978-7-5144-2691-5　　定价：260.00 元

《长治年鉴》编审人员

编辑说明

一、《长治年鉴》坚持以马克思列宁主义、毛泽东思想、邓小平理论、“三个代表”重要思想、科学发展观、习近平新时代中国特色社会主义思想为指导，坚持辩证唯物主义和历史唯物主义的立场、观点、方法，存真求实，全面、系统、客观、真实地记载上年度长治市政治、经济、文化、社会等方面的发展和社会主义现代化建设中出现的新情况、新问题、新变化，为领导决策提供参考依据；为各行业发展提供有价值的信息；为国内外人士了解长治、研究长治提供最新的资料。

二、《长治年鉴》是由长治市人民政府主办、长治市地方志办公室承办的地方综合年鉴。自 1986 年创刊以来，逐年编纂出版，《长治年鉴（2017）》为总第 32 期。

三、《长治年鉴（2017）》记录 2016 年 1 月 1 日至 2016 年 12 月 31 日期间的情况。特载内容除外。

四、《长治年鉴（2017）》的框架结构按照覆盖全面、分类科学、层次清晰、领属得当、编排有序的要求设置。采用条目体，分类编纂。基本结构分为类目、分目、次分目、条目四个层次，以不同字体、字号及版式设计加以区分，条目标题均加【 】表示。该期年鉴共设类目 27 个，下设分目 154 个，次分目 63 个，条目 1414 个，表格 29 张。

五、为生动展现长治市各行各业的发展成果，《长治年鉴（2017）》采用全彩印刷，收录图片 200 幅，丰富年鉴资料内容的同时，提升年鉴的可读性。

六、《长治年鉴（2017）》除农林牧业、国土等相关内容沿用“亩”为计量单位，涉及烟草的内容用“担”为单位外，其余均使用法定计量单位。

七、《长治年鉴（2017）》采用的稿件均由市各有关部门、驻市有关单位和县区史志部门提供并审核。经济和社会发展统计数据与市统计局公布的数据进行了核准，部分条目中的数据，因统计口径不同等原因，如与统计资料有出入，请以当年统计资料为准。

八、《长治年鉴（2017）》卷首有总目和详细目录，卷末有按汉语拼音音序排列的索引，方便查阅和检索。

长治市行政区划图

审图号:长治S（2017）1号

审图号:长治S（2017）1号

数字长治 2016

BRIEF FIGURES OF CHANGZHI

综合

生产总值1269.2亿元
第一产业增加值60.1亿元
第二产业增加值646.9亿元
第三产业增加值562.2亿元
人均地区生产总值37027元
公共财政预算收入98.5亿元
公共财政预算支出233.9亿元
居民消费价格涨幅0.9%
城镇新增就业4.06万人
转移农村劳动力3.71万人

固定资产投资

固定资产投资1514.4亿元
第一产业投资253亿元
第二产业投资598.3亿元
第三产业投资663.1亿元
在建固定资产项目2369个
房地产开发投资67.8亿元

金融

本外币各项存款余额2122.2亿元
各项贷款余额1196.8亿元
保费收入50.1亿元

工业和建筑业

规模以上工业企业319家
规模以上工业增加值583.1亿元
规模以上工业实现主营业务收入1264亿元
规模以上工业实现利税154.6亿元
规模以上工业实现利润64.1亿元
建筑业实现增加值50.4亿元

贸易

社会消费品零售总额566.6亿元
进出口总额7731万美元
进口总额4886万美元
出口总额2845万美元
新设立外商直接投资企业1家
实际利用外商直接投资47501.6万美元

农业

粮食种植面积242.8千公顷
粮食产量161.7万吨
油料种植面积2.6千公顷
棉花种植面积0.03千公顷

襄垣县东湖

教育和科学技术

普通高等学校5所
中等职业学校47所
普通高中49所
初中160所
小学643所
专利申请量972件
专利授权量736件
签订各类技术合同91项

人口

年末总人口343.54万人
出生人口3.61万人
人口出生率10.52‰
死亡人口2.11万人
死亡率6.16‰
人口自然增长率4.36‰
性别比（女=100）为104

城市建设、资源环境

城市交通运营车辆753辆
市区有公园4座
森林面积429.6千公顷
大中型水库蓄水总量2.5亿立方米
空气质量Ⅱ级以上天数219天

文化、卫生

公共图书馆14个
文化馆14个
档案馆15个
广播电台13座
电视台18座
医疗卫生机构5063个
新型农村合作医疗参合率98.6%

交通、邮电和旅游

公里线路里程11643千米
高速公路里程339.2千米
市民汽车保有量44.7万辆
新注册汽车5.2万辆
邮电业务总量59.64亿元
旅游外汇收入1560.8万美元
国内旅游收入368.2亿元
旅游总收入369.1亿元

人民生活

城镇常住居民人均可支配收入28094元
农村常住居民人均可支配收入11863元
参加基本养老保险205.48万人
福利院床位6431张

（以上数字来源于长治市2016年国民经济和社会发展统计公报）

工业经济
INDUSTRIAL ECONOMY

澳瑞特跑步机整装调试

沁园春矿泉水生产车间

成功汽车机器人车间

2016年9月29日，山西潞宝集团举行百万吨精细化工项目奠基

布劳恩电梯生产车间

成功汽车灯光检测

农业农村
AGRICULTURE AND COUNTRYSIDE

1

2

3

4

5

6

7

8

1 武乡县绿农农牧科技有限公司
2 长治市首届新型职业农民技能大赛
3 长子县鲍店镇农民展示刚摘下的蘑菇
4 壶关县龙泉镇宋堡村种植的冰美人葡萄
5 长治县振兴村
6 壶关辛寨世方醋业有限公司
7 襄垣县洛江沟村油用牡丹种植园
8 襄子老粗布

脱贫攻坚

POVERTY ALLEVIATION

1

2

3

4

1 黎城县黄崖洞镇水峧村移民搬迁项目　2 武乡县油用牡丹种植基地

3 长治县振东集团扶贫救助大会　4 沁县新型职业农民培训　5 平顺县西沟村光伏发电站

2016年长治市脱贫攻坚十件大事

——实现222个贫困村56513贫困人口脱贫退出

——申纪兰获全国脱贫攻坚奖奋进奖

——市委组织大型观摩调研活动强力推进脱贫攻坚

——1.495亿元市级财政资金注入“脱贫动力”

——干部帮扶工作机制进一步完善

——扶贫工作机构得到加强

——“全国扶贫日”宣传活动开展有声有色

——脱贫攻坚总指挥部成立

——社会扶贫建立长效机制

——建档立卡贫困信息大数据平台建立

古建筑
ANCIENT BUILDINGS

潞城市原起寺

郊区观音堂明代彩塑

沁源灵空山圣寿寺

襄垣县仙堂寺

非物质文化遗产

INTANGIBLE CULTURAL HERITAGE

上党八音会

襄垣炕围画

上党堆锦

平顺四景车表演

平顺四景车表演

壶关迓鼓表演

总 目

太行大峡谷红豆峡

目 录

特 载

专 记

大事记

市情概貌

党政机关

人民团体

法　治

军 事

经济管理

工　业

农　业

交通运输

邮政·通信

城市建设·环境保护

商业贸易

旅游业

财政・税务

金　融

教　育

科学技术

文化·广电·新闻出版

卫生·体育

社会生活

县区简介

人物·先进集体

附　录

索　引

解放思想 敢作敢当 创新发展 奋发图强 为如期实现脱贫攻坚和全面建成小康社会目标而努力奋斗

——2016年9月26日在中国共产党长治市第十一次代表大会上的报告

中共长治市委书记 席小军

同志们：

现在，我代表中国共产党长治市第十届委员会向大会作报告。

这次大会的主题和指导思想是：高举中国特色社会主义伟大旗帜，深入学习贯彻习近平总书记系列重要讲话精神，按照中央“四个全面”战略布局，以五大发展理念为引领，全面落实省委“一个指引、两手硬”重大思路和要求，大力弘扬革命精神，加快经济结构调整、全力奋战脱贫攻坚、持续全面深化改革、扎实推进从严治党，凝聚全市各级党组织、广大党员和人民群众的力量，解放思想、敢做敢当、创新发展、奋发图强，致力把长治打造成为山西重要的增长极，为如期实现脱贫攻坚和全面建成小康社会“两个目标”而努力奋斗。

同志们，大会的主题鲜明地告诉我们，这是一次不同寻常的大会。再过五年，即中国共产党建党100周年的庄严时刻，我们将要实现第一个百年目标——全面建成小康社会。见证这个光荣而伟大的时刻，不能靠等、而要靠干，不能靠小干、而要靠大干，而且必须干成。因此，这次大会是一次郑重宣誓的大会，是一次凝心聚力的大会，是一次拼搏奋进的大会。

一、过去五年的工作总结

十届市委以来的五年是长治发展极不平凡的五年，是我们顶住压力、应对挑战、众志成城、不断进步，为全面建成小康社会奠定坚实基础的五年。

这五年，我们不折不扣抓党建，政治生态不断好转。面对全省系统性塌方式腐败带来的严峻形势和重大考验，市委以强烈的政治担当，牢牢扭住党建第一责任，坚持问题导向、抓住主要矛盾，全面从严治吏、铁腕正风肃纪，尊崇党章党规、强化制度约束，始终保持反腐败高压态势。以深入学习习近平总书记系列重要讲话、开展党的群众路线教育实践活动、“三严三实”专题教育和“两学一做”学习教育为契机，引导广大党员干部正确认清和把握形势，深刻剖析和大力整改存在问题，把思想和行动统一到中央和省委的精神上来，把注意力转移到干事创业上来，从而保持了全市政治大局的稳定。全市政治生态状况有了明显好转，干事创业的氛围日益浓厚。

这五年，我们多措并举抓经济，综合实力不断提升。传统产业改造提升步伐加快，新兴产业不断培育壮大，煤炭产业告别了30万吨以下的开采时代，焦炭产业进入了大机焦发展阶段，煤化工产业实现了多基联产，煤炭就地转化率达到57.6%；生物制药走在全国前列，光伏光电产业从无到有成为工业经济的重要支柱。重大项目建设逐渐形成经济发展新优势，一批如4个低热值煤电厂、漳泽电力2×100万千瓦“关小上大”、潞安180等投资大、见效快、支撑能力强的大项目顺利建设，一批如高科LED、康宝基因疫苗等科技含量高、市场前景好、提供就业岗位多的好项目建成投产，一批如太焦高铁、长临高速、长邯高速改造、长治机场改扩建等群众期盼已久、改变老区面貌的重大项目正在加紧建设，一批如中南部铁路大通道、长安高速、黎左高速等重大基础设施项目投入运营，一批如潞宝己内酰胺、日盛达光伏玻璃、平顺欧亚神龙湾开发、襄矿聚氯乙烯、中技金谷新型建材等高端绿色转型项目在长治落地生根。2015年全市地区生产总值完成1195亿元、固定资产投资完成1441亿元、一般公共预算收入完成96亿元，分别是2010年的1.3倍、2.6倍、1.3倍，综合经济实力稳居全省第二位。

这五年，我们坚定不移抓创新，发展动力不断增强。以转型综改区建设为统领，大力简政放权、深入放管结合、切实优化服务，共引进各类外来投资2745亿元，是“十一五”时期的13.9倍。深入开展“大众创业、万众创新”，全市各类市场主体达到14.9万户，较“十一五”末增长25%。民营经济增加值占地区生产总值的比重由2010年的32.8%提高到47.8%；重点推进信息化与工业化深度融合，在全省率先建成技术交易市场，一批先进技术成果落户长治，一批高新技术企业逐步形成，新技术、新设备、新工艺对经济增长的贡献率达到44%，全市规模以上工业企业中新兴产业企业占比达到42.5%；成功举办了“长治制造”展销周活动。大力发展现代农业，全市农产品加工龙头企业销售收入年均增长22%；完成了太行山大峡谷旅游资源整合工作，推进“互联网＋商业”模式发展，全市旅游总收入达到320.9亿元、年均增长29.3%；全市各类金融机构达到502家，长治成为除省城外金融机构最齐全、金融业务发展最快、金融网络密度最高的城市。第三产业占地区生产总值的比重提高了12.9个百分点。全市三次产业结构的比重由4.4 ∶ 64.5 ∶ 31.1调整为4.9 ∶ 51.1 ∶ 44。

这五年，我们真心实意抓民生，人民生活不断改善。五年来，全市公共财政用于民生支出累计达到907亿元，年均增长14.8%；积极推进以人为本的新型城镇化，城市道路总里程达到1004公里，比“十一五”末增长25%，初步形成了“三环八纵十二横”的路网框架，市区至6个卫星县城快速连接线基本贯通。全市累计新增公路通车里程达到11460公里。全市具备条件的建制村全部通了水泥（油）路，通客车率达到92%。农村自来水入户率达到95%。开工建设各类保障性住房和棚户区改造13.3万套、基本建成9万套，实施易地搬迁5.28万人，19.34万贫困人口稳定脱贫，全市常住人口城镇化率提高到50.02%，较2010年提高了8.18个百分点。坚守环境保护红线，主城区二级以上天数增加60天，达到242天，三类以上水质断面达标率超额完成省定目标，辛安泉饮用水源达标率100%。2015年主要污染物PM_{10}、$PM_{2.5}$浓度分别比2013年实施新标准以来下降13.1%和19%，万元地区生产总值综合能耗和“4+2”主要污染物减排任务全面完成。深入推进浊漳河流域生态综合治理工程，完成水土保持生态治理面积135万亩，治理度达到62%，位居全省第一。累计完成植树造林210万亩，森林覆盖率、建成区绿化覆盖率分别达到30.92%和46.23%。狠抓安全生产，煤炭百万吨死亡率持续下降，保持了安全生产事故起数和死亡人数“双下降”的稳定态势。城镇居民人均可支配收入达到26407元、年均增长11%，农村居民人均可支配收入达到11095元、年均增长13%，城乡居民收入增速持续快于地区生产总值增速，农村居民收入增幅连续快于城镇居民收入增幅。今年《人民日报》发起评选“2016年中国地级市民生发展100强”活动，在参选的全国262个地级市中我市位列第87位，成为全省唯一入选者。

这五年，我们齐心协力抓发展，团结和谐的局面不断巩固。我市拥有了地方立法权，开启了法治长治建设新征程。全力支持人大及其常委会依法履行职权。积极发挥政协政治协商、民主监督和参政议政作用，市政协反映社情民意信息工作连续6年保持全省第一。切实加强民族、宗教和对台工作，统一战线更加巩固，被国务院表彰为“全国民族团结进步模范集体”。强力推进“六五”普法，依法治市步伐加快。平安长治建设扎实推进，公众安全感、群众满意度名列全省前茅。大力选树“长治好人”和道德模范，我市是全省道德模范数量最多的城市，中央文明办评价我市的“好人城市”在全国形成了品牌。我市连续5年蝉联全省公共文化服务绩效考核第一名。同时，信访、统计、体育、气象、档案、史志、群团组织、外事侨务和文物旅游、新闻出版、食品药监、慈善救助、防震减灾等各项事业和工作都取得了新的进步。

五年来，我们面对经济下行压力不断加大的复杂局面，大力弘扬革命精神，攻坚克难，办成了许多多年想办而未办的大事、难事，实现了经济社会平稳发展，完成了市十届党代会确定的各项目标任务。五年来，我们相继荣获了全国文明城市、国家森林城市、国家现代农业示范区、国家公共文化服务体系示范区、全国全民健身示范市、国家智慧城市试点市、全国双拥模范城、中国曲艺名城等十多个国家级荣誉称号，长治的美誉度和知名度进一步提升。

五年来取得的成绩是省委正确领导、社会各界关心支持的结果，是全市人民同心同德、团结奋斗的结果。在此，我代表十届市委，向奋战在全市各条战线上的干部群众，向各民主党派、工商联、无党派人士和各族各界群众，向驻市部队、武警官兵以及所有关心支持长治发展的同志们、朋友们，表示衷心的感谢和崇高的敬意！

五年的实践和发展，艰辛和成就再次告诉我们：做好长治工作就必须始终坚持以经济建设为中心，这是强市之要、富民之本，必须抓住煤、延伸煤、用好煤，走出煤炭资源绿色发展新路；做好长治工作就必须始终坚持以改革创新为动力，改革是活力的源泉，创新是发展的灵魂，必须勇于担当、敢为人先，破除各类阻碍发展的体制机制，以创新驱动赢得更大发展空间；做好长治工作就必须始终坚持以民生改善为根本，这是我们的宗旨之要、执政之本，必须把广大人民的利益放在首位，千方百计把为民造福的事办实、办好；做好长治工作就必须始终坚持以全面从严治党为保障，进一步加强党的执政能力建设和纯洁性建设，用党建新成效促进政治生态持续好转、保障经济社会新发展。

今天的长治又站在了一个新起点，异常严峻的经济形势、异常繁重的发展任务、日益复杂的社会稳定、日益增长的群众需求，都需要我们带领全市人民，更加奋发有为、夙夜在公、兢兢业业地工作，一一破解改革、发展、稳定的各类难题，确保如期完成全面建成小康社会的目标，让长治人民生活得更加幸福美满。

二、今后五年的目标任务和工作重点

我们必须明确，今后五年我们的目标任务就是如期实现脱贫攻坚和全面建成小康社会。

我们必须明确，今后五年我们的工作重点就是加快经济结构调整、全力奋战脱贫攻坚、持续全面深化改革、扎实推进从严治党。

我们要深刻认识到，长治在全面建成小康社会考核评价的5大类、39项指标中，有15项指标已初步实现，有14项指标经过努力可以实现，有4项指标尚需权威评估予以确认，有6项重要指标完成难度很大但必须完成。这6项指标分别是：以2015年我市的基数对比，人均GDP是全面小康目标值的66.7%；研究与试验发展经费支出占GDP比重是0.93%，目标值是不低于2.5%；每万人发明专利拥有量1.43件，目标值是不低于3.5件；农业劳动生产率是人均0.93万元，目标值是人均2万元；文化产业增加值占GDP比重是2%，目标值是5%；万元GDP能耗是1.62吨标准煤，目标值是0.6吨标准煤。这6项指标实实在在反映的是我们现在的发展质量和效益水平的差距。

长治是革命老区，还有3个国家级贫困县、2个省级贫困县、893个贫困村、21.77万贫困人口，这一组数据客观全面反映的是我们脱贫攻坚的任务和差距。

我们要深刻认识到，全面建成小康社会的任务十分艰巨、责任十分重大，我们必须横下一条心，不达目的誓不罢休，不能也不会愧对全市340万人民，不能也不会放弃我们的理想追求。迎头赶上是我们的不二选择，必须以勇于超越的闯劲，人一我十，人十我百，敢与发达地区比肩，发挥后发优势，实现后来居上。

——政治生态要持续好转。全面从严治党制度体系趋于完备，管党治党责任层层落实，广大干部整体素质和干事创业能力明显提升；党风政风社会风气根本好转，良好政治生态全面形成。人民民主不断扩大，法治政府基本建成，司法体制改革基本到位，全民法律素质不断提高。

——经济实力要明显增强。主动适应经济发展新常态，经济发展方式转变取得重大进展，传统产业竞争力不断增强，新兴接替产业形成规模，服务业比重年均提高1个百分点以上、占GDP的比重达到50%，综合竞争力明显增强。经济集聚度进一步提高，园区经济比重达到80%左右。民营经济占全市经济总量的比重达到60%。创新要素配置更加高效，科技与经济深度融合，研究与试验发展经费投入强度达到2.5%，每万人发明专利拥有量达到3.5件，科技进步对经济增长的贡献率明显提高，质量兴市步伐加快。

——文化建设要进一步繁荣。社会主义核心价值观更加深入人心，太行精神广泛弘扬，和谐友善、诚信互助的社会风尚更加浓厚，广大市民素质明显提高。文化强市步伐加快，公共文化服务体系不断完善，文化产业水平显著提升，文化产业增加值占GDP比重达到5%以上。

——社会发展水平要不断提高。城乡就业更加充分，公共服务体系更加健全。城乡一体化发展更加协调，到2020年常住人口城镇化率达到60%，户籍人口城镇化率达到43%以上。贫困县全部摘帽，贫困人口全部脱贫。社会综合治理现代化水平不断提高，安全稳定工作基础更加巩固，平安长治建设扎实推进，群众的安全感、幸福感明显提升。

——生态文明建设质量要实现稳步提升。能源资源使用效率大幅提高，能耗和水资源消耗、建设用地、碳排放总量得到有效控制，主要污染物减排指标逐年下降，全面完成国家、省下达任务。二级以上天数达标率、水质断面优良率、受污染耕地安全利用率分别达到80%、90%和90%以上。森林覆盖率年均提高0.5个百分点，城市建成区绿化覆盖率年均提高1个百分点。主体功能区布局和生态安全屏障基本形成，严格保护3500多平方公里生态保护区，绿色低碳生产、生活水平显著提高。

实现上述目标任务绝非易事，我们必须从长治实际出发，坚持问题导向和目标导向相结合，定性与定量相结合，当前与长远相结合，认真做好四个方面的重点工作：

（一）狠抓发展第一要务，加快经济结构调整，着力创新驱动、转型升级

总的来说，长治发展的短板是结构性问题。对标先进和经验借鉴反复告诉我们一个道理，经济结构调整的核心是产业结构调整，产业结构调整的关键是优化升级，优化升级的根本在于创新驱动。

一是发展理念要创新。我们要切实形成一个共识，经济发展进入新常态，传统发展动力不断减弱，粗放型增长方式难以为继，高投入、高消耗、高污染的发展路子已是一条“死胡同”，改变这一现状必须要靠创新驱动，必须要靠有力有序有效推进供给侧结构性改革，必须要靠转型升级，走低投入、低消耗、低污染、高效率、可循环、可持续的发展新路，形成创新、协调、绿色、开放、共享的发展新格局。

二是有力有序有效推进供给侧结构性改革。推进供给侧结构性改革是当前和今后一个时期做好经济工作的主线，更是重塑产业结构、实现转型升级的重中之重。积极推动煤炭革命。落实“三去一降一补”重点任务，坚决完成“十三五”时期淘汰12座煤矿、725万吨煤炭产能的任务，加大煤炭洗选、配选力度，进一步改善供需关系；要以增量促转型，为煤炭企业转型发展积累资金，推动煤炭产业可持续发展。培育壮大新兴产业。加快工业结构调整步伐，重点在现代煤化工、装备制造、生物医药、新能源新材料等优势产业上下功夫、求突破，到2020年新兴产业比重提高到30%以上。大力发展现代农业。优化粮经作物种植结构，扶持壮大农业龙头企业，提高农产品加工转化能力，到2020年粮经作物种植比例由目前的7∶3调整为6∶4，农产品加工销售收入突破280亿元。充分发挥服务业带动作用。出台扶持服务业发展优惠政策，营造服务业发展良好环境，提升现代服务业发展水平。推进文化和旅游产业深度融合，把文化旅游产业打造成长治的战略性支柱产业和人民最满意的现代服务业。

三是创新驱动发力点要放在企业和项目上。经济结构调整说到底是要落实到每个具体产业、每个具体企业、每个具体项目上，只要把创新驱动融入产业、融入企业、融入项目，就一定能实现转型升级。要切实推进信息化和工业化深度融合。以新技术应用、新产品研发、新业态形成、新模式建立为主攻方向，持续推进技术创新，增加产品信息技术含量，把信息技术应用于企业生产、经营、管理的各个环节，真正实现“老树开花、插柳成荫”。要切实推进循环经济发展。抓循环发展就是抓转型升级。要用更大力气、在更高层次上谋划发展循环经济，依托现有产业园区，围绕延长煤炭产业链，全面推动各类产业特别是现代煤化工、焦炭、冶金、电力等传统主导产业走循环发展的路子，把断点式生产方式转变为封闭循环式生产方式，实现全循环、大循环。要切实推进好项目、大项目建设。今天的项目决定着明天的转型，今天的投资决定着明天的结构。各级领导干部都要把抓项目作为必修课，都要努力成为抓项目的行家里手，切实提高设计项目、包装项目和推动项目的能力，把项目投资与产业转型升级结合起来，与强化创新驱动结合起来，与新兴产业培育结合起来，谋划一批改善老区面貌的重大基础设施项目和带动全市经济腾飞的重大产业项目，补齐发展短板，培育新的经济增长点。

四是发挥企业创新主体作用。抓创新最根本的是要让企业成为科技创新的主体，唱好主角、挑起大梁。要鼓励企业大胆进行技术攻关。围绕突破关键环节、关键技术，在全市优势产业中选定一批项目开展联合攻关，形成一批具有自主知识产权、市场前景好、占领制高点、利润空间大的“长治智造”“长治创造”新产品。要积极引导企业建立研发机构。把研发投入和技术创新能力作为企业申请政府扶持资金的前提条件，逐步实现企业引进消化吸收科研成果向走自主创新之路转变，倒逼企业抓创新、抓科技、抓研发，到2020年全市20%的规上企业要建成科研机构。要持续加大高新技术企业培育。落实企业科技投入税收优惠政策，形成更多能引领长治发展的高新技术企业。主动让企业参与全市创新发展政策、实施重大科技项目的决策，提升企业在创新发展上的话语权。

五是扎实推进创新型城市建设。紧跟发展导向，立足优势产业，勇于走别人没走过的路，勇于走过去没走过的路，出台《长治市创新型城市建设实施意见》，通过科技创新、机制创新、工作创新、方法创新，补齐发展短板，实现更大突破，率先引领发展。更加注重县域经济发展。各县市区新班子、新气象，要牢固树立创新发展理念，坚持规划引领、政策支持，以项目带动快发展、以产业支撑强实力、以城乡统筹惠民生、以干事创业聚人心，让县域经济发展焕发活力。每个县市区都必须成为助推长治作为山西重要增长极的增长极。更加注重园区引领。全市共有各类工业园区23家，集聚效应不强、科技创新不够的问题还比较突出。要以长治国家级高新区为引领，深化“一区多园”发展模式，优化园区产业布局，实现资源共享、优势互补、循环发展，为创新发展赢得技术先机、拓展更大空间，逐步把各类园区打造成科技含量高、创新驱动强、辐射带动大的园区。更加注重孵化器建设。市县都要建成一批成本低、要素全、便利化、开放式的科技创新孵

化器，为科技成果成功孵化搭建基础平台，进一步营造大众创业、万众创新的浓厚氛围。更加注重发挥军工企业技术优势。依托淮海、清华等大型军工企业的科技创新优势和产品研发优势，实施一批重大军民融合项目，走出一条富有长治特色的军民融合发展之路。更加注重科技投入保障。充分发挥企业投入主体作用和财政资金引导作用，有效整合各类专项资金，集中扶持一批成长性好、科技含量高的创新项目。

六是创新驱动关键要靠人才驱动。创新驱动实质就是人才驱动。首要任务是引进高端人才团队。瞄准院士、国家“千人计划”“万人计划”的专家及行业领军人物，牵线搭桥、积极对接，帮助企业、科研院所引进一批高端领军人才。主要依托是通过企业、科研院所选才引才。充分发挥企业、科研院所等用人单位的主体作用，结合长治产业特点，引进优秀人才和团队为我所用、引领创新。重要渠道是通过招商引资来招才引智。创新“产业资本＋人力资本”模式，依托定向招商、园区招商、企业招商，积极引进国内外企业集团和跨国公司，力争引进其核心研发团队或在长治成立分支机构。落脚点是培养本地人才。统筹推进各类人才特别是实用人才和紧缺人才的培养，鼓励小发明、小创造、小制作，传承工匠精神，建立更多的“大师工作室”“技师工作室”，培育一批独具特色的长治工匠。

（二）狠抓改革第一动力，持续全面深化改革，着力破除障碍、革故鼎新

改革之于长治的重要意义就是“破困局、解难题、清障碍、除顽疾、化风险”，就是要增添发展动力，活跃市场经济，推进治理体系和治理能力现代化。

一是以转型综改试验区建设为重点，深化全面改革。综改区建设是含金量很高的金字招牌，我们必须大胆解放思想、先行先试，用改革的办法破解思想保守、开放不足、机制不畅、体制不顺的问题，确保中央和省里各项改革措施落地生根，不断激活内生动力，闯出发展新路。首先是突破思想障碍。坚决摒弃“等”“靠”“要”思想，持续加大项目引进、政策制定、要素保障、人才支撑等方面的改革创新力度，不等不靠，勇于突破，在事权范围内把自主性和创造性发挥到最大限度。以主动改革、加快改革、全面改革的胆气，把制约长治发展、阻碍长治发展的各类旧体制、旧机制一一破解、一一消除。关键是找准改革切入。按照省委“一个指引、两手硬”的重大思路和要求，结合长治实际，着力抓好煤炭管理体制、司法体制、民主法治、财税体制、土地管理、城市执法、国资国企、城乡流通等重点领域的改革，试点先行、积累经验，以点带面、整体推进，努力走出一条资源型城市深化改革的新路。先手棋是行政审批制度改革。深化审批流程再造，建立项目联审联批办公室，强力整治“红顶中介”，该放的要放到位，该管的要管到位，该服务的要服务到位，让企业办事顺利，让群众办事顺心。核心是重视首创精神。改革探索的空间在基层，鲜活经验的做法源于群众。最大限度发挥人民群众的主观能动性和基层的首创精神，把基层的好做法、好经验上升为推动改革的好政策、好制度，使蕴藏在全市人民中间的无穷智慧和力量在全面深化改革的伟大实践中充分迸发出来。

二是以交往要“清”，服务更要“亲”的境界，大力促进民营经济发展。改革的经验告诉我们：凡是经济发达、市场活跃的地区都是民营经济发展好的地区。实现长治民营经济大发展、快发展，关键就是扫清障碍、破解难题、祛除顽疾。要实行“非禁即入”。绝不针对民营企业在国家法律法规和标准之外设置行业准入、市场准入门槛，推动全领域、全产业链向民间资本开放，营造更加宽松便利的营商环境，创造更多创业就业机会。要完善法人治理结构。积极引导广大企业树立现代管理理念，建立符合现代企业制度要求、适应企业发展需要的企业组织形式和法人治理结构，提高生产组织、技术开发、财务管理、市场营销等方面的管理水平，打造企业核心竞争力。要全力服务好民营经济发展。各级领导干部都要带好头，发挥好表率作用，坦荡真诚同民营企业接触交往，对非公经济人士多关注、多谈心、多引导，真心实意帮助企业解决实际困难。国庆节之后我们要隆重召开全市民营经济推进大会，各级党委政府要把大会的精神贯彻好，要把出台的扶持政策落实好。

三是以活跃经济“血液”为重点，构建现代金融体系。金融是推动地方经济发展的核心动力。要完善金融机构建设。加快长治金融商务区、民间融资服务中心和长治股权托管中心建设进程，争取成为全国“股权众筹融资试点市”。要鼓励企业走向资本市场。推动符合条件的企业赴新三板、上海股权交易中心等场外市场挂牌交易，继续建设长治股权登记托管中心。鼓励企业通过发行企业债、公司债、区域集优等进行融资。要深化地方金融改革。加快发展地方法人银行机构，推动长治银行在市外设立分支机构，加速农信社改制步伐，推动具备条件的农商行在市外设立村镇银行，继续引进有活力的股份制银行等金融机构，谋划设立民营银行。要充分发挥基金引导作用。建立完善PPP项目支持基金、民营企业发展基金、创新驱动调产基金、众筹引导基金，推动长治融资担保联盟和应收账款债权流转平台发挥更大作用，构建新型融资模式。要有效防范金融风险。建立科学规范的金融风险预警机制和应急处置机制，严厉打击非法集资和逃废债行为，稳妥处置重大金融案件，确保区域金融稳定。

四是以推进治理体系和治理能力现代化为重点，凝聚推动发展的强大合力。紧紧抓住国家设区市拥有地方立法权这一重大改革契机，大力支持人大及其常委会依法履行职权，尽快出台我市首批立法项目计划，推动依法治市再上新水平。发挥人民政协独特优势，积极履行政治协商、民主监督和参政议政重要职能。强化党对统战工作的领导，加强同各民主党派、工商联、无党派人士的团结合作。创新宣传思想方式方法，大力培育和践行社会主义核心价值观。完善现代公共文化服务体系，加快重大文化设施建设，推动文化与科技、金融、旅游和互联网等的深度融合，提升长治发展的“软环境”、“软实力”。抓好党管武装，支持军队建设，不断提升双拥水平，推动军地共同发展。深化司法体制改革，保证审判机关、检察机关依法独立行使权力。扎实做好新时期信访工作，把群众合理合法的利益诉求解决好。支持工会、共青团、妇联等人民团体依照法律和各自章程开展工作，按照中央有关精神推进自身改革。从政治上、生活上关心老干部、老同志，让他们更好地发挥余热、助推发展。以此汇聚起各方力量，不断推进社会治理能力现代化。

（三）狠抓民生第一关切，全力奋战脱贫攻坚，着力改善人民生活

坚决打赢脱贫攻坚战。这是一场硬仗，必获全胜。我们不以事艰而不为，不以任重而退缩，必须倒排工期、落实责任，抓紧实施、强力推进。要编制帮扶规划，细化帮扶责任，扶到点上、扶到根上。协同联动，合力攻坚。以市级脱贫攻坚指挥部为统领，整合政策资源和涉农资金，发挥打捆效应，形成“多渠道引水、一个水龙头放水”的扶贫投入格局；建立贫困人口信息大数据平台，实现贫困信息无缝对接；调动一切可以调动的社会力量，发挥一切可以发挥的各自优势，积极投身到这场伟大的实践中，形成强大攻坚合力。精准帮扶，产业支撑。大力发展光伏发电、生态治理、乡村旅游、特色种养、民俗文化、电商网店等贫困户参与度高的经营性项目，全力实施“产业带村、能人带户、一村一业、一户一策”战略，推动产业扶贫与精准帮扶的有效对接。千方百计增加贫困人口就业。一人就业，全家脱贫，增加就业是最有效、最直接的方式。创新机制，超常发力。必须以勇于改革的精神，推进集体资产重组、农民土地流转，使资源变资产、资金变股金、农民变股东。打通易地搬迁与保障房去库存的政策通道，进一步加快移民搬迁步伐。致富不致富，关键看干部。要创新五帮联动奖惩机制，对干得不好的要召回一批第一书记、约谈一批乡村干部、调整一批工作队员、通报一批帮扶单位，对干得好的要表彰一批单位和个人，提拔重用一批干部，进一步压实扶贫工作责任。加强党建，提供保障。脱贫攻坚不仅要富口袋，更要富脑袋。对全市893个贫困村中软弱涣散的党组织，明确整顿任务，拿出具体措施，限期进行整顿，对不能胜任的村干部要及时调整，使党组织真正成为脱贫攻坚的领头雁。

不断增进民生福祉。民之所望、施政所向。让广大群众享有更加均衡的教育、更加优质的医疗、更加充分的就业、更加公平可持续的社会保障，是我们义不容辞的神圣使命。

优先发展教育事业。创新发展的基础在教育，要毫不动摇地把教育放在优先发展的战略地位来抓。均衡发展义务教育。严格按照“划片、就近、免试”原则，彻底消除择校现象。大力推进公办学校标准化建设，加大农村义务教育薄弱校改造力度。到2018年全市所有县市区通过国家义务教育均衡发展县验收。继续开展“城镇支援农村、强校支持薄弱校”援教工作。更新教育理念，深化教学改革，实施素质教育，全面提高教育质量。大力发展职业教育。推进长治职教园区建设，扩大招生规模，深化校企合作，努力打造华北地区职业教育中心，进一步擦亮长治职业教育的品牌，为我市经济社会发展培养一大批高技能的实用人才。积极发展学前教育。建立以公办幼儿园为骨干，社会力量兴办幼儿园为主体，布局合理、资源均衡的学前教育公共服务体系。通过政府购买服务、提供场地、减免租金、以奖代补、派驻公办教师等方式，引导和支持民办幼儿园提供普惠性服务，到“十三五”末，全市学前三年幼儿毛入园率达到94%以上。

努力提高人民健康水平。没有全民健康，就没有全面小康。巩固县级公立医院改革成果，全面推进城市公立医院改革，提升县乡村医疗机构标准化建设水平。新型农村合作医疗参合率达到95%以上。全面实施大病医疗制度。持续提高中医药服务水平。依法实施全面两孩政策，促进计划生育家庭发展，强化流动人口计生服务。加快推进长治市儿童医院建设。实施健康长治行动计划，完善全民健身服务体系，通过有效服务管理，居民健康知晓率达到90%，慢性病规范管理率达到60%，以乡镇为单位的适龄儿童国家免疫规划疫苗接种率达到95%以上。到2020年，覆盖城乡居民的基本医疗卫生制度基本建立，人人享有基本医疗卫生服务。

狠抓就业保障工作。就业靠产业，就业靠培训，就业靠创新。大力发展连锁经营、现代物流、电子商务等生产性服务业和休闲旅游、健康养老、文化体育等生活性服务业，积极扩大就业领域，拓宽就业渠道，增加就业岗位。实施创业带动就业工程。未来五年要新增城镇就业16.5万人，城镇登记失业率控制在4.2%以内。实施社会保障全覆盖计划，加快城乡社会保障统筹，以养老保险制度改革

和整合城乡医保为重点，深入推进社会保障制度改革，稳步提高社会保障待遇水平，到2020年基本实现人人享有社会保障，基本社会保险覆盖率超过95%。

扎实推进城乡协调发展。按照“以人为本、四化同步、优化布局、生态文明、文化传承”的发展理念，加快形成以城带乡、城乡互惠的城乡一体化发展新格局。优化城乡一体化空间布局。强化主城区的政治、经济、文化中心地位，统筹生产、生活、生态三大布局，以城中村棚户区改造为主线，扎实推进园林城市、智慧城市、森林城市、海绵城市和地下综合管廊建设，发挥其在城乡一体化中的核心带动作用，把主城区建成人与自然和谐共处的美丽家园。以城际快速连接线为纽带，本着“规划统筹、制度同构、市场同体、产业同链、科教同兴、交通同网、设施同布、信息同享、生态同建、环境同治”的同城化发展格局，将潞城、壶关、长子、屯留、襄垣、长治县等6个县市打造成建成区10平方公里以上、人口12万左右的新型卫星城。平顺、黎城、武乡、沁县、沁源等5个县要结合资源禀赋和区位优势，坚持走差异化、特色化发展道路，不断发展核心产业，切实壮大县域经济规模，以产业集聚带动人口与要素集聚，实现产城融合，统筹推进城乡一体化、集群化发展。完善城乡一体化发展机制。深化户籍制度改革，逐步实现城乡居民医疗、社保、教育、就业和住房等公共服务均等化。加快构建以政府为主提供基本保障、以市场为主满足多层次需求的住房供应体系，有效保障城镇常住人口的合理住房需求。不断完善农民土地权益保障机制，维护进城落户农民土地承包权、宅基地使用权、集体收益分配权。

着力强化生态环保。必须把人民群众渴望的蓝天白云、绿水青山变为牢固的现实，必须向污染宣战，同污染告别。打牢绿色发展理念。发展是硬道理，但“硬”发展没道理。今后要强化环保硬约束，从严从紧控制低水平重复建设和产能过剩项目，凡是环评不过关的项目，无论有多大的投资强度、能拉动多少GDP，坚决不得落户长治。同时要抓紧实施一批绿色项目，加快建设垃圾填埋发电项目，用PPP模式推进污水处理厂运作。强化环境保护治理。实行最严格的环境保护制度，对县市区空气质量指标从严考核，按照“监测精准、适时公布”的工作标准，率先落实大气质量监测市控直管措施和“1+6”城市建成区燃煤锅炉、土小锅炉“清零”；建立严格的水环境监测制度，按照“预警于界、治污于内”的工作要求，努力实现水质断面一年比一年好；加快推进综合性危险废物集中处置设施建设，确保全市土壤环境安全。通过我们的不懈努力，让长治的蓝天常在、绿水长流、永续发展。大力推进生态修复。扎实推进以太行山绿化、退耕还林为重点的林业生态建设，到“十三五”末全市森林覆盖率要达到35%以上。实施市域大水网工程，推进漳河、沁河流域生态修复与保护工程，继续抓好湿地恢复、河道疏浚、水源涵养林建设，确保“库安、堤固、河畅、水清、岸绿”。全力推进采煤沉陷区治理和矿区生态修复。

坚决守护长治久安。深入贯彻落实习近平总书记关于总体安全观的战略思想及重大要求，严格落实党政同责、一岗双责、失职追责和“管行业必须管安全、管业务必须管安全、管生产经营必须管安全”的工作要求，持之以恒落实好突查夜查、两议一报等措施，全面排查安全生产领域存在的问题，推动安全生产责任落实到位，不断夯实安全生产工作基础。要持续开展不稳定因素排查治理，加大治安乱点整治力度，严厉打击毒品犯罪，堵源头、强戒毒、严打击、广宣传，始终保持严打各类违法犯罪的高压态势。建立以视频监控为支撑的立体化治安防控体系，提升社会管理和治安防控的能力和水平，不断提升人民群众的安全感和满意度。

（四）狠抓党建第一责任，扎实推进从严治党，着力构建良好政治生态

政治生态好，人心就顺，正气就足；政治生态不好，就会人心涣散，弊病丛生。良好政治生态的核心就是要有一个廉洁清正的从政环境。形成廉洁清正的从政环境关键在于每一名党员干部的作用发挥，关键在于各级党组织切实履行好管党治党、从严治吏的第一责任。

一是要把全面从严治党的主体责任真正扛起来。各级党组织要深入开展“两学一做”学习教育，进一步确立“不管党治党就是严重失职”的理念，把全面从严治党要求贯彻到党建和党的各项工作中，体现在日常管理监督上。党委（党组）书记要亲自研究党建问题，切实解决党风问题，对存在的问题不能视而不见、见而不管，对有问题的干部不能姑息迁就，甚至包庇护短。班子成员要自觉履行“一岗双责”，形成横向到边、纵向到底的主体责任体系。认真落实《中国共产党问责条例》，对在党的建设和党的事业中失职失责的党组织和党员领导干部，要做到失责必问、问责必严。要大力支持纪检监察机关履行监督责任，及时研究解决执纪监督工作中存在的问题，对于重点工作、重要案件和重大问题，党委（党组）一把手要亲自过问、亲自协调、亲自参与解决。要加强对巡察工作的领导，进一步完善巡察工作的体制机制，推动巡察工作深入开展。

二是要把党内政治生活真正严起来。各级党组织要严格按照党章和党规的要求，真正把党的组织生活制度化、经常化、规范化，认真组织好“三会一课”、民主生活会、领导干部双重组织生活、民主评议党员等活动，使每一名党员干部都能从中照镜子、受教育、得感悟、有启

发、有提升。每一名党员都要时刻牢记自己是组织的人，自己的一言一行是组织行为而不是个人行为，在组织面前要讲真话、道真情、表真心，做到忠诚、干净、担当。组织生活就是政治生活，不能想参加就参加，不想参加就不参加，不能敷衍了事走走过场，而要严肃认真地对待，精心细致地准备；组织学习要有针对性，交流思想要有启迪性，剖析问题要有深刻性，特别是开展批评与自我批评，更要见人见物见思想。

三是要把党的纪律和规矩真正硬起来。党的纪律和规矩是我们每个党员干部必须严格遵守的行为准则。遵纪守规的方向要“把硬”。遵纪守规，最重要的就是要把政治纪律和政治规矩摆在首位，切实增强政治意识、大局意识、核心意识、看齐意识，坚决与以习近平同志为总书记的党中央保持高度一致，自觉维护中央权威，在任何时候任何情况下都要听党话、跟党走。遵纪守规的意识要“过硬”。时时处处绷紧遵纪守规这根弦，不可有丝毫的松懈、麻痹和侥幸。不要错误地认为现在强调抓经济，反腐败高压态势过去了，正风肃纪放松了，又可以隐形变异地胡乱作为了，又可以平安无事地混日子了。要把这些糊涂思想和错误认识坚决拒之于脑外，做到警钟长鸣，时刻警醒。违纪查处的力度要“强硬”。对违纪违规问题要“零容忍”，始终保持高压态势，而且越往后越要严，就是要让那些不能“把硬”方向，不能“过硬”要求自己的人付出应有的代价。

四是要把党的基层组织建设真正强起来。治国安邦、重在基层，管党治党、重在基础。加强基层党组织建设是层层传导压力、构建良好政治生态的重要保障。要以农村党建为龙头，在农村能人、退伍军人、优秀返乡青年中培养发展一批年轻党员，管好用好第一书记和大学生村官队伍，着力解决农村党员老龄化问题，不断优化农村党组织建设，切实提升农村党组织战斗力。要以农村集体经济“破零”为突破，明确发展方向，选准特色产业，增强自身“造血”功能，把农村党组织建设成为带领群众增收致富奔小康的坚强堡垒。要以“四议两公开”为抓手，强化农村“三资”管理，健全完善村务管理制度，始终保持农村党组织的纯洁性。要以基层党建示范点创建活动为载体，结合“两学一做”学习教育，进一步夯实基层党组织书记抓党建主体责任，统筹推进社区、机关事业单位、国有企业、非公和社会组织各领域党建全面过硬、全面进步和全面升级。

三、弘扬革命精神，以优良的作风争创一流

长治是太行精神的孕育地。老区人民历来就有不畏艰险、百折不挠、无私奉献、敢于胜利的决心和勇气。过去我们能靠革命精神和信念坚定战胜困难、赢得胜利，今天我们更要靠这种精神和信念，奋力苦干，确保脱贫攻坚和全面小康目标的如期实现。我们有这种自信，更有这种底气。

（一）坚定理想信念，增强必胜的信心

习近平总书记在“七一”重要讲话中指出：中国共产党之所以叫共产党，就是因为从成立之日起我们党就把共产主义确立为远大理想。当前我市既处于全面建成小康社会的决胜时期，又处于改革开放以来经济发展最困难时期。艰难困苦玉汝于成。这就需要我们深入学习习近平总书记系列重要讲话精神，自觉做共产主义远大理想和中国特色社会主义共同理想的坚定信仰者、忠实实践者，时刻保持对远大理想和奋斗目标的清醒认知和执着追求，让“理想之光不灭，信念之光不灭”，永远站在人民至上的道义制高点上，用伟大的太行精神滋养我们的思想，激励我们的行为，夯实价值根基，激发内生动力，理直气壮抓发展、凝心聚力抓发展、廉洁为民抓发展，汇聚起奋发前进的磅礴力量，克服一切艰难险阻，赢得一个又一个胜利。

艰苦奋斗是太行精神的重要体现，更是我们党的政治本色。当前长治正处于爬坡过坎、浴火重生的攻坚期和关键期，每个有责任、有梦想的长治人必须确立“与其苦熬、不如苦干”的信念，提升工作标准，勇于争先进位，时时处处做艰苦奋斗的榜样，既要能吃苦、肯吃苦，又要能奋斗、善奋斗。全市广大党员干部务必牢记“不要在最能吃苦的时候选择安逸，不要在最该吃苦的时候选择逃避，机会永远留给有远见的人，肯吃苦耐劳的人，愿意付出的人”。

今后，我们的每项工作都要体现“跳起来摘桃子”的要求，高点定位、高点起跳，市级部门的工作和主要指标要争取位列全省 11 个地市前列，13 个县市区的工作和主要指标争取位列全省 119 个县市区的前列。各县市区、各部门必须有这个信心，也必须有这个决心，时时处处体现出一种“与强的比、和勇的争、跟快的赛、向高的攀”的争先意识和进取精神。

（二）解放思想，紧跟时代前进的步伐

思想不解放，永远无希望。解放思想是长治发展的永恒主题。只有打开思想解放的大门，冲破一切落后观念的羁绊，长治才有希望，才能真正实现大发展和快发展。

一是必须强化学习意识。领导干部学习不学习不仅仅是自己的事情，而是关乎长治发展的大事情，如果我们不努力提高各方面的知识素养，不主动加快知识更新，优化

知识结构，拓宽眼界和视野，就不能解放思想，就难以赢得主动、赢得优势，就会陷入少知而迷、不知而盲、无知而乱的困境，就不能克服本领不足、本领恐慌、本领落后的问题。

二是必须强化开放意识。太行山赋予了长治人坚韧不拔的品格，但也造成了部分干部群众视野狭窄、境界不高的不足。有些同志总是善于自己和自己比，总是满足于现在和过去比，越比越满足、越比越保守，在一些新事物、新情况、新问题面前，这也不行、那也不敢，因循守旧，故步自封，等待观望，瞻前观后，结果贻误了战机、错失了机遇，留下了历史的遗憾。我们一定要跳出长治看长治、站在全国看长治、面向世界看长治，在横比中找差距、找弱项、找不足，在经济全球化的大坐标中精确定位、找准位置，谋求发展的新天地。

三是必须强化对标意识。各级党委要本着“先干不争论，先试不议论，先做不评论”的态度，积极主动向沿海发达地区和周边兄弟地市开展全面“对标”行动，对于一切好的经验、好的做法、好的制度，只要符合相关法律法规、只要有利于长治的发展、只要有利于长治人民的根本利益，都要敢于大胆“拿来”、大胆借鉴、大胆探索、大胆实践，时时处处体现出一种敢闯敢试、先行先试、创新发展的气魄和胆略。

（三）选贤任能，激发干事创业的激情

用一贤人则群贤毕至，见贤思齐必蔚然成风。选什么人就是风向标，就有什么样的工作作风，乃至就有什么样的党风。要在全市进一步确立“看敬业、看苦干、看担当、看实效”的选人用人导向，把在关键时刻靠得住、信得过、能放心的干部放在关键岗位。各级组织部门要强化日常考察考核，探索精准考察和识别的方式，近距离多侧面了解干部，观察干部对重大问题的思考，看其见识见解；观察干部对群众的感情，看其品质情怀；观察干部对待名利的态度，看其境界修为；观察干部处理复杂问题的过程结果，看其能力水平。定期进行领导班子和领导干部综合分析研判，做到心中有数、知人善任，真正把那些“谋划发展有思路、坚持发展有韧劲、推动发展有激情、实现发展有贡献、为民发展有真情”的干部选出来、用起来。要特别注重选拔优秀的年轻干部、妇女干部、少数民族干部、党外干部，给他们搭建干事创业的舞台和展示才华的平台。

要进一步改进干部教育培训工作，针对岗位需要开设专题研讨班，确实提高干部的专业思维、专业素养、专业能力，不断解决知识不足、经验不多、能力不够、作风不硬等问题。要加大干部的交流力度，组织干部到经济发达地区考察学习，进一步增强全市干部的经济意识、创新意识和开放意识，不断提升领导经济社会发展的能力与水平。

好干部既是选拔出来的，也是严格管理出来的。要着力解决重选拔任用、轻管理监督的问题，健全干部经常性管理监督机制，教育引导干部学会在监督下履职尽责，自觉纯洁社交圈、严格管住生活圈、不断规范工作圈。各级党组织要经常开展党员谈心活动，主动掌握思想动态，及时消除思想顾虑，更好地激发干部干事创业的正能量。制定出台干部能上能下实施细则，对平时思想消极、不认真工作、不履行职责、经教育又不改正的干部，坚决撤换；凡新提拔的县处级干部，一律试用期一年，对于不在状态的、不能胜任的干部，坚决调整。

（四）敢于担当，创优长治发展环境

一要担“责”不推。担当是一种责任、更是一种境界。各级党员干部都要把实现“两个目标”作为施展才华、实现抱负的过程，作为提高履职能力、提升执政水平的过程，以责任无处不在、担当义不容辞的豪气，对有利于长治经济社会发展、有利于人民生活水平提高的事情，积极进取、创先争优，不打折扣、不搞变通；对企业诉求、项目需求、群众期盼，认真对待、主动回应，不说不能办，只讲怎么办。各级各部门要严格行政承诺制，设立AB角制度，对大局有利的事情坚决去干，对大局不利的事情坚决不干，切实形成人心思上、共担当、促发展的浓厚氛围，切实形成感染人、汇聚人、引进财、留住智的良好环境。

二要担“难”不怯。千难万难，畏难才真难；这难那难，克难就不难。党员干部有没有担当精神，不仅要观其日常工作表现，更要看其攻坚克难作为。各级党员干部都要把党的事业扛在肩上，勇于跳进矛盾旋涡，做到问题面前不回避、困难面前不推脱、逆境面前不退缩；做到平时工作看得出来、关键时刻站得出来、危急关头豁得出来；做到面对困难敢于亮剑，突破陈规，开拓创新，敢闯敢试，在破解难题中练本领、长才干、经风雨、受历练，做我们时代的“劲草”“真金”。

三要担“险”不畏。改革攻坚期也是风险期，需要党员干部勇于探索不怕失败，敢于攻坚不怕压力，善于突破不怕挫折。要健全完善“容错机制”，从制度和机制层面为敢于担当者保驾护航，旗帜鲜明地褒奖、鼓励担当者，支持、保护担当者；要健全完善“问责机制”，旗帜鲜明地对“不作为、慢作为、乱作为”行为严肃问责，形成治理懒政的高压态势，构建惩戒不作为的长效机制；要健全完善“考评机制”，对常挑重担、善解难题的同志就要看得重、用得好，旗帜鲜明地在干事中锻炼考察检验干部，

让担当精神蔚然成风。

同志们，今后五年，必定是顽强拼搏的五年。我们必须朝着宏伟目标，高位求进、创优争先，打造山西重要增长极。

今后五年，必定是攻坚克难的五年。我们必须坚持“一个指引、两手硬”的要求，勇于担当、敢于破难，确保与全国、全省如期实现脱贫攻坚和全面建成小康社会目标。

今后五年，必定是大踏步前进的五年。我们必须坚定转型升级的信心决心，只争朝夕、责无旁贷，打起加快长治发展、造福上党人民的历史重任。

同志们，让我们高举中国特色社会主义伟大旗帜，紧密团结在以习近平同志为总书记的党中央周围，在省委的坚强领导下，深入贯彻落实省第十一次党代会精神，大力弘扬革命精神，解放思想、敢做敢当、创新发展、奋发图强，为如期实现脱贫攻坚和全面建成小康社会目标而努力奋斗！

长治市人民代表大会常务委员会工作报告

——2017 年 3 月 17 日在长治市第十四届人民代表大会第一次会议上

长治市人大常委会主任 李年善

各位代表：

我受市十三届人民代表大会常务委员会委托，向大会报告工作，请予审议。

过去五年的主要工作

过去的五年，市人大常委会在中共长治市委的坚强领导下，全面贯彻党的十八大和十八届三中、四中、五中、六中全会精神，深入学习贯彻习近平总书记系列重要讲话精神，坚持党的领导、人民当家做主、依法治国有机统一，紧紧围绕中央协调推进“五位一体”总体布局、统筹推进“四个全面”战略布局和省委“一个指引、两手硬”重大思路及市委提出的如期实现脱贫攻坚、全面建成小康社会目标的部署，认真履行宪法和法律赋予的职责，为推进全市改革、发展、稳定发挥了地方国家权力机关应有的职能作用。

一、坚持政治定力，全力贯彻落实市委重大决策部署

五年来，常委会自觉把人大工作置于市委领导之下，维护市委总揽全局、协调各方的领导地位，坚决执行市委的决策部署。

一是围绕中心开展工作。常委会紧紧围绕市委深化改革创新的决策部署，加大对转型综改、创优环境等重点领域改革的监督力度，听取审议全市行政审批制度改革情况的报告，推进政府转变职能，进一步创优发展环境。认真落实市委《关于加快推进法治长治建设的实施意见》，全面启动我市地方立法工作；落实宪法实施和监督制度，开展弘扬宪法精神专题活动，实行宪法宣誓制度；出台《关于加强和改进人大监督工作的办法》，积极履行法定监督职权，加强对行政权力和司法活动的监督；对“六五”普法进行检查督导，推动普治并举，依法治理进一步深化。围绕市委关于制定“十三五”规划纲要的建议，开展专题调研，听取专项工作报告，建议政府将“坚持发展导向、突出项目支撑、创新转型升级”贯穿纲要始终。认真落实市委关于做好县乡领导班子换届的工作部署，坚持党的领导，充分发扬民主，严格依法办事，确保换届风清气正，健康平稳。认真落实市委加快构建良好政治生态，推动全面从严治党的总体部署，落实主体责任，强化纪律规矩，从严党内政治生活。认真落实中央、省委和市委深化监察体制改革试点各项工作任务，保障监察体制改革试点有序推进。

二是适时作出重大事项决议、决定。五年来，常委会紧紧围绕市委的中心任务和工作重点，适时作出决议、决定 35 项。听取《长治市国民经济和社会发展第十二个五年规划纲要》实施中期评估报告，作出关于批准长治市“十二五”规划《纲要》部分指标调整的决议，如期实现纲要提出的目标任务；严格执行预算法，及时批准预决算、预算调整，促进经济和社会事业持续健康发展；落实市委上党城镇群发展战略框架，审议上党城镇群（1+6）规划，作出《关于加快推进上党城镇群建设的决议》，推

动城乡一体化发展；听取关于全市“六五”普法规划实施情况和“七五”普法规划情况的报告，作出《关于开展第七个五年法治宣传教育的决议》，发挥法治宣传教育在促进依法治市中的重要作用；坚持和完善人民代表大会制度，支持和保障代表依法履行职责，依法行使各项民主权利，审议批准人大常委会工作报告和“一府两院”工作报告，确保党的主张通过法律程序转化为全市人民的共同意志。

三是依法行使人事任免权。常委会坚持党管干部原则，严格依法办事，充分发扬民主，努力实现党管干部与人大依法任免的有机统一。五年来，共任免市人大常委会、市政府工作部门、市中级人民法院和市人民检察院等有关人员230余人（次）；认真组织参加省十二届人大各次会议，圆满完成大会的各项审议和选举任务。适时召开市人大常委会，圆满完成省人大代表补选工作，严格审查代表资格和依法罢免不称职代表职务。在山西重要的历史关头，我市的省人大代表和市人大常委会组成人员，保持了坚定的政治立场、严肃的法治精神和有作为的责任担当。

二、坚持问题导向，围绕全市经济社会发展加强监督

五年来，常委会坚持问题导向，坚持民生优先，坚持发展为重，注重专题调研和集中视察相结合、连续跟踪和组织回访相结合、重点工作落实和议案建议办理相结合，采取分组审议、联组发言、专题询问等形式，促进问题的解决，推动事业的发展。五年来，常委会共召开会议41次，听取和审议市“一府两院”专项工作报告69项，组织专题视察调研159次，开展执法检查15次，开展专题询问5次，组织配合省人大开展视察调研、立法和执法调研59次。

一是加强对转型创新发展的监督。常委会坚持定期了解全市经济运行情况，分析研判经济运行中出现的新情况，不断增强工作的主动性和监督的实效性。围绕煤炭、金融创新、电子商务和现代物流业发展情况组织专题调研，听取全市工业经济结构调整情况的报告，全力推进经济结构优化和转型发展；听取全市金融振兴工作情况的报告，发挥政府融资平台的作用，解决“融资难、融资贵”问题；听取全市民营经济发展情况的报告，全力支持实体经济发展；听取全市科技创新工作情况的报告，全力推动创新与经济社会发展深度融合；听取全市地方煤炭转型推进情况的报告，推动全循环、多联产、抓高端的煤炭转型发展；围绕制定“十三五”旅游发展总体规划和项目规划开展调研，听取全市旅游工作情况的报告，持续跟踪旅游产业在交通设施、品牌建设、宣传促销、奖励政策、市场开拓等方面的落实和提升。

二是加强对计划预算的监督。听取审议计划执行、预决算、预算调整和地方债务、审计及审计查出问题整改情况的报告，加强对年度经济计划的审查和监督执行，促进经济持续健康发展和相关问题的整改解决。审议通过《长治市市本级预算审查监督办法》，加强对预决算全口径监督，实现了预算向人大代表全口径、全公开。开展预算法执法检查，安排对卫生、教育、农业、城建等四个系统预算执行情况开展调研，每年对五个部门的预算编制、执行、决算进行全程监督，强化了对部门预算的审查和监督。对审计查出问题中的非税收入征管、扶贫资金管理两方面的问题进行联组发言和专题询问，推动预算绩效管理、阳光财政等方面的改革，督促审计查出问题的整改落实，提高审计监督的质量和实效。

三是加强对项目建设的监督。连续三年跟踪监督重点工程项目建设，先后听取和审议全市重点工程项目建设情况、耕地保护和项目用地情况等报告及关于全市重点工程项目落地情况的视察调研报告，对抽查的100个重点项目和标准化园区建设进行跟踪调研，并进行满意度测评，反馈审议意见，促进问题整改，推进项目落实。连续三年跟踪监督上党城镇群建设，召开上党城镇群建设推进情况座谈会，听取关于上党城镇群建设推进情况的报告，对主城区路网工程、“三河一渠”建设进展和环城生态综合治理情况进行专题调研、跟踪监督，推动宜居城市创建，推动“一核双圈”和大县城、重点镇、中心村、美丽乡村建设。

四是加强对民生保障的监督。常委会持续关注生态环境治理，重点推动全市大气、水环境质量改善和林业生态建设。开展《森林法》《环境保护法》《大气污染防治法》执法检查，听取和审议市政府关于《大气污染防治法》贯彻实施情况和城市垃圾处理、污水处理、集中供热情况的报告，参与“向人民汇报、接受人民监督”评议活动，以“保护母亲河，珍爱生命泉”为主题对辛安泉、浊漳河流域开展视察调研，连续22年开展“上党环保行”行动，督促政府进一步加大环境整治力度，共同守护上党的碧水蓝天。针对食品药品安全和农产品质量安全，常委会组织开展《食品安全法》《药品管理法》执法检查，听取审议全市基本公共卫生服务项目实施情况、全市农产品质量安全情况的报告，对基本公共卫生服务、农产品质量安全等工作进行回访，配合省人大开展农产品安全和新农合工作视察，努力推动有关部门把农产品质量安全和食品安全监管工作做细、做实。听取审议市政府关于保障性住房建设、供应、配租情况的报告，并进行专题询问，推进解决中低收入家庭的基本住房问题。常委会持续关注义务教育均衡发展，听取审议义务教育均衡发展，学前教育工作，

主城区新、改扩建中小学进展情况的报告，重点跟踪督办主城区学校、幼儿园项目建设，建议政府合理规划学校布局，重视师资队伍建设和优化配备师资力量，完善经费等各项保障机制，推进义务教育均衡发展。及时把精准扶贫工作纳入监督重点，听取和审议关于全市扶贫工作情况的报告，组织省、市代表进行脱贫攻坚专题调研，重点监督扶贫专项资金使用情况，对涉农资金捆绑使用、乡镇扶贫资金专户管理、资金与项目的有效对接进行跟踪监督，与市政府及有关部门及时沟通，解决问题，严格按照“六个精准”“五个一批”的要求，坚决打赢脱贫攻坚战。

三、坚持法治引领，全面推进依法治市

五年来，常委会在法治长治建设中充分发挥职能作用，弘扬宪法精神、践行法治理念、强化法律监督，凝聚法治共识，着力推动法治长治建设。

一是依法行使地方立法权，法治长治进入新起点。常委会深入贯彻落实党的十八届四中全会精神，紧紧抓住国家赋予设区的市拥有地方立法权这一重大改革契机，经省人大常委会严格审查考评，长治在城乡建设与管理、环境保护、历史文化保护等方面拥有了立法权。常委会坚持党的领导，充分发挥人大在立法中的主导作用，凝聚立法合力，积极筹备立法工作，完善立法工作机构，充实立法人才队伍，加强立法专题培训，聘请立法咨询专家，确定基层立法联系点，开展立法需求调研论证，提出了首批立法项目计划。《长治市地方立法条例（草案）》已经常委会审议，将提交本次大会进行审议，这对推动法治长治建设具有重要意义。同时，积极配合省人大相关部门开展立法调研，提出立法修改建议三百余条，促进地方性法规立法质量的提升。

二是强化司法监督，促进社会公平正义。常委会听取和审议市中级人民法院关于全市法院执行工作、规范司法行为工作情况的报告，推动法院改进执行工作，解决执行难问题。组织部分市人大代表、人大常委会委员观摩案件庭审，促进规范执法，提高案件审判质量。听取市中级人民法院关于司法体制改革试点工作情况和市人民检察院关于司法体制改革进展情况的报告，积极推进司法体制改革；听取市人民检察院关于反渎职侵权工作情况、关于预防职务犯罪工作情况的报告，就《山西省预防职务犯罪工作条例》开展执法检查和专题调研，推进预防职务犯罪工作，促进反腐倡廉建设。高度关注打击毒品犯罪，对全市打击毒品犯罪工作情况进行视察调研和跟踪问效，听取审议市政府关于打击毒品犯罪、市人民法院关于发挥审判职能依法惩治毒品犯罪情况的报告，推进禁毒工作法律法规的贯彻落实。重视信访工作，推进涉法涉诉信访问题纳入法治轨道，引导和支持人民群众理性表达诉求、依法维护权益，维护社会公平正义。

三是强化法律监督，备案审查工作有了新进展。常委会根据法定权力，建立推行法定职责必须为、法无授权不可为的“权力清单”和“责任清单”监督制度。持续对《道路交通安全法》和《道路交通安全法实施条例》的贯彻落实进行检查、跟踪视察，对国务院《宗教事务条例》和《山西省宗教事务条例》、旅游“两条例一决定”、归侨侨眷“一法两办法”、《未成年人保护法》、《山西省信访条例》等法律法规组织开展了执法检查，推进依法行政，建设法治政府。按照《山西省规范性文件备案审查条例》的要求，设立审查机构、配备专职人员，建立健全制度、对政府及工作部门规范性文件履行备案审查有了新进展。

四、坚持代表主体地位，不断激发代表依法履职动力

五年来，常委会牢固树立对代表负责、为代表服务、受代表监督的理念，以实施代表履职登记制度为起点，以服务代表履职为保障，以推动代表议案建议办理为抓手，代表工作取得了明显成效。

一是强化代表履职保障。常委会认真落实代表联系人民群众、常委会组成人员联系人大代表制度，支持和保障代表围绕常委会立法和监督议题广泛听取群众意见并积极反映；督促代表及时向选区选民述职，主动接受人民群众的监督；创建代表履职量化登记办法，健全代表履职档案，对代表执行职务情况进行通报，完善代表监督激励和履职考核机制。组织开展评选“优秀人大代表”活动，激发代表履职热情；加强代表小组与代表活动室等履职平台建设，丰富代表在闭会期间的活动；选择社会广泛关注的课题，邀请市人大代表列席常委会，协调服务省、市人大代表参加常委会及相关部门组织的集中视察调研活动及省人大开展的视察调研、立法和执法调研等各项活动，形成议案和建议，代表发挥作用的领域越来越宽。

二是优化代表履职服务。常委会利用公报、人大杂志、网站等媒体及时向人大代表反映工作动态，增强代表对常委会工作的了解和监督，保障代表知情知政权。制定《关于加强县乡人大代表学习培训的意见》，有针对性地开展代表培训工作。五年来，共组织省、市、县（区）人大代表参加集中培训 1400 余人（次），同时，为市人大代表购买了宪法、代表法、组织法、选举法等法律书籍 1800 余册，订阅《人民代表报》《中国人大》《检察日报》等报刊，为人大代表更新知识结构、强化代表法治观念、提高依法履职能力创造条件。开辟长治日报 “人大工作”专版、长治广播电台“代表风采”“人大之声”专栏，对人

大代表依法履职进行宣传报道；为无固定工资收入的代表发放履职补贴，把代表法相关规定落到实处，为代表依法履职提供服务保障。

三是加大代表议案建议办理督办力度。常委会高度重视代表议案、建议办理工作，建立由市政府班子成员领办、人大常委会主任会议成员、相关工作机构和人大代表参与督办机制。常委会专题听取审议市人大常委会、市政府关于代表议案、建议办理情况的报告，组织开展跟踪督办和办理结果“回头看”，促进办理单位不断规范办理流程，提高议案、建议办理质量和效果。针对重点督办内容、重点议案建议办理情况，组织相关代表进行面对面座谈，广泛听取代表意见，促使办理工作经常化、制度化。五年来，共办理代表议案32件、建议1078件，办复率达100%，满意和基本满意率在95%以上。

五、坚持夯实基础，全面提升人大工作的能力和水平

五年来，常委会以强化政治素质，提高履职能力，转变工作作风，完善工作机制为重点，保障地方国家权力机关职能有效发挥。

一是加强思想建设，增强政治定力。常委会把思想建设放在首位，在思想上政治上行动上同以习近平同志为核心的党中央保持高度一致，确保人大工作正确的政治方向。坚持党组中心组集中学习、常委会专题讲座、机关日常学习等制度，深入学习党的十八大、十八届三中、四中、五中、六中全会精神和习近平总书记系列重要讲话精神，扎实开展党的群众路线教育实践活动、“三严三实”专题教育、“两学一做”学习教育，坚定理想信念，切实增强思想自觉和行动自觉，始终以严和实的精神做好人大工作，“政治意识、大局意识、核心意识、看齐意识”进一步加强。

二是加强作风建设，展示良好形象。常委会始终把纪律和规矩挺在前面，全面落实主体责任和“一岗双责”，严格执行《中国共产党廉洁自律准则》《中国共产党纪律处分条例》《关于新形势下党内政治生活的若干准则》和《中国共产党党内监督条例》及中央八项规定和省、市委实施办法，坚决反对“四风”，努力营造风清气正、干事创业的良好氛围。积极开展调查研究，继续改进文风会风，重视人大干部的培养使用，增强工作的活力和效能，树立人大良好形象。

三是加强制度建设，强化服务保障。常委会高度重视制度建设，严格执行各项规章制度，制定《加强和改进人大监督工作的办法》，修订常委会议事规则，规范常委会审议、决定重大事项等程序。建立健全法律起草征求代表意见制度和常委会、专门委员会、工作委员会向代表通报重要情况和征求意见机制，推动“一府两院”定期或不定期召开座谈会，就重大决策和工作征求代表意见，拓宽代表知情知政渠道。重视人大理论研究与宣传工作，发挥人大网站、《长治人大》、长治日报“人大工作”专版及长治电台“人大之声”等宣传作用，充分展示人大工作新风貌。组织纪念全国人民代表大会成立60周年暨地方人大设立常委会35周年系列活动，协助省人大拍摄《人大代表申纪兰》纪录片，开展全市人大好新闻、好作品评选活动，承办全省人大财经工作座谈会暨财经监督培训会议和全国24城市人大工作研讨会，学习交流人大工作经验，推介和宣传长治的优势和特色。组织全市市、县、乡三级人大代表参加省人大开展的人民代表大会制度及相关法律知识竞赛，组队参加电视决赛并荣获三等奖。对市、县、乡三级人大通讯员进行了专题培训，为市、县两级人大常委会配备了电子表决系统，推动了全市人大工作水平整体提升。

五年来，全市人大工作在实践中探索、在发展中俱进、在巩固中提升，创建了一些成功经验和好的做法。回顾和总结常委会五年来的工作，我们有以下几点体会：

——坚持党的领导是人大工作的根本保证。党的领导是国家的根本所在、命运所在，是人民群众的利益所在、幸福所在。只有始终把坚持党的领导和积极发挥人大作用相结合，人大工作才能不断向前发展，人大政治优势才能得到充分发挥。

——主动服务发展是人大工作的神圣使命。实现长治经济社会转型创新发展，是时代发展的迫切要求，也是人大常委会和全市各级人大代表的重要使命。只有服从服务于全市发展大局，推进科学发展，保障改善民生，促进社会和谐，人大工作才能始终紧跟市委部署、紧随时代节拍、紧贴群众需求。

——维护群众利益是人大工作的永恒主题。人大的权力来自人民，维护人民群众根本利益是各级人大的政治责任和法定职责。人大工作只有时刻关注民生，为民呼应，才能保持旺盛的生命力，才能得到人民群众的拥护和支持。

——坚持依法履职是人大工作的本质要求。依法治国，是坚持和发展中国特色社会主义的重要保障，是实现国家治理体系和治理能力现代化的必然要求。人大及其常委会在行使职权的实践中，必须做到法定职责必须为、法无授权不可为，才能保证人大作出的决议和决定，符合最广大人民群众的根本利益，并具有法定的权威性。

——发挥代表作用是人大工作的重要基础。人大代表是国家权力机关的组成人员，是代表人民行使当家做主权利的主体，是联系人民群众的桥梁和纽带。尊重代表主体地位，充分发挥代表在经济社会发展中的带头、带领、带动作用，既是人大及其常委会有效行使职权的基础，也是

更好地围绕中心、服务大局的保证。

——坚持与时俱进是人大工作的活力源泉。推动人大工作与时俱进，是坚持和完善人民代表大会制度的必然要求，也是做好新形势下人大工作的必经之路。坚持与时俱进是人大事业的活力之源，也是人大工作永葆生机的不竭动力，只有不断研究新情况、学习新知识、拓宽新思路，才能使人大工作更富活力、更具时代特色。

各位代表，市十三届人大常委会所取得的成绩，是市委总揽全局、坚强领导的结果，是常委会组成人员、全体人大代表和人大机关工作人员依法履职、奋发有为的结果，是“一府两院”及其职能部门和各县市区人大常委会鼎力支持、主动配合的结果，也是社会各界热情关注、积极参与的结果。在此，我谨代表市十三届人大常委会表示衷心的感谢并致以崇高的敬意！

回顾过去五年的工作，我们也清醒地看到，常委会工作与市委的要求和人民的期望还存在一定差距，工作中还存在许多不足，主要有：立法工作基础仍需加强，重大事项决定权的有效行使仍需探索，刚性监督形式仍需大胆实践，监督实效仍需提高，服务代表仍需改进，自身建设仍需加强等。这些都需要我们在今后的工作中认真加以改进，不断提升工作水平。

今后五年工作建议

各位代表，今后五年，新一届人大常委会要在中共长治市委的领导下，全面贯彻党的十八大和十八届三中、四中、五中、六中全会精神，深入学习贯彻习近平总书记系列重要讲话精神和治国理政新理念新思想新战略，按照省委“一个指引、两手硬”重大思路和要求，深入贯彻落实市十一次党代会精神，坚持党的领导、人民当家做主和依法治国有机统一，依法履职、奋发作为，为如期实现脱贫攻坚、全面建成小康社会目标作出更大贡献。为此，建议做好以下五方面工作：

一、坚持正确方向，推动人大工作与时俱进。市十一次党代会描绘了未来五年的发展蓝图，这是中央“五位一体”总体布局、“四个全面”战略布局、“五大发展”新理念和省委“一个指引、两手硬”重大思路和要求在长治的具体体现，是市委基于当前形势和任务作出的重大决策，是全面建成小康社会在长治的生动实践，标志着全市改革发展开启新篇章，迈上新征程。市十四届人大及其常委会要不辱使命、不负重托，紧紧围绕全市经济社会发展重点，以脱贫攻坚为统领，以全力深化“双改”为主线，以创优环境为抓手，以转型升级提升发展质量和效益为根本，以改革创新为动力，以“对表、对标、对接”为要求，促进经济平稳健康发展和社会大局和谐稳定，切实担负起推动市委重大决策贯彻落实的责任，充分发挥人民代表大会制度广泛联系人民群众的优势，最大限度地调动全市人民的积极性、主动性和创造性，最大限度地凝聚全市人民团结奋进、推动发展的智慧和力量，为开创全市经济社会发展新局面作出积极贡献。

二、发挥主导作用，提高立法质量和水平。在城乡建设、环境保护、历史文化等方面制定出台具有地方特色、务实管用的地方性法规，是十四届人大常委会一项重要工作。要强化“党委领导、人大主导、政府依托、各方参与”的立法工作机制，主动适应改革需要，坚持问题导向，提高立法的针对性、及时性、可操作性，发挥立法引领和推动作用，要制定近期立法计划和五年立法规划；按照科学化、程序化相统一原则，建立健全法规起草调研、听证论证、征求意见、会议审议、新闻宣传等机制，努力使每一项立法都符合宪法精神，反映市情民意，保障改革发展。

三、注重问题导向，有效行使法定职权。人民代表大会制度的重要原则和制度设计的基本要求，就是任何国家机关及其工作人员的权力都要受到制约和监督。要围绕市委提出的如期实现脱贫攻坚、全面建成小康社会目标和“十三五”规划，强化工作监督和法律监督，在深化供给侧改革和转型综改、产业转型升级、城乡一体发展、生态环境保护、文化旅游融合、优先保障民生、社会治理创新等方面听取专项报告，开展视察督查，特别是要在改革创新、脱贫攻坚、项目建设、环境保护、创优环境、总体安全上，综合运用法定职权进行重点监督，切实推进经济强市、文化强市、生态强市建设。健全邀请人大代表和人民群众参与监督机制，完善程序，加大力度，增强实效。依法行使好重大事项决定权，遵循法定性、全局性、民主性、可行性原则，适时作出决议决定。坚持市委推荐干部与人大常委会依法任免干部的有机统一，为经济社会发展提供组织保障。

四、强化服务保障，创新改进代表工作。扩大代表对常委会工作的参与，保障代表知情知政；进一步完善代表议案、建议办理机制，提高办理效率和质量；有效开展闭会期间活动，创新方式、丰富内容、增强实效；营造全社会尊重代表、支持代表依法履职的良好氛围，保障代表的合法权益不受侵犯；切实加强代表履职培训，密切代表与人民群众的联系，真心听民声，尽心代民言，多方汇民智，倾力解民忧，使人民的意志更好地通过人民代表大会这一主要民主渠道得以实现。

五、提升履职能力，不断加强自身建设。要充分发挥常委会党组核心作用，落实全面从严治党责任，自觉践行“三严三实”和“两学一做”，严守政治纪律和政治规矩，强化“政治意识、大局意识、核心意识、看齐意识”，确保人大工作正确的政治方向。重视组成人员和机关干部队伍自身建设，不断提高思想政治素质，提高依法履职、服务保障能力。加强对县乡人大工作的指导，健全适合地方国家权力机关特点、充满活力的工作机制，充分发挥人大及其常委会作为国家权力机关、工作机关和代表机关的作用。

各位代表，今后五年，全面建成小康社会进入决胜阶段，人大工作又一次站在了新的历史起点。宏伟蓝图已绘就，风正扬帆正当时。让我们更加紧密地团结在以习近平同志为核心的党中央周围，认真贯彻落实市委的决策部署，万众一心、继往开来，振奋精神、扎实工作，为如期实现脱贫攻坚、全面建成小康社会的目标而努力奋斗，以优异的成绩迎接党的十九大胜利召开！

政府工作报告

——2017 年 3 月 16 日在长治市第十四届人民代表大会第一次会议上

市长 卢建明

各位代表：

现在，我代表市人民政府向大会报告工作，请予审议，并请市政协委员和其他列席人员提出意见。

一、过去五年工作回顾

过去五年是我市发展极不平凡的五年。我们深入学习贯彻党的十八大、十八届三中、四中、五中、六中全会和习近平总书记系列重要讲话精神，坚决落实省委、省政府一系列部署要求，在市委的坚强领导下，牢固树立新发展理念，稳增长、促改革、调结构、惠民生、防风险，顶住压力、迎难而上，众志成城、砥砺前行，经济社会发展各项工作都取得新成效，在全面建成小康社会征程中迈出坚实步伐。

五年来，我们全力以赴抓项目、帮企业，经济实力有了新提升。不断加强对经济运行的预警预判，宏观层面抓指导，微观层面抓落实，扎实开展项目受理大起底、干部入企服务，着力推进项目建设，逐步形成发展新优势，经济运行持续向好，经济发展平稳健康。一批如高科 LED、康宝基因疫苗等科技含量高、带动就业多的好项目建成投产，一批如潞安 180、漳泽电力 2×100 万千瓦“关小上大”等投资大、见效快、支撑能力强的大项目顺利推进，一批如潞宝己内酰胺、大唐风力发电、欧亚神龙湾开发、中技金谷新型建材等新兴产业项目在长治落地生根，一批如中南铁路大通道、长安高速、黎左高速等方便出行、提升运力的重大交通项目投入运营，一批如太焦高铁、长临高速、长治机场改扩建等群众期盼已久的重大基础设施项目正在加紧建设。切实加大帮扶实体经济力度，积极推进“晋材晋用”，举办了两届长治制造展销推介周，全力落实减税降费政策，为企业减轻负担 80 多亿元。地区生产总值、固定资产投资、工业增加值总量始终保持在全省前两位。

五年来，我们坚定不移抓转型、调结构，产业升级迈出新步伐。有力有序有度推进供给侧结构性改革，全面完成 120 万吨煤炭去产能任务，煤炭行业告别了 30 万吨以下的开采时代，焦炭行业进入了 5.5 米以上大机焦发展阶段，煤化工行业实现多基联产；生物制药走在全国前沿，光伏光电产业从无到有不断壮大，新兴产业投资占工业投资的比重由 2011 年的 43% 提高到 62.9%，新兴产业增加值占比由 2011 年的 11.8% 提高到 13.7%。新增设施蔬菜 47.1 万亩，达到 62.8 万亩，发展速度连续五年排全省第一；粮食产量持续稳定，粮经作物种植比例进一步优化。农产品加工龙头企业销售收入由 2011 年的 95.3 亿元增加到 208.7 亿元，年均增长 16.9%。能交投长子集运站、太行山农产品物流园、新易达物流园建成运营。举办金秋让利系列促销活动，大力发展电子商务，促进消费稳定增长，社会消费品零售总额由 2011 年的 321 亿元增加到 566.6 亿元，年均增长 12%。完成了太行山大峡谷旅游资源整合，新增 AAAA 级旅游景区 4 个，壶关、武乡、平顺、黎城成为全国创建全域旅游示范县，旅游总收入由 2011 年的 124.8 亿元提高到 369.1 亿元，年均增长 24.2%。服务业增加值年均增长 6.5%，高于地区生产总值年均增速 1.4 个百分点。全市三次产业结构由 2011 年的 4.0 ∶ 66.3 ∶ 29.7 调整为 4.7 ∶ 51.0 ∶ 44.3。

五年来，我们攻坚克难抓创新、促改革，经济发展增添新动力。持续推进“放管服效”改革，取消中央指定地方实施行政审批事项64项，承接省级下放审批事项56项，下放市级审批事项22项，实行重大项目联审联批，审批时限进一步缩短。不断完善和改进政府管理方式，实行财政资金预拨付制，加快了征地拆迁和市政工程建设速度。深入开展“大众创业、万众创新”，培育6家省级众创空间，新发展私营企业1.8万户，各类市场主体达到15.9万户，新增小巨人企业53户、小升规企业58户。民营经济增加值占GDP的比重达到46.7%，较2011年提高15.3个百分点。在全省率先建成技术交易市场和技术交易信息平台，完成技术交易额87.2亿元。有效发明专利拥有量达到583件。长治商业银行升级更名为长治银行，全市13家农信社中10家成功改制为农商行，组建了5家村镇银行，3家企业在新三板挂牌，各类金融机构达到158家，较2011年增加48家，各类金融机构存贷款总额达到3318亿元，较2011年增长44%。长治高新区升级为国家级高新区，长治海关正式批准设立。主动融入国家“一带一路”战略，组织企业赴俄罗斯、蒙古等国开展经贸交流。积极推进开发区改革创新、商事制度改革、国企改制、农村土地承包经营权确权颁证、供销社综合改革。全面实施不动产统一登记。完成了新一轮行政机构改革和党政机关公务用车制度改革。

五年来，我们坚持不懈抓城建、夯基础，城乡面貌发生新变化。深入推进上党城镇群建设，以主城区建设为龙头，主城区市政基础设施建设完成投资200亿元，是上一个五年的2.3倍，新建改造市政道路39条，新增市政道路28公里、面积178万平方米，“三环八纵十二横”路网框架基本形成。新敷设各类管道800多公里，新建14座人行过街天桥，改造3座铁路立交桥和130条背街小巷，新增集中供热面积1700万平方米，新增集中供水用户3万户，主城区辐射带动力进一步增强。以大县城、重点镇、中心村建设为节点，城乡基础设施建设完成投资260亿元，集聚能力显著提升。全市常住人口城镇化率由2011年的43.43%提高到51.53%，年均提高1.62个百分点。全面完成城乡人居环境改善“四大工程”各项任务。全市新增公路通车里程689.7公里，总里程达到1.16万公里。开展了深得人心的“五道五治”行动，成效明显。

五年来，我们不遗余力抓治理、强生态，环境治理取得新成效。在主城区全面禁止露天烧烤、禁止燃放烟花爆竹、禁止燃煤，淘汰燃煤锅炉842台，拆除城中村城边村燃煤土小锅炉4728台，对3.54万台燃煤土小锅炉实施洁净焦替代。2500辆公共自行车、500辆纯电动公交车投入运行，大气污染防治成效明显。三类以上水质断面达标率完成省定目标，“4+2”主要污染物减排任务全面完成。大力推进焦化、电力、钢铁、水泥等高耗能企业对标升级改造，淘汰落后产能1395.5万吨，万元GDP综合能耗累计下降18.4%，工业固废利用率达到67.2%。深入推进浊漳河流域生态综合治理工程，完成水土保持生态治理面积135万亩，治理度达到62%，位居全省第一。完成营造林面积190余万亩，森林覆盖率年均提高1个百分点左右，建成区绿化覆盖率达到46.7%，较2011年提高1.8个百分点。

五年来，我们真心实意抓保障、保稳定，民生福祉又有新增进。公共财政用于民生的支出达到963.6亿元，占到全市公共财政支出的80%以上。新增城镇就业22.6万人，转移农村劳动力21.5万人，稳定脱贫16.1万贫困人口。城镇居民人均可支配收入由2011年的18429元提高到28094元，年均增长8.8%；农村居民人均可支配收入由2011年的7177元提高到11863元，年均增长10.6%，城乡居民收入增速持续快于地区生产总值增速，农村居民收入增幅连续7年快于城镇居民收入增幅。探索建立了联盟校办学模式，主城区建成3所公办幼儿园、启动8所义务教育学校建设工程，5个县区通过国家义务教育均衡发展验收，实施了农村义务教育阶段寄宿制学生免费营养餐工程，新建改扩建200所农村幼儿园。城乡居民养老、医疗保险、大病保险实现全覆盖。新农合人均筹资标准由230元提高到540元。城市低保标准由月均224元提高到488元；农村低保标准由年均1940元提高到3139元。开展了新生儿出生缺陷干预救助健苗工程。为经济困难的高龄与失能老年人及百岁老年人、重度残疾人发放补贴。加强基层公共文化服务，实施全民健身计划。开工建设各类保障性住房9.7万套，14万居民乔迁新居。完成农村危房改造近5万户，15万农民居住条件得到改善。进一步完善安全生产责任体系，创新夜查突查、“两议一报”制度，连续四年实现事故起数和死亡人数“双下降”。深入开展社会风险大防范、矛盾纠纷大排查，不断完善信访处置机制。始终保持打黑除恶高压态势，严厉打击各类违法犯罪活动，深入推进禁毒大会战，社会治安综合治理得到加强，人民安全感满意度持续提高。有效应对洪涝、冰雹等灾害，最大限度降低了财产损失。

五年来，我们毫不懈怠抓作风、创环境，政府自身建设得到新加强。严格执行人大及其常委会的决议决定，积极支持政协履行职能，共办理人大代表建议1093件、政协提案2209件，办复率100%。不断加强与各民主党派、工商联、无党派人士和人民团体的联系，广泛听取各方意见。扎实开展党的群众路线教育实践活动、“三严三实”专题教育和“两学一做”学习教育，始终把纪律和规矩挺在前面，坚定不移推进政府廉政建设，严格落实中央“八项规定”和国务院“约法三章”，持续加大审计监督力度，“三公”经费持续下降。全面完成“六五”普法，法治长治建设步伐加快。启用新的政务服务中心，建立统一的公共资源交易平台，所有行政审批和公共服务事项全部入驻，市直部门权力清单、责任清单全部公布。开通《直通政务厅》，建立“市长县长接听”制度，政风行风持续改进，与群众更贴近、更贴心。

五年来，我市蝉联全国文明城市、国家卫生城市、国家园林城市、全国双拥模范城市，相继荣获了国家森林城市、国家现代农业示范区、国家公共文化服务体系示范区、全国全民健身示范市、国家智慧城市试点市、中国曲艺名城等十多个国家级荣誉称号，长治的影响力和知名度进一步提升。

各位代表，党的十八届六中全会正式明确习近平总书记的核心地位，体现了党和人民的根本利益，对保证党和国家兴旺发达、长治久安，具有十分重大而深远的意义。过去一年，我们在市委的坚强领导下，不断增强政治意识、大局意识、核心意识、看齐意识，认真贯彻省市十一次党代会精神，按照省委“一个指引、两手硬”重大思路和要求，围绕把长治打造成为山西重要增长极的目标，坚定不移推进供给侧结构性改革，坚定不移实施创新驱动、转型升级战略，经济运行呈现稳步向好的积极态势，全市地区生产总值完成1269.2亿元、增长4.6%，较2015年加快了7.5个百分点；规模以上工业增加值完成583.1亿元、增长2.5%，较2015年加快了12.4个百分点；一般公共预算收入完成98.5亿元、增长2.2%，较2015年加快了31.5个百分点，主要经济指标扭转了负增长的局面，结束了五年来增速下滑的态势，实现了下半年好于上半年，全年好于上年的目标，为今后进一步好转奠定了基础。

各位代表，过去五年取得这样的成绩实属不易，这是省委、省政府亲切关怀、坚强领导的结果，是市委统揽全局、科学决策的结果，是市人大、市政协大力支持、有效监督的结果，是全市广大干部群众同心同德、团结奋斗的结果。在此，我代表市人民政府，向辛勤奋战在各条战线上的干部群众，向各位人大代表、政协委员、离退休老同志，向各民主党派、工商联、无党派和各人民团体，向驻市部队、武警官兵、公安干警，向所有关心支持参与长治改革发展的社会各界朋友，表示崇高的敬意和衷心的感谢！

我们也清醒地认识到，我市经济社会发展中还存在不少困难和问题。一是经济总量不大、发展不足，与全面建成小康社会、打造成为山西重要增长极的要求差距较大，在全面建成小康社会的39项评价指标中，人均GDP只占目标值的68%、农业劳动生产率只占目标值的46.5%，特别是还有个别指标低于全省平均水平，加速发展的任务十分紧迫。二是产业结构不优，“一煤独大”、三产占比不高的问题没有根本性改变，煤炭产业仍然占到工业经济的三分之二，第三产业仅占GDP的44.3%，与“十三五”时期服务业占比稳定在50%以上目标差距较大，推动战略性新兴产业、现代服务业发展任务艰巨。三是创新能力不足，科研经费投入强度不到全国平均水平的一半，319家规模以上工业企业中仅有国家级、省级企业技术中心19家，创新驱动、科技引领亟待加强。四是资源环境约束加剧，大气、水、土壤污染问题突出，雾霾问题日益成为人民群众关注的焦点；万元GDP能耗指标高于小康社会目标值160%，能耗水平居高不下，土地利用效率偏低，资源利用低级粗放。五是城乡发展不均衡，就业增收困难，财政收支矛盾较大，脱贫攻坚难度大，民生社会事业欠账较多，补短板任务十分繁重。六是发展环境不优，行政办事效率不高，诚信体系不完善，法治观念、创新观念、市场观念还不强，不作为、不会为、乱作为等问题仍一定程度存在。对此，我们将始终坚持问题导向、目标导向、任务导向，采取有效措施，切实加以解决，不辱历史使命，不负人民重托。

二、今后五年主要任务

各位代表，今天的长治正处于一个重大历史关头，经济发展进入新常态，改革进入深水区，全面小康进入决胜期；省十一次党代会吹响了全省创新驱动、转型升级的号角。以市十一次党代会为标志，长治发展翻开了新的一页，开启了打赢脱贫攻坚战，全面建成小康社会的新征程；今年年初召开的市委十一届二次全会暨经济工作会议，作出了“紧扣‘两个规划’，突出‘一个中心’，坚持‘两个抓手’，强化‘三大支撑’，推动长治转型综改取得突破性进展”的部署，这为今后发展指明了方向，明确了路径。

各级政府部门要深刻领会、牢牢把握，在市委的坚强领导下，要牢固树立新发展理念，不断深化供给侧结构性改革，坚决不要带血的GDP，不要污染环境破坏生态的GDP，不要掺假带水分的GDP，要努力创造有质量有效益真金白银的GDP、绿水青山可持续发展的GDP、老百姓有实实在在获得感和幸福感的GDP，向着更高质量、更有效率、更加公平、更加可持续的方向发展。要牢固树立全新资源观，切实加快转型发展步伐，统筹利用好煤炭、矿产、文化、生态、国际国内两个市场和政府效率、法治环境、社会诚信等各类资源，特别是要用好用活最具革命性、能动性的人力资源，走出长治创新驱动、转型升级新路。要紧扣“两个规划”、突出“一个中心”，按照中原经济区规划和中原城市群规划，主动融入国家战略，把握正确方向，拓展发展新空间，围绕省委“六大工程”，找准切入点、对接点，着力打造“六大工程”长治版，努力构建具有长治鲜明特色的多元化中高端现代产业体系，实现全市经济社会发展战略重点的转移。要坚持“两个抓手”、强化“三大支撑”，一手抓新兴产业培育，一手抓传统产业升级改造，强化改革支撑、创新支撑、开放支撑，把转型深刻融入经济社会发展的方方面面，主动转型，创新转型，深度转型，全面转型，把长治打造成为山西重要增长极。

未来五年，我们要如期完成21.6万贫困人口全面脱贫的任务；我们要实现第一个百年目标，与全国、全省同步全面建成小康社会；我们要为实现第二个百年目标奠定基础。

——转型发展要有明显成效。供给侧结构性改革和转型综改试验区建设取得突破性进展，煤炭产业增加值占工业增加值的比重持续下降，传统产业在工业中的比重控制在60%以内，传统产业竞争力有效增强；先进装备制造、现代煤化工、新能源新材料、节能环保、军民融合、信息技术、现代医药等产业集群初具雏形，分享经济、数字经济、开放型经济快速发展，战略性新兴产业增加值占工业增加值的比重年均提高一个百分点以上；服务业增加值占地区生产总值的比重稳定在50%以上，民营经济占GDP的比重进一步提高。

——创新驱动能力要有明显提升。开发区改革创新取得重大进展，长治国家高新技术产业开发区发展明显壮大，再建一个国家级开发区，每个县建成一个省级开发区，实现增加值占GDP的比重达到25%以上，真正成为转型综改主战场。科技进步对经济增长的贡献率明显提高，以企业为主体的技术创新体系进一步健全，规模以上工业企业中建立研发机构的占比超过15%，研发经费占地区生产总值的比重达到2.5%，每万人口发明专利拥有量达到3.7件。重点领域和关键环节改革取得全方位进展，各方面体制机制更加完善。

——生态环境要有明显改善。能源资源使用效率大幅提高，能耗和水资源消耗、建设用地、碳排放总量得到有效控制，主要污染物减排指标逐年下降，全面完成国家、省下达任务。二级以上天数达标率、水质断面优良率、受污染耕地安全利用率分别达到80%、90%和90%以上。森林覆盖率年均提高0.5个百分点，建成区绿化覆盖率年均提高1个百分点，主体功能区布局和生态安全屏障基本形成。

——人民生活水平要有明显提高。就业、教育、医疗、养老等公共服务体系更加健全，社会保障水平进一步提高。完成行政区划调整，上党城镇群建设取得更大成效，基本形成城乡发展一体化和区域协调发展新格局，全市常住人口城镇化率达到60%以上。现行标准下的贫困人口全部脱贫，贫困县全部摘帽。城乡居民收入增长持续快于GDP，不断缩小城乡收入差距。社会综合治理现代化水平不断提高，安全稳定工作基础更加巩固，平安长治建设扎实推进，人民群众的安全感、获得感、幸福感明显提升。

各位代表，实现上述目标绝非易事，我们有信心、有决心，在市委的坚强领导下，扛起加快长治发展、造福上党人民的历史责任，奋发有为，恪尽职守，努力破解改革发展稳定的各类难题，扎实做好经济社会发展的每一项工作，全力办好事关人民幸福的每一件事情。

三、2017年工作安排

2017年是新一届政府的开局之年，是全面建成小康社会和实施“十三五”规划的关键之年，也是供给侧结构性改革和转型综改的深化之年。今年政府工作的总体要求是：以习近平总书记系列重要讲话精神和治国理政新理念新思想新战略为根本指针，全面贯彻省、市十一次党代会和十一届二次全会暨经济工作会议精神，按照省委“一个指引、两手硬”的重大思路和要求，牢固树立新发展理念，坚持稳中求进工作总基调，全面实施创新驱动、转型升级战略，坚持以提高发展质量和效益为中心，以全面深化“双改”为主线，以“对表、对标、对接”为要求，全力创优发展环境，保持全市经济稳步向好、社会和谐稳定，为如期实现脱贫攻坚和全面小康奠定坚实基础，以优异成绩迎接党的十九大胜利召开。

主要预期目标是：地区生产总值增长5.5%左右，固定资产投资增长目标根据新的统计口径设置，社会消费品零售总额增长7%左右，一般公共预算收入与上年持平，城乡居民人均可支配收入分别增长6%左右和6%以上，居民消费价格涨幅控制在3%左右，城镇新增就业4.1万人，城镇登记失业率控制在4.2%以内。

约束性指标是：资源节约方面，万元地区生产总值能耗下降3.5%，万元地区生产总值二氧化碳排放量下降3.9%，万元地区生产总值用水量下降2.8%。环境质量方面，全面完成细颗粒物（$PM_{2.5}$）浓度下降比例，空气质量优良天数比例，劣V类水体比例，二氧化硫、化学需氧量、氨氮、氮氧化物减排幅度等省下达任务。民生改善方面，农村贫困人口脱贫6.8万人，城镇棚户区住房改造11400套。

今年，重点抓好以下工作：

（一）狠抓“三去一降一补”

“三去一降一补”是深化供给侧结构性改革的五大任务，是破解我市结构性困局，加快转型升级的根本途径，必须全力落实、落到实处，努力取得更大成效。

坚决去产能。运用市场化、法治化方式推进煤炭去产能，今年关停退出太行王家峪煤业、庄底煤业、师庄煤业3座矿井，压减产能165万吨；妥善做好职工安置和债权债务处置工作，确保职工就业有出路、生活有保障。坚持淘汰落后产能与发展先进产能相结合，争取更多煤矿进入先进产能行列，有序释放先进产能。积极推进钢铁、电力、水泥、焦化等行业的去产能工作。

加力去库存。重点抓好房地产去库存和工业品去库存。加大棚户区改造、城中村改造货币化安置力度，货币化安置比例不低于80%，加强房地产用地供应管控，加快保障房分配，有效化解房地产库存。引导企业适应市场需求安排生产，鼓励企业创新营销模式，加大销售衔接力度。建立大中小微企业配套互补合作机制，深入推进“晋材晋用”，办好第三届长治制造展销推介周，不断提高市内企业使用本市产品的比例。力争全市商品房销售面积增长15%以上，主要工业产品产销率达到95%以上。

多措去杠杆。以降低企业负债率为重点，支持企业市场化、法治化债转股，开展股权融资和应收账款融资，引导金融机构帮助企业优化债务结构。建立企业债务重组和不良资产处置协调机制，有效防范企业债务风险。引导企业走向资本市场，力争壶化集团在主板上市，5家企业在新三板挂牌，不断扩大直接融资规模。

积极降成本。全面落实减税降费政策，进一步清理规范中介服务收费，努力减轻企业税费负担。利用应急周转保障资金、信用增进等方式，支持企业多渠道融取低成本资金。将企业直供电范围扩大到40户以上，降低企业用电成本。完善物流配送网络，提高物流效率，降低物流成本。加强企业内部管理，挖潜增效降低管理成本。深化行政审批制度改革，降低制度性交易成本。

强力补短板。针对制约经济社会发展和民生改善的突出问题，加大补短板力度，提高投资的有效性，做实产业转型、创新驱动、基础设施、民生改善的重点项目，产业转型重点项目完成投资584亿元，重大基础设施项目完成投资65亿元，城乡一体化建设完成投资293亿元，民生社会事业完成投资54亿元。

重中之重是加快补齐脱贫攻坚这个短板。深入实施精准扶贫精准脱贫，全面落实“八大工程二十个专项行动”，加大涉农资金统筹整合力度，简化资金拨付程序。坚持产业为要，大力发展特色农业带动2.4万名贫困人口脱贫，发展光伏发电带动3900名贫困人口脱贫，发展乡村旅游带动2400名贫困人口脱贫，发展农村电商帮扶2000名贫困人口创业。坚持就业为重，通过提供岗位、劳务输出和特色培训，帮助8000名贫困人口实现脱贫，吸纳5800名贫困人口参与专业队造林或参加天然林、公益林管护。坚持教育为基，全面落实“雨露计划”和贫困大学生资助，不断加大对贫困人口上学的支持力度。坚持健康为本，落实各项社会保障和社会救助政策，加强对贫困地区的医疗救助服务，有效解决因病致贫。加大金融扶贫力度，创新精准扶贫小额信贷模式，确保完成小额信贷4.6亿元的任务。实施9000人易地扶贫搬迁，完善贫困村的基础设施、公共服务和村容村貌建设。确保完成291个贫困村退出，6.8万名贫困人口脱贫，沁源省级贫困县摘帽的目标任务。

（二）狠抓实体经济振兴

振兴实体经济是深化供给侧结构性改革的主要任务，要向实体经济发力、聚力，聚焦产业、企业、企业家，做优存量，做大增量，加快构建具有长治鲜明特色的多元化中高端现代产业体系。

发展壮大战略性新兴产业。瞄准发展前沿，发挥现有新兴产业的基础，加快占领行业高端，形成新的优势产业。信息技术产业，实施大数据战略，培育大数据产业，加快智慧长治建设，推进大数据与工业、现代农业、服务业的深度融合。举办长治第三届互联网大会，筹划建设智慧长治云平台，在生产生活生态领域广泛推广大数据应用。加快推进国家北斗数据中心（山西）分中心、联通、移动、电信等数据中心建设。装备制造业，以智能化发展为方向，重点打造新能源汽车、新能源装备、军民融合、节能环保装备、民用爆破器材、煤机装备等先进装备制造产业集群，加快推进成功集团30万辆新能源汽车、高科LED、易通低温余热发电机组、太重高性能液压产品等项目建设。新能源新材料，推动新能源示范城市建设，重点打造光伏、风力发电、新型建材、镁铝合金等新能源新材料产业集群，争取“国家光伏发电前沿技术依托基地”，扩大光伏、风电等新能源装机规模，加快推进潞宝10万吨己内酰胺聚合切片、中德铝业汽车轻量化等项目建设。现代生物医药，重点打造党参、连翘、黄芪等道地中药材种植深加工现代生物医药产业集群，加快推进康宝血液制品、振东制药抗肿瘤药物、50万亩连翘种植产业化、太行药业中药提取技改等项目建设。

改造升级传统产业。全力创建“老工业城市和资源型城市产业转型升级示范区”，加快推进综合能源产业基地建设，运用新技术、引入新工艺、使用新装备、研发新产品、探索新模式、催生新业态。全面提升煤炭产业、焦化产业的规模化、机械化、信息化水平。加快实施低热值煤发电和漳泽电力2×100万千瓦“关小上大”项目。稳步提升煤层气抽采水平，年内完成长子5亿立方米煤层气开发项目。以发展精细煤化工和现代煤化工为方向，加快推进潞安180、瑞恒60万吨聚氯乙烯、襄矿20万吨乙二醇、潞宝60万吨烯烃等项目建设。做大做优建筑业，扩大钢结构、装配式混凝土和市政构件预制加工能力，努力构建全产业链生产体系，支持企业开拓市内外市场。严格产业技术、规模、环保、能耗、水耗、用地标准，逐步淘汰高耗能、高耗水、高污染、产能过剩的低端产业，改造取缔没有安全保障的高危企业，提高产业准入门槛。

积极推动大众创业、万众创新。引导规上企业自主创新，充分发挥龙头企业双创主体的示范作用，孵化培育一批创新型中小微企业，扶持一批成长性好的创新型企业，全年新增小升规企业12户以上，小巨人企业5户以上，新创办小微企业3300户以上。依托城区省级创业创新示范区，大力发展新建基地型、闲置厂房改造型、城市楼宇型等创业基地，推动唯美诺中小企业创业基地、钜星众创空间、天空之城创业基地上水平，年内完成长丰、长轴等5个创业基地建设，实现各类创业者“拎包创业”。

大力发展民营经济。保障非公经济与公有制经济一样平等使用生产要素，公平参与市场竞争，同等受到法律保护。扎实开展民营经济政策落地、产业清底、创新提质、服务提升、融资对接行动。实施专精特新企业培育工程，支持民营企业技术中心创新提质，推进民营企业股份制改造。继续办好“长清班”和各项专业培训，促进民营企业家素质提升。

持续加大实体经济帮扶力度。建立完善干部入企服务长效机制，积极帮助企业解决用电、用水、手续办理、品牌创建等方面的困难和问题。引深项目受理大起底，加快项目联审联批，通过联审联批审批项目300个以上。创新要素配置机制，建立完善矿产资源、土地资源市场化配置机制，建立矿权、地权流转市场，用地指标向转型重点项目、向开发区倾斜。对土地、矿产资源占而不用、低效利用的，通过法律和经济手段予以调整优化，努力实现资源的最优配置。

（三）狠抓农业供给侧结构性改革

以市场需求为导向，以提升农产品质量为着力点，加快构建现代农业产业体系、生产体系、经营体系、服务体系，加快实现农业向提质增效、可持续发展转变。

大力发展现代农业。加快国家现代农业示范区创建，围绕增加绿色优质农产品供给，建成6个省级、20个市级绿色高产高效示范片区，建设八大绿色标准化生产示范基地，加快紫团、方兴、沁州黄等现代农业产业园发展，壮大潞宝金和生、浩润食品等30个骨干龙头企业。大力发展“互联网+现代农业”，推进智慧农业发展。加快发展功能农业，推进药食同源产品开发。新培育省级示范专业合作社20家，新发展家庭农牧场50家，培训新型职业农民8000人。新认证“三品一标”农产品50个以上，举办首届国际农合长治周，培育10家农产品出口企业，促进农产品走向国际市场。粮食总产量稳定在14亿公斤以上，农产品加工龙头企业销售收入增长6.5%以上。

强化农业基础建设。整合强农惠农政策，重点支持农业基础设施建设、农业科技创新、农民增收工程。完善农业保险体系，实现种养加产业全覆盖。切实抓好农田水利建设，新开发水浇地1500亩，建设高标准农田6.8万亩，推广增施有机肥20万亩，测土配方施肥35万亩。扩大机耕机播面积，加大农业废弃物回收处理，提高秸秆综合处理率。加强重大动植物疫病防控，加快农产品质量安全信用体系和检测监管体系建设。加大农业科技推广力度，健全基层农技推广体系，重点培养100名农业科技创新与推广专家、1000名村级农技推广员、1万名科技示范户。

深入推进农村综合改革。创新农村土地所有权、承包权、经营权“三权”分置办法，健全农村产权流转交易市场。完成农村土地承包经营权确权登记颁证，推广潞城市农村集体资产股份权能改革试点成果，全面推进村集体经济组织清产核资，对经营性资产开展产权制度改革。深入推进资产收益扶贫试点，确保贫困户资产保值增值。大力推进农村水权和农业综合水价改革。加快推进国有林场改革、集体林权制度改革、农村供销合作社综合改革。

（四）狠抓现代服务业发展

现代服务业是中高端产业体系重要组成部分，是地区综合竞争力和现代化水平的重要标志。我们要不断拓展现代服务业发展空间，提升现代服务业发展质量和水平，力争服务业占GDP比重提高1个百分点以上。

加快现代物流业发展。以太行山农产品物流园、能交投物流园、紫坊农贸物流园等为龙头，重点发展能源矿产品物流、大宗商品物流、城市配送物流和农产品物流。以智慧物流、多式联运、连锁物流、城乡快递、冷链物流为重点，加快物流基础设施建设，培育现代物流企业集团，延伸物流配送网络。引导商贸物流企业运用电子商务拓展销售规模，培育5至10家市级电商示范企业，新增2个电商孵化基地、500个村级电商服务站。

加快高新技术服务业发展。大力发展研发设计、知识产权、检验检测、科技成果转化、信息技术等高新技术服务业。加快发展以会计、法律、审计、评估、专利代理为重点的咨询服务业，不断推动在重大决策、重大项目和工程技术等领域引入咨询服务。积极发展会展业，培育会展市场主体，延伸会展产业链。

加快传统服务业优化提升。适应大众消费多样化、个性化、信息化需求，推动商贸、餐饮、住宿、家政等行业加快业态创新、管理创新和服务创新，促进线上线下互动发展。开展系列促销活动，推进大型商业综合体建设，打造3条特色餐饮街区，提升商贸服务水平。大力发展健康养老、社区服务、文化休闲等幸福产业。

加快文化旅游业发展。做大做强“太行山水·红色经典”

文化旅游品牌，推进神龙湾、太行红山、太行欢乐谷等重点旅游项目建设，力争太行山大峡谷创建成5A级景区。上半年基本完成18个旅游景区的改制工作。开工建设31项、530公里旅游公路，增设旅游景区标识标牌，新建改建旅游厕所76座。加大旅游宣传推介力度，举办太行经典·长治久安旅游摄影大赛。在壶关、武乡、平顺、黎城4县，成立旅游发展委员会，探索建立旅游警察、旅游巡回法庭、旅游工商分局，推动全市全域旅游发展。实施“旅游+”，建设全市智慧旅游平台，推动旅游与文化、体育、工业、农业等相关产业融合。继续做好旅游惠民“一卡通”工作，增加旅游专线客车线路。集中开展旅游专项整治行动，优化旅游消费环境。确保全市旅游总收入增长12%以上。

（五）狠抓重点领域改革

改革是发展的必由之路，解决当前经济社会发展的突出矛盾和问题，根本途径在于深化改革。我们必须攻坚克难、全力突破，推进各项改革取得实实在在的成效。

加速开发区改革创新。按照开发区整合改制扩区调规的要求，合理确定规模，坚持“五规合一”，坚决不碰生态保护区的底线和耕地保护的红线，加快起步区“九通一平”、标准化厂房建设。统筹产业布局，完成长治高新区的扩区工作，新设立长治经济技术开发区，今后凡是新上项目原则上全部入驻开发区，现有具备条件的项目逐步向开发区搬迁集聚，开发区内原有企业同主导产业不相符的逐步“腾笼换鸟”。理顺开发区管理体制、运行机制，今年5月份前完成开发区“三化三制三改”工作，强化开发区经济属性，吸引更多大企业、大集团落户。确保襄垣、潞城两个工业园区升级为省级经济技术开发区，努力使开发区成为全市转型综改的主战场。

加速国资国企改革。对恢复生产无望的“僵尸企业”、“空壳企业”和问题突出的国有集体企业，创造条件推动企业采取兼并重组、产权划转、破产关闭等方式进行改制，妥善安置职工，解决历史遗留问题，有效盘活国有企业闲置资产和土地，年内完成20户企业的改制工作。全面完成行政机关与所办企业脱钩改革任务，建立完善国有资产集中统一监管平台，切实加强国有资产监督管理，不断提高国有资本收益。

加速投资体制改革。全面对标发达地区投资环境，大力推进投资审批改革，全面推行网上审批，坚持多评合一、多审合一、多图联审、联合验收，对技术审查类审批实行先建后验模式，积极探索开展企业投资项目承诺制试点。主动争取上级各类专项资金，积极引进世行、亚行、亚投行等国际资金。大力推广政府与社会资本合作的PPP模式，力争今年有50个项目落地实施。按照财政政策金融化、财政资金杠杆化的思路，发挥民营经济转型发展基金、扶贫开发基金、美丽乡村建设基金等政府性基金的引导作用，利用城投公司、财鑫担保公司等平台，支持重大改革、重大项目、重点工程建设。

加速金融改革创新。促进长治银行做优做强做大，支持设立村镇银行，加快推进黎城、沁县、沁源的信用社改制步伐，力争在全省率先实现农商行全覆盖。完善政银企联席会议制度，加强政银企对接，提升信贷支持实体经济的质量和效益。推动民间融资综合服务平台、股权登记托管平台、应收账款债权流转平台、金融信息服务平台实质性运作。促进互联网金融健康发展。用好保险资金防灾防损功能，发挥保险资金投融资功能，推广贷款保证保险，探索吸收保险资金支持经济建设。

（六）狠抓科技人才质量强市战略

科技是第一生产力，人才是第一要素，质量是第一保障。我们必须在强化科技引领、发挥人才作用、提升质量水平上下实功、出实招、求实效。

全面推进科技强市。积极争取国家创新型城市试点，强化企业创新主体地位，支持企业深化产学研合作，新增2个省级技术中心、5户国家高新技术企业。加快推进技术成果和知识产权交易，推进技术交易额持续增长，促进科技成果在我市落地转化。筹建长治市工业技术研究院，实施20项以上科技重点攻关项目。建立科技资源共建共享机制，促进大型科学仪器和科技资源共用共享。进一步加大知识产权保护力度，有效发明专利拥有量达到600件以上。

全面推进人才强市。创新“产业资本+人力资本”模式，实施“潞商潞才回乡创业创新工程”，力争引进2至3家企业的核心研发团队。创新用人机制，实行以增加知识价值为导向的分配政策。统筹推进各类人才特别是实用人才和高技能人才的培养，鼓励小发明、小创造、小制作，弘扬工匠精神，培育一批精益求精独具特色的长治工匠。

全面推进质量强市。牢固树立质量第一、品牌为王、标准先行的理念。深入开展质量提升行动，不断提高产品质量，增强产品竞争力，以质量抓提升、占市场、促转型。开展品牌创建行动，积极参加山西品牌“中华行”“丝路行”“网上行”，打造潞商品牌，今年力争推出10家山西省名牌企业，2个地理标志保护产品。加快质量标准化体系建设，支持企业参与国家标准制定，选树15家以上质量提升标杆企业，力争制定3至5个新兴产业产品的行业标准，推动更多的企业标准、地方标准上升为国家标准。全面开工建设国家煤基油质检中心。实施计量惠民工程，推动社会诚信体系建设，争创全国质量强市示范城市。

（七）狠抓开放型经济发展

提升开放型经济发展水平是内陆地区实现追赶发展的关键所在。我们必须全力推进全方位、高质量的对外开放，以开放促改革、以开放促发展。

全面落实“东融南承西联北拓”战略。主动参与中原城市群建设，强化与中原经济区的对接联系。积极融入环渤海经济圈，深化与首钢集团的全方位合作。加快融入国家“一带一路”发展战略，组织企业赴沿线国家开展经贸交流活动，拓展经贸合作领域。积极承接长三角、珠三角、港澳台地区的产业梯度转移。不断扩大太阳能电池片、硝酸铵、新型建材、农产品等优势产品出口规模，新培育3至5家出口创汇企业，全年出口额增长3%以上。

加快推进基础设施内通外联。不断完善综合交通网络，优化提升“铁、公、机”。加快太焦客专、长治机场改扩建、长临高速、长邯高速改扩建等项目建设，争取早日建成投入运行，积极争取黎霍高速公路开工建设，畅通对外联系通道。加快建设“岸、港、网”，在中南铁路长子南编组站设立铁路口岸作业区，推进无水港建设，力争长治机场航空口岸实现临时开放。进一步完善互联网、物联网等信息网络设施，推动“互联网+”工程实施。抓好海关综合服务设施和出入境检验检疫技术业务用房建设，力争年内主体完工。

更加注重招商引资成效。把开发区作为招商引资的重要平台，围绕产业链条、产业集群、产业目录，创新招商方式，充实招商引资项目库、客商库、信息库、人才库，编制“招商地图”，实施精准招商和跟踪服务，促进项目落地投产。充分发挥驻外办事处在招商引资中的窗口和桥梁作用，组织开展专业性、系统性专场推介对接活动。加大对签约项目的开工率、资金到位率进行考核，力争境外到位资金达到5亿美元以上。

（八）狠抓城乡一体化发展

城乡一体化是推进新型城镇化的必由之路。我们必须坚持以“五个统筹”为引领，以“五规合一”为路径，以城中村、棚户区改造为主线，优化城乡空间布局，加快上党城镇群建设，推动城乡共同繁荣。

推进主城区扩容提质。全力推动行政区划调整，优化城市发展框架，全面启动主城区城中村、棚户区改造，年内完成36个城中村整村拆除任务，新开工棚户区改造11400套，基本建成8000套。围绕行政区划调整、城中村改造、棚户区改造，开工建设一批市政道路、桥梁等市政基础设施工程。启动机场与高铁站、东客站的快速通道建设。积极推进海绵城市建设，加大黑臭水体治理力度。推进污水处理、污泥处置、生活垃圾发电等PPP项目建设。加快太行公园改造和人民公园动物区搬迁。全力推进207、208、309国道过境段改线工程，全面完成“三河一渠”综合治理，形成主城区20公里长的环城水系、112公里的环城公路、135公里的绕城高速的三环格局。

提升城乡综合管理水平。引深“五道五治”行动，形成常抓常管严抓严管的环境整治长效机制，从根本上改善城乡人居环境。深入推进城市执法体制改革，实现市县政府城市管理机构的综合设置，行政处罚权的集中行使。实施路灯节能改造和街道亮化提升工程，鼓励有条件的既有建筑增设电梯。加快智慧城市建设，促进大数据、物联网、云计算等现代信息技术与城市管理服务深度融合，提升智能化管理水平。做好国家卫生城市的复审验收工作。

加快上党城镇群建设。推动主城区与周边县市的设施对接、产业对接、机制对接、服务对接，加快推进规划编制、基础设施、公共服务、产业布局、制度安排“五个一体化”，规划建设一批特色小镇，积极推进医疗、教育等基本公共服务城乡均等化，有序推动水电路气等基础设施城乡联网、共建共享。促进符合条件的农业转移人口有序落户城镇，稳步推进城镇基本公共服务常住人口全覆盖，使农业转移人口与城镇居民享有同等权利和义务。

建设美丽宜居乡村。大力实施农村人居环境改善四大工程。以贫困村脱贫、沉陷村搬迁、城中村改造、中心村提升、文化村发展旅游为重点，抓好“改气、改厕、改水、改电”，切实改善农村生产生活条件。新创建12个省级、20个市级美丽宜居示范村，改造农村危房7038户，推进5个农村垃圾治理试点县建设，所有行政村全部建成乡村清洁工程达标村。

（九）狠抓文化软实力培育

上党文化源远流长，底蕴深厚，发展潜力巨大。我们要像挖掘地下资源一样挖掘文化资源，像抓经济建设一样抓文化建设。

完善公共文化服务体系。巩固提升国家公共文化服务体系示范区创建成果，加快推进市博物馆、图书馆、档案馆建设。完善市县乡村公共文化服务设施，实施数字图书馆、电子阅览室、数字农家书屋等公共文化数字服务项目。实施优秀传统文化传承发展工程和乡村文化记忆工程。启动文化资源大调查，动员社会力量参与文物保护利用，深入挖掘、保护、传承非物质文化遗产。

大力推进文化惠民。继续办好周末大剧院、流动图书车、农村公益电影放映、上党文化大讲堂等文化惠民活动。倡导全民阅读，建设书香社会。加强网络文化建设，净化网络环境。做好修志编鉴工作。强化文化艺术人才队伍建设和文化市场管理，加快推进市梆子剧团、落子剧团、豫剧团、杂技团四个院团的排练场地建设，力争年内投入使用。

加快发展文化产业。做好文化产业统计普查。促进文化与旅游、科技、信息、体育、金融等产业融合发展。推动传统媒体与新兴媒体深度融合。办好武乡八路军文化旅游节、黎城太行红山国际自行车骑游文化节、沁县端午民俗文化节等文化节庆活动。积极发展文化创意、动漫游戏、数字出版等新业态，支持中小微等各层次文化企业发展，着力打造一批市场化的产业基地。

加强精神文明建设。牢固树立社会主义核心价值观，大力弘扬太行精神、纪兰精神，深入开展社会公德、职业道德、家庭美德和个人品德教育，选树长治好人、道德模范、文明家庭，培育良好家风。推动移风易俗，树立文明乡风民风。拓展群众性精神文明创建活动，争创第五届全国文明城市，提高全社会文明水平。

（十）狠抓生态文明建设

绿水青山就是金山银山。生态环境没有替代品，用之不觉、失之难存。我们要顺应人民群众关切，坚持不懈加强生态文明建设，努力建设山清水秀、天蓝地绿的美丽家园。

突出大气污染防治。严格落实京津冀大气污染“2+26”城市群联防联控，把全市划分为大气污染防治敏感区、严控区、监管区，实施按区预警、因区施策。不断深化“控煤、治污、管车、降尘”措施，全面开展县城建成区燃煤锅炉整治，实施主城区及周边农村冬季取暖煤改电、煤改气替代工程。开展“小散乱污”企业专项取缔行动，实施工业企业冬季采暖期错峰生产。持续提升油品质量，推进机动车尾气污染防治。强化扬尘污染控制。实施20项节能技术改造项目，加强企业节能降耗。持续保持环境执法高压态势，对偷排偷放、数据造假、屡查屡犯的企业依法严肃查处、上限处罚。

强化水污染防治。全面实施“河长制”，综合利用好地表水，严控地下水开采。全力保护上党盆地、长治湿地，完成5项湿地生态工程。辛安泉供水和东山供水工程正式投用，加快推进县域小水网建设。全面完成县城污水处理厂提标改造，加快工业集聚区污水处理厂建设，实现城镇生活污水、工业园区污水直排清零，确保水质断面达标。

注重土壤污染防治。落实最严格的耕地保护制度，牢守539万亩耕地红线。全面落实国家《土壤污染防治行动计划》，启动农用地污染状况详查。加大土壤环境监测力度，实施农用地分类管理，加强农业面源污染防治，实施化肥农药零增长行动，保障农业生产环境安全。开展污染场地环境风险评估制度建设，明确保护、禁止、限制的措施要求。

创新环境保护机制。启动生态保护红线划定，编制《长治市生态保护红线划定方案》，合理确定县市区生态保护红线划定的区域和面积。坚持资源集约节约高效利用，把土地产出率作为重要考核指标，提高土地集约节约高效利用水平。大力推行排污者付全费的环境污染第三方治理，全面实施主要污染物排污权有偿使用和交易制度。扩大企业在线监测范围，重点企业监测、重大项目验收全覆盖，强化环境风险防控，提升预警、应急处置能力，确保全市环境安全。

打造生态安全屏障。加强以太行山绿化、退耕还林为重点的林业生态建设，推进林业产业提质增效，强化森林资源管护，完成营造林面积30万亩。创建1个森林县城、10个森林乡镇、100个森林村庄。抓好浊漳河南源河流生态修复工程，治理水土流失面积45万亩，完成2566户的采煤沉陷区治理。

（十一）狠抓民生改善

民生是为政之要，必须时刻放在心头、扛在肩上，要持之以恒为群众办实事、解难事，促进社会公平正义，增进人民福祉。

扎实办好“六件实事”。今年省政府确定了要为广大群众办好的“六件实事”，我们要全力落实、抓紧抓好。一是实施4410名残疾预防重点干预和残疾儿童抢救性康复项目。二是对3个国家贫困县3.2万名建档立卡的农村妇女免费进行“两癌”筛查。三是为全市城乡怀孕妇女提供免费产前检查和诊断服务。四是新建79个农村老年人日间照料中心。五是实施8000名建档立卡农村贫困劳动力免费职业培训。六是免费送戏下乡800场。

着力促进就业创业。全面落实创业就业扶持政策，实施职业培训全覆盖计划，不断深化创业型城市建设。推进高校毕业生就业创业促进计划，实施“三支一扶”、就业见习等基层服务项目，吸纳更多高校毕业生就业。扎实开展就业援助专项行动，托底帮扶就业困难人员，确保零就业家庭动态清零。做好城镇失业人员、“4050”人群、退役军人、残疾人等群体就业工作。培育农村劳务经纪人，提高农村劳务输出组织化程度。

优先发展教育事业。认定扶持90所普惠性幼儿园，确保学前三年毛入园率达到90%以上，全面规范学前教育办学。主城区8所义务教育学校建设主体基本完工，完成180所农村寄宿制学校的标准化建设，确保长子县、长治县今年通过国家义务教育发展基本均衡县验收。主动适应高考改革，全市所有普通高中办学条件基本通过达标验收，稳定提升高中阶段教育水平。科学设置专业，加强产教融合，开工建设职教园区，加快推进体校搬迁，推进职业教育健康发展。落实“1331”工程，加大市校合作，加快发展高等教育，长治幼儿师范高等专科学校力争秋季先期招生。加强师德师风建设，不断提升教学研究水平。

完善社会保障体系。积极推进养老保险制度改革和城乡居民医保制度整合。提高城乡低保标准，推动脱贫线、低保线有效衔接。提高城乡基本医保财政补助标准。不断完善社会救助体系，加强流浪乞讨人员和流浪未成年人救助。推进殡仪基础设施建设，加快殡葬业改革。加快推进城市社区养老中心建设，实施残疾人精准康复服务行动。锲而不舍解决农民工工资拖欠问题，决不允许他们的辛勤付出得不到应有的回报。全面实施全民参保登记，逐步消除社会保障覆盖盲点，实现人人享有基本社会保障。

加快发展健康事业。加快市医院、市二院综合楼、市妇幼保健院改扩建、市中医院、精神卫生中心、突发公共卫生事件救治基地、市儿童医院等项目建设。落实医药流通领域“两票制”改革，推进城乡药品配送一体化。积极推进县乡医疗卫生机构一体化改革，提升市县医疗机构服务能力。实施乡村卫生标准化覆盖和健康扶贫工程，提高乡村医生待遇。全面落实两孩政策，继续实施新生儿疾病筛查“健苗工程”。加强公共卫生安全体系建设，争创食品安全城市，确保食品药品安全。推进全民健身和全民健康深度融合，积极争取、主动创办大型赛事活动，做好第二届全国青年运动会长治赛区的筹备工作。

发展妇女儿童、老龄、慈善和红十字会等事业，加强气象、地震、人防、科普、档案、双拥共建、地方志等工作。做好民族宗教、外事、侨务、港澳、对台等工作。扎实做好国防教育、国防动员、民兵预备役工作。继续做好对口援疆工作。

（十二）狠抓安全稳定工作

人命关天、安全至上。我们一定要牢固树立总体安全观，以铁的担当尽责，铁的手腕治患，铁的心肠问责，铁的办法治本，坚决守住“三条底线”，绝不让安全稳定问题影响干扰转型发展大局。

压实安全生产责任。坚持“党政同责、一岗双责、企业主责、失职追责”，按照“管行业必须管安全、管业务必须管安全、管生产经营必须管安全”的要求，严格落实各级各部门的安全生产监管责任。全面推行安全生产挂牌责任制，实现所有工商登记注册生产经营单位安全监管全覆盖。严格落实企业安全生产主体责任，切实做到安全责任、管理、投入、培训和应急救援“五到位”。

强化安全生产监管。健全安全生产夜查突查和“两议一报”制度，始终保持安全监管高压态势。进一步优化安委会组织架构，设立多个行业专委会，构建运行高效的安全生产协调机制和组织管理格局。充实市县两级安全生产监管执法人员，强化乡镇（街道）监管力量，完善开发区、工业园区、风景区等功能区的安全生产监管。抓好山西省应急救援长治基地建设，运用现代化手段加强监管，切实提高应急处置能力。

强力整治安全隐患。全面开展安全风险排查和评估，从人防、物防、技防等方面制定管控措施，实行差异化动态监管。在各行业各领域全面开展安全隐患大排查大整治，严厉打击各类非法违法生产经营建设行为，真正把隐患当事故对待，坚持问题导向，对隐患问题盯死盯牢，对查处的隐患不解决不放过，实现隐患动态清零，确保安全生产事故起数、死亡人数持续“双下降”，全市安全生产形势保持稳定。

维护社会大局稳定。深化社区“网格化”管理，加强对特殊人群的帮扶和管理，做好社区矫正工作。创造良好金融生态环境，严厉打击恶意逃废金融债务和非法集资活动。扎实做好信访工作，完善社会稳定风险评估机制，有效调处化解各领域矛盾纠纷。健全应急管理和防灾减灾体系，不断提高突发事件应急处置能力。深入推进平安长治建设，持续打好“六大战役”，狠抓社会治安综合治理，努力营造和谐稳定的社会环境。

四、切实加强政府自身建设

推动转型发展，创优发展环境，政府肩负着最直接、最重要的责任，我们要义无反顾地把如期实现脱贫攻坚、全面建成小康社会这一历史重任担当起来，始终坚持党的领导，始终尽心履职尽责，始终忠诚干净担当，切实加强人民政府、法治政府、效能政府、担当政府、廉洁政府建设，不断提升政府治理体系和治理能力现代化水平。

始终坚持为民尽责。牢固树立以人为中心的发展思想，全心全意为人民服务是我们的根本宗旨，所有工作都要体现人民意愿、维护人民利益、接受人民监督。全面推行行政决策、执行、管理、服务、结果公开，保障人民群众的知情权、参与权、表达权、监督权。坚决执行人大及其常委会决议决定，依法向人大及其常委会报告工作，主动接受人大法律监督、工作监督、政协民主监督、人民群众监督和社会舆论监督，认真办理人大代表建议、政协提案、人民群众来信来访，件件有回音、事事有着落。加强与各民主党派、工商联、无党派人士和人民团体联系，积极支持工会、共青团、妇联等人民团体开展工作，广泛听取各方面意见建议。畅通与群众沟通渠道，坚持群众路线，重大决策问计于民、问需于民，主动深入基层、深入一线，真正帮助群众解决实际困难和问题。

始终坚持依法行政。深入贯彻全面依法治国要求，尊崇法治、敬畏法律、依法办事。坚持科学决策、民主决策、依法决策，实行重大行政决策合法性审查机制、终身责任追究制和责任倒查机制。加大决策咨询力度，推进政府智库建设。全面推行政府法律顾问制度，加强行政复议和应诉工作，扎实做好地方立法工作。积极推进综合行政执法体制改革，探索建立行政执法全过程记录、重大行政执法决定法制审查等制度。全面推开“双随机、一公开”，随机确定执法人员和检查对象，公开执法结果。深入开展“七五”普法，加强公共法律服务体系建设，搞好法律援助工作。

始终坚持创优环境。按照审批最少、流程最优、体制最顺、机制最活、效率最高、服务最好的要求，扎实推进“放管服效”改革，推进“互联网+政务服务”，进一步完善项目联审联批制度，推行投资审批网上办理，让企业、群众办事更高效、更便捷。持续推进商事制度改革，切实加强事中事后监管。建立覆盖市县乡政府的“13710”电子督办平台，构建起横向到边、纵向到底的抓落实体系，将重大决策部署、重要改革事项、重点工作任务、重点产业项目纳入平台管理实行限时办结，见人见事、见根见果、确保实效。畅通“直通政务厅”，办好“市长县长接听”，做到企业问题有处说，群众问题有人答。

始终坚持干事担当。我们要干字当头、真抓实干、埋头苦干。改进政府工作方式，扎实推进基层组织、基础工作、基本能力建设，强化政策导向，细化行动目标，精准方案要求，实行重点工作清单化、项目化、责任化管理，建立清晰明确的责任可追溯体系。面对艰难险阻、不推不躲，知难而进、迎难而上，以逢山开路、遇水架桥的勇气，在全面深化改革中攻坚克难，在履职尽责中推动发展，切实把责任扛起来，把担子挑起来，真正做到守土有责、守土负责、守土尽责。建立健全激励机制和容错纠错机制，鼓励大胆创新，宽容合理失误，对工作主动作为、行动迅速、成效明显的予以褒奖，对工作落实不力、效能低下、敷衍塞责、弄虚作假的慢作为、不作为、假落实、不落实行为严肃追责问责。

始终坚持廉洁自律。认真贯彻党的十八届六中全会精神，严格执行《准则》《条例》，履行好各级政府党组落实全面从严治党任务的主体责任，严肃党内政治生活，深入推进政府系统党风廉政建设和反腐败斗争。坚决把纪律和规矩挺在前面，健全“把权力关进制度笼子”的长效机制。加强审计监督，强化对重点领域、关键环节的监督制约。牢固树立过紧日子思想，拒奢尚俭，严控“三公”经费支出。严格落实中央“八项规定”和国务院“约法三章”，一以贯之纠正“四风”，严查损害群众利益的不正之风和腐败问题。全体政府公务人员要始终持廉守正，干干净净为人民做事。

各位代表，转型发展时不我待，全面小康只争朝夕。让我们在省委、省政府和市委的坚强领导下，团结带领全市人民，凝心聚力，开拓进取，撸起袖子加油干，努力把长治打造成为山西重要增长极，为如期实现脱贫攻坚和全面建成小康社会目标而努力奋斗，以优异成绩迎接党的十九大胜利召开！

关于2016年国民经济和社会发展计划执行情况与2017年国民经济和社会发展计划草案的报告

——2017年3月16日在长治市第十四届人民代表大会第一次会议上

长治市发展和改革委员会主任 桑利刚

各位代表：

受市人民政府委托，现将2016年国民经济和社会发展计划执行情况与2017年国民经济和社会发展计划草案提请市十四届人大一次会议审议，并请市政协委员和其他列席人员提出意见。

一、2016年全市国民经济和社会发展计划执行情况

2016年，面对异常严峻复杂的经济形势，全市上下在市委、市政府的坚强领导下，在市人大的有力监督和市

政协的大力支持下，认真贯彻落实党中央、国务院和省委、省政府一系列决策部署，紧紧围绕“打造成为山西重要的增长极、如期实现脱贫攻坚和全面建成小康社会”的目标，坚定不移推进供给侧结构性改革，坚定不移实施创新驱动、转型升级战略，统筹推进稳增长、促改革、调结构、惠民生、防风险等各项工作，全市经济发展“企稳、回升、向好”，实现了下半年好于上半年的目标。

全年全市地区生产总值完成1269.2亿元，增长4.6%。规模以上工业增加值完成583.1亿元，同比增长2.5%。固定资产投资完成1514.4亿元，增长5.1%。公共财政预算收入完成98.53亿元，同比增长2.2%。社会消费品零售总额完成566.62亿元，增长8%。城镇居民人均可支配收入达到28094元，增长6.4%。农村居民人均可支配收入达到11863元，增长6.9%。城镇新增就业4.06万人，超额完成年度任务。城镇登记失业率1.96%，控制在目标4.2%以内。居民消费价格涨幅0.9%，低于3%的年度目标。约束性指标除空气质量优良天数外，万元地区生产总值能耗、二氧化碳排放量、用水量降幅，劣V类水体比例、二氧化硫、化学需氧量、氨氮、氮氧化物、烟尘、粉尘排放量降幅、农村贫困人口脱贫人数、城镇棚户区住房改造数量等均完成年度任务。

（一）突出精准施策，全面落实稳增长政策，经济企稳回升基础进一步巩固。

*经济增速稳步回升。*先后出台《关于贯彻落实省政府“20条措施”促进工业稳定运行提质增效实施方案》、《关于推进实体经济发展的若干措施（试行）》等企业减负措施，地区生产总值一季度增长1.4%、上半年增长1.6%、前三季度增长3.1%，全年增长4.6%，经济持续向好，增速较上年提高7.5个百分点，总量稳居全省第二。

*积极扩大有效投资。*推进项目审批、服务方式等方面的创新，建立领导包联重点项目、部门联系对口项目、长效跟踪督查项目等制度，全面开展“各类受理项目大起底”，全市共起底项目1756项，对项目逐个梳理摸底、弄清原因，分类施策进行处理督办，有力地促进了投资增长和结构优化，全年固定资产投资增速高于全省4.1个百分点。

*促进居民消费扩大升级。*开展“百日千企让利促消费”“夏季惠民生促消费”“山西品牌中华行”等专题活动，加快凯德世家、万达广场等商业综合体建设，推动锦东创业园区、城区晋东南国际等电子商务集聚，培育村捷、千汇、京东蓝普等本土电商，全年社会消费品零售总额增速高于全省0.6个百分点。

*大力扶持实体经济。*深入开展“千名干部入企服务”，市县两级选派1391名干部，组成465个入企服务工作小组深入企业服务，共发现问题1226个，解决1174个，解决率95.8%，切实帮扶企业发展，进一步巩固了工业经济企稳向好的发展态势，全年规模以上工业增加值增速比上年提升12.4个百分点。

（二）突出问题导向，深入推进重点领域和关键环节的改革，为经济社会发展注入新的活力。

*供给侧结构性改革成效明显。*去产能任务全面完成，全年压减产能120万吨，原煤产量10854.3万吨，同比下降8.6%。去库存措施积极，全年商品房销售面积达219万平方米，同比增长2.69%。去杠杆稳妥推进，积极发展“一区一会三平台”金融服务体系，长治民间融资服务平台已成功吸纳11家小贷公司，累计为中小企业放款超过2.5亿元。降成本成效显著，组织发电企业和用户直接交易，2016年直接交易电量32.55亿度，节约用电成本2.4亿元。补短板力度加大，全年新兴产业、基础设施投资增速达12.2%、18.6%，高于固定资产投资7.1和13.5个百分点。

*转型综改稳步推进。*编制出台了《转型综改2016–2020年实施方案》和《转型综改2016年行动计划》，全年出台《长治市创新型城市实施意见》《长治市推广运用政府和社会资本合作模式实施方案》《长治市固定资产投资项目联审联批实施方案（试行）》等制度性文件19个，阶段性任务基本完成。

*重点领域改革深入推进。*通过实施一系列改革举措，不断释放改革红利，推动发展调速不减势、量增质更优。深化行政审批制度改革。启动实施重点项目联审联批制度，对市级权限内审批、核准、备案的项目全部实行并联审批，政府投资项目审批时限由原来的446天缩减为20个工作日。截至目前，办理审批事项242项，审批效率大大提高。深化金融体制改革。成立了市政府投资管理有限公司和扶贫开发投资有限公司两个融资平台，政府投资管理公司已完成新能源公交车、市妇幼保健院、市二院等5个项目的融资工作，累计融资5.28亿元，扶贫开发投资公司正在制定管理办法。深化土地制度改革。积极落实耕地占补平衡，通过购买运城水浇地指标1500亩和易地补充耕地占补平衡指标1358亩，解决了长临高速公路、长子高河低热值煤发电等一批省市重点工程土地问题。深化农村制度改革。潞城15个农村集体产权制度改革试点村，已全部完成集体经济组织成员身份界定，有经营性资产的村集体正在进行清产核资。召开了全市资产收益扶贫试点工作推进会，11个县市每县确定2–3个村（乡镇）先行开展试点工作。农村产权流转交易市场全面建成，全年受理25宗交易，累计交易金额61.7万元，规范流转交易合同129份。

（三）突出创新驱动，积极推进一二三产融合发展，产业结构调整升级明显加快。

*加大农业扶持力度。*大力实施“双十”增收富民工程，探索一、二、三产业融合发展，加快现代农业示范园区、干果经济林建设，农业综合生产能力明显增强。加快推进长子县、屯留县、襄垣县、沁县4个县的新增粮食产能项目建设，推进长子县和壶关县的高标准农田建设，全市完成农田实灌面积143.8万亩、高标准农田建设6.67万亩，粮食总产量达到16.2亿公斤，增长3%。

*推动新兴产业加快发展。*煤化工，编制了《长治市煤化工中长期发展规划》，规划已通过专家论证，长治煤化工基地建设已初步列入全省产业转型升级示范区。装备制造，成功举办第二届长治制造展销推介周，积极推进老工业基地搬迁改造，加强军民融合，城南工业园成为我省第一家国家军民融合产业示范基地。新能源，光伏发电，沁源王凤村、平顺龙溪镇、襄垣小堡底村等70兆瓦分布式光伏项目已全部并网发电。风力发电，平顺阳高、长子仙翁山、长子石哲等20万千瓦风电经省发改委核准。新材料，加快推进超级电容、铝镁合金、单层石墨烯等新材料新技术的产业化，为打造全省重要新材料产业基地奠定了坚实基础。2016年全市新兴产业增加值增长8.8%，高于工业增速6.3个百分点。

*加快推进现代服务业发展。*贯彻落实《山西省进一步支持服务业发展的若干措施》和《山西省“十三五”服务业发展规划》，持续推进金融、物流、文化旅游等现代服务业发展，晋城银行、兴业银行、银河证券入驻我市，长子轩阳物流等投入运营，壶关和平顺正式被国家旅游局列入了全国首批创建全域旅游示范区，全年服务业增长6.8%，高于GDP增速2.2个百分点。

（四）突出优化空间布局，统筹推进新型城镇化建设，城市功能更加完善。

*主城区改造力度加大。*改造老旧路，加快过街天桥、人行步道、自行车道、无障碍设施和公共停车场等配套设施建设，努力破除城市交通拥堵瓶颈。加快城中村和棚户区改造，新开工城镇保障性安居工程12044套，基本建成各类保障房12022套。主城区实施城建重点工程41项，完成征迁8.41万平方米，完成投资15.72亿元。

*城乡基础设施逐步完善。*全市新建改造道路141公里、供水管网152公里、供气管网164.6公里、供热管网147.4公里、污水管网66公里、雨水管网140公里，新增城市集中供热面积500万平方米。供水普及率、集中供热普及率、燃气普及率、污水处理率分别比上年提高0.11、2.63、1.43、0.12个百分点，城市功能日益完善。

*扎实推进城乡人居环境改善。*全年城市人居环境改善“四大工程”完成投资177.6亿元，完成年度任务103.8%。农村人居环境改善“四大工程”完成投资32.16亿元，完成年度任务133.2%。新启动的“五道五治”行动进展顺利，城乡道路沿线环境治理成效明显，人居环境得到改善，城市面貌焕然一新。

*重大工程取得显著进展。*铁路方面，太焦客专项目2016年5月得到国家发改委批复，6月16日神农隧道工程先期开工，10月10日长治境内5个标段全部开工建设，拉开了我市进入高铁时代的序幕。机场方面，机场航站区改扩建项目民航专业工程完成招标，非民航专业工程前期正在加快推进，预计今年上半年开工。公路方面，国道过境207、208、309环线工程已全面开工。

（五）突出环境综合治理，强力推进治污减排，生态环境质量不断改善。

*严格落实环保责任。*坚持“党政同责、一岗双责、齐抓共管”原则，将省委、省政府重点检查的5大类、30项重点任务和市委、市政府明确的61项重点任务逐项分解，实行台账管理、挂图作战，做到责任全覆盖。

*坚持铁腕抓治污。*组建“减煤、治企、降尘、控车、净烟、碧水”6个专项行动指挥部；出台《长治市加强环境保护联合执法的实施意见》《长治市加强环境保护十二条措施》等近百项工作制度和方案。对全市13个县（市、区）和高新区、8个市直有关部门、560家工业企业、65个建筑工地、85条道路进行“地毯式”专项督查。集中打响工业烟尘治理达标排放、重污染企业关闭搬迁等十大攻坚战。在全社会的共同努力下，主要污染物排放量削减幅度圆满完成了年度目标。

*加大环境违法打击力度。*建立环保“黑名单制度”，对环保约谈中涉及的6个县（市、区）和29家企业负责人进行集中约谈警示；先后向195家违法企业下达限期治理通知，累计罚款4500余万元。

*加强生态保护和修复。*重点开展浊漳河、清漳河、沁河流域水环境治理，浊漳河南源河流生态修复工程正式启动。两山造林、两林富民、两网绿化等林业工程进展顺利，全年完成造林30.49万亩，占总任务的101.6%。采煤沉陷区治理全年开工11个乡镇，开工率85%，完成投资11.76亿元，完成率182%。

（六）突出精准帮扶，坚持“五个一批”，合力推进脱贫攻坚。

*深化干部帮扶。*制定了领导干部带头帮扶、机关单位包村帮扶、党员干部到户帮扶、工作队员驻村帮扶和“第一书记”任职帮扶的“五帮联动”机制。实现了全市893个贫困村，88155户贫困户，21.77万贫困人口的帮扶全覆盖。

保障政策机制。组建脱贫攻坚总指挥部，下设产业发展、易地搬迁、促进就业等8个指挥部，统筹扶贫资金，积极争取中央、省、市资金5.9亿元，改革扶贫项目“报账制”，加快拨付资金和项目进度，推行建立“项目库”，全市财政专项扶贫资金滞留结转工作已达到省要求。

持续精准发力。建设72个村级光伏电站和1个地面电站，惠及1941户、5436名贫困人口。建成县级电子商务中心2个、服务站6个、村级服务网店70个，帮扶100余名贫困人口实现了创业。通过龙头企业带动，发展特色农业、乡村旅游、中药材种植等，带动3900人实现脱贫。2016年全市实现222个贫困村退出，56513名贫困人口脱贫，国家贫困县省级第三方评估工作顺利通过验收。

（七）突出招商引资，进一步加强内引外联，开放水平明显提高。

大力开展招商引资。“民企入晋”方面，主动对接全国工商联110家企业、全国民营企业500强，大会签约项目51个，总投资606亿元，完成省任务（100亿元）的606%。赴北京、南京、深圳等地开展多场招商活动，签约项目63个，签约额588.44亿元。同时，积极对接“一带一路”，组织16家企业赴俄罗斯、蒙古开展经贸交流和项目对接，签订贸易合同4.8亿元。

积极承接产业转移。制订出台承接东部地区加工贸易产业转移工作方案，派出多路小分队前往广东、江苏、浙江等地对接洽谈，通过产业承接、会展承接、园区承接等多种方式，全市承接广州中科飞创工业级无人机、江苏常州亚玛顿光伏玻璃深加工等5个产业项目。

（八）突出基本公共服务，加大民生投入，努力让人民群众有更多的获得感。

社会保障体系不断完善。人均基本公共卫生服务经费财政补助由40元提高到45元。城镇居民基本医疗保险财政补助标准由380元提高到420元。农村低保标准与国家扶贫标准实现“两线合一”，全市农村低保标准平均增幅4.8%，平均年标准达到3139元，高于全国3026元的扶贫线。

教育卫生事业全面发展。启动了主城区新建、改扩建8所义务教育学校工程，促进优质教育资源均衡布局。继续推进县级公立医院改革，市医院综合楼和全科医生临床培养基地、市二院综合楼等重点民生工程已开工建设。

坚持不懈抓好安全生产。坚持把人民群众的生命安全放在首位，强化红线意识。地方煤矿百万吨死亡率0.019、亿元GDP死亡率0.119，均低于全省平均水平。全年共发生安全生产事故173起、死亡152人，同比分别下降1.7%和2.56%，继续保持“双下降”态势，安全生产形势总体平稳。

刚刚过去的2016年，我市经济能够稳住很不容易，出现诸多向好的变化更为难得。但也要清醒地看到，我市经济仍处于困难时期，经济发展中的突出矛盾和问题依然不少，总量性、结构性、支撑性、素质性、资源环境约束性问题仍是制约我市经济发展的明显短板。我们必须采取有效措施，切实加以破解。

二、2017年经济社会发展总体安排和主要任务

2017年全市上下要贯彻落实好市委十一届二次全会暨经济工作会议精神和政府工作的总体要求：以习近平总书记系列重要讲话精神和治国理政新理念新思想新战略为根本指针，全面贯彻省、市十一次党代会和十一届二次全会暨经济工作会精神，按照省委“一个指引、两手硬”的重大思路和要求，牢固新发展理念，坚持稳中求进工作总基调，全面实施创新驱动、转型升级战略，坚持以提高发展质量和效益为中心，以全面深化“双改”为主线，以“对表、对标、对接”为要求，全力创优发展环境，促进经济稳步向好和社会和谐稳定，为如期实现脱贫攻坚和全面小康奠定坚实基础，以优异成绩迎接党的十九大胜利召开。

全市经济工作的方向和路径：围绕“全面打造山西重要增长极”和“如期实现脱贫攻坚和全面建成小康社会”的目标，紧扣“两个规划”，突出“一个中心”，坚持“两个抓手”，强化“三大支撑”，在转型发展的新征程上迈出长治坚实的步伐。具体讲“两个规划”就是紧扣《中原经济区规划》和《中原城市群发展规划》，“一个中心”就是突出打造“六大工程”长治版，“两个抓手”就是坚持一手抓传统产业、一手抓新兴产业，“三大支撑”就是强化改革、创新、开放三大支撑。

全市2017年国民经济和社会发展主要指标建议是：预期性指标：地区生产总值增长5.5%左右；固定资产投资根据新的统计口径研究设置；公共财政预算收入与上年持平；社会消费品零售总额增长7%左右；城镇居民人均可支配收入增长6%左右；农村居民人均可支配收入增长6%以上；城镇新增就业3.3万人；城镇登记失业率控制在4.2%以内；居民消费价格涨幅控制在3%左右。约束性指标：万元地区生产总值能耗下降3.2%，万元地区生产总值二氧化碳排放量下降3.9%，万元地区生产总值用水量下降3%，细颗粒物（$PM_{2.5}$）浓度下降比例、城市空气质量优良天数比例、劣V类水体比例、二氧化硫、化学需氧量、氨氮、氮氧化物减排幅度等指标全面完成省下达任务。农村贫困人口脱贫人数6.8万人、城镇棚户区住房改造确保完成省下达任务。

为完成上述任务和目标，重点做好以下 8 个方面的工作。

（一）全力抓好扩大有效投资，突出重点，务求实效

投资是“双引擎”，当下能增加需求，长远能改善供给。要转变投资工作理念，着力扩大有效投资，持续释放需求潜力，实现从重数量增长向重质量效益提升的转变。

全面对接“六大工程”。战略性新兴产业培育工程。重点推进潞安 180、襄矿 20 万吨乙二醇和 40 万吨聚氯乙烯投产。抓紧推进成功 30 万辆新能源汽车、振东抗肿瘤系列产品创新研制和产业化、康宝血液制品等项目建设。能源产业创新工程。重点推进长子高河 2×66 万千瓦低热值煤发电，漳泽发电厂 2×100 万千瓦“上大压小”改扩建工程，长子中联煤层气开发示范工程（一期），平顺阳高、长子仙翁山、长子石哲等 20 万千瓦风电，潞城盛洋、长子方兴、武乡潞安等 10 万千瓦光伏等项目建设。传统优势产业提质工程。重点推进中钢科技特材项目、液压高性能自主化产业基地、易通年产 120 台（套）烟气脱硝一体化设备等项目建设。现代服务业发展工程。重点推进太行神龙湾旅游区开发、壶关太行欢乐谷、万达广场、烟草物流配送中心、惠丰养老院扩建、龙湖山庄养老公寓等项目建设。特色现代农业增效工程。重点推进黎城 20 万亩中药材基地、长子县 30 万亩连翘基地、紫团百素珍三产融合项目、沁源中峪小杂粮深加工、襄垣林盛果业开发等项目建设。“双创”孵化新产业新业态工程。重点完成长轴、长丰、天空之城创业文化园区等创业基地建设。

加快推进基础设施建设。铁路、公路、机场等基础设施工程。重点推进太焦客专、大峡谷旅游铁路、机场改扩建、长临高速公路、长邯高速公路拓宽改造工程、旅游公路建设、国道 207、208、309 长治过境段等。水利基础设施项目。重点推进西汤水库、岚河、涅河河道治理、天脊、潞安、潞宝小水网改造等。社会事业项目。重点推进殡仪馆整体搬迁、动物园搬迁、体育运动学校搬迁、太行公园改造、太行太岳烈士陵园维护改造等。新型城镇化建设工程。重点推进城镇基础设施、生态环境治理、城乡人居环境改善等项目。

加快开发区建设。突出抓好整合、改制、扩区、调规，加快高新区“一区多园”发展，形成以高新区为龙头，每县一区的发展格局。进一步加大招商引资力度，重点抓好以开发区为载体的项目引进工作，力争每个园区至少引进落地 2 个以上的产业项目。统筹产业布局，今后凡是新上项目原则上全部入驻开发区，根据各开发区主导产业进行统一布局，开发区内原有企业同主导产业不相符的逐步“腾笼换鸟”，实现开发区产业化、特色化、差异化发展，尽快开展“九通一平”“标准厂房”建设工作，吸引更多大企业、大集团落户开发区。

创新投融资体制机制。进一步激活民间投资。在基础设施、公用事业领域大力推广政府和社会资本合作（PPP）模式，对已推出的 PPP 项目，要聘请有经验的中介机构，做好项目包装、推介，促使其尽快取得实质性进展，继续筛选和推出新的 PPP 项目，今年力争一批 PPP 项目落地。同时设立民营经济转型发展基金，采取政府注资、吸收银行等金融机构资金和社会资本的方式募集资金，助推民营经济转型发展融资工作。进一步优化政府投资。积极发挥财政资金“四两拨千斤”作用，通过投资补助、基金注资、贷款贴息等方式，支持社会资本参与重点领域建设，引导社会资本投向政府鼓励的领域。进一步争取上级资金支持。2017 年中央预算内投资计划安排 5076 亿元，重点支持重大基础设施、科技创新、节能环保、生态建设、保障性安居工程、粮食水利、教育医疗文化等。国家的投资重点与我市投资重点领域完全契合，我市要抓紧做好项目筛选申报，积极争取更多上级资金，为项目建设提供资金支持。

完善项目推进机制。要进一步创新项目推进机制，以项目云平台为契机，建设全过程、全方位的项目跟踪、监督、管理、服务平台建设，加强项目科学管理。健全工作机制，完善领导包联、重点工程协调推进、目标责任管理等制度，加强项目考核，充分调动各方的工作积极性。

（二）全力抓好产业转型升级，优化结构，提高效益

产业转型升级是深化转型综改试验的首要任务，要着眼于打造山西重要经济增长极，以创建老工业城市和资源型城市产业转型升级示范区为抓手，改造传统优势产业，培育壮大新兴产业，走出一条资源型城市转型升级的新路。

改造传统优势产业。推进以智能化、绿色化、服务化为重点的技术改造，挖掘和提升存量产能的巨大潜力。煤炭产业把煤炭去产能与提高先进产能占比、促进结构转型升级结合起来，淘汰落后产能，综合运用产能置换等方式，在严控增量、压缩存量、主动减量的同时，推进先进产能评价认定，2017 年关停退出太行王家峪煤业、庄底煤业、师庄煤业等 3 座煤矿，压减产能 165 万吨。有序释放已列入全省先进产能的 27 座矿井 6260 万吨产能，争取 11 座矿井 2580 万吨产能进入全省先进产能行列，推进 3 座先进产能矿井建成投产，地方煤炭产量完成 5200 万吨。冶金产业支持优质关键钢品种，延伸优特钢产业链，鼓励市内普钢生产企业以市场方式组建集团或联盟，扩大市场份额。电力产业落实国家能源局关于做好煤电衔接的通知，积极拓展省内外用电市场，鼓励实施煤改电，协调推

动长治—邯郸电力外送通道，扩容京津电力输出通道。

推动新兴产业加快发展。壮大一批具有比较优势的战略性新兴产业，培育发展一批新技术、新模式、新业态。信息产业以建设“智慧城市”为主线，以完善信息基础设施、构建信息惠民体系、推进智慧管理为重点，全面推进大数据、物联网、云计算等在民生服务、城市治理等方面的应用。现代煤化工产业以高端化、精细化、集聚化为目标，继续推进全市200平方公里煤化工集聚区建设，力争建成国内产业规模一流、技术含量一流、产业链完整性一流、装备水平一流、绿色循环发展一流的国家现代煤化工基地。高端装备制造以煤机、电机、数控装备、节能环保等终端产品为依托，提升我市装备制造水平和零部件配套能力。新能源产业以光伏、风力发电、煤层气开采等为重点，积极争取“光伏发电前沿技术依托基地”，形成低碳绿色的综合能源体系。新材料产业以新型金属材料、新型有机化工材料和前沿新材料为方向，突破关键技术，拉长产业链，做精做强龙头企业，形成上下游产品配套协调加工体系。现代医药产业以特色突出、集约集聚、规模支撑为主攻方向，重点发展新型疫苗、生物制药、中药饮片、中药材种植，努力建成“国内一流的生物制药基地”“国家道地药材种植生产基地”和“国家级中药现代化科技产业基地”。汽车产业以特色化、规模化、精品化为主攻方向，做强整车、做精专用车、做优零部件，构建从整车到发动机、轮毂、动力电池、充电桩等配套优势产业链条。

推动服务业快速发展。进一步落实好促进现代服务业发展等各项政策措施。统筹推进金融服务、物流业、电子商务等生产性服务业和旅游休闲、文化体育、健康养老等生活性服务业发展。现代物流产业进一步完善长治市物流产业发展规划，促进长子能交投物流园、太行山农产品物流园等提升效益，积极打造煤炭物流基地、新材料物流基地、农产品物流基地、中药材物流基地。旅游产业全面启动“智慧旅游平台”建设，启动壶关、武乡、平顺、黎城等4个全域旅游县的旅游开发区建设。重点抓好平顺神龙湾、黎城洗耳河等景区提档升级，推动壶关太行山大峡谷创建5A景区，老爷山、振兴、方兴创建3A级旅游景区。文化产业积极发展文化创意、动漫游戏、数字出版等新业态，组织好武乡八路军文化节、沁县龙舟节、黎城自行车骑游文化节等。电子商务加强与腾讯、移动、联通、电信的战略合作，依托淘宝特色中国长治馆、山西老陈醋电商网、中国3号线煤炭网等平台，整合我市特色产品供应链，推进线上线下业态深度融合。健康产业以发展医疗服务、体育健身休闲业为重点，推动医疗、养生、休闲、保健联合发展，培育引进一批有特色的健康产业企业和带动性强的项目。

大力发展现代农业。围绕国家现代农业示范区建设，大力实施“双十”增收富民工程，提升设施农业发展水平，提高粮食综合生产能力，重点建设6个省级、20个市级精良绿色高产高效示范片。积极做好沁县、襄垣、武乡等油用牡丹的品种选育、苗木繁育、产品研发和深加工，深度研发油用牡丹食品、保健品、药品等深加工产品，完善和延长油用牡丹产业链条。加快潞宝金和生、沁县肉牛养殖、武乡大山禽业等畜牧养殖项目建设，创建国家级、省级标准化养殖示范场3个，新建、改扩建100个标准化规模养殖场区。重点培育壮大太行紫团、林盛果业、沁州黄等30个农业百强龙头企业，农产品加工龙头企业销售收入增长6.5%以上。

（三）全力抓好关键领域改革，统筹协调，有序推进

今年是“深化改革年”，要以综改、供改为主线，以开发区建设为主战场，以国有国资企业改革为重点，在完善体制机制、推动产业转型等方面先行先试，力争在局部探索中创造出可借鉴可复制的发展模式。

深化国企国资改革。按照省里确定的原则、方向和目标，进一步吃透情况、细化方案，全面开展国有资产家底清查，积极推动国资监管体制向管资本为主转变，努力提高国有资产收益。加快党政机关与所办企业脱钩改革，确保年底全面完成。出台市属国资国企改革“1+15”配套政策，推进全市17户市属国有企业全面改革。整合国有资产、国有资本和国有资源，引导国有资本参股民营经济，建立混合所有制经济，增强民营企业融资能力，提升国有资本运营水平。

纵深推进“放管服效”改革。创优发展环境，按照审批最少、流程最优、体制最顺、机制最活、效率最高、服务最好的“六个最”要求，建立多评合一、多审合一、多图联审、联合验收的新模式，打造全省审批事项最快、办事成本最低、服务效率最高、投资环境最优、兑现优惠政策最及时的城市。继续实施固定资产投资项目联审联批，以清单管理推动减政放权，清单之内依法规范履职，清单之外让市场主体法无禁止即可为。全面推行网上审批，加快投资项目在线审批监管平台应用，市、县政府有关部门对保留的与投资项目相关的审批事项，全部纳入在线审批平台，实现网上受理、办理和监管，形成同步受理、并联办理、限时办结、信息公开的审批工作模式。

深化金融体制改革。做大做强地方法人银行机构。加快农信社改制步伐。大力引进各类金融机构。加快推进民营经济转型发展基金。推动长治银行引进战略投资者，做大规模，做优品牌，提升核心竞争力和服务经济的能力。完成黎城县农信社改制工作，启动沁县、沁源农信社改制工作。引进银河证券、九州证券等金融机构入驻我市。发挥政府投资基金的引导作用，力争撬动社会资本融资规模

400亿元以上。

深化土地制度改革。千方百计解决好城乡建设用地增减挂钩拆旧复垦难问题，周转指标已到期的郊区、潞城、襄垣、平顺、黎城、沁县和长治县等7个县区，要于6月底前完成周转指标归还任务；对尚未开展此项工作的屯留、沁源要在年内启动，积极向上争取周转指标。要加大项目用地单位面积的投资率、产出率考核权重，提高土地实际利用率，走节约、集约、高效的用地之路。

推进农村产权制度改革。全面完成土地确权数据库建设、验收颁证等扫尾工作，推进农村土地所有权、承包权、经营权“三权分置”。总结提炼潞城市产权制度改革试点经验，全面铺开我市产权改革工作，通过开展村集体清产核资工作，增加农民财产性收益。

除此之外，要统筹推进科技体制、民营经济、商事制度、生态文明等其他领域改革。

（四）全力抓好城乡一体化，以人为本，优化布局

坚持规划先行、“多规合一”，坚持建设管理并重，进一步优化城乡空间布局，完善城乡一体化体制机制，推进城乡融合发展，促进城乡共同繁荣。

积极提升城市品位。立足中原城市群城市发展功能定位，挖掘长治文脉、依托山水景观、融入现代元素，努力打造人文长治、绿色长治、智慧长治。提档升级公共服务设施，博物馆、图书馆、档案馆、文化场馆全面开工，动物园、殡仪馆实现搬迁，太行公园、太行太岳烈士陵园完成改造等。加大城市基础设施建设，重点抓好15条市政道路、6座市政桥梁、2座铁路立交桥、1座人行过街天桥。推进城中村、棚户区改造，坚持整村整片、住新拆旧，按照2018年前完成棚户区改造，2020年前完成城中村改造的目标要求，确保城中村、棚户区改造工作任务按时间节点强力推进。加快地下综合管廊建设，深入推进海绵城市建设，实施路灯节能改造和街道亮化提升工程，全力打造城市景观亮化体系。推进垃圾发电厂和垃圾填埋厂建设。全面完成“三河一渠”工程，形成主城区20公里长的环城水系，112公里的环城公路，135公里的绕城高速的三环格局。

大力提升城市综合管理水平。不断引深“五道五治”行动，建立道路环境治理长效机制，按照“拆、建、管”三位一体的思路，全面整治城乡环境，提升道路沿线洁化、绿化、美化、亮化水平，实现市容市貌、县容县貌、村容村貌、户容户貌的大改观。建立城市管理长效机制，争创第五届全国文明城市，深入推进城市执法体制改革，实现市县政府城市管理机构的综合设置和行政处罚权的集中行使。

推进城乡融合发展。紧紧围绕上党城镇群建设总体部署，推进“1+6”城镇群的同城化，全力推动大县城发展战略，着力实施一批县城建设重点工程，完善县城基础设施，增强公共服务能力，提升综合承载能力，构筑以核带圈辐射面。加快谋划我市特色小城镇的发展方向、功能、特色、目标，推进捉马村商业文化风情小镇项目、沁源国际慢城建设等。深入推进“美丽乡村”建设，不断提高农村精神文明建设水平，所有行政村争创省级乡村清洁工程达标村。

完善城乡一体化体制机制。全面促进符合条件的农业转移人口有序落户城镇，稳步推进城镇基本公共服务常住人口全覆盖。加快推进规划编制、基础设施、公共服务、产业布局、制度安排“五个一体化”，有序推动县城公用设施向重点镇和中心村延伸。采取“控、管、安”消化房地产库存，“控”就是对商品房供应明显偏多或在建房地产用地规模过大的县区，适度限批，减少供地。“管”就是对已办完相关手续但长期未开发的房地产用地要依法进行调整处置。“安”就是要打通去库存与城中村、棚户区改造间的政策通道，加大货币化安置力度，有效减少可售商品房面积。

（五）全力抓好脱贫攻坚，精确瞄准、精准脱贫

打赢脱贫攻坚战，是全面建成小康社会的重要内容，事关人民福祉，要持之以恒，今年确保完成291个贫困村退出，6.8万贫困人口脱贫，沁源县省级贫困县摘帽的目标任务。

继续巩固完善主体责任。把握“健康为本、教育为基、就业为重、产业为要”的基本思路，强化政府在脱贫攻坚中的主体责任，加强脱贫成效考核。发挥脱贫攻坚总指挥部作用，进一步引深完善“五帮联动”机制，建立完善脱贫攻坚信息平台，加大涉农资金统筹整合和县级财政投入力度，实行资金预拨付制。

加快推进项目建设。实施特色产业扶贫工程，重点支持57个龙头企业，带动2.4万名贫困人口脱贫。推动光伏扶贫，建设村级光伏电站249个，总装机2.2万千瓦，带动3900人脱贫。发展乡村旅游，在平顺、壶关、武乡、沁县、黎城扶持50个村、500户发展农家乐，带动2400人脱贫。实施易地扶贫搬迁工程，规划集中搬迁安置点90个、人口10444人。实施生态扶贫工程，全面启动新一轮退耕还林4万亩，安排天然林、国家公益林、未成林造林地管护岗位3053个，实施干果经济林提质增效5.4万亩、实施林下种植中药材1万亩，带动33757人脱贫。实施就业扶贫工程，通过提供就业岗位、劳务输出、电商及特色培训，帮扶10000人脱贫。实施教育和健康扶贫工程，全面落实“雨露计划”和贫困大学生资助工作，完成贫困户千村万人就业培训1800人。

（六）全力抓好开放发展，主动对接，积极融入

全面提升对外开放水平，坚持引进来和走出去协同，抢抓国家区域发展战略机遇，主动参与中原城市群建设、强化中原经济区的联系、进一步密切与京津冀、环渤海经济圈合作、积极融入“一带一路”，协同推进战略互信、投资经贸合作、人文交流，努力形成深度融合的对外开放新局面。

*加强基础设施对接。*加强交通基础设施互联互通，完善区域间高效连接的交通网络，形成内畅外联的运输通道。高铁方面，全力以赴配合好太焦高铁建设，确保2020年12月16日全线通车。同时，要围绕中原城市群规划中“建设聊城—邯郸—长治高铁”的布局，积极做好相关前期工作，抓住提前量，打好主动仗。机场方面，按照中原城市群规划中“改扩建长治机场，进一步增开航线”的要求，积极与省民航机场集团沟通，全力做好地方配合，重点推进长治机场航站区改扩建项目全面开工建设，推进长治机场（东航站区）改扩建项目前期工作。高速公路方面，积极推进长临高速、长邯高速公路改扩建工程，力争早日开工建设黎霍高速公路。国道方面，尽快完善各项前期工作，全面铺开207、208、309国道过境段公路改建工程。

*积极推动产业对接。*装备制造，要主动与郑州宇通、洛拖等大企业、大集团建立更紧密的合作关系，把我市建成全国重要的专用车生产基地和汽车零部件产业集群。旅游业，整合区域旅游资源，联合周边城市合作共建资源互补、线路互通、客源共送、利益共享的区域旅游市场。商贸物流业，把我市物流与郑州、邯郸、安阳融为一体，通过物流业的发展使长治借中原走向东南沿海地区，使中原通过长治走向山西腹地和西北，从而实现真正意义上的融合。

*大力发展外向型经济。*紧盯国家政策，抓紧保税区、无水港等对外开放口岸的申报、选址、论证等工作，争取将晋东南的首个开放口岸落户我市。大力推进长治海关、检验检疫业务用房建设，加快长治出口监管仓、进口保税仓和长治会展中心建设运营步伐；借助“山西品牌中华行”“长治品牌天下行”活动，帮扶企业开拓中亚、俄罗斯、欧洲等国际市场。

（七）全力抓好生态环境，绿色低碳，节能环保

始终贯彻落实绿色发展理念，把生态文明建设融入经济社会发展全过程，让绿色成为美丽长治的“底色”。

*强化生产环境低碳。*高度重视环境容量对我们的约束，坚决淘汰高消耗、高污染落后产能。实施20项节能技术改造项目，建设重点企业用能在线监测平台，推进煤矸石、粉煤灰等综合利用，推动全社会发展循环经济。

*推动生活环境改善。*大气方面，打好蓝天保卫战，今年我市被纳入京津冀大气污染联防联控“2+26”城市群，要全面开展县（市、区）建成区燃煤锅炉整治，严格执行特别排放限值，确保完成国家、省下达的约束性指标。水方面，全面实施“河长制”，加大黑臭水体治理力度，全面完成县城污水处理厂提标改造。土壤方面，加大土壤环境监测力度，实施农用地分类管理，实施化肥农药零增长行动，保障农业生产环境安全。

*加强生态环境治理。*扎实推进以太行山绿化、退耕还林为重点的林业生态建设，全年完成植树造林30万亩。全面实施以浊漳河流域为重点的河流生态修复与保护工程，重点抓好浊漳河南源河流生态修复工程的前期和开工。加快推进水土保持重点县建设，完成水土流失治理面积45万亩。完成5个县、11个乡镇、2566户的采煤沉陷区治理。

（八）全力抓好民生改善，利民惠民，共建共享

把保障和改善民生放在更加突出的位置上，把更多的精力和财力用于民生改善，加强促进社会事业发展各项政策的落实力度，切实保障和改善民生。

*提升教育发展水平。*进一步加大教育投入，认定扶持90所普惠性幼儿园，主城区8所义务教育学校主体基本完工，完成180所寄宿制学校标准化建设，长治职业教育园区开工建设。进一步优化学校布局，组建10所联盟校，以强带弱，实现优质教育资源共享。

*支持医疗卫生事业发展。*推进公立医院改革，取消药品加成，通过调整医疗服务价格、加大政府投入、改革支付方式、降低医院运行成本等。全力推进市医院综合楼、市医院全科医生临床培养基地、市二院儿科住院楼、市精神卫生中心住院楼、市妇幼妇女孕产医疗保健楼改造等项目建设。

*着力稳定和扩大就业。*以创业带动就业，实施高校毕业生创业引领和就业促进计划，落实创业扶持政策，推动大众创业、万众创新。强化技能培训扶持就业，推行终身职业技能培训制度，实施职业培训全覆盖计划，提高城镇失业人员和农民工的职业技能水平。落实政策稳定就业，认真落实降低失业保险费率、小微企业“六补一缓”等政策，稳定就业岗位。

*提升社会保障水平。*推广社保卡应用，实现“多卡合一、一卡通用”，大力推行网上办公、自助服务、手机查询缴费等信息化经办平台建设，方便单位和群众。完善养老服务体系，完成79个农村老年人日间照料中心建设，推进市老年福利中心社会养老服务楼启动运营。

*抓好安全生产。*牢固树立“安全发展、生命至上”理念，牢记“三个决不能过高估计”的基本判断，明确细化责任，开展风险分级管控体系建设，2017年，率先在襄垣、郊区、沁源三个县区开展试点；率先在煤矿、焦化、

金属矿山、冶金、民爆、燃气、建筑施工、交通运输8个重点行业开展试点，每个行业选择1-2个企业，开展安全风险点排查和评估。构建安全生产第三方社会化服务体系，凡矿山、危险化学品、烟花爆竹、交通运输、建筑施工、民用爆炸物品、金属冶炼以及其他发生事故后可能对社会公众造成严重危害的生产经营单位，都要逐步投保安全生产责任保险。

各位代表，新的一年，全市加快创新驱动、转型升级，全面深化“双改”的任务繁重艰巨。让我们在市委的正确领导下，在市人大、市政协的监督支持下，认真落实市委十一届二次全会暨全市经济工作会议精神，勇于担当、扑下身子、撸起袖子、埋头苦干、真抓实干，努力打造成为山西重要增长极，以优异的成绩迎接党的十九大胜利召开！

关于2016年全市和市本级预算执行情况与2017年全市和市本级预算草案的报告

——2017年3月16日在长治市第十四届人民代表大会第一次会议上

长治市财政局局长 张旭亮

各位代表：

受市人民政府委托，现提请本次大会审议2016年全市和市本级预算执行情况与2017年全市和市本级预算草案，并请市政协委员和各位列席人员提出意见。

一、2016年全市和市本级预算执行情况

2016年，在市委的坚强领导下，全市各级各部门顺应经济发展低位运行、稳步向好的积极态势，主动作为，砥砺奋进，坚持稳增长、调结构，促发展、抓收入，强管理、推改革，预算执行总体平稳。

（一）一般公共预算执行情况

1. 全市预算执行情况

2016年全市财政预算经市十三届人大六次会议审查批准后，各县市区人民代表大会相继批准了本级预算，市政府于3月汇总各县市区财政预算并报送市人大常委会备案。9月份，经省政府2016年第128次常务会同意，省财政厅调整了我市一般公共预算收入计划。调整后，当年我市一般公共预算收入计划98亿元；支出预算由208.77亿元调整为249.89亿元（主要原因是上级转移支付、结算事项变动）。

2016年全市一般公共预算收入完成98.53亿元，为预算的100.54%，同比增长2.17%。收入实现增长的主要原因是全市经济稳中向好，特别是煤炭价格上升。全市一般公共预算支出执行234.34亿元，为预算的93.78%，同比下降2.99%。其中，教育、医疗卫生与计划生育、社会保障和就业、住房保障、农林水、节能环保等重点支出195.03亿元，占全部一般公共预算支出的83.23%。

收支相抵，年终滚存结余15.55亿元，全部结转为下年支出。当年全市一般公共预算实现收支平衡。

主要收入项目执行情况

税收收入完成65.09亿元，为预算的104%，同比增长6.66%。其中：增值税完成24.63亿元，同比增长89.35%；营业税完成7.7亿元，同比下降46.19%（增值税大幅增长和营业税大幅下降均由“营改增”改革政策所致）；企业所得税完成5.9亿元，同比下降35.02%；个人所得税完成2.04亿元，同比下降17.9%；资源税完成8.73亿元，同比增长7.64%。

非税收入完成33.43亿元，为预算的94%，同比下降5.57%。其中：专项收入完成7.43亿元，同比下降57.65%；行政事业性收费收入完成5.23亿元，同比增长36.48%；罚没收入完成6.4亿元，同比下降34.59%；国有资本经营收益完成2.67亿元，同比增长89.09%；国有资源（资产）有偿使用收入完成10.28亿元，同比增长333.62%。

主要支出项目执行情况（含上级转移支付）

●社会保障和就业支出执行35.94亿元，为调整预算的97.71%，同比下降4.51%。其中：社会保险基金补助支出6.23亿元，行政事业单位离退休经费支出12.17亿元，城乡居民最低生活保障支出3.34亿元，抚恤及退役安置等支出2.65亿元，企业改革支出2亿元，就业补助支出2.26亿元。

●医疗卫生与计划生育支出执行27.29亿元，为调整预算的99.23%，同比下降1.2%。其中：城乡居民医疗保障支出14.34亿元，公立医院支出3.44亿元，基本公共卫生服务支出3.75亿元，计划生育支出1.63亿元。

●教育支出执行45.26亿元，为调整预算的95.7%，同比下降1.13%。其中：职业教育支出4.06亿元，成人教育、特殊教育及进修培训等支出1.09亿元，普通教育支出35.29亿元（包括学前教育、小学教育、初中教育、高中教育等）。

●科学技术支出执行3.53亿元，为调整预算的98.74%，同比增长118.02%。其中：技术研究与开发支出7193万元，其他科学技术支出2.55亿元。

●文化体育与传媒支出执行6.17亿元，为调整预算的96.81%，同比增长2.49%。其中：文化支出2亿元，文物支出1.32亿元，新闻出版广播影视支出1.49亿元，体育支出6051万元。

●城乡社区支出执行16.06亿元，为调整预算的97.76%，同比增长5.79%。其中：城乡社区公共设施支出10.1亿元，城乡社区环境卫生支出3.51亿元，城乡社区管理事务支出1.44亿元。

●节能环保支出执行5.83亿元，为调整预算的76.77%，同比下降5.86%。其中：污染防治及减排支出3.67亿元，退耕还林支出4290万元，能源节约利用支出2754万元，自然生态及天然林保护支出3053万元。

●农林水支出执行32.65亿元，为调整预算的92.31%，同比增长1.48%。其中：农业支出9.45亿元，水利支出5.3亿元，林业支出4.27亿元，农村综合改革支出5.1亿元，扶贫支出6.5亿元，农业综合开发支出1.2亿元。

●住房保障支出执行9.96亿元，为调整预算的94.03%，同比下降11.03%。其中：住房公积金等住房改革支出4.05亿元，保障性安居工程支出5.66亿元。

其他项目支出情况为：一般公共服务支出执行20.2亿元，为调整预算的94.58%，同比增长10.14%；公共安全支出执行13.45亿元，为调整预算的99.65%，同比增长9.22%；交通运输支出执行6.29亿元，为调整预算的91.13%，同比增长4.64%；资源勘探信息等支出执行3.49亿元，为调整预算的92.51%，同比下降2.58%；商业服务业等支出执行1.53亿元，为调整预算的86.31%，同比增长4.2%；国土海洋气象等支出执行3.83亿元，为调整预算的61.12%，同比下降71.85%；粮油物资储备支出执行6815万元，为调整预算的99.37%，同比下降28.68%。

2. 市本级预算执行情况

2016年市本级财政预算经市十三届人大六次会议审查批准后，市政府于5月份将市本级预算报市人大常委会备案。9月份，省财政厅调整我市一般公共预算收入计划，市级收入计划随之调整，调整后，当年市本级一般公共预算收入31.65亿元；支出预算由46.11亿元调整为51.59亿元（主要原因是上级转移支付、结算事项变动）。

2016年市本级一般公共预算收入完成31.6亿元，为预算的99.84%，同比下降2.31%；一般公共预算支出执行46.17亿元，为调整预算的89.49%，同比下降8.02%。

收支相抵，年终滚存结余5.4亿元，全部结转下年支出。

主要收入项目执行情况

县级上划市级收入完成23.41亿元，同比增长4.93%。

本级收入完成8.19亿元，同比下降18.37%。其中：专项收入完成1.17亿元，同比下降73.1%；行政事业性收费收入完成1.6亿元，同比下降4%；罚没收入完成7649万元，同比下降69.2%；国有资源（资产）有偿使用收入完成3.84亿元，同比增长200%。

主要支出项目执行情况（含上级转移支付）

社会保障和就业支出执行6.09亿元，为调整预算的95.27%，同比下降5.29%；医疗卫生与计划生育支出执行4.5亿元，为调整预算的100%，同比下降11.69%；教育支出执行7.34亿元，为调整预算的100%，同比增长8.99%；科学技术支出执行2060万元，为调整预算的90.15%，同比下降24.29%；文化体育与传媒支出执行1.8亿元，为调整预算的98.18%，同比下降20.61%；城乡社区支出执行4.48亿元，为调整预算的100%，同比下降45.87%；节能环保支出执行1.54亿元，为调整预算的76.53%，同比增长41.16%；农林水支出执行2.79亿元，为调整预算的82.68%，同比增长48.41%；住房保障支出执行2.55亿元，为调整预算的100%，同比下降21.81%。

其他项目支出情况为：一般公共服务支出执行4.53亿元，为调整预算的96.95%，同比增长21.36%；公共安全支出执行5.29亿元，为调整预算的100%，同比增长15.87%；交通运输支出执行2.09亿元，为调整预算的84.77%，同比下降25.78%；资源勘探信息等支出执行8537万元，为调整预算的97.65%，同比下降40.45%；商业服务业等支出执行1731万元，为调整预算的86.59%，同比下降1.76%；国土海洋气象等支出执行4849万元，为调整预算的23.19%，同比下降58.45%；粮油物资储备支出执行824万元，为调整预算的100%，同比下降76.58%。

3. 中央、省对我市转移支付补助情况

中央和省共下达我市转移支付资金112.81亿元，同比增长11.2%。其中：一般性转移支付72.84亿元，同比增长17.69%；专项转移支付39.97亿元，同比增长1%。一般转移支付占全部转移支付的比重为64.57%。

（二）政府性基金预算执行情况

全市政府性基金收入完成11.94亿元，为预算的73.23%，同比下降22.24%；政府性基金支出执行22.82亿元，为调整预算的88.22%，同比增长5.91%。收支相抵，年终滚存结余3.05亿元。

市本级政府性基金收入完成2.39亿元，为预算的30.41%，同比下降63.27%（主要原因是国土收入减少及政府住房基金收入纳入一般公共预算管理）；政府性基金支出执行8.65亿元，为调整预算的88.06%，同比增长63.67%。收支相抵，年终滚存结余1.17亿元。

（三）社会保险基金预算执行情况

全市社会保险基金收入完成79.54亿元，为预算的103.45%，同比增长3.38%；社会保险基金支出执行72.25亿元，为预算的97.44%，同比增长9.75%。收支相抵，年终滚存结余87.45亿元。

市本级社会保险基金收入完成60.79亿元，为预算的104.32%，同比增长2.46%；社会保险基金支出执行57.76亿元，为预算的98.72%，同比增长10%。收支相抵，年终滚存结余66.45亿元。

（四）落实市十三届人大六次会议预算决议情况

2016年，全市各级财政部门强化预算法治意识，认真贯彻落实市十三届人大六次会议决议，以及大会计划预算审查委员会审查意见，扎实有效推进各项工作，较好地服务了全市经济社会发展大局。

*发挥职能筹资融资，支持发展坚强有力。*各级进一步增强“大财政”理念，充分发挥财政职能作用，抓整合、抓帮扶、抓融资、抓落实，破解资金瓶颈问题，加大力度培育财源，涵养税源，支持实体经济发展，先后整合资金1亿多元，设立了企业发展资金；安排企业发展专项资金2000万元，专项支持民营经济；创新财政支出方式，加大融资力度，认真落实“企业资金链应急周转保障资金”、中小企业“联保贷”和担保贷款政策措施，累计融资26亿多元，支持中小企业发展；积极推进PPP模式试点，共征集上报PPP项目85个，筛选录入项目库32个，财政部示范项目污泥餐厨垃圾处置项目和省级示范项目污水处理项目完成政府采购，职教园区和文化场馆项目有序推进；成立市政府投资管理有限公司、扶贫开发投资有限公司和美丽乡村建设投资发展管理公司3个融资平台，累计融资5亿多元，支持经济发展，助力脱贫攻坚，为实体经济发展提供了源头活水，为财政收入增长夯实了财源基础。

*千方百计加强征管，财政收入任务圆满完成。*2016年，全市经济形势虽然向好，但企业经营十分困难，税源基础很不稳固，实现收入目标困难重重。面对困难形势，全市各级财税部门全面落实省委“一个指引、两手硬”重大思路和市委、市政府领导指示，把组织收入作为头等大事，坚持早抓、抓早，持续加强上下协调，加强内部沟通，加强财税协调，突出典型带动，定期召开市县财政协调会，精细分解收入任务，全面推进“营改增”改革，狠抓小税种和非税收入征收，想方设法强征管、抓收入。特别是第四季度，各级财政部门认真落实“新六抓”，争取新突破，全力抓调度、抓盘活、抓绩效、抓内控、抓典型、抓平台，冲刺全年工作目标。一系列行之有效的措施，有力地保证了全市一般公共预算收入均衡入库、平稳增长，保证了全年目标任务圆满完成。收入规模和增幅均名列全省第3。

*统筹财政支出管控，全力保障重点支出。*各级积极采取措施，主动作为，加强管理，盘活存量，统筹安排，确保市委重大决策落实的支出和各项重点支出，并兼顾其他社会事业发展需要，取得了财力比前几年虽有减少，但保障能力却有所加强的积极效果。全年全市一般公共预算支出234.34亿元，其中民生等重点支出195.03亿元，占到一般公共预算支出的83.23%。除满足教育、社保、医疗卫生、住房保障、农林水事务、城市建设等民生基本保障和既定政策落实外，还确保了市委、市政府重大决策落实的支出，确保了各项重点支出，确保了各单位急需的、紧要的支出，社会各方面都比较满意。

*坚持不懈开拓创新，财税改革稳步推进。*各级认真落实上级改革精神，坚持不懈深化改革，各项改革有序推进。一是加大预算统筹力度，积极推进政府性基金预算、国有资本经营预算与一般公共预算统筹安排，将政府住房基金、水土保持补偿费等政府性基金列入了一般公共预算；二是清理规范重点支出挂钩事项，取消了教育、支农、科技等重点支出与财政经常性收入的挂钩，一律根据实际项目需求和财力水平，安排重点支出预算；三是改进年度预算控制方式，初步建立跨年度预算平衡机制，启动了滚动预算、中期预算编制工作；四是深入推进预决算公开，全面公开了财政预算、财政决算和“三公”经费预决算；五是扎实推进“营改增”改革，及时调整市与县增值税收入划分办法，先后两次对省与市、市与县“营改增”收入进行调库，保证了体制调整后各级收入平稳入库。六是着力盘活存量资金，市级盘活存量资金及结转政府性基金达到3.3亿元，有效弥补了财力缺口。七是全面推进预算绩效管理，建立了涵盖各行各业的各类预算支出绩效指标7000余个，实现了绩效目标申报和审核全覆盖，市级通过信息系统报审预算绩效目标415个，涉及资金22.85亿元，36个重点评价项目全部完成，绩效评价工作在全省名列前茅。

各位代表，过去的一年，全市各级财政部门认真执行人大决议，在促进发展、组织收入、深化改革、加强管理、保障民生等各个方面取得了新进展、新成效。这是市委正确领导的结果，是市人大、市政协加强监督、有力支持的结果，是全市各级各部门和社会各方面共同努力的结果。在肯定成绩的同时，我们也清醒地认识到财政改革发展面临的问题与挑战：财政收入增长空间有限、增速较低，财政收支矛盾突出；融资平台刚刚起步，融资力度和规模亟须继续加大；财政改革有待进一步深化，特别是财政支出进度还需要改进和加强，等等。对此，我们将加大力度，认真应对，努力在今后的工作中化解难题，推动进步。请各位代表、委员一如既往地给予指导和支持。

二、2017年全市和市本级预算草案

2017年是党的十九大即将召开之年，是实施“十三五”规划的关键之年，也是我市全面深化改革、创优发展环境之年。编制好2017年财政预算，做好财政工作，对于贯彻落实中央和省市各项决策部署，服务全市重大发展战略，对如期实现脱贫攻坚和全面建成小康社会“两个目标”具有重要意义。

（一）2017年预算安排原则

2017年，财政减收增支因素不容忽视。一方面，受经济增速缓慢、企业效益欠佳和政策性减收因素影响，财政收入增长难度较大；另一方面，财政刚性支出居高不下，尤其是全面实施机关事业单位养老保险和工资制度、公车制度改革，机关事业单位工作人员取暖费提标以及改善民生保障等必保支出增加较多，财政收支矛盾更加突出。必须创新思路，加倍努力做好增收节支和预算执行工作。因此，在编制2017年全市财政预算时，主要遵循了以下原则：

一是收入预算编制坚持实事求是、积极稳妥，做实打足财政收入。既全面考虑了我市经济形势稳中向好、工业经济持续回升的积极因素，也充分考虑了“营改增”后收入划分调整、落实减税降费等政策的影响。二是支出预算编制坚持统筹兼顾、突出重点、充分体现“紧日子、保基本、调结构、保战略”的“十二字”工作要求。合理调整优化支出结构，将有限的资金用于重点领域和关键环节，更好地适应推进供给侧改革和保障民生兜底的需要。三是加大财政资金统筹使用力度。统筹各类财政资金，集中财力用于市委、市政府确定的重大战略和重点领域。加强政府性基金、国有资本经营预算与一般公共预算统筹衔接，全面清理盘活财政存量资金。四是推进预算公开。扩大公开范围，细化公开内容，规范公开方式，强化社会监督，促进依法理财。五是加强政府债务限额管理和预算管理。完善政府举债融资和应急处置机制，防范和化解债务风险。

（二）2017年收支预算

1. 一般公共预算

根据市委十一届二次全会暨经济工作会议精神，2017年全市一般公共预算收入计划安排98.53亿元，与去年持平；经综合考虑2017全市经济社会发展状况，力争增长1.6%，达到100亿元。作出这样的预期，主要考虑了去年下半年以来煤炭、钢铁、焦炭等能源及初级产品价格大幅上涨，2017年全市经济增长有望继续企稳向好，逐步接近合理增长区间，为财政收入增长提供支撑，考虑了省委、省政府和市委的要求，这一收入预期与全市经济增长预期是基本匹配的。

全市当年财力安排的一般公共预算支出166.67亿元。主要支出项目安排如下：一般公共服务支出16.95亿元，增长3.42%；公共安全支出11.56亿元，增长12.67%；教育支出41.03亿元，增长12.52%；科学技术支出1.74亿元，增长9.09%；文化体育与传媒支出3.96亿元，增长23.94%；社会保障和就业支出29.36亿元，增长11.76%；医疗卫生与计划生育支出20.14亿元，下降0.13%；节能环保支出1.73亿元，下降23.69%；城乡社区支出5.42亿元，下降13.9%；农林水支出13.5亿元，下降7.24%；交通运输支出1.17亿元，下降62.11%；国土海洋气象等支出1.01亿元，下降71.41%;住房保障支出5.27亿元，下降0.25%。上述预算草案为市代编预算，待各县市区人民代表大会批准本级预算后，将汇总各级预算，连同上年结转等支出，一并报市人大常委会备案。

市本级一般公共预算收入35.42亿元，比上年完成数（下同）增长12%。其中：县级上划收入25.09亿元，增长7.2%；本级收入10.33亿元，增长26.1%。市本级一般公共预算支出安排49.49亿元（资金来源为：市本级一般公共预算收入35.42亿元，各项结算补助11.6亿元，调入政府性基金及其他可动用的专项资金结余2.47亿元）。

市本级主要支出项目安排如下：一般公共服务支出4.19亿元，增长17.62%；公共安全支出3.22亿元，下降5.76%；教育支出6.52亿元，增长12.9%；科学技术支出1895万元，增长3.44%；文化体育与传媒支出1.38亿元，增长9.24%；社会保障和就业支出13.72亿元，增长133.07%；医疗卫生与计划生育支出4.44亿元，增长3.36%；节能环保支出4922万元，下降29.72%；城乡社区支出1.33亿元，下降11.48%；农林水支出2.17亿元，增长7.51%；住房保障支出1.64亿元，下降17.37%。

市本级行政事业单位和其他单位使用财政拨款安排的“三公”经费预算3221万元，同比下降20%。其中：因公出国（境）经费60万元，下降47%；公务接待费1046

万元，下降 1%；公务用车购置及运行维护费 2115 万元，下降 26%。

2. 政府性基金预算

全市政府性基金预算收入 14.75 亿元，比上年完成数增长 23.5%；政府性基金支出预算安排 17.79 亿元。市本级政府性基金收入预算 5.76 亿元，比上年完成数增长 141%；政府性基金支出预算安排 5.06 亿元。

3. 社会保险基金预算

全市社会保险基金收入预算 137.76 亿元，其中，财政补贴收入 29.39 亿元。社会保险基金支出预算安排 133.28 亿元。预算收支相抵，结余 4.48 亿元。

市本级社会保险基金收入预算 74.57 亿元，其中，财政补贴收入 2.96 亿元。社会保险基金支出预算安排 73.73 亿元。预算收支相抵，结余 0.84 亿元。

以上预算安排的具体情况，已编制成《2016 年全市和市本级预算执行情况与 2017 年全市和市本级预算（草案）》，提交本次大会。

需要说明的是，由于今年市人代会召开较早，省财政厅目前尚未确定各市债券规模。考虑到我市经济社会发展实际需要，并经与省财政厅沟通，我市拟安排置换债券 23 亿元，其中市级拟使用 9.77 亿元，专项用于归还当年债务本金及以后年度的高息债务；拟安排新增债券 20 亿元，其中市级拟使用 18.99 亿元，主要用于公共基础设施建设、城市建设、扶贫开发等公益性项目。新增债券额度待省财政厅正式下达后，再向市人大常委会专题报告。

三、完成 2017 年预算任务的主要措施

2017 年，我们将坚决贯彻中央和省委、市委决策部署，坚持稳中求进的总基调，按照“紧日子、保基本、调结构、保战略”的要求，既充分发挥财政职能作用，支持发展，涵养税源，又用活财政资金，增强财政保障能力，确保圆满完成预算任务。

（一）认真落实积极有效的财政政策，着力支持推进转型发展。围绕市委十一届二次全会暨经济工作会议确定的“一个中心”“两个抓手”“三大支撑”，充分发挥财政职能作用，在支持打造“六大工程”上下功夫。进一步落实减税降费政策。强化放水养鱼意识，继续落实并完善“营改增”试点和其他已出台的减负政策，进一步清理规范基金和收费，减轻企业负担。全面推进融资工作。充分发挥财政资金的引导和放大作用，做大市政府投资管理有限公司、市扶贫开发投资有限公司和市美丽乡村建设投资发展管理公司 3 个融资平台规模，支持全市重大项目、重点工程建设，支持供给侧结构性改革，支持“三去一降一补”。继续认真落实“企业应急周转保障资金”、中小企业“联保贷”和担保贷款等政策措施，帮助中小企业有效解决资金难问题。大力推广 PPP 模式。加快推进 PPP 示范项目建设，将财政补贴纳入中长期财政预算，变“补建设”为“补运营”，兑现对社会资本的承诺，增强 PPP 项目吸引力。继续加大争取上级政策资金支持力度。积极主动向中央和省反映我市经济财政运行困难，密切跟踪中央和省政策制定、资金分配情况，认真做好上下对接和政策资金配套衔接等工作，争取中央和省在转移支付、新增债券、美丽乡村建设和“去产能”奖补资金等方面给予我市更多的支持。

（二）高度重视组织财政收入，确保实现收入预期目标。继续把组织收入作为工作重点，坚定不移狠抓收入，努力实现收入预期目标。一要继续强化“财税一体”的理念。进一步加强各级财政、税务、非税收入执收部门的沟通协调，采取有效措施，加强收入征管，牢牢掌握好抓收入工作的主动权。二要创新抓收入工作机制。在精细分解收入任务，层层传导压力的基础上，要确定专人跟踪监测，紧盯税收大户。同时全面清收欠税，加大小税种征收力度，做到应收尽收。三要继续狠抓非税收入。加大国有土地使用权转让力度；积极协助煤炭企业拓宽融资渠道，最大限度清缴历年欠缴煤炭资源价款。四要保持良好的抓收入工作状态。牢固树立“抓早、抓常”意识，坚决防止抓收入工作时紧时松现象，切实做到收入征管常抓不懈，力争各月收入基本均衡入库。

（三）立足基本促进社会公平，量力而行保障和改善民生。更好地统筹民生改善与经济发展，把保基本放在更加突出的位置，打实打足民生领域支出预算，优先落实市委、市政府确定的重大民生政策，优先补齐民生短板。全力支持脱贫攻坚。围绕“健康为本、教育为基、就业为重、产业为要”的基本思路，精准测算安排扶贫资金，确保财政扶贫资金投入只增不减；加大涉农资金统筹整合力度，提高资金使用效率；抓好市扶贫投资开发有限公司运作，加大融资力度，加快资金支出进度，全力推动贫困村退出和贫困人口脱贫。支持推进农业供给侧结构性改革。在全面落实各项强农惠农富农政策的基础上，改革财政支农投入使用机制，把支持的重点转向农业转型升级，增强财政资金吸引带动效应，形成政府投资和社会资本协同投入“三农”的格局。优先保障各项基本民生支出。围绕人的全面发展，守住底线，突出重点，下大力气做好兜底性、基础性和发展性民生工作。

（四）切实加快财政支出进度，确保预算执行到位率。建立财政支出进度考核奖惩制度，把支出进度作为“一把手”工程来抓，一方面让各部门充分认识支出缓慢，特别是项目资金支不出去是部门的责任，从根本上改变资

金支不出去是财政部门责任的错误认识；另一方面采取有效措施，切实加强预算执行管理，确保预算一经下达能够立即执行，提高支出执行到位率。对预算执行进度缓慢或者预计年内难以执行的资金，要及时收回，用于亟须支持的领域，从根本上解决一方面财力紧张、一方面支出缓慢的问题。

（五）创新财政管理机制，继续提升财政管理水平。通过规范和加强管理，实现财政资金高效流动、资金效益充分发挥、管理水平显著提高。一要认真贯彻《预算法》。把依法行政、依法理财贯穿财政工作始终，自觉接受人大监督，虚心听取政协意见。二要加强内控管理。把预算管理、资金分配等核心业务和关键节点结合起来，厘清责任边界，综合运用分离控制、授权控制、归口管理、流程控制等方法，对资金分配、运行全过程进行监控，努力做到过程留痕、责任可追溯。三要加强财政预算绩效管理。对绩效工作开展好的部门在资金安排上要优先考虑、优先保障，对忽视绩效、造成资金浪费的部门在资金安排上要大幅核减，切实提高财政支出的有效性。四要保持库款合理水平。加强预算编制与存量资金的衔接，对存量资金较多的单位或项目，要相应压减预算规模。五要加强地方政府债务管理。严格政府债务限额和预算管理，新增债券要严格限定在公益性资本支出范围。六要加强财政监督管理。财政监督检查要更加注重服务财政改革发展，更加注重财政支出的有效性，加强重大财税政策实施情况和专项资金使用监督检查。

（六）坚持不懈加强作风建设，全面创优财政环境。按照“全面创优发展环境年”部署，深入持久地开展一场由表及里、入木三分、破立并举、系统全面的“环境创优革命”。要继续认真贯彻落实关于纪律作风建设的一系列要求，明确阶段性目标任务，抓好责任落实分解，持续加强作风建设，坚持不懈创优财政环境。要围绕“如何创优财政环境”这一主题，开展“解放思想、创优环境”大讨论，列出问题清单、整改清单、目标清单、创优清单，努力对标一流、争创一流，把解放思想、创优环境扎扎实实开展起来，为全市打造革故鼎新的思想环境、风清气正的政治环境、诚实守信的法治环境、开放现代的创业环境、高效透明的政务环境、生态环保的宜居环境作出贡献。

各位代表，2017年财政改革发展任务依然艰巨繁重。我们要在市委的正确领导下，在市人大和市政协的监督支持下，主动适应时代要求，把握形势机遇，乘势而上，敢于拼闯，争取以更好的成绩完成全年财政预算任务，为创优发展环境，为确保如期实现脱贫攻坚、全面小康作出应有的贡献。

长治市中级人民法院工作报告

——2017年3月17日在长治市第十四届人民代表大会第一次会议上

长治市中级人民法院院长 丁 毅

各位代表：

现在，我代表市中级人民法院向大会报告工作，请予审议，并请政协委员和列席同志提出意见。

五年来的主要工作

过去五年，全市法院认真践行党的十八大、十八届三中、四中、五中、六中全会精神，深入贯彻习近平总书记系列重要讲话精神和治国理政新理念新思想新战略，在市委坚强领导、市人大及其常委会有力监督下，市中院党组以“五个强化”发展战略为抓手，全面落实省委“一个指引、两手硬”重大思路和要求，全力服务市委如期实现“两个目标”决策部署，忠实履行宪法法律赋予的职责，各项工作取得新成绩。服务保障了全市经济社会发展。

一、确立实施“五个强化”发展战略，力求纲举目张，引领工作科学发展

2012年，市中院党组提出，以习近平总书记系列重要讲话精神为指引，全面实施“强化服务大局、强化司法为民、强化队伍建设、强化改革发展、强化公信形象”的发展战略。服务大局是政治方向，司法为民是工作主题，队伍建设是根本途径，改革发展是手段措施，公信形象是奋斗目标，指导思想是每年都在“五个强化”各方面采取扎

实措施，积小成为大成，推进全市法院工作整体进步科学发展，为全市如期实现脱贫攻坚和全面建成小康社会提供有力司法保障。

实践证明，“五个强化”发展战略符合中央、省委决策部署，符合上级法院和市委工作要求，符合全市法院具体实际，形成了长治法院工作的总纲，纲举目张，相辅相成，成效明显。五年来，全市法院共受理各类案件136611件，其中2016年受案41269件，相比2012年增幅为59%；市中院共受理各类案件21230件，其中2016年受案7436件，相比2012年增幅达83.2%。五年中，全市法院审判质效评估始终全省居前，21项评估指标有19项优于全省平均值。2016年全市法院结案率达到91.9%，市中院结案率达到95.5%，分别高于省定目标6%和10%以上，双创历史最好水平，实现了司法改革和执法办案两促进。市中院多项工作受到最高法院表彰，荣获山西省“五一劳动奖状”等多项荣誉；多个基层法院被评为“全国优秀法院”“全省优秀（示范）法院”。

二、积极适应经济发展新常态，强化服务大局，保障市委“两个目标”如期实现

全市法院始终围绕全市工作大局谋划工作，始终坚持司法办案法律效果、社会效果和政治效果有机统一。

积极主动作为服务经济社会发展。坚持寓服务大局于司法办案，2013年出台《全市法院推进项目建设服务企业发展的意见》，指导两级法院服务我市经济发展，市“两办”转发。2016年底，针对市委创优环境、如期实现脱贫攻坚和全面建成小康部署，出台《发挥职能创优发展环境服务保障“两个目标”如期实现工作意见》，内外双向发力，创优发展环境。认真落实中央办公厅《关于在查办党员和国家工作人员涉嫌违纪违法犯罪案件中加强协作配合的意见》，形成预防和惩治腐败合力，净化政治生态，服务了全市社会治理。

创新手段方式保障服务效果落实。连续组织开展“访百企讲百案献百策促发展”和“百名法官进百村、百名法官联百校、百名法官扶百户”的双“三百”活动。五年来，两级法院200余名法官对接“千企百强”，入厂下矿400余次，召开座谈会及讲座90余场，提出建议600余条，帮助企业防范经营风险，化解矛盾纠纷。积极投身脱贫攻坚，市中院在完成沁源县扶贫任务之后，2016年对口帮扶武乡县蟠龙镇7个贫困村和372家贫困户，进村入户精准献策，石门村率先整村脱贫，先后荣获省、市扶贫工作先进单位。

依法化解“民告官”行政争议。严格执行新行政诉讼法，落实市委《关于加快推进法治长治建设的实施意见》，五年来，全市法院共审结一审行政诉讼案件2159件，审查非诉行政执行案件772件。其中审结土地审批、矿产资源等行政案件338件，规划、拆迁、房屋登记等行政案件610件，维护了公民、法人和其他组织合法权益。依法参与整治违规占地、违法建设、大干城建年道路征迁等专项行动，应邀参加市政府常务会、政策研习会，围绕依法行政建言献策。每年发布《行政审判白皮书》，提出司法建议60余条，为市财政追回土地出让金和违约金3115万元，促进依法行政，服务了法治政府建设。

三、坚决维护国家安全社会稳定，强化司法为民，促进社会公平正义

全市法院始终坚持“司法为民、公正司法”工作主线，把公正、高效审理好每一起案件，作为践行司法为民的根本。

严厉打击刑事犯罪。五年来，全市法院共审结一审刑事案件12578件，判处罪犯13635人。突出惩处黑恶势力犯罪、毒品犯罪、职务犯罪三个重点，连续三年对67名被判重刑的涉毒罪犯集中宣判，形成了打击毒品犯罪高压态势。审理盗窃、诈骗、抢劫等案件5108件，维护群众人身安全、财产安全。审理一系列省指定管辖职务犯罪大案要案，有效净化政治生态，省委、省纪委领导批示肯定。依法查处选民资格案件、诽谤、拉票贿选等破坏选举案件。坚持罪刑法定、疑罪从无，贯彻宽严相济刑事政策做法受到最高法院主管院长批示肯定。加强妇女儿童权益司法保护，一起典型案件被最高法院公布为山西唯一的全国指导性案例。

稳妥审理民商事案件。五年来，全市法院共审结各类一审民商事案件93229件，涉案标的总额78.56亿元，规制了市场经营秩序，激发了经济社会发展活力。审结婚姻家庭、损害赔偿、医疗纠纷、劳动争议等案件50638件，保护了弱势群体合法权益。审结保险、融资、担保、票据、贷款等金融纠纷案件15583件，促进了资本市场健康发展。加强“三去一降一补”司法应对，依法稳妥处置“僵尸企业”，审结破产案件13件，服务了供给侧结构性改革。注重调解结案，化解矛盾纠纷，弘扬诚实守信。

严格规范减刑假释。大力促进罪犯改过自新回归社会。五年来，对5119名服刑罪犯依法减刑，20名罪犯予以假释。推行减刑假释阳光审判，对职务犯罪、金融犯罪、涉黑犯罪等减刑、假释案件全部在刑罚执行监狱开庭，邀请人大代表、政协委员旁听庭审。认真落实习近平主席特赦令和全国人大常委会决定，依法裁定特赦服刑罪犯67人，彰显依法治国理念和人道主义精神。

强力开展执行专项活动。2012年以来，全市法院先后开展“党政机关未执行法院生效裁判专项积案清理活

动”和“涉民生案件专项执行活动”，执行积案“清仓见底”。2016年市中院出台《“两到三年基本解决执行难”工作纲要》，开展“雷霆行动”、“法治力量”专项活动，受理执行案件10564件，执结9059件，执结率85.75%，执行到位标的额12.29亿元。加强执行队伍和办案作风建设，完善执行案件流程管理，整体执行工作迈入全省前三。

四、牢牢把握政治建院，强化队伍建设，塑造法官清正法院清明

全市法院扎实开展“讲政治、讲纪律、讲学习，真才实学、真抓实干、真出成果，比贡献、创一流、树形象”实践活动，履行“一岗双责”，坚持挺纪在前，队伍建设全面加强。

坚持政治建院，把握正确方向。全市法院严守政治纪律和政治规矩，始终把法院工作置于党的绝对领导之下。牢固树立“四个意识”，坚决维护以习近平同志为核心的党中央权威。扎实开展“党的群众路线教育”实践活动，“三严三实”专题教育和“两学一做”学习教育，不断改进司法作风，确保中央、省委、市委的重大决策部署不折不扣得到落实。

全面从严治党，坚持挺纪在前。坚决扛起“两个责任”，建强党组班子，坚持以党建带队建，压实“一岗双责”。完成机关党委换届，调整党支部设置，夯实党建基础，层层传导压力，持续加强党风廉政建设。强化审务督察，开展明察暗访。深化反腐倡廉“利剑工程”，严格办案风险岗位管控。严格执行最高法院“五个严禁”和防止干预过问案件“两个规定”等制度。制定《全市法院加强纪律作风意见》，以零容忍态度反“四风”、惩腐败，对基层法院司法巡查实现“全覆盖”。五年来，全市有42人受到问责追究。

突出能力建设，注重内涵发展。市中院党组以“三讲三真比创树”实践活动为载体，努力走出长治法院队伍建设之路。五年来，全市法院共计5100余人次接受培训学习。推行“辅岗办案”和“双向挂职锻炼”，市中院9名综合部门法官到业务部门辅岗办案、3名法官到基层法院挂职副院长，23名基层法官到市中院挂职锻炼。坚持好干部标准，市中院配合改革调整中层干部51名，激发队伍活力。开展全市“十大最美法官”、“十佳五十优”裁判文书、“办案标兵”和“办案能手”等评树活动，激励争先创优。两级法院57个集体、160余人次受到省以上表彰。

五、主动担负司改试点任务，强化改革发展，创造全省可复制可推广经验

2015年3月市中院被省委确定为首批司改试点唯一中级法院，院党组全力以赴，啃“骨头”、夯“基石”，努力引路示范。

攻坚克难，先行先试，司改试点率先启动。人员分类管理首当其冲，思想动员、调研摸底、制订方案、考试考核，首批遴选入额53名法官，司法辅助人员、司法行政人员等各归其位。科学测算办案任务，组建14个审判团队，优化审判力量资源。2016年初制定实施《长治中院落实司法责任制实施办法》，建立全新审判权运行机制，院、庭长不再听取案件汇报、不再审签裁判文书，实现“由审理者裁判，让裁判者负责”目标。2016年改革后，结案率、调解率、服判息诉率分别上升，上诉率、发回改判率、涉诉信访率分别降低，实现审判质效“三升三降”良好态势。积极争取省、市有关部门支持，完成人、财、物省级统一管理等改革任务。多项制度成果、改革做法被省高院、多个中院吸纳借鉴。2016年8月省委召开司法改革推进会，市中院“六个到位、五个促进、四个坚持”的试点经验大会发言、全省推广。最高法院主管院长和司改督察组分别对我市的司改成效给予肯定。

两级联改，指导到位，司改工作全面铺开。市中院在抓实自身司改的同时，把城区、襄垣、武乡三个首批试点基层院纳入总体改革试点规划，审核重要方案、把关实施办法，坚持高点定位、分类指导，动态监督、跟踪问效，确保司改试点同步实施、同步推进、同步完成。按照省委部署安排，2016年四季度全省统一启动司法改革工作后，全市其他十家基层法院已完成法官遴选和审判团队组建工作，新的司法责任制将全面建立，省以下人财物统一管理改革正在进行。目前，全市两级法院共有院长在内的员额法官182名，承担每年4万余件办案任务。

自加压力，勇于创新，多项改革全省领先。一是全省率先实施行政案件异地管辖改革。确定城区、长子、襄垣、潞城4个基层法院从2013年6月1日起分片集中行使一审行政诉讼案件异地管辖权，全省“民告官”异地审判第一槌在长治敲响。省高院在我市召开会议推广做法，《人民日报》《人民法院报》等媒体采访报道，最高法院主管院长山西调研专门听取汇报。二是进行案件集中管理改革。2013年9月在全省中院率先成立案件管理局，统筹监督管理审判业务，省高院推广经验。三是先后实施审判委员会案件研究、涉诉信访多元化解、文书宣判送达、发回重审案件公开裁判依据等多项改革。2015年5月两级法院全面实施立案登记制改革，建立诉讼服务中心，“立案难”成为历史，努力让人民群众有更多获得感。

六、搭台建网扩大公开渠道，强化公信形象，接受人大和各界监督

公开保公正，公正促公信。主动接受监督，让人民群众以看得见的方式感受公平正义。

全面加强司法办案信息化水平。全市法院更新升级数字法院业务应用系统，建成科技法庭38个，重点案件实现全程录音录像。搭建诉讼服务网，开通远程视频提讯、开庭、接访系统，司法便民提质升档。2016年全市法院建立同银行、公安、民航、铁路、工商、房产、土地等部门信息共享的案件执行查控系统，发布失信被执行人信息8506条，公布“老赖”名单5877个，让“老赖”一处失信、处处受限。推进网上办案，实现案件审理进度、诉讼法规、开庭信息等查询功能，满足当事人及公众的司法需求。

“互联网+”助推法院形象提升。推进“阳光司法”，利用信息技术扩大公开的广度和深度，倒逼司法公正。2014年，市中院制定《关于在互联网公布裁判文书的规定》，在全省率先实现生效裁判文书上网公布，目前公布数量已超4万份，2016年最高法院通报位列全省第一。加强官方网站与官方微博建设，部署实施案件庭审网上直播，市中院获评全省唯一“全国法院庭审直播最佳组织奖”，城区法院官方微博连续三年荣登“全国法院系统十大机构微博”排行榜，并获“全国法院庭审直播优秀法院奖”。

更加主动接受人大和各界监督。全市法院始终把紧紧依靠党的领导、自觉接受人大监督作为开展工作的基本遵循。执行人大及其常委会决定、决议。组织“代表委员观庭审评判案”“人大代表法庭行”等活动，五年来，共邀请人大代表、政协委员观摩庭审、调研座谈等90余次，高度重视人大代表、政协委员议案提案和意见建议的办理落实。2014年7月来自重庆、广西等七省市部分全国人大代表莅临我市法院调研视察，促进了司法规范化水平。启动人民陪审员“倍增计划”，全市人民陪审员达371人，参审案件范围明显提高。五年审结抗诉案件560件，支持检察机关依法履行法律监督职责。

七、创新机制保障责任落实，实现固强补弱，助推工作上水平创一流

全市法院践行习近平总书记“防控风险、服务发展”“破解难题、补齐短板”的重要指示，创新工作机制，提升工作水平。

开展专项活动化解信访难题。2012年4月，市中院党组部署开展化解涉诉信访案件专项活动，当年赴省进京上访总量比2011年下降74.6%，扭转了全市涉诉信访被动局面。五年来，每年与市委政法委联合开展“涉诉信访化解攻坚活动”，全市接处来信来访由2013年3538件下降至2016年1046件，赴省进京访由2013年273人次下降至2016年65人次，实现历史最少。

实施双“三一一”目标责任落实机制强化工作效能。2013年、2014年，市中院党组部署在全市法院实施“一院一创新工程，一庭一示范项目，一人一亮点工作”的“三一一”年度工作目标责任落实机制，两级法院确定20个创新工程、150个示范项目，开创了推进工作落实的新模式。2015年、2016年持续加力，同步实施“一院一短板提升，一庭一弱项突破，一人一不足改进”的双“三一一”责任落实工作机制，防范不作为、治理慢作为，强化抓落实，提高执行力，推动全市法院工作有作为、上台阶。

提升案件质效“十大措施”经验全省推广。2014年以来，市中院围绕破解办案传统顽疾，每年出台提升案件质效“十大措施”，突出重点，环环相扣，利于操作，作用不断凸显，案件质效连续保持全省前三甲，省委领导作出专门批示，省委政法委专题调研总结，经验做法全省推广。

各位代表，过去五年全市法院工作取得的各项成绩，离不开市委、市人大、市政府、市政协和社会各界的领导、监督和支持，离不开各位人大代表、政协委员和广大群众的关心、理解和帮助。在此，我代表全市法院表示崇高的敬意和衷心的感谢！

面对新形势新任务，我们深刻认识到全市法院工作还存在诸多短板和问题。一是少数干警大局意识不强，存在机械司法、就案办案现象，在实现“三个效果”有机统一方面还有差距。二是部分法院案件数量持续增长，法官超负荷工作，破解案多人少矛盾办法不多。三是多数基层法院招人难、留人难问题突出，面对不断增加的司法办案任务，压力较大。四是诉讼难、执行难还不同程度存在，纪律作风建设和司法为民意识仍待持续加强。五是信息化建设和应用相对滞后，特别是网上办案、网上管理更显短板不足，执法规范化有待进一步提高。六是面对“审理者裁判、裁判者负责”的审判权运行新机制，院庭长如何监督管理，实现“放权”不“放任”，尚需以改革的精神进一步探索实践。对此，我们将坚持问题导向、改革精神，采取有效措施，切实加以解决。

今后五年主要任务和2017年工作安排

市委第十一届党代会为全市发展绘就了蓝图，也为法院工作指明了方向。全市法院要全面贯彻落实习近平总书记系列重要讲话精神和治国理政新理念新思想新战略，以省、市十一届党代会精神为指针，围绕省委“一个指引、两手硬”重大思路和要求，按照“努力让人民群众在每一

个司法案件中感受到公平正义”的目标，进一步发挥“五个强化”发展战略引领，突出“司法为民、公正司法”工作主线和政治建院、改革强院、科技兴院工作重心，增强忧患意识、责任意识和工作预见性，坚决维护国家安全、社会稳定，全面实施司法体制改革，切实推动平安长治、法治长治、诚信长治和过硬队伍、“智慧法院”建设，为全市创优发展环境、如期实现“两个目标”提供高效服务和有力保障，以优异成绩迎接党的十九大胜利召开。

一、始终坚持党的绝对领导，旗帜鲜明讲政治，确保法院工作正确政治方向

全市法院要毫不动摇地坚持党对法院工作的绝对领导，确保理论上清醒、政治上坚定、组织上坚强、队伍上过硬。

一要牢固树立“四个意识”。进一步增强政治意识、大局意识、核心意识、看齐意识，坚决维护以习近平同志为核心的党中央权威和集中统一领导，在思想上政治上行动上同党中央保持高度一致。坚持重大部署、重点工作、重要事项向市委常委会请示报告制度，紧紧依靠党的领导切实解决法院工作的困难和问题。

二要始终坚持政治建院。正确处理坚持党的领导和确保依法独立公正行使审判权的关系，正确处理党的政策和国家法律的关系，切实以司法手段捍卫社会主义核心价值观，践行中国特色社会主义法治理念，确保人民法院工作的正确政治方向。

三要切实全面从严治党。坚持全面从严治党，推动管党治党从宽松软走向严紧硬。抓好思想教育，严守政治纪律和政治规矩，用好“三会一课”、谈心谈话、中心组学习等组织生活手段，认真落实《准则》，严格执行《条例》，铸就忠诚的政治品格。坚持挺纪在前，综合运用“四种形态”，不断强化党内监督，发挥党员先锋模范作用，用铁的纪律打造忠诚、干净、担当的队伍。

二、牢固树立新发展理念，履职尽责创环境，凝心聚力“法治长治”

全市法院要紧紧围绕市委加快转型综改、创优发展环境、如期实现“两个目标”提供优质司法保障。

一要精准发力，服务保障中心大局。认真贯彻中央决策部署和省市工作要求，落实市中院《发挥审判职能服务保障“两个目标”如期实现工作意见》和《全市法院推进项目建设服务企业发展意见》，继续扎实开展双“三百”活动，通过发挥预防、打击、保护、引领等审判职能作用，惩处贪污贿赂、滥用职权、玩忽职守等犯罪，规制违法行为、防范经营风险、化解矛盾纠纷，持续发力创优发展环境。

二要把准重点，护航经济社会发展。围绕服务保障供给侧结构性改革，加强对土地使用权出让转让、房地产合作开发、建设工程等类型案件的审理，提升法治应对能力。妥善处理“僵尸企业”，审慎办理破产案件，全力推进“三去一降一补”。落实中央《关于完善产权保护制度依法保护产权的意见》，加强对各种所有制组织和自然人财产权的保护，增强人民群众财产财富安全感。注重“沁州黄”等地理标志产品、长治制造知名商标保护力度，严厉打击侵犯知识产权、阻碍高新产业、破坏环境资源等违法犯罪。设立旅游法庭，服务全域旅游产业发展。认真研究互联网金融、网约车平台等新兴经济体和经营模式带来的法律问题，支持“大众创业，万众创新”。

三要巩固成效，监督支持依法行政。进一步巩固涉诉信访成效，出台《涉诉信访接待处置工作规定》，继续推进“信访法治建设”和涉诉信访排查化解活动。深化行政案件集中管辖改革，加强行政案件审判工作。推进落实《山西省行政机关行政应诉办法》，发挥行政执法与行政审判联席会议作用，充分挖掘和运用司法大数据，及时发现趋势性、苗头性问题，提出针对性司法建议，促进提高依法行政水平。

三、贯彻落实总体国家安全观，全力以赴保稳定，切实建设“平安长治”

全市法院要把维护国家政治安全特别是政权安全、制度安全作为首要任务，坚决担当作为。

一要全力维护国家安全社会稳定。紧紧抓住影响国家安全和社会稳定的突出问题，依法履行审判职能。深入开展反分裂、反渗透、反颠覆、反邪教斗争，坚决严惩危害国家安全、暴力恐怖、公共安全等犯罪。依法惩治网络犯罪，稳妥处理重点敏感案件。积极参与社会治安综合治理，为迎接党的十九大胜利召开营造良好社会环境。

二要坚决严惩严重刑事犯罪。发挥刑事审判职能，依法严惩故意伤害、毒品犯罪、职务犯罪以及非法吸收公众存款、非法集资等涉众型犯罪，切实形成高压态势。协同政法各部门开展治爆缉枪、打黑除恶和打击电信诈骗、“两抢一盗”以及危害企业经营、生产安全等专项活动，严厉打击“医闹”“校闹”、厂霸村霸，确保全市社会稳定、百姓安居乐业。

三要依法加强人权司法保障。严格执行刑法、刑事诉讼法及相关司法解释，坚持宽严相济刑事政策，坚持实体公正与程序公正并重，做到宽严有据、罚当其罪。严格控制和慎重适用死刑，确保死刑案件审判质量。严

格落实罪刑法定、疑罪从无等法律原则，发挥刑辩律师作用，排除非法证据，坚决防止冤假错案，确保无罪的人不受刑事追究。

四、充分发挥平等保护规范引领作用，司法办案讲效果，积极打造“诚信长治”

全市法院要切实发挥司法案件在社会发展中的指引、评价、教育、强制作用，加快推进社会信用体系建设。

一要注重发挥司法裁判导向作用。坚持在司法审判中弘扬社会主义核心价值观，依法惩治危害食品药品安全、制售假冒伪劣产品、侵犯知识产权、拒不支付劳动报酬等有损社会诚信的违法犯罪行为。学习理解、正确适用新颁民法总则。落实物权法关于承包地、宅基地、集体经营性建设用地用益物权的规定，切实保障农民和农村集体经济组织财产权益。妥善审理消费者权益、商品房买卖、企业兼并重组、新农村建设等民商事案件，维护公平有序、诚实守信的市场秩序，营造公开、透明、可预期的法治化营商环境。

二要全面推进矛盾纠纷多元化解。按照中央《关于完善矛盾纠纷多元化解机制的意见》，协调地方党委、政府、行业组织、独立第三方等多元参与，不断提高化解矛盾纠纷的能力。进一步加强诉调对接平台建设，有效实行分流引导，将诚实守信作为当事人达成调解、实现和解的原则基础，加大案件调处化解力度，着力做好教育、医疗、就业等涉民生案件审理工作。大力开展巡回审判，减轻群众诉累，扩大法治宣传教育效果。

三要全力以赴破解执行难题。落实最高法院两到三年基本解决执行难工作部署，积极协调建立守信联合激励和失信联合惩戒制度，运用信息化手段，规范执行行为，穷尽执行措施，曝光打击“老赖”。推进执行改革，探索审执分离和警务化管理，切实提升实际执行到位率。2017年5月两级法院全面完成执行指挥中心建设和查控中心扩网运行。组织两级法院开展“法治力量”联合执行行动，坚决打赢“基本解决执行难”这场硬仗。

五、全面深化司法体制改革试点，破解难题勇担当，先行先试树标立杆

全市法院要扎实推进司法体制改革试点，加快推动庭审实质化改革进程，进一步提高司法办案质量。

一要扎实推进以司法责任制为核心的四项改革。全面落实中央、省委司改任务，建立新的审判权运行机制，完善专业法官会议规则，明确员额法官办案职责，完善各项改革配套制度，健全内部监督制约机制，落实好薪酬制度改革相关政策，建立优胜劣汰的法官遴选和退出机制，建立有偿聘用法官事务实习助理制度，加强改革政策研究和督察评估工作，确保第二批十家基层法院2017年10月底前全面完成改革任务。

二要积极推进以审判为中心的诉讼制度改革。落实中央要求，联合市政法各部门共同制定《推进以审判为中心的刑事诉讼制度改革实施意见》和《庭审实质化改革实施办法》。积极落实最高法院《关于进一步推进案件繁简分流优化司法资源配置的若干意见》，制定实施《案件分配管理办法》和《案件繁简分流实施细则》。2017年确定二至三家基层法院展开家事审判改革试点和环境资源公益诉讼改革试点，力争重点领域改革再有新成效。

三要加快推进案件监督管理机制改革。紧紧围绕执法办案第一要务，适应新的审判权运行机制和司法办案监督管理新要求，制定《进一步推进司法办案质效全面提升指导意见》，出台《案件监督管理办法》和《民事审判工作指导意见》，统一裁判尺度，力避同案不同判。实施2017年版提升案件质效“十大措施”，确保省定约束性指标全面完成，办案质效继续保持全省前茅。

六、持之以恒抓党建带队建，强化素质树形象，努力建设过硬队伍

全市法院要始终把建设信念坚定、执法为民、敢于担当、清正廉洁的法院队伍摆在更加突出的位置。

一要强化政治引领，加强领导班子建设。坚持政治坚定，表里如一，做到党中央提倡的坚决响应、党中央决定的坚决执行、党中央禁止的坚决不做。坚持团结协作，增强大局意识，巩固干事创业的良好局面。坚持勇于担当，改革创新，营造良好政治生态。坚持清正廉洁，以上率下，带领全体干警进取奉献。

二要坚持人才兴院，加强队伍能力建设。落实中央《关于新形势下加强政法队伍建设的意见》，持续开展“三讲三真比创树”实践活动，提高政治素质和司法能力。树立先进、表彰优秀，增强队伍职业尊荣感。培训教育、岗位锻炼，努力培养复合型、专家型人才，为全市审判工作发展提供坚实人才保障。

三要注重从优待警，加强干警履职保障。贯彻落实中办、国办《保护司法人员依法履行法定职责规定》和最高法院实施办法要求，建立健全法官政治权益、职业权益、人身权益保障机制。依法惩处威胁恐吓、伤害政法干警和破坏审判秩序、妨碍执行公务等违法犯罪行为，坚决维护司法权威。

七、全力推进“智慧法院”建设，阳光司法促公信，不断推进审判体系和审判能力现代化

全市法院要大力推动“智慧法院”建设，不断提升审判工作现代化水平。

一要拓展信息化建设与应用，提升办案效率规范司法行为。制定《全市法院信息化建设应用方案》，推进“互联网＋诉讼服务”，扩容审判流程、裁判文书、执行信息“三大公开网络平台”。努力改善法庭等基础设施建设，2017年全市法院建成科技法庭70个，每名法官开庭审案全程同步录音录像比例不低于70%，不断提高庭审网上直播率。

二要发挥信息技术支撑作用，助力提升法院公信形象。完善门户网站、官方微博、微信公众号等新兴传播媒体建设，满足群众知情需求。坚持新闻发言人和新闻发布例会制度，讲好法院新故事，传播法院好声音。继续开展“代表委员观庭审评判案”等活动，广泛听取代表委员意见建议，不断提高审判工作透明度。

三要建立科学的绩效考核评价体系，促进工作全面发展进步。继续推进双“三一一”工作责任落实机制，夯实提质创新工程、示范项目，钉深砸实责任主体。建立法官考评委员会，制定与岗位职责、工作业绩相适应的法官和司法辅助人员、司法行政人员绩效考核及薪酬分配办法，调动一线办案人员积极性，推动各项工作再上新台阶、再有新作为，努力实现全省一流、全国有影响力法院目标。

各位代表，做好新时期人民法院工作，使命光荣，责任重大。全市法院要更加紧密地团结在以习近平同志为核心的党中央周围，在市委的坚强领导下，贯彻落实好本次大会决议，不忘初心，继续前进，求真务实，扎实工作，让我们投身我市如期实现脱贫攻坚和全面建成小康社会的宏伟征程，以优异的成绩迎接党的十九大胜利召开！

长治市人民检察院工作报告

——2017年3月17日在长治市第十四届人民代表大会第一次会议上

长治市人民检察院代检察长 赵雅清

各位代表：

现在，我代表长治市人民检察院就市十三届人大一次会议以来的检察工作和今后工作安排向大会作报告，请予审议，并请市政协委员和列席同志提出意见。

过去五年的主要工作

五年来，全市检察机关深入学习贯彻党的十八大及十八届三中、四中、五中、六中全会精神和习近平总书记系列重要讲话精神，在市委和省检察院的正确领导下，在人大及其常委会的有力监督下，紧紧围绕反腐倡廉、脱贫攻坚、转型综改、社会体制改革等重大决策部署，忠实履行宪法和法律赋予的职责，狠抓司法办案，维护社会稳定，服务经济发展，促进公平正义，各项检察工作取得新成绩。市检察院被授予“全国先进基层检察院建设组织奖”“全国科技强检示范院”“全国检察机关文明接待示范窗口”“山西省五一劳动奖状”“全省检察工作示范院”等荣誉称号。

一、始终坚持贯彻上级重大决策部署，认真落实主体责任，深入推进监察体制改革和司法体制改革

坚决完成监察体制改革重大政治任务。提高政治站位，按照中央顶层设计图和省市委施工图推进改革，对改革涉及部门的人员编制、案件线索、技侦装备等登记造册，积极配合做好转隶交接。深入抓好思想政治工作，全面科学评估改革推进中干警思想变化和各方关切，主动与纪检委、组织人事等相关部门做好政策、工作衔接，推动人员融合和工作流程磨合，确保了思想不乱、工作不断、队伍不散。

司法体制改革蹄疾步稳。市检察院和城区、襄垣、武乡3个基层检察院于2015年初开展首批试点工作，其余检察院于2016年8月全面推开，完善分类管理、落实司法责任制、强化职业保障、省以下人财物统管四项改革任务进展有序。落实员额制，全市两批试点共遴选出入额检察官262名，其中市检察院63名。落实分类管理，首批

员额内检察官全部调整至一线业务部门，配备检察官助理和书记员，法警、检察技术人员集中管理、随案调配，检察官、辅助人员、司法行政三类人员完成定员定岗。落实司法责任制，探索建立“1+8+8”配套制度；推行独任检察官、检察官办案组的办案模式，实行案件“扁平化”管理，由7个审批层级缩减至检察官、（副）检察长、检委会3个层级；突出检察官主体地位，明确检察权力清单304项，授权检察官行使权力205项，授权率67%。首批试点检察院检察官单独职务序列确定，工资制度改革兑现，人财物省级统管顺利推进。

二、始终坚持围绕全市工作大局履职尽责，努力为经济社会发展营造良好法治环境

积极回应人民群众平安需求，在深化“平安长治”建设中发挥了重要作用。严厉打击严重刑事犯罪，五年来，全市检察机关共依法批捕“黑拐枪、盗抢骗、黄赌毒”等危害群众生命财产安全的犯罪3550人，起诉4572人；批捕邪教组织犯罪31人，起诉36人。坚持宽严相济，对轻微犯罪、未成年犯罪嫌疑人等依法从宽处理，最大限度减少社会对立面；建立刑事和解、检调对接机制，积极促成267起轻微刑事案件、民事申诉案件当事人达成和解。不断深化涉法涉诉信访改革，建立完善诉访分离、导入退出、司法救助、责任追究等机制，引导群众在法治轨道内表达诉求。强化重点场所和特殊群体管控，常态化深入监管场所和社区矫正中心监督刑罚执行情况，排查解决“牢头狱霸”等问题，纠正脱管漏管，预防再犯罪。积极对接党委“网格化管理”工作，设立县乡村三级巡回检察服务站点，开展定单式巡回检察。

主动适应经济发展新常态，服务保障经济平稳健康发展。积极服务重点项目建设，围绕“项目落地年、达效年、提质增效年”，一年出台一个服务意见，妥善解决项目推进中的征地补偿、薪资矛盾、合同纠纷等问题，查办工程建设领域贪污贿赂、挪用公款等职务犯罪案件132件157人；为项目招投标提供行贿犯罪记录查询4万余次。积极参与全市“整治国有资产流失战役”，通过督促起诉监督有关主管监管部门收回土地出让金、城市基础建设配套费、税款、排污费等国有资金5亿多元。积极参与整顿和规范市场经济秩序，共起诉制假售假、偷逃税款、非法经营等各类犯罪604人。依法办理凯得诚、泛亚、E租宝等利用互联网金融平台非法集资重大案件，维护群众合法权益，防范和化解金融风险。积极参与打击侵犯知识产权和制售假冒伪劣商品专项行动，起诉24人。注重公正文明司法，平等保护各类市场主体合法权益，依法妥善处理了一批涉及民营企业的案件。在办案中正确把握法律政策界限，依法惩治犯罪者、挽救失足者、支持改革者，慎重使用强制措施，慎重扣押涉案款物，把对企业正常生产经营的影响降到最低。

自觉践行司法为民宗旨，更加注重保障和改善民生。严惩危害人民群众生命健康的犯罪，持续开展破坏环境资源和危害食品药品安全犯罪专项立案监督工作，监督环保、食药监管等部门移送案件29件34人；批准逮捕污染环境、盗伐滥伐林木、制售有毒有害食品、制售假药劣药等犯罪21件23人，起诉54件79人。严惩涉医犯罪，第一时间介入和平医院暴力伤医案等破坏医疗秩序和侵害医务人员案件，依法从快批捕起诉。重视保护弱势群体利益，开展“维护劳动者合法权益月”活动，通过支持起诉帮助农民工追回欠薪600多万元；对拒不支付劳动报酬涉嫌犯罪的依法追究刑事责任。为163名生活困难的刑事被害人提供司法救助金133万元。

三、始终坚持贯彻全面从严治党要求，依法查办和积极预防职务犯罪，保持惩治腐败高压态势

认真落实反腐决策部署，“老虎”“苍蝇”一起打、惩治预防两手抓。五年来，全市检察机关共查办各类职务犯罪案件857件1138人，其中县处级以上要案68人（含厅局级7人），重特大案件712件，挽回经济损失4亿多元。

突出查办大要案、窝串案，增强震慑效应。先后查办了晋中原市委副书记张秀萍、省公安厅原副厅长兼太原市公安局原局长李亚力、长治市园林局原局长樊志新受贿等一批有影响有震动的大要案。积极回应群众反映强烈的不作为、乱作为问题，先后查办了襄垣七一善福煤业“4·12”重大透水事故案件背后渎职犯罪14件14人，“12·31”苯胺泄漏事故背后渎职犯罪2件2人；查办了屯留县国税局12人滥用职权造成国家税收损失1.6亿元窝案，以及“8·25”专案23人（省经信委等有关人员失职渎职）等系列案件。深挖执法司法不公背后的腐败犯罪，查办行政执法人员277人、司法人员59人。铲除“围猎”官员、利益输送的土壤，查办行贿犯罪案件86件98人。

坚决查办“蝇贪”“蚁贪”，回应群众反腐关切。深入持久开展查办发生在群众身边、损害群众利益的职务犯罪专项工作，积极参与脱贫攻坚，在危房改造、医保低保、饮水工程、惠农补贴等民生领域查办贪污贿赂案件157件172人。结合农村集体“三资”清查开展专项行动，排查涉农职务犯罪线索65件，立案33件。

标本兼治加强职务犯罪预防，抓好源头防腐。深入实施“免疫工程”，落实“十项机制”，构建党委统一领导，检察机关主导、纪检监察审计联动、全社会共同参与的预防职务犯罪工作格局。加强行业预防，以工程建设、安监、环保、文物保护等领域为重点开展预防调查和案例分

析，通过发送检察建议推动相关单位堵漏建制。深化警示预防，分片区建立反腐倡廉警示教育基地6个，实现各级干部警示教育全覆盖，市检察院警示教育基地被评为“全国百优警示教育基地”；组织全市两级机关和国有企事业单位干部职工开展“权力不可任性”渎职犯罪警示教育，促进依法秉公用权。助推社会预防，在两级党校设立预防教研室，开设预防课程；常态化开展“六进”活动，采用微电影、书画展等形式弘扬廉政文化，使预防职务犯罪工作人人皆知，人人参与。抓好专项预防，实施预防涉农领域职务犯罪“阳光百姓工程”，通过“两大信息平台”对涉农项目和资金进行同步监督，精准预防，促进富民政策、资金真正惠及广大农民群众。

四、始终坚持推进诉讼监督，强化人权司法保障，有力维护司法公正和法治权威

牢记公平正义核心价值追求，进一步加大对执法司法不公不廉不规范问题的监督力度，努力让人民群众在每一起案件中感受到公平正义。

加强刑事检察监督。五年来，全市检察机关共监督侦查机关（部门）立案538件713人，监督撤案552件，纠正漏捕294件394人，纠正漏诉301件640人，提出抗诉340件，纠正审判行为违法317件次。推进行政执法与刑事司法衔接，防止、纠正有罪不究、以罚代刑，监督行政执法机关移送刑事案件77件95人。勇于自我纠错，对不服检察机关处理决定的申诉案件立案复查后纠正2件。“梁文平贪污案”被评为“全国检察机关优秀刑事抗诉案件”，“王进林不服起诉案”被评为“全国检察机关优秀刑事申诉案件”。加强刑罚执行和监管活动监督，先后开展久押不决案件专项清理、减刑假释暂予监外执行、财产刑执行、集中清理判处实刑罪犯未执行刑罚专项检察等活动；抗战胜利70周年期间，审查四类特赦罪犯67人。严惩高墙内的腐败，查办监管领域职务犯罪19件22人。

深入推进以审判为中心的刑事诉讼制度改革，健全冤错案件源头防范和发现纠正机制。主动转变办案理念，依法行使不捕不诉权，因证据不足不捕637人，存疑不诉266人。深入推进驻公安机关检察联络室工作，全程同步监督侦查行为，引导取证；实行命案办理主任检察官负责制，提前介入现场、同步跟进侦查、通知侦查员旁听庭审“三管齐下”，推动命案办理质量进一步提升。严格落实讯问职务犯罪嫌疑人全程同步录音录像制度，认真听取辩护律师提出的无罪罪轻意见并入卷。开展专项监督，依法纠正使用强制措施、指定居所监视居住措施、办案期限违法，以及阻碍行使诉权、非法取证等违法情形。

构建多元化民事行政检察监督新格局。与行政执法部门建立信息共享平台和联席会议制度，与法院、律师事务所、法律援助机构建立案件线索移送机制，加强对公权力的监督。提请抗诉220件，提出再审检察建议155件；依法监督纠正审判行为、执行活动违法，督促法院启动执行多年未执行积案；积极开展虚假诉讼专项监督，有力维护司法秩序。

创新开展未成年人刑事检察工作。共审查未成年人刑事案件157件503人，作出不逮捕决定45人，作出不起诉决定35人，其中附条件不起诉17人。高度重视校园暴力、欺凌等问题，依法批准逮捕校园暴力、欺凌案件涉罪未成年人6人，起诉81人。注重教育感化挽救，推行羁押必要性审查和分案起诉、附条件不起诉、犯罪记录封存、司法援助等制度，探索建立心理评估、跟踪回访、行为矫治等社会化帮教预防体系，促进涉罪未成年人改过自新。积极开展家长法治课堂、检校共建、主题开放日等活动，结合典型案例以案说法，有效预防青少年犯罪。襄垣县检察院被最高人民检察院评为“未检工作突出贡献集体”。

五、始终坚持强化自身监督，严格规范执法行为，确保检察权依法正确行使

强化内部监督，一手抓突出问题整改，一手抓长效机制建设。积极开展规范司法行为专项整治，围绕司法作风简单生硬、执行办案规定和办案纪律不严格等8个方面重点问题在系统内外全方位征求意见；强化反向审视，每年组织开展两次案件质量评查，逐案逐人反馈问题，问责整改。深化案件管理机制改革，全面运行统一业务应用系统和电子卷宗系统，实行全部案件网上流转，网上审批，网上管理涉案款物，源头杜绝超期办案、违规办案。先后完善指定居所监视居住监督规定、干预插手过问案件记录报告责任追究办法等办案制度，签订廉洁办案承诺书，健全执法档案、约谈提醒等长效机制，司法规范化水平进一步提升。

自觉接受外部监督，深入实施“阳光检察”工程。主动接受人大、政协监督，制定落实关于加强同人大代表、政协委员联系的两个《意见》，积极配合代表委员开展视察、调研、执法检查和案件评查，认真办理人大转交办案件，主动向人大及其常委会报告重要工作；先后就诉讼监督、反贪污贿赂、反渎职侵权、预防职务犯罪、司法体制改革等工作向市人大常委会作专题报告，并认真贯彻审议意见，报告整改情况。落实“2+9”检务公开长效机制，建成一站式阳光检务大厅，完善新闻发布制度，普遍开展检察开放日活动。依法及时发布重要案件信息、公开生效

法律文书和案件程序性信息万余条。把互联网等媒体作为听民声、察民意的重要渠道，两级院“两微一端”及门户网站全覆盖，通过在线接访、预约查询、法律咨询、受理控告申诉、回访评议案件等形式便民利民，接受监督。人民监督员监督“11种情形”案件45件，参与评查案件300多件。主动接受律师监督，重视解决律师会见难、阅卷难、调查取证难等问题，认真听取律师意见。

六、始终坚持抓好过硬检察队伍建设，夯实基层基础，增强检察工作发展的内生动力

强化思想政治建设，举好旗定好向。扎实开展党的群众路线、“三严三实”和“两学一做”等学习教育活动，潜移默化抓好政治理论、理想信念教育，开展“坚守职业良知”“争创检察职业道德模范”活动，广大干警“四个意识”进一步增强，党性修养、职业情操进一步升华。全市检察机关涌现出一大批优秀共产党员、党务工作者和优秀党支部。

强化纪律作风建设，落实从严治检主体责任。制定完善《市检察院党组议事规则》《加强基层检察院党组建设的指导意见》，落实市检察院领导联系督导基层检察院、列席基层检察院党组民主生活会等制度。强化一把手和领导班子成员监督，落实检察长述职述廉报告工作、执行民主集中制情况考核评估等制度。以“五零”为目标，一年一个主题，不断深化“平安检察院”创建，在市检察院及各基层检察院巡回开展廉政大讲堂活动及蹲点督查；层层签订《党风廉政建设责任书》，实行逐级全覆盖约谈；对5名检察人员进行了党政纪处分。

强化执法能力建设，打造专业型检察队伍。全面实施“人才素质提升工程”，坚持面向领导干部和执法办案一线检察干警，以“全员培训月”“一学一练、一人一优”等活动为载体，以“刑九”、修改后三大诉讼法等为重点，强化岗位练兵，组织开展优秀公诉人、优秀法律文书、精品案件评选等活动，不断提升干警理论水平和实战能力。7名干警被评为全国、全省检察业务专家，市检察院公诉处被最高人民检察院授予“全国优秀公诉团队”称号。

强化基层基础建设，筑牢发展根基。高度重视基层检察院建设，以定期督导、专项督查和抽样评估相结合加强基层指导；进一步强化对基层检察院的考核，大力表彰争先升位，激励出竞相发展的工作氛围。鼓励创新，连续4年开展“三争创”“一院一品牌、一处一亮点”活动，树典型，立标杆，多项工作经验在全省、全国检察机关推广。两个基层检察院分别被评为全国、全省“先进基层检察院”，两个基层检察院被评为“全国文明单位”。更加重视科技强检，推进司法办案与现代科技的深度融合，建成法医类、司法会计、文痕鉴定、声纹鉴定、电子证据、心理测试6个检察技术实验室，率先在全省将身心监护仪、心理生理测试仪用于职务犯罪侦查。远程提讯、远程接访、侦查信息平台等科技手段的应用有力促进司法方式转变和办案效率提升。

在看到成绩的同时，我们也清醒地认识到，检察工作与党和人民期待还存在一些差距和不足：一是服务大局理念还需进一步增强，对经济社会发展新情况、新问题研究还不够；二是检察监督职能发挥还不够充分，各项工作发展还不平衡；三是司法体制改革进入深水区，检察权运行机制、管理机制还有待健全完善等。对此，我们将紧盯不放，下大气力解决。

各位代表，五年来，长治检察工作在改革中发展，在探索中加强，在创新中前进，全市检察机关司法理念深刻转变、司法行为更加规范、司法作风明显改进、司法公信力持续提升。这些都离不开党委的坚强领导，离不开人大的有力监督，离不开政府的大力支持，离不开政协以及社会各界的关心、理解与认同。在此，我代表全市检察机关表示衷心的感谢！

回顾五年来的工作，我们一是牢牢把握了检察工作的政治性，坚持检察工作的正确方向，在党委领导、人大监督下，自觉把检察工作放在经济社会发展全局中来谋划、来推进；二是牢牢把握了检察工作的法律监督属性，履行好检察监督职责，切实把功夫下在监督上；三是牢牢把握了检察工作的人民性，提升检察公信力，不断满足人民群众的司法需求；四是牢牢把握了检察工作的时代性，勇于开拓，大胆创新，推进检察工作科学发展。

今后五年及2017年工作安排

未来五年，全市检察机关将紧紧围绕市委工作大局和重要决策部署，全面加强和改进各项检察工作，奋力开创全市检察事业新局面。检察工作的总思路和目标是：积极主动服务经济社会发展，服务民生改善，着力维护社会稳定，维护政治清明，维护司法公正；检察监督全面强化，刑事、民事、行政、控告申诉检察统筹推进；检察管理更加科学，司法责任制全面落实，案件管理、业务考评等机制日臻完善；队伍整体素质进一步提升，更加适应检察工作创新发展需要；基层基础建设再上新台阶，检务保障进一步加强。

2017年是我市创优发展环境、实现“两个目标”，打造山西重要增长极的关键一年。全市检察机关将全面贯彻落实党的十八大及十八届三中、四中、五中、六中全会精神，贯彻落实习近平总书记系列重要讲话精神，牢牢把握

省委“一个指引，两手硬”重大思路，紧紧围绕市委“两个目标”工作大局，按照“重基础，强监督，严治检，争一流”的检察工作思路，以维护司法公平正义为目标，以理念和机制创新为引领，深化司法体制改革和司法规范化建设，全面正确履行检察监督职能，为把长治打造成山西重要增长极提供坚强有力的司法保障。

一、牢固树立“四个意识”，把握检察工作正确政治方向。自觉坚持党对检察工作的绝对领导，坚决维护以习近平同志为核心的党中央权威，始终把思想和行动统一到中央、省市委的决策部署上来，把讲政治的要求落实到履行职责使命的一切工作中去，确保各项方针政策在检察机关得到不折不扣的贯彻执行。司法体制改革后，坚持市委对检察工作的领导不动摇，接受市人大监督不动摇，定期向市委人大报告工作。

二、牢固树立保稳定促发展理念，服务长治经济社会发展。依法严厉打击各种严重刑事犯罪，化解矛盾纠纷，为十九大胜利召开营造安全稳定的社会环境。围绕促进经济发展和民生改善，积极服务转型综改试验区建设，服务供给侧结构性改革和创新驱动战略，服务城乡一体化发展和脱贫攻坚工作；围绕人民群众生存环境和食药安全，深入开展破坏环境资源和危害食品药品安全犯罪专项立案监督；加强对新常态下经济领域犯罪活动的分析研判，突出打击合同诈骗、非法吸收公众存款、集资诈骗等经济犯罪；落实平等保护原则，依法平等保护民营企业、外地企业、小微企业的合法权益，创优发展环境。

三、牢固树立检察监督理念，切实维护社会公平正义。继续深化以审判为中心的刑事诉讼制度改革，严格落实罪刑法定、疑罪从无、非法证据排除等原则和规定，坚决纠正定罪不当、量刑严重失衡、审判程序违法等问题，严防冤假错案。加强刑事申诉检察工作，办好刑事赔偿案件，加强司法救助，彰显司法人文关怀。统筹推进民事行政案件生效裁判、审判程序和执行活动监督，强化督促起诉、支持起诉、公益诉讼、虚假诉讼监督工作，促进公正司法、严格执法。

四、牢固树立改革创新意识，不断增强检察工作生机活力。拓展引深司法体制改革，深化分类管理，落实检察官单独职务序列，完善检察辅助人员和司法行政人员管理制度，让各类人员各归其位、各展其才。狠抓司法责任制落实，进一步完善检察权力清单，保障检察官办案主体地位，落实晋级退出、薪酬待遇保障、依法履职免责、履职受到不实举报澄清等机制，让入额检察官真办案、有压力、不懈怠。积极推进内设机构改革，实行案件扁平化管理，进一步提高司法质量和效率。

五、牢固树立从严治检理念，抓班子带队伍塑造长治检察新形象。深入推进“两学一做”，严肃党内政治生活，坚持不懈强化理论武装，加强党性修养。以专业化、职业化、精英化为目标，开展分层分类分岗素能培训，提升队伍整体素质。毫不放松抓好自身反腐倡廉和纪律作风建设，健全检察权运行监督制约机制，对领导干部和检察干警严格教育、管理和监督，对违法违纪行为严肃查处，打造过硬检察队伍。

各位代表，全面建设小康社会进入决胜阶段，全市检察工作站在了新的历史起点上。我们有决心在市委的坚强领导下，在市人大及其常委会的有力监督下，忠诚履职，开拓创新，为创优发展环境、实现“两个目标”而努力奋斗，以优异的成绩迎接党的十九大胜利召开！

中国人民政治协商会议长治市委员会常务委员会工作报告

——2017年3月15日在政协第十三届长治市委员会第一次会议上

长治市政协主席　许　霞

各位委员、同志们：

我代表中国人民政治协商会议第十二届长治市委员会常务委员会，向大会报告工作，请予审议。

过去五年工作回顾

过去五年，是我市在全面建成小康社会进程中步履坚定、砥砺前行的五年，也是我市人民政协事业开拓创新、蓬勃发展的五年。五年来，十二届市政协在中共长治市委的坚强领导下，高举爱国主义、社会主义旗帜，牢牢把握团结民主两大主题，深入贯彻落实中共中央和省市委一系列重大决策部署，紧紧围绕全市中心工作，认真履行政治协商、民主监督、参政议政职能，广泛凝聚智慧服务改革发展，充分发挥优势助推民生改善，积极协调关系促进社会和谐，为推进全市经济社会发展作出了积极贡献。

五年来，在常委会始终坚持正确政治方向，在加强学习中深化认识，积极引导中增进认同，团结奋斗的共同思想政治基础不断巩固

认真学习贯彻中共十八大，十八届三中、四中、五中、六中全会和习近平总书记系列重要讲话精神，坚持统筹推进“五位一体”总体布局、协调推进“四个全面”战略布局，切实增强政治意识、大局意识、核心意识和看齐意识，更加自觉地在思想上政治上行动上同以习近平同志为核心的中共中央保持高度一致。深入学习贯彻中共山西省委“一个指引、两手硬”的重大思路和要求，认真贯彻落实省市委决策部署，深刻领会加快推进转型综改和供给侧结构性改革的必要性、紧迫性，准确把握全市总体工作的思路要求和步调节奏，始终坚持与市委在思想上同心同德、目标上同心同向、行动上同心同行，切实把社会各界的智慧和力量汇聚到市委、市政府决策部署上来，进一步增强了全市各党派团体和各族各界人士围绕中心、服务大局的责任感、使命感。

深入贯彻落实中共中央《关于加强社会主义协商民主建设的意见》和中共中央办公厅《关于加强人民政协协商民主建设的实施意见》，认真学习领会习近平总书记在庆祝人民政协成立65周年大会上的讲话精神和省市委关于新形势下加强和改进人民政协工作的部署要求，认真贯彻落实市委席小军书记提出的“坚持观大势、议大事，出实招、聚合力，听民意、惠民生，强监督、促落实”工作要求，进一步明确方向、凝聚共识，增强了做好新形势下政协工作的自觉性和坚定性，汇集起团结奋斗的正能量。

五年来，常委会始终服从服务于改革发展大局，认真履行职能，积极参政议政，为全市经济社会发展作出了积极贡献

按照“建言建到需要时、议政议到点子上、监督监到关键处”的要求，紧扣全市改革发展主题履职建言，协商议政取得新成果。五年间共召开全体会议5次、专题常委会议33次、组织开展调研视察、协商活动197次，报送专题建议102篇。

聚焦深化改革积极建言献策。按照中央和省市委决策部署，着眼全面深化改革重大问题，认真审慎选题，深入调查研究，努力增强建言深度和实效。围绕深化转型综改、推进供给侧结构性改革等重大举措，组织委员就促进我市支柱性产业结构调整、化解煤炭和钢铁行业过剩产能、房地产发展及去库存、做大做强我市先进装备制造业、加快装备制造业升级发展、扩大开放助推产业升级和结构调整等重点课题开展协商议政，为我市破解发展难题、厚植发展优势出务实之策。围绕解决制约发展的机制不畅、体制不顺等深层次问题，组织召开深化行政审批制度改革专题议政会，深入市政务服务中心行政审批服务窗口单位进行调研视察，为进一步深化改革、创优环境建有用之言。围绕实施创新驱动发展战略和加快培育发展新动能，就创新驱动促进民营经济发展、科技创新引领我市资源型经济转型、大众创业、万众创新等开展专题协商，为实现我市经济社会可持续发展和综合实力不断提升献可行之策。许多意见建议得到市委书记席小军，市委副书记、市长卢建明等领导同志批示，并被相关部门吸收采纳。

聚焦促进发展深入协商议政。常委会坚持把促进经济发展作为履职重点，先后围绕新型工业、现代农业、城镇化建设以及“十三五”规划编制等事关全局的重大问题，就国家现代农业示范区建设、煤炭企业循环发展、培育和壮大新兴产业、发展物流产业、家庭农场发展等深入协商、积极建言，形成了一系列调研协商成果。着眼产业转型升级，就推进全市文化旅游产业发展、充分发挥高新区作用打造新兴产业发展基地、金融支持实体经济发展等开展专题协商，提出了许多操作性、针对性强的意见建议。特别是围绕“十三五”规划编制工作，选择煤化工产业、高新技术产业、设施农业、金融创新、水资源保护等专题进行深入调研，并在常委会上进行专题协商，形成调研报告16篇，提出具体建议230余条，为市委、市政府科学决策提供了重要参考。

聚焦改善民生倾心献计出力。常委会始终坚持履职为民，持续关注民生热点，着力服务民生改善，先后围绕教育、医疗、就业、食品安全、城中村改造、社会保障、公共交通等民生问题，就农产品质量安全监管、义务教育均衡发展、城市道路交通安全管理、浊漳河流域水环境综合治理、漳泽水库生态治理、农村人居环境改善、主城区大气污染综合防治、中小学体育设施建设等开展调研议政。组织广大政协委员深入社区、企业、乡村广泛开展“访民生、知民情、解民事”“四送一帮扶”和“送温暖、献爱心”活动，竭力为群众做好事、办实事、解难事。特别是围绕脱贫攻坚这一重大民生问题，连续五年跟踪关注、接力建言，聚焦精准扶贫、精准脱贫中的重点难点问题，深入全市扶贫工作重点县、乡镇、村开展调研，先后就推进我市扶贫开发工作、推动产业扶贫精准化、推进全市脱贫攻坚召开专题常委会议，针对搞好精准识别、实施产业扶贫、完善推进机制等提出了一系列对策建议。同时，市政协机关按照市委脱贫攻坚总体部署，深入4县8村开展包村帮扶工作，仅2016年争取项目资金260万元，实施脱贫项目16项，完成了3村145户377人的脱贫任务。

五年来，常委会始终以提案、社情民意信息为重要抓手，注重质量提高，力推成果转化，履职建言更加务实高效

按照“议大事、接地气、重质量、出精品”的原则，组织政协各参加单位和广大委员，围绕全市中心工作和群众关注的热点难点问题，撰写优质提案信息，深化参政议政实效。

完善提案工作机制，促进提案成果转化。充分发挥提案在履行政协职能、服务经济社会发展中的重要作用，进一步做好提案选题调研、审查交办、领办督办等重点环节工作，力求“提”有高质量、“立”有高标准、“督”在关键处、“办”到实在处。起草并修订完善《提案办理工作规程》《专门委员会参与提案工作暂行办法》和《政协提案工作条例》，提案办理机制进一步完善。深入开展提案办理协商，坚持市政府分管领导领办，市政协主席、副主席督办重点提案，有效促进了提案的转化落实。五年来，共征集各类提案2477件，立案2336件，现已全部办复完毕。已落实和被采纳的占56.4%，列入计划逐步解决的占37.9%。其中，《关于在主城区禁止燃放烟花爆竹的建议》《关于主城区违法电动车辆综合治理的建议》等一批重点提案已经转化为市政府的决策和行动。

重视反映社情民意，信息质量显著提升。充分发挥社情民意信息“直通车”作用，通过强化队伍建设、加强指导培训、开展专题调研、完善考核办法、健全工作机制等途径，不断提高信息数量和质量，使政协社情民意信息成为市委、市政府掌握社会舆情的重要渠道。五年来，共收集社情民意信息16800余条，上报省政协6200余条，被全国政协采用80篇，省政协采用345篇，向市委、市政府编报《社情民意》共计1010期。其中，《关于加大我市集中供暖力度的几点建议》《关于我市推进供给侧结构性改革的几点建议》等信息，得到市委书记席小军同志亲笔批示，要求有关部门认真研究参考。十二届市政协连续5年蝉联全省政协系统信息工作第一名。

五年来，常委会始终把协商民主贯穿履行职能全过程，完善协商机制，强化民主监督，协商民主重要渠道作用日益凸显

认真贯彻中央和省市委关于加强人民政协协商民主建设的部署要求，充分发挥政协协商民主重要渠道和专门协商机构作用，积极推进政协协商民主制度建设和实践创新。围绕基层协商民主建设进行深入调研，编印形成了《协商民主实践与探索》《人民政协民主监督实践与思考》等调研成果。建立健全与市委、市政府联合制定政协年度协商计划工作机制，形成了以政协全体会议为龙头，专题协商为重点，对口协商、专题议政、界别协商、提案办理协商为常态的协商格局。认真落实市委《关于加强人民政协民主监督的实施意见》，推动了民主监督的规范化、制度化建设。探索创新民主评议机制，初步形成“日常沟通、定期通报、深入调研、综合评议、全年监督”工作模式，连续5年对全市10个政府职能部门开展民主评议，对涉及全局性的工作向市委、市政府提出建议，有效促进了政府部门的作风改进和效能提升。充分发挥特邀监督员的作用，选聘推荐70名政协委员担任政府职能部门和窗口服务单位的党风政风行风民主监督员，进一步提高了民主监督实效。

五年来，常委会始终坚持团结民主两大主题，充分发挥优势，广泛凝心聚力，进一步营造了和谐共进的浓厚氛围

加强与各民主党派、工商联的联系与合作，制定实施了市政协《关于进一步加强与民主党派、工商联联系的意见》《关于进一步发挥各民主党派、工商联和无党派人士作用的意见》。坚持对各民主党派、工商联、无党派人士提出的意见建议、提案和社情民意信息予以优先办理，主动为民主党派和无党派人士在政协履职创造条件。组织各民主党派、工商联就事关经济社会发展的重大问题开展联合调研、深入协商讨论，进一步促进了相互间的合作共事。

深入宣传党的民族宗教政策，就积极引导宗教与社会主义社会相适应、加强宗教界代表人士培养和宗教团体建设开展调查研究，对民族团结创建工作进行专题视察，坚持在圣诞节、开斋节等民族宗教重大节日慰问少数民族和信教群众，持续关注宗教场所建设和少数民族聚居区的经济、教育、养老、生活保障等问题，促进了民族团结与宗教和睦。

密切与港澳台同胞、海外侨胞、海外新移民留学生代表、区域内台属、归侨侨眷的联系，开展扩大对外开放、助推产业升级和结构调整等专题调研，积极组织“三胞三属”联谊活动，接待旅外华人、知名学者、外资企业负责人来我市投资兴业、探亲访友30多批、50余人次，为扩大对外交流、助力长治发展发挥了积极作用。

充分发挥文史资料工作存史资政团结育人的社会功能，编辑出版《黑白记忆》之长治工业企业老照片、长治社会事业老照片系列丛书，抢救性地保护了我市从建市到改革开放初这一历史时期的珍贵图片资料。整理编辑《长治文史资料选编（四卷）》《二贤庄》等文史资料专辑，创办了《长治文史》，设立了“长治政协文史资料馆”。高度重视政协宣传工作，组织开展纪念人民政协成立65周年和长治市政协成立60周年专题座谈、书画展、主题征

文等系列活动，创办《政协动态》内部期刊，在长治日报开办“人民政协专版”，加强政协网站建设，多形式、广角度、全方位宣传展示政协工作成效和委员履职风采，传播长治好声音，颂扬长治好故事，宣传推介长治工作有声有色。

五年来，常委会始终以提升履职效能为目标，建立健全规章制度，坚持抓实抓细抓长，政协自身建设不断加强

政协工作制度进一步完善。按照中共中央关于加强和改进政协工作的新要求，市政协不断强化制度建设，新建和修订完善各项规章制度47项。制定市政协《全体会议工作规则》《常委会工作规则》《关于政治协商、民主监督、参政议政的规定》《规范调研视察组织协调工作实施办法》等各类履职管理办法，政协工作的制度化、规范化、程序化水平有了新的提高。

委员队伍建设进一步加强。围绕发挥委员主体作用，加强全体委员教育培训，努力提升委员综合素质。坚持主席联系常委、专委会联系委员制度，委员联系日益紧密。加强“委员之家”建设，开展界别小组活动，委员队伍活力日益彰显。加强委员履职考核管理，建立委员退出机制，切实增强委员的履职意识和工作主动性。尤其是常委们在履职实践中当先锋、作表率，切实发挥了在政协委员中的模范带头作用。

机关建设水平进一步提升。认真落实中共中央关于全面从严治党部署要求，政协党组认真履行党建责任，扎实开展党的群众路线教育实践活动、“三严三实”专题教育、“两学一做”学习教育，着力抓好党内政治生活、廉洁自律准则和监督、问责、纪律处分条例的学习贯彻，深入推进党风廉政建设，工作作风持续改进。以建设“学习型、效能型、和谐型、创新型、廉洁型”机关为目标，强化素质提升，规范制度管理，机关服务保障水平不断提高。加强对县市区政协工作的指导，召开全市政协工作经验交流会，有力推动了全市政协组织间的相互学习和共同提高。

各位委员、同志们，五年来，我市人民政协事业不断取得新成绩、迈上新台阶，是中共长治市委坚强领导的结果，是市人大、市政府及社会各方面大力支持的结果，是历届市政协老领导、老同志关心支持的结果，也是市政协各参加单位、各级组织、广大政协委员和政协工作者恪尽职守、努力工作的结果。在此，我谨代表十二届市政协常委会，向为政协事业倾注满腔热情、做出积极贡献的广大委员，向所有关心支持政协事业发展的各级领导、各界人士，表示崇高的敬意和衷心的感谢！

回顾五年来的工作，我们深切体会到：坚持中国共产党的领导，是人民政协把握正确前进方向的根本保证；坚持围绕中心、服务大局，是做好政协工作的基本原则；坚持依靠委员、主动作为，是做好政协工作的重要基础；坚持履职为民、服务群众，是做好政协工作的力量源泉；坚持锐意进取、改革创新，是做好政协工作的不竭动力。同时我们也清醒地认识到，与党和人民群众的期望相比，与人民政协肩负的职责使命相比，我们的工作还有差距和不足。主要是：协商民主机制还需要进一步完善，民主监督的形式和方法还不够灵活，提案工作重答复轻落实问题依然存在，社情民意信息在反映热点、焦点问题方面做得还不够到位，政协委员履职的主动性、活跃度和实效性还需要进一步提升等等。所有这些，都需要在今后工作中努力加以改进和提升。

今后五年工作建议

各位委员、同志们，今后五年，是我市实施“十三五”规划、全面建成小康社会的关键时期。中国共产党将召开第十九次全国代表大会。站在新的历史起点上，新一届市政协要在中共长治市委的坚强领导下，高举中国特色社会主义伟大旗帜，全面贯彻中共十八大和十八届三中、四中、五中、六中全会精神，深入学习贯彻习近平总书记系列重要讲话精神和治国理政新理念新思想新战略，全面落实省、市十一次党代会各项决策部署，牢牢把握团结民主两大主题，同心协力搞好政治协商，积极稳妥推进民主监督，扎实有效开展参政议政，为推进深化“双改”、转型升级、创新驱动、创优发展环境，把长治打造成山西重要增长极，如期实现脱贫攻坚和全面建成小康社会目标作出新的贡献。为此，提出以下建议：

一、深入学习贯彻中共中央和省市委重大决策部署，坚持人民政协正确政治方向

新一届市政协要始终把思想政治建设放在首位，组织广大委员和机关干部深入学习习近平总书记系列重要讲话精神，进一步坚定道路自信、理论自信、制度自信、文化自信，牢固树立政治意识、大局意识、核心意识、看齐意识，始终同以习近平同志为核心的中共中央保持高度一致。中共十九大召开后，要迅速掀起学习贯彻大会精神的热潮，团结引导广大政协委员切实把思想和行动统一到中央精神上来。深刻领会省、市十一次党代会精神，准确把握经济社会发展的形势要求，不断深化对市委关于坚持稳中求进、全面深化“双改”、创优发展环境、加快转型升级发展思路的认识，找准履行政协职能与服务发展大局的结合点、着力点，坚决把党的路线方针政策和省市委决策部署贯彻落实到政协工作的各方面和全过程，不断开创我市政协事业新境界。

二、紧紧围绕如期实现脱贫攻坚和全面小康目标，为推动全市改革发展积极献智出力

新一届市政协要紧紧围绕市十一次党代会提出的目标任务和总体部署，认真履行职能，深入协商议政，切实把智慧和力量凝聚到全市重大目标任务要求上来，力求思路上有新拓展、工作上有新举措、推进上有新成效。

全力为深化“双改”建净言。推进供给侧结构性改革和转型综改试验区建设是我省适应和引领经济发展新常态的重大战略部署。市政协要选择大局所系、各界关注的重点、难点问题，组织广大委员深入调研议政，踊跃建言献策。围绕“三去一降一补”重点任务、开发区体制机制改革、投资体制改革、国资国企改革、金融改革创新、推进农业供给侧结构性改革、构建中高端现代产业体系等方面开展协商议政。围绕加快经济转型升级、促进经济平稳健康发展、构建“亲”“清”新型政商关系、促进民营经济健康发展搞好调研视察。切实做到政治协商为改革发展献计、民主监督为改革发展助力、参政议政为改革发展服务。

着力为创优环境献良策。发展环境是一个地区综合竞争力的核心和关键，要加快转型、实现赶超，营造良好的发展环境就显得更为迫切和重要。市政协要按照市委创优发展环境的总体要求，组织全市各级政协组织和广大委员积极投身创优环境建设，围绕着力创优思想、政治、法治、创业、政务、宜居六大环境，就加快推进“放管服效”改革、企业诚信体系建设、纵深推进“五道五治”行动等开展协商议政，积极建言献策。特别要围绕创优高效的政务环境深入开展民主监督，引深评议工作，进一步促进政府部门转变作风、提升效能。

协力为脱贫攻坚出实招。坚决打赢脱贫攻坚战是“十三五”时期的重大政治任务。市政协要把推动打赢脱贫攻坚战作为履职重点，为全市扶贫工作倾注真心真情，发挥助推作用，积极献计出力，奏响政协“扶贫音”。准确把握“健康为本、教育为基，就业为重、产业为要”的脱贫攻坚基本思路，围绕精准扶贫、精准脱贫，就整合扶贫资金、推进扶贫项目建设以及实施特色产业扶贫、易地扶贫搬迁、生态扶贫、就业扶贫、教育和健康扶贫、农村基础设施建设和公共服务提升等六大工程，开展专题协商。围绕脱贫攻坚整体推进和“五帮联动”机制实施情况接续调研，跟踪监督。组织广大政协委员主动参与产业扶贫、科技扶贫、教育扶贫、医疗扶贫、生态扶贫，为推进脱贫攻坚精诚出力。市县两级政协机关要继续深入开展包村帮扶工作，共同助力全市脱贫致富奔小康。

倾力为民生改善聚合力。履职为民是政协工作的出发点和落脚点。市政协要坚持以人民为中心的思想，把群众的安危冷暖、呼声期盼放在心上，倾心了解民意，倾情化解民忧，倾力改善民生。要围绕推进城乡一体化发展、生态环境保护、社会安全稳定等重大民生关切，重点就全面推进主城区扩容提质、城中村和城市棚户区改造、稳定扩大就业、提高社会保障水平、推进科技、教育和文化事业发展等进行调研视察，多建利民之言，多谋利民之策。要积极组织开展送文化、送卫生、送体育、送科技、送法律等为民服务活动，积极参与社会公益事业，促进改革发展成果更多惠及人民群众，切实增强广大人民群众的幸福感和获得感。

三、充分发挥政协大团结大联合优势，努力营造团结民主的良好氛围

新一届市政协要更好发挥人民政协作为爱国统一战线组织的重要作用，坚持把发扬民主、增进团结作为履行职能的着力点，认真做好协调关系、理顺情绪、化解矛盾、维护稳定的工作，努力为建设“幸福长治”凝心聚力。要按照“长期共存、互相监督、肝胆相照、荣辱与共”的方针，坚持民主协商、平等议事、求同存异、体谅包容的原则，加强同各民主党派、工商联、无党派人士的紧密联系与合作共事。深入贯彻党的民族宗教政策，积极发挥民族宗教界委员的作用，促进民族团结，引导宗教与社会主义社会相适应。加强与非公经济组织、社会组织、新媒体代表人士的沟通联系，积极促进社会各阶层关系和谐。密切与港澳台同胞、海外侨胞及海外留学人员的团结联谊，积极拓展对外交往空间，不断提升长治的知名度和影响力。同时，要大力挖掘我市深厚的文化资源，征集出版《典藏长治系列丛书》等相关文史资料，创刊《长治政协》，提升政协网站质量和社会关注度，丰富宣传载体，以上党优秀传统文化、深厚红色文化和社会主义先进文化激扬正气、凝聚民心。

四、认真落实“对表、对标、对接”要求，奋力开创我市政协事业新局面

“对表、对标、对接”是省市委重大部署要求，对推进全市改革发展、如期实现脱贫攻坚和全面小康目标具有重要意义。新一届市政协要对表紧跟提振信心，对标中心明确任务，对接重点履职尽责，充分发挥好四个作用，即常委会的主导作用、专委会的基础作用、委员的主体作用和政协机关的服务保障作用，不断推进人民政协事业在实践中深化发展。

要进一步完善履职机制。认真贯彻落实新时期加强人民政协协商民主建设的新要求，不断完善政协协商民主工作机制，建立健全协商议题提出、活动组织、成果采纳落实和反馈机制，更加灵活、更为经常地开展协商活动，不断推进协商民主广泛多层制度化发展。认真贯彻落实中共中央办公厅《关于加强和改进人民政协民主监督工作的意见》及省市委实施意见，健全工作机制，强化问题导向，创新监督方式，充分发挥调研视察、提案、社情民意、民主评议在民主监督中的载体作用，多角度、多形式、多渠道开展监督，努力做到善监督、会监督、真监督，不断提高民主监督实效。

要进一步丰富履职平台。通过举办座谈会、通报会、调研视察等方式，更好搭建"知情"平台，让委员充分知情明政，努力提高建言献策的针对性和科学性。以界别和委员小组为载体，开展"委员有担当、政协有活力""双岗履职建功""展现履职风采"等委员主题活动，更好搭建"活动"平台，充分发挥委员履行职能的主体作用。不断完善大会发言、小组讨论等参政议政方式，探索网上专题议政等履职新模式，更好搭建"议政"平台，不断拓宽协商渠道，增强委员履职实效。

要进一步提升履职能力。按照习近平总书记提出的以改革思维、创新理念、务实举措大力推进履职能力建设的部署要求，着力在强化能力素质、改进工作作风、严守纪律规矩、提升服务水平上狠下功夫。精心制定"充电"学习计划，重点抓好委员集中轮训，着力提高政治把握、调查研究、联系群众、合作共事"四种能力"，提升委员队伍"懂政协、会协商、善议政"水平。特别要加强对委员的考核力度，建立完善委员淘汰机制，充分激发委员履职活力。驰而不息加强作风建设，在全市政协系统大兴密切联系群众之风、求真务实之风、勤勉敬业之风、创新进取之风，以优良作风促进政协工作科学化水平的不断提升。市政协党组要全面落实从严治党要求，严格执行《准则》和《条例》，扎实推进"两学一做"学习教育常态化、制度化，着力打造一支政治坚定、作风扎实、勤勉履职、清正廉洁的高素质干部队伍，全面加强政协自身建设，为推动我市人民政协事业创新发展提供优质服务和有力保障。

2017年，新一届市政协要立足新起点，担当新使命，紧扣市委十一届二次全会暨经济工作会议提出的总体思路、目标任务和工作重点，按照市委常委会研究通过的市政协年度协商计划内容，围绕深化"双改"和创优发展环境，就实体经济振兴、绿色农业发展、现代服务业发展、开发区改革创新、"双创"基地建设等重大课题，以及脱贫攻坚、民生改善和社会事业发展等方面的重点、热点问题，深入调查研究，积极协商议政，为推进全市经济社会发展作出更大贡献。

各位委员、同志们！十二届市政协五年履职路，一曲奋进歌。十三届市政协即将迎来一个新的发展时期，让我们更加紧密地团结在以习近平同志为核心的中共中央周围，在中共长治市委的坚强领导下，同心同德，锐意进取，以翻篇归零再实干的精神，画好同心圆，走好履职路，奋力谱写我市人民政协事业新篇章，以优异成绩迎接中共十九大胜利召开！

中国人民政治协商会议长治市委员会常务委员会关于提案工作情况的报告

——2017年3月15日在政协第十三届长治市委员会第一次会议上

长治市政协副主席　刘鹏飞

各位委员：

我受政协第十二届长治市委员会常务委员会委托，向大会报告过去五年的提案工作，并对十三届市政协提案工作提出建议，请予审议。

十二届市政协提案征集与办理情况

政协第十二届长治市委员会任期的五年，是全市上下团结奋进、攻坚克难，着力推进经济稳步向好、着力建设全面小康的五年，也是人民政协事业蓬勃发展、政协提案工作卓有成效的五年。

五年来，市政协常委会以中共十八大和十八届三中、四中、五中、六中全会精神为指导，深入学习习近平总书记系列重要讲话精神和党中央治国理政新理念新思想新战略，坚持"围绕中心、服务大局、提高质量、讲究实效"的提案工作方针，组织和引导广大政协委员、政协各参加单位和各专门委员会，紧紧围绕市委、市政府中心工作，结合经济社会发展中的重大问题以及难点热点问题，广泛调查研究，积极建言献策。五年来，市政协共征集提案2477件，经审查，立案2336件。其中，委员提案1690件，集体提案646件。各承办单位高度重视政协提案，专题研究并制定有效办理措施。目前，提案已全部办复完毕。从提案办理反馈情况看，所提问题建议已解决或采纳的占56.4%，正在解决或列入计划今后办理的占37.9%，因客观因素和条件限制一时难以落实的占5.7%。

十二届市政协所征集的提案，主题鲜明，内容丰富，针对性和可操作性强，反映了人民群众的期盼和时代发展的要求，体现了广大提案者运用提案积极履职的高度负责精神，彰显了政协委员的责任担当和使命情怀。

（一）着眼第一要务，为实现我市经济平稳发展谋良策。五年来，市政协委员和各参加单位始终把促进我市经济平稳、科学发展作为参政议政的出发点和切入点，提出了许多有价值的意见和建议。在促进经济转型升级方面，关于加快推进转型综改试验区建设、做大做强我市先进装备制造业、加快发展文化旅游产业、发展现代特色农业、推进产业供给侧结构性改革、大力发展第三产业、推进电子商务发展等提案，为市政府制定转型综改三年《实施方案》、2013年《行动计划》、“十三五规划”，提供了参考性意见，对促进我市资源型经济转型，推动发展创新，培育新兴产业起到了积极的作用。在创优发展环境方面，关于推进行政审批制度改革、创优发展环境服务转型升级、解决中小企业融资难问题、加大招商引资的力度、为“大众创业万众创新”营造良好环境等提案，针对性强，易于操作，我市在制定创优发展环境服务转型升级相关措施、清理行政审批事项时吸收了提案建议。五年来我市行政审批事项，共承接省级下放56项、取消中央指定地方实施行政审批64项、下放审批22项、调整行政许可31项、调整为管理服务事项90项，清理规范行政审批中介服务事项26项。关于推进“长临”高速公路、太焦客专（高铁）长治段、“长治—邯郸—聊城”客专建设等提案，符合我市发展战略，在市委、市政府推动下，长临高速公路、太焦客专长治段已开工建设，长治—邯郸客运专线已列入国家铁路中长期发展规划。

（二）关注城乡发展，为提升我市城市建设管理水平出实招。推进城乡一体化建设，提升我市城镇化水平，一直是政协委员和各参加单位关注的议题。在广泛调研的基础上，形成并提出一批切实可行的建议，为打造和谐宜居城市、提升城乡建设管理水平起到了积极的推动作用。一是献计于城乡发展和市政建设。关于推进我市城镇化建设等提案，为科学合理规划产业、促进创业就业、带动区域发展提供了参考。关于协调推进市区－襄垣城际快速通道建设、“三河一渠”长治环城旅游休闲带建设、规划建设大型停车场解决停车难问题、重要路段建设人行天桥解决城市交通拥堵问题、尽快解决西大街民族广场周边遗留问题等提案，契合市委、市政府城市建设管理的思路，所提建议得到采纳。目前，市区—襄垣城际快速路和“三河一渠”建设已接近尾声，停车场建设也已提上日程。五年来，市区打通、拓宽改造了39条街道、14座市政桥梁，新建了14座过街天桥、改造了3座铁路立交桥；西大街和府后东街等街道多年的违章建筑拆除，市容市貌得到进一步改观。二是献计于“文明城市” 创建。关于制定与“全国文明城市”相适应的《长治市城市管理办法》、建立国家文明城市复检工作长效机制、保持文明城市常态化等提案得到关注，我市在开展“三项治理”行动、制定《长治市文明提升工程行动计划（2013-2017）》时吸纳了提案所提建议。连续多年提出的关于治理市区违法行驶电动车辆的提案被采纳，市政府发布禁行通告铁腕治理，市区交通秩序得到极大改善。关于加强城乡环境治理及道路管理等提案，与我市开展的“五道五治”行动相符合，随着专项整治持续推进，城中村、大街小巷及居民小区的环境明显改观，城乡道路交通更加安全通畅。三是献计于生态文明建设。备受市民关注的关于在市区建设公共自行车交通服务系统的提案，于2016年国庆期间变为现实，2500辆公共自行车开始上岗为民服务，绿色健康、节能环保的出行方式，缓解了交通压力，减少了环境污染。委员们连续多年提出的关于在主城区禁止散烧燃煤、燃放烟花爆竹、露天烧烤以及全面取缔自备锅炉实现集中供暖、加大市区黄标车治理力度等提案，得到市领导高度重视，市委书记席小军、市长卢建明为此作出重要批示。2016年以来，我市主城区范围内全面实行“三禁止”（禁止散烧燃煤、燃放烟花爆竹、露天烧烤）、实施“三清零” （自备燃煤锅炉、土小锅炉、黄标及老旧车使用清零）专项治理行动，“三违禁”现象得到有效遏制，“三使用” 问题得到彻底解决。关于浊漳河流域水环境和文王山地垒治理等提案，市政府在制定《长治市水污染防治行动计划工作方案》时吸收了提案所提建议，并采取措施取缔了不符合国家产业政策的小型造纸、电镀、农药等严重污染水环境的生产项目，同时进行河道清淤疏浚，加强滨河带生态建设，下拨生态补偿资金2840万元用于水污染治理项目；投资600万元的文王山地垒治理工程，也于2014年完工。一系列举措，有效地保护了浊漳河中下游及辛安泉域的生态环境。

（三）情系民生改善，为促进我市社会和谐发展建诤言。广大委员和各参加单位高度关注民生，把为民代言、帮民解忧作为履行职能的重要内容。一是关注脱贫攻坚。《关于做好我市精准扶贫的建议》《关于健康扶贫工作的建议》《关于做好我市旅游扶贫工作的建议》《关于加大对贫困县扶贫攻坚帮扶力度的建议》《关于解决移民扶贫搬迁土地问题的建议》等提案，选题准确、建议合理、可操作性强，我市在制定过硬、管用、有效的精准扶贫、精准脱贫措施时采纳了提案所提建议，为我市脱贫攻坚首战告捷做出了积极贡献。二是关注社会保障。关于加强城乡食品安全监管、加强水源地保护、加大农村禁毒力度等提案，我市有关单位高度重视，根据各自职责认真办理，卫生检测、安全监管、宣传教育工作全面跟进，为保持良好社会风气、保护人民群众身心健康和生命财产安全起到积极作用。关于加强城乡医疗卫生体系建设、进一步完善分级诊疗体系、提高城乡社区医疗卫生服务水平、加快职业化农民培育、加大大众创业政策支持力度、扶持青年创业就业、完善城乡基本养老保险等提案，通过相关部门的办理，促进了社会保障事业有关政策的制定和落实。关于推进我市保障性住房工程建设、鼓励社会资金参与保障性住房的建设、加快城镇棚户区改造步伐等提案，为制定《长治市关于进一步加强住房保障工作的实施意见》提供了很好的参考。三是关注教育发展。关于整合教育资源促进义务教育均衡发展、加强学前教育事业发展等提案，市政府在出台《长治市推进义务教育均衡发展实施方案》和新建5所及改扩建3所义务教育学校、新建3所幼儿园时，采纳了提案中的部分建议。

过去五年提案工作的主要做法

五年来，在中共长治市委的正确领导和市人民政府的大力支持下，市政协常委会高举中国特色社会主义伟大旗帜，牢牢把握团结和民主两大主题，围绕中心工作选题、瞄准重点工作发力，坚持在继承中创新、在创新中发展，提案工作取得了新的进展。

（一）强化制度完善，提案工作进一步规范。制度建设是做好各项工作的保障。市委、市政府高度重视政协提案工作，为深入贯彻落实中办发《关于进一步加强人民政协提案办理工作的意见》，在全省率先出台了《长治市政协提案办理工作规程》。市政协常委会先后修订了《提案工作条例》，制定了《关于评选表彰优秀提案、先进承办单位和先进提案工作者的办法》和《关于专门委员会参与提案工作的暂行办法》。通过健全完善规章制度，有效促进了提案工作制度化、规范化、程序化建设。

（二）强化服务跟进，提案质量进一步提高。提案质量是提案工作的生命。市政协常委会非常重视提案质量的提高，通过加强联系、服务引导，为保证提案质量打下了坚实的基础。加强与各参加单位的联系，充分发挥党派团体的带动作用。每次全会之前，召开我市各民主党派、工商联负责人座谈会，征求做好提案工作的意见和建议，并组织党派、工商联等参加单位负责人参与提案视察和督办工作，为征集高质量提案打下基础。重视委员的培训与引导，充分发挥委员的主体作用。注重新任委员提案知识的培训，做到每年向委员通报市情，提供提案选题参考和优秀提案选编，服务引导委员提出高质量提案。认真负责提案审查，严把立案关口。按照《提案工作条例》，每年全会期间，组织提案委委员集体审查提案，确保立案提案符合立案标准，保证了提案的质量。

（三）强化办理协商，提案落办实效进一步增强。十二届市政协以来，常委会紧扣市委、市政府中心工作建言献策，积极开展提案办理协商，增强了提案办理实效。一是办理提案全程协商。通过多年的努力，提案办理协商理念已成为“提”“办”双方的共识，“面对面”、电话沟通等协商已形成机制。通过协商，解决提案办理过程中出现的问题，及时回复提案办理结果并征求提案者意见，提案办理成效和满意度提升。二是遴选重点提案多方协商。充分发挥提案委委员届别广泛、涉及面宽的优势，在全会期间，通过集体协商，遴选出拟定重点提案，经过视察调研、主席会议审议、征求具体承办单位意见，确定重点提案。重点提案的可行性、可操作性得到保证。三是重点提案办理重点协商。逐渐形成了市政协领导领衔督办重点提案与重点提案办理协商相结合的机制，在市政协领导带领下，组织相关专委会、提案者，就重点提案开展联合督办，提案办理质量得到提升。五年来，共组织开展60余次的督办、协商活动，强化办理协商，提案整体办理质量得到提高，提案办理更具实效。

（四）强化媒体宣传，提案社会影响进一步扩大。十二届市政协以来，常委会积极利用媒体宣传提案工作，提高了人民群众对政协工作的认识，扩大了提案的社会影响。一是加强传统媒体的宣传。先后在长治日报“人民政协”专版刊登委员提案及办复情况135期，涉及提案300余条；每年全会期间还要通过报纸、电视宣传提案征集和审查情况。此外，还积极向上级政协机关报刊投稿20余篇，宣传交流长治政协提案工作。二是利用网络媒体普及提案知识。五年来，通过政协网站发布提案知识、政策法规、案例选登、知情知政、典型经验等信息50余条，为委员知情明政、撰写提案提供了信息咨询和参考范例。三是重视网络媒体应用。十二届市政协提案的提交、审查、交办、办复、意见反馈等环节全部实现网上办理。这不仅成为长治政协工作的一大亮点和委员履职的窗口，其便捷的服务也受到委员的一致好评。

各位委员，十二届市政协提案工作取得了一定的成绩，形成了“领导重视、办理规范、职权明确、方法创新、质效提升”的新局面，这些离不开市委、市政府的高度重视，离不开广大政协委员、政协各参加单位与各承办单位的密切合作、共同努力。在此，我谨代表政协第十二届长治市委员会常务委员会向所有关心和支持我市政协提案工作的领导和同志们，表示衷心的感谢！

五年来，我们在实践中探索，在探索中创新，对做好新时期政协提案工作积累了一些体会和认识：一是围绕中心、服务大局，积极主动地建言献策，是做好提案工作的本质要求。二是突出主体，强化引导，充分调动广大委员的积极性，是提高提案质量的重要前提。三是密切联系，加强协商，努力形成做好提案工作的整体合力，是提高提案办理质量的有效途径。四是与时俱进，创新发展，是提案工作保持生机和活力的根本保证。

我们也清醒地认识到，提案工作在许多方面仍存在差距和不足，需要进一步提升服务水平、创新能力和提案质量，需要进一步加强闭会期间的提案征集，需要进一步健全提案办理协商机制，需要进一步提高具有前瞻性和可行性强的提案比例。对此，要予以高度重视并在今后工作中切实加以改进。

对新一届政协提案工作的建议

今后五年，是我市实施“十三五”规划、全面建成小康社会的关键时期。建议新一届市政协，深入学习贯彻习近平总书记系列重要讲话精神和党中央治国理政新理念新思想新战略，坚持“五位一体”总体布局和“四个全面”战略布局，全面落实省、市十一次党代会各项决策部署，围绕中心、服务大局，以创新的理念着力提升提案工作的质量和水平。

（一）增强大局意识，力求在服务中心工作上有新作为。提案是党和政府了解社会各界意见和掌握社会经济发展动态的重要信息来源，在促进经济和社会发展中发挥着积极的作用。要坚定正确的政治方向。准确把握省、市十一次党代会精神，紧紧围绕市委十一届二次全会暨全市经济工作会议提出的坚持稳中求进、全面深化“双改”、创优发展环境、加快转型升级的发展思路，认真谋划提案工作。要积极运用提案履行职能。提案是协商民主的主要内容，又是民主监督的重要手段和渠道，要充分运用提案这一最直接、最有效的方式履行职能，密切党和政府与人民群众的联系，实现决策民主化、科学化，推动市委、市政府中心工作的落实。要加强协调服务中心工作。积极协调市政协各参加单位、各专门委员会和广大委员，把视察调研、反映社情民意等工作与提案工作有机结合起来，更好地服务于全市经济社会各项事业的发展。

（二）增强履职意识，力求在提案质量上有新提高。坚持把提案质量当作提案工作的生命线，紧紧围绕市委第十一次党代会提出的目标任务和总体部署，引导各参加单位和委员集思广益、履职尽责，努力打造更多的精品提案。一是抓好委员的学习培训，按照习总书记“懂政协、会协商、善议政”的要求，引导他们尽快进入角色，努力提高委员的议政能力和理论、政策水平，树立参与政协提案工作的责任感、使命感，增强委员撰写提案的积极性、主动性。二要发挥委员主体作用，引导委员在闭会期间开展有针对性的视察调研，全力聚焦深化“双改”、创优发展环境，提出立意新、分析准、建议实的优质提案，实现提案征集常态化，带动提案整体质量稳步提高。三要注重发挥民主党派、工商联、人民团体的带动作用，重视征集集体提案和界别提案，以集体提案为引领，全面提高提案质量。

（三）增强责任意识，力求在提案办理上有新突破。继续完善协商机制，积极创新提案办理工作办法。一要强化提案办理协商机制，畅通政协、提案者、承办单位三方沟通协商渠道，开展提案办理对口协商活动，民主协商办理提案，积极协调解决办理工作中遇到的问题，促进提案办理落到实处。二要坚持主席、副主席领衔督办重点提案工作机制，加大提案办理督办、检查、考核力度，努力办好事关我市发展大局、涉及群众切身利益、社会普遍关注、建议措施切实可行的提案，不断增强提案办理和成果转化实效。三要认真开展对列入计划逐步解决的提案进行跟踪督办，使提案办理真正由“答复型”转向“落实型”。

（四）增强服务意识，力求在提案工作水平上有新进步。一要加强队伍建设。要进一步加强自身能力建设，增强责任意识和服务意识，充分发挥桥梁和纽带作用。要通过组织委员参与提案督办、带案视察、参观学习、实地走访等形式，为委员知情明政提供方便。建议各承办单位要加强领导，建立一把手责任制度，充实提案办理力量，完善工作机制，确保办理工作优质、高效完成，做到让委员满意，让人民群众满意。二要加强媒体宣传。把提案工作的宣传报道作为政协宣传工作的一项重要内容，要把政协的民主监督与新闻媒体的舆论监督有机结合起来，借助电视、电台、报纸和政府网站、微信等新媒体，及时宣传提案办理及成效，进一步扩大提案影响，促进提案工作再上新台阶。

各位委员，新的五年开启新征程，十三届市政协使命在肩。让我们在中共长治市委的坚强领导下，深入贯彻落实省市十一次党代会和市委十一届二次全会暨全市经济工作会议精神，围绕中心建言、紧扣目标发力，用做好提案工作的实际行动，迎接党的十九大胜利召开，为如期实现脱贫攻坚和全面建成小康社会目标作出新的更大的贡献！

（责任编辑：曾晋芳）

环境综合治理纪实

2016 年，长治市委、市政府把生态文明建设融入经济建设、政治建设、文化建设、社会建设各方面和全过程，带领全市上下将“绿水青山就是金山银山”转化为上党大地的生动实践。

铁腕治污护蓝天

“大气污染”是群众最急、最忧的突出问题。频繁的雾霾使政府、相关部门压力重重。2016 年 7 月 11 日上午，长治市环境保护大检查动员电视电话会议召开，一场轰轰烈烈的环境综合整治攻坚战拉开帷幕。市政府印发《全市环境保护大检查（督察）工作实施方案》，成立市委书记、市长担任双组长的领导组，此次督查设减煤、治企、降尘、控车、净烟、碧水 6 个专项指挥部，总指挥由副市长担任，确定 5 大类、30 项重点任务和 61 项具体工作，全程实行台账管理、挂图作战，对各指挥部、各县市区工作进度实行每周比、每旬比、每月比，有考评、有量化、有排名。

此次督查先后对 41 名相关责任人行政问责，对 20 家违法企业行政罚款共计金额 137.34 万元，相关责任人有的被移送公安机关、有的调离工作岗位、有的被开除；邀请太原理工大学、省环境监测总站等单位专家，结合主城区及周边环境，对大气污染成因进行分析；分管副市长率队到太原，就分布式燃气供热改造、清洁能源供热、洁净燃料生产等成功经验进行学习取经和深度对接；市环保局组织技术骨干到晋城、临汾等兄弟城市就城中村城边村集中供热改造、土小燃煤锅炉环保炉替代进行考察学习。

与此同时，“三禁止”“三清零”环保攻坚战也拉开序幕。禁止露天烧烤，引导全市 567 家中型以上餐饮单位全部完成油烟净化装置安装并投入使用；禁燃烟花爆竹，实现主城区范围内无经营、无储存、无燃放，对 3 起燃放烟花爆竹事件当事人予以行政拘留；禁止焚烧垃圾，实现主城区垃圾定点倾倒、定时清理、定向处置，责任到点；采暖燃煤锅炉清零，截至 2016 年 10 月底，264 台采暖燃煤锅炉全面完成淘汰，78 台经营性燃煤锅炉全部完成替代改造；土小燃煤锅炉清零于 2016 年 12 月 5 日全面完成，市、区两级财政 1.2 亿元补贴资金全部拨付到位；黄标车及老旧车清零，全年报废黄标车及老旧车 10964 辆。

铁腕执法是良好环境的“守护盾”。2016 年，长治市委、市政府先后对壶关县、长子县、长治县 3 个县政府和首钢长钢、华晟荣煤矿两家企业负责人实施约谈；市环保、公安联合对国电、潞安焦化、长治县污水处理厂开展 3 次突查夜查。12 月，市环保局对长治县新建煤业、华润水泥长治公司、襄垣县诚丰电厂、中铁长邯高速项目部、壶关县污水处理厂、长治县奋进洗煤厂、长治县宋家庄村乱堆垃圾、山西反坡煤业 8 起环境违法案件进行立案查处，结案 6 起，共处罚款 143 万元。

2016 年 11 月 9 日，城区新营街延东巷，工人往居民家中搬运洁净焦

“五道五治”专项行动

2016 年 12 月 1 日，长治市“五道五治”行动全面展开，重拳治理违章建筑、乱堆乱放、视觉污染、道路扬尘、道路设施，全面提升道路沿线洁化、绿化、美化、亮化水平，全面改善公路沿线环境面貌。

各县（市、区）、各部门、各行业、广大干部群众迅速行动起来。

城区各街道各部门，各司其职、密切合作，充分利用综合执法队伍，做好乱搭乱建、“伸舌头”经营、占道经营、乱设摊点、户外广告整治等工作；郊区以“五道五治”行动为突破口，在全区深入开展美丽乡村、卫生乡村、清洁乡村、平安乡村、文明乡村“五村联创”活动，实现行动的具体化、长效化；襄垣县把任务分解为 14 个专项行动，县领导个个有包乡镇任务，天天下乡督查指导，挂图作战，人人负责。四套班子每周六集中观摩，点评排名，形成各乡镇比学赶超的氛围；潞城市结合正在开展的清理村级“四堆”环境卫生大整治行动，多点发力，攻坚克难，对村道“四堆”进院、乡道道路清扫、国道违建拆除、违法占道经营清零等进行集中整治；长子县建立道路沿线长效管理机制，明确管理职责、管护制度，加强有关法律法规的普及宣传，加大对违法行为的查处力度，形成群众参与、齐抓共管的良好氛围；壶关县结合实际，对道路交通违法违规、街上乱搭乱建、占道经营等一系列不文明现象进行严厉整治；市工商局出动千余人次、300 余车次，整改占道经营商户，取缔无照经营门店，并配合相关部门清理僵尸店铺，更换店铺标牌，取缔临时、流动摊点；市交警大队将“五道五治”工作纳入到日常交管工作中，加大技防、物防、人防力度，加强路查路检，最大限度地挖掘现有警力的工作潜力；市规划局与全市各部门配合，共同发力，落实好各项工作，确保全市“五道五治”行动取得实效……

襄垣县“五道五治”整治行动后整齐干净的街道

（万瑞星　供图）

与此同时，14 个督查组奔赴各县市区、各市直相关部门展开督查，重点督查各级领导干部在“五道五治”专项行动中是否敢担当、敢作为、敢创新、敢突破，督查整治行动的进展和质量，切实发挥督查利剑作用。

林业生态建设

2016 年，长治市以太行太岳“两山”灭荒为重点，实施防护林、太行山绿化、退耕还林、天然林保护、造林补贴、森林植被恢复、重点区域造林等国家和省级工程，以及市级封山育林工程，全市完成荒山、荒坡、荒滩生态防护林和生态经济兼用林 12.29 万亩；以通道沿线荒山、水系林网建设为重点，实施天然林保护、太行山绿化、退耕还林、通道两侧荒山绿化等国家和省级工程，完成水源涵养林和道路防护林 6.5 万亩；以丘陵山区经济林基地建设为重点，实施巩固退耕还林成果、造林补贴、省强农惠农特色经济林、市级造林补贴等国家、省、市工程，完成干果经济林基地建设 11.7 万亩；按照进村道路有林带，环村四周有林网，村中园林有景观的标准，完成生态村庄绿化 50 个，栽植各类苗木 100 余万株；全年全市共完成营造林 30.49 万亩，其中完成国家、省级营造林工程 15.8 万亩，完成市级营造林工程 14.69 万亩。

绿起来，还要富起来。为此，长治市相继实施退耕还林补助、扶贫攻坚造林专业合作社造林、森林资源管护劳务、经济林提质增效、林业生态产业增收五大林业生态扶贫工程，使全市 36161 名贫困人员享受林业政策并受益。

当生态成为一种生产力和竞争力，当生态被纳入幸福指数评价体系，随着生态建设与经济发展比翼齐飞，“森林茂，空气好，生态美”将成为长治人的骄傲。

（景　萍　张海霞）

非物质文化遗产保护工作

长治市历史悠久，文化底蕴深厚，是华夏文明的重要发祥地之一。在长期的历史发展进程中，勤劳智慧的上党人民创造了大量的非物质文化遗产。为更好地保护和传承非物质文化遗产，进一步提升城市文化软实力，长治市专门成立非物质文化遗产保护机构，完善保护机制，强化普查保护，建立遗产档案和数据库，开展形式多样的“非遗”展示和宣传活动，全市非物质文化遗产保护工作成果丰硕。

种类丰富形式多样

2015 年 11 月 17 日，农历十月初六，平顺县苗庄村一年一次的大型集会照例举行。长治市青年落子剧团应邀上演的《对花枪》《程咬金招亲》等经典戏曲，让刚刚经历秋收喜悦的当地村民，又一次品尝到具有特色的地方文化大餐。

上党落子、上党梆子是长治独具特色的传统地方戏曲，也是长治入选的国家级非物质文化遗产。而传统的集市、庙会、节庆等活动无疑为民间文化艺术提供了展示和交流的舞台，成为长治“非遗”孕育、发展、壮大的温床和苗圃。

长治的“非遗”丰富多彩，独具民情风俗。仅民间社火就有20多种，龙灯舞、狮子舞、挑高、高跷、旱船、跑驴、竹马、二鬼扳跌、老汉送闺女、驼阁、抬扛、爬山虎、大桩、晃官、装檐台、车链秋、铁礼花……每逢社火闹春，一支支社火队便精神抖擞，载歌载舞，各具风采，或舞姿灵动，或步履滑稽，或气势磅礴，令人忍俊不禁，喜笑颜开。

此外，长治市的非物质文化遗产还有襄武秧歌、壶关秧歌、沁源秧歌、西火秧歌等秧歌戏；有潞安大鼓、长子鼓书、襄垣鼓书、武乡琴书、屯留道情、沁州三弦等地方曲艺；有上党乐户、上党八音会、壶关迓鼓等民间音乐；有迎神赛社、平顺四景车、九曲黄河阵等民俗文化；有精卫填海、后羿射日、崔生遇虎等民间传说;有上党堆锦、长子响铜乐器、襄垣手工挂面等传统手工制作技艺；有布艺黎侯虎、襄垣炕围画等民间艺术；有武乡顶灯、屯留瞪眼家伙等民间舞蹈。

种类繁多的非物质财富，是上党这块沃土孕育出的民间瑰宝。赶庙会、欢度节日，听梆子、品鼓书已成为人们不可或缺的主要活动内容；茶余饭后、田间小歇，吹一段唢呐、哼两句上党落子，是一种无比惬意的艺术享受。

底蕴深厚，地域特色浓厚

“乐户礼仪细乐是原生态的乐种，是民间礼乐的活化石，是沟通人、鬼、神的活标本礼乐。”中国非物质文化遗产专家委员会委员、戏曲专家、中国傩戏研究会会长曲六乙这样评价长治市的“非遗”项目上党乐户。

上党乐户是汉族民间音乐，兴盛于北魏时期。乐户班社通常由十多人组成，演奏唢呐、锣、鼓、笙等十余种乐器，为宫廷官府的祭祀、礼仪和民间婚丧嫁娶等助兴演奏。作为汉族传统音乐文化的母体，源远流长的乐户文化孕育演绎出内涵更为深刻的戏剧和丰富多彩的音乐形式，它对乐舞、戏曲、戏剧的贡献很大。中国传媒大学教授周华斌评价上党乐户是“戏曲史上的活标本，民间艺术的百宝囊”。2008年，上党乐户入围国家级非物质文化遗产项目。

起源于潞安府的潞安大鼓，又称“潞安老调”，早在宋代就有说唱艺人演出。潞安大鼓是在吸取当地梆子腔、落子腔和民间音乐精华的基础上发展起来的一种新的演唱形式。在清乾隆年间，潞安大鼓形成了节奏紧凑、说唱刚劲稳健的风格。20世纪50年代后期，艺人师爱玉创造出适合女演员演唱的优美唱腔，之后又经过多次艺术改革，潞安大鼓的板式更加丰富、旋律更加动听、韵味更加独特，成为中国北方地区的主要曲种之一。

此外，武乡顶灯、平顺四景车、襄垣炕围画、上党堆锦、壶关迓鼓、屯留瞪眼家伙等非物质文化遗产，均历史悠久、文化底蕴深厚、极具地方特色。

保护和传承

截至2016年年底，长治市共有潞安大鼓、上党乐户、上党落子、上党梆子、民间社火等16个项目入选国家级“非遗”保护名录,79个项目入选省级“非遗”保护名录，216个项目被确定为市级“非遗”保护名录。杜同海、张志明、闫改好等10人被确定为国家级“非遗”项目代表性传承人，李彬等77人被确定为山西省“非遗”项目传承人。

在抢救和保护民族民间文化方面，长治市各级相关部门做了大量工作，一大批文化积淀厚重、艺术成就璀璨的“非遗”项目得以薪火相传。然而，不可否认，受电视、网络等新文化形式的影响，一些“非遗”项目的生存环境逐渐恶化，许多传统技艺后继乏人，有的“绝活”正日渐消失。

非物质文化遗产是中华文化之魂，是我们引以为荣的宝贵精神财富。保护和传承非物质文化遗产，就是保护我们民族的DNA，守卫我们的精神家园。作为传统文化的重要内容和“活”的遗产，非物质文化遗产应该成为大众关注和保护的焦点。

为此，长治市专门制定“非遗”保护规划，建立科学有效的保护和传承机制，加大对各类民间艺术形式的保护力度；充分利用集市、庙会、节日等活动，组织开展民间文化艺术交流展示活动，扩大“非遗”资源社会效益；加大保护经费投入，组建专业保护和传承队伍；探索社会力量参与非物质文化保护的新路子，鼓励支持社会力量以各种形式参与“非遗”保护,加强“非遗”对外交流与合作;推进“非遗”项目产业化发展，充分发挥非物质文化遗产兼具的历史、艺术和市场价值……上述方式，都是对“非遗”项目的活态化保护、开发式传承，是推动上党“民间文化艺术之乡”良性健康发展的有效途径。

保护非物质文化遗产是一项功在当代、利在千秋的伟大事业，每一个人都应自觉保护好我们珍贵的文化遗产，履行好文脉传承的历史使命。

（原腊苗）

“6·13”风雹灾害纪实

2016年6月13日下午4时左右，一场历史罕见的风雹灾害突袭长治市，狂风暴雨裹挟着冰雹倾泻而下，全市最大降雨量156.8毫米，平均降雨量83.4毫米，最大风速每秒12.8米，冰雹直径最长45毫米。

进入汛期后，长治市连续遭受强对流天气影响，特别是6月4日至13日，不到半个月，两次普降暴雨、冰雹，

大如鸡蛋的冰雹

实属罕见，接踵而至的就是风雹灾害带来的各种灾情。

6月4日，长治市7个县市区（长治县、沁县、武乡县、郊区、襄垣县、潞城市、长子县）的48个乡镇遭受风雹灾害，受灾人口168709人，农作物受灾面积16794.86公顷，绝收面积3433.1公顷，一般损坏房屋25间，严重损坏房屋58间，倒塌房屋25间，紧急转移安置人口170人，需要紧急生活救助人口30893人，直接经济损失13288.28万元。

6月13日，长治市11个县市区（黎城县、平顺县除外）的85个乡镇遭受风雹灾害，受灾人口199542人，农作物受灾面积20645.86公顷，绝收面积1593.33公顷，一般损坏房屋16428间，严重损坏房屋98间，倒塌房屋7间，紧急转移安置灾民151人，需紧急生活救助人口838人，直接经济损失13818.78元。其中，壶关县受灾人口最多，达到17000人；沁县农作物受灾面积最大，达到2417公顷，绝收面积393公顷；郊区直接经济损失最多，达到920万元。

市区部分路段积水严重，车辆发生拥堵，交通压力骤增。街道上到处是被打断的树枝和树叶，数千辆车车窗玻璃被砸毁。太阳能、商店牌匾、民居窗户等设备设施不同程度的损坏。市区园林植物也受到严重损害，约20株大树倾斜折断、6000平方米常绿草坪损毁、5万株月季损伤。除园林植物外，市八一广场的射灯、地灯也被冰雹砸损严重，公厕屋顶玻璃被砸碎，太行公园内的一处凉亭玻璃顶也被砸坏。此次风雹灾害导致市区园林部门直接损失约40万元。

受众面广、线长、点多、损失重。这是国家减灾委、民政部救灾应急响应工作组对长治风雹灾害的一个总体评价。

灾害发生后，各部门迅速行动。13日晚8时，市委、市政府主要领导就冰雹给车辆造成损害的保险理赔问题，召集8家保险公司召开专题会议，从关爱群众、履行保险社会责任的角度，让群众在受灾后感受到保险的温暖，体现保险价值最大化。同时，提出全面启动保险理赔、建立联系机制、定期汇总报告情况机制。

6月14日，省政府派出由省民政厅救灾处处长陈接运、省减灾委常务副秘书长续茵带队的工作组对长治市受灾较重的郊区马厂镇上省村、下舍村、台上村，老顶山镇小罗村、毛占村受灾和救灾情况进行实地考察，在肯定抗灾救灾工作的同时，紧急下拨省级救灾资金300万元。

市委、市政府及时下发《关于做好灾情摸底和抗灾救灾防灾工作的紧急通知》。市委、市政府及时传达省委、省政府等领导关于做好抗灾救灾工作的重要指示批示，第一时间安排部署抗灾救灾工作，要求相关部门坚决贯彻落实省委、省政府重要指示批示精神，克服困难，积极组织抗灾救灾。

6月16日，安顿好所在代表团分团讨论事宜后，市委书记席小军便立刻带领农业、民政等部门主要负责同志深入部分受灾现场查看灾情。

6月16日至17日，卢建明代表市委、市政府向就“6·13”冰雹灾害情况进行调研的省保监局局长朱金渭一行介绍长治市总体涉灾情况。在山西保监局、省协会、长治市委市政府的指导下，长治保险协会及时启动应急响应，组织专门力量排查了解受灾情况，督促保险公司快速开展保险理赔。先后形成6个理赔进展及风险预测报告，4次召开冰雹灾害理赔推动会，开展专题调查形成关于NCD系数（无赔款优待系数）中剔除冰雹灾害导致出险次数、长治农业保险发展情况2个专题调研报告，并就改进保险服务提出建议。据统计，长治冰雹灾害理赔结案金额达到1.13亿元。在备受关注的车险方面，定损案件高达2.39万件，理赔金额超亿元。

长治市气象台根据天气变化已于13日上午9时30分发布重要天气预报，预报指出：受高空冷涡南下影响，预计13日下午到14日白天，长治市将出现一次较强降水天气过程，并伴有雷电、短时强降水、大风、冰雹等强对流天气。局地降水量可能超过50毫米以上，达到暴雨量级。此次过程降水量大，易引发城市内涝或山洪、泥石流等地质灾害，请有关单位采取防范措施。并派专人于10时送达市委市政府办公厅、两会会务组共计材料60余份，并通过传真至长治市应急办，通过手机短信、传真、网络等方式对外进行发布。13日14时，气象台发布未来三小时短时天气预报，预报内容：晴天转多云，有分布不均的阵雨或雷阵雨，并伴有短时强降水、短时大风或冰雹。随着天气系统的发展和变化，15 时 50 分发布雷电黄色预警、16 时 45 分发布冰雹橙色预警、17 时 00 分与 22 时 00 分发布两期城市内涝预警、17 时 00 分与国土局共同发布地质灾害预警、21 时 30 分发布大风蓝色预警、20 时 40 分发布暴雨蓝色预警，启动应急响应。

风雹灾害发生后，各级民政部门及时组织人员查灾核灾，转移安置群众，核实受灾面积，及时向上级有关部门汇总汇报，争取最大支持，加强救灾物资筹备，各级储备库储备棉被 7530 床、棉衣裤 4110 套、单衣裤 2650 套、帐篷 1220 顶、毛毯 2440 条、棉大衣 4450 件、行军床 320 张，随时应对新灾害的发生。

农业部门迅速启动应急预案，开展灾后农业生产补救工作，并组织技术专家与县乡技术人员深入一线查灾核灾，指导灾后农业生产。技术服务组深入田间地头指导农民恢复农业生产，制定玉米、蔬菜、果树及其他农作物防涝抗灾技术措施，到田间地头通过多种形式广泛宣传，让更多人了解农作物抗灾技术措施；金融部门加紧协调保险理赔事宜，各保险公司坚持“特事特办、急事急办、快赔宽赔”的原则，开辟免气象证明、免驾驶证、免现场的“绿色通道”，并通过短信推送、电话回访等方式，充分调动和有效利用各种人力、物力，做好保险赔付工作，全力应对受保车辆的理赔工作，确保服务最优化、保险边际最大化；环卫部门紧急组织协调下属清扫公司的 1000 余名环卫工人加班加点投入到垃圾清理工作中，同时抽调机扫车、微型扫路机、垃圾压缩车、垃圾收集车、装载机等各种环卫专用垃圾清扫、清运车辆 40 余台，对重点路段进行扫除、清运、冲洗工作，及时清除淤泥、杂物等废弃物；各乡镇指导农民抗灾救灾，开展生产自救。同时，受灾地区及时通过灾情管理系统上报灾情。郊区作为风雹灾害的重灾区之一，灾情发生后，各镇（乡、办、中心）以及防汛指挥部坚持六个“务必”，做好抗灾救灾工作，务必坚持 24 小时值班值守，务必坚持关键部位有人盯守，务必坚持危房户撤出，务必坚持隐患及时发现并排除，务必坚持信息畅通，务必坚持情况第一时间掌握并上报。

在此次风雹灾害发生前后，长治市委、市政府、气象、农业、环保、保险等各部门各行业同心协力，努力把损失降到最低限度。

（姜国栋　常珍珍　徐　姗）

党建工作综述

2016 年是“十三五”开局之年。这一年，长治市委围绕“四个全面”战略布局和省委“一个指引、两手硬”思路和要求，统一思想行动，认真履行使命，凝聚发展力量，攻坚克难，为如期实现脱贫攻坚和全面建成小康社会目标提供坚强组织保证。全市组织部门按照全面从严治党总体部署，以“两学一做”学习教育为契机，紧抓党建工作，努力为如期实现脱贫攻坚和全面建成小康社会目标提供坚强的组织保障。

“两学一做”学习教育活动

2016 年 4 月 22 日，长治市召开“两学一做”学习教育推进会，标志着全市学习教育正式拉开序幕。

长治市把“两学一做”学习教育作为党建龙头工作来抓，随着学习教育广泛开展，全市 11269 个党组织、22.4 万名党员都通过集中学习、领导干部上党课、遍访贫困村贫困户等方式行动起来。为确保学习教育各项任务落地见效，长治市以“四讲四有”专题研讨为重点，创新开展“学、讲、看、谈、联、做”六步工作法，使学习教育活动落到实处、做到经常。开展“弘扬太行精神，增强文化自信”专题研讨活动，充分发挥红色资源丰富的优势，依托武乡八路军太行纪念馆、武乡八路军文化园、八路军总部旧址等红色革命资源，协调配合省委组织部，将武乡八路军太行纪念馆、八路军文化园打造成全省干部教育培训基地。

以党的十八大和十八届三中、四中、五中、六中全会和习近平总书记系列重要讲话精神为重点，落实《长治市贯彻〈2010—2020 年干部培训改革纲要〉实施意见》和《2013—2017 年全市干部教育培训规划》要求，突出抓好中青班、处级领导干部理论培训班、领头雁培训班等主体班次的学习培训。全年共培训处级干部 188 人，科级干部

2016 年3 月2 日，中共长治市委召开全市县乡领导班子换届工作会议　　（王超　供图）

82 人；举办领头雁培训班 300 多期，培训两委干部 18000 余人；192 个村党支部书记和 69 名扶贫工作队长接受扶贫知识学习；49 名新任乡镇党委书记、94 名乡镇组织委员、44 名农村“第一书记”进行能力提升训练。借助“山西干部在线学院”网络教育平台，在全省首推“网上组班”模式，开展“送教下乡”，各级干部思想进一步解放，素质进一步提升，为长治市转型综改区建设培养一批骨干队伍。

通过学习教育，全市党员干部理想信念进一步坚定，

政治意识、大局意识、核心意识、看齐意识进一步加强，“四风”问题得到有效整治，严实作风进一步巩固，为民务实清廉形象进一步树立。

干部队伍建设

作为强化科学发展的组织保障，干部队伍建设一直是长治市党建工作的重点。

在用人导向方面，长治市贯彻执行《干部选拔任用条例》，出台《中共长治市委关于重申加强领导班子建设有关具体规定的通知》《长治市党委（党组）领导班子“三重一大”事项决策办法》，按照讲政治、重品行、有能力、敢担当、群众公认、业绩突出的好干部标准，倡导和树立德才兼备、以德为先的选人用人导向，坚决整治选人用人上的不正之风。

同时在干部监督管理方面，探索干部监督工作新途径和新方法，全面推行“一报告两评议”制度，做好对领导干部的经济责任审计、举报案件查处、领导干部“带病提拔”倒查工作。杜绝和防止选人用人上的不正之风，提高选人用人公信度。

特别是在2016年的市县乡领导班子换届中，长治市组织部门印制换届纪律宣传彩页，张贴“严肃换届纪律、确保风清气正”宣传画，严明“九个严禁、九个一律”纪律要求，为换届风气督查组配备“蓝信”平台，充分运用“12380”电话、信访、网络、短信和市县两级督查组“五位一体”举报受理平台，营造良好的换届氛围。换届后全市的干部队伍结构明显优化，整体功能明显增强，实现营造好氛围、绘制好蓝图、选出好干部、配出好班子、换出好面貌的“五好”目标。

在选派农村“第一书记”工作实践中，长治市委严格选派标准，选优配强，通过征求个人意见、单位推荐、组织审核的程序，将政治素质高、道德品行优、担当意识好、工作能力强、作风过硬的1189名优秀年轻干部选派到帮扶贫困村“第一书记”的岗位上，覆盖到全市基层组织建设软弱涣散村和建档立卡贫困村，为帮扶村脱贫攻坚注入强劲动力。

针对312个软弱涣散村党组织，长治市采取“1+5”包联机制、“三联帮建”“一村一策”整顿机制进行晋位升级，引深“五帮联动”工作机制，出台《长治市驻村帮扶干部管理办法（试行）》《长治市农村第一书记管理办法（试行）》，推行“四账”工作法，规范“五个一”管理办法，加强农村基层基础保障，提高农村“两委”主干报酬待遇，实施村集体经济“破零工程”。

党员队伍建设是党的建设基础工程。长治市以建设服务型党组织为依托，在全市党员中组织开展“党员承诺践诺”“党员联户”“结对帮扶”“党员先锋岗”、党员志愿服务等活动，建立党员密切联系群众长效机制，引领全市各领域党员立足岗位发挥先锋模范作用。

正因为重视党员干部队伍建设，党员先锋模范作用得到彰显。2016年“七一”，全市10名优秀共产党员、11名优秀党务工作者和18个先进基层党组织受到省委表彰。

招才引智

“十二五”以来，长治市创新人才制度、优化人才环境，以推进人才发展体制机制改革为重点，实施人才强市战略，不断创新人才体制机制改革，加强人才工作宏观指导。起草《长治市关于深化人才发展体制机制改革实施意见》，修订完善《长治市引进高层次人才暂行办法》，研究制定《长治市特聘专家管理办法》。建立人才创新基地、人才基地、农村实用人才培训基地，完善人才工作制度体系，统筹推进各类人才队伍建设，初步形成政府主导、企业主体、社会参与的多元化投入机制。

要想吸引人才“金凤凰”，平台建设乃重中之重。长治市在打造平台过程中坚持点面结合、新建改建并举模式，深入拓宽发展空间，提升平台档次。截至2016年年底，长治市建立院士工作站7个、国家级博士后工作站3个、博士工作站27个，共引进院士19名、博士200余名，建立起一支900余人的创新团队，5名海外高层次人才入选国家“千人计划”和山西省“百人计划”，1人入选山西省“青年拔尖人才”，最大限度地发挥招才引智作用。

长治市坚持把用活用好本土人才作为人才工作的核心环节，通过搭建各种平台，吸引优秀人才创新创业，以人才优先发展促进经济结构的战略调整和产业结构的优化升级。2016年，长治在清华大学组织创新驱动与跨越发展研修班，在复旦大学组织深化人才发展体制机制改革专题培训班，组织平顺、武乡、壶关、沁县、沁源、黎城6个贫困地区的30名农村实用人才外出培训，组织全市社工职业水平考前培训和全市骨干社工项目培训，组织振东集团、潞宝集团等22家企业参加2016年“山西人才智力交流大会”，统筹加强各类人才队伍建设，稳步推进人才强市战略。

同时，通过推进产学研结合，支持企业、高等院校和科研院所共建工程技术中心、重点实验室、研发中心，促进科技成果转化，为长治的创新发展积蓄科技能量。

（王晶晶）

（责任编辑：曾晋芳）

大事记

1月

6日 全国总工会党组书记、副主席、书记处第一书记李玉赋带领全国总工会扶贫慰问团一行深入壶关县，看望慰问部分困难职工并召开座谈会。

10日 长治市召开脱贫攻坚大会。

14日 长治市城南工业园区作为第七批国家新型工业化产业示范基地获工信部正式授牌，成为山西省第一个国家军民结合产业示范基地。

20日 长治市历时半年制作的时长36分钟的大型电视专题片《上党从来天下脊》，在长治电视台1、2、3、4套黄金时间、长治电台，长治新闻网、长治网、I长治、长治广电网等长治市各大新闻网站及微博、微信首次播出。

21日 长治市政协文史资料馆正式对外开放。该馆设在市图书馆三楼，馆内共收集市县两级政协编辑出版及全国各地政协交流的文史资料图书共1600余种、3000余册，工作日全天开放。

29日 住房和城乡建设部公布2015年国家园林城市名单。沁源县获“国家园林县城”称号。截至2016年年底，长治市武乡县、屯留县、襄垣县、平顺县、长子县、壶关县、潞城市、沁源县8个县（市）获得“国家园林县城”称号。

同月 长治市书画家张慧智创作的作品《荷韵》获第十一届“金鼎奖”全国书法美术大展赛金奖，他本人被授予“中国书法美术百杰”荣誉称号。

同月 工信部确定97个地市作为2016年度电信普遍服务试点地市。长治市入选。

2月

1日 全国优秀农民工和农民工工作先进集体表彰大会在北京召开。长治市王竹红、程永贵、张学义3人获“全国优秀农民工”称号。

2日 在山西省委组织部会议上，全省92名优秀乡镇党委书记受到表彰。长治市有11名，分别是：城区太行东街街道党工委书记、办事处主任王宇红，郊区老顶山镇党委书记、镇长王峰，潞城市潞华办事处党工委书记、主任桑爱斌，长子县大堡头镇党委书记、镇长申丽光，壶关县店上镇党委书记、镇长闫志斌，平顺县青羊镇党委书记、镇长张秀斌，黎城县黎侯镇党委书记、镇长岳保国，襄垣县夏店镇党委书记、镇长冯丽华，沁县郭村镇党委书记、镇长武虹波，武乡县蟠龙镇党委书记、镇长刘钢平，沁源县沁河镇党委书记、镇长胡亚明。

5日 国家旅游局公布首批创建“国家全域旅游示范区”名单，长治市壶关县、平顺县入选。

8日 中国科学技术协会命名首批2016年—2020年度全国科普示范县，长治市城区和潞城市位列其中。

3月

2日 中宣部公布第二批“全国岗位学雷锋标兵”名单，全国共有50人获此殊荣，长治潞城市安全公益宣教基地主任宋卫国榜上有名。

4日 全国妇联授予10位杰出女性“全国三八红旗手标兵”荣誉称号，长治市襄垣县王桥镇返底村党支部书记段爱平名列其中。

24日 长邯高速公路改扩建项目的重难点工程之一——上湾隧道贯通。上湾隧道地处黎城县上湾村，主洞全长900米，紧邻309国道，是长邯高速公路改扩建项目首个贯通的隧道。

同月 长治市制定出台全面两孩政策实施方案。

4月

2日 第二批八路军烈士遗骨在武乡八路军烈士陵园集中安葬。此次共安葬465名烈士。武乡县八路军零散烈士集中安葬工程起始于2012年，先后安葬2189名烈士。

22日 长治市召开“两学一做”学习教育推进会，对在全市党员中开展“两学一做”学习教育工作进行部署，长治“两学一做”学习教育活动拉开帷幕。

5月

5日 “第十三届（2016）中外避暑旅游口碑金榜”在香港向全球发布，长治市以“无扇之城”的美誉位列“2016中国避暑名城65佳榜”第45名；在“2016中国避暑休闲百佳县榜”中，武乡县、长治县、平顺县分别排名第30、41、63位；在“2016中国避暑名山百佳榜”中，黎城红山、长治县雄山分别排名第89、95位；在“2016中国避暑小镇百佳榜”中，长治县振兴新村乡愁公园、长治县东掌村、平顺县石城镇岳家寨分别排名第1、27、80位。

12日 国家卫生计生委、财政部、国务院医改办发布《关于确定第四批公立医院改革国家联系试点城市及有关工作的通知》，确定100个地级行政区为第四批公立医院改革国家联系试点城市，长治市位列其中。

12日至16日 第十二届中国（深圳）国际文化产业博览会举行，长治市参展产品为上党堆锦和八义窑红绿彩。博览会期间，长治市对长子县发鸠山旅游景区开发项目、根雕文化产业体验园项目、麦秆画工艺品研发项目、二贤庄古建筑修复隋唐天街项目、郊区故县红色革命教育基地建设项目、沁源县山地自行车休闲旅游项目6个文化产业项目进行重点推介，签订25亿元大单。

15日 长治北开往苏州的首趟列车K1149次正点发出。由长治北开往苏州的K1149/K1148次列车途径境内长治北、长治，全程1274千米。

18日 长治市召开领导干部大会。省委组织部常务副部长孙大军出席会议，代表省委宣布关于长治市委、市政府主要领导同志职务调整的决定并作重要讲话。省委决定：免去马天荣长治市委书记、常委、委员职务；席小军任长治市委书记，不再担任长治市市长职务；提名卢建明为长治市市长候选人。

同日 在中国计划生育协会第八次全国会员代表大会暨先进表彰会上，长治市计划生育协会获“全国计生协会先进单位”称号，成为全省唯一一家连续三次获此殊荣的单位。

21日 长治市城市工作现场推进会在长子县召开。会议回顾总结长治市城市建设取得的成效，学习借鉴长子县城市工作的经验做法，安排部署当前和今后一个时期全市城市工作。市委书记席小军，市委副书记、代市长卢建明出席会议并讲话。会议对全市改善城市人居环境和棚户区改造工作进展情况进行通报。长子县作经验交流发言。

24日 国家质量监督检验检疫总局发布《质检总局关于公布第五批出入境检验检疫信用管理AA级企业名单的公告》，长治市壶化集团进出口贸易公司成为长治市首家获此荣誉的企业。7月28日，市出入境检验检疫局为壶化集团颁发牌匾。

同日 据《长治日报》报道，经国家工商行政管理总局核准，长治市城区上党堆锦文化研究会成功注册“长治堆锦”地理商标。

25日 长治市人民政府对主城区烧烤摊点进行整治。严禁任何单位和个人在专项整治区域内从事露天烧烤或摆设露天烧烤摊点。专项整治区域：东至东环路及老顶山镇、老顶山旅游开发区，南至南环东西街，西至西二环路，北至北环东西街以内的区域。

6月

2日 市政府和社会资本合作中心挂牌成立，标志着PPP模式在长治市正式启动。

13日至16日 政协第十二届长治市委员会第五次会议召开。会议通过政协第十二届长治市委员会第五次会议政治决议、常委会工作报告决议、提案工作报告决议，通过关于提案审查情况的报告。通过关于王云亭请辞政协第十二届长治市委员会主席的决定，选举许霞为政协第十二届长治市委员会主席。

13日 下午4时左右，一场风雹灾害突袭长治市，全市最大降雨量156.8毫米，平均降雨量83.4毫米，最大风速每秒12.8米，冰雹直径最长45毫米。11个县市区（黎城县、平顺县除外）85个乡镇遭受灾害。

14日至17日 长治市第十三届人民代表大会六次会议召开。大会表决通过关于长治市人民政府工作报告的决议，关于长治市国民经济和社会发展第十三个五年规划纲要的决议，关于长治市2015年国民经济和社会发展计划执行情况与2016年国民经济和社会发展计划的决议，关于长治市2015年全市和市本级预算执行情况与2016年全市和市本级预算的决议，关于长治市人民代表大会常务委员会工作报告的决议，关于长治市中级人民法院工作报告的决议，关于长治市人民检察院工作报告的决议。经大会选举，卢建明当选为长治市人民政府市长，王进军、王辅刚、马四清当选为市人大常委会副主任，牛金生当选为市人大常委会秘书长。

17日下午 市十三届人大六次会议表决通过长治市人民代表大会法制委员会组成人员名单，标志着长治市行使地方立法权正式启动。新当选人员和法制委员会组成人员向宪法宣誓，是长治市首次在人代会上组织的宪法宣誓仪式。

16日 覆盖全市的“一站式”多功能大型就医服务平台——长治市区域医疗微信平台上线。这是山西省内首家开通的综合医疗性服务平台，实现从预约挂号到住院就诊“一站式”医疗服务。

16日至18日 中共中央政治局委员、中央书记处书记、中宣部部长刘奇葆到山西调研，到长治市武乡八路军太行纪念馆和大有乡李峪村视察工作。

21日 2016中国城市分类优势排行榜新闻发布会在香港举行，主办方中国城市竞争力研究会发布21个分类榜单，长治市政府入围中国十佳诚信政府。

26日 长治市市直机关公务用车制度改革中取消的公务车辆首批专场拍卖会在政务中心四楼交易大厅举行。此次拍卖的150辆公车全部成交。

7月

1日 庆祝中国共产党成立95周年大会在北京人民大会堂举行，会议表彰一批全国优秀共产党员、优秀党务工作者、先进基层党组织。长治市襄垣县王桥镇返底村支部书记段爱平获“全国优秀共产党员”称号、长治清华机械厂党委获“全国先进基层党组织”称号。

同日 长治市在城区分局东大街派出所和西郊派出所启动跨省居民身份证异地受理业务，受理对象为安徽省户籍人口在长治市工作、居住、就学的群众。9月1日起，长治市开展跨省居民身份证异地受理工作，新增27个异地办证受理点，涉及20个省、市、自治区。至此，全市总受理点增至29个，北京、天津、河北、海南、吉林、黑龙江、上海、江苏、浙江、山东、福建、重庆、四川、云南、河南、湖北、湖南、安徽、陕西、甘肃20个省、市、自治区户籍人口均可在长治市实现异地办证。

10日 山西省第十一届精神文明建设“五个一工程”颁奖仪式在山西大剧院举行。长治市选送的歌曲《太行奶娘》、豫剧《吴琪晋京》获“优秀作品奖”。

18日 李培斌先进事迹巡回报告会长治专场在潞州剧院举行，学习宣传李培斌先进事迹，深入推进长治市“两学一做”学习教育。市委书记席小军主持报告会。卢建明、李年善、许霞等市四套班子领导聆听报告。

29日 全国双拥模范城（县）暨双拥模范单位和个人表彰大会在北京召开。市政协主席、常务副市长、市双拥工作领导组副组长许霞，长治军分区政治部主任王伟峰在太原分会场参加会议，并代表长治市捧回全国双拥模范城桂冠，这是长治连续五次获该殊荣。

7月 大型历史文化丛书《三晋史话·长治卷》正式出版发行。

8月

1日 长治市在山西省率先出台新规：全市二级以上医疗机构停止门诊患者静脉输注抗菌药物，10月1日起停止门诊患者静脉输液（儿童医院和儿科除外）。

11日 第二届“全国柔力球之乡”交流活动在长治市体育中心拉开帷幕，来自全国20个省市自治区的43支柔力球代表队、600余名选手参加。

16日 国家林业局公布2016年国家湿地公园验收结果，长治市沁县千泉湖湿地公园正式被列为“国家湿地公园”。

24日 第五届中国创新创业大赛（山西赛区）决赛落幕，长治市远红外蓄能陶瓷加热板、“干法”生产α-高强度石膏和移动式激光柔性再制造系统分获一等奖、二等奖和优秀奖。

24日至26日 第九届中国曲艺牡丹奖全国曲艺大赛长治赛区即北方鼓曲唱曲类在长治举行，此次大赛共遴选出7个提名奖节目，长治市占据3席，分别为长子鼓书《起乳名儿》、潞安大鼓《一个都不能死》、沁州三弦书《花馍情》。长子鼓书《山西面食》的表演者刘引红获表演提名奖。市委宣传部被中国曲艺家协会授予“突出贡献单位”奖牌。

25日 由全国工商联主办的2016中国民营企业500强发布会在北京召开。会议公布2016中国民营企业500强、民营企业制造业500强等榜单，长治市两家民企入围。在中国民营企业500强榜单中，山西潞宝集团位列榜单第290位；在中国民营企业制造业500强榜单中，山西潞宝集团位列榜单第174位，山西振东健康产业集团有限公司位列榜单第479位。

26日 在潞城市不动产登记中心服务大厅，长治市颁发首批不动产权证书，标志着长治房屋、林业、土地分散登记的历史终结，不动产统一登记制度正式落地。9月23日，长治市不动产登记局、长治市不动产登记中心正式挂牌成立。市本级首批不动产权证书颁发。全市11个县市和市本级不动产统一登记工作启动，正式开始颁发不动产权证书或不动产登记证明。

28日 传媒中国年度盛典在云南省腾冲市举行，大会发布“2015年度传媒中国百强”指数名单，《上党晚报》获评“2015—2016年度传媒中国品牌媒体百强之城市晚报品牌影响力10强”奖项，《上党晚报》主编木兵荣获“年度品牌建设贡献人物奖”。

9月

1日至2日 山西省委书记骆惠宁到革命老区长治市武乡、襄垣、屯留、城区、平顺等地调研，主持召开座谈会。

6日 长治市政府投资基金有限公司与建设银行长治分行、浦发银行长治分行、华夏银行长治分行举办首批合作签约仪式。长治市政府投资基金正式进入实质运作阶段。

8日 由人民日报《民生周刊》杂志组织发起的“2016中国地级市民生发展100强”名单公布，长治市榜上名列第87位，成为山西省唯一入选地级市。

13日 长治市千名干部入企服务工作动员暨培训会议召开，长治正式启动千名干部入企服务工作。

同日 21时20分，长治市残疾青年赵建华在家中离世。根据他生前愿望，省眼科医院的医生将他的一对眼角膜带到太原，帮助两名患者重见光明。9月14日上午，他的遗体正式捐赠给长治医学院用于医疗教学研究。这是长治首例自愿捐献眼角膜和遗体的残疾青年。

15日 长治市禁止在主城区燃放烟花爆竹。禁燃区域：东至东环路及老顶山镇、老顶山旅游开发区，南至南环东西街，西至西二环路，北至北环东西街以内的区域。在禁止燃放烟花爆竹区域内，任何单位和个人不得生产、经营、储存、燃放烟花爆竹。

26日至28日 中国共产党长治市第十一次代表大会在潞州剧院召开。席小军代表中共长治市第十届委员会向大会作题为《解放思想、敢做敢当、创新发展、奋发图强，为如期实现脱贫攻坚和全面建成小康社会目标而努力奋斗》的报告。会议表决通过十届市委和市纪委工作报告。选举出中共长治市第十一届委员会、中共长治市纪律检查委员会和出席省第十一次党代会代表。席小军、卢建明、郭康锋、潘贤掌、梁克昌、姚逊、马彪、密国林、刘卓良、孙刘琳、吴小华当选中共长治市第十一届委员会常务委员会委员。席小军当选市委书记，卢建明、郭康锋当选市委副书记。

29日 国家旅游网公布国家旅游局、国家发改委、国务院扶贫办等12部委联合印发《乡村旅游扶贫工程行动方案》，长治市262个村庄被列为全国乡村旅游扶贫重点村。

30日 长治市公共自行车交通服务系统正式启用，2500辆公共自行车开始上岗为市民服务。市区共设80个公共自行车服务站点，累计设置3250个锁车柱。

10月

1日至7日 长治市旅游景区共接待游客411.76万人次，旅游总收入194078.17万元，同比分别增长15.22%、15.06%，均创历史新高。

10日 长治市召开民营经济发展推进大会。会议对15名功勋企业家、45名优秀企业家以及10名优秀乡镇民营经济统计员等给予表彰奖励，就《关于推进民营经济和实体经济发展的若干措施》《市政府设立民营经济发展基金的实施方案》征求意见。

15日至21日 由市委、市政府主办，市经信委承办的2016中国·山西·第二届长治制造展销推介周在体育中心举行。此次展会参展企业达357家，展品种类1000余种，不仅涵盖工业产品，还包括文化旅游、工艺美术、交通物流等各领域发展成果；接待参观团队120余个，观展人数15万人次，网民点击率达2931万次；展销推介周期间共推介项目220个，总投资1582亿元；签约项目16个，总投资超过100亿元；现场签订销售合同3.95亿元，现场直销超过1500万元，网络销售300万元。

16日 全国脱贫攻坚奖表彰大会在北京召开。一至十二届全国人大代表、长治市平顺县西沟村党总支副书记申纪兰获“脱贫攻坚奋进奖”。

16日至20日 第二届世界太极拳锦标赛在波兰首都华沙附近的普鲁斯科夫举行。北京时间10月18日晚，代表中国出征赛场的长治市运动员崔碧晖夺得男子第三套国际规定套路（太极剑）冠军。

20日至21日 2016中国美丽休闲乡村发布活动暨全国休闲农业和乡村旅游现场会在浙江省德清县召开。会上，农业部发布150个2016中国美丽休闲乡村名单，长治市长治县振兴村入榜，振兴集团董事长、振兴村党总支书记牛扎根在会上作经验交流。

同月 太焦高铁长治段正式开工。太焦高速铁路是连接太原与晋东南地区的城际客运主通道，是山西与河南等中东部地区客运交流的快捷通道。项目线路总长362千米，共设13个车站，其中，长治段设武乡西站、襄垣东站、长治东站和长治县站4个站位，全长约150千米，总投资约170亿元。该项目于2016年6月开工建设。

11月

6日 第二届“生态文明建设高峰论坛暨城市与景区、美丽乡村生态文明成果发布会”在北京召开，平顺县获得“全国十佳生态休闲旅游城市”荣誉称号，石城镇获得“中国最美乡镇”荣誉称号，通天峡景区获得“中国最具人气旅游景区”荣誉称号。

11日 2016第二届全球旅游视频大赛颁奖大会在上海自然博物馆举行，长治市旅游宣传片《中国长治·相约太行之脊梁》获“最美旅游视频”奖。

30日 山西省万名干部入企服务工作总结会议在太原召开，通报入企服务工作情况，并对入企服务工作中成绩突出的5个先进市和358名先进个人进行通报表扬。长治市被评为先进市。

同月 国家旅游局公布第二批创建“国家全域旅游示范区”名单，长治市黎城县和武乡县榜上有名。

12 月

1 日 长治市在全市范围内的国道、省道、县道、乡道、村道沿线，铺开以治理违章建筑、治理乱堆乱放、治理视觉污染、治理道路扬尘、治理道路设施为内容的“五道五治”专项整治行动。

9 日 住建部官网公布列入第四批中国传统村落的名录，长治市共有16个村落入选，至此长治市入选的“国家级传统村落”达32个。此次入选村落为：长治县荫城镇琚寨村、南宋乡南宋村，平顺县石城镇黄花村、石城镇豆峪村、石城镇蟒岩村，黎城县东阳关镇枣镇村、西井镇东骆驼村，壶关县百尺镇西岭底村、店上镇瓜掌村、树掌镇神北村，长子县慈林镇西范村，武乡县蟠龙镇砖壁村、石盘农业开发区泉之头村，沁源县王和镇古寨村，潞城市黄牛蹄乡辛安村、黄牛蹄乡土脚村。

同日 长治市政府决定在主城区推广使用清洁焦范围内禁止使用燃煤。禁煤区域：东至东环路及老顶山镇、老顶山旅游开发区（含山门村、金口村和二龙山村），南至南环东西街，西至西二环路（含堠北庄镇蒋村），北至北环东西街以内的区域。

10 日 在第三届中国农村博物馆年会上，中国名村影响力课题组发布“2016 中国名村影响力排行榜（300佳）”，长治市长治县振兴村、壶关县常平开发区常平村、郊区西白兔乡霍家沟村、平顺县西沟乡西沟村 4 村上榜。

13 日 由爱国华商投资促进机构美中经贸投资总商会（USCGC）、世界品牌组织（WBO）等机构联合推选的 2016 中国特色魅力城市 200 强名单公布，长治市入选。

17 日 以“五大发展理念与全面小康”为主题的“2016 第十一届中国全面小康论坛”在北京举办。长治县振兴村入围“2016 中国全面小康十大示范村镇”。山西振兴集团董事长、振兴村党总支书记牛扎根获“2016 中国全面小康十大贡献人物”。

19 日 长治市保险行业协会成立，召开第一届第一次全体会员大会暨第一届第一次理事会，全市 32 家会员代表参加，会议通过《长治市保险行业协会章程（草案）》，选举出第一届理事、会长、副会长等人选。

24 日 由国家卫生计生委医政医管局指导、健康报社主办的“医疗扶贫，与爱同行”对口支援医疗扶贫颁奖大会在北京举行。长治市人民医院成为山西省地市级医院中唯一获此殊荣的医疗机构。

26 日 由市委宣传部主办、市广播电视台承办的《追随你前行 2016 感动长治人物》颁奖典礼在潞州剧院举行。10 位获奖者为：王德怀、秦立强、宋雯霞、常二林、陈子涵、索文斌、李红丽、刘波、程玉珍、刘科岐。

29 日 国家发改委印发《中原城市群发展规划》，涵盖河南、山西、河北、山东、安徽 5 省共 30 座地级市，长治市被纳入其中。

同年 昆明—长治—沈阳航线、桂林—长治—呼和浩特航线、长治—南宁航线分别于 3 月 27 日、6 月 30 日、10 月 30 日 开通。运行一段时间后，根据航班换季等实际情况，取消呼和浩特航线。至此，长治市通航城市达 14 个，分别为北京、上海、成都、天津、桂林、海口、沈阳、昆明、重庆、广州、大同、南宁、厦门、太原。

（责任编辑：曾晋芳）

市情概貌

基本情况

【位置　面积】长治市位于山西省东南部。地处北纬35°49′～37°07′，东经111°59′～113°44′。东倚太行山，与河北、河南两省为邻，西屏太岳山，与临汾市接壤，南部与晋城市毗邻，北部与晋中市交界。长治市东西长150千米，南北宽140千米，总面积为13955平方千米，占全省总面积的8.90%。

【建置沿革】长治古称"上党"，位于山西省东南部，是中华民族的发祥地之一。据沁源县华坡遗址考古证明，旧石器时代这里已经有人类繁衍生息。新石器时代中后期，仰韶文化、龙山文化在这里充分发育。禹分天下（中原地区）为九州，境内属冀州。殷商时为黎国，属冀州。春秋时赤狄人曾建潞子婴儿国，后并于晋国。战国时，韩首置上党郡，后归赵国，治所在长子。

秦统一六国后，实行郡县制，分天下为36郡，上党郡即为其中之一，辖区涵盖晋东南全部及晋中一部分。东汉沿用秦制，上党郡属并州。建安十八年（213），上党郡入冀州。

三国魏黄初元年（220），上党郡复归并州。西晋永兴元年（304），上党郡属前赵，建兴中（313—317）归后赵。后上党郡归西燕。东晋太和五年（370），苻坚灭燕，上党郡入后秦。东晋太元十一年（386），慕容永称帝于长子，上党郡归之。北周建德七年（578），分上党郡置潞州（是为潞州建置之始），上党郡属焉。州得名，因潞子之国。

隋开皇三年（583），上党郡废，移潞州于壶关。大业元年（605），改潞州为上党郡，隶冀州。唐武德年间（618—627），改上党郡为潞州，并置都督府。开元十七年（729），以玄宗历试尝在潞洲，置大都督府，并置上党郡。开元二十一年（733），潞州、上党郡属河东道。大历元年（766），置昭义军。五代后唐庄宗初，置潞州。梁末帝时（913—914），改为匡义军，岁余，唐灭梁，改为安义军。后晋（936—947），复为昭义军;后汉、后周（947—960）因之。

宋代，太平兴国初（976为元年），改昭义军为昭德军，后为潞州。元丰年间（1078—1085），为隆德府、大都督府、上党郡、昭义军，隶河东路。建中靖国元年（1101），昭义军改为威胜军。崇宁三年（1104），复为隆德府,后为昭德军。金代（1115—1234），潞州隶河东南路，天会六年（1128），置潞南辽沁观察处。

元代（1206—1368），潞州属晋宁路。初为隆德府（行都元帅府事）。太宗三年（1231），复为潞州，隶平阳路。

明洪武元年（1368），沿用元制。初，潞州隶行中书省布政使司；洪武二年（1369），隶山西中书省，九年（1376）,隶布政司。嘉靖八年（1529）二月，升潞州为潞安府，设潞安兵备，分巡冀南道，治潞安。

清代，沿用明制，潞安府治今长治城。

中华民国元年（1912），实行省、道、县3级制，废潞安府，原潞安府所领各县均属冀宁道。同年4月，于长治市置潞泽辽沁镇守使署；民国5年（1916），改为潞泽辽沁营务处。民国13年（1924），撤销营务处。民国19年（1930），撤销冀宁道，各县直隶山西省。民国26年（1937），山西省政府（阎锡山政权）置第三、第五专区。

抗日战争时期，中国共产党以太行、太岳山为依托，建立抗日根据地。

1945年10月8日，长治解放。当月中旬，长治市（县级）建立，隶太行四专区。1946年6月，长治市升格为地级市，直隶太行区。1950年3月，长治市改为长治工矿区（县级）。1952年3月，工矿区复为长治市，并恢复为地级市，由长治专区代管。1953年7月1日，长治市改由山西省直辖。1958年，长治专区改为晋东南专区，代管长治市。1971年，晋东南专区改为晋东南地区。1975年，长治市复由山西省直辖，设城、郊两区。1983年9月，长治市辖城、郊两区和长治、潞城2县。1985年5月，晋东南地区撤销，晋东南地区所辖平顺、壶关、黎城、屯留、长子、武乡、沁源、襄垣、沁县，划归长治市领属，长治市辖2区11县。1992年11月，经山西省政府批准，长治高新技术产业开发区成立。1994年，潞城县正式撤县设市，隶属长治市管辖。2015年2月，长治高新技术产业开发区升级为国家高新技术产业开发区。

【地质 地貌】 长治市域主要由长治盆地及其周边山区两种地貌单元组成。武乡—襄垣—潞城—壶关以东的中山区，主要为下古生界碳酸盐岩地层分布区；襄垣—长子县之间的长治盆地，主要为新生界松散堆积的红土、黄土分布区；武乡—沁县—屯留—长子一线以西的低中山区，主要为上古生界碎屑岩地层分布区；太古界变质岩、中元古界长城系石英砂岩及石炭系铁铝岩仅零星分布。地层出露总厚度约11500米。

长治市地处黄土高原东南缘，从全市整体地貌看，山峦起伏、地形复杂，总体呈盆地状。最高点为沁源县太岳山主峰之一，海拔2541米，最低点为平顺县浊漳河出境处，海拔标高380米，最大切割深度为2161米。长治市地貌大致可分为山地、丘陵、盆地、河谷4种类型。2016年，长治市土地总面积13955.2平方千米，其中平川占15.9%，丘陵占33.4%，山地占50.7%。

【水源特征】 2016年，长治市大中型水库蓄水总量2.5亿立方米。境内主要河流有两条，分别是浊漳河和沁河。浊漳河属海河流域，境内主流长190千米，流经长治市10个县（市、区），流域面积12275平方千米。沁河属黄河流域，发源于太岳山，境内干流长98.5千米。境内地下水资源丰富，辛安泉是中国北方第二大岩溶泉。

【生物资源】 据2014年野生动植物调查结果显示，长治市境内共有野生动物243种，其中，兽类6目15科45种，国家一级保护动物2种：金钱豹、原麝；国家二级保护动物4种：石貂、青鼬、水獭、猕猴；省重点保护动物4种：刺猬、复齿鼯鼠、飞鼠、小麝鼩；鸟类16目40科177种，国家一级保护鸟类4种：黑鹳、金雕、大鸨、褐马鸡；国家二级保护鸟类22种：黄嘴白鹭、白琵鹭、大天鹅、鸳鸯、蜂鹰、鸢、苍鹰、雀鹰、松雀鹰、大鵟、普通鵟、秃鹫、白尾鹞、游隼、灰背隼、燕隼、红角隼、红隼、雕鸮，纵纹腹小鸮、长耳鸮、短耳鸮；省重点保护鸟类13种：苍鹭、池鹭、金眶鸻、鹮嘴鹬、普通夜鹰、星头啄木鸟、黑枕黄鹂、蓝翡翠、白顶溪鸲、黄脚三趾鹑、四声杜鹃、小杜鹃、红翅旋壁雀。爬行类3目7科15种。两栖类1目3科6种。

长治市植物资源以针阔混交林为主，夹杂有灌木和草本植物。沁源灵空山保存有二三百年的天然林群落。经济林木主要是木本粮油和水果林。国家和省重点保护野生植物有南方红豆杉、核桃楸、紫椴、刺五加、水曲柳、漆树、脱皮榆、刺楸、流苏树、党参和桔梗等二十余种。

【矿产资源】 长治矿产资源较为丰富，全市13个县（市、区）除沁县矿产资源较为贫乏外，其他县（市、区）都分布有各具特色和优势的矿产资源。主要有煤、铁、石灰岩、矿泉水等矿产资源；有白云岩、硅石、石膏、铝土矿、硫铁矿、耐火粘土、高铝粘土、铁矾土、水泥粘土、砖瓦粘土、陶瓷粘土、紫砂陶土、花岗石、大理石、红石板、建筑砂等多种矿产；还有硅藻土、油页岩、含钾岩石、钾长石、低品位磷矿、蛇纹岩、钠长石、泥炭、麦饭石、白垩土、水晶、蛭石、石棉、石榴子石、重晶石、冰洲石和煤层气以及伴生的钛、镓、钴等，共40种。最具优势的矿产是煤炭、铁和石灰石。全市10个县（市、区）有煤炭资源，2016年，全市煤炭勘探面积3396.49平方千米，保有储量133.93亿吨，铁矿储量5901.97万吨。

【气候特征】 长治市为温带大陆性季风气候。2016年，长治市气温偏高，降水偏多，日照偏少。气象灾害较多，主要气象灾害有：冰雹、低温冷冻、旱灾、洪涝等自然灾害。全市平均气温为10.3摄氏度，比历年偏高0.6摄氏。各县降水在511.2毫米～795.9毫米之间，平均日照时数为2185.1小时，无霜期平均为220天。

【人口】 2016年末，长治市总人口为343.54万人，比上年末增加1.5万人。全年全市出生人口3.61万人，人口出生率为10.52‰；死亡人口2.11万人，死亡率为6.16‰；人口自然增长率为4.36‰。性别比（女=100）为104.12。在总人口中市区人口为80.04万人。

2016年长治市人口数及其构成

单位：万人

指标	年末数	比重（%）
全市总人口	343.54	–
其中：城镇	177.03	51.53
乡村	166.51	48.47
其中：男性	175.24	51.01
女性	168.30	48.99

【长治方言】 长治地处晋东南，淳朴的上党人民在这里辛勤耕作，繁衍生息，逐渐形成独有的生活习性和地方语言。从语种上看，长治方言属于汉语系、北方方言区；从历史上看，长治地区许多古汉语词汇至今仍在该地祖籍居民中沿用。

根据有无入声和古四声在方言的演变情况进行分区、分片，山西方言共分为6个区，长治方言属于东南区方言。本区方言声调的主要特点是：有入声；多数点古入声清声母字和全浊声母字今声调不同，即入声分阴阳；多数点古次浊入同全浊入；根据去声分不分阴阳、古入声次浊声母的归属和入声是否分阴阳，东南区方言分为长治、沁县和晋城3个片。长治片（包括城区、郊区、长治县、潞城市、平顺县、黎城县、壶关县、屯留县、长子县）去声分阴阳，古入声次浊声母字多数点归阴入。沁县片（包括沁源县、沁县、武乡县、襄垣县）去声不分阴阳，古入声除沁源一点不分阴阳外，其他点都分阴阳，次浊声母字归阴入。

长治话的内部差别比较大。市区汉民和回民说话有差别，新派和老派说话有差别，市区说话和郊区说话也有差别。

【少数民族】 长治市以汉族人口为主，少数民族中以回族人数最多。根据2010年第六次人口普查，长治市有3334565人，其中，汉族人口为3310727，占总人口的99.29%；回族人口为22125，占总人口的0.66%。除回族外，其他的少数民族人口均不足千人，100人以上的少数民族有满族、蒙古族、苗族、彝族、土家族和羌族。不足100人的少数民族有朝鲜族、维吾尔族、布依族、藏族、壮族、畲族、白族、侗族、黎族、土族、瑶族、佤族、哈尼族、仡佬族、锡伯族、布朗族、水族、傣族、傈僳族、景颇族、基诺族、东乡族、拉祜族、裕固族，另有未识别民族人口2人。

【行政区划】 2016年，长治市辖1市、2区、10县，1个国家级开发区；132个乡镇，14个街道办事处，3446个行政村，140个居民委员会。

气候影响评价

【四季气候影响评价】 2016年度按四季（2015年12月至2016年11月）总体来说，长治市总的气候特征是：气温偏高，降水偏多，日照偏少。气象灾害较多，主要气象灾害是：冰雹、低温冷冻、旱灾、洪涝等自然灾害，对工农业生产带来不利影响，尤其是冰雹给人民群众财产造成很大的损失。

气温：2016年，长治市各县平均气温在9.4摄氏度～11.5摄氏度之间，全市平均为10.3摄氏度，比历年偏高0.6摄氏度，各县均比历年偏高，介于0.1摄氏度～1.0摄氏度之间。

降水：2016年，长治市各县降水在511.2毫米～795.9毫米之间，与历年比较全市平均偏多129.9毫米，各县均比历年偏多，介于13.5毫米～250.9毫米之间，尤其是沁县全年降水比历年偏多250.9毫米。

日照：2016年，长治市平均日照时数为2185.1小时，比历年偏少203.5小时，各县日照时数在1722.8小时～2502.1小时之间，除平顺县偏多0.3小时外，其余10县均偏少，介于17.0小时～664.8小时之间。

无霜期：2016年，长治市各县无霜期介于215天～227天，襄垣县最短215天，壶关县、屯留县、长治县最长227天，全市平均为220天。

【四季气候特征】

1. 冬季（2015年12月至2016年2月）：气温偏高，降水偏少，日照偏少。

气温：冬季长治市各县季平均气温在–4.1摄氏度～–1.7摄氏度之间，全市冬季平均为–2.9摄氏度，比历年偏高0.6摄氏度，除长子县偏低0.2摄氏度，其余各县均比历年偏高，在0.1摄氏度～1.2摄氏度之间，尤其是长治县和壶关县比历年偏高1.2摄氏度、武乡县偏高1.0摄氏度。

降水：冬季各县降水在7.7毫米～17.8毫米之间，全市平均降水量为11.7毫米，比历年偏少5.3毫米，各县均比历年偏少，介于0.7毫米～9.8毫米之间。

日照：冬季各县日照时数在415.6小时～585.0小时之间，全市平均为521.4小时，比历年偏少5.0小时，屯留县偏少107.2小时、潞城市偏少51.4小时、沁县偏少23.9小时、黎城县偏少17.3小时、壶关县偏少11.4小时，其余6县均偏多，介于12.9小时～35.1小时之间。

2. 春季（2016年3月至2016年5月）：气温偏高，降水偏少，日照偏少。

气温：春季全市各县季平均气温在10.6摄氏度～13.1摄氏度之间，全市春季平均为11.8摄氏度，比历年偏高0.8摄氏度，除各县均比历年偏高，偏高在0.3摄氏度～1.2摄氏度之间，尤其是襄垣县比历年偏高1.2摄氏度。

降水：春季各县降水在54.2毫米～100.5毫米之间，全市平均降水量为82.6毫米，比历年偏少8.0毫米，尤其是平顺县偏少33.0毫米，沁县、潞城市、沁源县、武乡县偏多介于3.0毫米～6.9毫米之间，其余7县均偏少在0.8毫米～33.0毫米之间。

日照：春季各县日照时数在466.9小时～702.4小时之间，全市平均为623.5小时，比历年偏少53.8小时，除武乡县偏多0.9小时、沁源县偏多22.2小时外，其余9县均偏少介于8.9小时～213.0小时之间。

3. 夏季（2016年6月至2016年8月）：气温偏低，降水偏多，日照偏少。

气温：夏季全市各县季平均气温在20.8摄氏度～22.6摄氏度之间，全市夏季平均为21.5摄氏度，比历年偏低0.1摄氏度，襄垣县偏高0.4摄氏度，沁县、沁源县偏高0.2摄氏度，屯留县、平顺县、长治县与历年持平，黎城县偏低0.1摄氏度，潞城市偏低0.3摄氏度，长子县偏低0.4摄氏度，壶关县偏低 0.5 摄氏度，尤其是武乡县偏低 0.8 摄氏度（可能是因为迁站影响）。

降水：夏季各县降水在 334.9 毫米～ 586.6 毫米之间，全市平均降水量为 457.2 毫米，比历年偏多 147.1 毫米，各县均偏多，介于 44.4 毫米～ 258.0 毫米之间，尤其是沁县比历年偏多 258.0 毫米。

日照：夏季各县日照时数在 442.8 小时～ 659.2 小时之间，全市平均为 567.4 小时，除长子县偏多 4.7 小时外，其余 10 县均偏少介于 0.2 小时～ 192.0 小时，其中平顺县偏少 0.2 小时与历年基本持平。

4. 秋季（2016 年 9 月至 2016 年 11 月）：气温偏高，降水偏少，日照偏少。

气温：秋季全市各县季平均气温在 10.1 摄氏度～ 11.9 摄氏度之间，全市秋季平均为 10.9 摄氏度，比历年偏高 1.3 摄氏度，各县均比历年偏高，偏高在 0.7 摄氏度～ 1.8 摄氏度之间，尤其是襄垣县比历年偏高 1.8 摄氏度。

降水：秋季各县降水在 82.2 毫米～ 125.7 毫米之间，全市平均降水量为 109.4 毫米，比历年偏少 4.0 毫米，除长子县、潞城市、长治县、黎城县偏多 2.1 毫米～ 16.2 毫米外，其余 7 县均偏少，介于 2.0 毫米～ 25.8 毫米之间，尤其是壶关县偏少 25.8 毫米。

日照：秋季各县日照时数在 397.5 小时～ 568.6 小时之间，全市平均为 472.7 小时，各县均比历年偏少，介于 19.7 小时～ 151.9 小时之间。

【主要气候事件（气候灾害）及其影响】

（一）主要气候事件

1. 2016 年 6 月 13 日下午至夜间，长治市出现强对流天气，并伴有雷电、大风、冰雹和短时强降水。14 时至 18 时，沁县、襄垣县、壶关县、屯留县和市区出现冰雹，市区降雹时间持续 40 分钟。沁县 14 时 02 分至 14 时 20 分降雹 18 分钟，最大冰雹直径 14 毫米；襄垣县夏店和下良两个乡镇 14 时 16 分至 14 点 40 分降雹，最大冰雹直径 45 毫米；壶关县 17 时 01 分至 17 时 05 分和 17 时 13 分至 17 时 35 分降雹，观测站观测到最大冰雹直径 22 毫米，有部分地区冰雹大于 22 毫米；20 时至 23 时，由北向南出现强对流天气，并伴有雷电、大风、短时强降水和局地冰雹。平顺县、长治县、壶关县、潞城市、黎城县、襄垣县、长子县和沁源县瞬时极大风力达到 8 级以上。这次强对流天气过程中，市区所降的冰雹较大，据市区目击者反映看到有鸡蛋或蒜头大小的冰雹，持续时间较长，造成车辆、树木、太阳能等设备设施不同程度的损坏。“6·13”强对流天气，致使 11 个县市区（黎城县、平顺县除外）均遭受不同程度的风雹、洪涝灾害。

2. 2016 年局地强降水极易诱发城市内涝、洪涝、危房倒塌等灾害，对水利、交通、农业生产、建筑、物流等行业造成不利的影响。长治市 10 月份降水次数多，降水量大，主要降水过程有 9 次，总降水量介于 59.5 毫米～ 86.4 毫米之间，与历年同期相比偏多 0.8 倍～ 1.7 倍，受雨水长时浸渗，从而诱发危房倒塌、地基路基塌陷。

（二）主要气候灾害

据长治市民政局统计 2016 年长治市自然灾害类应对工作总结评估报告：

2016 年，长治市各县区均遭受不同程度的风雹、洪涝、低温冷冻等灾害。共造成农作物受灾面积 47159.55 公顷，成灾面积 26253.7 公顷，绝收面积 6019.38 公顷，倒塌房屋 1367 间，损毁房屋 1148 间，一般损毁房屋 18812 间，受灾人口 515608 人，直接经济损失 35626.88 万元，农业经济损失 24824.31 万元。

灾害具体情况如下：

2016 年 6 月 4 日至 13 日，连续遭强对流天气影响，各地普降暴雨、冰雹，最大降雨量 156.8 毫米，平均降雨量 83.4 毫米，最大风速每秒 12.8 米，冰雹直径最长 45 毫米，致使 13 个县区均遭受不同程度的风雹灾害，6 月 4 日，长治市 7 个县区 48 个乡镇（长治县、沁县、武乡县、郊区、襄垣县、潞城市、长子县）遭受风雹灾害，受灾人口 168709 人，农作物受灾面积 16794.86 公顷；绝收面积 3433.1 公顷，一般损坏房屋 25 间，严重损坏 58 间，倒塌房屋 25 间，紧急转移安置人口 170 人，需紧急生活救助人口 30893 人，直接经济损失 13288.28 万元；6 月 13 日，长治市 11 个县区 85 个乡镇（黎城县、平顺县除外）遭受风雹灾害，受灾人口 199542 人，农作物受灾面积 20645.86 公顷，绝收面积 1593.33 公顷，一般损坏房屋 16428 间；严重损坏 98 间，倒塌房屋 7 间，紧急转移安置灾民 151 人，需紧急生活救助人口 838 人，直接经济损失 13818.78 万元。

2016 年 7 月 18 日至 25 日，连续遭阴雨天气影响，最大降雨量 78 毫米，局部地区降雨水量超过 100 毫米，长治市 11 个县区 51 个乡镇（城区、屯留县除外）遭受洪涝灾害，受灾人口 64926 人，农作物受灾面积 4186.95 公顷；绝收面积 268.75 公顷，一般损坏房屋 1862 间，严重损坏 615 间，倒塌房屋 1059 间，紧急转移安置人口 1934 人，需紧急生活救助人口 232 人，直接经济损失 4707.8 万元。此次灾害造成长治市基础设施受损较为严重，据统计：壶关县东井岭乡：石岸塌毁 300 米长，平均高度 4 米，滑坡 9 米长，道路塌陷损毁 100 米；黄山乡：路面塌陷损毁 170 余米，涵洞倒塌一处；集店乡：路面塌陷损毁 50 米，一座坝两侧冲毁约 15 米；树掌镇：道路塌陷损毁 360 米，石岸塌毁 74 米；桥上乡：自来水管受损 169 处，50940 米，灌溉水渠受损 8 处，11270 米，路基深陷 14 处，3490 米，路岩倒塌 23 处，22502 米，桥梁损毁 15 处，190 米，倒塌 4 处，130 米；石坡乡：石岸塌毁 1130 米，路面塌陷损毁 610 米。潞城市成家川办事处田间道路受损16420米，水泥道路受损1915米，饮水管道受损20米，渠道受损300米，损失49.6万元；微子镇：1000余米村上道路损毁、2600余米田间道路被冲毁；村内石岸被冲塌150余米，沟渠冲毁30余米；辛安泉镇：735米村内水泥路，1393米田间道路，152米石岸冲毁，渠道100多米受损，造成损失30.63万元。黄牛蹄乡：各类道路等基础设施损失60.8万元。郊区大辛庄镇冲毁排水渠50米；武乡县雷击电视6台、雷击冰箱1台，雷击死亡10000多只鸡，损毁烈士塔一座，冲毁村级道路330米。沁县局部毁坏田间桥梁3座，水毁路面27米、路基505米。直接经济损失357万元。

【气候对各行业的专题影响评价】

（一）对农业影响

有利气候影响评价：2016年夏季，全市平均降水量为457.2毫米，比历年偏多147.1毫米，各县降水量在334.9毫米～586.6毫米之间，各县均比历年偏多，介于44.4毫米～258.0毫米之间，有利于作物的生长发育。

不利气候影响评价：2016年全市春季平均降水量为82.6毫米，比历年偏少8.0毫米，对粮食作物生长造成严重影响。

（二）对林业的影响

不利气候影响评价：由于春季降水偏少，天干物燥，森林火险气象等级较高，极易引发森林火灾，给森林防火工作带来不利影响；干燥天气容易诱发病虫害，对林木越冬不利。对植树造林影响较大，直接影响树苗的成活率。

有利气候影响评价：总降水量比历年偏多，有利于植树造林。据市林业局提供的数据，2016年共造林30万亩，主要以经济林为主，由于植树时机掌握的好，新种的树成活率高。

（三）对人体健康的影响

不利气候影响评价：12月内长治地区出现不同程度的雾和霾天气较多，尤其是18日至22日出现一次较长时间的霾天气过程。霾天气致使空气中可吸入颗粒增多，给病菌、细菌传播提供条件，造成空气质量较差。给人体健康等带来不利的影响。

有利气候影响评价：2016年，夏季气温比历年同期偏低0.1摄氏度，有利于人们防暑，基本没有出现酷热难耐的日子。

（四）对旅游业的影响

不利气候影响评价：对旅游行业影响不大。

有利气候影响评价：气象灾害较少，光照基本正常便于人们的出行，有利于旅游。

（五）对交通的影响

不利气候影响评价：交通运输与气象条件紧密相关，雾霾天气由于能见度降低，视线不好，给安全行车带来巨大隐患，容易引起交通阻塞，发生交通事故道路交通安全、运输业都带来不利的影响。全市2016年度降水量比历年平均值（531.1毫米）偏多27%，不利于交通运输。

（六）对生态环境的影响

年降水偏多，对生态环境有利。

（七）对水资源的影响

降水多对气候影响评价主要是有利。

不利方面主要表现在：因降水多造成城市洪涝，如果河道清障不力，会造成排洪、泄洪不畅。

（八）对能源的影响

年降水量多，对煤炭、电力等能源生产影响不大。

（九）对牧业的影响

不利气候影响评价：春季干旱不利牧草生长，对牧业造成不利的影响。

有利气候影响评价：夏季降水多有利牧草生长，有利于牲畜生长。

（宋林则）

（责任编辑：王姝杰）

环境质量公告

【概述】2016年，长治市推进大气、水、土壤、生态等环境污染综合治理，环境质量稳中好转。主城区环境空气质量优良率为59.8%，达标天数为219天；二氧化氮年均浓度、一氧化碳、臭氧百分位数年均浓度达到国家二级标准，$PM_{2.5}$、PM_{10}、二氧化硫年均浓度超过二级标准；全年未出现酸雨；其他12个县（市区）环境达标天数平均为295天，占全年有效监测天数的80.6%。全市地表水环境质量保持稳定，三类以上水质断面13个，占监测断面总数的76.47%；劣于五类水质的断面1个，占监测断面总数的5.88%；地表水主要污染指标为总磷、氨氮、生化需氧量。地下水水质稳定，总体水质为良好；集中式饮用水源辛安泉水质良好，达标率100%。市主城区区域环境噪声与交通噪声基本达标，区域环境噪声平均等效声级52.0分贝，质量级别为较好，道路交通噪声等效声级为66.8分贝，质量级别为好；功能区噪声昼间、夜间平均等效声级均达标。全市生态环境质量为“一般”，农村环境质量基本达到国家相应标准。

【环境空气质量状况】2016年，长治市环境空气质量采用质量综合指数法，按《环境空气质量标准》（GB3095-2012）、《环境空气质量指数（AQI）技术规定（试行）》（HJ633-2012）进行评价，评价项目为PM_{10}、$PM_{2.5}$、二氧化硫、二氧化氮、臭氧、一氧化碳6项。

1. 主城区空气质量状况

（1）达标天数。2016年，主城区达标天数共219天，同比减少23天，占全年有效监测天数的59.8%。其中一级天数28天、二级天数191天。

（2）污染天数。轻度、中度污染天数：2016年主城区三级天数91天，同比增加8天，占全年有效监测天数的24.9%；四级天数32天，同比增加8天，占全年有效监测天数的8.7%。重污染天数：2016年主城区重污染天数 24 天，同比增加 11 天，占全年有效监测天数的 6.5%。其中五级天数 22 天、六级天数 2 天。

（3）综合指数。2016 年，主城区环境空气质量综合指数 7.51，较 2015 年的 7.03 上升 6.8%。主要污染物为 $PM_{2.5}$、PM_{10}，污染负荷分别占 26.2%、21.7%；其余各项污染负荷分别为：二氧化硫 13.6%、二氧化氮 13.3%、一氧化碳 12.3%、臭氧 12.9%。

（4）主要污染。2016 年，主城区 $PM_{2.5}$、PM_{10}、二氧化硫、二氧化氮年均浓度分别为 69 微克/立方米、114 微克/立方米、61 微克/立方米、40 微克/立方米，一氧化碳、臭氧 -8h 百分位数平均浓度分别为 3.7 毫克/立方米、155 微克/立方米，其中，二氧化硫年均浓度、一氧化碳、臭氧 -8h 百分位数平均浓度达国家二级标准，$PM_{2.5}$、PM_{10}、二氧化硫年均浓度分别超标 0.97 倍、0.63 倍、0.02 倍。与 2015 年相比 $PM_{2.5}$ 上升 6.2%、PM_{10} 上升 7.5%、二氧化硫上升 22.0%、二氧化氮上升 8.1%、一氧化碳上升 2.8%、臭氧下降 3.7%。

2. 各县（市）区空气质量状况

2016 年，各县（市）区 PM_{10}、$PM_{2.5}$、二氧化硫、二氧化氮年均浓度值分别为 81 微克/立方米、49 微克/立方米、44 微克/立方米、32 微克/立方米，一氧化碳、臭氧年百分位平均浓度分别为 3.6 毫克/立方米、118 微克/立方米，其中，PM_{10}、$PM_{2.5}$ 年均浓度值超过国家二级标准，二氧化硫、二氧化氮年均浓度、一氧化碳、臭氧年百分位平均浓度均达国家二级标准；各县（市）区环境空气综合指数平均为 5.75，首要污染物均为 $PM_{2.5}$；达标天数平均为 295 天，占全年有效监测天数的 80.6%，三级以下的天数平均为 71 天，占全年有效监测天数的 19.4%（图 1）。

3. 大气降水

2016 年，对老顶山、监测站两个测点进行降水监测，监测结果为：全年降雨量 567.1 毫米，pH 年均值 7.07（范围为 5.76 ~ 7.18），与 2015 年的 7.13 相比 pH 值有所下降，全年无酸雨出现。

【地表水环境质量状况】 2016 年，长治市地表水断面水质类别评价采用单因子评价法，评价标准执行《地表水环境质量标准》（GB3838–2002）。

1. 水质状况评价

2016 年，长治市区域内浊漳河和沁河共监测 17 个断面，其中，浊漳河 15 个断面，沁河 2 个断面。同 2015 年相比地表水质量有所好转（图 2）。

地表水例行监测全年共 12 次，监测项目 26 项，以 21 项进行评价：达三类以上（优良）水质的断面 13 个，占监测断面总数的 76.47%，比 2015 年增加 5.88 个百分点；达四类（轻度污染）水质的断面 2 个（实会、甘村），占监测断面总数的 11.76%，达五类（中度污染）水质的断面 1 个（王桥镇），占监测断面总数的 5.88%，二者均与 2015 年持平；劣于五类（中度

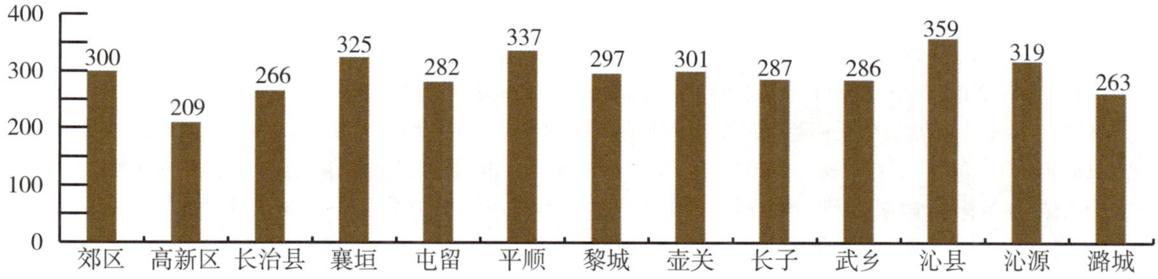

图 1　2016 年长治市各县（市）区二级以上天数示意图

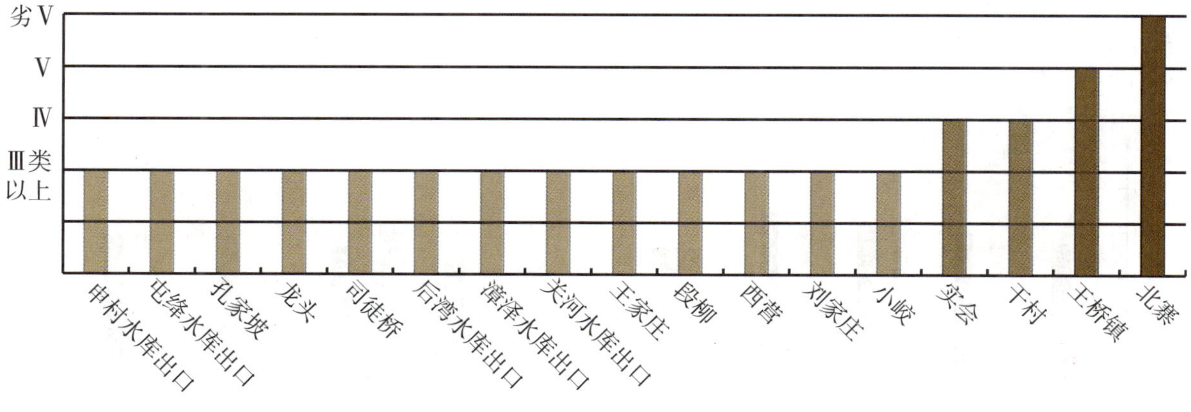

图 2　2016 年长治市地表水检测断面水质类别示意图

污染）水质的断面1个（北寨），占监测断面总数的5.88%，比2015年减少5.88个百分点。在劣于五类水质的1个断面（北寨）中主要超标项目为：总磷、氨氮、生化需氧量。

2016年，长治市地表水环境质量达到山西省人民政府下达的2016年长治市地表水环境质量水质目标（达到或优于三类断面比例达到76.47%以上，劣五类断面比例达到或低于5.88%）。

2. *主要污染物*

2016年，长治市河流主要污染物根据污染分担率由高到低排序为：总磷12.1%、氟化物11.6%、生化需氧量11.5%、高锰酸盐指数10.5%、化学需氧量10.5%、氨氮9.8%等，由此可见，影响长治市地表水环境质量的污染物主要集中在总磷、氟化物等项目。

2016年，地表水主要污染物为总磷、氨氮、生化需氧量、氟化物、化学需氧量（以断面超标率排序），其均值分别为：0.14毫克/升、0.569毫克/升、2.7毫克/升、0.67毫克/升、12毫克/升，其中氨氮、总磷、氟化物、化学需氧量浓度比2015年分别下降39.1%、28.2%、9.5%、7.7%，生化需氧量比2015年上升3.8%。

主要污染控制指标化学需氧量年均浓度值达到一类水质标准，氨氮年均浓度值达到三类水质标准。

【地下水环境质量状况】 2016年，长治市地下水共监测29眼井、监测项目23项，全年监测2次（上半年和下半年各监测一次）。根据《地下水质量标准》（GB/T14848-1993）对23个项目进行评价：达到三类水质的23眼井，所占比例为79.3%；达到四类水质的5眼井，所占比例为17.2%；达到五类水质的1眼井，所占比例为3.4%。主要超标项目为硫酸盐、总大肠菌群。（因2015年地下水监测13眼井，故2016年无法与2015年作比较。）

【市区集中饮用水源地水质状况】 2016年，长治市区集中饮用水源地辛安泉每月监测一次，监测项目23项。根据《地下水质量标准》（GB/T14848-1993）三类标准评价：全年水质良好，水质达标率为100%，符合国家饮用水源地水质要求。每年6月份进行一次全分析，共监测39项，所有监测项目全部达标。

【声环境质量】 2016年，长治市声环境质量评价标准执行《声环境质量标准》（GB3096-2008）中环境噪声限值。

1. *城市区域环境噪声*

2016年，对长治市建成区60.2平方千米范围内202个有效网格的区域噪声进行监测，全年昼间监测1次。根据《声环境质量标准》（GB 3096-2008）各功能区标准值评价：建成区昼间区域噪声平均等效声级52.0分贝，达到1类声环境功能区标准，比2015年上升0.1分贝。达标的有189个测点，达标率93.6%，比2015年下降4.9个百分点，其中，一类区监测85个测点，达标72个，达标率84.7%，比2015年下降11.8个百分点；二类区监测66个点，达标66个，达标率100%，与2015年持平。三类区监测51个测点，达标51个，达标率100%，与2015年持平。

根据《环境噪声监测技术规范 城市声环境常规监测》（HJ 640-2012），评价区域环境噪声总体水平为二级，质量级别为较好。

2. *市区道路交通噪声*

2016年，对主城区14条主要道路、70个路段的交通噪声进行监测（3个路段因修路全面封闭未测），全年昼间监测1次。根据《声环境质量标准》（GB 3096-2008）评价：全市昼间交通噪声等效声级为66.8分贝，达4a类声环境功能区标准限值，比2015年下降0.2分贝。70个测点中有67个测点达标，达标率95.7%，比2015年下降2.9个百分点。

根据《环境噪声监测技术规范 城市声环境常规监测》（HJ 640-2012）道路交通噪声等级划分要求：市区交通噪声等效声级平均值强度属一级、质量级别为好。其中，等效声级强度属一级、质量级别为好的57个路段，占81.4%；等效声级强度属二级、质量级别为较好的10个路段，占14.3%；等效声级强度属三级、质量级别为一般的3个路段，占4.3%。

3. *城市功能区噪声*

2016年，对市区1~4类功能区噪声进行监测（每类功能区2个测点，共8个测点），每季度监测1次，每次昼夜24小时监测。根据《声环境质量标准》（GB3096-2008）各功能区标准值评价：1~4类功能区昼间、夜

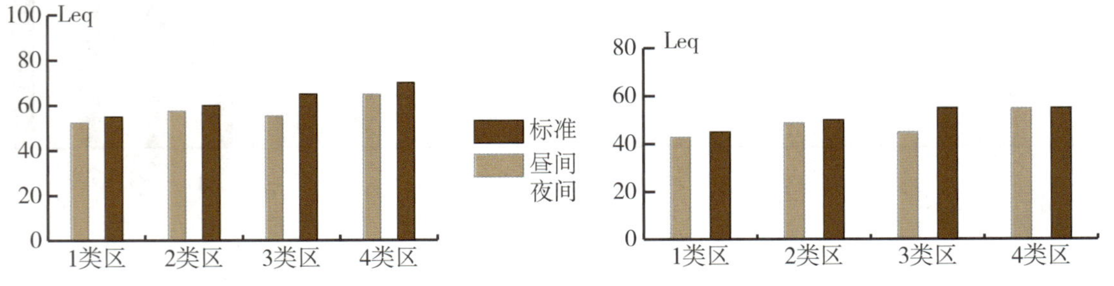

图3 2016年长治市昼间功能区（左）与夜间功能区（右）噪声示意图

间平均等效声级全部达标：1类区昼间、夜间分别为52.3分贝、42.8分贝；2类区分别为57.5分贝、48.7分贝；3类区分别为55.3分贝、44.9分贝；4类区分别为64.8分贝、54.8分贝。与2015年相比，昼间噪声等效声级均上升；夜间噪声等效声级1、2、4类区上升，3类区持平（图3）。

【农村环境质量】 2016年，长治市对沁源县开展农村试点环境质量监测，监测范围为沁源县域及所辖村庄两个层面，对县域进行地表水和生态遥感监测，对村庄进行环境空气、饮用水源地和土壤监测。评价结果表明：沁源县县域地表水水质总体达标率为100%。农村环境空气总体达标率为100%，首要污染物均为可吸入颗粒物。地下水饮用水源地水质总体达标率为100%。全县10个土壤监测点位中，监测项目全部达标，达标率为100%。综合评价结果表明：沁源县农村环境质量综合指数为74，级别为良。其中农村环境状况指数、农村生态状况指数分别为84、59，级别均为良。

【生态环境质量】 按照2015年环保部发布实施的《生态环境状况评价技术规范》（HJ192-2015）评价，2014年和2015年长治市生态环境质量均为“一般”，生态环境状况无明显变化；在所评价的各项指标中，生物丰度指数、水网密度指数、土地胁迫指数、污染负荷指数、植被覆盖指数均无明显变化。

（石颜红）

（责任编辑：王姝杰）

水文状况分析

【降水量】 2016年，长治市降水量686.7毫米，比2015年偏多36.3%，比多年平均值偏多18.7%。全市年降水量最大为沁县漳源雨量站881.4毫米，最小为武乡县蟠龙雨量站493.1毫米。2016年度全市较大范围的暴雨过程主要发生在7月18日至7月20日。

【河川径流量】 2016年，长治市河川径流量10.11亿立方米，比多年平均值11.92亿立方米偏少15.1%，较2015年偏多75.1%。

【地下水动态】 2016年，长治市盆地区浅层地下水水位平均上升0.59米。其中，上升区面积746.0平方千米，平均变幅0.81米，占总面积的63.7%，主要分布在城区、郊区、长子县、长治县、潞城市大部分地区，以及屯留县的部分地区；稳定区面积423.0平方千米，平均变幅0.211米，占总面积的36.3%，主要分布在郊区、长治县、长子县、潞城市小部分地区，以及屯留县的大部分地区，无下降区。

【大中型水库蓄水量】 2016年，长治市11座大中型水库共蓄水2.50亿立方米，其中，大型水库蓄水量为2.01亿立方米，中型水库蓄水量为0.49亿立方米。

【水质状况】（1）2016年，长治市评价河流42条；总调查断面69处，实际评价断面61处；评价河长1852.09千米。

Ⅰ～Ⅲ类断面数16处，占26.2%，河长517.6千米，占27.9%；Ⅳ～Ⅴ类30处，占49.2%，河长949.8千米，占51.3%；劣于Ⅴ类15处，占24.6%，河长384.6千米，占20.8%。

长治市河流水质主要是受有机物污染，主要超标项目是：石油、总磷、氨氮，其次化学需氧量。长治市61处评价断面中34处石油超标，占55.7%；20处总磷超标，占32.8%；16处氨氮超标，占26.2%。

（2）进行水质评价的水库58座。

进行评价的58座水库中，过半数水库水质类别优于Ⅲ类地表水标准，占75.86%；严重污染（劣于Ⅴ类水）的水库8座，占13.79%。

影响水库水质的主要污染指标为总磷、化学需氧量、氨氮、高锰酸盐指数、酸碱度、溶解氧、硫酸盐。

对全市58座大中小型水库进行营养状态评价，全市无贫营养水库，中营养水库4座，占总评价水库的6.9%；营养状态达富营养标准54座水库，占全部水库的93.1%，其中，轻度富营养30座，占总评价水库的51.7%；中度富营养24座，占总评价水库的41.4%；无重度富营养水库。

（3）功能区评价。

双指标评价：18个水功能区，Ⅰ～Ⅲ类14个，占77.8%，河长509.49千米，占81.9%。Ⅳ～Ⅴ类2个，占11.1%，河长78.3千米，占12.6%；劣于Ⅴ类2个，占11.1%，河长34.3千米，占5.5%。

5个国家重要江河湖泊水功能区，Ⅰ～Ⅲ类4个，占80%，河长183.54千米，占78.5%；Ⅳ～Ⅴ类1个，占20.0%，河长50.3千米，占21.5%。

（郭　宁）

（责任编辑：王姝杰）

国民经济和社会发展

【概述】 2016年，长治市地区生产总值1269.2亿元，比上年增长4.6%。其中，第一产业增加值60.1亿元，增长3.4%，占生产总值的比重为4.7%；第二产业增加值646.9亿元，增长2.7%，占生产总值的比重为51.0%；在第三产业增加值562.2亿元，增长6.8%，占生产总值的比重为44.3%。第三产业中，金融保险业增加值82.5亿元，增长7.9%；交通运输、仓储和邮政业增加值79.8亿元，增长8.6%；房地产业增加值82.0亿元，增长4.4%。

人均地区生产总值37027元，按2016年平均汇率计算为5574美元。全年全市公共财政预算收入98.5亿元，增长2.2%。税收收入65.1亿元，增长6.7%，其中国内增值税、营业税、企业所得税、个人所得税、资源税和城建税共计完成税收52.4亿元，增长5.0%。公共财政预算支出233.9亿元，下降3.3%。其中，农林水事务支出增长0.9%，社会保障和就业支出下降6.1%，医疗卫生支出下降1.4%，文化体育与传媒支出增长2.5%，节能环保支出下降3.6%。

【农业】 2016年，长治市粮食种植面积242.8千公顷，比上年减少3.5千公顷；油料种植面积2.6千公顷，比上年增加0.6千公顷；棉花种植面积0.03千公顷。在粮食种植面积中，玉米种植面积205.5千公顷，减少1.9千公顷；小麦种植面积5.5千公顷，减少1.9千公顷。全年粮食产量161.7万吨，比上年增加4.7万吨，增产3.0%。其中，夏粮2.6万吨，减产22.7%；秋粮159万吨，增产3.6%。全年全市猪牛羊肉总产量8.8万吨，比上年增长6.2%。其中，猪肉产量7.7万吨，增长7.0%；牛肉产量0.38万吨，下降3.5%；羊肉产量0.72万吨，增长3.7%。年末生猪存栏60.4万头，生猪出栏98.9万头。牛奶产量1.76万吨，下降3.8%。禽蛋产量13.8万吨，增长8.1%。全年全市机械耕地面积237.6千公顷，下降1.6%；机械播种面积223.6千公顷，下降0.3%；机械收获面积123.5千公顷，增长4.8%。

【工业和建筑业】 截至2016年年末，长治市规模以上工业企业319家。全年规模以上工业增加值583.1亿元，增长2.5%。规模以上工业企业原煤产量1.1亿吨，下降8.6%；发电量271.6亿千瓦时，下降2.4%；焦炭产量1378.2万吨，增长0.4%；钢材产量495.3万吨，下降14.1%。规模以上工业企业实现主营业务收入1264.0亿元，增长13.5%。其中，煤炭、焦炭、冶金和电力工业分别实现主营业务收入623亿元、145.1亿元、157.8亿元和73.5亿元，分别增长17.1%、20.6%、–2.3%和–7.4%；化学、建材、装备制造、医药和食品工业分别实现主营业务收入70.8亿元、27.6亿元、64亿元、34.9亿元、53.5亿元，分别增长0.4%、18.9%、35.6%、14.2%和54.2%。规模以上工业实现利税154.6亿元，增长106%；实现利润64.1亿元，增长2561.6%。全年全市建筑业实现增加值50.4亿元，比上年增长5.3%。

【固定资产投资】 2016年，长治市固定资产投资1514.4亿元，增长5.1%。其中，国有及国有控股投资416.3亿元，下降1.8%。

分产业看，第一产业投资253亿元，增长21.9%；第二产业投资598.3亿元，增长1.1%；第三产业投资663.1亿元，增长3.2%。在第二产业中，工业投资601亿元，增长1.1%。其中，煤炭工业投资109亿元，下降8%。

全年全市在建固定资产投资项目2369个。其中，5亿元以上项目87个，计划总投资1889.2亿元，完成投资430.9亿元。

全年房地产开发投资67.8亿元，下降22.5%。其中，住宅投资48.9亿元，下降21.1%；办公楼投资1.5亿元，下降40%；商业营业用房投资7.3亿元，下降29.8%。

【对外经济】 2016年，长治市进出口总额7731万美元，下降50.9%。其中，进口额4886万美元，下降60.9%；出口额2845万美元，下降12.4%。

全年全市新设立外商直接投资企业1家；合同利用外商投资736.7万美元，下降97.3%；实际利用外商直接投资47501.6万美元，增长5.3%。

【交通、邮电和旅游】 2016年年末，长治市公路线路里程11643.0千米，其中高速公路339.2千米。

年末，全市民用汽车保有量44.7万辆（包括三轮汽车和低速货车0.67万辆），比上年末增长7.5%，其中私人汽车40.2万辆，增长9.4%。本年新注册汽车5.2万辆，增长4.7%。年末轿车保有量27.4万辆，比上年末增长10.0%，其中私人轿车25.7万辆，增长11.5%。

全年全市完成邮电业务总量59.64亿元。其中，邮政业务总量3.38亿元；电信业务总量56.26亿元。年末移动电话用户达到306.4万户，其中，3G移动电话用户达到27.7万户，4G移动电话用户达到172.6万户。全市互联网接入用户55.1万户，其中，新增互联网用户8.6万户。

全年全市商业住宿设施接待入境过夜游客2.5万人次，接待国内旅游者3751.0万人次，分别增长4.4%和15.0%；旅游外汇收入1560.8万美元，国内旅游收入368.2亿元，旅游总收入369.1亿元，分别增长4.7%、15.1%和15.0%。

【教育和科学技术】 截至2016年年末，长治市有普通高等学校5所，中等职业学校47所；普通高中49所，初中160所，小学643所。

全年专利申请量与授权量分别为972件和736件。全年全市共签订各类技术合同91项，技术合同成交总额3.1亿元。

年末，全市共有产品质量检验机构1个。全年对71户企业实施产品认证，对10种产品进行监督抽查。全市共有法定计量技术机构19个，全年完成强制检定计量器具7.49万台件。

【文化、卫生和体育】 截至2016年年末，长治市共有艺术表演团体20个，文化馆14个，公共图书馆14个，公共图书馆藏书量190.8万册，档案馆15个，开放各类档案161703卷。全市广播电台13座，电视台18座，广播、电视综合人口覆盖率分别达到99.63%和99.57%。年末，全市有线电视用户达到47.4万户，其中，接收数字信号用户37.1万户。

年末全市共有医疗卫生机构5063个，其中，医院、卫生院169个，妇幼保健机构15个，疾病预防控制中心15个，卫生监督机构15个。病床位16290张，其中医院、卫生院11585张。卫生技术人员18712人，其中医生8038人，注册护士7506人，药剂人员960人。乡镇卫生院132个，床位2808张，乡村医生和卫生技术人员6903人。全市新型农村合作医疗参合率98.6%。

全年全市运动员在各类体育比赛中获得世界冠军2个，全国冠军4个，全省冠军62个。

【城市建设】 截至2016年年末，长治市城市交通运营车辆753辆，其中市区公共汽车450辆。出租汽车3181辆，其中市区出租车1801辆。市区有公园4座，总面积127公顷。全年市区供水总量8313万吨，人均日生活用水量162.8升。全年液化气供气总量3650吨，天然气供应量6568.5万立方米，其中生活用天然气2119.1万立方米。燃气普及率93.7%，比上年增长0.7个百分点。市区集中供热面积3840万平方米，其中住宅供热面积3040万平方米。市区污水处理能力27.5万吨/日，全年污水处理量6964万吨。生活垃圾年清运量23.6万吨。

（责任编辑：曾晋芳）

机构设置和领导人名录

中共长治市委

书　　记　马天荣（2016年5月前）
　　　　　席小军（2016年5月后）
副 书 记　席小军（2016年5月前）
　　　　　卢建明
　　　　　郭康锋（2016年9月后）
常　　委　马天荣（2016年5月前）
　　　　　席小军
　　　　　卢建明
　　　　　郭康锋
　　　　　潘贤掌
　　　　　李东峰（2016年9月前）
　　　　　许　霞（2016年5月前）
　　　　　梁克昌
　　　　　姚　逊（2016年7月后）
　　　　　王玉圣（2016年9月前）
　　　　　马　彪
　　　　　密国林
　　　　　刘卓良（2016年7月后）
　　　　　孙刘琳（2016年9月后）
　　　　　吴小华（2016年9月后）

工作机构

市委办公厅

秘 书 长　梁克昌（2016年1月后）
常务副秘书长
　　　　　李建平（2016年7月前）
　　　　　米燕平（2016年8月后）
副秘书长　申千素（2016年2月前）
　　　　　李新才
　　　　　刘海峰
　　　　　范　志
　　　　　姜东波（2016年7月前）
　　　　　常惠军（2016年8月前）
　　　　　赵耀华（2016年10月前）
　　　　　张延节（2016年2至8月）
　　　　　贾软贤（2016年8月前）
　　　　　李玉忠（2016年7月后）
　　　　　杨　勇（2016年2月后）

组织部

部　　长　郭康锋（2016年8月前）
　　　　　姚　逊（2016年8月后）
常务副部长　桂元平
副 部 长　杨红旗（兼，2016年8月后）
　　　　　张爱玲
　　　　　李　媛
　　　　　张新建（2016年12月前）
　　　　　王沁平（兼，2016年12月后）
市委人才办主任
　　　　　胡海景

宣传部

部　　长　王辅刚（2016年7月前）
　　　　　孙刘琳（2016年7月后）
常务副部长　王　耀
副 部 长　张晓里
　　　　　张越德
市文明办副主任
　　　　　郭卫平

统战部

部　　长　刘卓良（2016年8月后）
常务副部长　薛安庆
副 部 长　张　斌（2016年8月后）
　　　　　李晓平（2016年7月前）
　　　　　唐庆坤
　　　　　高之峰

政法委

书　　记　李东峰（2016年10月前）
　　　　　郭康锋（2016年10月后）
副 书 记　史建华

政策研究室

主　　任　刘海峰
副 主 任　徐珏得
　　　　　苏先忠（2016年9月前）
　　　　　关茂林

机构编制委员会办公室

主　　任　郭俊林（2016年8月前）
　　　　　段树新（2016年8月后）
副 主 任　宋建军
　　　　　闫建平（2016年2月后）
登记局局长　闫建平（2016年2月前）
　　　　　茹虎林（2016年2月后）

市直属机关工作委员会

书　　记　刘素华（2016年7月前）
　　　　　赵华荣（2016年7月后）
副 书 记　牛文庭（2016年8月后）
　　　　　赵忠义
　　　　　范结绪（2016年1月后）

纪工委书记　赵天胜

部门管理机构

信访局

局　　长　申千素（2016年8月前）
　　　　　苏先忠（2016年8月后）
副 局 长　吴启生
　　　　　赵小平

对台办

主　　任　范　志
副 主 任　郭文平
　　　　　赵　亮（2016年3月后）

老干部局

局　　长　张新建（2016年12月前）
　　　　　王沁平（2016年12月后）
副 局 长　赵进贤
　　　　　于　进
　　　　　王汝功（2016年1月后）

中共长治市纪律检查委员会

书　　记　马　彪
常务副书记　赵晋峰
副 书 记　李世钟（2016年9月前）
　　　　　高正堂
　　　　　谢　斌
常　　委　郭晓泓
　　　　　李小山（2016年9月前）
　　　　　刘卫中（2016年1月前）
　　　　　赵建文（2016年9月后）
　　　　　薛建业（2016年9月后）
　　　　　张宏伟（2016年9月后）
常　　委　蒋　楠（2016年9月后）

长治市人大常委会

主　　任　李年善
副 主 任　申纪兰
　　　　　张振芳
　　　　　李进军
　　　　　王进军（2016年6月后）
　　　　　王辅刚（2016年6月后）
　　　　　桂正平（2016年6月前）
　　　　　马四清（2016年6月后）
　　　　　崔建泰
秘 书 长　牛金生（2016年6月后）
办公厅
副 主 任　王相英
　　　　　侯志军
　　　　　宋红义
研究室
主　　任　冯　清
法制工作委员会
主　　任　李红雨
副 主 任　王秀蓉（2016年2月后）
财政经济工作委员会
主　　任　裴庆敏
副 主 任　仙建其
教科文卫工作委员会
主　　任　申培良（2016年2月前）
　　　　　吴　凌（2016年8月后）
副 主 任　李军喜（2016年8月前）
农村工作委员会
主　　任　何买善
副 主 任　杜陆喜
城乡建设环境保护工作委员会
主　　任　程民权
副 主 任　陈中伟
人事代表工作委员会
主　　任　唐　颢
副 主 任　白保学
民族宗教侨务外事工作委员会
主　　任　田毅青
副 主 任　李晓林（2016年2月后）
信访办
主　　任　路国平

长治市人民政府

市　　长　席小军（2016年5月前）
　　　　　卢建明（2016年6月后）
常务副市长　许　霞（2016年8月前）
　　　　　潘贤掌（2016年8月后）
副 市 长　王玉圣
　　　　　王贵平（2016年8月前）
　　　　　陈鹏飞
　　　　　景普秋（2016年8月后）

工作部门

市政府办公厅

秘 书 长　于　川
副秘书长　李建鸣（2016年8月后）
　　　　　程　琦（2016年8月后）
　　　　　孙曙英（2016年8月前）
　　　　　闫志强
　　　　　杨鸿斌（2016年9月前）
　　　　　王　克
　　　　　桑利刚（2016年8月前）
　　　　　秦志云（2016年8月前）

监察局

局　　长　高正堂
副 局 长　郭晓泓（2016年3月后）
　　　　　刘鹏飞

发展和改革委员会

主　　任　李建鸣（2016年8月前）
　　　　　桑利刚（2016年8月后）
副 主 任　赵国祥（2016年7月前）
　　　　　吴路平
　　　　　和建宏
　　　　　卫玉玺
总经济师　刘利斌
总工程师　刘　晓
纪检组长　张建刚

经济和信息化委员会（国资委）

主　　任　魏庆武
副 主 任　杨富进（2016年2月后）
　　　　　王晓勇
　　　　　郭　军
　　　　　陈宏彬
　　　　　陈明先（2016年2月后）
纪检书记　李　健
总经济师　陈明先（2016年2月前）
　　　　　陈红斌（2016年2月后）

教育局

局　　长　范长喜（2016年7月前）
　　　　　牛玉书（2016年8月后）

纪检书记　马建锋
副 局 长　张庆宏（2016年8月前兼招生考试管理中心主任）
郭　文
秦　兴

科学技术局

局　　长　吴黎生（2016年8月前）
方晋斌（2016年8月后）
副 局 长　许晓蓉
王一兵
纪检组长　王明生
副 局 长　文代云

民政局

局　　长　吴　凌（2016年8月前）
宋书林（2016年8月后）
副 局 长　高路平
秦国孝
纪检组长　宋玉清
副 局 长　刘天平

财政局

局　　长　张旭亮
副 局 长　郝十周
石明利
总会计师　杨孝琴
纪检组长　周泽宇
市非税收入管理局局长
连树军
总会计师　吴　兴
市财政国库支付中心主任
韩　兵

非税收入管理局

局　　长　连树军
副 局 长　张东亮
田海莲

人力资源和社会保障局

局　　长　杨红旗
副 局 长　韩剑飞（2016年8月前）
王跃霞
柴光庆
纪检组长　王占平

国土资源局

局　　长　李　勇
副 局 长　牛建中
赵新平
曹三进
李志宏
纪检组长　孙　涛
总工程师　张维华
总规划师　陈　虹
执法监察支队长　郭树伟
收储中心主任　路　华

环境保护局

局　　长　王海宏（2016年7月前）
杨鸿斌（2016年7月后）
副 局 长　刘广庆
卫马句（2016年8月前）
纪检组长　栗书红（2016年7月前）
总工程师　平小波
纪检组长　王路青（2016年7月后）
副 局 长　王　林（2016年8月后）
史跃宏（2016年8月后）

住房保障和城乡建设管理局

局　　长　姚中华
副 局 长　韩彩平
总工程师　郭卫光（2016年1月前）
副 局 长　郭俊卿
副 局 长　杨卫星
纪委书记　李少平
总工程师　王晓安（2016年1月后）

交通运输局

局　　长　石建旺
副 局 长　部俊先
卢四海
总会计师　贾文革
纪检组长　张跃斌
战备办副主任
任贵平

水利局

局　　长　李新春（2016年8月前）
宋辉文（2016年8月后）
副 局 长　孙景峰
副 局 长　李文艺
纪检组长　李文平（2016年8月前）
总工程师　张　晋
纪检组长　郭晓光（2016年8月后）

农业委员会

主　　任　米燕平（2016年8月前）
秦志云（2016年8月后）
副 主 任　王贵生
冯绍波
宋辉文（2016年8月前）
郜起珍
文姜全
纪检组长　尤广平
总农经师　李晓宇

林业局

局　　长　江声华（2016年7月前）
王建良（2016年7月后）
纪检组长　部红旗
副 局 长　原俊敏
伊　翔
陈铁群（2016年7月后）
总工程师　王建斌（2016年2月后）

商务局

局　　长　李水平
纪检书记　季　平（2016年3月前）
副 局 长　景德忠
原文祥
总经济师　张凤翔
纪检书记　胡向中（2016年3月后）

文化局

局　　长　陈秀英（2016年8月前）
杨建平（2016年8月后）
副 局 长　刘广立
张　琼（2016年8月前）
纪检组长　宋文杰

卫生和计划生育委员会

主　　任　杨江波
副 主 任　武克俭

靖爱兰
谭厚华
纪委书记　刘忠和
副主任　侯宝庆
爱卫会专职副主任
毋小春

审计局

局长　段秀平
副局长　赵治兴
张国庆
江宏凌
车建科
总审计师　苏庆吉
纪检组长　赵建文（2016年1月前）
季平（2016年1月后）

煤炭工业局

局长　张进敏（2016年7月前）
张和平（2016年7月后）
纪检组长　唐苏旺（2016年7月前）
赵建文（2016年7至10月）
副局长　李文斌（2016年8月前）
副局长　李泽林
王世红（2016年8月后）

工商行政管理局

局长　江声华（2016年8月后）
副局长　李小红
张凤岐
陈欣
纪检组长　王敏（2016年8月前）
非公工委专职副书记
马和英

质量技术监督局

局长　王敏（2016年8月前）
王宇（2016年8月后）
副局长　邢怀忠
王红峰
申元明
总工程师　简毅
纪检组长　张鹏飞
副局长　付云波
检测所所长　岳志毅

稽查分局局长
骞剑波

食品药品监督管理局

局长　李成瑞（2016年8月前）
王国英（2016年8月后）
副局长　马树清
副局长　贺晋龙
张玮瑛
李杜平
纪检组长　秦红孝
食品总检验师
王鹏

体育局

局长　宋书林（2016年8月前）
张庆宏（2016年8月后）
副局长　谢惠兰
体校校长　申伟平
纪检组长　姬文
副局长　赖文秋

统计局

局长　申林科
纪检组长　关沁萍（2016年6月前）
副局长　常建明
总统计师　周卫平（2016年6月前）
副局长　孟明
纪检组长　张瑛（2016年1月后）
农调队队长　黄爱琴
省属市调查监测中心专职副主任
王来忠

安全生产监督管理局

局长　方晋斌（2016年8月前）
郭强（2016年8月后）
副局长　李世标
马俊刚
樊广平
郭梅芳
赵灵芳
总工程师　李旭红
纪检组长　彭慧军

外事侨务和文物旅游局

局长　李锋（2016年8月前）
张琼（2016年8月后）
副局长　梁彩萍
段志刚（2016年8月前）
王伟（2016年8月前）
纪检组长　杨光琳
副局长　魏振东（2016年8月前）
王新军

民族宗教事务局

局长　唐庆坤（2016年8月前）
何玉清（2016年8月后）
副局长　王晨光
李晋生（2016年8月前）
李明强

粮食局

局长　张江平（2016年6月前）
李晓峰（2016年8月后）
纪检书记　李忠孝（2016年5月前）
副局长　马玉廷
李玉芳
常小田

人民防空办公室

主任　郭文忠（2016年8月前）
韩晓红（2016年8月后）
副主任　赵富林
张宏山（2016年8月后）

政协长治市委员会

主席　王云亭（2016年6月前）
许霞（2016年6月后）
副主席　秦跃晋
俞长生
赵坚
关小平
郭建福
刘鹏飞
秘书长　李义广
副秘书长　关晋平
段林刚
许元
提案委员会
主任　申群香（女）

副主任　李潞生
经济与人口资源环境委员会
主　任　刘　旭
副主任　刘振华
农村工作委员会
主　任　姚泽荣
副主任　李　铁
教科文卫体委员会
主　任　胡素琴（女）
副主任　崔　琳（女）
学习联络法制委员会
主　任　李爱丽（女）
副主任　秦长军
文史资料委员会
主　任　邢宏亮
副主任　秦　卫
港澳台侨和外事委员会
主　任　段林刚
副主任　杨毓华
研究中心
副主任　杨　彦（2016年1月后）

民主党派

中国国民党革命委员会长治市委员会

主　委　焦吉林
副主委　吴锦秀（女）
郝宗超（2016年12月前）
秦晋陵
靳俊龙
宋　强（2016年12月后）

中国民主同盟长治市委员会

主　委　王卫军
副主委　杨树宏（2016年12月前）
范连星
侯安善
刘建红
刁文才
王　俊（2016年12月后）

中国民主建国委员会

主　委　郭海英（2016年12月后）
副主委　达瑞斌（2016年12月前）
李建华（2016年12月前）
王姣兰（2016年12月前）
黄俊霞（2016年12月后）
于　广（2016年12月后）
杨书旗（2016年12月后）

中国民主促进会长治市委员会

主　委　郭健福（2016年12月前）
史淑枝（2016年12月后）
副主委　闫淑芳（2016年12月前）
张翠红（2016年12月前）
焦茂星
江景芝
张高明（2016年12月后）
郭　斌（2016年12月后）

中国农工民主党长治市委员会

主　委　刘鹏飞
副主委　王建忠（2016年12月前）
张春明（2016年12月前）
韩长根（2016年12月前）
张丽芳（2016年12月后）
赵云斌（2016年12月后）
李红岩（2016年12月后）

九三学社长治市委员会

主　委　邱建英（2016年12月后）
副主委　王　杰（2016年12月前）
郭　霞（2016年12月前）
陈骁忠
牛志敏
李艳岩（2016年12月后）
王　禹（2016年12月后）

工商业联合会

主　席　郭海英
副主席　李晓平（2016年8月前）
史书清
杨爱华
尚高明（2016年8月前）

其他机构

市委讲师团

团　长　范文科

市委党校、行政学院

常务副校长、副院长
阎建书（2016年7月前）
李建平（2016年8月后）
副校长、副院长
郭跃进
白波瑞
纪检书记　屠陆安
副校长、副院长
胡晓光
郜德胜

地方志办公室

主　任　高　峰
副主任　党文滨
赵培文

党史研究室

主　任　常惠军（2016年8月后）
副主任　卫恒善

新闻中心

主　任　王　伟（2016年8月后）
副主任　武素萍（2016年7月前）
温学军

长治日报社

社　长　张晓里
总编辑　刘建林
纪检组长　宋建武
副总编辑　秦泽凡
上党晚报主编
木　兵
副总编辑　郭思嘉

档案局（馆）

局　长　魏爱华
副局长　张连生
冯　华（2016年8月前）
史淑枝（2016年8月后）

贸促会

会　长　牛旭斌

中小企业局

局　长　桂晓波

副 局 长　王　炜
王晋华（2016年2月前）
段建民
周群华
纪检组长　冯巧萍

招商局

局　　长　王　宇（2016年8月前）
王建强（2016年8月后）
副 局 长　王建强（2016年8月前）
李元英
崔海书

农经管理局

局　　长　徐雁俊（2016年7月前）
丁向东（2016年7月后）
总农经师　张彦斌
副 局 长　赵相池
巩素萍

地震局

局　　长　杨立宏
副 局 长　张阳平
李　平
王子吉

农机局

局　　长　郁张河
副 局 长　郭小龙
郭晓军（2016年1月后）

供销社

理事会主任　王旭平
监事会主任　许保中
理事会副主任
秦建平
纪检书记　张文波（2016年9月前）
总会计师　王　平
理事会副主任
何小兵（2016年1月后）

城镇集体企业联合社

主　　任　周亮杰

畜牧局

局　　长　王庆华

副 局 长　任庆国
申义勇
贾旭广
纪委书记　翟　勇（2016年8月前）
副 局 长　于保同

园林局

局　　长　郝晓宏
纪检组长　崔松涛
副 局 长　郭爱莲
朱宣明
崔正堂

规划勘测局

局　　长　宋锦书（2016年8月前）
赵　强（2016年8月后）
总规划师　郭　敏
纪检组长　李俊田

和平医院

书　　记　苗群生（负责行政工作）
纪检书记　杜保国
副 院 长　陈广斌
宋志斌
张文平（2016年9月后）

市人民医院

院　　长　李　俊
副 院 长　张惠英
常宜林（2016年3月前）
张建军
陈贵月

市第二人民医院

院　　长　李建国
副 院 长　李怀宽
耿泰山
任宇红

中医研究所附属医院

院　　长　王学信（2016年8月前）
李樊荣（2016年8月后）
副 院 长　连玉伍

中医院

院　　长　田建军

副 院 长　张喜林
李樊荣（2016年9月前）
高洪平

妇幼保健院

院　　长　马卫平
副 院 长　赵伟平
魏　魏
刘忠理

市疾控中心

主　　任　路爱刚
副 主 任　赵水军

驻外联络处

驻北京联络处

主　　任　贾软贤（2016年8月前）
贾振芳（2016年9月后）

驻上海联络处

主　　任　季慧明

驻太原联络处

主　　任　李成瑞（2016年8月后）

政法机构

长治市中级人民法院

院　　长　丁　毅
常务副院长　栗向东
副 院 长　张贵平
张沁虎
政治部主任　秦志明（2016年1月前）
审判委员会专职委员
刘维晋（2016年8月前）
申江水（2016年8月前）
副 院 长　郝跃明（2016年8月后）
纪检组长　赵纯钊
政治部主任　牛川秀（2016年8月后）
审判委员会专职委员
王光明

长治市人民检察院

检 察 长　李曾贵（2016年8月前）
赵雅清（2016年8月后任代检察长）

副检察长　崔爱清
张长兴（2016年8月前）
郜晋峰（2016年8月前）
王东旭
李　耀（2016年8月后）
李皎明（2016年8月后）
纪检组长　赵跃平
政治部主任　孙友山
检委会专职委员
籍金生
贾潞斌
张高明

公安局

局　长　杨通顺
常务副局长　李江华（2016年9月前）
乔亚民
副局长　张　宏（2016年9月前）
吴中晓（2016年9月前）
张保平
董书理
王　兵（2016年9月后）
杨　波（2016年9月后）
纪委书记　卫月春

司法局

局　长　马朝中（2016年8月前）
董国志（2016年8月后）
副局长　郭万武（2016年2月前）
黄小飞
王自奋
段章太
公证处主任　程伟军
副局长　原银启
政治部主任　仲积顺（2016年1月后）
纪检组长　王路青（2016年7月前）

人民团体

市总工会

主　席　崔建泰（2016年7月后）
常务副主席　光宇航（2016年7月后）
副主席　李　燕（2016年8月前）
武彦平
闫培俊

共青团长治市委

书　记　申秀琴（2016年8月前）
张登科（2016年8月后）
副书记　史宇荣（2016年8月前）
张登科（2016年8月前）
上官瑞平
少工委主任　李　艳

科学技术协会

主　席　秦国山（2016年12月前）
王海宏（2016年12月后）
副主席　史爱文
郜惠丰

妇女联合会

主　席　李建慧（2016年9月前）
王　霖（2016年9月后）
副主席　任世萍
吴秀枝
刘　红
妇女儿童工作委员会办公室主任
李丽英

文学艺术界联合会

主　席　葛水平（2016年8月前）
李军喜（2016年8月后）
副主席　王新国

残疾人联合会

理事长　王国英（2016年8月前）
牛恩毅（2016年8月后）
副理事长　冯福荣
李俊峰
任旭仲
郭红平

侨联

主　席　介建芳
副主席　张丽丽

军事机构

长治军分区

司令员　密国林
政　委　刘瑞生
参谋长　刘海靖
政治部主任　王伟峰
后勤部部长　沈瑞庭

武警长治支队

支队长　郭建勋（上校）
第一政治委员
杨通顺（兼）
政治委员　杨　辉（上校）
副支队长　缑志刚（中校）
邓伟森（2016年9月后）（中校）
杨红霞（2016年9月前）（中校）
副政治委员　安润宏（中校）
参谋长　梁　峰（2016年4月后）（中校）
董　健（2016年4月前）（中校）
政治处主任　陈建新（2016年4月后）（中校）
郜云岗（2016年4月前）（中校）
后勤处处长　岳英平（少校）

公安交警支队

支队长　王　兵
政　委　崔宏斌（2016年1月前）
李　瑛（2016年8月后）
副支队长兼车管所所长
荀　谦
副支队长　杨高忠
张思明
李秋明
张树合
副支队长兼政治处主任
李长青
副支队长　岳　峰
纪检委书记　徐希涛

公安消防支队

支队长　李永明（武警上校）
政　委　杜争峰（武警上校）

直属管理部门

国家税务局

局　　长　　李　军
副 局 长　　张晓红
　　　　　　靳胜德
　　　　　　李国庆
　　　　　　缑俊强
　　　　　　李显斌
纪检组长　　任建勋
总经济师　　张贵喜

地方税务局

局　　长　　李晋芳（2016年6月前）
　　　　　　韩　玉（2016年6月后）
副 局 长　　赵建中
纪检组长　　李　文
副 局 长　　李世敏
总会计师　　张　钧
总经济师　　史爱成

水文局

局　　长　　梁存峰
副 局 长　　药世文
　　　　　　王江奕
　　　　　　牛二伟（2016年1月后）
　　　　　　杨建伟（2016年1月后）

气象局

局　　长　　王文义
副 局 长　　杨泽荣
纪检组长　　帅克杰

出入境检验检疫局

局　　长　　卫永平
副 局 长　　张雅琴（2016年11月前）
　　　　　　常海燕
　　　　　　李　宁（2016年8月后）

邮政管理局

局　　长　　史晓东
副 局 长　　柴茂林

公路分局

局　　长　　苗宏宇（2016年7月前）
　　　　　　郭长庆（2016年7月后）
副 局 长　　路江峰（2016年4月前）
　　　　　　秦绍佐
　　　　　　赵庆新
　　　　　　崔建忠（2016年4月后）
　　　　　　姚建波（2016年4月后）
纪检书记、工会主席
　　　　　　杨卫星
副局长、总工程师
　　　　　　都魏龙（2015年4月前）

烟草局（公司）

局　　长　　李振芳
副 经 理　　赵水和
副 局 长　　牛治平
副 经 理　　张　栋
总会计师　　龚　瑛
纪检组长　　郝秀芳
工会主席　　金　鹏

中国人民银行长治市中心支行

行　　长　　郭永宏
副 行 长　　曹桂平
　　　　　　冷菊梅
　　　　　　常新建
工会主任　　董婉凤
纪委书记　　许雪峰

银监局

局　　长　　张保成
副 局 长　　何志岗
　　　　　　魏国忠
纪委书记　　薛新平

盐务局

局　　长　　张铁岩

大专院校

长治医学院

院　　长　　郑建中
纪检书记　　李玉冰（2016年7月前）
　　　　　　杨　波（2016年7月后）
副 院 长　　陈忠义
　　　　　　武有祯
　　　　　　宋晓亮
　　　　　　张芳萍

长治学院

院　　长　　李忠康（2016年1月前）
　　　　　　茹文明（2016年1月后）
副 院 长　　茹文明（2016年1月前）
纪委书记　　成广海（2016年9月后）
副 院 长　　李长江
　　　　　　赵巨涛（2016年8月后）
　　　　　　史晓东（2016年8月后）
　　　　　　李　强（2016年8月后）

长治市教育学院

院　　长　　焦建中

山西电大长治分校

校　　长　　程红斌（2016年9月后）

长治市第一职业高中

校　　长　　张素珍
常务副校长　李　刚
副 校 长　　李跃峰
　　　　　　陈　洋
纪检委员　　郭明珍

省重点中学

长治一中

校　　长　　郭广远
副 校 长　　裴　斌
　　　　　　李　奇

长治二中

校　　长　　路　军
副 校 长　　李茂华
　　　　　　闫仁奇
　　　　　　延庆余

（责任编辑：曾晋芳）

中共长治市委员会

综　述

2016年，中共长治市委员会贯彻党的十八届六中全会精神和山西省十一次党代会精神，按照省委“一个指引、两手硬”重大思路和要求，围绕省委书记骆惠宁在长治调研时提出的“加快经济结构调整、全力奋战脱贫攻坚、持续全面深化改革、扎实推进从严治党，把长治打造成山西重要的增长极”指示要求，真抓实干、攻坚克难。2016年，中共长治市委员会主要围绕七个方面开展工作：扎实推进从严治党，持续构建良好政治生态；加快经济结构调整，扎实推动创新驱动、转型升级；持续全面深化改革，为经济社会发展增添新动能；坚持民生优先，让长治发展更有温度、群众生活更有质感；狠抓安全稳定，严守发展底线；大力弘扬革命精神，深入实施文化强市战略；全面加快依法治市进程，积极推进社会主义民主政治建设。

重要会议

【中共长治市委十届八次全体会议暨全市经济工作会议召开】 2016年1月9日至10日，中共长治市委十届八次全体会议暨全市经济工作会议召开。会议贯彻党的十八届五中全会和中央经济工作会议精神，落实省委十届七次全会和全省经济工作会议精神，听取讨论《市委常委会工作报告》，审议通过《中共长治市委关于制定国民经济和社会发展第十三个五年规划的建议》、市委十届八次全会决议和有关事项，安排部署“十三五”时期经济社会发展和2016年各项工作。

全会由市委常委会主持。市委书记马天荣受市委常委会委托作工作报告并讲话，就《建议（讨论稿）》向全会作说明。市委副书记、市长席小军安排部署2016年经济工作。市委副书记卢建明，市人大常委会主任李年善，市政协主席王云亭，市委常委潘贤掌、李东峰、许霞、郭康锋、梁克昌、王玉圣、马彪、密国林出席会议。出席全会的市委委员37人，候补委员7人。

全会指出，“十二五”时期是长治市发展极不平凡的五年。面对复杂多变的发展环境和艰巨繁重的改革发展稳定任务，在省委、省政府的正确领导下，市委、市政府团结带领全市人民顽强拼搏、奋力进取，开创各项事业发展新局面。党的十八大以来，贯彻中央和省委部署要求，适应经济发展新常态，提出并实施以五大攻坚、五大工程、五大产业集聚区、五条路子、“五宜”长治为主要内容的“五五战略”工作思路，推动“三个突破”，推进“六大发展”，实施“六权治本”，开展党的群众路线教育实践活动、学习讨论落实活动和“三严三实”专题教育，坚持从严管党治党，严格落实“两个责任”，加强党风廉政建设和反腐败斗争，提升基层党建工作水平，全市干部群众精神面貌焕然一新，党风、政风和社会风气好转，经济建设、政治建设、文化建设、社会建设、生态文明建设和党的建设迈出新步伐。“十二五”规划确定的目标任务基本完成，为经济社会全面持续发展奠定坚实基础。

马天荣指出，决战决胜全面建成小康社会，要坚持目标导向、问题导向、创新导向、民生导向、实干导向，强化精准思维，从解决具体问题入手，扭住关键、精准发力，厚植优势、补齐短板，推动经济社会平稳健康发展。一要在供给侧结构性改革上精准发力，加快构建现代产业新体系。二要在深化改革、扩大开放上精准发力，拓展新空间、激发新动力。三要在推进上党城镇群建设上精准发力，着力提高城乡统筹发展水平。四要在脱贫摘帽上精准发力，举全市之力打赢脱贫攻坚战。五要在生态建设上精准发力，建设天蓝地绿水清气爽的美丽长治。六要在保障和改善民生上精准发力，让全市人民有更多获得感、幸福感。

席小军从八个方面对2016年全市经济工作作了全面部署。一要抓好传统产业升级。二要抓好新兴产业和服务业壮大。三要抓好重点项目建设。四要抓好“三个突破”。在科技创新方面、金融振兴方面、民营经济发展方面有突破性发展。五要抓好新型城镇化建设。六要抓好财政收入和居民增收。七要抓好安全生产和环境保护。八要抓好政府自身建设。

会议表决通过《关于停止马志鹏等35名同志执行长治市第十次党代表大会代表职务的决议》和《关于终止田志明等11人长治市第十次党代表大会代表资格的决议》。

【中共长治市委十届十次全体会议】 2016年9月19日下午，中共长治市委十届十次全体会议召开，研究通过市第十一次党代会提名的有关人选名单和文件。全会由市委常委会主持，市委书记席小军出席会议并讲话。省换届风气第八督导组组长、省委组织部副巡视员周晋华等应邀参会指导。

出席大会的市委委员应到39人，实到29人，候补委员7人，符合规定人数。

市委常委、组织部部长姚逊就长治市第十一次党代会提名的有关人选名单和文件作具体说明。会议表决通过长治市出席省党代会代表候选人初步人选建议名单；通过大会主席团建议名单；通过大会主席团常务委员会建议名单；通过大会各次全体会议主席团执行主席和主持人建议名单；通过大会秘书长建议名单；通过大会副秘书长建议名单；通过代表资格审查委员会建议名单；通过大会列席人员建议名单；通过《关于全市党费收缴、管理和使用情况的报告》。

席小军在讲话中指出，召开市第十一次党代会，是全市政治生活中的一件大事，是全市改革发展继往开来的一件盛事。2016年是省市县乡领导班子的换届之年，在省委督导组的精心指导下，在全市上下的共同努力下，县乡领导班子换届完成。

【中国共产党长治市第十一次代表大会】 2016年9月26日至28日，中国共产党长治市第十一次代表大会在潞州剧院召开。大会由市委副书记、市长卢建明主持。开幕会应到代表465名，实到代表457名，符合规定人数。省委换届风气第八督导组参加大会。

会上，市委书记席小军代表中共长治市第十届委员会向大会作题为《解放思想、敢做敢当、创新发展、奋发图强，为如期实现脱贫攻坚和全面建成小康社会目标而努力奋斗》的报告。席小军指出，这次大会的主题和指导思想是：高举中国特色社会主义伟大旗帜，深入学习贯彻习近平总书记系列重要讲话精神，按照中央“四个全面”战略布局，以五大发展理念为引领，落实省委“一个指引、两手硬”重大思路和要求，弘扬革命精神，加快经济结构调整、全力奋战脱贫攻坚、持续全面深化改革、推进从严治党，凝聚全市各级党组织、广大党员和人民群众的力量，解放思想、敢做敢当、创新发展、奋发图强，为把长治打造成为山西重要的增长极、如期实现脱贫攻坚和全面建成小康社会“两个目标”而努力奋斗。

9月28日上午，中国共产党长治市第十一次代表大会完成各项议程，在潞州剧院闭幕。当天上午，大会举行第三次全体会议。大会应到代表465名，实到460名，因事因病请假5名，符合规定人数。

会议以无记名投票方式，选举产生新一届市委委员53人，市委候补委员10人；选举产生新一届市纪律检查委员会委员33人。推选出长治市出席省第十一次党代会代表57人。会议表决通过十届市委和市纪委工作报告。席小军、卢建明、郭康锋、潘贤掌、梁克昌、姚逊、马彪、密国林、刘卓良、孙刘琳、吴小华当选中共长治市第十一届委员会常务委员会委员。席小军当选市委书记，卢建明、郭康锋当选市委副书记。

【中共长治市委召开全市领导干部大会】 2016年11月7日，中共长治市委召开全市领导干部大会，传达学习党的十八届六中全会、省第十一次党代会、省委十一届一次全会、省纪委十一届一次全会及省政府双月市长例会精神，安排部署当前重点工作。

席小军指出，学习宣传贯彻党的十八届六中全会精神和省第十一次党

2016年9月26日至28日，中国共产党长治市第十一次代表大会召开

代会精神，是当前和今后一个时期的重要政治任务。党的十八届六中全会专题研究全面从严治党重大问题，制定和修订《准则》《条例》，要求各级党组织要把信任激励同严格监督结合起来，促使党的领导干部做到有权必有责、有责要担当，用权受监督、失责必追究。全会确立习近平总书记在党中央、在全党的核心地位，强调党员干部要牢固树立“四个意识”，特别是核心意识、看齐意识，对于保证党和国家兴旺发达、长治久安具有十分重大而深远的意义。各级各部门要落实中央关于认真学习宣传党的十八届六中全会精神的通知要求，各级党委（党组）要分阶段分步骤、列出专题进行讨论、联系实际解决问题，在全市上下形成学习热潮，把党的十八届六中全会精神学好用好落实好。

席小军指出，省第十一次党代会报告是引领全省未来五年乃至更长一个时期各项事业发展的行动纲领。全面落实党代会精神，就是要求各级党员干部要以极大热情和如饥似渴的劲头自觉学习，调整自身状态、强化自身素质、打牢自身功底，尽快适应新发展带来的新要求、新理念、新举措；各级党委（党组）要开展集中高效学习，找准问题学、结合实际学，做到学有触动、学有提高；各级党委（党组）书记要制订学习计划，组织党员干部深入基层调研学、相互之间交流学、走出去对标学，做到学深、学细、学透、学活；各县委书记、乡镇书记、村支部书记、“第一书记”、驻村工作队长以及市直各部门党委（党组）书记要成为带头学、带领学、带头抓、带头干的模范，切实把学习成果转化为实践成效。全面落实党代会精神，就是要坚持以深化转型综改试验区建设为引领，推动经济转型升级，以改革来破解发展难题，依靠改革闯出发展新路。全面落实党代会精神，就是要唤起广大党员干部忠诚担当、干事创业的激情，殚精竭虑办好长治事情，努力打造山西重要增长极，扎实走好长治路径、交出长治答卷、扛起长治担当。

席小军强调，长治市政治清明、经济向好，全市上下砥砺奋进抓发展的强大合力正在集聚。各级各部门要变压力为动力，树立闯的魄力、抢的意识、争的劲头、拼的勇气，立更好更快发展之志、谋更好更快发展之策、鼓更好更快发展之劲、求更好更快发展之效，按照省委部署和市委“六大任务、六条措施”要求，坚持目标导向，突出工作重点，以时不我待、舍我其谁的干劲，持续发力、久久为功的韧劲，逢山开路、遇河架桥的闯劲，人一我十、人十我百的拼劲，矢志不渝，接力奋进，不折不扣确保各项部署要求落到实处，确保如期实现脱贫攻坚和全面建成小康社会目标。

【市委常委会扩大会议】 2016年1月5日，长治市委常委会召开扩大会议，传达学习全省经济工作会议和全省脱贫攻坚大会精神，研究长治市贯彻落实意见。会议指出，全省经济工作会议是山西省站在新的历史起点上，主动适应新常态，全面深化改革，推动“六大发展”，决胜全面小康的一次重要会议，为“十三五”经济社会发展开好局、起好步具有重要意义。会议强调，起跑决定后程，赢得“十三五”，开好局、起好步至关重要。要以全省经济工作会议精神为指导，统筹谋划，尽早安排，精心筹备市委十届八次全会暨全市经济工作会议，科学谋划长治市2016年经济工作。

1月17日，市委召开常委（扩大）会暨理论学习中心组会，传达学习中共中央总书记习近平在中央政治局“三严三实”专题民主生活会上的重要讲话和省委专门会议纪要精神。会议号召，全市党员干部强化政治意识、核心意识、大局意识、看齐意识、担当意识、廉洁意识，自觉在思想上政治上行动上与以习近平为总书记的党中央保持高度一致，开创长治市全面落实“六大发展”、务实推进“五五战略”、全面建成小康社会新局面。

2月22日，市委常委会召开扩大会议，传达学习贯彻省委举办的省管主要领导干部专题研讨班精神和省委书记王儒林重要讲话精神，安排部署长治市贯彻落实工作，并结合实际、以会代训，就五大发展理念、经济发展新常态、供给侧结构性改革、六大发展、全面从严治党等一些事关全局的重大理论和实践问题进行深入研讨，为开创弊革风清、富民强市新局面、如期全面建成小康社会凝聚共识、汇聚力量。

5月3日上午，市委常委会召开扩大会议，传达学习省委书记王儒林4月25日、26日在长治市调研期间的重要指示精神，研究部署长治市贯彻落实工作。市委书记马天荣主持会议。马天荣强调，要认真学习贯彻省委书记王儒林重要指示精神，进一步把思想和行动统一到省委部署要求上来，振奋精神、鼓足干劲，马上就办、真抓实干，推动“六权治本”、脱贫攻坚、“三个突破”等各项工作取得新进展新成效。

7月1日上午，市委召开常委（扩大）会议，传达贯彻全省领导干部会议精神，研究贯彻落实全省农村精神文明建设工作经验交流会议意见。会议传达中央组织部副部长姜信治宣布的中央决定：骆惠宁任山西省委委员、常委、书记，王儒林不再担任山西省委书记、常委、委员职务。

10月8日，市委常委会召开（扩大）会议，听取全市民营经济推进大会筹备情况汇报，原则通过《关于推进民营经济和实体经济发展的若干措施（征求意见稿）》《市政府设立民营经济发展基金的实施方案（征求意见稿）》，研究部署贯彻党代会精神和全年目标责任考核指标落实等当前重点工作。

10月27日晚，市委常委会召开

扩大会议，传达学习党的十八届六中全会精神和省委书记骆惠宁在省委常委会分析前三季度经济工作时的讲话精神，研究部署长治市贯彻落实意见。

【市委常委会会议】 2016年1月8日上午，长治市委常委会召开会议，传达学习李克强总理在山西调研考察时的重要讲话精神及省委书记王儒林的讲话精神，听取市委十届八次全会暨全市经济工作会议筹备情况汇报，研究讨论市委常委会在市委十届八次全会上的工作报告（讨论稿）及其他会议文件。

会上，马天荣传达李克强总理在山西调研考察时的重要讲话精神及省委书记王儒林的讲话精神。马天荣指出，李克强总理视察山西时，重点围绕传统产业提档升级、化解过剩产能，大力发展新兴产业、促进“双创”，传承弘扬晋商精神、重振山西雄风以及大力开展城中村、棚户区改造，着力解决民生基本问题等方面作出重要指示，全市各级各部门要立即行动起来，深入学习贯彻李克强在山西调研考察时的重要讲话精神及王儒林的重要讲话精神，切实把思想行动统一到中央、省委的部署要求上来，下定决心化解过剩产能，激发经济活力，振奋精神、攻坚克难，强化马上就办、真抓实干的优良作风，多措并举加快推进城中村、棚户区改造，切实解决民生基本问题，实现“十三五”良好开局。

2月4日，市委常委会召开会议，传达学习省“两会”、省纪委十届六次全会、全省组织部长会议、全省宣传部长会议、全省统战部长会议、省委政法工作会议等会议精神，研究长治市贯彻落实意见，研究市委书记抓基层党建工作专项述职点评意见整改工作。

2月29日，市委常委会召开会议，传达学习中共中央总书记习近平在党的新闻舆论工作座谈会上的重要讲话精神，传达学习全省换届工作会议和省委宣传部长专题会议精神，研究长治市贯彻落实意见。听取开发法显文化和佰和园企业发展有关情况汇报。

会议指出，新春伊始，中共中央总书记习近平到中央主要新闻媒体视察调研，主持召开党的新闻舆论工作座谈会并发表重要讲话，充分体现党中央对新闻舆论、意识形态及宣传思想工作的高度重视。全市各级党委特别是宣传部门，要学习领会习近平总书记重要讲话的精神实质和丰富内涵，履行好党的新闻舆论工作的职责使命，为全市改革发展提供有力的舆论支撑。

会议强调，各县市区要高度重视换届工作，贯彻落实全省换届工作会议精神，特别是省委书记王儒林重要讲话精神，切实把思想和行动统一到省委部署要求上来，增强大局意识，牢记责任担当，统一思想，明确目标，把握要求，强化措施，确保换届工作健康、顺利、圆满完成。

3月8日，市委常委会召开会议，传达贯彻全省农村工作会议精神，研究长治市贯彻落实意见，同意召开全市农村工作会议，并原则通过市委、市政府《关于贯彻落实2016年中央一号文件的实施方案（讨论稿）》；听取太焦客专初步设计评审情况汇报。

3月30日，市委书记马天荣主持召开市委常委会议，学习贯彻省纪委十届六次全会精神、省委书记王儒林和省委常委、省纪委书记黄晓薇重要讲话精神，传达学习中央和省委、省纪委通报精神，分析研判长治市正风反腐形势，按照省委、省纪委关于“加大谈话函询工作力度，教育引导有问题的党员干部相信组织、依靠组织、主动讲清问题”的部署要求，就积极实践“四种形态”，加大谈话函询工作力度，切实把纪律和规矩挺在前面，推进长治市正风反腐工作进行安排部署。会议通过《中共长治市委常委会2016年工作要点》。

5月24日下午，市委书记席小军主持召开市委常委会，传达学习全省脱贫攻坚推进大会精神，听取市党代会和“两会”筹备工作情况汇报，研究部署全市精准扶贫、“两学一做”等工作。席小军强调，“十三五”时期，是长治发展的黄金机遇期、改革攻坚期、脱贫决胜期，全市上下要围绕“四个全面”，突出“五大理念”，推进“六大发展”，确保如期实现脱贫攻坚、全面小康“两个目标”。

6月1日下午，市委书记席小军主持召开市委常委会议，讨论并原则通过拟提请市十三届人大六次会议审议的《长治市国民经济和社会发展第十三个五年规划纲要（草案）》《长治市2015年国民经济和社会发展计划执行情况与2016年国民经济和社会发展计划（草案）报告》，传达学习全国、全省党校工作和保密工作会议精神，研究组建市非公经济组织和社会组织工委，安排部署相关工作。

6月7日下午，市委书记席小军主持召开市委常委会议，讨论并原则通过拟提请市十三届人大六次会议审议的《政府工作报告（讨论稿）》和长治市2015年财政收支计划执行情况及2016年安排建议，讨论市人大常委会、市政协常委会工作报告，研究部署开展市县党委巡察工作有关事项等。

6月24日下午，市委常委会召开会议，听取长治市纪念中国共产党成立95周年大会筹备情况汇报，传达学习省委外事工作领导小组全体会议精神、全省学习贯彻习近平总书记安徽小岗村重要讲话精神深化农村改革现场推进会精神，研究部署长治市贯彻落实工作，安排部署开展全市环境保护大检查、做好各项保密工作等事项。

7月5日晚，市委常委会召开会议，专题学习习近平总书记在庆祝中国共产党成立95周年大会上的重要讲话精神，传达省委书记骆惠宁在沁和能源中村煤业公司透水事故现场重要讲话精神，安排部署长治市各领域安全工作。

7月30日上午，市委常委会召开会议，听取长治市建立联动协作机制加强“四风”问题监督的汇报，安排部署相关工作。

8月1日，市委常委会召开会议，传达学习省委书记骆惠宁在与新任县委书记集体谈话时讲话精神，研究长治市贯彻落实意见。市委书记席小军在主持会议时强调，全市各级各部门要认真学习、深入领会骆惠宁重要讲话精神，准确把握省委提出的一系列新部署、新要求，结合各地各部门实际，深化认识、深化措施、深化落实，切实把省委的部署要求转化为全市经济社会发展的动力。

8月9日，市委常委会召开会议，审议通过《中共长治市委关于加强人民政协民主监督的实施意见》。会议听取《中共长治市委关于加强人民政协民主监督的实施意见》（以下简称《意见》）起草情况的说明。《意见》明确人民政协民主监督的指导思想、基本原则、主要内容、主要形式、工作机制等，结合长治市实际，完善会议协商监督、提案监督、反映社情民意监督、视察监督、民主评议监督、民主监督员监督、专项监督、对口监督、协同监督、联动监督、联合监督和其他形式监督12种民主监督形式。

8月23日下午，市委书记席小军主持召开市委常委会议，研究讨论《中共长治市委关于选举出席中国共产党山西省第十一次代表大会代表工作方案》，听取中国共产党长治市第十一次代表大会筹备进展情况汇报。

9月13日下午，市委常委会召开会议，传达全省万名干部入企服务工作动员暨培训会议精神，研究部署长治市千名干部入企服务工作。会议认为，开展全省万名干部入企服务，是省委、省政府积极应对当前经济形势、加强经济工作的一项重大举措，对于有效落实政策措施、提振企业发展信心、促进经济企稳向好具有重要意义。各级各部门要切实把思想和行动统一到省委、省政府的决策部署上来，强化发展意识和服务意识，帮助企业解决发展难题，打通服务企业“最后一公里”，促进企业创新驱动和转型发展，巩固经济低位企稳回升态势，为推动全省经济稳步向好作出积极贡献。会议听取选派干部入企服务工作情况汇报，通过《长治市千名干部入企服务工作方案》。

10月17日下午，市委常委会召开会议，传达学习全省“学以致用，以用促学，把学习贯彻习近平总书记系列重要讲话精神引向深入”学习交流会议精神、全省干部驻村精准帮扶推进电视电话会议精神、全省党委秘书长会议精神和全省宗教工作会议精神，听取全市安全生产工作情况汇报，研究部署长治市贯彻落实工作。

11月21日下午，市委常委会召开会议，传达贯彻代省长楼阳生在长治市调研期间的重要指示精神，研究国道过境环线公路建设有关事宜，研究确定市四套班子领导包联县方案。

12月4日下午，市委常委会召开会议，学习贯彻全省开发区改革创新发展会议精神，研究部署长治市开发区改革创新发展工作、深入推进全市“五道五治”行动措施、迎接脱贫攻坚评估验收工作和市直单位办公用房统一调整事宜等。

12月15日下午，市委常委会召开会议，研究讨论《长治市党委（党组）领导班子“三重一大”事项决策办法》《关于开展换届后集中谈心谈话活动的意见》以及2017年市人大、市政府、市政协换届工作和市总工会换届工作有关事宜。

重要决策

【推进脱贫攻坚】 2016年，中共长治市委员会坚持把脱贫攻坚当做头等大事和第一民生工程，立足长治实际，确立“近抓就业、远抓产业”的工作思路，建立领导干部带头帮扶、机关单位包村帮扶、党员干部到户帮扶、工作队员驻村帮扶、第一书记任职帮扶“五帮联动”精准帮扶机制，实行市级四套班子领导带头驻村、市县扶贫信息平台对接、扶贫工作队工作微信群、集中观摩点评、驻县大队长月度点评、随机抽查突查、驻村干部“召回制”等一系列创新性、突破性办法，取得初步成效。2016年，103个异地扶贫搬迁集中安置点全面开工，69个竣工，产业扶贫完成投资19.46亿元，222个贫困村退出，56513名贫困人口实现脱贫。在国务院扶贫开发领导小组对2016年度脱贫攻坚工作随机抽取中，长治市平顺县总体情况排在全省所有抽查县的首位；长治市扶贫攻坚方面的工作两次在全省范围内交流。

重要活动

【开展“两学一做”学习教育活动】 2016年，中共长治市委员会组织全市11269个党组织、22.4万名党员开展“两学一做”学习教育。“两学一做”，基础在学，关键在做。学党章党规，就是要逐条逐句逐字学习《中国共产党章程》和《中国共产党廉洁自律准则》《中国共产党纪律处分条例》《中国共产党地方党委工作条例》《中国共产党党组工作条例》《党政领导干部选拔任用工作条例》等党内法规；学系列讲话，就是要原原本本认真学习《习近平总书记重要讲话文章选编（领导干部读本）》《习近平谈治国理政》和《习近平总书记系列重要讲话读本（2016年版）》。关键在做，就是要真正坚持把合格党员的标尺立起来，把做人做事的底线划出来，把党员的先锋形象树起来，认真践行“四讲四有”标准，自觉做合格党员。学习教育突出问题导向、体现长治特色，推行“学、讲、看、谈、联、做”的“六步工作法”，规范开展“四个专题”学习研讨。组织开展“学先进典型、讲身边故事、传递正能量”主题学习活动，举办“李培斌先进事迹报告会”，开展应知应会百题答卷，在市级媒体开辟党建专版，制作播放《党旗飘扬》栏目50多期。

【千名干部入企服务】 2016年，长治市开展“千名干部入企服务”，在山西省定帮扶270户规模以上企业的基础上又增加168户，市、县两级从主要部门选派干部1391人，组成465个入企服务工作小组深入企业服务。全市各级入企服务小组收集汇总问题1226个，解决1174个，解决率95.8%。

（靳彬彬）

（责任编辑：尚竹英）

组　织

【概述】 2016年，长治市委组织部贯彻党的十八大和十八届三中、四中、五中、六中全会精神，学习贯彻习近平总书记系列重要讲话精神，贯彻全国、全省组织部长会议精神，围绕“四个全面”战略布局和省委“一个指引、两手硬”重大思路和要求，统一思想行动，认真履行使命，凝聚发展力量，奋力攻坚克难，为如期实现脱贫攻坚、全面建设小康社会“两大目标”，提供坚强组织保证。全市有11269个党组织，22.4万名党员。

【学习教育活动】 2016年，长治市委组织部按照中央和省市委统一部署要求，组织全市11269个党组织，22.4万名党员开展“两学一做”学习教育。学习教育坚持突出领导带头，突出长治特色，突出严格要求，突出问题导向，突出制度建设，创新拓展“学、讲、看、谈、联、做”等“六步工作法”，实施“四对照四整改”，规范开展“四个专题”学习研讨，组织开展“学先进典型、讲身边故事、传递正能量”主题学习活动，举办“李培斌先进事迹报告会”，开展应知应会百题答卷，在市级媒体开辟党建专版，制作播放《党旗飘扬》栏目50多期，营造浓厚的学习教育氛围。

【党员队伍建设】 2016年，长治市委组织部贯彻发展党员《工作细则》，规范发展党员工作，优化党员队伍结构。开展党费专项检查。开展“百村调查”活动，推进远程教育终端站点IPTV改版升级，共安装完成2242个站点。以建设服务型党组织为依托，在全市党员中组织开展“党员承诺践诺”“党员联户”“结对帮扶”“党员先锋岗”、党员志愿服务等活动，建立党员密切联系群众长效机制，引领全市各领域党员立足岗位发挥先锋模范作用。

【基层党建工作】 2016年，长治市委组织部以创建“双强双优”为引领，开展党组织书记“联述联评联考”、基层党建工作绩效考核、党委书记党建工作示范点（示范项目）创建、软弱涣散党组织整顿、社区阵地建设、在职党员到社区报到服务等活动。着力抓好基层党建“七项重点任务”，推进非公企业和社会组织“两个覆盖”，坚持党建带工建、带团建、带妇建，不断拓展党建领域，全面加强各领域基层党建工作。长治市委组织部坚持把加强农村党建工作作为全面加强基层党组织建设的突破口，对312个软弱涣散村党组织，采取“1+5”包联机制、“三联帮建”“一村一策”整顿机制进行晋位升级。贯彻全省干部驻村帮扶推进会议精神和省市委关于脱贫攻坚的有关要求，引深“五帮联动”（坚持领导干部带头，机关单位包村，党员干部到户，工作队驻村，第一书记任职）工作机制，出台《长治市驻村帮扶干部管理办法（试行）》《长治市农村第一书记管理办法（试行）》，推行“四账”工作法，规范“五个一”管理办法。着力加强农村基层基础保障，提高农村“两委”主干报酬待遇，改善农村基层办公条件。实施村集体经济“破零工程”。组织开展纪念建党95周年活动，全市10名优秀共产党员、11名优秀党务工作者和18个先进基层党组织受到省委表彰。

【干部人事制度改革】 2016年，长治市委组织部贯彻执行《干部选拔任用条例》，按照好干部标准，旗帜鲜明地倡导和树立德才兼备、以德为先的选人用人导向，坚决整治选人用人上的不正之风。建立健全领导班子和领导干部定期分析研判制度，出台《中共长治市委关于重申加强领导班子建设有关具体规定的通知》《长治市党委（党组）领导班子“三重一大”事

2016年，长治市县处级以上党员干部观看“两学一做”专题警示教育片

（王超　供图）

项决策办法》，加强各级领导班子建设，强化纪律约束，规范权力运行。推行干部交流轮岗制度，出台《长治市乡科级领导干部轮岗交流办法》，实施“四个一批”年轻干部成长工程，促进年轻干部的快速成长。

【干部教育】 2016年，长治市委组织部以党的十八大和十八届三中、四中、五中、六中全会和习近平总书记系列讲话精神为重点，落实《长治市贯彻〈2010—2020年干部培训改革纲要〉实施意见》和《2013—2017年全市干部教育培训规划》要求，以习近平总书记系列重要讲话精神学习培训为重点，突出抓好中青班、处级领导干部理论培训班、领头雁培训班等主体班次的学习培训。全年共培训处级干部188人，科级干部82人；举办领头雁培训班300多期，培训两委干部18000余人；192个村党支部书记和69名扶贫工作队长接受扶贫知识学习；49名新任乡镇党委书记、94名乡镇组织委员、44名农村第一书记进行能力提升训练。借助“山西干部在线学院”网络教育平台，在全省首推“网上组班”模式，开展“送教下乡”，解放各级干部思想，提升素质。

【干部监督】 2016年，长治市委组织部探索干部监督工作新途径和新方法、有效杜绝和防止选人用人上的不正之风，提高选人用人公信度。全市1100名处级干部和57名省管干部全部报告年度个人有关事项，“领导干部个人事项表”审核工作和计算机录入工作全面完成。推行“一报告两评议”制度，做好对领导干部的经济责任审计、举报件查处、领导干部“带病提拔”倒查工作。在市县乡领导班子换届中，坚持“凡提四必”（讨论决定前，对拟提拔或进一步使用人选的干部档案必审、个人有关事项报告必核、纪检监察机关意见必听、线索具体的信访举报必查，坚决防止“带病提拔”）要求，严明“九个严禁、九个一律”纪律要求，运用“12380”电话、信访、网络、短信和市县两级督查组“五位一体”举报受理平台，营造良好的换届氛围。强化干部日常监督管理，加大提醒函询诫勉力度，严格出国政审程序，开展“一倒查六整治”活动，做好超职数干部消化工作，让从严要求贯穿到干部工作的全过程。

【市县乡领导班子换届】 2016年，长治市委组织部坚持压实党委主体责任、党委书记第一责任人责任、纪检机关第一监督责任、组织部门直接责任、人大政府政协党组及统战等部门统筹责任，坚持正确用人导向，坚持严格程序把关，坚持严肃换届纪律，坚持严格监督检查，完成市委、市纪委换届工作和全市13个县（市、区）委、人大、政府、政协换届工作。实现营造好氛围、绘好好蓝图、选好好干部、配出好班子、换出好面貌的“五好”目标。

【人才队伍建设】 2016年，长治市委组织部以推进人才发展体制机制改革为重点，实施人才强市战略，创新人才体制机制改革，加强人才工作宏观指导。起草《长治市关于深化人才发展体制机制改革实施意见》，修订完善《长治市引进高层次人才暂行办法》，研究制定《长治市特聘专家管理办法》。建立人才创新基地、人才基地、农村实用人才培训基地，完善人才工作制度体系，统筹推进各类人才队伍建设。坚持以事业吸引人才、以项目留住人才，以建立院士博士工作站破解引才难题。2016年，在山西德益科技有限公司建立博士工作站，在长治市久安人工心脏科技发展有限公司建立院士工作站。实施社会工作人才培训、农村实用技术人才培训和本土人才培养。在清华大学组织创新驱动与跨越发展研修班，在复旦大学组织深化人才发展体制机制改革专题培训班；组织平顺县、武乡县、壶关县、沁县、沁源县、黎城县6个贫困地区的30名农村实用人才外出培训；组织全市社工职业水平考前培训和全市骨干社工项目培训；组织振东集团、潞宝集团等22家企业参加2016年“山西人才智力交流大会”，统筹加强各类人才队伍建设。

【年度目标责任考核】 2016年，长治市委组织部制定2016年度目标责任考核实施办法，做好长治市2016年度目标责任考核“深化改革”工作指标。坚持日常考核与年终集中考核相结合、定性考核与定量考核相结合，强化过程考核，加强综合分析评判，处理好显绩与潜绩、当前政绩与长远政绩、个人努力与集体成绩的关系，客观公正地评价干部。坚持在一线发现考核干部，建立重点任务考核台账，把考核结果与干部培养使用挂钩，既解决“乱作为”问题，又解决“不作为”问题，把广大干部的主要精力凝聚到干事创业上来，形成能者上、庸者下的激励机制。

（王　超）

（责任编辑：王姝杰）

宣　传

【概述】 2016年，长治市宣传思想文化战线，贯彻落实党的十八大和十八届三中、四中、五中、六中全会精神，学习贯彻习近平总书记系列重要讲话精神和中央、省委、市委重大决策部署，围绕中心、服务大局，牢牢抓住“两个巩固”根本任务，忠诚担当、履职尽职，理论武装不断加强，舆论宣传扎实有效，核心价值观建设深化，文艺创作成果丰硕，文化改革发展深入推进，意识形态管理鲜明有力，各项工作都取得成效。紧扣中央治国理政新理念新思想新战略、省委“一个指引，两手硬”治晋理政总方略和市委市政府的中心工作，统筹各类媒体资源，组织开展学习贯彻习总书记系列重要讲话、十八届六中全会、省、市十一次党代会精神、“两学一做”专题教育、脱贫攻坚、城市建设、铁腕治污、“五道五治”、宣传“长治好人，上党公仆”等系列重点工作的战役式、跟进式宣传报道，唱响从严治党、改革发展稳定主旋律，为长治市打造山西重要增长极、脱贫攻坚、全面小康营造良好氛围。

【意识形态管理】 2016年，长治市落实党委（党组）意识形态工作责任制，把握意识形态工作领导权话语权。

制度建设。6月27日，中共长治市委办公厅印发《落实党委（党组）意识形态工作责任制实施意见》，成立以市委书记席小军为组长的市委意识形态工作领导小组，建立意识形态工作研判、报告、述职以及监督检查、考核和责任追究等制度，初步形成落实责任的制度体系。

阵地管理。组织起草《长治市进一步加强意识形态阵地管理的若干办法（意见稿）》，提出对包括新闻舆论阵地、网络媒体阵地、文化行政执法领域、社科类研究机构、思想文化类协会、党校、中小学校、哲学社会科学报告会、研讨会、论坛、讲座等在内的意识形态阵地的管理工作办法，开展对全市社科类讲座论坛、属地网站和新媒体、各类文艺院团和演艺场所等的摸底排查，并对这些场所实行活动情况季报告、年审批（备案）制度，组织开展网络净化行动和扫黄打非专项行动等，确保掌握意识形态工作主动权。

督查考核。9月，在全市各级党委（党组）中，开展意识形态工作责任制落实情况专项自查工作，督导意识形态工作责任制落实。全年全市没有发生意识形态责任事件。

【理论学习】 2016年，长治市结合“两学一做”学习教育，在全市开展以习近平总书记系列重要讲话精神为重点内容的理论学习活动。突出党委（党组）中心组的学习。加强中心组学习的规范化建设，4月29日，围绕学习贯彻“五大发展”理念等重要内容，市委宣传部下发《关于印发〈2016年度长治市委中心组理论学习计划〉的通知》，结合中心工作确定学习专题。指导各县市区、市直各单位党委（党组）中心组制订学习计划。结合“两学一做”专题教育，引深中心组系列重要讲话和党章党规学习，制定“两学一做”“四讲四有”专题研讨方案。10月15日，长治市委中心组学习经验《以“三个进一步”抓好讲话学习，努力打造思想理论武装“示范班”》，在省委召开的“学以致用、以用促学，把学习贯彻习近平总书记系列重要讲话精神引向深入”学习交流会上做书面交流。

【理论宣传】 2016年，长治市委宣传部门强化基层宣讲，中央、省、市重要会议精神和重大决策部署覆盖城乡基层。11月21至22日，组织全市干部群众700余人次参加省委十八届六中全会和省第十一次党代会精神宣讲团在长治市举办的两场宣讲报告会；市委宣讲团成员分赴各县市区和各工委等地开展为期5天的集中宣讲，共宣讲32场次，听众近1万余人。各县（市区）纷纷组建宣讲团开展宣讲活动，宣讲报告会近200场次，实现理论宣讲全覆盖。长治市理论宣讲“五统筹”即统筹宣讲内容、统筹宣讲对象、统筹宣讲队伍、统筹宣讲方法、统筹宣讲载体的做法，受到省委宣传部肯定。市委老干部宣讲团被中宣部表彰为全省唯一的“全国基层理论宣讲先进集体”。

【传统媒体和新兴媒体融合发展】 2016年4月7日，长治市委、市政府办公厅印发《关于推动传统媒体和新兴媒体融合发展的实施意见》。5月，《长治日报》、市广播电视台组织考察团队赴山东日照、湖南长沙等先进地区考察借鉴先进经验，推进传统媒体与新兴媒体融合发展。2016年，长治广播电视台开通7个微信公众平台，“长治交通广播”微信公众平台，用户达到6万人，长治日报社成立融媒体中心，启用全媒体中央控制室，构建起平面媒体、网络媒体、移动媒体全覆盖的传播格局。

【对外宣传】 2016年，长治市全方位对外宣传长治经济政治文化社会生态文明建设的新成就新变化。紧扣讲好长治故事，新闻外宣担纲，在省级以上党报和新闻网站发稿1500多篇，《山西长治发力先进装备》等一批稿件登上人民日报等大报大台大网。5月，在全省旅游发展大会《人说山西好风光》电视竞演上，市长席小军的推介词“北方的南方，南方的北方”叫响全国。9月，组织开展“中国民航带您看山西”长治文化旅游宣传报道活动，中央媒体聚焦黎城太行红山采风，“风光长治、人文长治、转型长治、品牌长治”形象树立和闪亮起来。市豫剧团参加中国豫剧优秀剧目展演月活动，大型襄垣秧歌剧《法显》在北京梅兰芳大剧院登台亮相，沁源小戏《重生》唱响北京，传播“长治声音”。经贸外宣强劲，5月，借助第十二届中国（深圳）文博会，长治市组织策划15分钟的形象宣传片和3000份的外宣折页，展示长治神话之乡、红色之地、曲艺名城、文明城市的特色内涵和文化魅力。10月15日至20日，借助2016第二届长治制造展销推介周，加强沟通与协调，数十家国家、省级各类媒体记者齐聚长治，报道此次活动，让更多的“长治制造”走向全国、走向世界。

【新闻发布规范化】 2016年，长治市出台《关于长治市进一步加强信息发布和政策解读工作的实施意见》，规范全市媒体新闻报道工作，明确信息发布和政策解读职责，完善新闻发布工作的快速反应和应急协调机制。进一步加强全市新闻发布队伍建设，对全市各县（市、区）委、政府和市直66个部门设立和调整新闻发言人，发言人队伍总数达到189人。

【网络管理】2016年，长治市出台管理办法，落实网站管理主体责任；在全市组织开展政务（企业）网站、新媒体公众信息服务业务备案登记工作和互联网基础资源清查整顿工作，达到“摸清底数”目标。组织开展“清朗”“扫黄打非”等9次专项整治行动，网络环境得到净化，累计向中央网信办举报政治类有害信息48001条，位居全省各市第一。强化管控，确保网络信息安全，出台方案，实施“网络内容建设工程”，推动长治市网络文化发展步入“快车道”；制定下发《关于进一步加强网络宣传和评论工作的意见》《关于进一步加强管理制止虚假新闻的通知》《关于加强跟贴评论管理工作的通知》和《关于进一步规范网站转载行为的通知》等4个规范性文件，推动市内网上信息传播秩序趋于规范；邀请国家、省专家，举办培训班，提高全市从业人员业务技能。

【核心价值观培育取得新成效】2016年，长治市宣传教育工作围绕社会主义核心价值观建设，一是加强主题宣传教育，开展培育和践行社会主义核心价值观“十大行动”，深化“讲文明、树新风”“图说我们的价值观”等公益广告的创作刊播工作，抓住新闻媒体、社会媒介两大载体，营造“讲文明、树新风”公益广告和“图说我们的价值观”无处不在、无时不有的生活场景，普及主流价值，传播文明理念。开展法治宣传教育，城区、沁源被中宣部等3部委评为全国法治宣传教育先进集体。二是开展中国特色社会主义、中国梦的宣传教育，围绕学习贯彻市委十届八次全会、省、市十一次党代会精神，开展“回顾十二五”、展望“十三五”宣传教育，组织举办解读“十三五”新闻发布会、电视专题访谈、“脱贫攻坚、决战太行”图片展、系列新闻报道、理论宣讲等形式的学习宣传活动，增强全市人民脱贫攻坚、全面小康的决心和信心。三是弘扬革命精神，教育广大党员干部不忘初心，继续前进。围绕纪念建党95周年、红军长征胜利80周年，组织开展“党旗辉耀上党”“迎国庆感党恩”主题书画图片展、文艺精品展演、演讲征文、故事汇、知识竞赛、楹联诗词征集展示、座谈会等群众性主题教育活动；组织干部群众和学生就近就地到革命遗址遗物重温入党入团入队誓词等活动，开展“学党史、感恩党、跟党走”学习教育等；加强爱国主义教育基地建设，出台《长治市加强博物馆、陈列馆、展览馆意识形态工作管理办法（试行）》，对屯留岗上村“抗大一分校旧址”进行提升改造。举办第六届八路军文化旅游节等活动。武乡县李峪村“礼敬中华文化、弘扬红色文化、培育向上向善向廉精神力量和社会风尚”的做法，受到中央政治局委员、中宣部部长刘奇葆高度评价，新华社、人民日报、中央电视台等6家中央媒体集中宣传报道。四是加强好人品牌打造，开展道德模范、“长治好人，上党公仆”选树、学习宣传活动，组织开展全市新闻战线走基层、转作风、改文风“群众身边的好人好事”大型采访活动，开展全市“榜样的力量——长治好人上党公仆”演讲大赛和巡回演讲活动，举办“长治好人颂”全市首届曲艺大赛，隆重举行“追随你前行——2016年感动长治人物颁奖典礼”，以文艺的力量弘扬“上党公仆”“长治好人”的高尚品德和崇高精神，形成崇德向善、见贤思齐的浓厚氛围，激发全市干部群众干事创业的发展信心。全市挖掘选树“长治好人，上党公仆”近两千人，全年全市2人当选“中国好人”、4人入选山西好人、13人被评为长治市第五届道德模范。《光明日报》在头版以《长治把好人当作名片》为标题报道长治市经验做法。

2016年12月2日至12月20日，由市委宣传部主办的“榜样的力量——长治好人上党公仆”巡回演讲活动在长治市各县市区举行

【文明创建工作】2016年，长治市以培育和践行社会主义核心价值观为根本，深化群众性精神文明创建活动，加强思想道德建设、提高市民素质和社会文明程度，各项工作取得长足发展。

深化文明城市创建，辐射带动社会文明程度整体提升。围绕巩固文明城市创建成果，打造优美环境、优良秩序、优质服务，着力提升城市环境质量和市民生活质量，推动兴起新一轮文明城市创建热潮。12月初，长治市通过中央文明办组织的年度测评。

深化文明村镇创建，促进农村乡风民风、人居环境、文化生活美起来。推进全市农村“一约四会一墙两榜”（村规民约；村民议事会、道德评议会、红白理事会、禁赌禁毒会；核心价值观文化墙；“善行义举榜”和“当代乡贤榜”）全覆盖，树起勤劳节俭、移风易俗新风正气。组织开展首届长治市“当代乡贤”评选表彰活动，评出市级“当代乡贤”125名，县乡村三级“当代乡贤”1000多名，见贤思齐、崇德向善在全市农村蔚然成风。实施“送戏下乡、传承文明”工程，市直5个文艺院团为市级以上文明村和道德模范所在村送戏下乡478场，强化道德感召力、向心力。在6月23日召开的全省农村精神文明建设工作经验交流会上，长治市6个经验在大会作交流，是全省经验交流最多的市，潞城市《坚持“六化”并举打造美丽乡村》的经验做法还在中央文明办《精神文明建设》简报刊发。全市涌现出全国文明村镇16个、山西省文明村镇83个、市县两级文明村镇810个，占全市村镇总数的四分之一。

深化文明单位创建，激发文明创建的基层基础活力。抓示范带动，组织窗口服务行业，开展“创文明行业，树文明新风”活动，引领和形成良好社会风尚。实施典型引领，组织市级以上文明单位开展“十带头”引领行动，培育和形成崇德向善、见贤思齐、德行上党的良好社会风尚。组织326个市级以上文明单位，开展结对帮扶贫困村活动，推动各级文明单位履行社会责任，当好脱贫攻坚主力军。全市涌现出全国文明单位15个、山西省文明单位标兵25个、山西省文明单位68个。

推进志愿服务制度化，推动形成我为人人、人人为我的社会风尚。截至2016年年底，市区共设立社区志愿服务工作站55个，有注册党员志愿者4000多名、注册巾帼志愿者1万多人、注册工人志愿者9万多人、注册青年志愿者1万多名、注册社区志愿者2万名。发挥文明委、文明办的牵头抓总作用，组织开展广覆盖、多形式的志愿服务活动，推动志愿服务做到基层做进社区做进家庭。2016年，长治市1人、一个项目被评为2016年全国志愿服务“四个100”先进典型。12月，潞城市安全公益宣教基地实施的“童安工程”被团中央、中央文明办等部门表彰为“第三届中国青年志愿服务项目大赛”银奖。

深化未成年人思想道德建设，推进立德树人。按照“勤学、修德、明辨、笃实”的要求，开展社会主义核心价值观“进教材、进课堂、进头脑、落实到行动上”的“三进一落实”主题教育实践活动，在重要时间节点，组织广大未成年人开展“我的中国梦”主题教育实践活动，编写面向未成年人的社会主义核心价值观校本教材、感恩读本、立德童谣，发挥学校报刊、广播电视、图书馆、校园书店、校园网站以及校园微博微信的积极作用，初步构建课堂教育、班团队会、社会实践、校园文化多位一体的育人平台。开展净化网吧、网络、荧屏声频、出版物市场和校园周边环境专项治理。长治市3名学生入选全省美德少年事迹展示，两人当选全省首届十大“最美孝心少年”。8月1日，中国文明网“庆祝中国共产党成立95周年童心向党歌咏活动”栏目，展播由长治市录制的节目《祖国在我心窝里》《祝福你亲爱的祖国》《美丽的中国美丽的梦》《共圆中国梦》。长治市继续保持全国未成年人思想道德建设先进市称号。

【文化精品创作】 2016年，长治市贯彻落实习近平总书记文艺思想，做精文艺创作，立足长治市历史文化资源优势，创作出一批接地气、深受群众喜爱的精品力作。围绕选树、宣传“长治好人，上党公仆”主题，创作上党曲艺、小戏剧本48部；现代戏上党梆子《潇洒走一回》等3部作品获得省重点扶持项目；豫剧《吴琠晋京》等两部获山西省第十一届精神文明建设“五个一”工程奖；《山西面食》等4部曲艺作品和《回望海棠》等4部文学作品获牡丹奖等全国奖项；小戏《呼唤》获得第七届全国小戏小品曲艺大赛优秀作品金奖。承办第九届中国曲艺牡丹奖全国曲艺大赛，长治市委宣传部被中国曲协授予“突出贡献单位”称号。

【公共文化服务】 2016年，长治市委市政府制定出台《关于提高公共文化服务水平的实施意见》，推进全市公共文化服务的标准化、均等化和基层文化基础设施建设。全市全覆盖的乡镇综合文化站、村文化活动室的管理和服务水平实现新高，乡镇文化站做到月月有活动，周周有节目。全市县级文化馆100%达国家标准，国家一级文化馆5个、省级文化强县4个，均位居全省第一。22个贫困村的综合文化服务中心示范工程建设见成效；开展公益电影放映、上党文化大讲堂、周末大剧院、送戏下乡等文化惠民工程，“上党文化大讲堂”，全年共举办17期，直接听众近5000人次，通过电视录播，在全市实现全覆盖。全年农村放映公益电影41400场次、送戏下乡550场、流动图书车进社区服务活动380车次、办理借书证1000多个、服务读者2万人次、“周末大剧院”为市民免费演出50余场次；完成对全市245所农村寄宿制学校2205场的免费电影放映任务。推进非物质文化遗产保护工程，举办长治市首批22个非遗保护成果展示活动，向市级100名非遗代表传承人首次发放补助资金，对全市40个乡村文化记忆工程配备保护设施开展保护试点工作。

长治市保持国家公共文化服务体系示范区称号，连续7年获全省公共文化服务体系绩效考核第一名。

【文化体制改革与文化产业发展】 2016年，长治市按照市委文化体制改革领导小组的部署，有序推进文化体制改革各项工作，媒体融合等改革项目取得成效。通过精心组织举办节庆活动、组织文化企业参加国家及区域性文化产品博览会、加大文化产品宣传推介力度等，全市文化产业招商引资成效明显，投资25亿元的大型综合游乐项目在深圳文博会上签约。武乡八路军文化园区、天空之城文化创意园区等一批重点文化企业带动长治文化产业快速发展。“万象文化产业园”项目成为长治市文化产业新地标。2016年，长治市文化产业增加值达到23.90亿元，比上年增长7.5%。文化产业增加值占全市GDP的比重为2.00%，比上年提高0.33个百分点，位居全省第四名。

【讲师团工作】 2016年，长治市委讲师团组织、服务市委中心组学习31次；落实市县中心组学习情况通报制度，各县（市、区）党委中心组集中学习都在28次以上；拓宽理论宣讲覆盖面，全年组织开展理论宣讲50余场。

服务市委中心组学习。2016年，长治市委中心组狠抓学风建设，大兴求真务实之风，强化“龙头”示范作用，市委中心组“五学”经验《以“三个进一步”抓好讲话学习，努力打造思想理论武装“示范班”》在省委“以学致用，以用促学，把学习贯彻习近平系列重要讲话精神引向深入”学习交流会上作重点交流。

市委讲师团切实履行服务市委中心组学习职责，为市委中心组学习提供学习辅导，全年市委讲师团领导为市委中心组学习进行“党委会的工作方法”等专题辅导。根据学习需要，为市委中心组成员征订购买《学习活页文选》《法治热点面对面》《习近平总书记系列重要讲话读本（2016版）》《中国共产党章程》《〈关于新形势下党内政治生活的若干准则〉〈中国共产党党内监督条例〉》辅导读本等书籍，完成市委中心组理论学习的目标任务。

开展理论宣讲。市委讲师团精心组织，统一协调，确保党的十八届六中全会精神宣讲工作顺利进行。11月21日至22日，组织省委宣讲团“长治市宣讲党的十八届六中全会和省第十一次党代会精神”报告会。2016年12月5日至12日，组织“长治市党的十八届六中全会精神和省第十一次党代会精神宣讲团”成员分赴各县市区和各工委等地开展集中宣讲32场次，听众近1万余人。

送理论下基层活动。2016年，市委讲师团围绕学习贯彻习近平总书记系列重要讲话精神，以全市开展的“两学一做”学习教育、“七一”讲话精神、市委十届八次全会精神、市十一次党代会精神等重要内容和干部群众关注的社会热点难点疑点焦点问题，组织理论骨干分别深入武乡县、平顺县、城区、郊区以及市文联、市发改委、卫计委、212地质队、市政务大厅、市水利局、市消防支队、市中研所、市二院、城区教育局、城区二中、城区各街道办、市建设银行等市直单位进行了30多场理论宣讲，直接受教育人数6000余人次，扩大理论宣讲的覆盖面，推动党的创新理论走向大众、走向基层。2016年，市委讲师团课题组撰写调研文章《基层理论宣讲工作创新也要有“供给侧改革”》。

编写理论读物。2016年，市委讲师团组织编写理论读物和系列学习资料，满足广大党员干部群众理论学习需求。与市委宣传部共同编辑出版《党委中心组学习》6期50多万字15000余册，发放到全市各级党委（党组）中心组及市直有关单位和理论工作者。内容突出“十三五”规划、“两学一做”学习教育、“市第十一次党代会精神”“党的十八届六中全会精神和省第十一次党代会精神”等，具有较强的理论性和指导性。编印习近平总书记《关于理想信念和党性教育重要论述摘编》《习近平总书记关于锤炼品格加强道德修养的重要论述摘编》《党的十八届六中全会学习资料汇编》，为党员领导干部提供学习资料。

宜学长治·上党文化大讲堂。2016年，市委讲师团努力做好上党文化大讲堂组织协调工作，推进“宜学长治”建设向纵深推进。全年举办上党文化大讲堂17期。充实大讲堂师资力量，把政治素质高、业务能力强的知名专家学者以及热心文化公益传播的志愿者和基层优秀文化工作者，纳入大讲堂师资库。到2016年年底，师资库有近百名专家学者。

（李树进　郭晓红）
（责任编辑：尚竹英）

统一战线

【概述】 2016年，中共长治市委统一战线工作部（以下简称长治市委统战部）贯彻党的十八大和十八届三中、四中、五中、六中全会精神，以习近平总书记系列重要讲话精神为指引，以贯彻落实中央和省委、市委关于统一战线一系列重大决策部署为主线，按照省委“一个指引、两手硬”重大思路和要求，围绕全市工作大局，凝心聚力，改革创新，圆满完成全年目标任务，为把长治打造成全省重要增长极、如期实现“两个目标”作出应有的贡献。

【贯彻落实统一战线系列重大决策部署】 2016年，长治市委成立以市委书记为组长的统一战线工作领导小组，各县（市区）也都成立以县（市区）委书记为组长的统战工作领导小组；市、县两级党委率先落实“三个带头”“四个纳入”，形成上下联动、各方协同的“大统战”工作格局。实现13个县（市、区）委统战部部长进常委“全覆盖”。健全与市委组织部的联席会议制度。推动全市各级党组织全部设置专兼职统战委员，增强统战工作力量。2016年10月，省委开展关于贯彻落实统一战线系列重大决策部署情况的专项督查调研。

【民主党派工作】 2016年，长治市委统战部规范政党协商，制定下发《长治市加强政党协商的实施意见》《年度政党协商计划》，协助市委、市政府开展会议协商、约谈协商等共10次，就“十三五”规划建议、《政府工作报告》等通报情况、征求意见；推动参政议政，长治市两会期间，各民主党派、工商联和无党派人士共提出人大议案3件、政协团体提案113件、个人提案106件、社情民意300多条，全年开展各类调研活动23次；完成党派换届，制定出台《协助各民主党派做好换届工作的实施意见》，成立协助民主党派换届工作领导组，协助指导6个民主党派市委会按时完成换届工作，实现民主党派市级组织领导班子的新老交替、政治交接。

【民族宗教工作】 2016年，长治市委统战部开展民族团结进步创建活动，帮助少数民族聚居村制定和实施“十三五”脱贫规划，光伏扶贫项目初步落地。推进“少数民族流动人口服务管理体系建设试点城市”建设，改善瓦窑沟社区、参府社区等少数民族流动人口较多的街道（社区）少数民族流动人口服务站综合条件，帮助解决少数民族流动人口的居住、就业、就医、子女教育、社会保障等问题；加强清真食品监管，定期组织清真食品管理监督员开展监督检查，保障少数民族群众的合法权益。加强对宗教工作的组织领导，调整、充实市县两级宗教工作领导组，健全由19个职能部门组成的工作联动机制和联席会议制度。健全县、乡、村三级宗教工作网络和乡、村两级责任制。引导和支持宗教界代表人士队伍和宗教团体建设，开展“和谐寺观教堂”创建活动，支持和指导佛教、基督教举办讲经交流，伊斯兰教开展古兰经和“新编卧尔兹”演讲活动。广泛团结凝聚信教群众，在宗教界代表人士中广泛开展“一岗双责”活动。帮助宗教界和信教群众解决一批实际困难。用法治化方式解决宗教领域重点难点问题。开展“宗教政策法律法规宣传月”活动，佛道教专项综合治理、依法规范伊斯兰教非法诵经和零散朝觐活动、天主教地下势力教育转化，取缔基督教私设聚会点等工作取得新成效。

【非公有制经济领域统战工作】 2016年，长治市委统战部推动民营经济突破发展。对全市民营经济开展大调研，形成《关于加快我市民营经济发展的建议》等一批调研成果。着眼构建“亲”“清”新型政商关系，会同中小企业局深入开展“重点民营企业大走访”“民营经济待批项目大起底”活动，收集问题226个，解决问题112个；受理民营经济待批项目409个、办结140项，帮助48户民营企业办结土地手续和房屋产权登记手续。推动市县两级开展“银税”合作，促成58户小微企业办理贷款71笔，贷款额3.89亿元。做好非公有制经济人士工作，把握“两个健康”工作主题，开展以“守法诚信、坚定信心”为重点的理想信念教育实践活动，下发《关于贯彻落实省委〈重塑山西民营企业家队伍形象的意见〉的实施意见》，教育引导非公有制经济人士守法诚信经营、履行社会责任。与市委组织部等15家单位联合下发《转发〈关于加强和改进非公有制经济代表人士综合评价工作的意见〉的通知》，对非公有制经济代表人士的考核、管理和监督得到加强。依照《长治市民营企业“百企帮百村——精准到户”扶贫行动实施办法》，指导和推动非公有制经济人士参与精准扶贫事业，累计投资20.74亿元、实施各类项目55个、带动脱贫9000多人。2016年10月，组织驻市省光彩会理事参与“山西省光彩事业促进会五届二次理事会议暨山西省光彩事业中阳行”活动，期间捐赠400万元，占到捐赠总金额的五分之一。

【党外知识分子和港澳台及海外统战工作】 2016年，长治市委统战部在党外知识分子工作方面，深入摸底调研，把全市新媒体从业人员、注册会计师（资产评估师）和律师中的代表人士纳入统战工作。启动新的社会阶层代表人士联谊会筹备工作，扩大统战工作覆盖面。在港澳台海外统战工作方面，对全市400余名归国留学人员摸底建档，推动成立“长治市海外归国留学人员协会”。通过省委统战部、省海联会争取澳门霍英东基金会资金50万元援建壶关县新农村卫生室10所。

【党外代表人士和党外干部工作】 2016年，长治市委统战部在发现储备方面，把党外代表人士后备队伍建设纳入全市人才和干部队伍建设总体规划，从新的社会阶层人士、出国和归国留学人员等领域发现党外人才。在教育培养方面，落实中央《2010年—2020年党外代表人士教育培训改革和发展纲要》要求，举办党外处级领导干部培训班和党外科级干部培训班。在使用安排方面，在市县党委换届中，调整安排25名党外干部，其中新提拔副处以上干部达到16名。按照省委统战部工作要求，选配3名优秀党外干部担任乡（镇、街道）行政正职。在日常管理方面，完善市县两级党外代表人士队伍信息库，并与市委组织部共同加强与党外干部所在单位、所属党派的情况沟通和工作协调，党外代表人士日常管理合力得到加强。在主题活动方面，在全市党外代表人士中广泛开展以“学习讲话、学习作风、跟党奋进”为主题的“双学一跟”活动，分领域、分层次开展各具特色的主题实践，组织统战成员深入学习贯彻习近平总书记系列重要讲话和十八届六中全会精神，学习贯彻《中国共产党统一战线工作条例（试行）》和中央系列决策部署，学习贯彻省委、市委重要会议精神，教育引导坚定理想信念，增进政治共识，增强与党同心、跟党奋进的思想行动自觉，统一战线共同思想政治基础得到巩固。

【天主教祝圣活动】 2016年11月10日，长治市委统战部在中央统战部、国家宗教局、中国天主教“一会一团”及省统战、宗教部门的指导和市委、市政府的领导下，与全市42个部门单位及相关县（市区）的整体联动、过细工作，完成天主教长治教区助理主教祝圣典礼（代号“1110”活动）。省内外有关教区190余位神甫、修士、修女和1400多名教友参加祝圣活动，中国天主教“一会一团”有关负责人到现场祝贺，中央统战部、国家宗教局、省市统战、宗教部门有关负责人受邀观礼。

【新媒体代表人士培训】 2016年4月8日，长治市委统战部吸收全市51家新媒体优秀人才中的党外人士，在全省首家成立新媒体党外代表人士联谊会。举办长治市第一届新媒体党外代表人士培训班。

【统战宣传、调研、信息“三项工作”】 2016年，长治市的统战理论政策研究工作连续两年蝉联全省第一、统战宣传工作跃升至全省第二、统战信息工作连续六年保持全省第二，分别被省委统战部表彰为全省统战理论政策研究、统战宣传与信息工作先进单位，“三项工作”继续位居全省前茅。

（赵　晶）

（责任编辑：李杨涛）

政策研究

【全面深化改革】 2016年，根据长治市委全面深化改革领导小组部署，市委政研室（改革办）在编制及人员未变动的情况下，整合各科室力量，推进政研工作和全面深化改革工作的融合发展，统筹协调各专项小组制定并下发《2016年改革工作要点》和各专项小组工作方案和工作计划，落实责任，发挥各专项小组的职能作用。组织召开5次市委全面深化改革领导小组会议，审议通过改革事项18项，推动全市全面深化改革工作的顺利进行；加强各项工作的督促检查，全年督察调研2次；结合政研室工作实际和全面深化改革的任务要求，重点研究全面深化改革的难点、热点、焦点问题，把推进改革作为主责主业，对改革任务清单进行大起底，梳理改革任务清单156项，其中，中央层面68项，省级层面41项，市级层面47项；10月15日后，着手推动“我为改革提建议”活动，截至年底，共收到改革建议27000余条，经过筛选优化，进入建议评选和线上点评阶段。

【调查研究工作】 2016年，市委政研室（改革办）围绕市委中心工作，着眼于推进全面深化改革，就事关全市经济、政治、文化、社会、生态、党建等重大问题，开展调查研究工作，概括起来主要是“四个围绕”：一是围绕中心工作开展调研，开展关于增强“四个意识”专题调研，形成调研文稿报省委党建研究室；二是围绕省委部署开展调研，配合完成甲醇汽车发展现状、农村工作等专题调研，形成调研报告报省委政研室；三是围绕深化改革开展调研，于8月在全市开展改革工作专题调研，梳理出97个改革工作中存在的突出问题，形成《长治市改革任务清单》；四是围绕市委书记席小军批示开展调研，为认真落实席小军批示涉及的16项改革事项，组织有关部门组成调研组开展专题调研，形成10个改革文件。按照市委市政府部署，组成政策研究组，对全市“五道五治”工作开展调查研究。全年配合省委政研室开展调查研究工作，为全省重大决策和重大部署提供基础性资料，扩大成果转化渠道，向省委政研室报送优秀调研成果，服务全市中心工作。

【信息辅政工作】 2016年，长治市委政研室（改革办）着眼于提高信息服务质量，增强决策信息辅政效能，提高办刊质量与水平。由市委市政府主办、市委政研室（改革办）承办的机关综合性刊物《创新》杂志出版12期，每期发行量增至5000册，在同级地市中一直处于领先地位。在全国城市党刊研究会第24届年会中，《创新》被评为“全国城市十佳党刊”。全年编发《长治改革信息》60期，完善改革信息网络建设。利用《创新》《长治改革信息》等信息服务的载体与平台，为市委领导的科学决策提供信息服务。

（王　峰）

（责任编辑：张　洁）

机构编制

【概述】 2016年，长治市机构编制委员会办公室（以下简称市编办）围绕长治市委、市政府的中心工作，带领市、县两级编办系统以习近平总书记系列重要讲话精神为指导，贯彻党的十八大及十八届三中、四中、五中、六中全会精神，主动适应和服务经济社会发展新常态，以推行权责清单制度、深化行政审批制度改革为抓手，统筹推进重点领域体制改革，做好事业单位分类改革工作，严格控制并优化配置机构编制，为全市经济社会发展提供体制机制保障。

【推行权责清单制度】 2016年1月，长治市编办下发《长治市政府部门权力清单动态管理办法》，将市本级权力清单和责任清单全部对外公开。为及时了解和掌握权责清单动态变动情况，加强动态管理，市编办分别下发《关于跟踪法律法规变动调整行政职权等事项的通知》和《关于落实对接中央指定地方实施行政许可事项清单的通知》，要求各部门根据最新变动情况，动态调整权责清单。

【行政审批制度改革】 2016年，长治市精减行政审批事项，取消中央指定地方实施的行政审批事项64项，清理规范行政审批中介服务事项26项，取消职业资格许可认定事项3项。加快编制行政审批中介服务事项清单，下发《关于报送市直部门行政审批中介服务的通知》和《关于重新申报审核行政审批中介服务事项的通知》，对容易混淆的问题详细进行区分，对保留事项的认定标准进一步做了规范。在改革过程中，重视加强事中事后监管，下发《关于全面深化行政审批制度改革加强事中事后监管的实施意见》，试推行事中事后监管清单制度，在控编减编督查方案基础上，细化行政审批制度改革和权责清单工作督查办法，设定3大类16小项督查指标，强化专项督查，做好控编减编中有关审改的督查工作。

【重点领域体制改革】 2016年，根据中央、省委关于建立巡察工作机构的意见，长治市编办经过多次研究，报送市委常委会议研究并报请山西省编办批准，设立正县级建制的市委巡察办，核定行政编制8名，领导职数1正2副；设立5个巡察组，每个组核定行政编制2名，所需行政编制在市本级范围内共调整解决18名。依据长治市拥有部分地方立法权的权力，为市人大增设长治市人民代表大会法制委员会，相应的增加内设机构和人员编制，保证长治市立法工作的正常开展。理顺长治市金融机构的设置，根据长治市金融融资工作的发展状况，为市金融事务服务中心调整增加6名事业编制并报请山西省编办升格为副县级建制。根据山西省出台的《关于深化市县行政执法体制改革推进市县综合行政执法的指导意见》，开展以市场监管领域为重点的综合行政执法体制改革工作。

在司法体制改革领域，按照山西省编办总体要求，市编办对涉及司法体制改革单位的编制、内设机构、领导职数进行合理调整。对市县两级扶贫开发工作的编制和内设机构进行合理调整，为5个县（市、区）设立扶贫开发机构，各核定编制8名；为贫困县的乡镇成立扶贫工作站，各核定编制2至3名。

【事业单位分类改革】 2016年，长治市编办对全市555个事业单位分类意见进行讨论审定，向组织、人社、财政等部门发出《长治市直事业单位分类批复征求意见函》，形成事业单位分类批复工作协调配合机制。经过反复论证，科学合理分类，得到市编委会、市事业单位改革领导组会议的一致通过。

【控编减编】 2016年，长治市编办到沁县、沁源县、武乡县、襄垣县开展机构编制核查，同组织、人社部门联合开展“吃空饷”问题专项清理行动，针对核查过程中发现的问题，面对面纠正，手把手帮教，通过限期整改、回头看等方式督促解决问题，促进工作的落实，维护机构编制纪律的严肃性。做好日常业务工作，为全市调动、招录、军转、退伍安置、退休、调离、死亡等人员及时办理控编通知单、下编通知单、经费通知单等，完善实名制管理工作。长治市2015年—2016年事业编制在2012年总量（含工商质监）基数上累计核减4%的任务全部完成，核减全额和差额拨款事业编制总数占核减事业编制总数的比例为78.4%。长治市武乡县编办主任杨国清获“全国机构编制先进个人”称号。

【事业单位登记管理】 根据十八大以来的改革精神，国家局对事业单位法人制度进行重大改革，将事业单位法人年检制度改为年度报告公示制度，实施统一社会信用代码制度。面对这一事业单位登记工作开展以来的重大改革，2016年，长治市编办严格把关，确保年度报告工作质量，做好《事业单位法人证书》换领工作，对新成立单位进行法人登记，对法人需要变更的事项及时进行变更，对全市事业单位“双重法人”登记情况进行全面清理规范并开展专项监督检查工作。开展机关、群团赋码工作，刻制“长治市机构编制委员会办公室赋码专用章”用于赋码工作，召开全市专项会议布置赋码工作，邀请省局专家进行专项培训，全市登记的机关、群团共计30家。

【电子政务工作】 2016年，长治市编办对中文域名进行注册续费，共注册中文域名1188家（其中市直163家）；中文域名注册续费707家（其中市直120家）。全市党政机关加挂网站标识377家（其中市直43家），占11.41%；事业单位加挂网站标识2811家（其中市直493家），占17.53%。成立长治市机构编制电子政务中心。

（李　阳）

（责任编辑：尚竹英）

市直机关党的建设

【概述】 中共长治市直属机关工作委员会（以下简称市直工委）是长治市委的派出机构，正处级建制，负责市直机关的思想建设、组织建设、作风建设、制度建设和反腐倡廉建设。下设办公室、组织部、宣传部、群工部4个职能科（室）和市直纪工委。

2016年，市直工委辖869个基层党组织，其中，党委52个，党总支52个，党支部765个，有党员15433名。市直工会成立于1990年，下属52个基层工会组织，有会员2850余名。市直团工委所属1个团委、7个团总支、14个团支部，有共青团员800余名。

【“两学一做”学习教育】 2016年“两学一做”学习教育中，市直机关各级党组织按照“六步工作法”要求，加强组织领导，规范学习内容，严格工作要求，细化工作措施，围绕“四讲四有”开展学习交流和专题研讨。市直工委抓住党委、总支、支部书记这个主体，加强对各基层党组织的分类指导；坚持把握重点，聚焦难点，对“两学一做”学习教育开展情况督促检查；坚持示范引领，载体创新，使学习教育亮点纷呈。全年为基层党组织购发各种学习资料4万余册，举办市直机关“弘扬长征精神 争做合格党员”演讲比赛，组织实施“党员先锋行”主题实践活动和“学先进典型、讲身边故事、传递正能量”主题党日活动。

【党员干部教育】 2016年，市直工委以提升机关党员的政治理论水平和综合能力素质为重点，推进学习型党组织建设，开展“中国梦宣传教育”“经典诵读”“宜学长治党员读书日”等活动，共举办读书笔记交流、读书演讲赛、专家讲座180余场，撰写体会文章万余篇。加强对机关党务干部、党组织书记、理论骨干培训。举办学习贯彻党的十八届六中全会和省、市第十一次党代会精神专题培训班、市直机关基层党组织书记培训班、党务干部业务培训班和发展对象培训班。同时，组成市直宣讲团，邀请出席党代会代表，分批次、分系统层层开展宣讲，宣传贯彻落实党的十八届六中全会和省、市第十一次党代会精神。2016年共培训900余人次，组织宣讲11场，6000余名党员聆听宣讲，接受教育。

【落实党建工作责任制】 2016年，市直工委制定下发《市直机关党的工作责任制的规定》；完善《市直机关（企事业单位）党建绩效考核办法》。把开展市直机关基层党委书记抓基层党建工作专项述职，作为市直机关基层党组织绩效考核中的重要内容。推行“联述联评联考”工作机制，直管的73个基层党组织书记进行专项述职，其中，10个基层党委进行会议述职和民主评议。

【落实七项重点任务】 2016年，市直工委落实党建七项重点任务，推进强基固本工作。把基层组织换届作为基层组织建设的一项重要任务，高标准要求，强力度推进，市直机关233个应换届党组织中，除11个基层党组织未换届外，其余222个都按期换届；坚持“三推荐、三公示、三票决”党员发展模式，共发展党员150名，预备党员转正156名；开展党员组织关系集中排查，摸清党组织现状，理清党员底数，初步排查出失联党员243名，经过联系查找，确定进入处置程序的33名，对14人作出脱党除名处置；开展党费收缴专项检查，建立党费工作相关制度，完善党费日常收缴、使用和管理的具体操作办法，共清查补缴党费367万元；做好典型选树和表彰工作，对市直机关52个先进基层党组织、100名优秀共产党员、53名优秀党务工作者进行表彰。

2016年，长治市直机关“两学一做”主题演讲比赛 （郭洁 供图）

【正风反腐工作】 2016年，市直工委贯彻落实党风廉政责任制，强化党风廉政建设主体责任意识，扛起监督责任。逐级签订党风廉政建设目标责任书。健全完善党风廉政建设责任制和加强惩防体系建设工作机制，确保党风廉政建设整体有序推进。注重警示教育活动。开展以“尊崇党章、严守规矩、带头守纪、从严律己”为主题的警示教育月活动，做到“人人写体会、个个做剖析”。集中开展“学习贯彻骆惠宁书记讲话 改进工作作风 创优发展环境”专项作风整顿，解决突出问题647个。加大案件监督管理、检查和审理力度，审理违纪案件16起，处分党员16人。

【群团工作】 2016年，市直工委利用“3·5”“5·4”等重要时间节点，开展“学习雷锋、共树新风”主题活动、青年志愿者服务活动和“募集爱心物资、助力精准扶贫——暖冬行动”，督促指导基层团组织按期换届，发展新团员60多人。落实省市委统战工作精神要求，督促市级机关在党组织中设置统战委员，努力做到党的领导覆盖市直机关统一战线各领域。开展工会组织建设年活动，新组建基层工会27个，总数达到52个，会员达到2850人。分期分批对新成立工会干部、财务人员进行培训；举办“抓党建促家建、正家风助党风”教育讲座；举办市直机关游泳比赛、羽毛球比赛。做好市级机关老干部工作，围绕“元宵”“七一”党生日、“十一”国庆节以及“九九”重阳节等重大节日，安排组织开展丰富多彩的文艺演出、形式多样的书法绘画作品展等活动。

【市直机关党员代表选举工作】 2016年，市直工委按照市委《关于中国共产党长治市第十一次代表大会代表选举工作的通知》精神要求，经过自下而上、自上而下，充分酝酿协商和层层推荐的方法在市直机关中产生150名市直机关党代表，并于2016年9月12日召开市直机关党员代表会议，从76名候选人中选出64名代表出席市第十一次党代表大会。

（郭　洁）

（责任编辑：王姝杰）

党校·行政学院

【概述】 2016年，中共长治市委党校、长治行政学院（以下简称“长治市委党校、市行政学院”）举办主体班次6期，培训272人次。其中，县处级领导干部理论进修班4期，中青年干部培训班2期。举办全市党校系统教师能力提升培训班1期，培训68人次。与全市各有关单位和部门联合举办各级各类专题培训班86期，培训12461人次。组织省外现场教学培训6期，培训248人次。选派骨干教师赴各县区、市直企事业单位、农村、社区开展基层宣讲90余次。

【教学改革】 2016年，长治市委党校、市行政学院在教学内容上，注重用马克思主义最新理论成果武装头脑。坚持以学习解读宣传研究贯彻中央和省市委的重大决策部署为中心，做到进专题、进课堂、进学员头脑。办学特色上，坚持课堂教学、现场教学和延伸教学“三结合”办学模式，增强培训的针对性和实效性，增强教学的鲜活性和吸引力。课程设置上，着力增加转型升级、科技创新、现代农业、社会管理、文化建设、生态文明、突发事件应急处置和新闻媒体应对等选学内容的分量，注重加强学员领导水平和能力的锻炼。建立完善一批具有典型推广意义的现场教学实践基地和党性教育教学点。围绕长治市经济社会发展中的重点、热点和难点问题，组织编写一批紧跟时代、长治特色鲜明的教材，充实教学内容。坚持以加强学员领导水平和能力素质为核心，开发各类专题，采取互动式、案例式、情景式、拓展式、结构化和无领导小组式等多种多样的教学方式，调动和激发学员的学习潜力，加强学员能力建设。

【师资队伍和干部队伍建设】 2016年，长治市委党校、市行政学院通过加大教师主体班跟班外出延伸培训、委派骨干教师到中央党校和中国人民大学接受十八届六中全会精神培训、到复旦大学进行经典课程培训、到井冈山进行党性教育和革命传统教育培训、到省委党校参加师资培训班学习等多种形式，安排全校专职教师至少外出学习1次以上。举办有全体教师参加的、为期三天的“上党文化”师资培训班。2016年，在市直机关完成任现职8年以上正科级干部轮岗工作，调整正科级干部19人。

【科研与资政工作】 2016年10月开始，长治市委党校、市行政学院与长治日报社合作在《长治日报》上开辟每周三《学习与研究》专版。组织骨干教师开展长治市全面建成小康社会现行指标考核体系实现程度分析研究课题。2016年，教学科研人员共在国家级报刊发表论文5篇，在省级报刊发表7篇，在地市级报刊发表20篇，4项课题获得省委党校、省行政学院课题立项。

（冯炜华）

（责任编辑：王姝杰）

党史研究

【概述】 中共长治市委党史研究室成立于1981年12月，是市委直属的参照公务员法管理的事业单位。内设4个科室，在编人员12人。主要职能是：贯彻落实中央、省委党史部门和市委有关党史工作的指示精神，深化党史研究，完成上级交办的重大课题研究；组织指导县（市区）、市直部门（驻市单位）的党史研究工作；组织编写出版党史基本著作，逐年编纂出版编年史、专门史等主要党史著作；综合研究长治地方党史、重要人物和重大事件，加强党史资料保护利用工作，征集、整理、保存、编纂长治党史重要资料；充分发挥党史工作以史鉴今、资政育人作用，开展党史宣传教育，加强党史研究成果转化，组织广大党员群众学习党的历史，推动党史学习教育入心入脑，使党的光荣传统和优良作风代代相传；结合重大党史事件和重要党史人物，组织和参与相关纪念活动；加强党史遗址保护，搞好纪念场馆建设等。

【编纂出版《中共长治年鉴》】 2016年，中共长治市委党史研究室编纂的《中共长治年鉴》，自2006年出版第一部后，共出版6卷。2016年，中共长治市委党史研究室对历年拖欠的年鉴书稿开展清理，进行资料征集和编纂工作，完成两部《中共长治年鉴》的定稿和出版工作。

【《抗日战争时期中国人口伤亡与财产损失（长治市卷）》编辑】 2016年，中共长治市委党史研究室按照中央党史研究室、省委党史办公室关于编纂抗损调研课题第二、三批成果书稿的通知要求，在重新梳理调研成果的基础上，编辑完成《抗日战争时期中国人口伤亡与财产损失（长治市卷）》初审稿，约30余万字。记录抗日战争时期长治市人口伤亡、财产损失、图片、特载等资料。

【《革命遗址通览（长治卷）》修订完善】 2016年，中共长治市委党史研究室对编辑完成的《革命遗址通览（长治卷）》送审稿，作3次大的补充、修改和完善，于年底审定。全书共计100余万字，收录图片1500余幅。

（田慧慧　刘泽瑞）

（责任编辑：王姝杰）

对台事务

【概述】 2016年，长治市台办推动以民间交流为主要内容的对台交流工作，在促进两地民众沟通和合作方面夯实基础、凝聚共识，以更多的成效为两岸关系和平发展作贡献。在对台经贸合作领域，市台办加强与相关部门的沟通，加强与长治市一些重点企业的联络，分析研判形势，了解台湾各类产业发展的新特点，寻找长台两地双方优势产业的合作契合点，在促进台湾与长治市的产业对接、项目对接上做基础性工作。

【对台交流】 2016年3月，由台湾30多家旅行社组成的台湾旅游考察团一行到山西壶关太行山大峡谷进行实地踩线，为即将开通的山西—台湾两地旅游专线作前期准备工作。2016年5月，台湾企业家随海峡两岸暨香港、澳门知名民企考察团一行到长治高新区进行考察投资访问，了解长治市的经济发展概况，并就新兴产业项目合作进行深入研讨论证。2016年10月，长治市青年曲艺作家暴玉喜应邀赴台参加第六届海峡两岸曲艺欢乐汇活动，期间先后访问台湾东华大学、台东大学、花莲文创园等文化机构，并在曲艺文化研讨会上发言，介绍上党地域文化特色，增进台湾曲艺爱好者对长治市历史文化及当前文化产业的了解。加强与长治市古上党连氏文化研究会等民间协会的沟通联络，在连氏文化、炎帝文化、传统书画文化等方面挖掘潜力、丰富内涵，利用各类交流平台和场合介绍宣传长治市悠久的历史文化，促进长台两地的交流与合作。2016年，到长治参观、考察、旅游的台湾同胞较往年保持稳定增长的势头。

【对台经贸合作】

利用台湾先进技术提升长治市相关产业的竞争力。2016年，长治市台办把引进台湾“智力”服务长治市企业发展作为推进对台经贸合作的主要方式和手段，做牵线搭桥工作，帮助企业开展和台湾有关院校和行业的技术合作。山西高科华烨电子集团公司与台湾交通大学开展项目研究合作，准备引进台湾在LED产业、光伏产业等方面的优势技术提升产品的竞争力，聘请台湾技术专家作为研发中心主管，负责技术开发、储备和升级，在当前行业整体形势低迷的情况下，保持较为充分的生产开工率和销售率。

推进对台经贸领域的“轻合作”“微合作”。在“大众创业、万众创新”的背景下，长治市台办和各县区台办一起努力，加大长治市整体对台宣传力度，切实促进长治市与台湾在现代农业、旅游业、零售业、食品加工业等方面的“轻合作”“微合作”，增加长治市相关行业中的“台湾元素”。壶关紫团集团聘请的台湾农业专家持续对食用菌产品进行深度开发，整个生产向全封闭循环生态化方向发展，终端产品的品牌化、系列化建设取得成效，销售区域覆盖华北地区，经营效益良好。随着壶关的太行山大峡谷、平顺的通天峡景区在台知名度的提升，两家景区开发台湾客源市场初步见效，接待台湾游客呈逐年递增趋势，其中自发的散客游增长势头迅速。景区逐步加强与台湾旅行社团的合作，邀请台湾旅游相关行业人员前来体验，围绕旅游产品的多样化和便捷化，深入商讨旅游线路设置问题，增加对台湾游客的吸引力。

【对台宣传】 2016年10月，长治市台办邀请台湾联合报记者一行3人和人民日报海外版记者1人到长治市采访，在《台湾联合报》《联合晚报》《经济日报》制作专版，在联合电视台制作专题片，对长治市投资环境、经济发展和文化旅游等在台湾岛内进行宣传。期间，台湾媒体工作人员现场拍摄上党门景区、上党堆锦艺术制作、观音堂景区、法兴寺景区、长子八音会表演、太行山大峡谷景区、通天峡景区、连氏故里、仙堂山景区等内容，并提取武乡板山、沁源灵空山和黎城漳河等景区资料，用台湾观众乐于接受理解的语言风格对拍摄内容作详尽解读，展现长治市的人文历史、民俗文化、旅游资源和成熟完善的旅游配套设施与接待能力。充分利用新媒体传播，制作的节目内容在联合新闻网、联合平板计算报、手机新闻报、有故事网、联合报知识库等网站播出，增加制作节目的趣味性和阅读容量，使更多的台湾同胞了解长治市，提升长治市在台的知名度和美誉度。长治市台办《锦绣上党》、城区台办的《月是故乡明》、长子台办的《千年古县长子》等涉台网站能够及时更新内容，做好维护，提高对台网络宣传的效果。其中，城区台办的《月是故乡明》网站发布涉台新闻、台办动态、重要讲话、活动图片等各类信息共计180余条，全年网站访问量达3万人次。长子台办利用网站宣传推广楹联文化，扩大楹联文化活动的影响力。

【涉台教育】 2016年，长治市台办加强对党员干部的对台理论培训。长治县台办、屯留县台办利用党校课堂开设对台理论知识课程，给干部学员做讲解，增强机关干部主动关心支持对台工作的热情和责任感。加大社区涉台教育工作力度。2016年5月，城区台办在各社区开展为期一个月的涉台法律宣传活动，深入全区10个街道12个社区，向社区居民宣传《中华人民共和国反分裂国家法》《中华人民共和国台湾同胞投资保护法》等涉台法律法规，共发放宣传资料10000余份，开展咨询200余人次，扩大涉台宣传教育的覆盖面和社会关注度。推进中小学生的涉台教育工作。潞城市台办在中小学开展征文活动，共收到各学校初选出来的参选作品1300余份。郊区台办利用县区报刊登载台湾风趣知识，内容涉及台湾历史、地理环境、风土人情等。

【服务工作】 2016年，长治市把台胞台属台商服务工作当作一项重要的基础工作来抓，通过细致、真诚的服务让台胞台属台商能够感受到“两岸一家亲”的感情和温暖。城区台办深入街道举办“关爱台胞台属义诊送健康”活动，医护人员为台胞台属免费提供听诊切脉、测量血压、口腔检查等服务，发放健康宣传资料，讲解各种健康保健知识。2016年，全市各级台办共帮助台胞台属台商解决实际困难和问题100余件。

（武立云）

（责任编辑：尚竹英）

老干部工作

【概述】 2016年，长治市有离退休干部33379人，其中，离休干部1604人，退休干部31775人。老年大学15所，其中10所老年大学被命名为省级示范校。老干部活动中心（室）147个，专兼职工作人员237人。

【学习贯彻落实中央文件精神】 2016年5月，中共中央办公厅、国务院办公厅印发《关于进一步加强和改进离退休干部工作的意见》。市委组织部与市委老干部局及时转发《中共中央组织部关于认真学习贯彻〈关于进一步加强和改进离退休干部工作的意见〉的通知》，从加强组织领导、落实离退休干部“两项建设”、做好离退休干部服务管理、加强督查等方面提出具体要求。召开各县（市、区）老干部局局长、老干部支部书记、涉老团体负责人和机关全体工作人员共同参加的座谈会，对学习贯彻《关于进一步加强和改进离退休干部工作的意见》和全国、全省老干部工作会议精神进行交流和讨论。利用机关学习会议、老年大学综合课、专题培训、分级座谈等形式，在老干部工作部门和各涉老团体中开展学习。

【思想政治建设】 2016年，长治市委老干部局以支部为单位，在全市离退休干部中开展“两学一做”学习教育，通过集中宣讲、学习动员、座谈讨论和心得体会交流等方式，开展学习活动。对年老体弱、行动不便的老同志送学上门。规范离退休干部党支部的学习活动，加强对离退休干部党员的教育管理。市、县分级举办离退休干部学习报告会、辅导讲座、党支部书记培训班，组织离退休老同志深入乡村、社区、厂矿宣讲党课党史。各级老干部工作部门坚持定期向老干部通报情况、重要会议和重大活动请老干部参加、组织老干部参观工农业生产和城市建设、按规定阅读文件等制度。

【党组织建设】 2016年，长治市委老干部局总结长子县建立离退休干部党工委的工作经验，在全市推广学习。确定黎城县为全市离退休干部党（工）委试点。2016年年底，黎城县成立离退休干部党委，召开离退休干部党代会，选举产生第一届离退休干部党委班子，各项工作有序开展。潞城市、沁县相继成立离退休干部党工委。城区、郊区、襄垣县、武乡县、平顺县等地在积极申请、筹备。年内，市委老干部局在全市范围内对离退休干部党组织进行摸底调研，根据工作需要调整充实基层离退休干部党支部班子。

【落实离退休干部生活待遇】 2016年，长治市离休干部“三个机制”（离休费保障、医药费保障、财政支持）运行良好，离休费按时足额发放，医药费按规定实报实销。离休干部生活补贴、护理费、丧葬费等各项费用都按照省级文件精神落实。年初，市委老干部局组织由原市委四大班子成员老领导带队的督查调研组深入各县（市、区）和市直各单位对离退休干部生活待遇落实情况进行督促和检查，通过不落实的事，追查不落实的人，确保全市老干部生活待遇落实零上访。健全完善特殊困难离退休干部帮扶机制，帮助老同志解决生活中的困难和问题。落实《长治市特殊困难离退休干部和遗孀救助帮扶实施办法》和《关于对特殊困难离退休干部和遗孀救助帮扶的意见》文件精神，对困难离退休干部和已故离休干部无工作遗孀进行定期帮扶救助。全年对离休干部和遗孀进行慰问，帮扶特困离退休干部40余人，发放帮扶资金30多万元。分5组对易地安置的26名离休干部或者离休干部遗孀进行慰问。

【为党的事业增添正能量活动】 2016年，市委老干部局围绕“展示阳光心态、体验美好生活、畅谈发展变化”的活动主题，组织全市离退休干部开展为党和人民事业增添正能量活动。以“红色精神代代传，我为长治添光彩”为载体，开展争做学习创新模范、坚定信念模范、服务群众模范、遵规守纪模范、宣传教育模范、传承美德模范“六个模范”系列活动。襄垣县推进“银铃”行动，组织老龄人才开展文化、医疗、科技“三下乡”活动，全县 1200 多名离退休干部参与；郊区在离退休干部中开展“不忘初心，保持身份，发挥作用”主题活动，为当地经济发展建言献策；沁县以“发挥四个作用，建设美丽沁州”活动，组织离退休干部发挥引领作用、参谋作用、教育作用和监督作用；城区开展“共建品质城区、幸福城区”做实事活动；长治县以“信仰的力量”为主题组织中华人民共和国成立前入党的老党员讲述亲身经历的战斗生活。市老干部宣讲团，全年深入基层宣讲 39 场次，听众超过 10000 人，被中宣部表彰为全国基层理论宣讲先进集体。市委老干部局围绕纪念中国共产党建党 95 周年和红军长征胜利 80 周年，在全市离退休干部中开展以“凝聚正能量，永远跟党走”为主题的系列庆祝活动。全市各级老干部工作部门组织离退休干部开展主题党日、主题征文、走访慰问、事迹宣讲、专项调研、座谈会等活动。

【老年大学】 2016 年，长治市有老年大学 15 所，其中 10 所老年大学被命名为省级示范校。共有学员 8300 多人，涉及专业 30 多个，各老年大学平均开设课程 6 门以上。市老年大学在校学员 2600 名，开设专业 18 个，设立 65 个教学班，有专兼职教师 35 名。3 月，老年大学召开工作会，针对教师少、课时少、第二课堂活动少、公共课效果不好等问题进行讨论，出台相关制度，严格教学大纲和教学计划，拓展专业层次，创办特色专业，满足更多学员的需求。完善学员评教、跟班听课、班干部定期座谈等制度，规范老年大学教学工作。

【老干部活动中心】 2016 年，长治市有老干部活动中心（室）147 个，专兼职工作人员 237 人。先进活动中心（室）33 个、达标活动中心（室）13 个，13 个县（市、区）的老干部活动中心中 12 个为先进、1 个为达标。有活动面积 70000 多平方米，离退休干部人均超过 2 平方米。年内，市老干部活动中心延长开放时间；活动室制定定期检查、及时更新制度，对老旧、损坏设施及时更新；增加健康关怀活动，随季节变化制作养生版面，与医院联合现场义诊。

【宣传调研】 2016 年，长治市委老干部局出刊《长治老干部工作信息》13 期；老干部工作信息网发布信息 350 余条，增设“为党和人民事业增添正能量专栏”，发布正能量信息 40 余条。分组深入基层开展专题调研，以离退休干部思想政治问题、老年大学办学瓶颈、离退休干部党工委建设、利用政府公共服务满足离退休干部养老需求 4 个课题形成 4 篇论文上报省委老干部局。开展“讲述励志故事，传递耆年力量”网上宣讲活动，并向省委老干部局报送 13 个励志故事，11 月 17 日第一批 5 名老干部赴并现场录制，在省委老干部局网站展播。

（唐采鱼）

（责任编辑：王姝杰）

2016 年 7 月 8 日，长治市老干部庆祝红军长征胜利八十周年文艺汇演

（唐采鱼 供图）

长治市人民代表大会常务委员会

综　述

2016 年，长治市人大常委会在市委领导下，深入学习贯彻习近平总书记系列重要讲话精神，围绕中心，服务大局，认真履行职责。全年共召开代表大会 1 次、常委会会议 9 次；听取和审议“一府两院”专项工作报告 17 个，组织视察调研活动 19 次；配合省人大开展视察调研、立法和执法调研 11 次，依法任免地方国家机关工作人员 113 人次，完成全年的各项工作任务，为全市经济社会发展和民主法制建设作出贡献。

立法监督

【地方立法工作】 2016 年 5 月，长治市十三届人大六次会议通过法制委员会组成人员名单，标志着长治市地方立法权正式启动。2016 年，市人大常委会坚持党对地方立法工作的领导，充实立法工作队伍，加强立法业务培训，推进立法项目建设，地方立法工作步入新轨道。首次召开全市地方立法工作会议，建立健全党委领导、人大主导、政府依托、社会参与的立法工作体制机制。编制 2017 年度立法项目和长治市 2017—2021 年五年地方立法规划。组织起草《长治市地方立法条例（草案）》，提交人大常委会进行审议。实体性法规《长治市主城区禁止燃放烟花爆竹的规定》和《长治市辛安泉饮用水水源地保护条例》，有关部门起草完毕，征求社会各方面意见。增设法规科、备案审查科、内务司法科，配齐专职立法工作人员。实行立法专家咨询制度，聘请长治学院、市委党校等20名同志为长治市地方立法咨询专家，开展基层立法联系点工作，确定长治学院、9个县市区，16个乡镇（村）为长治市基层立法联系点，增强地方立法科学化、民主化水平。

【助推经济发展】 2016年，长治市人大常委会准确把握经济发展新常态新特点，批准“十三五”规划纲要。听取和审议市政府关于国民经济和社会发展计划执行情况的报告，金融创新、科技创新、民营经济发展和煤炭转型推进情况的报告。要求相关部门加强经济形势的精准研判，制定促增长政策措施，坚持不懈推进全循环、多联产、抓高端的煤炭转型，加大科技创新、金融创新力度，推动创新与经济社会发展深度融合。开展旅游专题调研，就旅游业快速发展中面临的体制机制、道路交通等重点焦点问题找出对策，提出意见建议，促进旅游业成为长治市“转型发展、绿色发展”的重要支柱产业。

【预决算审查监督】 2016年，长治市人大常委会行使审查和批准预决算的重要职责，贯彻预算法，按照法律法规，加强对全口径预决算的监督。听取和审议政府的预决算报告、预算调整情况报告和债务情况的报告，作出相关决议，批准相关资金预算的调整，保障经济社会发展。加强预算执行监督，选取市体育局等5个部门的预算进行全程监督。

【基础设施建设及教育医疗监督】 2016年，长治市人大常委会紧扣城市基础设施建设、城中村改造开展系列调研督查，听取和审议市政府《关于城市垃圾处理、污水处理、集中供热情况的报告》，推进垃圾处理、集中供热等城市环境基础设施建设取得进展。听取主城区8所新改扩建中小学建设进展情况报告，督促新改扩建学校建设力度。组织开展新型农村合作医疗保险工作情况的跟踪监督，关注新农合和城镇居民医疗保险的合并工作，推进新农合工作实现平衡过渡。

【司法工作监督】 2016年，长治市人大常委会听取审议市中级人民法院《关于发挥审判职能依法惩治毒品犯罪情况的报告》，组织对全市依法惩治毒品犯罪工作情况进行调研视察和跟踪问效，促进禁毒法律法规的贯彻实施，推动禁毒工作进社区、进农村，保持惩治毒品违法犯罪的高压态势。听取市检察院关于司法进展情况的报告，推动建立确保公正司法的检察权运行机制。高度重视人大信访工作，着力于推动人民群众合理信访诉求的更好解决。全年共受理来信来访153（件）次，督促各承办单位解决一批群众反映强烈难点问题。

【助力脱贫攻坚】 2016年，市人大常委会围绕全市脱贫攻坚工作总体部署，找准人大履职行权与脱贫攻坚工作的结合点、切入点，结合省人大代表视察，深入到平顺、壶关、武乡开展调研。强化预算审查和监督作用，保障上级扶贫资金精准使用和地方配套资金逐项到位；跟踪了解精准入户资金、项目的增收实效，针对问题反馈意见，督促整改。做好人大机关包扶的4个县6个村1097多户的脱贫工作，帮助包扶村解决产业发展、农民增收和安全饮水、交通、教育、卫生等基础设施和民生问题。

【重大事项决定】 2016年，长治市人大常委会围绕市委工作大局，结合人大及常委会审议议题，依法行使重大事项决定权，对相关工作及时作出决议、决定，保障和推动市委重大决策部署的贯彻落实。听取和审议政府、计划、预算、人大、法院、检察院等工作报告并作出决议，审查批准《长治市国民经济和社会发展第十三个五年规划纲要》、长治市2016年国民经济和社会发展计划、长治市2016年市本级预算。对长治市开展“七五”普法作出决议决定，增强全社会学法遵法守法的法治意识，营造良好的法治环境，促进法治惠民，提升社会治理法治化水平。

【人事任免监督】 2016年，市人大常委会坚持党管干部和依法任免干部相统一的原则，执行《中华人民共和国地方组织法》的规定，严格对拟任人员法律考试、任前考察和任前询问，推进人事任免工作。2016年，人代会选举国家机关人员11人，常委会任命干部58人，撤免职44人，补选市代表13人、省代表2人，罢免市代表2人、省代表1人。强化宪法宣誓制度的执行，首次在人代会上对选举人员进行宣誓。

代表工作

【代表履职服务保障】 2016年，市人大常委会组织部分市、县、乡人大代表赴浙江大学进行培训。出台《关于加强县乡人大代表学习培训的意见》，安排13个县市区对换届后的新一届代表进行集中培训，强化对代表履职的服务和保障。协调省、市人大代表参加常委会及相关部门组织的视察调研、执法检查、听证会、座谈会等180人次。组织代表参加省人大开展的人民代表大会制度及相关法律知识答题竞赛和电视决赛。

【代表议案建议督办】 2016年，市人大常委会加大代表议案建议的督办力度，提高办理质量。市十三届人大六次会议期间，人大代表共提出议案4

件、建议意见183件。其中4件议案和10件建议作为人大办理和督办的重点事项，明确办理要求、工委负责督办、逐件跟踪落实、征询代表意见，切实把好督办关、落实关、实效关。

机关工作

【机关自身建设】 2016年，根据中央和省市委的统一部署和安排，市人大常委会党组及机关组织开展“两学一做”专题教育。通过开展集中学习、专题讨论和专题学习交流会，做到融会贯通，以用促学，强化机关干部思想作风，提高履职能力。抓好党风廉政建设教育，部署人大党组及机关党风廉政建设工作，制定党风廉政建设主体责任清单，贯彻落实新修订的《中国共产党廉洁自律准则》《中国共产党纪律处分条例》《关于党内政治生活的若干准则》《中国共产党党内监督条例》等党内法规，执行处级以上领导干部个人重大事项报告和外出请假报备制度，推进“学习型、服务型、创新型、廉洁型、和谐型”机关建设，优化和改进机关服务保障工作。围绕执行中央八项规定、反对“四风”等工作，制定完善相关制度，严格财务审核，规范差旅费报销、车辆管理、“三公”经费。

【上下沟通联系】 2016年，市人大常委会配合上级人大开展视察、调研、执法检查等工作，结合长治工作实际安排落实。对《山西省安全生产条例（修订草案）》《山西省各级人民代表大会常务委员会专题询问办法（草案）》《山西省环境保护条例（修订草案）》《山西省永久性生态公益林保护条例（草案）》等多部地方性法规草案进行深学习和研究，提出立法的修改意见、建议近100条。加强与基层人大指导、沟通和联系，出台《关于2016年县乡两级人大换届选举工作的安排意见》，做好县乡人大换届选举的指导工作。组织开展《关于加强和改进人大监督工作的办法》贯彻落实情况的督查，促进县乡人大组织建设。注重强化业务指导，协调解决基层人大实际困难。

【理论研究宣传】 2016年，市人大常委会加强人大新闻宣传和理论研讨工作，发挥《长治人大》内部刊物的宣传作用，办刊的质量提高。全年共编印《长治人大》内部刊物6期，《长治日报》刊登“人大工作”专栏15期。在长治人大网站新设“两学一做”“上党环保行”等专题栏目，办好长治电台每周一期的“人大之声”专栏。及时反映人大工作动态，使常委会与人大代表和人民群众的联系更加密切。

常委会会议

【长治市十三届人民代表大会常务委员会第三十一次会议】 2016年2月26日，长治市十三届人大常委会第三十一次会议在市人大常委会四楼会议厅举行。

出席会议的有：主任李年善，副主任申纪兰、张振芳、李进军、桂正平、崔建泰和委员共34人。

列席会议的有：市中级人民法院院长丁毅，市人民检察院检察长李曾贵；市政府秘书长于川；市十二届人大常委会副主任王忠义、李国峰、程计则；各县市区人大常委会主任或副主任；市人大常委会办公厅、研究室和各工作委员会副处以上干部。市政府办公厅、市环保局、市住建局、市水利局、市规划局等主要负责人。

会议由主任李年善主持。

会议的主要内容是：

一、传达山西省十二届人大五次会议的主要精神；

二、听取和审议市人大常委会关于市十三届人大五次会议代表议案、建议办理情况的报告；

三、听取和审议市人民政府关于市十三届人大五次会议代表建议办理情况的报告；

四、听取和审议市人大常委会代表资格审查委员会关于代表资格审查情况的报告；

五、人事任命事项。会议听取市人大常委会副主任李进军、市中级人民法院院长丁毅、市人民检察院检察长李曾贵分别作的关于人事任免事项的提请报告，被提请人员作供职报告，会议表决通过人事任免事项。市人大常委会主任李年善向被任命同志颁发任命书，新任命人员向宪法进行宣誓。

与会人员围绕上述报告和议题分组进行认真审议。

【长治市十三届人民代表大会常务委员会第三十二次会议】 2016年4月28日，长治市十三届人大常委会第三十二次会议在市人大常委会四楼会议厅举行。

出席会议的有：主任李年善，副主任申纪兰、张振芳、李进军、桂正平、崔建泰和委员共33人。

列席会议的有：市委常委、副市长王玉圣，副市长陈鹏飞；市中级人民法院院长丁毅，市人民检察院检察长李曾贵；市十二届人大常委会主任王进卯，副主任王忠义、师义昌；各县市区人大常委会主任或副主任；市人大办公厅、研究室和各工作委员会副处以上干部；市政府办公厅、市发改委、市经信委、市中小企业局、市金融办、市银监局、中国人民银行长治中心支行主要负责人。

会议由主任李年善主持。

会议的主要内容是：

一、听取和审议市人民政府关于长治市国民经济和社会发展“十三五”规划纲要编制情况的报告；

二、听取和审议市人民政府关于全市民营经济发展情况的报告；

三、听取和审议市人民政府关于全市金融振兴工作情况的报告；

四、人事任命事项。会议听取市

中级人民法院院长丁毅、市人民检察院检察长李曾贵分别作的关于人事任免事项的提请报告，被提请人员作供职报告，会议表决通过人事任免事项。李年善主任向被任命同志颁发任命书，新任命人员向宪法进行宣誓。

与会人员围绕上述报告和议题分组进行认真审议。

【长治市十三届人民代表大会常务委员会第三十三次会议】 2016年5月20日，长治市十三届人大常委会第三十三次会议在市人大常委会四楼会议厅举行。

出席会议的有：主任李年善，副主任申纪兰、张振芳、李进军、桂正平、崔建泰和委员共35人。

市委书记席小军、市委副书记卢建明参加会议。

列席会议的有：市人民检察院检察长李曾贵，市人民政府秘书长于川，市中级人民法院常务副院长栗向东；市十二届人大常委会主任王进卯，副主任王忠义、师义昌；各县市区人大常委会主任或副主任；市人大办公厅、研究室和各工作委员会副处以上干部；市政府办公厅、市发改委、市监察局、市财政局、市人社局、市统计局主要负责人。

会议由主任李年善主持。

会议的主要内容是：

一、通过关于召开长治市第十三届人民代表大会第六次会议的决定；

二、人事任免。会议听取市委书记席小军作的关于卢建明任长治市副市长职务的提请，李年善主任代表主任会议作关于卢建明为长治市代理市长的提请；卢建明作供职报告。会议接受席小军辞去长治市市长职务。会议任命卢建明为长治市副市长，决定卢建明代理长治市市长。李年善主任向卢建明颁发任命书，卢建明向宪法进行宣誓。

与会人员围绕上述议题分组进行认真审议。

【长治市十三届人民代表大会常务委员会第三十四次会议】 2016年6月6日，长治市十三届人大常委会第三十四次会议在市人大常委会四楼会议厅举行。

出席会议的有：主任李年善，副主任申纪兰、张振芳、李进军、桂正平、崔建泰和委员共34人。

列席会议的有：市中级人民法院院长丁毅，市人民检察院检察长李曾贵；市十二届人大常委会主任王进卯，副主任李国峰、王忠义、师义昌、程计则；各县市区人大常委会主任或副主任；市人大办公厅、研究室和各工作委员会副处以上干部；市政府办公厅主要负责人。

会议由主任李年善主持。

会议的主要内容是：

一、通过关于召开长治市十三届人民代表大会第六次会议的决定；

二、听取关于市十三届人民代表大会第六次会议筹备情况的报告；

三、审议通过代表资格审查委员会关于代表资格审查情况的报告；

四、审议通过市十三届人民代表大会第六次会议主席团和秘书长建议名单；

五、审议通过市十三届人民代表大会第六次会议副秘书长建议名单；

六、审议通过市十三届人民代表大会第六次会议列席人员名单；

七、审议通过市十三届人民代表大会第六次会议计划、预算审查委员会建议名单；

八、审议通过市十三届人民代表大会第六次会议议案审查委员会建议名单；

九、审议通过市十三届人民代表大会第六次会议建议日程。

【长治市十三届人民代表大会常务委员会第三十五次会议】 2016年6月30日，长治市十三届人大常委会第三十五次会议在市人大常委会四楼会议厅举行。

出席会议的有：主任李年善，市人大常委会副主任申纪兰、张振芳、李进军、王进军、马四清、崔建泰，秘书长牛金生和委员共35人。

列席会议的有：市中级人民法院院长丁毅、市人民检察院检察长李曾贵；市十二届人大常委会主任王进卯，副主任王忠义、师义昌、程计则；各县市区人大常委会主任或副主任；市人大办公厅、研究室和各工作委员会副处以上干部；市政府办公厅、市发改委、市经信委、市财政局、市审计局、市统计局主要负责人。

会议由主任李年善主持。

会议的主要内容是：

一、听取和审议市人民政府关于2015年市本级财政决算的报告；

二、听取和审议市人民政府关于2015年度市本级预算执行和其他财政收支的审计工作报告；

三、批准关于2015年市本级财政决算。

与会人员围绕上述报告进行认真审议。

【长治市十三届人民代表大会常务委员会第三十六次会议】 2016年8月29日至30日，长治市十三届人大常委会第三十六次会议在市人大常委会四楼会议厅举行。

出席会议的有：主任李年善、副主任申纪兰、张振芳、李进军、王进军、王辅刚、马四清、崔建泰和秘书长牛金生和委员共38人。市委副书记、市长卢建明参加会议。

列席会议的有：市委常委、市政府党组副书记潘贤掌，市政府副市长景普秋；市中级人民法院院长丁毅、市人民检察院党组书记赵雅清、市政府秘书长于川；市十二届人大常委会主任王进卯，副主任王忠义、李国峰、师义昌、程计则；各县市区人大常委会主任或副主任；市人大办公厅、研究室和各工作委员会副处以上干部；市政府办公厅、市发改委、市经信委、

2016年8月29—30日，长治市第十三届人民代表大会常务委员会第三十六次常委会议上，新任职人员向宪法宣誓　（石玉　供图）

市监察局、市人社局、市环保局、市住建局、市统计局主要负责人。

会议由主任李年善主持。

会议的主要内容是：

一、听取和审议市人民政府关于2016年1月至7月份全市国民经济和社会发展计划情况的报告；

二、听取和审议市人民政府关于城市垃圾处理、污水处理、集中供热情况的报告；

三、听取和审议市人大常委会城乡建设环境保护工作委员会关于主城区垃圾、污水处理和集中供热情况的视察报告；

四、人事任免。市长卢建明、市人大常委会副主任李进军、市中级人民法院院长丁毅分别作人事任免的提请。被提请人员作了供职报告，并回答了市人大常委会组成人员的询问。李年善主任向新任命人员颁发任命书。新任职人员向宪法进行宣誓。

与会人员围绕上述议题分组进行认真审议。

【长治市十三届人民代表大会常务委员会第三十七次会议】 2016年10月21日，长治市十三届人大常委会第三十七次会议在市人大常委会四楼会议厅举行。

出席会议的有：主任李年善，副主任申纪兰、张振芳、李进军、王进军、王辅刚、马四清、崔建泰，秘书长牛金生和委员共36人。市委副书记、市长卢建明参加会议。

列席会议的有：市政府副市长陈鹏飞、景普秋；市中级人民法院院长丁毅、市人民检察院党组书记赵雅清；市人大常委会原副主任师义昌、程计则、张书庆；各县市区人大常委会主任或副主任；市人大办公厅、研究室和各工作委员会副处以上干部；市政府办公厅、市教育局、市科技局、市监察局、市财政局、市人社局、市环保局、市住建局、市审计局、市煤炭局、市统计局主要负责人。

会议由主任李年善主持。

会议的主要内容是：

一、听取代表资格审查委员会关于代表资格审查情况的报告；

二、听取长治市人民政府关于主城区新改扩建学校建设情况的报告；

三、听取市人民政府关于全市科技创新工作情况的报告；

四、听取长治市人民政府关于浊漳河流域环境保护情况的报告；

五、听取长治市人民政府关于全市地方煤炭转型推进情况的报告；

六、听取关于2016年前9个月全市及市本级预算执行和市本级预算调整方案的报告；

七、听取长治市中级人民法院关于发挥审判职能、依法惩治毒品犯罪情况的报告；

八、听取长治市人民检察院关于司法体制改革试点工作进展情况的报告；

九、人事任免。市人民政府、市人民检察院分别作人事任命事项的提请。被提请人员作供职报告，会议表决通过相关人事任命事项，主任李年善向新任命人员颁发任命书。新任职人员向宪法进行宣誓。

与会人员围绕上述议题分组进行认真审议。会议审议并通过市人大常委会关于批准2016年市本级预算调整方案的决议。

【长治市十三届人民代表大会常务委员会第三十八次会议】 2016年11月11日，长治市十三届人大常委会第三十八次会议在市人大常委会四楼会议厅举行。

出席会议的有：主任李年善、副主任申纪兰、张振芳、李进军、王进军、王辅刚、马四清、崔建泰，秘书长牛金生和委员共36人。

列席会议的有：市委常委、组织部长姚逊，市中级人民法院院长丁毅，市人民检察院代检察长赵雅清；市人大办公厅、研究室和各工作委员会副处以上干部；市政府办公厅主要负责人。

会议由主任李年善主持。

会议的主要内容是：

一、听取长治市人大常委会代表资格审查委员会关于代表资格审查情况的报告；

二、听取关于罢免崔惠斌山西省第十二届人民代表大会代表职务的议案；

三、通过选举办法；

四、补选省十二届人大代表。

与会人员分组进行认真审议。

会议通过监票人、计票人名单，补选冯改枭、卢建明为省十二届人大代表；表决通过市人大常委会代表资格审查委员会关于代表资格审查情况的报告。

【长治市十三届人民代表大会常务委员会第三十九次会议】 长治市十三届人大常委会第三十九次会议于12月28日在市人大常委会四楼会议厅举行。

出席会议的有：主任李年善，副主任申纪兰、张振芳、李进军、王进军、王辅刚、马四清、崔建泰，秘书长牛金生和委员共36人。

列席会议的有：市委常委、常务副市长潘贤掌，副市长王玉圣；市中级人民法院院长丁毅、市人民检察院常务副检察长崔爱清；市十二届人大常委会主任王进卯，副主任王忠义、师义昌；各县市区人大常委会主任或副主任；市人大常委会办公厅、研究室和各工作委员会副处以上干部。市政府办公厅、市公安局、市司法局、市财政局、市审计局、市政府法制办、市扶贫办主要负责人。

会议由主任李年善主持。

会议的主要内容是：

一、听取和审议市人民政府关于2015年度长治市市本级预算执行审计查出问题整改情况的报告；

二、听取和审议市人民政府关于全市“六五”普法规划实施情况和“七五”普法规划情况的报告；

三、听取和审议市人大常委会执法检查组关于《中华人民共和国预算法》执法检查情况的报告；

四、听取和审议长治市人民政府关于2016年市本级预算调整方案的报告；

五、审议《长治市地方立法条例（草案）》；

六、审议《长治市禁止燃放烟花爆竹的规定（草案）》；

七、审议市人大常委会农村工作委员会关于跟踪监督全市脱贫攻坚情况的报告；

八、审议市人大常委会法制工作委员会关于全市禁毒工作的视察调研报告；

九、人事任免。市中级人民法院作人事任命事项的提请。被提请人员作供职报告，会议表决通过相关人事任命事项，主任李年善向新任命人员颁发任命书。新任职人员向宪法进行宣誓。

与会人员围绕上述报告和议题分组进行认真审议。

（牛金生　宋红义　石　玉）

（责任编辑：尚竹英）

长治市人民政府

综　述

【经济发展概况】 2016年，长治市地区生产总值完成1269.2亿元，比2015年增长4.6%；人均地区生产总值完成37027元、增长5.7%；工业总产值完成1538.2亿元、增长7.2%；规模以上工业增加值完成583.1亿元、增长2.5%；固定资产投资完成1514.4亿元、增长5.1%；农林牧渔业总产值110.3亿元、增长4%；粮食总产量16.17亿千克、增长3%；公共财政预算收入完成98.5亿元、增长2.2%；社会消费品零售总额完成566.6亿元、增长8%；城镇居民人均可支配收入达到28094元、增长6.4%；农村居民人均可支配收入达到11863元、增长6.9%。

【供给侧结构性改革】 2016年，长治市坚决去产能，关闭襄垣永丰、壶关赵屋、潞矿石圪节3座煤矿，退出产能210万吨，全年压减煤炭产量930万吨。加力去库存，加大棚改货币化安置力度，加强房地产用地供应管控，商品房销售面积增长2.7%；鼓励本地企业在同质同价的条件下优先使用本地产品，全市企业使用本地大宗产品的比例达到80%以上，主要工业产品产销率达到95.7%。多措去杠杆，发挥“企业资金链应急周转保障资金”作用，为100多家企业循环发放资金32.3亿元，壶化集团主板上市获国家证监会预批，2家企业在新三板成功上市。积极降成本，坚决贯彻中央、山西省减轻企业负担促进工业稳定运行的政策措施，全年为企业降低电力、物流等各类成本46亿元。补齐脱贫攻坚短板，建立“五帮联动”精准帮扶机制，成立市脱贫攻坚总指挥部，市级财政投入扶贫资金1.5亿元，每个退出村扶持25至40万元不等的扶贫专项资金，注入6013万元资金成立扶贫开发公司，深入实施特色产业扶贫、光伏扶贫、旅游扶贫等扶贫工程，易地扶贫搬迁9781人，222个贫困村有序退出、5.6万贫困人口稳定脱贫。

【优化产业结构】 2016年，长治市调减玉米种植面积0.67万公顷，新发展杂粮0.53万公顷、设施农业0.4万公顷、中药材1.37万公顷，新建改扩建标准化规模养殖场105个，新认证“三品一标”农产品69个，农产品加工龙头企业销售收入完成208.7亿元、增长9%。围绕“六大工程”，重点实施118个工业转型项目，建成竣工35个，形成一批新的经济增长点。开展干部入企服务和项目受理大起底，为企业解决问题1174个，问题解决率95.8%，企业满意率99.5%，被评为全省入企服务先进市。举办第二届“长治制造”展销周，签订销售意向135亿元、销售合同近4亿元。新兴产业增加值增长8.8%，占工业增加值的比重达到13.7%；非煤产业增加值增长3.9%，占工业增加值的比重达到32.6%。开展金秋让利促销活动，销售额50亿元。全市电商企业达到5000家，实现交易额200亿元。融入“一带一路”建设，组织16家重点企业赴俄罗斯、蒙古国开展经贸交流和项目对接，签订各类贸易合同4.8亿元。发行旅游惠民"一卡通"，旅游总收入369.1亿元、增长15%。三次产业结构调整为4.7∶51∶44.3。

【各项改革推进】 2016年，长治市推进"放管服效"改革，取消中央指定地方实施行政审批事项64项，成立项目联审联批办公室，建立"13710"工作落实平台，推进商事制度改革，推行"五证合一、一照一码"，新增各类市场主体2.4万户，总量达到15.8万户。召开民营经济发展推进大会，出台促进民营经济和实体经济发展20条，设立10亿元实体经济转型发展基金，民营经济增加值完成592亿元、增长5.9%。完善政府管理方式，实行财政资金预拨付制，加快征地拆迁和市政工程建设速度。按照"整合改制扩区调规"的要求，推进开发区改革创新发展。国企国资、农村土地确权、区划调整等改革推进。

【城乡一体统筹发展】 2016年，长治市主城区建设提档升级，全年共实施城建重点工程41项，完成投资15.7亿元。漳山电厂热电联供改造完工，新增集中供热面积500万平方米，供热总面积达到3800万平方米。辛安泉引水输水管道、生活垃圾卫生填埋场等项目有序推进。加快推进"智慧城市"建设，智慧交通体系基本建成，2500辆公共自行车、500辆纯电动公交车投入运行。推进上党城镇群建设，市区至6个卫星县城快速连接线基本贯通，以此为基础加快与主城区的设施对接、产业对接、机制对接、服务对接，推进县城公用设施向重点镇和中心村延伸。城乡人居环境改善"四大工程"完成投资215.2亿元。开展"五道五治"专项行动，建立环境整治长效机制，着力改善城乡人居环境。

【改善环境】 2016年，长治市在主城区范围内禁止露天烧烤、禁止燃放烟花爆竹、禁止燃煤。拆除改造264台采暖燃煤锅炉和78台经营性燃煤锅炉，对城中村、城边村的3.5万台的土小燃煤锅炉清洁焦替代，淘汰黄标车、老旧车1.7万辆，实现露天烧烤、燃煤锅炉、黄标车"全部清零"。对26家焦化企业、6家钢铁企业进行环保设施升级改造，对50个"未批先建"、282个"久试不验"项目清理整改。开工建设郊区黄碾人工湿地、北寨人工湿地。打击重点领域环境违法行为，对195家企业实施行政处罚，罚款4500余万元。完成营造林面积30.5万亩、水保治理面积24.5万亩。全年空气质量二级以上天数达到219天。

2016年12月24日，长治市人民政府与首钢总公司在北京签署扩大战略合作协议

【社会治理】 2016年，长治市落实安全生产责任，开展夜查突查，实施安全生产"两议一报"制度，加大隐患排查治理力度，全市各类生产安全事故起数和死亡人数比2015年分别下降1.7%和2.6%。保持"打黑除恶"高压态势，打击各类违法犯罪活动，推进禁毒大会战，人民安全感满意度提高。

【民生事业】 2016年，长治市启动主城区8所新改扩建义务教育学校建设，义务教育阶段学校校长、教师交流实现全覆盖，体校搬迁工程正式开工。统筹做好各类群体的就业创业工作，城镇新增就业4.1万人，城镇登记失业率1.96%，低于省控目标2.24个百分点。城乡居民基本医疗保险年人均财政补助标准由380元提高到420元，为经济困难的高龄与失能老年人以及百岁老年人发放补贴356.2万元，为重度残疾人发放护理补贴1783.7万元。市医院、市二院综合楼等重点民生工程进展顺利，16个乡镇卫生院、876个村卫生所新建改造工程全面开工，为2.6万名新生儿进行免费筛查。新开工保障性住房12226套，基本建成10077套，完成农村危房改造8380户。在《人民日报》上发起评选"2016年中国地级市民生发展100强"活动中，参选的全国262个地级市中，长治市位列第87位，成为全省唯一入选者。

【提质增效新动能及新兴业态简介】 2016年，长治市新认定国家高新技术企业16家，总数达到53家。全市技术合同成交263项，技术合同成交额25.4亿元。成功申报山西省太阳能光伏科技工程技术研究中心，省级以上企业工程技术研究中心5家。组织22家企业与天津大学、中科院等15家高校、科研院所开展产学研合作，成功集团新能源汽车、易通低温余热发电、高科LED、潞宝己内酰胺等新兴产业项目技术水平达到国内领先。认定省级众创空间6家，服务初创企业485家，常驻创业团队133家。搭建科技创新服务平台，筹建长治国家级煤基合成油检验检测中心和长治工业技术研究院。全年申报专利863件，有效发明专利拥有量578件。

（李　鹏）

（责任编辑：尚竹英）

重要会议

【市政府全体（扩大）会议】 2016年1月11日上午，长治市政府召开2016年第一次全体（扩大）会议，贯彻落实市委十届八次全体会议暨全市经济工作会议和全市脱贫攻坚大会精神，分解落实全年重点任务，就推进“冬季行动”进行再动员再部署。

4月15日下午，市政府召开第三次全体（扩大）会议，贯彻落实国务院、省政府廉政工作会议精神，安排部署项目建设、招商引资等重点工作，明确目标、细化责任，强化措施、狠抓落实，确保政府系统风清气正，确保各项工作顺利推进，确保各项指标任务按时保质完成。

12月14日，市政府召开第五次全体（扩大）会议，传达学习中央政治局12月9日会议精神，贯彻落实省、市第十一次党代会精神，总结盘点2016年全市经济工作，并对年终岁尾和2017年工作进行安排部署。

【市政府常务会议】 2016年2月25日，长治市政府召开常务会议，研究长治海关通关综合服务设施和出入境检验检疫技术业务用房建设、组建长治市应收账款债权管理公司等相关事宜。

会议听取市商务局关于《推进长治海关通关综合服务设施建设和长治出入境检验检疫技术业务用房建设情况》汇报，明确项目选址用地、投资估算及建设内容等。会议审议并原则通过《长治市应收账款债权凭证（合同）流转管理办法》，原则同意由长治市股权登记托管中心（有限公司）发起设立长治市应收账款债权管理有限公司，开展应收账款债权流转等创新业务。

3月8日晚，市政府召开常务会议，研究长治市投融资工作，审议并原则通过《长治市人民政府关于推广运用政府和社会资本合作模式的实施办法（试行）》，同意组建长治扶贫开发投资有限公司、设立长治市政府投资基金公司。会议原则通过《长治市职教园区和文化场馆PPP模式项目合作意向书》。

4月8日下午，市政府召开常务会议，审议并原则通过《长治市政府关于促进旅游业改革发展的实施意见》，研究《长治市水污染防治工作方案》和进一步深化行政审批制度改革等工作。《关于促进旅游业改革发展的实施意见》提出，力争用五年时间，把长治建成全国一流休闲旅游度假产业集聚区和国内知名旅游目的地，全市游客接待量突破6000万人次，并从深化旅游综改试验、拓展旅游发展空间、优化旅游服务环境等方面确定发展任务。

4月29日上午，市政府召开常务会议，传达学习环保部约谈会议精神并研究制定整改措施，原则通过《长治市推进大众创业万众创新实施方案》。

5月25日晚，市政府召开常务会议，专题研究长治市大气环境综合整治和水污染防治工作，原则通过《长治市大气污染防治专项行动方案》《长治市禁止露天烧烤的通告》和关于召开全市环境保护重点工作推进大会相关事宜。

5月31日晚，市政府召开常务会议，专题研究并原则通过《长治市国民经济和社会发展第十三个五年规划纲要（草案）》（送审稿）、《长治市2015年国民经济和社会发展计划执行情况与2016年国民经济和社会发展计划（草案）报告》《长治市2015年财政收支执行情况及2016年收支计划安排建议报告》，报请市委常委会研究。

6月6日上午，市政府召开常务会议，讨论并原则通过《政府工作报告（征求意见稿）》，决定提交市委常委会讨论。讨论并原则通过《长治市人民政府关于促进大数据发展实施意见（讨论稿）》《长治市人民政府关于推进“互联网+”行动实施意见（讨论稿）》《长治市国有林场改革实施方案》等议题，安排部署有关工作。

6月26日下午，市政府召开常务会议，听取长治市新能源汽车产业发展和推广应用、低热值煤发电和上大压小燃煤发电项目进展情况，以及长治市脱贫攻坚与生态建设相结合调研情况的汇报，学习《山西省人民政府健全重大行政决策机制实施细则》。会议听取关于《落实国务院第二批清理规范192项国务院部门行政审批中介服务事项的通知》《落实国务院第二批取消152项中央指定地方实施行政审批事项的通知》《落实国务院取消一批职业资格许可和认定事项的通知》的汇报。

6月29日下午，市政府召开常务会议，贯彻落实省政府121次常务会议精神，研究长治市新能源汽车发展和推广应用、推进低热值煤发电厂建设、加强环境保护等工作，审议并原则通过《长治市政府关于贯彻落实省政府“20条措施”促进工业稳定运行提质增效实施方案》和《关于开展环境保护大检查（督察）的实施方案（征求意见稿）》。

7月7日上午，市政府召开常务会议，传达学习省委书记骆惠宁在沁和能源集团中村煤业公司透水事故现场重要讲话精神，对长治市安全生产工作进行再安排、再部署。

8月7日，市政府召开常务（扩大）会议，贯彻落实省委书记骆惠宁7月30日在省委常委会上的重要讲话精神，按照市委“六大任务、六条措施”的部署要求，总结上半年经济运行和各项重点工作完成情况，分析研究当前经济形势，安排部署下半年重点工作。

8月15日上午，市政府召开常务会议，听取关于《成立长治市钢铁煤炭行业化解过剩产能实现脱困发展领导小组》的情况汇报，安排部署有关工作。会议指出，化解钢铁煤炭行业过剩产能是去产能的重要突破口，是落实“三去一降一补”供给侧结构性改革的重要抓手。

8月26日至27日，市政府召开常务会议，学习中共中央、国务院《法治政府建设实施纲要（2015—2020年）》，讨论并通过《长治市重大行政决策程序规定（草案）》，会议通报长治市2016年上半年省政府重点工作目标任务完成情况。讨论并通过《长治市国家资源型经济转型综合配套改革试验方案（2016—2020年）》《长治市国家资源型经济转型综合配套改革试验2016年行动计划》和《长治市深化供销合作社综合改革实施意见》《长治市深化供销合作社综合改革2016年行动计划》。讨论并原则通过《主城区禁止燃放烟花爆竹的通告》《长治市推进新能源汽车产业发展和推广应用工作实施方案》。听取并原则通过对《长治市城市总体规划（2011—2030年）》进行部分调整的意见。审议《长治市老顶山风景旅游区总体规划》。

9月5日晚，市政府召开常务会议，传达省委书记骆惠宁在长治市调研时的重要讲话精神和全省各类项目受理大起底电视电话会议精神，通报2016年山西省旅游发展大会情况，听取全市脱贫攻坚和环境治理工作情况汇报。

9月11日，市政府召开常务会议，听取全市民营经济发展推进大会建议方案及筹备情况汇报，审议并原则通过《长治市千名干部入企服务工作方案》和《长治市项目大起底工作方案（草案）》。听取市政道路桥梁工程、市污水处理厂PPP项目、污泥餐厨（垃圾）处置PPP项目、城中村棚户区改造项目、“三河一渠”综合治理项目、长治机场改扩建等项目建设进展情况汇报和生活垃圾卫生填埋场选址意见，原则通过2016年度市区保障性住房申请条件。审议并原则通过《第二届长治制造展示推介周活动方案》《长治市城市绿地系统规划（2015—2030）》。会议听取世行贷款公共自行车项目推进情况汇报。

9月21日下午，市政府召开常务会议，听取长治市国道过境环线公路改建工程情况汇报，研究《太行公园改造方案》、购置新能源公交车和主城区土小燃煤锅炉替代市级补助资金筹措等事宜。会议原则通过《长治市排污权有偿取得和交易办法》。

9月24日上午，市政府召开常务会议，研究并通过《长治市城市公立医院综合改革实施方案》，听取关于《长治市加快发展体育产业促进体育消费实施意见（征求意见稿）》的汇报。

10月14日下午，市政府召开常务会议，听取《省委省政府环保督察组反馈意见整改措施的建议》的汇报，讨论研究市政府部门权责清单动态管理办法、行政职权运行监督管理办法，以及《市政府关于支持社会力量发展养老服务业实施意见》。

10月18日下午，市政府召开常务会议，审议并原则通过《长治市固定资产投资项目联审联批实施方案（试行）》（审议稿），提交市委全面深化改革领导小组会议审议，研究漳河流域、沁河流域生态修复与保护规划和《长治市水利发展“十三五”规划》相关工作。会议听取并原则通过《漳河流域生态修复与保护规划（2016—2030年）》《沁河流域生态修复与保护规划》（长治部分2016—2030年）和《长治市水利发展“十三五”规划》。

10月27日上午，市政府召开常务会议，听取长治市国道过境环线公路改扩建工程项目进展情况汇报；听取并原则通过《长治市环境保护工作职责规定（试行）》《长治市深化农村改革综合性实施方案》，要求认真修改后提交市委常委会审议；研究并原则通过《加快推进全市国有企业改革实施方案》等事宜。会议听取城区、郊区部分城中村改造实施方案的汇报，要求把城中村改造纳入全市城建工作通盘考虑，统一规划。听取关于《进一步扩大对外开放若干意见》、关于《加快推进残疾人小康进程实施意见》的汇报，听取关于《推进长治市足球改革发展实施意见》。

11月10日下午，市政府召开常务会议，研究通过《长治市采煤沉陷区综合治理工作方案（2016—2018）》（审定稿），讨论《关于解决贫困地区农产品“卖难”问题的实施意见》。

11月30日下午，市政府召开常务会议，传达贯彻省政府第二届全国青运会筹委会第一次会议精神，审议并原则通过《长治市全民健身实施计划（2016—2020）》《长治市专利资助管理办法》。

12月9日上午，市政府召开常务会议，原则通过《主城区禁煤的通告》，研究同意设立长治市美丽乡村建设投资发展管理公司（融资平台），听取关于《对长治市妇幼保健院改善就诊环境及条件项目进行融资有关事项》《解决长治市国道过境环线公路项目建设前期费用》等汇报。

12月23日上午，市政府召开常务会议，对长治市加快文物旅游业发展的相关政策措施和实施意见、关于推进电动农机发展的实施意见、整合城乡居民基本医疗保险制度实施方案等事项进行研究审议。审议并原则通过《长治市贯彻落实2016山西旅游发展大会精神工作方案》和《长治市旅游业发展“十三五”规划纲要》等方案。

文件目录

【2016年市政府及办公厅文件目录】

长政发

1. 关于印发市政府区域污染源削减工作任务责任分解的通知

2. 关于做好第三次全国农业普查工作的通知

3. 关于2015年度工作总结的报告

4. 关于进一步推进标准化工作改革发展的实施意见

5. 关于尽快立项建设太行山大峡谷旅游高速公路的请示

6. 关于长治机场航站区改扩建工程项目申请国开发展基金有关事项的通知

7. 关于做好2016年安全生产工作的指导意见

8. 关于长治国家高新区“一区多园”挂牌的通知

9. 关于2015年度粮食安全目标责任执行情况的报告

10. 关于认真落实全省遏制煤矿重特大事故工作会议精神切实做好全市煤矿安全生产工作的通知

11. 关于成立长治市应收账款债权管理有限公司的通知

12. 关于印发长治市水污染防治工作方案的通知

13. 关于贯彻落实省政府廉政工作会议精神的情况报告

14. 关于成立长治市政府投资基金有限公司的通知

15. 关于成立长治扶贫开发投资有限公司的通知

16. 关于落实国务院第一批取消62项中央指定地方实施行政审批事项的通知

17. 关于落实和承接国务院第一批清理规范89项国务院部门行政审批中介服务事项的通知

18. 关于印发长治市社会信用体系建设规划（2016—2020年）的通知

19. 关于促进旅游业改革发展的实施意见

20. 长治市大气环境综合整治专项行动方案

21. 关于印发长治市推进大众创业万众创新实施方案的通知

22. 关于印发长治市支持承接加工贸易产业转移若干政策措施的通知（试行）

23. 关于印发长治市实施全面两孩政策实施方案的通知

24. 关于对山西省汽车工业贸易总公司长治公司调整属地管理的建议

25. 关于印发《关于贯彻落实省政府20条措施促进工业稳定运行提质增效实施》的通知

26. 关于推进低热值煤电厂建设的情况报告

27. 关于新能源汽车发展和推广应用的情况报告

28. 关于长治县雄山煤炭有限公司第五矿新矿界办理采矿许可证的请示

29. 关于印发2016年政府工作报告重点工作目标任务责任分解的通知

30. 关于印发长治市国民经济和社会发展第十三个五年规划纲要的通知

31. 关于下达长治市2016年国民经济和社会发展计划的通知

32. 关于山西长治羊头岭南仙泉煤业有限公司调整协议出让采矿范围的请示

33. 关于落实2016年省政府重点工作完成情况自查报告

34. 关于落实国务院第二批取消152项中央指定地方实施行政审批事项的通知

35. 关于落实国务院第二批清理规范192项国务院部门行政审批中介服务事项的通知

36. 关于落实国务院取消一批职业资格许可和认定事项的通知

37. 关于2015年度土地例行督察遗留问题的整改报告

38. 关于2016年上半年经济运行情况的报告

39. 关于促进大数据发展的实施意见

40. 关于推进“互联网＋”行动的实施意见

41. 关于长治高新区2015年第二批次建设用地的请示

42. 关于2016年新型职业农民培育资金配套的通知

43. 关于公布第五批市级非物质文化遗产名录的通知

44. 关于调整世行贷款长治交通项目协议的有关条款的请示

45. 关于印发全面推开营改增试点后市与县（市区）增值税收入划分过渡方案的通知

46. 关于2016年征兵的命令

47. 关于印发长治市重大行政决策程序规定的通知

48. 关于上报需省政府协调支持事项的情况报告

49. 关于加快发展体育产业促进体育消费的实施意见

50. 关于调整长治市城市总体规划（2011—2030年）的请示

51. 关于印发长治市资源型经济转型综合配套改革试验实施（2016—2010年）的通知

52. 关于卢建明同志出国的请示

53. 关于促进红十字事业发展的实施意见

54. 关于进一步加强我市城市公共客运管理工作的通知

55. 关于加快修理开工建设黎霍高速公路和长治市国道过境公路改建项目的报告

56. 关于印发长治市城市公立医院综合改革实施方案的通知

57. 关于上报漳河流域生态修复

与保护规划的报告

58. 关于印发长治市固定资产投资项目联审联批实施方案（试行）的通知

59. 关于印发长治市排污权有偿取得和交易办法的通知

60. 关于印发长治市农作物有害生物及农业外来生物入侵突发事件应急预案的通知

61. 关于印发长治市政府部门行政职权运行监督管理办法（试行）的通知

62. 关于印发长治市政府部门权责清单动态管理办法（试行）的通知

63. 关于印发长治市 2016 年推进简政放权放管结合优化服务工作方案的通知

64. 关于报批武乡县新建书社水源地保护区划分技术报告的请示

65. 关于印发长治市采煤沉陷区综合治理工作方案（2016—2018 年）的通知

66. 关于支持社会力量发展养老服务业的实施意见

67. 关于 2016 年人口计生工作目标管理责任制完成情况的报告

68. 关于印发长治市全民健身实施计划（2016—2020 年）的通知

69. 关于加快推进残疾人小康进程的实施意见

70. 关于推进煤炭市场体系建设的实施意见

71. 关于印发设立民营经济转型发展基金实施方案的通知

72. 关于印发长治市进一步扩大开放的若干意见的通知

73. 关于常平钢铁有限公司去产能情况的报告

74. 关于提请审议《长治市禁止燃放烟花爆竹的规定（草案）的法规案》

75. 关于授予林浩杰见义勇为模范的决定

76. 关于印发长治市专利资助管理办法的通知

长政办发

1. 关于印发全市工交系统开展“冬季行动”实施方案的通知

2. 关于上报长治市人民政府办公厅公务用车制度改革实施方案的请示

3. 关于印发 2016 年全市春运工作组织保障方案的通知

4. 关于印发长治市人民政府“冬季行动”任务清单通知

5. 关于下达各县市区水污染防治目标责任书的通知

6. 关于印发长治市煤矿复产复建验收管理办法的通知

7. 关于加强传染病防治人员安全防护的通知

8. 关于印发长治市群众求助事项社会联动服务工作实施方案的通知

9. 关于牛旭军等同志任职的通知

10. 关于印发长治市水污染 2016 年防治行动计划的通知

11. 关于印发《长治市工业园区提档升级三年专项行动计划》的通知

12. 关于印发《长治市工业园区建设指导意见》的通知

13. 关于下达 2016 年度工业经济主要考核指标的通知

14. 关于印发长治市 2016 年城市园林绿化实施方案的通知

15. 关于印发《长治市 2016 年林业生态工程建设实施方案》的通知

16. 关于印发《长治市 2015 年度土地矿产卫片执法监督检查实施方案》的通知

17. 关于印发长治市地方志事业发展规划纲要（2016—2020 年）的通知

18. 长治市人民政府办公厅推荐县处级、乡科级后备干部和中长期培养对象初出人选的报告

19. 关于印发 2016 年度全市农业机械安全技术检验工作实施方案的通知

20. 关于全面深化行政审批制度改革加强事中事后监管的实施意见

21. 关于印发长治市落实 2016 年省政府工作报告任务分工实施方案的通知

22. 关于印发长治市旅游惠民一卡通实施方案的通知

23. 关于印发长治市 2016 年度地质灾害防治方案的通知

24. 关于加快发展商业健康保险的实施意见

25. 关于印发长治市推进中药材产业发展实施方案的通知

26. 关于印发市环委会成员单位工作职责和 2016 年主要任务分解的通知

27. 关于印发《长治市市区 2016 年度国有建设用地使用权供应计划》的通知

28. 关于印发各县市区、高新区及市直有关部门 2016 年环保重点工作任务的通知

29. 关于印发长治市改善农村人居环境 2016 年行动计划的通知

30. 关于配套 2016 年度健苗工程专项经费的通知

31. 关于印发长治市大宗旅游接待奖励方案的通知

32. 关于印发 2016 年全市应急管理工作要点及任务分解的通知

33. 关于印发 2016 年民企入晋市直部门招商签约目标任务分解方案的通知

34. 关于印发长治市推广应用政府和社会资本合作模式实施方案的通知

35. 关于张浩同志任免职的通知

36. 关于印发长治市应收账款债权凭证（合同）流转管理办法的通知

37. 关于印发长治市改善城市人居环境 2016 年行动计划的通知

38. 关于印发长治市大气污染防治 2016 年行动计划的通知

39. 关于印发长治市改善重点河段水环境质量工作方案的通知

40. 关于进一步完善医疗救助制度全面开展重特大疾病医疗救助工作实施意见

41. 关于印发长治市粮食安全责任制考核办法的通知

42. 关于印发《长治市承接东部加工贸易产业转移工作方案》的通知

43. 关于印发长治市臭水体整治实施方案的通知

44. 关于印发长治市推进海绵城市建设管理实施方案的通知

45. 关于成立脱贫攻坚领导小组的通知

46. 关于印发长治市承接加工贸易产业转移目标考核办法的通知

47. 关于印发长治市2016年市政道路桥梁建设征迁责任落实方案的通知

48. 关于印发长治市解决无户口人员登记户口问题实施办法的通知

49. 关于城市基础设施配套费转为政府性基金管理地段划分的通知

50. 关于印发长治市人民政府防治重大疾病工作部门的联席会议制度的通知

51. 关于印发长治市简化优化公共服务流程方便基层群众办事创业工作方案的通知

52. 关于印发《长治市企业信用行为联合奖惩实施细则（试行）》的通知

53. 关于印发《长治市健康扶贫工作实施方案》的通知

54. 关于印发长治市2016年政务公开工作要点的通知

55. 关于调整2016年全市城乡居民最低生活保障标准的通知

56. 关于印发长治市遏制重特大事故实施细则的通知

57. 关于印发长治市乡村教师支持计划实施办法的通知

58. 关于建立分级诊疗制度的实施意见

59. 关于印发长治市贯彻实施质量发展纲要2016年行动计划的通知

60. 关于建立行政执法全过程记录制度的通知

61. 关于印发长治市行政执法责任制办法等六个办法的通知

62. 关于印发长治市2016年依法行政工作计划的通知

63. 关于印发《长治市深化医药卫生体制改革2016年重点工作任务》的通知

64. 关于印发《长治市突发气象灾害预警信息发布与传播管理办法》的通知

65. 关于印发长治市钢铁行业化解过剩产能实现脱困发展实施方案的通知

66. 关于促进社会办医加快发展的实施意见

67. 关于印发2016年食品安全重点工作安排的通知

68. 关于印发长治市市政基础设施建设项目审批流程再造的实施意见的通知

69. 关于印发长治市加强儿童医疗卫生服务改革与发展的实施方案的通知

70. 关于加快市政基础设施建设征迁和补偿资金拨付的通知

71. 关于加强旅游市场综合监管的通知

72. 关于抓好机械化秸秆还田深松整地和秸秆禁烧工作的通知

73. 关于印发长治市新一轮退耕还林还草地类地块调查工作实施方案的通知

74. 关于进一步规范和加强规划环境影响评价工作的实施意见

75. 关于印发2016年全市交通重点建设项目和任务的通知

76. 关于印发长治市房产服务中心主要职责内设机构和人员编制规定的通知

77. 关于印发长治市住房保障和城乡建设管理局主要职责内设机构和人员编制规定的通知

78. 关于印发长治市人民政府法律顾问委员会工作规则（修订）和长治市人民政府法律顾问工作考核办法的通知

79. 关于聘任第二届市政府法律顾问的通知

80. 关于印发长治市资源型经济转型综合配套改革试验2016年行动计划的通知

81. 转发市卫生计生委等部门关于推进医疗卫生与养老服务相结合实施意见的通知

82. 关于调整2016年全市农村五保供养对象供养标准的通知

83. 关于印发长治市中医药健康服务发展规划（2016—2020年）的通知

84. 关于印发长治市推进新能源汽车产业发展和推广应用工作实施方案的通知

85. 关于印发《严厉打击非法违法采矿行为专项行动实施方案》的通知

86. 关于印发长治市水利发展“十三五”规划的通知

87. 关于建立我市农村留守儿童关爱保护工作联席会议制度的通知

88. 转发市医改办等部门关于加强乡镇卫生院服务能力建设的实施方案的通知

89. 关于印发长治市食品安全目标责任考核办法的通知

90. 关于开展资产收益扶贫试点的指导意见

91. 关于2015年度考核工作的报告

92. 关于印发长治市突发事件应急体系建设第十三个五年（2016—2020年）规划纲要的通知

93. 关于印发《长治市地表水功能区划》的通知

94. 关于印发《关于加快推进全市国有（集体）企业改革的实施方案》的通知

95. 关于印发长治市深化供销合作社综合改革2016年行动计划的通知

96. 关于再次调整长子县等六县2016年度农村居民最低生活保障标准的通知

97. 关于印发长治市重特大火灾事故应急预案的通知

98. 关于印发《市直党政机关事

业单位办公用房统一调整方案（第一批）》的通知

99. 关于进一步加强市直党政机关事业单位办公用房集中统一管理工作的意见

100. 关于印发长治市森林火灾应急预案的通知

101. 关于印发长治市安全生产目标责任考核办法的通知

102. 关于解决贫困地区农产品卖难问题的实施意见

103. 关于印发长治市国道过境环线公路工程征地拆迁补偿标准的通知

104. 长治市资产收益扶贫试点工作实施方案

105. 关于确定孙曙英等同志为干部考察对象建议人选的报告

106. 关于印发长治市粮食应急预案的通知

107. 关于印发长治市通信保障应急预案的通知

108. 关于印发长治市政府机关使用正版软件工作考核办法（试行）的通知

109. 关于印发长治市承办第二届全国青年运动会两项赛事工作方案的通知

（李文斌）
（责任编辑：尚竹英）

人力资源和社会保障

【概述】 长治市人力资源和社会保障局，是新一轮大部门制机构改革在原长治市人事局、长治市劳动和社会保障局两局基础上，于2010年3月份整合成立的长治市政府工作部门，机关内设20个行政科室，核定行政编制55名，工勤人员编制5名。2016年，长治市人力资源和社会保障局围绕省、市下达的各项目标任务，坚持“民生为本、人才优先”的工作主线，应对经济下行带来的不利影响，综合采取系列措施，突出抓好创业就业、社会保险、人才建设、收入分配、劳动关系、能力建设等重点工作，整体工作保持持续健康发展势头。长治市工伤保险管理服务中心和城区延安南路街道劳动保障所获得全国人社系统2014—2016年度优质服务窗口称号。

【就业创业】 2016年，长治市稳就业、促创业，全市就业形势保持稳定。强化公共就业服务，深化就业援助，以高校毕业生和城镇就业困难人员为重点，市内外广泛征集岗位，就地安置和劳务输出双管齐下，开展“就业援助月”“春风行动”和“民营企业招聘周”等就业援助活动，累计提供各类就业岗位3万多个。落实大学生创业“七补一贷”政策，以创业带动就业，全市累计帮扶高校毕业生创业1500余人，创业孵化基地建设拓展到县区，发放经营场地补贴1.6万元，吸纳就业补助3.5万元，一次性求职补贴33.1万元，小额贷款421万元，实现创业就业9657人。开展就业扶贫专项活动，精准掌握建档立卡贫困人口信息，开展贫困人口劳务输出社会保险试点，为5000余人量身定制就业培训和岗位。实施重点企业失业动态监测，开展援企稳岗行动，落实去产能企业职工安置工作，防范大面积裁员，2016年城镇新增就业4.1万人，转移农村劳动力3.7万人，失业人员再就业7407人，就业困难人员就业1886人，城镇登记失业率控制在1.96%，低于省控4.2%的目标。

【城乡居民收入】 2016年，长治市落实各项增收措施，提高城镇居民收入。调整提高全市12.5万名企业离退休人员养老金，人均增资159元，平均达到2518元。城镇居民基本医疗保险财政补助标准提高40元，人均达到420元。城乡困难居民大病医保起付线降低到5000元，报销比例提高5%。各项社保待遇按时足额发放率始终保持100%。完成机关事业单位9.4万人基本工资标准调整和正常晋升。审批落实县以下公务员职务与职级并行4153人，乡镇工作补贴2.6万人，审批兑现法、检两院员额内法官、检察官基本工资标准调整和考核奖。提高全市机关事业单位离退休人员退休费标准。开展企业薪酬调查、职工在岗工资和人工成本信息调查，发布全市各类工种的工资指导价位信息，启动国企负责人薪酬制度改革。

【社会保障】 2016年，长治市加大扩面征缴力度，社会保障体系建设取得进展。全市养老、医疗、失业、工伤、生育参保人数分别达到205.5万人、99.8万人、41.3万人、56.9万人、43.9万人，基金征缴总额达到53.8亿元。在经济下行压力下，各险种参保人数和基金征缴不降反升，支撑能力增强。在抓好扩面征缴的同时，社保体系建设取得重要进展。机关事业单位养老保险制度改革正式启动，完成城乡居民医保经办机构和人员整合，启动“六统一”工作，实现省内异地就医直接结算，老百姓看病报销更加便捷。推进按病种结算的医保付费方式改革，规范企业养老保险基金统收统支，强化养老保险稽核和内控管理。失业保险调整支出结构，突出防失业、促就业功能。推进建筑企业按工程项目参加工伤保险，完善工伤住院医疗费用挂账管理机制，规范工伤待遇支付工作，扩大生育保险支付范围。开展社保基金监管软件联网应用，现场监督检查覆盖面达到30%以上。完成信息中心扩容升级、省—市—县业务专网全覆盖、核心平台软件上线运行三大信息化建设任务，专网横向连通率达到100%。累计发放社保卡256万张。社会保障信息化、网络化水平提高。

【人才队伍建设】 2016年，长治市引进境内外智力，培养壮大高层次、高技能人才队伍。2016年共执行引进国外技术、管理人才项目10项，引进

2016年12月8日，长治市人社局联合高科集团开展就业帮扶见面会

（蒋晓亚　供图）

外国专家42人次。为振东集团、方兴现代农业有限公司、中嘉加泰生物科技有限公司等企业引进多名国外经济技术专家，为企业发展提供智力支持。开展推荐申报省级博士后创新实践基地建站和高层次人才推荐选拔工作。全年申报博士后创新实践基地2家，推荐享受国务院政府特殊津贴4人，推荐山西省新兴产业领军人才2人，申报省级学术技术带头人5人，入选市级学术技术带头人40人，推荐评审高级职称675人。为13名享受国务院政府特殊津贴专家兑现岗位津贴9.4万元。实施高技能人才开发工程和职业培训示范基地创建活动，创新技能人才培养模式，开展各类创业就业培训项目，加强高技能人才队伍建设。全年全市创业培训2790人，城镇失业人员再就业培训6799人，农民工职业技能提升培训69354人，新成长劳动力培训6802人，技能人才培养（技能鉴定）15425人，新增高技能人才4653人。

【人事管理】 2016年，长治市人事考试安全有序，人事管理加强。组织公务员招录和事业单位公开招聘、专业技术人员、一二级建造师、执业药师、经济师等各类人事考试共5.4万人次。市县两级行政机关、参公单位公招录用260人，市直事业单位公招聘用538人。组织“三支一扶”招募工作，拟聘82个岗位，通过笔试、面试、体检等程序，最后确定41人。开展公务员考核、培训、任免、奖励和登记工作。深化和完善事业单位人事制度改革，开展经常性的岗位设置调整，推进事业单位人员竞聘上岗工作，强化聘后管理，完成市直单位公车改革司勤人员安置方案的审批。

【劳动监察】 2016年，长治市加强用工监管，劳动关系和谐稳定。全年共检查各类用人单位9854户，涉及劳动者20.4万人，劳动用工监管加强。为8036名劳动者追回被拖欠工资8064万元。处理突发事件9件，涉及劳动者518人，劳动监察投诉举报案件结案率100%，劳动人事争议仲裁结案率93%。企业劳动合同签订率99.85%，劳动用工备案率99.83%，集体合同覆盖率89.2%。有效化解一批矛盾纠纷，劳动用工规范，劳动关系和谐稳定。

（蒋晓亚）

（责任编辑：李杨涛）

民族宗教

【引导教育】 2016年，长治市民族宗教事务管理局把学习总书记系列讲话、学党报党刊头版时事政治、学民族宗教政策法规和五大宗教基本常识相结合。6月上旬，中央政治局委员、中央统战部部长孙春兰到山西省调研，长治市作为全省唯一地市代表进行工作汇报，得到孙春兰的充分肯定。9月1日至2日省委书记骆惠宁到长治市进行调研，体现出对少数民族和信教群众的关心。长治市民族宗教事务管理局党组于9月3日组织机关人员、各宗教团体负责人、民族宗教界代表人士座谈学习骆惠宁的重要讲话精神。根据骆惠宁具体指示，就少数民族特需商品生产经营情况组织专人赴西北进行考察，形成专题调研报告，为项目落地创造条件。

【民族工作】 2016年，长治市民族宗教事务管理局根据《国家民委关于推进民族团结进步创建活动进机关企业社区乡镇学校寺庙的实施意见》要求，开展民族团结进步创建“六进”活动，以创建工作创新发展带动民族团结进步事业，在全社会唱响“中华民族一家亲，同心共筑中国梦”的主旋律。加大对各县区少数民族发展资金项目申报、备案和管理工作，光伏发电、养殖等4个项目涉及5个少数民族聚居村惠及1000余人。养殖的150头牛和300余只羊帮助实现脱贫。向上争取少数民族发展资金35万元，经省发改委批准实施光伏太阳能项目。帮助扶贫村解决产业资金入股分红的问题，集体收入年净增加7万元。围绕贯彻全国城市民族工作会议精神，开展城市少数民族流动人口服务管理体系建设，在全市建成3个服务站，累计为400余人次少数民族流动人口开展救助解困，试点单位相互进行工作检查和经验交流。开斋节期间，席小军等市领导深入清真寺与穆斯林群众共度佳节，为各清真寺送去节日慰问品。

【宗教工作】 2016年，长治市民族宗教事务管理局抓住宗教团体、宗教活动场所、宗教教职人员和宗教活动四个关键环节，区分对象，区分层次，分类组织，推进《宗教事务条例》深入贯彻实施，完成宗教团体组织架构和主要负责人的候任准备。宗教活动场所安全、制度、秩序等进一步规范，宗教教职人员实现动态管理，对近200人档案予以完善，宗教活动合法、良性开展。开展“宗教政策法律法规宣传月”“双学一跟”活动，举办两期学习体会汇报大会。以“教风”为主题，开展和谐寺观教堂创建活动，指导和支持市佛教协会举办第四届全市汉传佛教讲经交流活动。经过两年的准备，组建市道教协会筹备组，使长治市道教事务的社会监督管理步入轨道。11月10日，坚持中国天主教自选自圣原则，祝圣天主教长治教区助理主教取得成功。

（孙玉林）

（责任编辑：张　洁）

外事、侨务及对港澳事务

【外事活动】 2016年3月22日至23日，世行项目经理焦育晖、高级城市交通专家Om Prakash Agarwal一行7人到长治市对世行贷款长治市城区交通可持续发展项目进行中期检查，市委常委、副市长王玉圣出席中期检查启动会和总结会；4月17日，“幸福微笑——救助唇腭裂儿童”公益活动在市人民医院举行，由来自美国、印度、挪威等国家的19名医疗队员和7名医疗教学队员组成的国际志愿者队伍在为期12天的活动期间对约100名患儿展开手术救治；4月19日至20日，韩国光州广域市政府代表团一行15人到长治市进行友好城市访问。韩国光州全南大学医院代表团一行3人到长治市第二人民医院进行实地考察和学术交流；7月9日，加拿大不列颠哥伦比亚省列治文市议员、代市长区泽光到长治市进行友好访问，世界华裔青年联合会主席、加拿大山西同乡会会长曹振宇陪同访问，卢建明会见区泽光一行；9月8日至10日，日本岩手山西会第27回“日中友好之翼”访华团一行13人到长治市进行友好访问。

【对港澳台事务】 2016年5月24日，澳门特别行政区检察院行政主管人员一行11人由山西省外侨服务中心副主任李煜陪同到武乡县八路军太行纪念馆进行参观考察；5月30日，海峡两岸暨香港、澳门知名民企考察团访问长治市高新区，市长卢建明、常务副市长许霞会见考察团代表并出席签约仪式。海峡两岸暨香港、澳门知名民企考察团与长治国家高新区成功签约11个项目，总投资达52亿元。

【对接“一带一路”】 2016年11月13日至18日，长治市委副书记、市长卢建明带领相关部门及16家企业负责人到俄罗斯和蒙古国进行为期8天的经贸交流，通过实地考察、集中推介、对接洽谈，共签订外贸订单4.8亿元。

【扶持外向型企业】 2016年，长治市外事侨务和文物旅游局加大民营企业APEC卡宣传推广力度，为振动集团、高科华烨集团、东明光伏、晨洋光伏、红山煤业、金凤凰旅行社等10家企业23人申办APEC商务旅行卡申请。

【出国管理】 2016年，长治市规范因公出国（境）审批程序。全年审批因公出国（境）团组共计12批24人次，主要涉及政务培训、与国外政府间公务人员交流、体育、教育、医学、文学等领域，没有违反外事纪律情况。

【涉外管理】 2016年，长治市外事侨务和文物旅游局完善体制机制，加强涉外事件处置协作平台建设，提高涉外突发事件应对能力和海外领事处

2016年4月，时任长治市市长席小军（右）向韩国光州广域市长尹壮铉（左）赠送礼物

（李慧娟　供图）

置保护能力。妥善处置长治学院美籍外教意外死亡事件、韩国游客心脏病突发死亡事件，未造成不良影响。健全境外媒体记者管理联席会议制度和小范围协调机制，加强部门间的协调配合，形成相互协调、上下联动的监管机制。发挥外事部门的主导作用，协调配合市公安局等部门开展调查，将有关情况通报省外侨办、市委、市政府，协调指导相关单位与死者家属沟通，解决善后事宜。

【友城交流】 2016年，长治市有5个友好城市：韩国光州广域市、新西兰上哈特市、法国洛林大区勃利耶市、德国北威州玛尔市、美国宾夕法尼亚州雷丁市。

4月，韩国光州广域市政府代表团尹壮铉市长一行15人到长治市进行友好访问，两市就加强旅游产业领域的友好交流与合作方面达成共识，正式签署《长治市与光州市旅游交流合作协议》。同期，韩国光州全南大学医院代表团一行3人到长治市第二人民医院进行实地考察和学术交流。7月12日至15日，长治市赴江西参加第14届中韩地方政府交流研讨会。

【为侨服务】 2016年，长治市外事侨务和文物旅游局制订《长治市侨务精准扶贫方案》，深入开展走访慰问活动，帮扶困难归侨，解决实际困难；做好侨务信访工作，维护归侨侨眷的合法权益，维护侨界稳定。2016年，长治市外事侨务和文物旅游局走访部分困难归侨和“三侨生”家庭，共计发放慰问金15000元，其中4000元用于三侨生资助，11000元用于贫困归侨侨眷救助；27名困难老归侨发放生活补助共计64800元。

（李慧娟）
（责任编辑：曾晋芳）

信访工作

【概述】 2016年，长治市进京、赴省、到市群众走访流量大幅度下降。全年发生进京非正常上访61人次，比省控制指标290人次低229人次，比上年同期的160人次下降61.9%；发生赴省集体上访57批次，比上年同期的103批次下降44.7%；发生到市上访515批7675人次，同比分别下降64.1%和51.6%。

【信访事件办结】 2016年，长治市信访局共收到群众来信17件，到期应办结14件，3件推进办理；省信访局转交群众来信394件，到期应办结336件，至2016年年底办结327件，办结率97.3%。信访事项化解率94.1%，比目标责任考核要求的85%高9.1个百分点，共收到上级部门转办交办的网上投诉事项737件，到期应办结614件，至年底办结606件，办结率98.7%，群众满意率96.4%。

【重点敏感时期信访工作】 2016年，全国“两会”、省“两会”、市“两会”、G20峰会、党的十八届六中全会、省第十一次党代会、省人代会、省能源论坛等每一个重点敏感时期的活动，长治市信访部门都有参与，并完成每一次活动期间的信访工作任务，多次受到省信访局的肯定。尤其在党的十八届六中全会期间，长治市实现进京“零非访”，获山西省联席办全省通报表扬。

【“三制度一台账”制度】 2016年，长治市信访局制订《领导轮流接待上访群众工作方案》，市级每个工作日安排一名市领导轮流到市信访接待大厅接待上访群众。县级坚持书记、县长、副书记每周抽出一天时间接待上访群众，每周一由书记或县（区）长接待，其他每个工作日都要有领导干部轮流接访，确保群众见得到领导，说得了诉求。同时，为确保领导接访能解决问题，长治市联席办建立“三制度一台账”，即《领导接访事项跟踪督察督办制度》《领导接访事项现场会商研判制度》《领导接访事项双向反馈制度》和《领导接访事项跟踪督办台账》，对领导接访事项实行台账化管理，跟踪督办，一督到底。全年，长治市市级领导共接待来访群众167批824人次，解决问题109个。

【“一交办三治理”活动】 2016年，长治市信访局开展信访积案大交办暨重复信访事项、重点领域信访突出问题、信访秩序专项治理活动（简称“一交办三治理”），化解上级交办积案39件，办结率100%，带动市、县两级化解信访案件281件，降低信访存量。对重点领域的突出问题进行解决，进京非正常上访、赴省集体访、到市上访量与上年同期相比均呈大幅下降趋势。

【“清网行动”】 2016年，长治市信访局在全市开展“清网行动”，对网上登记办理不规范，未按期办结的信访事项全部进行办理，确保全部办结。截至2016年年底，网上投诉1041件办结1040件；来信712件办结707件；来访213件办结122件。

【“最美信访干部”评选活动】 2016年，长治市信访局在全市开展“最美信访干部”评选活动，推选市级“最美信访干部”16名，其中3名推荐为全国“最美信访干部”。

【阳光信访】 2016年，长治市信访局加强督查督办，确保信访事项办结率100%。推广使用手机APP和微信投诉平台。拓宽群众诉求渠道，方便群众表达诉求，让数据多跑路、群众少跑腿。成立市、县两级网上投诉工作机构，配齐配强工作人员，规范网上投诉办理工作。强化信访信息系统应用，拓展信访信息系统覆盖范围，横向联通所有市直单位、驻市企业，纵向贯通所有乡（镇、街道），加强培训，强化督查，确保信访事项在网上流转。

【责任信访】 2016年，长治市信访局制定《长治市信访工作责任制实施细则》。强化信访工作考核。制定县级、市直单位、驻市企业信访工作考核办法。狠抓信访督查工作。建立信访督查专员制度，加强后备干部到信访部门挂职锻炼，充实信访督查工作队伍，加大督查力度，推进工作落实。

【律师参与信访接待和积案化解】2016年，长治市信访局在全市各县（市、区）推广律师参与接访工作的方法，引导信访群众理性表达诉求、依法维护权益。

【创新听证制度】 2016年，长治市信访局建立“信访案件听证会专家库”，由信访人自主选择听证专家参会，提高听证会的中立性、权威性和可行性。建立听证后释疑制度，会后专家及时跟进，答疑解惑，消除心理障碍，沟通思想，达到息诉罢访目的。2016年，共通过听证的办法复查复核9件骨头案、钉子案，全部息诉罢访。

（崔小桐）

（责任编辑：张　洁）

机关事务管理

【概述】 根据《中共长治市委、长治市人民政府关于印发〈长治市人民政府职能转变和机构改革方案〉的通知》和省编办《关于长治市政府职能转变和机构改革中相关事业单位机构编制事项的通知》，原长治市机关事务管理局由市政府工作部门调整为事业单位，与长治市机关事务管理服务后勤服务中心整合，组建长治市机关事务管理服务中心，正处建制，财政拨款事业单位，隶属于市人民政府办公厅管理。长治市机构编制委员会办公室印发《关于印发长治市机关事务管理服务中心主要职责内设机构和人员编制规定的通知》。2016年，长治市机关事务管理服务中心加强节约型机关建设，完成管理、服务、保障工作任务。

【办公用房集中统一管理】 2016年，长治市机关事务管理服务中心根据市委常委会议研究决定的《市直党政机关事业单位办公用房调整方案（第一批）》及市直单位办公用房调整工作会议安排，开展第一批办公用房调整工作。第一批调整办公用房工作涉及47家单位，其中，调整出院外的单位有20余家，调整腾退320多间办公用房。根据《市直党政机关事业单位出租办公用房、门面房管理办法》，长治市机关事务管理服务中心分两批对到期门面房进行公开拍租，全年共签订租赁合同181户，收缴租金9064472元。

【公务用车制度改革】 自2015年12月31日车辆封存以来，长治市共有150家市直行政、参公事业单位参加车改，参改车辆1348辆。根据车改审批方案，市直保留车辆668辆，报废车辆139辆，拍卖车辆541辆，拍卖收入12776030元，实现国有资产保值增值。公务用车服务平台实行24小时统筹调度，执行《市直机关公务用车管理使用暂行规定》和《保留车辆使用管理暂行办法》，按规定公务派车2414台次，行驶总里程约587505千米，实现安全行车零事故运行，保障参改单位的公务用车。

【公共机构节能】 2016年，长治市机关事务管理服务中心完成省管局下达的人均综合能耗、人均水耗比2015年下降3.2%、单位建筑面积能耗下降2.5%的目标任务。6月，开展以“节能领跑、绿色发展”为主题的公共机构节能宣传周活动。9月，争取国家“以奖代补”资金634万元，开展市委家属院39栋共10万平方米既有建筑节能改造。

【泽馨苑住宅小区建设】 2016年9月，在公交、供热、供气以及相关职能部门支持下，长治市泽馨苑住宅小区实现通公交、通暖气、通天然气，小区购房、装修、入住人员增多。

【基本建设和水暖电维修】 2016年，长治市机关事务管理服务中心严格质量管理标准和检查制度，完成新闻中心至城西站10千伏线路工程、政务中心低压分户计量改造工程、门禁系统工程、机关大院亮化维修工程、花房拆除及原址绿化工程、家属区四个院落路面维修改造工程以及教育局和广电局墙面粉刷工程（粉刷面积达10297平方米）。按照《水暖电维修管理制度》以及规定程序、施工标准和施工所需材料组织维修工作，处理水、电、暖各种日常维修2100余次，维修1#、4#、10#、15#、17#供暖管网，保障机关水、暖、电正常供应。

【安全保卫】 2016年，长治市机关事务管理服务中心在安全防范工作中超前布置，做到人防、物防、技防有机结合，加强机关勤务队员和保安的责任意识、遵规守纪意识的培养和教育，依据规章制度进行管理和奖惩，巩固平安大院建设成果，开展消防检查7次，排查安全隐患7次，人员车辆出入登记30000余次。

【绿化卫生】 2016年，长治市机关事务管理服务中心响应市委、市政府在全市上下开展“五道五治”专项行动，清理机关院内和家属区楼道乱堆乱放的杂物。开展绿化养护和补栽补种工作，全年修剪大院树木200余棵、草坪近4万平方米、绿篱3千米。

【后勤服务】 2016年，长治市机关事务管理服务中心加强内部管理、规范服务程序、改善服务化境，机关会议厅、电视电话会议综合楼四楼视频会议室接待会议200多场次，机关食堂提供每日约1200人次的就餐服务，机关洗理中心每日保障约600人的洗澡、理发服务。

（刘　乐）

（责任编辑：李杨涛）

中国人民政治协商会议长治市委员会

综　述

2016年，中国人民政治协商会议长治市委员会（以下简称市政协）在市委领导下，学习贯彻中共十八大和十八届三中、四中、五中、六中全会和习近平总书记系列重要讲话精神，深贯彻落实省、市十一次党代会精神及各项部署，围绕全市工作大局，团结引领政协各参加单位和广大委员，履行政治协商、民主监督、参政议政职能，积极咨政建言，广泛汇聚力量，为如期实现脱贫攻坚和全面小康“两个目标”作出贡献。全年，市政协共召开全体委员会1次，常委会议8次。截至2016年年底，委员共28个界别，365名，其中，增补委员29名，撤销委员19名，免去及自然终止委员资格14名，缺额4名。全年共提交提案436余件，办结（复）率95%，满意率98%；收集社情民意信息1568条，上报省政协348条，市级采用183条。市政协反映社情民意信息工作连续7年保持全省第一。工作机构设7个专委会，分别是提案委员会、经济和人口资源委员会、教科文卫体委员会、学习联络法制委员会、农村工作委员会、港澳台侨外事委员会、文史资料委员会。内设机构2个，分别是办公厅和研究中心。社团组织1个，为老委员联谊会。

重要会议

【政协长治市委员会全体会议】 2016年6月12日至16日，政协第十二届长治市委员会第五次会议在市委机关会议厅举行。会议听取和审议政协第十二届长治市委员会常务委员会工作报告、政协第十二届长治市委员会常务委员会关于提案工作情况的报告；列席长治市第十三届人民代表大会第六次会议，听取并讨论《政府工作报告》《长治市国民经济和社会发展第十三个五年规划纲要（草案）》和其他有关报告；审议通过政协第十二届长治市委员会第五次会议政治决议、政协第十二届长治市委员会第五次会议关于政协第十二届长治市委员会常务委员会工作报告的决议、政协第十二届长治市委员会第五次会议关于政协第十二届长治市委员会常务委员会提案工作情况报告的决议和政协第十二届长治市委员会提案委员会关于政协第十二届长治市委员会第五次会议提案征集与审查情况的报告；审议通过《王云亭同志辞去政协第十二届长治市委员会主席职务的决定》，会议选举许霞为政协第十二届长治市委员会主席。来自全市28个界别的300多名政协委员参加会议，市委书记席小军参加分组讨论并在闭幕会上作重要讲话，市委副书记、代市长卢建明参加分组讨论，市人大常委会主任李年善等市领导到会祝贺。

【政协长治市委员会常委会议】 2016年3月9日，长治市政协召开十二届二十六次常委会议。会上，市政协各专委会、研究中心汇报2015年工作，市发改委主任李建鸣通报长治市“十三五”规划有关情况，市经信委主任魏庆武通报长治市当前经济发展情况。市政协主席王云亭出席并讲话。副主席秦跃晋、俞长生、赵坚、关小平、郭健福、刘鹏飞及秘书长李义广出席会议，副主席关小平主持会议。

2016年6月2日，市政协召开十二届二十七次常委会议，会议决定政协第十二届长治市委员会第五次会议于6月13日召开，会议讨论《政府工作报告（征求意见稿）》，决定增补许霞为政协第十二届长治市委员会委员。市委副书记、代市长卢建明作《政府工作报告（征求意见稿）》起草说明，市政协主席王云亭主持会议并讲话。会上，市委办公厅、市政府办公厅通报市政协十二届四次会议以来提案办理情况。市政协副主席俞长生、赵坚、关小平、郭健福、刘鹏飞及市政府秘书长于川、市政协秘书长李义广出席会议。

2016年6月15日，市政协召开十二届二十八次常委会议第一次会议。会议审议通过《关于同意王云亭同志辞去政协第十二届长治市委员会主席职务的决定（草案）》，政协第十二届长治市委员会主席候选人名单，政协第十二届长治市委员会第五次会议选举办法（草案），政协第十二届长治市委员会第五次会议总监票员、监票员，总计票员、计票员建议名单（草案），政协第十二届长治市委员会第五次会议政治决议（草案），政协第十二届长治市委员会第五次会议关于政协第十二届长治市委员会常务委员会工作报告的决议（草案），政协第十二届长治市委员会第五次会议关于政协第十二届长治市委员会提案工作情况报告的决议（草案）。市政协主席王云亭出席会议并讲话。市委常委、组织部长郭康锋作政协第十二届长治市委员会主席候选人情况说明。副主席秦跃晋、俞长生、赵坚、关小平、郭健福、刘鹏飞及秘书长李义广出席会议，副主席赵坚主持会议。

2016年6月16日，市政协召开十二届二十八次常委会议第二次会议。会议审议通过《关于同意王云亭同志辞去政协第十二届长治市委员会主席职务的决定（草案）》，政协第十二届长治市委员会主席候选人名单；政协十二届五次会议选举办法（草案），政协十二届五次会议总监票员、监票员，总计票员、计票员名单（草案），提案委员会关于市政协十二届五次会议提案审查情况的报告（草案），政协第十二届长治市委员会第五次会议政治决议（草案），政协十二届五次会议关于常务委员会工作报告的决议（草案），市政协十二届五次会议关于提案工作情况报告的决议（草案）。市政协主席王云亭出席会议并讲话。副主席秦跃晋、俞长生、赵坚、关小平、郭健福、刘鹏飞及秘书长李义广出席会议，副主席关小平主持会议。

2016年6月16日，市政协召开十二届二十九次常委会议。会议审议通过《政协长治市委员会常务委员会2016年工作要点》。市政协主席、常务副市长许霞主持并讲话，市政协副主席秦跃晋、俞长生、赵坚、关小平、郭健福、刘鹏飞及秘书长李义广出席会议。

2016年9月13日，市政协召开十二届三十次常委会议。会议审议通过《关于推进我市文化旅游产业发展的建议》。市政协主席许霞出席会议并讲话，市政府副市长景普秋在会上通报长治市文化旅游产业发展情况，市政协副主席赵坚在会上就《关于推进我市文化旅游产业发展的建议（常委会议审议稿）》作起草说明，副主席郭健福主持会议，副主席俞长生、关小平及秘书长李义广出席会议。

2016年10月28日，市政协召开十二届三十一次常委会议。会议审议通过《关于推进我市脱贫攻坚工作的建议》，学习中共十八届六中全会精神。市政协主席许霞出席会议并讲话。市委常委、常务副市长潘贤掌通报长治市脱贫攻坚工作情况，市政协副主席关小平就《关于推进我市脱贫攻坚工作的建议（常委会议审议稿）》作起草说明，副主席刘鹏飞主持会议，副主席秦跃晋、俞长生、赵坚、郭健福及秘书长李义广出席会议。

2016年12月22日，市政协召开十二届三十二次常委会议。会议审议通过《关于推进我市装备制造业升级发展的建议》。市委副书记、市政法委书记郭康锋出席会议并讲话。市政府副市长陈鹏飞通报长治市推进装备制造业升级发展的情况；市政协副主席秦跃晋就《关于推进我市装备制造业升级发展的建议（常委会议审议稿）》作起草说明。会议增补宋福庭、魏俊英、琚海鹏、郭志新、王建中、侯慧萍、郭建宇、马建峰8名同志为十二届市政协委员。市政协主席许霞主持会议，副主席俞长生、赵坚、关小平、郭健福、刘鹏飞及秘书长李义广出席会议。

重要活动

【加强理论学习】 2016年，长治市政协将学习贯彻党的十八大和十八届三中、四中、五中、六中全会精神和习近平总书记系列重要讲话精神放在突出位置，结合“两学一做”专题教育活动的开展，从4月开始重点开展集中学习、专题党课、学习研讨等工作，围绕“四讲四有”举办各类学习和党组、处级干部和党小组研讨19次。

【精准扶贫工作】 2016年，长治市政协召开党组会议、主席会议、秘书长会议和机关党员干部会议10余次研究部署精准扶贫工作，制订扶贫工作方案，成立扶贫工作队，选派4名科级干部担任农村支部第一书记，市政协领导带头驻村帮扶，组织委员和机关党员干部分别深入4个县、8个村的589户贫困户，围绕贫困村基础设施建设、村容村貌整治、集体经济“破零”和贫困户住房安全、项目增收等开展调研和到户帮扶活动200多次。开展送温暖献爱心活动为贫困群众送被、送粮、送年货、送温暖，价值100余万元。市政协组织专家协会到贫困村开展医疗、教育、农业科技等技术扶贫，服务群众500多人次。10月28日，市政协召开专题常委会议，审议通过《关于推进我市扶贫攻坚工作的建议》，为助力全市脱贫攻坚工作献计出力。

协商议政与民主监督

【协商议政】 2016年5月9日至11日，长治市政协十二届五次全会期间，300多名委员通过小组讨论，就加快新兴产业发展、推进脱贫攻坚、供给侧结构性改革、推进治理体系和治理能力现代化等方面提出200多条意见和建议。

【民主监督工作】 2016年，长治市政协围绕基层协商民主建设进行调研，编印形成《协商民主实践与探索》《人民政协民主监督实践与思考》等调研成果。建立健全与市委、市政府联合制定政协年度协商计划工作机制，形成以政协全体会议为龙头，专题协商为重点，对口协商、专题议政、界别协商、提案办理协商为常态的协商格局。落实市委《关于加强人民政协民主监督的实施意见》，推动民主监督的规范化、制度化建设。市政协改进民主评议工作，组织委员对市外旅局和畜牧局2016年的工作开展民主评议。加强对省市重大决策部署落实情况的视察监督，选派民主监督员开展日常监督等，补齐民主监督短板，增强民主监督实效，促进部门作风转变、发展环境优化和各项工作落实。

提案与社情民意工作

【提案工作】 2016年，长治市政协各参加单位和委员共提交提案436余件，办结（复）率95%，满意率98%。其中，《关于在主城区禁止燃放烟花爆竹的建议》《关于主城区违法电动车辆综合治理的建议》等一批重点提案转化为市政府的决策和行动。

【社情民意信息工作】 2016年，长治

市政协发挥社情民意信息“直通车”作用，通过强化队伍建设、加强指导培训、开展专题调研、完善考核办法、健全工作机制等途径，提高信息数量和质量，使政协社情民意信息成为市委、市政府掌握社会舆情的重要渠道。全年市政协共收集社情民意信息1568条，上报省政协348条，市级采用183条，此项工作名列全省第一。

其他各项工作

【文史资料工作】 2016年，长治市政协共发行《长治文史》6期，刊发200篇左右文章，80余万字。加强市图书馆“政协文史资料馆”建设，丰富长治市各级政协及全国各地交流的文史资料2000余册，发挥文史资料工作存史资政、团结育人的社会功能。

【统一战线工作】 2016年，长治市政协落实《关于进一步加强与民主党派工商联联系的意见》和《关于进一步发挥各民主党派、工商联和无党派人士作用的意见》，尊重和保障党外人士民主权利，加强对各党派团体参加政协共同性事务的协商，深化与党外人士的合作共事。坚持主席、副主席、各专委会定期走访联系民主党派、工商联和界别委员的制度，密切联系沟通；坚持召开党派、工商联负责人座谈会和秘书长联席会议制度，鼓励支持各民主党派、工商联、人民团体等政协参加单位，利用政协会议、视察、调研、提案、信息等各种议政平台和交流渠道参政议政。

【民族宗教工作】 2016年，长治市政协贯彻党的民族宗教政策，发挥民族宗教界委员的作用，促进民族团结，引导宗教与社会主义社会相适应。在开斋节和圣诞节期间，市政协领导深入宗教活动场所慰问信教群众，了解他们的生产生活情况。

【港澳台侨和外事工作】 2016年，长治市政协密切与港澳台同胞、海外侨胞、海外新移民留学生代表、区域内台属、归侨侨眷的联系，开展扩大对外开放、助推产业升级和结构调整等专题调研，组织“三胞三属”联谊活动，接待旅外华人、知名学者、外资企业负责人到长治市投资兴业、探亲访友9批次。

（李　媛）

（责任编辑：尚竹英）

2016年12月16日，市政协主席许霞（中）带领部分驻市省政协委员深入市人民检察院视察　（李媛　供图）

纪检监察

【概述】 2016年，长治市各级纪检监察机关牢固树立“四种意识”，忠诚履行职责使命，聚焦监督执纪问责，落实十八届中央纪委六次全会、省纪委十届七次全会和市委十届八次全会的部署要求，推动省、市第十一次党代会各项工作部署的落实，着力在保持正风反腐高压态势、减存量遏增量、把握运用“四种形态”、持之以恒反对“四风”、深化“三转”、加强纪检监察干部队伍建设等方面下功夫，推动全市全面构建良好政治生态、党风廉政建设和反腐败斗争取得新进展。

【推动“两个责任”落实】 2016年，长治市委形成党风廉政建设“一月一检查、一季一分析、半年一研判”工作机制。全年先后批办案件62件次，10余次集体约谈下一级党组织负责人，个别约谈230余人次，主谈有问题线索领导干部11人。市纪委书记逐县调研，加强指导，9次集体约谈各县市区纪委书记，个别约谈县委书记、县长37人次，个别约谈纪委书记、纪检组长120余人次，主谈有问题线索领导干部19人。建立健全“四述”制度，组织部分县市区委书记、纪委书记及市直部门党组书记、纪检组长向市纪委全会述纪述廉述作风述责任，传导“两个责任”压力。坚持“一案双查”，综合运用批评教育、诫勉、组织处理、纪律处分等方式，把加强案件警示教育与落实党风廉政建设“两个责任”相结合，发挥查办案件的治本功能。2016年，全市共有179名党员领导干部因落实“两个责任”不力受到责任追究，通报曝光落实“两个责任”不力案件48件82人。

【惩治腐败】 2016年，长治市市县乡共查处群众身边不正之风和腐败问题案件543件，处理639人，其中，给予党政纪处分594人，组织处理45人。查处扶贫领域违纪71案102人，其中重处分29人，移送司法13人。履职尽责，配合山西省环境保护督察组督察。省环保督察组交办的2批27件问题线索中的第一批16件全部办结，对43名相关责任人实施追责问责，其中，给予党政纪处分7人，组织处理36人。坚持暗访、曝光、查处、追责“四管齐下”，深挖对机关干部中存在的“不敢为”“不会为”“不想为”“不愿为”以及懒政、怠政等各种形式的“为官不为”问题，服务全市经济社会发展大局。2016年，20多名相关责任人受到通报批评或问责处理。

【纠正“四风”问题】2016年，长治市制定出台《关于反对“四风”重申有关规定的通知》，遏制“车轮上的腐败”“餐桌上的腐败”“公权上的腐败”等问题。全年全市各级纪检监察机关共查处违反中央八项规定精神问题385件，是上年同期查处94件的409.57%；作出党政纪处分和组织处理539人，是上年同期查处121人的445.45%。其中，党政纪处分382人，组织处理157人，涉及县处级39人，乡科级240人，一般人员137人，村干部123人。坚持对违反中央八项规定精神和“四风”问题“零容忍”，将违反中央八项规定精神问题线索列为纪律审查的重点。2016年，全市共公开通报典型问题161件251人，分别占到查处问题385件539人的41.82%、46.57%，对落实中央八项规定精神不力的77起案件105人进行责任追究。

【巡视巡察】2016年8月底，长治市整改落实山西省委两轮巡视反馈的10个方面47个问题和13个方面45条建议。山西省委巡视组批转交办的1638件问题线索，办结1618件，查实928件，查实率57.4%；处分违纪县处级党员干部59人，其中，给予撤职以上重处分21人，移送司法机关处理9人。落实省委《关于建立市县党委巡察工作的意见》，组建5个市委巡察组，健全“一长两员三库”，严格巡察队伍入选管理。制定《关于建立市委巡察制度的实施办法(试行)》《中共长治市委巡察工作流程(试行)》《中共长治市委巡察机构“一长两员三库”建设管理办法(试行)》《中共长治市委巡察机构关于进一步严明巡察纪律的规定(试行)》《中共长治市委首轮巡察工作方案(试行)》5项制度，实现无缝对接，增强巡察工作合力。首轮巡察，市县两级共巡察党组织544个，组织测评和问卷调查163次，集体谈话或个别谈话3565人(次)，召开座谈会109次，接待来访群众1202人(次)；发现问题和问题线索2572件，其中，1361件问题完成整改432件，进行整改929件，1211件问题线索移送纪检监察机关352件,移送组织部门73件，移送信访部门10件，移送司法机关13件，移送职能部门72件，移送被巡察单位599件，暂未移送92件。

【案件办理及谈话函询】2016年，长治市推行市、县、乡三级纪委建账、对账、查账、销账、交账“五账工作法”。2012年十八大召开至2015年年底，全市各级纪检监察机关共受理信访举报5059件，截至2016年年底，办结5017件，办结率99.17%，腐败存量减少；2016年，全市各级纪检监察机关共接受实际检举控告类信访举报件1915件，办结1503件，办结率78.49%，较2015年3462件减少1547件，下降44.69%，腐败增量得到遏制。坚持把严惩极少数抓在手上，把党的十八大后不收敛不收手，问题严重、群众反映强烈，在重要岗位可能还要提拔使用的党员领导干部作为纪律审查的重点。2016年，全市纪检监察机关共立查案件1707件，同比下降2%；结案1669件，同比下降3.8%；市纪委机关结案82件，同比增长121.6%。全市纪检监察机关处分1807人，同比下降10.1%。其中，县处级干部62人，同比增长63.2%；乡科级干部281人，同比下降6.6%；一般干部319人，同比增长13.9%；其他人员1145人，同比下降17.6%。全市组织处理党员干部702人，同比增长766.7%。其中，县处级干部41人，同比增长583.3%；乡科级干部269人，同比增长860.1%；一般干部140人，同比增长2233.3%；其他人员252人，同比增长514.6%。全市纪检监察机关移送司法机关54人，同比下降37.2%。

2016年，全市纪检监察机关谈话函询1851件(次)，占处置问题线索总件数43.7%，占处置问题线索总件次数23.8%，同比增长1241.3%。其中，市纪委谈话函询173件(次)，占处置问题线索总件数52.9%，占处置问题线索总件次数31.6%，同比增长143.7%。2016年，在纪律教育和政策感召下，全市共有1223名干部主动向组织说清自己的问题，同比增长1222倍；主动上缴违纪金额980.4万元，同比增长4075.3倍。其中，向市纪委主动交代问题135人，上交违纪金额435.5万元。全市向礼金红包专户上交4224笔，共3346.89万元，是2015年的7.21倍。

【纪检监察干部队伍建设】2016年，长治市对全市170余名新任纪检监察干部进行党的理论知识和纪检监察综合业务培训。围绕市委“两学一做”学习教育的安排部署，召开委局机关干部大会，印发实施方案，推进全市纪检监察系统“两学一做”学习教育深入开展。结合市县纪委换届工作，对社会背景复杂的、直系亲属和重要社会关系在监督范围任职的、群众口碑反映差的、个人素质能力不适应当前纪检监察工作要求的50名纪检监察干部予以调整交流。坚持“打铁还需自身硬”，以坚决的态度清理门户，解决“灯下黑”问题，全年全市共立查纪检监察干部违纪案件33件、处分34人，其中，给予撤销党内职务或行政职务以上重处分7人，查处违纪纪检干部人数占全市纪检干部总数的2.74%，是全市查处违纪党员干部人数占党员干部总数的3.91倍；对履职不力的纪检监察干部实施问责119人次，其中免职调离14人。

【脱贫攻坚帮扶工作】 2016年，市纪委推进脱贫攻坚工作，派出3名驻村扶贫工作队成员，2名工作人员到贫困村担任第一书记，市纪委常委班子9名成员每人联系1个贫困村。市纪委领导班子和机关干部先后10多次670余人次深入贫困村、贫困户，共商脱贫大计，推动精准脱贫、精准帮扶工作的开展。多方筹措扶贫资金，引进省级龙头企业方兴公司参与，探索实施“政府出资、企业出智、农户出工”和“龙头企业+农民合作社+贫困户”的扶贫新模式，建立“以保护价收购和统一规划、统一品种、统一供应、统一标准、统一品牌、统一营销”的“一保六统”合作运营方式，总投资逾600余万元的5个土鸡生态养殖项目以及生态养猪、生态养牛、农业观光、日光温室大棚蔬菜种植、国道休闲综合服务区等项目加紧推进。5个土鸡生态养殖项目和生态养猪、生态养牛项目陆续进入试运营阶段；南村春秋拱棚和信社村20个日光温室大棚项目即将完工。组织动员委局机关81名党员干部，对黎城县9个贫困村，378户贫困户、761口贫困人口进行精准结对帮扶；市纪委机关先后筹集62万元资金用于帮扶9个贫困村发展产业项目；开展委局机关干部每人捐赠贫困村一头猪仔活动。

【党纪教育基地建设】 2016年4月1日立项的总投资5000万元，占地面积45.3亩，建筑面积15000多平方米的党纪教育基地，截至2016年年底，6栋楼主体工程完工；室外道路硬化、管网配套工程完成，供暖开通；室内工程加紧进行。

（崔跃宏）

（责任编辑：尚竹英）

民主党派·工商联

中国国民党革命委员会长治市委员会

【概述】 2016年，中国国民党革命委员会长治市委员会（以下简称民革长治市委）下设14个支部，分别为：直属支部、直属2支部、长治学院支部、师范支部、二中支部、中教支部、机电学院支部、城区支部、郊区支部、潞城市支部、长治县支部、襄垣县支部、沁县支部、壶关县支部。有党员232名，80%以上具有本科学历或中高级职称，其中研究生学历10人。担任山西省政协委员1人，市人大常委1人，市人大代表1人，市政协常委2人，市政协委员9人，县（区）政协委员15人。2016年，民革长治市委被民革中央评为“民革全国机关工作先进集体”。

【换届工作】 2016年12月24日，中国国民党革命委员会长治市第六次代表大会召开。会议学习贯彻中共十八届六中全会和习近平总书记系列重要讲话精神、民革十二届十六次中常会、中共长治市第十一次代表大会精神；听取审议通过民革长治市委主委焦吉林所作的民革长治市第五届委员会工作报告，选举产生民革长治市第六届委员会，审议通过民革长治市第六次代表大会决议。民革长治市第六届委员会由15名委员组成，分别为：牛建斌、王龙义、王森林、王新燕（女）、吴锦秀（女）、宋强、李晋玲（女）、陈忠奇、范晓玲（女）、秦晋陵、焦吉林、程刚、韩新莉（女）、慎志东、靳俊龙（按姓氏笔画为序）。在之后召开的六届一次全会上，焦吉林当选民革长治市第六届委员会主委，吴锦秀（女）、秦晋陵、靳俊龙、宋强当选副主委，任命宋强兼秘书长，慎志东、韩新莉（女）为副秘书长。

【政治学习】 2016年，民革长治市委搭建学习平台，组织党员参加各类培训，坚持开展自主学习。多次举办“学习中共十八大精神”“学习贯彻习近平总书记系列重要讲话”“学习贯彻市十一次党代会精神”等专题座谈会，开设民革党员之家微信学习园地。8月20日，民革长治市沁县支部全体党员前往安徽省巢湖市参观冯玉祥将军故居。11月8日，民革长治市城区支部组织党员赴安徽开展“观故居，走多党合作之路”活动。赴朱蕴山纪念馆、卫立煌故居、张治中故居、冯玉祥旧居进行参观学习。年内，民革长治市委会为全体党员和各支部所在县区、单位分管领导、统战部门征订2017年《团结报》人手一份，使《团结报》成为民革和社会各界、各单位沟通联系的纽带。

【“双学一跟”活动】 2016年，根据长治市委统战部《关于在全市党外代表人士中开展“双学一跟”活动的意见》文件要求，民革长治市委出台《关于开展“双学一跟”活动的实施方案》。3月26日，民革长治市委召开“双学一跟”活动动员大会，向各支部下发相关学习资料。4月，各支部制订“双学一跟”活动实施方案，召开动员大会。7月6日，民革山西省委副主委、晋城市委主委张湘君带领民革晋城市委会一行8人到长治进行调研。7月11日，山西省政协副主席、民革山西省委会主委张友君对民革长治市委“双学一跟”活动开展情况进行走访调研，对民革长治市委在“双学一跟”活动中取得的成绩表示肯定。

【提案工作】 2016年，长治“两会”期间，民革长治市委提交提案议案反映民情、共商国是，共同谋划长治经济社会发展蓝图，民革界别的代表、委员积极踊跃发言，围绕焦点问政。《建设长治邯郸聊城客运专线》等多篇提案建议被列入长治市“十三五”规划。《关于在我市实行旅游年卡“一卡通”的建议》《建议强化烟花爆竹管理，为禁止燃放烟花爆竹确定时间表》等多篇提案建议被列为人大、政协一级承办案、重点承办案，由中共长治市委、市政府和市政协有关领导领衔督办。

【社情民意信息】 2016年，民革长治市委向长治市政协编报社情民意信息70余篇，其中，《关于规范“长治—平顺”快速公路沿线测速管理的建议》《加强我市村级后备干部队伍建设的建议》被长治市政协全篇采用刊发，《加强导游自由执业监管的建议》《亟待弘扬英烈文化的建议》《“两会”召开有话要说》等多篇上报山西省政协。民革长治市委信息工作总积分在全市6个党派中名列前茅。

【理论研究】 2016年，民革长治市委组织撰写的《“互联网+”推进民主党派更好履行民主监督职能的思考”》被市委统战部评为“2016年度全市统战理论政策研究优秀成果二等奖”。

【社会服务工作】 2016年，民革长治市委支持、鼓励和帮助14个基层支部开展“同心工程”“强素质、树形象、比贡献”“一支部一特色”“伸出博爱之手、牵手困难群众”等活动，以扶贫济困，开展形式多样的基层组织活动和社会服务工作。民革长治市委副主委靳俊龙2016年累计为光彩事业捐款280余万元，为邻近乡村建设社会主义新农村捐助资金700多万元。

1月22日，民革长治市沁县支部在春节期间慰问环卫工人中的特困户。4月23日至28日，民革长治市沁县支部深入沁县的乡镇和村庄开展精准扶贫调研。9月10日，民革长治市沁县支部开展“伸出博爱之手，牵手困难群众”活动，到沁县环卫队看望一线环卫工人并送去中秋月饼。

【调研工作】 2016年9月，全国政协委员、民革中央常委、宣传部部长吴先宁到长治民革就思想宣传工作进行调研，对民革长治市委的思想宣传工作表示肯定，赞扬在解决基层支部“三无”方面走在全国前列。

（杨　阳）

（责任编辑：王姝杰）

中国民主同盟长治市委员会

【概述】 2016年，中国民主同盟长治市委员会（以下简称民盟长治市委）辖城区、机关2个总支，郊区、潞城、长治学院、长治医学院、长治职业技术学院、长治学院师范分院、长治卫校、农业、税务、老干、医卫、市医院12个支部，下设组织部、宣传部、参政议政部、社会服务部、办公室5个部（室），教育工作委员会、文化工作委员会、经济工作委员会、法治工作委员会4个专委会；有盟员359人，有中、高级职称的占76%，担任副处级以上职务的6人，科级职务的28人；省政协委员1人，市人大代表3人，市政协委员15人，县人大代表6人，县政协委员26人。

【政治学习】 2016年，民盟长治市委通过举办学习会、培训会、研讨会和专题讲座等多种形式，组织引导广大盟员深刻领会中共中央治国理政的新思想、新理念、新部署，深入开展“坚持和发展中国特色社会主义学习实践活动”和“双学一跟”活动，多党合作的思想政治基础更加牢固。11月，民盟长治市委被民盟中央表彰为“坚持和发展中国特色社会主义学习实践活动先进集体”。

【开展民盟传统教育】 2016年，结合民盟长治市委成立30周年契机，民盟长治市委开展民盟传统教育，挖掘历史资源，征集盟史资料，增强广大盟员的归属感和使命感。

【宣传工作】 2016年，民盟长治市委继续编辑出版《共进》杂志。利用民盟长治市委微信公众号和微信群等新媒体，提升思想宣传工作的针对性和实效性。在《长治日报》《团结报》、民盟山西网、民盟中央网、人民政协网等媒体上发表各类文章30余篇。8月，民盟长治市委举办“不忘初心 携手共进”文艺晚会，纪念中国共产党成立95周年、中国民主同盟成立75周年，以及长治民盟组织创建60周年暨民盟长治市委成立30周年，推动“双学一跟”活动深入开展。

【换届选举】 2016年12月22日，民盟长治市第七次代表大会召开，选举产生民盟长治市委第七届委员会。王卫军当选主委，范连星、侯安善、刘建红、刁文才、王俊当选副主委，任命王俊兼任秘书长。

【基层组织建设】 2016年，民盟长治市委新成立长治医学院支部、市医院支部、市医卫支部等3个支部，城区支部和机关支部升为总支。卫校支部、农业支部、税务支部、职业技术学院支部、老干支部根据盟章规定，进行换届，选举产生支部领导班子。

【组织发展】 2016年，民盟长治市委共发展盟员31人，其中，硕士学历7人，中高级职称9人。推荐骨干盟员参加省、市委统战部和民盟山西省委在中央社会主义学院、浙江大学、重庆大学等地举办的民主党派中青年干部学习培训，加强政治把握、参政议政、组织领导、合作共事、解决自身问题能力的建设。向市县组织部、统战部举荐盟员干部10多人次，列入市、县（区）后备干部队伍。

【建设“盟员之家”】 2016年，民盟长治市委建设2个“盟员之家”，为广大盟员提供交流学习的平台和组织活动的基地。

【提案工作】 2016年，民盟长治市委被中共长治市委、市政府和市政协联合表彰为2016年度“提案工作先进单位”。在2016年市政协十二届五次会议上，民盟长治市委提交2件大会发言材料、33件集体提案，涉及文化教育、生态环保、医疗卫生、农业扶贫、城市建设等多个领域，提案数量居全市各民主党派之首。在市政协议政会议上，王卫军代表民盟长治市委作《树立全域理念、加快发展休闲度假产业》的大会发言，挖掘长治发展休闲度假产业的独特优势和资源禀赋，激发对长治经济转型发展的思考。

【社情民意信息】 2016年，民盟长治市委30余条社情民意信息被市政协初审采用，部分被上报到省政协。

【专题调研和理论研究】 2016年，民盟长治市委副主委王俊撰写的《新常态下民主党派自身建设浅探》被市委统战部评为“2016年度全市理论调研成果一等奖”。长治学院支部李润娥的理论调研课题《新常态下民营经济突破发展面临的问题与对策研究》被省委统战部立项，评为省级优秀成果奖，并获得经费资助。

【农村教育烛光行动】 2016年，民盟长治市委对“农村教育烛光行动”定点学校扶持，开展送教下乡和师资培训活动，提升农村薄弱学校的内生发展动力。

【黄丝带帮教行动】 2016年，民盟长治市委组织盟内优秀律师、专家和学者定期为城区、潞城社区矫正服刑人员进行20余场专题讲座，内容涉及法律知识、传统文化、青年创业、心理健康教育等多方面，仅城区就有4.5万人次参加。潞城支部为服刑人员捐赠价值数千元的法律知识读本，向潞华司法所捐赠电动车2辆，用于帮教人员进村入户走访调查。“黄丝带在行动”纪实报道在民盟中央和民盟山西省委网站全文登载，《团结报》《山西民盟》《长治日报》等多家媒体报道。

【关注特殊儿童】 2016年，民盟长治市委组织市社会福利院孩子们到“梦想小镇”进行职业体验和拓展活动，促进孩子们身心健康成长。倡导社会更多热心公益事业的团体和个人参与关注特殊教育、关心弱势群体的行列。

2016年12月22日，民盟长治市第七次代表大会召开　　（赵晶　供图）

【开展医疗下乡服务】 2016年，民盟长治市委潞城支部坚持为潞城市翟店镇贾村、微子镇漫流河敬老院群众进行健康体检及健康咨询服务。

【开展访贫问寒】 2016年，民盟长治市委城区支部走访慰问城区上党门社区、紫金社区20户困难群众。潞城支部对潞城市潞华办事处东贾村、辛安泉镇安乐村、成家川办事处神泉村10余户贫困住户进行慰问。

（王　俊）

（责任编辑：王姝杰）

中国民主建国会长治市委员会

【概述】 2016年，中国民主建国会长治市委员会（以下简称民建长治市委），下设11个支部：城区支部、郊区支部、常平开发区支部、高新技术开发区支部、学院支部、市直一支部、市直三支部、市直六支部、市直七支部、市直八支部、社会支部，4个专委会：企业委员会、法制委员会、理论研究委员会、妇女工作委员会。有会员209名，平均年龄44.8岁，其中，男性会员135人，女性会员74人；大专以上学历191人，占比91%；中级以上职称65人，占比31%；经济界人士162人，占比78%；省政协委员2人，市人大常委副主任1人，市人大代表1人，市政协常委1人，市政协委员13人。

【换届选举】 2016年12月29日，中国民主建国会长治市第三次代表大会召开，选举产生民建长治市第三届委员会，主委：郭海英；副主委：黄俊霞、于广、杨书旗；秘书长由黄俊霞兼任；市委委员：于明、王贵珍、申敏、李跃清、赵燕、贾红波、常凌杰、崔化琴、程会斌、裴少泽。

【组织活动】 2016年4月24日，民

建长治市委召开全委扩大会议，动员部署“双学一跟”活动。会议邀请中共长治市委党校教授就中共中央总书记习近平系列重要讲话精神作专题辅导。民建长治市委专职副主委达瑞斌（主持工作）作动员讲话。6月22日，民建长治市委召开全委会，传达中共山西省委书记王儒林，中共山西省委常委、统战部长孙绍骋，山西省政协副主席、民建山西省委主委王宁关于脱贫攻坚的重要指示。

【参政议政】 2016年，长治市政协十二届五次会议召开期间，民建长治市委共提交集体提案12篇，个人提案15篇。2016年，民建长治市委共上报社情民意信息42篇。

【组织调研】 2016年10月20日至11月10日，民建长治市委组织课题调研组，到黎城县、平顺县、武乡县、壶关县，就脱贫攻坚工作进展情况及存在问题进行专题调研，撰写调研报告《关于贫困县脱贫攻坚工作的调研报告》，呈报中共长治市委、长治市人民政府，为全市脱贫攻坚工作提供参考。

【社会服务】 2016年5月6日，民建长治市委协调中华思源工程扶贫基金会向壶关县人民医院捐赠一辆救护车。5月15日，是全国第26个“全国助残日”。民建长治市委组织会员企业长治呈通管道安装有限公司、市民族管弦乐协会、市女企业家协会、中信银行长治分行、市太极拳协会等爱心人士到长期帮扶的启明星智障儿幼儿园，看望孩子们，送去电视机、粮油等生活必需品，管弦乐的艺术家们为他们带去一个多小时的精彩演奏。5月29日，民建长治市直三支部和常平开发区支部组织会员，在壶关县小北庄村光照特教中心开展关爱特教庆六一献爱心活动。

（裴少泽）

（责任编辑：王姝杰）

中国民主促进会长治市委员会

【概述】 2016年，中国民主促进会长治市委员会（以下简称民进长治市委）下设25个支部，小学支部、职业技术学院支部、六中支部、卫校支部、大中专支部、中学支部、市医院支部、长医支部、医卫支部、直属一支部、二支部、三支部、社会一支部、二支部、三支部、四支部、五支部、六支部、七支部、金融支部、书画支部、法律教育支部、文化教育支部、城区支部、文艺支部，参政议政部、宣传部、组织部、社会服务部以及长治民进教育服务团、长治民进艺术团、长治民进医疗服务队、长治民进科技服务队、长治民进企业家联谊会、长治民进开明画院等。有会员427人，机关工作人员3人。副厅级1人，副处级6人，正科级12人，副科级9人。副高级职称以上43人，中级职称178人，硕士研究生28人，博士研究生3人，大专以上学历352人。有省政协委员1人，市政协副主席1人，市人大常委1人，市政协常委2人，人大代表2人，市政协委员14人（其中民进界别7人），县区政协常委委员17人，县区人大代表4人。

【思想建设】 2016年，民进长治市委以开展和坚持中国特色社会主义学习实践活动和“双学一跟”活动为契机，开展理论学习活动，加强思想建设。组织会员学习中共中央总书记习近平系列讲话精神，中共中央十八届六中全会精神，学习中共山西省委书记骆惠宁讲话精神，学习中共山西省、长治市第十一次党代会精神。组织会员到潞城参观毛主席纪念馆、武乡参观八路军纪念馆、黎城黄崖洞和红色霞庄等地接受红色教育。撰写各类学习体会10余篇。民进长治市委利用机关刊物《同声》和《民进长治市委工作简讯》报道民进长治市委会工作和“两个活动”情况，选登大家撰写的论文和心得体会，宣传多党合作理论和党的路线方针政策，宣传长治民进的工作情况。

【换届选举】 2016年12月27日，中国民主促进会长治市第五次代表大会召开。会议选举产生民进长治市第五届委员会委员15名。主委：史淑枝，副主委：焦茂星、江景芝、张高明、郭斌，任命秦艳为秘书长。

【参政议政】 2016年3月，民进长治市委组织会员到天津参加信息工作培训。10月，到沁源参加信息工作培训。2016年，民进长治市委就职业学校发展问题、民营企业发展存在的困难和问题、脱贫攻坚等多个专题到城区、郊区、黎城、平顺、壶关等县区的农村、企业、学校、社区进行调研。2016年，民进长治各级组织向各级政协提交提案20件，提交信息25件。民进长治市委被民进中央表彰为“参政议政先进集体”。

【组织建设】 2016年，民进长治市委坚持年龄结构、知识结构和界别结构相结合，吸纳学历高、素质好、能力强的新会员加入民进。截至2016年年底，民进长治市委会员发展到427人，大专以上学历占77.7%，研究生学历占7.3%，中高级职称占54.3%。

【制度和作风建设】 2016年，民进长治市委依照《山西省民主党派加强制度建设的座谈会纪要》的要求，建立健全会议制度、参政议政制度、考核制度多项制度，建立重点课题的调研制度和把关制度，坚持“一人一议”和“一个支部至少一个课题”的做法，对各支部和个人上报的调研报告进行审阅。

【社会服务】 2016年，民进长治市委长医支部、医卫支部、直属三支部开展“双学一跟”送医送药下乡活动，到平顺县山南底村为老年人免费做B超、心电图，赠送药品。社会四支部在六一儿童节期间到潞城特校进行慰问。中秋节前夕，社会六支部为襄垣县5个敬老院每人捐赠一床铺盖，并送上面和油；直属二支部到长治市干休二所看望老红军。长治开明画院开展“春联万家”活动，到平顺县和长子县免费为村民书写春联3000余副。举办书画笔会，邀请省市书画界知名人士参加，扩大民进的影响。民进长治市委对武乡县王家堖村进行一对一帮扶，完成引水工程，解决吃水困难，建周转房，修建村级公路，整修村容村貌，建立集体经济和贫困户收入项目，精准扶贫至每一户村名。

（秦　艳）
（责任编辑：王姝杰）

中国农工民主党长治市委员会

【概述】 2016年，中国农工民主党长治市委员会（以下简称农工党长治市委）下设市直一支部、市直二支部、市直三支部、城区支部、郊区支部、长治医学院支部、和平医院支部、长治中医研究所支部、二中支部、八中支部10个支部，有党员267人。

【思想建设】 2016年3月17日和4月9日，农工党长治市委两次召开市委扩大会议，在所有市委委员和支部主委中进行“双学一跟”学习动员，制定《关于在全市党员中开展“双学一跟”活动的实施方案》。每个支部根据市委要求，制定本支部开展“双学一跟”活动的工作计划。4月24日，农工党长治市委召开践行“三严三实”，加强作风建设专题学习会，市委委员和支部主委参加学习讨论，发放学习资料45册。6月5日、19日，农工党长治市委召开“双学一跟”活动专题学习会。6月10日，农工党长治市委出台《农工党长治市委“三好”党员考核办法》和《农工党长治市委优秀四大员考核办法》。10月24日至30日，农工党长治市委组织全市基层组织负责人参加农工党山西省委全省基层组织负责人培训班。

【换届选举】 2016年12月25日，农工党长治市第六次代表大会召开。97名党员代表参加大会。会议选举产生农工党长治市第六届委员会。主委：刘鹏飞，副主委：张丽芳、赵云斌、李红岩，秘书长：曹慧强，市委委员：李宏斌、程景荣、郝晓英、舒玉芬、范民民、张爱红、焦柳卿。

【基层组织建设】 2016年2月27日，农工党医学院支部第五次全体党员选举大会召开，选举产生医学院支部第五届委员会。3月24日，农工党二中支部第一次全体党员大会召开，选举产生农工党二中支部第一届委员会。4月24日，农工党市直三支部第一次全体党员选举大会召开，选举产生农工党长治市直属三支部第一届委员会。12月1日，农工党和平医院支部第五次全体党员选举大会召开，选举产生农工党长治市和平医院支部第五届委员会。

【调研活动】 2016年4月20日，农工党长治市委出台健康扶贫调研工作方案，成立调研小组，深入到武乡、屯留、壶关3个县16个村67户贫困户家中进行入户调查。共完成82份调查问卷的收集填报工作，撰写2000字的调研报告。10月5日至25日，农工党长治市委开展《关于我市职业教育面临困难及对策》《落实统战工作条例，推进基层统战工作》等课题的调研。

【社会活动】 2016年7月2日，农工党长治市委组织党员中的医疗专家，赴革命老区—武乡县成家沟村，开展“双学一跟”义诊活动，开出健康处方126张，发放100余本健康宣传册子和价值1000元的药品。

（李红岩）
（责任编辑：王姝杰）

九三学社长治市委员会

【概述】 2016年，九三学社长治市委员会（以下简称九三学社长治市委）下设城区一支社、城区二支社、郊区支社、教育支社、天脊集团支社、医卫一支社、医卫二支社、长治卫校支社、长治医学院一支社、长治医学院二支社等10个支社。有社员219人，其中，女社员120人，占比54.79%；具有高级技术职称89人，占比40.63%;硕士以上学历59人（其中博士3人），占比26.94%。社员中正处级1人，副处级9人，正科级15人，副科级16人。

【理论学习】 2016年，九三学社长治市委多次组织委员集中学习相关资料文件，提高市委班子和支社班子的思想政治素质。学习中共十八大和十八届三中、四中、五中、六中全会和习近平总书记系列重要讲话精神；学习九三学社中央、省委各级会议精神。为委员、各支社订阅《民主与科学》《九三社史》等书籍杂志，凝聚广大社员的思想共识。完善领导班子议事决策制度、理论中心组学习制度、领导干部和骨干社员培训制度、社员思想动态分析制度、领导班子述职评议和谈心会等内部监督制度等。开展坚持和发展中国特色社会主义学习实践活动和“双学一跟”实践活动，增强社员的政治意识、大局意识、核心意识、看齐意识。年内，在各级网站、报刊上发表宣传报道十余篇。

【换届选举】 2016年12月30日，九三学社长治市第六次代表大会召开，68名社员代表参加会议。大会审议通过九三学社长治市第五届委员会工作

2016年12月30日，九三学社长治市第六次代表大会　（赵晶　供图）

报告，通过九三学社长治市第六次代表大会决议。大会选举王禹、牛志敏、吉丽娜、李艳岩、邱建英、宋丽华、陈骁忠、赵军、郝少峰、秦晶、秦江波、徐云峰、常如波13位同志担任九三学社长治市第六届委员会委员。选举邱建英同志为主任委员，陈骁忠、牛志敏、李艳岩、王禹同志为副主任委员；任命李艳岩同志为秘书长。

【参政议政】 2016年，长治市“两会”召开前，九三学社长治市委组织社内各级人大代表、政协委员和参政议政骨干社员围绕人民群众关心的社会热点、难点问题，开展调查研究，撰写提案，共提交《关于将潞党参申请为国家新资源食品的建议》《建议我市完善失独家庭全方位帮扶体系》《关于拓建、改善我市中学操场的建议》等集体提案15件，委员个人提案24件。在3月30日召开的九三学社山西省委九届五次全委扩大会议上，九三学社长治市委获“2014—2015年度参政议政工作先进集体”，受到社中央表彰；获“2015年度信息工作一等奖”，受到社省委表彰；获“参政议政成果二等奖”，受到社省委表彰。

【组织建设】 2016年，九三学社长治市委发展社员12名，其中，女社员9人，高级职称1人，中级职称6人，硕士学历2人，本科学历9人，平均年龄38.17岁。九三学社长治市委召开五届十九次会议，对1名申请退社的社员决定终止其社籍；对5名长期不参加社活动的社员，决定将终止其社籍的意见呈报九三学社山西省委组织部。9月9日，长治卫校支社更名成立；10月22日，教育支社召开第二次全体社员大会。

【社会服务】 2016年，九三学社长治市委依托九三学社长治博士工作站，示范推广山西大学绿色生态农业技术，投资数万元购置生物肥料，在屯留县河神庙乡姚家岭村建立500亩玉米、谷子示范田；在壶关县黄山乡南河村、店上镇固村建立30亩玉米、50亩蔬菜示范田；在长治县贾掌镇西岭村建立80余亩玉米示范基地。5月8日，九三学社长治市委组织医疗服务队与长治小雨点公益协会到平顺县杏城镇黑虎村开展“送健康、送温暖”大型义诊宣传咨询服务活动。义诊医疗队共免费为群众义诊200多人次，发放各种健康宣传资料300多份。长治市小雨点公益协会的志愿者们为村民送去大量的衣物，送给黑虎小学的学生学习和生活用品。

（李艳岩）

（责任编辑：王姝杰）

长治市工商业联合会（总商会）

【概述】 长治市工商业联合会（总商会）（以下简称长治市工商联）是中共长治市委领导的面向工商界、以非公有制企业和非公有制经济人士为主体的人民团体和商会组织，是党和政府联系非公有制经济人士的桥梁纽带，是政府管理和服务非公有制经济的助手。机构设置为二室（办公室、研究室）三科（组宣科、经联科、法制科），编制15人。设党组和党总支、党支部各1个。

【思想政治教育】 2016年，长治市工商联坚持每月一次党组理论学习和每周五集中学习制度，突出以中共十八大和十八届三中、四中、五中、六中全会精神和习近平总书记系列重要讲话精神为重点，学习贯彻省、市第十一次党代会精神相关文件内容，提高干部职工的思想认识和政策理论水平。

【党风廉政建设】 2016年，长治市工商联执行请示报告和个人重大事项报告制度。组织全体党员学习《中国共产党纪律处分条例》《中国共产党党员领导干部廉洁从政若干准则》，举办建党95周年知识竞赛，深化党内法规和纪律教育。制定《长治市工商联党风廉政建设目标责任分解》和《长治市工商联落实党风廉政建设的措施》。开展（庸、懒、散、推、拖）工作纪律、秩序专项整治活动，针对存在的突出问题对照检查，边整边改。每月开展一次学法用法学习，班子成员对自己的权力范围进行梳理，按照权力清单用权，增强依法办事的自觉性。成立“七五”普法领导小组。

【非公有制经济党建】 2016年，长治市工商联开展以“守法诚信、坚定信心”为重点的教育实践活动和“双学一跟”学习教育活动。对市工商联党总支所属的17家商会（协会）党支部，狠抓基层党组织规范化、制度化建设，做到“三个”健全（班子健全、工作机构健全和各项制度健全），“四个”落实（办公场所落实、党员登记落实、党费交纳落实和各项活动落实）。在市委党校举办2期培训活动，对商会党支部的党员进行《党章》《统一战线条例》培训教育；在振东商学院对非公经济职业经理人作《统一战线条例》《非公经济人士综合评价》辅导培训。全年有73名入党积极分子参加培训学习，发展14名预备党员，3名预备党员转正。组织部分企业家党员和入党积极分子到井冈山、西柏坡、武乡八路军纪念馆等革命老区接受革命传统教育。“七一”期间，市工商联党总支组织开展歌咏比赛、拔河比赛、建党95周年知识竞赛、户外运动会、文艺汇演等活动。通过长治市工商联微信工作群，向直属商会（协会）宣传《中国共产党统一战线工作条例（试行）》。

【服务会员】 2016年，长治市工商联多家金融机构进行沟通，为126家企业贷款近10亿元。3月，特邀“中国民营企业500强”中国传化集团就物流项目进行投资考察，并签订合作意向。3月、4月、6月，市工商联组织18个市直商会（协会）260家企业赴黎城县和潞城市进行项目考察、宣传和推介。9月15日—11月15日，市工商联四名干部入企帮扶，解决企业存在问题、困难。

【基层工商联建设】 2016年，城区工商联、沁县工商联通过全国工商联检查验收，被评为全国“五好”县级工商联。

【商会建设】 2016年，长治市工商联指导完成长治邯郸商会、长治运城商会、长治浙江商会的换届工作；指导筹建长治泸州商会。截至2016年年底，市工商联直属行业商会（协会）达到18个，会员达到6000余人。全市工商联会员总数7273个，团体会员174个，企业会员2397个，个人会员4702名。

【参政议政】 2016年，长治市工商联继续跟踪监测11家不同行业的民营企业，每季度上报监测表，为工商联系统重大课题研究形成稳定的政府资源、企业资源和其他社会资源。撰写20余篇提案和社情民意，如《关于加强对我市民营企业家法律培训工作的建议》《关于把棚户区改造和房地产库存结合起来的建议》《如何解决中小微企业贷款难的问题》，多条建议被有关部门采纳；撰写《工商联如何加强政协民主监督工作》《工商联关于对我市非公经济及非公社会组织发展的建议》等6篇大型调研报告。

【扶贫济困活动】 2016年，市工商联引导民营企业参与“百企帮百村——精准到户”扶贫行动，全市106家民营企业与建档立卡的364个贫困村结对帮扶，帮扶贫困人口20203人。其中参与产业帮扶的19家、就业帮扶43家、技能帮扶4家、捐赠帮扶45家。8月20日，运东集团举行资助贫困大学生仪式，捐助66名贫困大学生，每名6000元。8月28日，振东集团召开2016年第十八届“扶贫济困日”救助大会，1711名学生收到救助金723.63万元。10月14日，中德集团举办精准帮扶回族贫困群众启动仪式，总投入230余万元，对城区西街、南街辖区内339户725人贫困群体进行帮扶。山西伊通能源有限公司、长治福星物流园区两家企业在斋月期间向44户贫困户捐款。

（郝万红）

（责任编辑：王姝杰）

人民团体

市总工会

【概述】 长治市总工会下辖13个县（市、区）总工会，1个高新区工会工作委员会，20个局委工会工作委员会，20个局委工会委员会，100个直属基层工会。2016年，全市共有152个乡镇（街道）工会联合会，3569个村（社区）工会，5751个基层工会，覆盖单位18572个，工会会员636998名。2016年，市总工会机关设11个部室（办公室、组织部、经济技术部、宣教部、民管部、财务部、女工部、劳保部、法律保障部、经费审查办公室、产业工会），干部职工60人。下辖长治市总工会困难职工帮扶中心、长治市工人文化宫、长治市工人俱乐部、长治市职工消费合作社、《山西工人报》驻长治记者站等5个事业单位。

【组织建设】 2016年，长治市总工会开展“工会组建月”和“农民工入会”集中行动，新组建工会组织112个，农民工入会30986人。市总工会进行基层工会标准化建设，帮助新建工会组织实现“六个有”（有依法选举的工会主席；有独立健全的组织机构；有服务职工的活动载体；有健全完善的制度机制；有自主管理的工会经费；有会员满意的工作绩效），新建工会组织规范率达100%。

【“五小”竞赛】 2016年，长治市总工会引深拓展“五小”（小发明、小创造、小革新、小设计、小建议）竞赛活动，将公共管理、公共服务、农业、畜牧兽医、教育、医疗等行业纳入“五小”竞赛评选范围。全年全市“五小”竞赛参赛企业8652个，事业单位2315个，职工参与率达96.53%。全市开展其他各类劳动竞赛的企事业单位达2219家，参与劳动竞赛人数达15万人次。全市“五小”竞赛涌现技术成果获得各项专利授权736件，创造经济效益3.8亿元。

【劳模评选】 2016年，长治市总工会推荐20名个人获省“五一”劳动奖章、5个单位获省“五一”劳动奖状、8个集体获山西省工人先锋队称号。推荐获全国“五一”劳动奖章1个、全国工人先锋号1个、全国“五一”劳动奖状1个。长治市总工会弘扬“长治工匠”精神，开展“长治工匠”选树评比，在《长治日报》上开辟长治工匠风采展示专栏，并择优推荐参加“三晋工匠”评选。

【构建和谐劳动关系】 2016年，长治市总工会开展平等协商签订工资集体协议1540份，覆盖企业8330个，覆盖职工443525人；女职工专项合同达99%，集体合同履约率达95%以上。

【职代会、厂务公开建制专项行动】 2016年，长治市建立职代会、厂务公开制度的企事业工会达到5164个，覆盖企事业单位17171个，涵盖职工596410名，全市企事业单位职代会和厂务公开建制率均达100%。6月长治市总工会接受山西省总工会厂务公开民主管理交叉检查。

【精准扶贫】 2016年，长治市总工会组织劳模开展产业扶贫、教育扶贫、医疗扶贫，帮扶村壶关县店上镇井则口村26户82人实现脱贫。2016年10月起，市总工会举办6期贫困户农民工就业培训班，培训贫困户农民工350余名，帮助142人签订就业意向书。

【职工劳动保护】 2016年，长治市总工会深入推进“安康杯”竞赛，参赛单位2001个，参赛职工51万人，工会劳动保护监督检查三级网络基本形成，创新发展煤矿井口群众安全工作站作用。

【工会帮扶】 2016年，长治市总工会继续深化“农民工有困难找工会，拿不到工资找工会”专项行动，截至12月底，共受理案件73起，涉及

长治市总工会开展“金秋助学”活动　　（侯燕玲　供图）

农民工 3238 人，协调解决 32 起，帮助 1906 名农民工追要工资 1761.6 万元。“两节”送温暖活动筹资 807.8 万元，慰问困难企业 261 家、困难职工 13962 户。“金秋助学”活动共资助 464 名困难职工子女，发放助学金 152.61 万元。职工大病医疗互助活动累计为 3050 名大病职工发放补助金 1288 万元。“夏送清凉”活动，全市各级工会慰问企业（工地）146 家，职工 53477 人，物资金额达 182 万余元。市总工会组织职工创业就业活动，全市各级工会组织专场招聘会 12 次，提供免费就业服务人数 4791 人次，组织输送 2 批、120 余名困难农民工、待岗失业职工赴江苏苏州务工。

【学习宣传教育】 2016 年，长治市总工会组织开展“全民阅读·书香上党——向万人送知识、向千人送书籍”活动，向广大市民赠送图书资料万余册。市总工会的市职工流动书屋流转工作，深化流动书箱“送文化进班组”赠书活动，流转图书 5 万册，流转单位 39 个。推荐上报全国职工书屋示范点 2 个、全国职工教育培训示范点 1 个，自建职工书屋 30 个。

【“十个一”联系活动】 2016 年，长治市总工会围绕助推市委“两个目标”，开展走近基层融入职工“十个一联系”活动，具体包括：联系一个企业、联系一个项目、联系一名劳动模范、联系一名创业创新者、联系一名岗位标兵、联系一名技术能手、联系一名困难职工、联系一名困难农民工、联系一支文明志愿服务队组织、联系一个非公企业工会组织。

（侯燕玲）

（责任编辑：张司佳）

共青团长治市委

【概述】 2016 年，共青团长治市委（以下简称团市委）在青少年思想引领、创业服务、权益维护和自身建设等各方面取得显著成效，多项工作指标位居全省前列。截至 2016 年年底，团市委下辖直属团委 89 个，团工委 6 个，基层团委 356 个，团总支 409 个，团支部 6717 个，团员 155735 名，其中团干部 6316 名。

【青少年思想引领】 2016 年，团市委组织开展“我的中国梦”“红领巾相约中国梦”“纪念建党 95 周年暨长征胜利 80 周年”“与人生对话”“十八岁成人仪式”“大中学生诗歌朗诵比赛”“纪念长征胜利 80 周年征文比赛”主题实践活动。组织开展十八届六中全会、习近平总书记系列重要讲话精神以及省市十一次党代会精神学习宣传贯彻落实活动。

【青年典型选树宣传】 2016 年，团市委开展“践行核心价值观、争做向上向善好青年”评选宣传、“向上向善好队员”网络征集主题活动。开展“最美孝心少年”寻访活动，陈子涵、原慧等 2 位学生入选全省“最美孝心少年”十佳。

【建设网络新媒体平台】 2016 年，团市委持续加强门户网站、官方微博微信等新媒体平台建设，重点加强“青年之声”平台建设，建立网络值班、信息处理、分析研判、通报考核等制度机制，组建 848 人的专家解答队伍，实现青年之声平台区域和端口全覆盖。

【青年创新创效创优行动】 2016 年，团市委深化“共青团技术创新小组”创建活动，确定企业共青团创新小组 109 个；深化“青年安全生产示范岗”创建活动，推荐晋能集团王庄煤业洗煤厂动筛集控组获“全国青年安全生产示范岗”称号；深化“青年文明号”创建活动，举办市级青年文明号争创集体负责人培训班，并推荐 2 个集体参选省级青年文明号、1 个集体参选全国青年文明号；举办第二届中学生科技创新技能大赛，再次被团中央评为中学生科技创新示范竞赛项目。

【脱贫攻坚行动】 2016 年，团市委按照市委“五帮联动”精准扶贫的部署要求，组织党员干部对 4 个帮扶村的 157 户建档立卡贫困户开展精准帮扶工作，相继开展“暖冬行动”“送温暖献爱心”“捐赠爱心图书”“关爱困境儿童”主题活动，捐赠爱心衣物 2 万余件，向全市 177 户贫困户捐赠家电日用品价值 9 万余元，捐赠书籍 1300 册，资助困境儿童 48 名。

【青年生态环保行动】 2016 年，团市委以“保护母亲河行动”为统揽，与市经信委、市园林局等单位联合开展节水宣传、环保骑行、“绿色长征”公益健走活动，累计发放宣传资料

500余份，种植树木200余株。推报长治县东掌村党支部书记毕永刚获第七届全国“母亲河奖——绿色卫士”荣誉称号。

【青年就业创业工作】 2016年，团市委举办第二届长治青年创新创业大赛、“迎五四青春创业创新展”“青年创业创新论坛”“创业英雄”训练营、“赢在起点”青年创业沙龙活动，参与“双创梦工场”电视求职类节目，组织37家青年创业小微企业参加“2016长治制造展销推介周”；实施农村青年创业小额贷款、城市青年创业展业贷款等项目，协调发放农村青年小额贷款1.39亿元、城市青年小额贷款975笔；开展农村青年电商培育工程，培训青年320余人次；开展青年技能培训工作，培训城市青年3077名、农村青年7460名；开展劳务输出大篷车活动66场，帮助4000余名青年实现就业；规范青年就业创业见习基地建设，安排1558名青年上岗见习，转正录用105人。

【青少年帮扶和维权】 2016年，团市委开展农村留守儿童、困境儿童“阳光关爱”行动，筹集爱心物资价值11.76万元，帮助青少年千余名；开展“希望工程·圆梦行动”，筹集爱心款15.8万元，资助学生42名；开展助残“阳光行动”，资助残疾青少年20名；实施“小荷课堂”暑期支教计划，服务农村留守儿童91名；开展重点青少年治安风险大排查大整治工作，指导平顺、黎城等5个县通过团省委、团中央五类重点青少年预防犯罪工作考核评估；开展普法专题讲座、中高考减压讲座、青少年自护教育和“12·4”法治宣传日活动52场次。团市委被省委宣传部、省司法厅授予“2011—2015年全省法制宣传教育先进单位”称号。组建成立“青年之声·长治婚恋交友服务联盟”，举办3场青年联谊活动，300余名青年参与，20名青年牵手成功。

【基层组织建设】 2016年，团市委指导平顺、壶关等10个县区完成县乡村三级团组织换届工作，推动城区10个街道全部进行区域化团建改革，向18个基层团组织下拨基层团组织项目建设经费7.5万元，新建非公团组织135家、“青年之家”综合服务平台28家，在4家社会组织、12家互联网企业中建立团组织。规范团员发展管理工作，建立新发展团员统一编号制度，逐级下达团员发展计划，严格控制团青比例；推动7.07万名团员成为注册志愿者；提升团干部能力作风，举办省市党代会精神辅导报告会、全市团干部培训班，开展“走基层、访青年、转作风、促发展”大宣传大调研活动，制订出台团干部直接联系青年“1+100”工作制度、机关开放日恳谈会制度。

【团属青年组织活动】 2016年，团市委发挥青联广泛联系各界青年的积极作用，开展社会组织调研、“送温暖献爱心”活动；发挥青企协联系服务青年企业家的积极作用，推荐7家青年企业成功挂牌山西青年创业板；发挥青志协引领社会新风的积极作用，开展“文明长治　温暖春运”“共同防治雾霾　不放少放鞭炮”签名宣传服务活动，完成第二届长治制造展销周志愿服务工作，并被组委会授予优秀组织奖；开展长治市志愿公益组织联盟筹备工作。长治市青年志愿者协会获得第十一届中国青年志愿服务优秀组织奖，推报的“童安工程”安全宣教项目在第三届中国青年志愿服务大赛中斩获银奖，市青年志愿者协会副理事长宋卫国被中宣部授予“全国岗位学雷锋标兵”称号。

【少先队工作】 2016年，团市委开展“红领巾相约中国梦”系列活动，25万余名少先队员参与其中；开展社会主义核心价值观教育活动，“听党的话，做好少年”主题活动、“学习雷锋好榜样”主题队日活动；开展“飘扬的红领巾”中华优秀传统文化展演、优秀传统文化进校园、国学微课堂等活动，邀请国培计划少先队专业授课教师、全国知名专家王延风等专家学者，为市、县、乡三级以及社区、校外等基层一线的150余名少先队工作者和辅导员进行专题培训。团市委推进中队辅导员和少先队小干部培训，加强校外少先队志愿辅导员培训；召开长治市“小荷少先队名师工作室”成立会议，建立城区丁丁少先队名师工作室、长治县黎都希望名师工作室。加强少先队活动阵地建设，在校外召开校外少先队工作专题研讨会、少先队活动课程专题座谈会，少先队改革创新座谈会。着手创建社区少先队组织，在威远门中路社区成立首家社区少工委；在中学规范离队入团仪式，巩固中学少先队工作阵地。

（张　磊）

（责任编辑：张司佳）

妇女联合会

【概述】 2016年，长治市妇女联合会（以下简称长治市妇联）被评为全省妇联系统重点工作目标责任考核优秀单位、市级文明单位、“2011—2015年全市法治宣传教育先进单位”、上党文化大讲堂轮值工作先进单位，获《山西妇女报》宣传推广工作突出贡献奖。2016年全市共有妇联组织5066个。其中，市妇联1个，县（市、区）妇联14个，乡（镇）、街道妇联151个，村妇联3458个，社区妇联124个，市、县机关、事业单位妇委会718个，非公经济组织和社会组织中的妇女组织近600个。

【妇联组织建设】 2016年，长治市妇联推进村（社区）妇代会改建妇联，通过“重视到位、宣传到位、示范到位、督导到位、措施到位”的“五到位”举措确保改建工作完成。完成村（社区）妇代会改建妇联工作，124个社区、3458个村妇代会全部改建为妇联，共选出主席3563人，兼职副主席6472人，执委26379人。长治市13个县市区有11个配备兼职副主席，151个乡镇全部配齐兼职人选。2016年，全市各级妇联组织举办妇联干部培训班37期，培训妇联干部4211人次。在全市妇联干部中开展以“四访、四送、四扶”为主要内容的“转作风、下基层、访妇情、办实事”活动，建立县市区联系点14个，发放调研问卷2500份，形成调研报告20篇。

【妇女思想政治宣传教育】2016年，长治市妇联实施女性文化学堂项目，各级妇联举办女性文化学堂专场讲座108场次，受惠妇女达1.5万人次。加强网络舆论引领，运用互联网思维活跃妇女宣传思想工作。在全省首家完成今日头条注册工作，市县两级妇联集体入驻今日头条，初步形成包括“长治妇女网”“长治市妇女联合会”微信公众平台、长治市妇联官方微博、今日头条号等在内的具有“妇”字号特色的“一网两微”新媒体网络平台。

【妇女创业创新巾帼行动】2016年，长治市妇联开展“创业创新巾帼行动”，选派150名妇女手工艺骨干参加全国、省妇联女性创业就业培训班；举办第三届“家博士”家庭服务技能大赛，组织推荐就业工作；评选表彰市级“巾帼文明岗”47个、市级“巾帼建功标兵”53名，向省妇联推荐省级“巾帼文明岗”10个、省级“巾帼建功标兵”12名；实施女企业家创业创新行动，创办长治市妇女就业创业服务中心。2016年培训妇女300人次，帮助50名妇女实现创业就业。

【巾帼脱贫行动】2016年，长治市妇联精准推进“巾帼脱贫行动”。在全市933个贫困村开展留守妇女、留守儿童、留守老人“三留守”人员情况登记和特困妇女儿童摸底工作并建立台账，制订“三留守”人员关爱规划。发挥“巾帼现代农业科技示范基地”、巾帼家政培训示范基地和妇女手工编织示范基地作用，鼓励女能人、女带头人发展各种形式的互助组、合作社，示范引领更多妇女脱贫致富。新创建42个巾帼创业就业基地，带动妇女就业6831人，其中安置贫困妇女就业1512人；扶持发展妇女创办领办企业、合作社52个，辐射带动妇女就业5085人，吸纳贫困妇女就业2480人。

2016年12月20日，市妇联联合长治市弘展工贸有限公司举行“助力扶贫攻坚 情暖贫困学子”助学活动 （张晨 供图）

用好妇女小额担保贷款政策，为4户创业妇女发放小额贴息贷款20万元。面向贫困妇女开展种植养殖、手工编织、电商、母婴护理、小儿推拿等各种实用技能培训。2016年，各级妇联举办创业就业技能培训班44期，培训妇女7623人，其中培训贫困妇女4836人。开展“巾帼关爱行动”，争取上级项目资金143.7万余元，动员组织社会各界爱心企业、人士开展帮扶活动，全年募集资金、物品近300万元，救助贫困妇女儿童1.2万人次。

【家庭家教家风建设】2016年，长治市妇联举办在全市寻找“最美家庭”活动揭晓88户长治“最美家庭”，利用报纸网络刊物加大对“最美家庭”事迹的宣传，举办“最美家庭最美家风”巡讲活动14场，家风家训评议会1000余次，最美家庭故事会115次，晒出家庭和美照片2000余幅，吸引1万余名妇女参与活动。

【家庭教育指导服务】2016年，长治市妇联下发《关于建立健全长治市家庭教育指导服务中心的通知》，市级建立1个家庭教育指导服务中心，指导县级建立4个，组建家庭教育专家队伍、家庭教育巾帼志愿者队伍并统一登记在册。全市有家庭教育专家33人，家庭教育巾帼志愿者126人，组织家庭教育讲座7场，受益人群达1500人次。

【儿童保护工作】2016年，市妇联开展以“关爱困境儿童·携手点亮生命”为主题的“绿丝带行动”“让爱留守·关爱农村留守儿童特别行动”“冬季行动——用爱编织温暖”和“我对父母有话说”短文征集等主题活动，全市1663名儿童得到资助和关爱。

【普法维权】2016年，长治市妇联开展普法安全宣传教育。开展以“建设法治长治巾帼行”为主题的法治宣传

“六进”活动，发放宣传资料10万余份，接待咨询妇女群众38662人次，零距离为广大妇女群众提供法律帮助。举办“提升安全知识　共建和谐家园”安全知识讲座，发放2000余册“妇女儿童必备家庭安全知识”宣传手册，开展“安全在我身边”故事征集活动。全市各级妇联举办妇联系统维权骨干培训班15期，632名基层维权骨干参加培训。2016年，完成长治妇女、儿童发展“十二五”规划终期评估工作，科学编制市“十三五”妇女、儿童发展规划。在市级层面推动法规政策性别平等咨询评估机制的落实，设立长治市政策法规性别平等咨询评估委员会办公室。

【平安家庭创建】 2016年，长治市妇联深化平安家庭创建工作。实现婚姻家庭纠纷调解机构市、县、乡全覆盖，以“妇女之家”“婚姻家庭纠纷调解中心”为主阵地，开展以婚姻家庭矛盾和邻里纠纷为重点的婚姻家庭矛盾纠纷排查化解工作，全年调解案件1650件。建立妇女法律援助站9个，调解案件47件。2016年，在全市评选出100户市级“平安家庭”示范户。

（张　晨）

（责任编辑：张司佳）

科学技术协会

【概述】 长治市科学技术协会（以下简称市科协），是市委领导下的群团组织，是党和政府联系科技工作者的桥梁和纽带，正处级建制。2016年市科协在山西省第十四届“讲理想、比贡献”竞赛活动中，获先进集体3个，优秀组织奖2个，科技标兵2名，优秀组织者2名。

【学术交流活动】 2016年，市科协组织市属学会开展学术交流活动100余次。年初召开全市优化学术环境调研座谈会，并从规范学术评价体系、营造宽松学术氛围、优化青年人才成长环境、崇尚学术诚信抵制学术不端行为几个方面进行深入探讨，针对性提出意见建议。开展第十三届优秀学术论文评选工作。评审出优秀学术论文118篇，其中一等奖18篇，二等奖51篇，三等奖49篇；组织参加第十七届山西省优秀学术论文评选，长治市推荐的学术论文中获全省学术论文二等奖3篇、三等奖1篇。

【星级学会活动】 2016年，市属各学会以创建星级学会为载体，全面提升学会办会水平。其中，市气象学会升级为四星级学会，市财政学会、市养蜂业协会升级为三星级学会，市统计学会、市盲聋哑儿童手算协会升级为二星级学会（协会）。新成立长治市抗癌协会。拟成立长治市中医药学会（申报材料初审工作基本完成）。

【科普活动】 2016年，长治市各级科协组织开展“全国科普日”、科技活动周、防灾减灾日和食品安全科普宣传周、科普摄影大赛等群众性科普活动，全年共开展主题科普活动100多项，参与群众80多万人次。举办第五届长治市公众科学素质知识竞赛，共16支代表队参加。沁县代表队获一等奖，潞城市、郊区代表队获二等奖，沁源县、长治县、清华机械厂代表队获三等奖。

【科普惠农】 2016年，山西省科普惠农中心服务站建设试点工作中，壶关县旱地西红柿协会被省科协遴选为山西省科普惠农中心服务站，获建站资金15万元。长治市基层科普行动计划工作领导小组经过逐级申报、推荐、评选等环节，共有7个农技协，2个农村科普示范基地，2名农村科普带头人，1个社区被中国科协和财政部评为基层科普行动计划先进单位和个人，并获奖补资金210万元。在山西省科普惠农兴村计划中，1个协会和1个科普带头人受到表彰奖励，获奖补资金13万元。在“中农赛博杯”第二届山西省新农村科技致富带头人评选活动中，史小兵等4名同志获山西省新农村科技致富带头人“先进人物”称号，陈雪亮等9名同志获山西省新农村科技致富带头人称号，长治市科协获“优秀组织奖”。

【科普示范创建】 2016年，潞城市、城区被中国科协命名为2016—2020年度全国科普示范县（市、区）；武乡县红梅杏协会等3个协会被表彰为“山西省优秀农村专业技术协会”，黎城县鑫陵农业发展科普示范基地等5个基地被命名为第七批“山西省农村科普示范基地”，城区安康社区等7个社区被命名为“山西省优科普示范社区”。乐创教育长治活动中心等4个单位被命名为“山西省科普教育基地”。襄垣县侯堡镇养猪协会等6个协会被表彰为“长治市优秀农村专业技术协会”称号，郊区地久农林种养殖科普示范基地等13个基地被命名为“长治市农村科普示范基地”。

【科普宣传活动】 2016年，市科协开展“科普大篷车”和“流动科技馆”巡展活动。中国流动科技馆在长治市沁源县、屯留县、平顺县、长治县进行巡回展出，市科协科普大篷车在市直学校、城区、襄垣、武乡等地进行巡展，惠及全市10000多名中、小学生。提升《长治科协》办刊水平，更新《长治科协网》相关信息，继续与新闻传媒协办《科普大篷车》电视栏目、《科普》专栏与《科协之声》广播栏目，并与组织部农村党员现代远程教育办公室合作，将科普知识内容上传远程教育网，供农村党员干部点播。

【农村实用技术培训】 2016年，市科协与组织部门联合举办各类实用技术培训班（讲座）120余场，参加人员达6500人次。使农村党员、基层干部接受科技培训，掌握经营管理知识或种养技术。并组织农业科技专家，深入到田间地头，手把手进行科技培训。

【青少年科技创新大赛】 2016年，市科协举办全市第三十一届青少年科技创新大赛，共有12个县市区百余所中小学的十万余名师生参与，464件作品参加大赛的评选，经评审，评出一等奖56项，二等奖77项，三等奖130项。部分优秀作品代表长治市参加省、国家第31届青少年创新大赛，获省级一等奖9项，二等奖5项，三等奖24项；国家级三等奖1项。

【青少年机器人竞赛】 2016年，市科协组织的青少年参加的第十六届中国青少年机器人竞赛（山西赛区）联赛中获得一等奖3项；二等奖3项；三等奖11项，长治市科协获“优秀组织奖”称号；惠丰小学鲍军利老师获“优秀教练员”称号。在第十六届中国青少年机器人竞赛中，获二等奖1项；三等奖2项。

【青少年科技教育】 市科协开展“2016年科普长治——长治市科学大讲堂”活动。邀请中国科学院老科学家科普演讲团徐德诗等7位专家，在12个县市区40余所单位，分别就地震、军事、磁悬浮、林学、气象、航天等领域作专题报告，共举办61场，受众人数20000余人；全市各学校在7—10月份分阶段围绕“走进创客、体验创新——青少年科学调查体验活动”“创客”标志征集、调查数据提交、创新小制作大赛、创意画手抄报PK赛等科普活动；组织参加第十二届山西省宋庆龄少年儿童发明奖活动，共获发明类作品三等奖1项；科技绘画类作品一等奖8项；二等奖7项，三等奖5项。

【表彰优秀科技工作者】 2016年，市科协开展长治市第六届优秀科技工作者评选工作。在市直各学会（协会、研究会）、县市区科协、企业科协推荐上报市优秀科技工作者候选人中，通过市科协主席会议研究审议共评出长治市第六届优秀科技工作者32人。

（郭　尧）

（责任编辑：张司佳）

残疾人联合会

【概述】 长治市残联成立于1989年，机关编制17名，2016年有在职干部职工17人。设办公室、康复科、教育就业科、宣文科、组织联络科、维权科6个科室。有直属5个单位，即长治市残疾人康复中心，全额事业；长治市聋儿康复教育中心，全额事业；长治市残疾人就业服务中心，差额事业；长治市安神专科医院，差额事业；长治市残疾人辅助器具服务中心，差额事业。机关设党总支，下设四个支部：机关党支部、安神医院党支部、康复中心党支部和就业中心党支部。2016年市残联理事长（原）王国英、长治市城区西街街道残疾人联合会专职委员（回族）马建国，受残工委发〔2016〕5号表彰，获“全国残疾人工作先进个人”称号。

【全市残疾人基本情况】 根据2006年4月1日开始的全国第二次残疾人抽样调查，长治市残疾人总数占全市总人口的6.34%，共有各类残疾人20.8万人，涉及18万户残疾人家庭，60多万人口。残疾人共分7类：肢体残疾78832人，占残疾人总数的37.9%；听力残疾43971人，占残疾人总数的21.14%；言语残疾3889人，占残疾人总数的1.87%；低视力残疾21424人，占残疾人总数的10.30%；精神残疾12006人，占残疾人总数的5.77%；智力残疾11689人，占残疾人总数的5.62%；多重残疾36192人，占残疾人总数的17.40%；其中重度（一级、二级）残疾有57283人（占残疾人总数的27.54%）。截至2016年年底，全市办理残疾人证的残疾人有100714人（农村87174人、城镇13540人）。其中，视力残疾10405人，听力残疾8510人，言语残疾2906人，肢体残疾61804人，智力残疾7307人，精神残疾4911人，多重残疾4871人。

【“两项补贴”制度】 残疾人“两补制度”即重度残疾人护理补贴和贫困残疾人生活补贴制度。2016年4月，市残联、市财政局、市民政局联合出台《长治市困难残疾人生活补贴和重度残疾人护理补贴实施办法》，并召开三方联席会议，确定由残联负责护理补贴的发放。全年共确定符合护理补贴发放条件的一、二级重度残疾人有29728名，按照每人每年600元补贴标准，共发放补贴资金1785.48万元。

【调整乡镇（街道）残疾理事工资待遇】 2016年，市残联、市财政局通过调查摸底和全面沟通，联合出台《关于调整全市乡镇（街道）残疾人理事工资的通知》，决定从2016年8月1日起，全市乡镇（街道）残联残疾人理事工资执行不低于本地区最低工资标准，并结合当地参保情况，至少交纳养老、医疗、工伤保险。依据乡镇（街道）所属类别和实际情况，发放工作补贴和山区补贴。

【残疾人数据更新】 2016年，市残联完成全市残疾人基本服务状况和需求动态数据更新工作。市残联成立专门工作领导小组和技术指导组，开展业务培训，加强督导验收，全市共完成残疾人调查105398人。其中，入户调查94781人，电话调查1635人。其中，查无此人188人，外出268人，空挂户132人，已搬迁344人；截至年底，在户人员85799人，不在户人员932人，死亡8050人。

【贫困残疾人工作】 2016年，市残联将贫困残疾人纳入全市贫困人口“建档立卡”数据库。共计纳入20651人，占全市贫困人口的9.4%，占全市残疾人总数的9.9%（占持证残疾人总数的20.8%）。其中，有异地搬迁需求2668人，有项目扶持需求6921人，有资金扶持创业需求10539人，有其他扶持需求523人。全市共完成农村基层党组织帮扶贫困残疾人家庭396户，落实省、市、县三级财政帮扶资金118.8万元，帮助贫困残疾人开展种植、养殖和农产品加工等创业项目，并免费提供各类技术指导。2016年12月，市残联分4组深入全市192个脱贫村的贫困残疾人家庭，对他们基本状况和服务需求进行摸底调查，发放普惠型残疾人辅助器具1734件，其中，普通轮椅410辆，登式手杖900件，助行器181件，腋杖243件，基本实现脱贫村残疾人辅具发放全覆盖。

【残疾人培训就业服务】 2016年，市残联新创建省级盲人按摩示范店8个、残疾人实训基地1个、就业创业基地1个、残疾人扶贫基地2个，共安置残疾人就业72名，辐射带动残疾人就业36名。全年完成城镇残疾人职业技能培训650人，农村残疾人实用技术培训510人。2016年市残联申请市级彩票公益金18万元，按照每人3000元标准，对全市60名残疾人大学生和残疾人家庭子女大学生进行资助；组织开展“通向明天”助学项目，资助29名市特校在校残疾人中学生每人1000元，发放助学金2.9万元。

【康复服务】 2016年，长治市共投入677.5万元，对18248名贫困残疾人实施康复救助。城区正式被确定为“全国残疾预防综合试验区创建试点区”。

【助残宣传】 2016年5月，市残联开展第二十六次“全国助残日”活动。发放宣传资料1万余份，接受咨询3000余人次，为1000余名老年人免费进行听力检测和其他康复服务。残联在省电台、市电视台、《长治日报》等媒体中宣传长治市光宇通信有限公司总经理肢残人杨军宏大爱助残、平顺县肢残人吴猛身残志坚养猪致富的自强创业事迹。

【残疾人体育事业】 2016年，市残联组织12名残疾人参加2016年全国青少年校园足球特奥融合组山西海选赛，获得体育道德风尚奖；开展残疾人运动员选拔工作，共选拔残疾人运动员56人；举办贫困残疾人康复体育器材进家庭活动，为全市750户残疾人家庭发放价值7.5万元的体育器材。

【维权工作】 2016年，市残联实施贫困残疾人家庭无障碍改造全市590户；争取市级彩票公益金24万元，按照6000元/户的标准，对市残联对口帮扶的沁县漳源镇漳河村、萝卜港村的40户贫困残疾人家庭，全部进行无障碍改造；按时发放残疾人机动轮椅车燃油补贴。按照每人每车补贴260元的标准，为全市436名符合条件的残疾人，发放燃油补贴11.34万元。协调长治市长运驾校共举办残疾人驾照学习培训班21期，培训合格领证残疾人291名。为领证残疾人每人发放学习补贴2000元，共计发放款项58.2万元。2016年市残联开通“12385”残疾人服务热线，为全市残疾人搭建沟通平台。

（田亚云）

（责任编辑：张司佳）

2016年3月3日爱耳日活动，长治市残联工作人员向市民宣传防聋治聋爱耳知识（田亚云 供图）

侨 联

【概述】 长治市侨联成立于1981年12月，是由长治市归侨侨眷组成的人民团体，是党和政府联系归侨侨眷和海外侨胞的桥梁和纽带。2016年，长治市有归侨侨眷、新华人华侨、海外留学生和留学归国人员近2万人，其眷属分布在美国、加拿大、意大利、澳大利亚、日本、韩国等世界各地，是推进长治市经济社会发展的重要力量。

【参政议政】 2016年，长治市侨联与各县（市、区）协商推荐侨界委员、常委共19人。4月，长治市侨联组织侨界政协委员深入侨属企业开展调研活动。全年侨界政协委员撰写提案16份，反映社情民意23份。

【维护侨界群众权益】 2016年，长治市侨联通过“一网一台一报”，即政府网站、电视台、《长治日报》宣传《中华人民共和国归侨侨眷保护法》等相关法律；接待侨界群众的来信来访，为侨界群众讲解侨务法规，开具相关证明，做好释疑解惑、化解矛盾、维护稳定工作，实现侨界零上访。2016年，全市侨联系统共慰问困难归侨侨眷120

多户，发放慰问品（金）8万余元。

【侨界联谊】 2016年元旦、春节期间，长治市侨联向原籍长治的具有代表性的海外华侨华人以及加拿大中国商会等海外侨团发送电子邮件，加强与华人华侨以及海外侨团的联系。7月，帮助筹备成立长治市海外归国留学生协会，9月12日，开展“三胞三属迎中秋庆国庆”茶话会。9月30日，重阳节来临之际，市侨联组织归侨、侨眷到高新区、襄垣县侨属企业参观并开展联谊活动。全年长治市侨联接待美籍华人博士武萍生、沈建明、李凌宏和美籍华人曹振宇，加籍华人博士史沁卫和加籍华人区泽光，澳籍华人刘红平等海外华人华侨杰出代表人士。

【服务经济建设】 2016年，长治市侨联为侨企搭建发展平台，推荐长治市德益科技有限公司参加太原高科技产品博览展销会。帮助侨企中嘉加泰生物科技有限公司在长治市成立医用高科技检验试剂研发博士工作站，建成一支由首席科学家史沁卫博士领衔的20多人的科研队伍。4月—9月，长治市侨联深入襄垣县、城区、高新区对襄垣县绿色庄园农业开发有限公司、长治市德益科技有限公司、中嘉加泰生物科技有限公司等六家企业实地调研，帮助协调解决发展中遇到的困难和问题。

（王海亮）

（责任编辑：张司佳）

文学艺术界联合会

【概述】 长治市文学艺术界联合会（以下简称市文联）是长治市委、市政府联系文艺界的群团组织，是沟通联系文艺家的桥梁和纽带，在文艺界发挥联络、协调、服务、指导的职能。长治市文联成立于1960年4月。2016年设2室2部（办公室、组织联络部、文研室、《百姓故事》编辑部）。机关干部共有13人。下设23个文艺家协会。

【文艺活动】 2016年2月20日，著名作家唐晋名为“诗性的奔突”油画展在长治市博物馆开展。唐晋以色彩为语言，倾心打造“写意性油画”，运用传统国画写意理念创作现代主义表现画风的油画作品，其匠心独运，直击心灵。5月27日，由长治市委宣传部、长治市文学艺术界联合会主办和长治市赵树理文学研究会、长治县琚寨村赵树理故居联合承办的纪念毛泽东“5·23”讲话发表74周年暨赵树理诞辰110周年座谈会在长治召开。纪念活动为期三天，除座谈会之外，还举办一系列围绕纪念赵树理诞辰110周年为主题的诗词朗诵会和采风参观活动。在备战由中国曲协主办的第九届全国牡丹奖曲艺大赛活动中，全市文艺工作者打磨选送作品，刘引红表演的曲艺节目《山西面食》获中国曲艺最高奖项牡丹奖表演奖。市文联组织300余名书画、摄影艺术家分别赴各地进行采风创作。“‘中国梦·赤子心’—海峡两岸当代名人名家书画巡展长治大型书画展”在长治博物馆开幕。市文联策划准备纪念建党95周年重点文艺活动，举办长治美术作品展和书法作品展。

【“中国精神·中国梦”主题文艺创作】 2016年，市文联组织文艺工作者围绕“中国精神·中国梦”主题，把“爱国、为民、崇德、尚艺”文艺界核心价值观融入到文艺实践活动当中。全市作家推出的作品有：李海泉散文集《到文人家串门》，秦建平的诗集《聚散恍若灯前事》等。江雪的长篇小说入选2016年中国作家协会定点深入生活项目，她的作品《静静的沁河》获2013—2015年度“赵树理文学奖”中短篇报告文学奖。在中国曲艺家协会举办的2015年“中国精神·中国梦”优秀曲艺作品征集活动中，长治市暴玉喜创作的长子鼓书《起乳名儿》和冯海兵创作的潞安大鼓《合磨》入围50篇优秀作品。第八届华北五省市区舞蹈比赛山西赛区选拔赛落下帷幕，长治市选送参加华北五省市舞蹈大赛山西选拔赛取得骄人成绩，各个组别均获得一等奖。

【旅游文化展示】 2016年，在全省旅游发展大会主办城市评选中，长治市文联组织邀请社会文化名人助阵，通过多种形式、独特视角，介绍长治的历史文化、特色美景、民俗民风、地方美食以及未来的旅游发展规划。通过亮“宝”、赛“宝”，充分展示具有地域特色旅游项目、经典旅游线路以及历史人文、特色美食、发展规划，展示山西旅游发展亮点。

【资源整合　信息共享】 2016年，市文联整合长治书画院资源，把太行书画院、大众书画院、富国为民书画院等单位的创作交流功能集中整合起来，做到活动整体沟通，培训广泛覆盖，交流联袂参与，实现资源共享、信息互通、宣传联动。创办文联网站。网站把全市文艺界动态、文联工作亮点、文艺家介绍、代表作品全面地展示出来，提升文联工作信息化水平。

【组织管理】 2016年，市文联筹备成立市文联创作指导服务办公室。把市文联对作品创作的指导功能强化，组织专家对五个一工程申报作品、年度重点创作作品进行集中指导，对作品的创作进度和存在问题及困难开展有计划、有针对性的帮扶点评，以菜单式服务、一对一辅导为基本模式，做到“扶上马、送一程”。对网络写手和草根艺人、工人作家、农民作家开展有计划的培训指导。市文联制定完善《长治市文艺家协会管理办法》，对协会在思想政治管理、组织工作管理、业务工作管理、日常会务管理各方面定标尺、立标杆，为协会依照章程活动提供自查标准和考核规范、管理依据。

（梁红斌）

（责任编辑：张司佳）

法　治

政法及综治

【概述】 2016年，长治市政法机关按照中央和省委政法工作的部署，围绕市委工作大局，推进平安长治、法治长治和过硬队伍建设，审判工作绩效、检察综合业务、重大活动安保、司法行政工作、情报信息和专案专项工作继续走在全省前列，全市大局稳定、政治稳定、社会稳定。2016年，长治市群众安全感在全省11市中排名第二；沁县在全省119个县市区中排名第二；全市13个县市区有7个县市区进入全省前30名。

【社会治安整治】 2016年，长治市打黑除恶、禁毒大会战、惩治盗抢骗、治安乱点整治成效明显，破获刑事案件、查处治安案件同比分别增加0.5%、28.4%；危害严重的八类案件、“两抢一盗”等可防性案件同比分别减少6.4%、37.9%。打掉恶势力犯罪团伙43个，打黑除恶工作名列全省前茅。破获涉毒刑事案件441件，同比增加16.7%；强制戒毒人数同比增加21.5%；挂牌督办的11个乡镇（街道）、5个村毒品问题整治取得成效。156个城中村、259家涉枪涉爆从业单位、271个“九小场所”得到整治。全市道路交通事故发生数、死亡人数均分别下降20%以上，未发生火灾亡人事故，人民群众对治安环境的满意度提升。

【矛盾纠纷排查化解】 2016年，长治市政法系统在全市开展风险隐患大排查大整治，开展涉法涉诉信访“百日百案”攻坚、进京非访问题和信访秩序专项治理。全市13个县级、147个乡级调解中心，122个行业调解组织、3831个人民调解委员会和11883名调解员发挥作用，调解一般性矛盾纠纷20512件，重大矛盾纠纷850余件，调解成功率达95%以上，防止群体上访77件，防止民转刑案件43件。省委政法委交办的24件进京非访案件，省联席办交办的39件、市、县自查的633件信访积案全部化解，重复信访率降低28%，进京非访、赴省集体访同比分别下降62.5%和44.7%。推进“一村（社区）一警”联系走访活动。化解矛盾纠纷245件，为群众办好事1700余件。妥善解决历时10年的杰昌房地产开发公司与华茂副食品公司凯旋都汇广场二期项目纠纷案等中政委交办的重点信访案件。

【防控体系建设】 2016年，长治市共有24支专职巡逻队伍，2680名辅助警力，5036个治保组织，13600名治保人员，覆盖到全市92%的村（社区）。重点人群管控进一步规范，登记在册的1497名社区服刑人员100%实施电子监控，重新犯罪率低于国控、省控要求。对登记在册的98名易肇事肇祸严重精神障碍患者，指定3所定点医院免费救治。开展“阳光关爱”行动，700名留守儿童、服刑在教人员未成年子女和6960多名重点青少年得到帮扶，全年未发生有影响的肇事肇祸案（事）件。

【基层基础建设】 2016年，长治市159个乡镇（街道）配备综治专干133个，配备率83.6%。累计投资4000万元，设立220个社区警务室、32个人民法庭、114个巡回检察室办公、办案条件得到改善。县、乡、村三级社会服务管理平台和网格化管理提质增效，全市11073名网格长（员）累计上报处置矛盾纠纷、安全隐患等事项560334件，处置率达86.4%。深化基层平安创建活动，长治市8个县（区）被命名为省级平安县，90%的县（市、区）达到创建标准。

【法治服务保障】 2016年，长治市政法系统围绕服务项目建设保障企业发展，开展“访百企讲百案献百策”活动，依法稳妥处理“僵尸企业”诉讼、股权纠纷案件9件，妥善审结民间借贷、金融债权等案件1386件，提出司法建议180余条。开展工程建设、脱贫攻坚等领域专项治理，加大民营企业司法保护，查办各类职务犯罪案件126件190人。公安便民在线延伸到基层派出所，181项947个民生服务事项实现网上办理，群众满意率达99.9%。实现“一村（社区）一法律顾问”全覆盖，415名律师与全市3586个村（社区）实现法律服务对接，为760余家企事业单位担任法律顾问；全年受理法律援助案件2636件，受援群众达3万余人。

【法治单位创建活动】 2016年，长治市有“全国民主法治示范村”11个；省、市级“民主法治示范村”127个；省级“依法治理标兵单位”6个、示范单位75个；市级“依法治理标兵单位”14个、示范单位406个；县级“依法治理示范单位”1734个。5月，沁源县、城区被表彰为2011—2015年全国法治宣传教育先进县。

【司法体制改革试点】 2016年，长治市级和3个试点县区的114名法官、95名检察官成为全省首批员额制法官、检察官宣誓上岗。市法院组建14个审判团队、2个试点合议庭、2个专业法官会议，法院全面实施立案登记制，5月1日起实行新的审判权运行机制。市检察院推行独任检察官和检察官办案组相结合的办案模式，检察权运行由原来的7个层级缩减到3个层级。在市公安局、18个分局全部设立检察联络室，及时介入侦查引导取证，完善介入命案侦查机制，变事后监督为事前、事中监督，提升案件质效。1月至9月，全市法院、检察院受理案件数量、案件审执结数量均同比上升。司法体制改革“长治经验”得到省高院、省检察院领导的肯定并在全省推广。公安机关推进执法权力运行机制改革，全面推行受立案分离和刑事案件“统一审核、统一出口”机制，受理和查处的行政、刑事案件均同比上升20%以上。

【防暴防恐】 2016年，长治市政法系统建立反恐联席会议制度，将淮海、惠丰、清华、壶化等大型军工、化工企业以及铁路、公路、民航纳入会议范围，定期互通情况，形成联动。对全市7个一级、68个二级、400个三级反恐重点目标实行等级化管理。制订反恐预案48个，组织大型反恐演练2次，紧急情况演练4次。引深“8+1”涉恐重点人排查管控机制，开展二手手机市场、音像制品市场排查整治，搜集情报信息2500多条，对95名重点关注人员严密管控，破获“法轮功”邪教案件8起，收缴反动宣资料460余份（册），确保全国、全省“两会”，G20峰会、省、市十一次党代会等敏感时期全市的政治安定和社会稳定。

（李　煜）

（责任编辑：张　洁）

公　安

【概述】 2016年，长治市公安机关围绕严打整治，始终保持高压态势，确保全市社会治安大局持续稳定。全市共破获各类刑事案件3618起，同比增加0.5%，查处各类治安案件18391起，同比增加28.4%，立八类案件508起，同比下降6.4%。

【反恐维稳】 根据公安部“深化严打年”安排部署，2016年，长治市委、市政府下发《关于进一步加强反恐怖工作的实施意见》，公安局建立反恐侦察打击合成作战工作机制和情报信息研判工作机制，围绕省公安厅提出的“8+1”类重点人员，深入开展核查、管控工作，特别是针对本地关注群体人员和涉恐重点人员严格实行“一对一”排查、调度，开展滚动摸排，做到底数清、动态明、管得住、不出事；防止在长治市发生暴恐案事件。

【网络安全管理】 2016年，长治市投资1800余万元建成全市网安综合研判中心，实现对联通、电信、移动三大运营商互联网出口的100%覆盖，全面提升公安机关网络管控能力。完善监控“双负责制”和7×24小时巡查处置制度，共关注各类QQ群组250个、关注各类微博1000余个。全年共报送涉军、涉警、各类利益群体进京上访或以极端方式维权等情报信息2319条，报送舆情导控信息8957条，完成上级交办的落地调查任务131起；上报境内外各类有害信息

长治市法治文化公园

28137条。针对2016年网络炒作“24名教师假日聚餐”“襄垣县事业单位招聘暴力执法”“长治和平医院暴力伤医事件”的相关舆情，长治市公安局主动应对，快速反应，对发布虚假信息者落地查处等工作，稳妥地处置一批涉长、涉警负面舆情。

【严惩邪教违法犯罪】 2016年，长治市共立邪教案件18起，破案18起，抓获人员40人，收缴各类邪教反动宣传品3672余份，多媒体存储介质340张，确保全市政治大局稳定。

【维护正常信访秩序】 2016年，长治市公安机关推进涉法涉诉信访案件甄别导入工作，部署开展信访积案集中攻坚化解活动和“百日百案”集中清理行动。共集中处理信访积案83起。针对信访过程中的各类违法上访行为加大惩治力度。全年共办理信访违法案件89起，刑事拘留7人，行政拘留71人，训诫、警告1179人，维护长治市正常信访工作秩序和社会秩序。

【安保任务】 2016年，长治市公安局完成全国、全省、全市“两会”，第十届夏季达沃斯论坛，全国工商联第十一届八次常委会，“6·4”“7·5”敏感日，G20峰会，北戴河暑期安保，太原论坛，党的十八届六中全会，省、市第十一次党代会，市级党委换届，县乡政府换届，天主教长治教区助理主教祝圣等各项重大安保任务。

【打黑除恶】 2016年，长治市公安机关针对干扰破坏重点工程建设、城中村发展建设，暴力讨债、“地下出警队”等不同领域和突出刑事犯罪开展专案惩治行动，破获城区以杨某为首的暴力讨债、牛某某为首的楼霸、平顺县青羊镇南掌村前现任村干部强迫交易、黎城县贾某某涉毒、沁县抢劫学生、沁源聚众扰乱社会管理秩序等恶势力团伙43个，抓获涉恶犯罪嫌疑人261名，破获涉恶刑事案件230起，打黑除恶工作在全省名列前茅。

【禁毒大会战】 2016年，长治市共破获各类涉毒刑事案件441起，查处涉毒行政案件5784起，分别同比上升16.7%和24.8%。破获公安部目标案件3起，在侦1起，同比增长100%。省级目标案件1起，协外侦破5起。共抓获涉毒违法犯罪人员7081人，同比上升24.9%。强制戒毒1377人，同比上升21.5%。10月20日，市公安局与市中级人民法院配合，在中级人民法院刑事审判庭对12名涉毒犯罪分子进行公开宣判。社会群众代表200余人旁听宣判。5月30日，市公安局党委部署开展以签订“拒毒、禁毒承诺书”、禁毒知识竞赛、播放公益广告、发送禁毒短信等为内容的“禁毒宣传月”活动。6月3日，市禁毒委组织举行以“文明长治、拒绝毒品”为主题的禁毒宣传月活动启动仪式。

【惩治“盗抢骗”】 2016年，长治市公安机关共破盗抢骗案件1673起，破获系列案件28串536起，打掉团伙35个，抓获犯罪嫌疑人321名，追缴发还赃款赃物共计247万余元。成功侦破“7·25”发送“幸运中奖”诈骗短信等一批电信诈骗案件，为人民群众止付挽损1200余万元；在市公安局成立“长治市反诈骗中心”，整合银监、金融、电信等部门合署办公，提升惩治整治网络电信新型违法犯罪活动能力。

【惩治经济领域违法犯罪】 2016年，长治市公安机关部署开展打击非法集资、打击金融诈骗专项行动，全市共立各类经济犯罪案件204起，破案207起，抓获犯罪嫌疑人227名。涉案金额5730余万元。惩治涉众经济犯罪，破获非法集资案件8起，抓获犯罪嫌疑人10人，挽回经济损失3900余万元。加大对涉众型经济犯罪方面的风险隐患排查，对长治市涉及泛亚、E租宝投资重点人加大政策宣传力度和管控力度。

【社会治安大整治】 2016年，长治市治安部门继续部署开展“全面引深治安乱点大整治”行动，共排查出“九小场所”（小学校或幼儿园、小医院、小商店、小餐饮场所、小旅馆、小歌舞娱乐场所、小网吧、小美容洗浴场所、小生产加工企业）2719家，城中村102家，社会治安乱点43个，对暗访排查出的涉及11个县（市）区的19个重点区域及“城中村”进行挂牌督办，限期1个月重点整治，发现各类安全隐患179处，现场整改105处，下达隐患整改通知书74份，查封6家，排查、检查各类重点人员85人，落实完善重性精神病人救治管控措施29人。11月24日，12月16日至17日，全市公安机关组织开展两次“治安乱点大整治”集中行动，并取得显著成效。在严打“涉黄、涉赌”犯罪方面，全市治安部门共办理涉黄涉赌刑事案件70起，移送起诉5人，刑事拘留52人，取保候审36人，侦办黄赌治安案件291起，捣毁黄赌窝点87个，治安拘留103人，治安处罚396人，罚款20余万元；收缴老虎机、捕鱼机等赌博机具341台，收缴涉案金额96491.5元。

【打击食品药品违法犯罪活动】 2016年，长治市公安机关开展对辖区食品药品生产企业、流通领域、经营网点、销售渠道集中摸排走访活动，协助有关部门开展联合执法检查行动。共办理案件40起，省公安厅核查案件33起，向行政主管部门移送案件2起，刑拘18人，起诉7人，逮捕3人。

【推进主城区“禁燃”】 2016年，长治市公安机关利用基层社区警务优势，印制发放通告、宣传条幅以及宣传资料近30万份。于9月15日、16

市公安局工作人员在街头向过往市民发放禁止燃放烟花爆竹宣传资料

日组织市区两级公安机关开展集中巡查行动，对3起燃放烟花爆竹案件严肃查处并公开曝光。

【五道五治】 2016年，长治市公安局按照市委市政府的工作部署，抽调治安、巡警、交警等部门成立整治专班，配合相关职能部门联合执法，加强道路固定检查、流动巡查，共查处渣土车、砂石运输车非法抛洒建筑垃圾等违法行为1160起，违反禁令通行6359起，查扣无牌、无证违法上路车辆190辆。

【户籍制度改革】 2016年，长治市全面放开所辖城镇落户限制，出台便民利民新举措，全年新增55827人迁入城镇落户，人口城镇化率较上年增长1.46个百分点，城镇化率达到35.05%；全市147个派出所于2016年7月全部实现本省居民身份证异地受理，其中有47个派出所开展全国公民身份证异地受理试点工作，共办理异地身份证3170个；解决无户口人员265人；全面推行居住证制度，共发放居住证68581个，促进城镇化建设。

【民生警务】 2016年，长治市公安机关将治安、交警、消防、人口管理等12个警种181项业务947个行政审批项目网上公开、审批、办理，省公安厅通报长治市网上群众满意率达99.9%，连续十个月排名第一。

全市全年受理审批公民出国（境）申请88744证次。其中，出国28113证次、赴香港23268证次、赴澳门24186证次、赴台湾13167证次，实现服务零投诉、审批零差错的目标。为满足长治市居民办理出入境证件的需求，方便群众就近办证，在长潞分局分设公民出（国）境分受理点。

借助互联网交通安全综合服务管理平台，推行小型汽车自主选号、电子监控记录交通违法处理、考试预约等交管业务，全市通过互联网平台办理车主面签152000次，补换牌证37个、补换驾驶证520个、检验预约12次、核发临时号牌19个、体验72663人、电子监控违法处理2656起、变更联系方式11268人。在互联网平台投放5.6万副小型汽车号牌，自主选取1732副。

【公共安全】 2016年，长治市视频监控建设工作取得突破性成果，主城区平安建设、智能交通建设、城市智能化视频建设全面铺开，在主城区“三环、八纵、十二横”主要路口、路段和重点部位建设31个卡口、1436个点位、3197路探头。同时，创新警务机制，多警联勤、动态管控，对主城区17个网格每日投入1000余人次警力巡逻防控，构建立体化的社会治安防控网。

【治爆缉枪】 2016年，长治市公安机关对全市重点单位、重点区域、重点场所进行多轮多次的安全大检查，共检查涉爆单位248家，涉枪单位29家，烟花爆竹批发单位19家。检查发现安全隐患536处，当场整改475处，限期整改61处；销毁收缴（过期）炸药41034.9公斤、雷管30459枚、索类爆炸物品747.3米。主动侦查涉爆涉枪违法犯罪案件16起，刑事拘留5人，治安处罚9人。抓获涉枪目标逃犯1名，缉捕率实现100%，全年安全无重大案事件。连续六年在全市安全生产考核排名中名列前茅。确保枪爆物品“不流失、不炸响、不打响”。

【道路交通安全】 2016年，长治市交警部门先后开展“清除隐患、严查违法、强化共治”整治酒驾醉驾违法犯罪行为、危险化学品道路交通安全专项整治等专项行动。全年全市发生适用一般程序处理的道路交通事故304起，同比减少6起，下降1.94%；死亡230人，同比减少1人，下降0.43%；全市发生一次死亡3人以上道路交通事故5起，同比减少3起，下降37.5%；死亡16人，同比减少11人，下降40.74%；直接经济损失4.41万元，同比减少8.74万元，同比下降66.46%。全市道路交通安全形势持续平稳。从7月15日开始，开展以严查电动车、三轮车乱停乱驶为主的市区道路交通秩序专项整治工作，共查扣电动三轮车、四轮车1524辆，罚款处罚1006起，查处违法停车54241起，市区道路交通环境明显改善。

【消防安全】 2016年，长治市消防部门强化隐患治理，共检查单位21254家、发现隐患30811处、整改隐患30500处、下发责令改正通知书15413个、下发行政处罚决定书412份、临时查封127家、责令三停157家、罚款406.75万元，拘留53人。全年全市共发生火灾649起，死亡0人，同比下降100%，直接经济损失531.1万元。同比下降13.89%。未发生较大以上火灾事故，火灾总体形势持续稳定。

【监所安全】 2016年，长治市监管系统围绕实现“零事故”为目标，开展“平安监所”创建活动，全年共拘押戒10086人，在执法程序和安全措施上未发生问题。推进监所信息化建设工作，除市直三所监控视频高清改造在施工中，其余监所全部完成数字化高清监控系统设备的升级改造。继续加大监所医疗卫生专业化建设工作力度。全市26个监管场所全部完成医疗执业机构许可证办理、监管病房建设、视频图像上传工作。各县看守所均与医院建立协作关系，开辟绿色通道，建立专属病房，形成“公安监管部门负责监管安全、卫生计生部门负责医疗卫生”的专业化运作模式，充分保障刑事诉讼、行政执法活动顺利运行和被监管人员合法权益。

【内部单位安全防范】 2016年，长治市公安机关加强内部单位安全防范能力建设，指导相关工作人员提高安全防范意识，提高“三防”和矛盾纠纷化解能力。做好重点区域安全防护工作。对涉医、涉校等违法犯罪案件尽快侦破，依法处置；对全市品牌快递企业市级公司和市区网点进行安全检查，重点是“三个百分之百”的落实情况。对存在收寄不规范、“三个百分之百”制度不落实、安防措施不到位的19家快递企业下达限期整改通知和行政处罚意见书。对安全隐患长期得不到有效整治的6家快递网点进行封停，责令其停业整顿；增强全市公交行业治安动态管控能力，保障长治市公交车辆良好的治安秩序，开通公交智能远程监控系统，为快速惩治公交车上扒窃类犯罪活动和有效防范针对公交车的暴恐案（事）件发生发挥重要的信息引领作用。（马艳林）

（责任编辑：张　洁）

公安交警支队

【概述】 2016年，长治市公安交警共接警22462起，其中发生适用一般程序处理的道路交通事故304起，同比减少6起，下降1.94%；死亡230人，同比减少1人，下降0.43%；受伤229人，同比减少69人，下降23.15%。生产经营性道路交通事故171起，死亡150人，受伤98人，直接经济损失127.3万元。全市发生一次死亡3人以上道路交通事故5起，同比减少3起，下降37.5%；死亡16人，同比减少11人，下降40.74%；受伤7人，同比减少17人，下降70.83%；直接经济损失4.41万元，同比减少8.74万元，同比下降66.46%。

【违法行为查处】 2016年，长治市共查处交通违法行为为919707起。其中，酒后驾驶831起，超速行驶153326起，不按规定车道行驶88442起，涉牌涉证8316起，超员1303起，疲劳驾驶387起，毒驾266起，违法停车161411起，逆向行驶83525起，闯红灯27252起。

【案件办理】 2016年，长治市共刑事立案405起。其中，交通肇事案239起、危险驾驶罪166起；审核办理行政拘留案件238起，吊销驾驶证320起；逢嫌必检案件共检测人员6982名，其中移交人员307人；办理行政复议案件6起。

【机动车和驾驶人情况】 截至2016年12月30日，长治市机动车保有量466956辆，较2015年增长5.60%；全市机动车驾驶人保有量718278人，拥有汽车驾驶证人数为7038364人，较2015年增长8.95%。

【道路交通安保工作】 2016年，长治市公安局交警支队完成春运、全国“两会”、G20峰会、太原论坛、十八届六中全会、天主教祝圣、“157团”、省市党代会、长治制造展销推介会等12次重大交通安保任务以及元旦、春节、清明、五一、端午、中秋、国庆等重大节日疏堵保畅工作。其间，全市公安交警提前分析研判，加强勤务组织，科学部署警力，开展“两公布一提示”，累计出动警力3万余人次，启动交通执法站21个。

【道路交通秩序整治】 2016年，长治市公安交警支队组织开展“春运预防重特大道路交通事故”、夏季“平安长治”“暑期交通安全隐患”、冬季“三打三整治”“五道五治”、整治酒驾、醉驾等13次专项整治，持续加大对重点车辆、重点驾驶人及影响道路通行秩序的各类交通违法行为的查处力度。

开展主城区交通秩序大整治。从严查处电动三、四轮车闯禁令、机动车乱停乱放等交通违法行为。2016年7月15日至12月31日，市区共查处违法停车114070起，处罚电动三、四轮车1438起；共施划道路交通标线10万平方米，增设各类交通标志142套，施划临时停车泊位5900个，清除不合理标线362平方米，清理不合理停车泊位547个。

集中开展危险化学品道路交通安全秩序整治。4月至10月，全市在危化品生产、储存、使用企业集中的地区周边道路以及限行危化车的路段、隧道、桥梁等点段加强执法检查，依法从严查处危化车强超硬会、违反限行规定、不按指定时间、路线行驶、不按规定车道行驶、超载、超速、疲劳驾驶等严重交通违法行为。其间，共查获危险化学品运输车无押运员22起、驾驶员未取得从业资格证8起。

“五道五治”整治。12月1日至12月28日，共查处机动车违法停车15680起、闯禁令6359起、无牌46起、无证144起、遗洒飘散载运物1160起，查处电动三、四轮车违法共189起，利用山西客货运车辆登记核查预警系统核查重点车辆173336辆次。全市公安交警配合相关部门拆除违建共计375处。

开展第二季度预防重特大道路交通事故专项整治。4月15日至6月30日，分三个工作阶段，严查严处各类交通违法行为，清除道路交通安全隐患。其间，查处各类交通违法行为共194646起。

开展“查隐患、纠违法”全省统一集中行动。9月1日至9月10日，开展集中夜查2次，检查违法嫌疑车辆3000余辆次，查处各类交通违法行为13782起。

【交通安全隐患治理】 2016年，长治市公安交警共向交通运输部门通报隐患突出的运输企业54次，通报违法营运车辆3100余辆，向安监部门通报隐患运输企业35次，向责任单位下达隐患整改通知书31份；共排查各类道路交通安全隐患49处，其中一般隐患43处，整改42处，1处待整改完成；事故多发路段6处，整改5处，1处未彻底整改。

长治市公安交警会同交通、安监、禁毒、派出所等部门深入运输企业、客货运场站，抽查动态监控措施落实情况，排查长治市逾期未检验、未报废的“五类重点车辆”，集中清理大中型客货车驾驶人驾驶证被注销、降级、违法未处理、记满12分等情况。2016年，累计向各交警大队转发30余万辆次未检未报废机动车信息，累计向交通运管部门抄告6万余条未检未报废重点车辆信息，报废黄标车及老旧车10964辆，完成记满12分驾驶人的培训教育21期，全市共审验重点驾驶人113760人次，审验率97.28%，移送毒驾307人。

【农村交通安全管理】 2016年9月29日，长治市农村道路交通安全“两站两员”建设工作推进会在平顺召开。2016年，全市涉及农村的132个乡镇建立交管站125个；全市3302个行政村配备交通安全协管员，共建立劝导站714个，设有劝导员3980人，培训农村交通安全管理员和协管员139次。

【城市智能交通建设】 2016年，世行贷款长治城市交通可持续发展项目全面启动实施，按照市政府“三环、八纵、十二横”道路发展规划，建设拥有高端机房智慧交通集成系统的指挥中心，搭建123处自适应交通信号控制系统、10处行车诱导系统、6条道路绿波控制、拥堵协调控制系统、2个路口瓶颈控制系统、97处路口闯红灯抓拍系统、反向卡口系统、20处高点高清监控系统、12处违法停车系统、15处卡口系统。

【车辆与驾驶人管理改革】 2016年，长治市公安交警支队推进车驾管改革措施，实现省内机动车免委托检验、机动车检验远程查验、驾驶人考试自主预约、小型汽车科目考试业务有序下放。全年全市共通过远程查验系统检验机动车185852辆、考试预约277213人次、向4县5个驾校下放小型汽车科二、三考试业务，向各县（市）车管分所全部下放驾驶证补换领及审验等基础业务。

【轻微道路交通事故快处快赔工作】 2016年，长治市建设并投入运行的道路交通事故快处快赔服务中心12家，市区共受理轻微财损事故6091起，占事故总量128.23%。

【互联网交通安全综合业务】 2016年，长治市公安交警支队借助互联网交通安全综合服务管理平台，推行小型汽车自主选号、电子监控记录交通违法处理、考试预约等交管业务。全年全市通过互联网平台办理车主面签152000次，补换牌证37个、补换驾驶证520个、检验预约12次、核发临时号牌19个、体验72663人、电子监控违法处理2656起、变更联系方式11268人。2016年10月13日，在互联网平台投放5.6万副小型汽车号牌，截至2016年年底自主选取1732副。

【交通事故逃逸多部门联动侦办机制】 2016年长治市交警支队加大对交通肇事逃逸案件的多警种联合查缉力度，开展交通事故积案清零行动。全年，全市共发生交通肇事逃逸案件36起，侦破36起，侦破率100%，8起网上追逃事故案件抓获、规劝4人，震慑交通肇事逃逸行为。

【公安“四项建设”】 2016年，长治市公安交警支队依托智能交通建设，通过规范执法站勤务、强化缉查布控系统应用等措施，推进公路交通安全防控体系建设运行。全市共计人工布控量69926次，实现有效预警135702次，查获嫌疑车辆次数131872次。实现执法权力阳光运行。成立案件管理中心，加大对市区各类交通类案件的监督力度。截至2016年年底，市区共发布受案监督通报239期，立案监督通报6期，受案跟踪通报8期，核查案件30050起，移交纪检督察部门受案核查问题经通报仍不纠正的案件16起，解决受、立案底数不清、超时办理以及办案单位对案件发生属地不明确等问题。推行“凡是民警执法未佩戴执法记录仪引起群众投诉、举报等问题，支队将一律采信当事人的意见，对当事民警予以责任追究”的硬措施。2016年，全市公安交警共配发执法记录仪1350台，采集声像资料约205T，一线交警执法记录仪使用率达100%，群众对交警执法投诉量减少。

【交通安全宣传教育】 2016年，长治市公安交警在充分利用报纸、电视、广播等媒体平台开展常态化交通安全宣传的基础上，支队将交通安全宣传

2016年12月9日，市直交警二大队组织民警走进辖区东方星幼儿园，为全园百余名师生讲交通安全课

延伸至“双微”“微直播”“微电影”“手机APP”等新媒体平台和LED屏、交通诱导屏、电梯视频广告等社会平台。全年，通过各类媒体发稿1619篇，发放宣传品30万余份，通过手机短信平台、支队长信箱、互联网站、QQ群、微信群、微信公众号推送信息6700余条，发布春运交通安全提示、恶劣天气平安出行温馨提示、日常安全提示50万余人次，开展“微直播”活动30余次。

（张慧丽）

（责任编辑：张　洁）

公安消防支队

【概述】 2016年，长治市共发生火灾656起，死亡0人，受伤4人，过火面积24901.4平方米，直接经济损失549.2万元。全市消防部队共接警出动1138起，出动消防车1811辆次，警力11604人次，抢救被困人员299人，疏散人员4038人，抢救财产价值2966.5万元。同比去年，死亡人数下降100%，直接财产损失下降11%。全年未发生亡人火灾事故，消防安全形势持续稳定。

2016年，长治支队共检查单位21544家、发现隐患31225处、督促整改隐患31006处，临时查封130家、责令“三停”159家、罚款411.7万元、拘留53人，确保全市消防安全稳定。

【从优待警工作】 2016年，长治市消防支队制订服务官兵“八件实事”：在6个基层中队建设完成红门影院；对城区、郊区2个大队进行外墙保温改造、集中供热改造；完成6个中队“明厨亮灶”改造，并安装伙食管理系统；组织地方驾驶员培训3期26人；为6名官兵申请住房公积金贷款，为10名已婚干部分配公寓；为全体官兵办理意外伤害保险；在机关设立自动取款机，为官兵提供便利；为全市现役官兵和专职队员、文员进行年度健康体检。

【信息化建设】 2016年，长治市消防支队召开各级作战安全研讨会50余次，修订完善部队管理制度10余项，将行车记录仪、营区监控并入指挥中心远程指挥系统，完成正规化管理达标验收，全年未发生等级以上责任安全事故，部队内部安全稳定。

【装备建设工作】 2016年，长治市消防支队市、县两级投资5383万元采购消防车30台、装备器材7896件（套），其中市级投资3131万元，采购消防车16台，装备5960件（套），各县（区）投资2252万元，采购消防车14台，装备1936件（套）。

【营房建设工作】 2016年，长治市消防支队推动2个消防站改造（紫金、长北），3个消防站封顶（太岳东街、长治县、沁源县），3个消防站投入使用（战勤保障、黎城县、平顺县），1个消防站开工建设（高新区），共计投资10100.8万元。

【防火监督工作】 2016年，长治市委、市政府、市公安局主要领导专题听取消防工作汇报6次；市、县两级党政领导带队检查消防安全工作60余次。落实“四长”包保和每日一查制度，熟悉演练和检查包保单位292家；开展今冬明春火灾防控、夏季消防检查等3次重大专项行动和社会福利机构、集贸批发市场、文物古建筑、百日安全隐患大排查大整治4项专项整治，完成各类重要节日和重大行动消防安保任务20次；推动政府各职能部门按照“管行业必管安全”的要求，严格把关审批环节，取得消防安全重点单位“零火灾”的阶段性成绩；联合各行业部门摸底排查文物古建筑单位328家、煤化工企业17家，易燃易爆危险品场所388家，超大型城市综合体1家，高层公共建筑174家，并与卫计委、质监、食药等部门对全市13家大型医院进行专项检查。

【公共消防设施建设】 2016年，长治市消防支队共建设社区微型消防站139个、重点单位微型消防站490个；安装独立式感烟探测器2893个、简易喷淋设施93个；全年新建市政消火栓290个，总数达1357个；新建消防水鹤6个，总数达15个；推动长治县荫城镇、沁源县郭道镇、屯留县渔泽镇、潞城市店上镇、武乡县蟠龙镇5个乡镇专职队投入执勤。

（程　垚）

（责任编辑：张　洁）

检　察

【概述】 2016年，长治市检察机关查办各类职务犯罪案件126件190人，挽回经济损失2.3亿元；起诉"黑拐枪、盗抢骗、黄赌毒"犯罪541件709人，起诉邪教组织6件6人，起诉重大毒品犯罪29人。长治市人民检察院被最高人民检察院授予"全国基层检察院建设组织奖"。两级院共有8个集体、2名干警受到国家级表彰，13个集体、9名干警受到省级表彰。

【查办和预防职务犯罪】 2016年，长治市检察机关坚持"老虎苍蝇一起打"，查办各类职务犯罪案件126件190人，挽回经济损失2.3亿元。惩治损害群众利益的"蝇贪""蚁贪"，开展集中整治和加强预防扶贫领域职务犯罪的一系列"小专项"活动，查办拆迁安置、移民工程基础设施、教育就业、医疗救助、社保低保、救济救灾等涉农领域的职务犯罪53件90人；查处涉案金额百万元以上的基层国家工作人员15人；组织基层院开展"查办危房改造领域职务犯罪"专项活动，严查虚假申报、套取危房改造专项资金等职务犯罪4件4人。惩治渎职侵权犯罪，惩治国家机关工作人员"不作为"刑事犯罪，查办市环保系统贾某、陕某等8人涉嫌玩忽职守造成1000余万元经济损失案件；惩治虚假民事诉讼背后渎职侵权刑事犯罪，查办市中级法院助审员王某某、黎城县法院专职委员王某某涉嫌枉法裁判等司法系统10件11人。创新开展"互联网＋阳光百姓工程"，制订《预防涉农领域职务犯罪"阳光百姓工程"实施方案》以市委名义印发全市，在农业、林业、水利、发改、财政、扶贫开发等部门配合下构建起县乡村三级联动工作网络，利用涉农资金信息监管平台监督每一个项目、每一笔资金的落实情况。4月，全省预防涉农领域职务犯罪"阳光百姓工程"现场会在长治市召开。

【整顿和规范市场经济秩序】 2016年，长治市检察机关落实高检院"18条意见"和省院"保障非公经济的实施意见"，依法惩治侵犯民营企业合法权益的职务犯罪。开展服务民营企业调研，采取专题讲座、以案说法等形式强化民营企业依法经营意识，提高防控法律风险的能力。服务创新驱动战略，推动"智慧山西""智慧长治"建设步伐。加强对侵犯知识产权、破坏技术创新等犯罪的惩治力度，起诉假冒专利、侵犯商业秘密等犯罪3件4人。批捕制假售假、非法经营等破坏市场经济秩序犯罪7人，起诉45人，维护创新创业者合法权益。在办案中注重维护各类企业合法权益。

【惩治经济犯罪】 2016年，长治市检察机关打击涉及面广、社会影响大、人民群众财产损失大的涉众型经济犯罪，起诉非法吸收公众存款、集资诈骗、电信诈骗等48件144人。继续开展破坏环境资源和危害食品药品安全犯罪专项立案监督，出台《危害民生刑事案件专项立案监督方案》，保障绿色宜居的生态环境和人民群众"舌尖上的安全"，监督行政机关移送案件2件2人，监督公安机关立案2件2人，批捕1件1人，起诉5件6人。

【惩治严重刑事犯罪】 2016年，长治市检察机关起诉"黑拐枪、盗抢骗、黄赌毒"犯罪541件709人，起诉邪教组织6件6人，起诉重大毒品犯罪29人。坚持宽严相济，无社会危险性不捕8人，犯罪情节轻微相对不诉7人。参与全市社会体制改革，在全市两级公安机关及辖区人口较密集的派出所设立检察联络室19个。开展羁押必要性审查，对98人建议变更强制措施，保障当事人合法权益。强化重点场所和特殊群体管控，在监管场所开展安全防范专项检察90多次，防止安全事故和牢头狱霸行为。监督纠正监外执行不当等情形501人次。

【涉法涉诉信访改革】 2016年，长治市检察机关出台《处置信访紧急突发事件办法》《信访联络员制度》，建立健全诉访分离、理顺入口、畅通出口、依法终结工作机制，处置疑难复杂涉法涉诉信访案件500多件，检察长及分管副检察长带头接访，年内共接访近百次。办理刑事赔偿案件3件，执行1件。开展律师参与化解信访纠纷和代理涉法涉诉信访案件工作，推行远程视频接访，并将视频接访系统延伸至巡回检察车，检力下沉到基层。

【未成年人检察工作】 2016年，长治市检察机关开展"法治进校园""平安寒假"活动，以公开信、法治课、情景教育等方式引导青少年健康成长，减少校园暴力犯罪。襄垣县人民检察院被最高检评为"未检工作突出贡献集体"。

【弱势群体合法权益保护】 2016年，长治市检察机关开通支持起诉"绿色通道"，帮助下岗职工、农民工等300余人依法维权，追回工资200余万元。为生活确有困难的45名刑事被害人发放救助金15.9万元。

【司法体制改革试点工作】 2016年，长治市检察机关落实员额制，实施检察官遴选补选工作，坚持公平公正、优中选优，关键环节全公开，纪检部门全程跟踪，经过资格审查、业绩考核、民主推荐、理论考试等程序，全市共遴选出政治坚定、廉洁敬业、能够独立办案的拟入额检察官172名，其中市院在首批改革试点工作中遴选出47名入额检察官基础上，又补充遴选出 15 名入额检察官。落实分类管理，坚持入额检察官一线办案原则，首批员额内检察官全部调整至业务部门，配备检察官助理和书记员，法警、检察技术人员随案调配，检察官、辅助人员、司法行政三类人员完成定员定岗。落实司法责任制，探索建立“1+8+8”配套制度。包括 1 个《实施办法》，检察官权力清单、案件分配管理办法、业绩考评办法、司法责任追究办法等 8 项配套制度，以及分业务条线出台的 8 项《实施细则》；推行独任检察官、检察官办案组的办案模式，实行案件“扁平化”管理，将原来 7 个审批层级缩减至检察官、（副）检察长、检委会 3 个层级；突出检察官主体地位，明确检察权力清单 304 项，授权检察官行使权力 205 项，授权率 67%，强化责任意识，提高办案质量和效率。

（马 奇 程浩歌）

（责任编辑：张 洁）

审 判

【概述】 2016 年，长治市两级法院共受理各类案件 41269 件，审结 37963 件，结案率 91.99%；市中院全年受理各类案件 7436 件，审结 7105 件，结案率 95.55%，实现改革和办案两促进。司法宣传等多项工作受到最高人民法院表彰，市中院被授予省五一劳动奖状。

【入企服务】 2016 年，长治市中院配合省市干部入企服务和脱贫攻坚工作部署，继续深化“访百企讲百案献百策促发展”和“百名法官进百村，百名法官联百校，百名法官扶百户”活动，两级法院领导、法官深入企业走访 130 余家（次），提出依法规范经营等司法建议 180 余条，帮助企业调结构、转方式、防风险、谋发展。市中院对口帮扶武乡县蟠龙镇 7 个贫困村和 372 户贫困户，多措并举，精准帮扶，石门村实现整村脱贫。

【法官入额遴选改革】 2016 年 9 月起，山西省全面启动司法改革试点工作和法官入额遴选，长治市中院根据中央和省委下发的总体方案要求，制订市中院和 3 个试点法院第二批法官入额、指导全市其他 10 个基层法院制订首批法官入额遴选实施方案，统一部署组织入额考核，对全市申请报名的 233 名法官采用考试 + 考核的办法，确定 185 名法官上报省遴选委员会审批，184 名通过遴选。

【审判权运行机制改革】 2016 年，长治市中院按照“让审理者裁判，由裁判者负责”的原则和最高法院司法责任制意见，结合实际制订市中院院落实司法责任制实施办法，明确目标原则、改革审判权力运行机制、司法人员职责和权限、审判责任的认定和追究、加强法官的履职保障等具体内容，按照员额内法官参加合议庭直接办案、适应三大诉讼法合理配备审判资源、双向选择和组织安排、队伍稳定相结合三大原则，制订组建审判团队实施办法，科学组建 14 个审判团队。全面实施新的审判权运行机制后，审判质效变化明显，实现结案率、一审服判息诉率、调解率分别上升，上诉率、发回改判率、涉法涉诉信访率分别降低的“三升三降”态势。

【刑事犯罪惩治】 2016 年，长治市两级法院审结一审刑事案件 1972 件，判处罪犯 1941 人。保持对暴恐犯罪、黑恶势力犯罪严打高压态势，办结此类案件 113 件。加强同公安、检察机关的密切配合，建立预防和惩治毒品犯罪联动机制，对 7 案 29 名严重涉毒罪犯进行集中宣判，震慑犯罪分子，净化社会风气。惩治腐败净化政治生态，办结重大职务犯罪案件 61 件。

【化解民事纠纷】 2016 年，长治市两级法院审结一审民商事案件 14624 件。注重以调解方式化解纠纷，民商事案件调解、撤诉率 69.97%。依法保护各类市场主体，服务经济发展新常态，妥善审结借款合同、民间借贷、金融债权等案件 1979 件。强化优胜劣汰，促进资源配置，处理“僵尸企业”诉讼、破产重组、股权纠纷等案件 397 件。开展家事案件审判工作，审理家事纠纷 4500 件。加大对民间借贷、融资租赁、知识产权等案件中疑难复杂问题的分析研究，提出司法建议，依法保护科技创新。

【解决行政争议】 2016 年，长治市中

长治市中级人民法院送法进社区宣传

院全面贯彻行政诉讼法，平等保护当事人合法权益，全市法院依法审结行政诉讼案件986件，审查行政非诉案件138件。与长治市政府联合建立行政执法行政复议与行政审判联席会议制度，推行巡回审判、行政首长出庭应诉、民众评审等三项便民利民诉讼服务新制度，促进行政机关依法行政，创优发展环境。

【完善便民举措】2016年，长治市中院落实司法救助，缓解群众困难，全市法院为320件涉民生案件当事人缓、减、免交诉讼费用173.74万元。继续开展巡回办案，开设涉民生案件“绿色通道”，要求市中院各审判团队每月至少下乡巡回办案一次，对婚姻家庭以及赡养扶养、相邻权等纠纷案件就地公开审理，达到审理一案，教育一片的效果。

【积案清理】2016年年初，长治市中院部署安排“化解积案百日攻坚”活动，对排查出的积案，分析案件积存原因，确定专人承办、限期化解，至年底清理18个月以上未结案件107件，清理3年以上未结案44件。

【解决涉诉信访问题】2016年，长治市中院继续推进“信访法治建设年”活动，会同市委政法委联合开展全市涉诉信访积案攻坚“百日百案”化解专项工作，把解决涉法涉诉信访问题纳入法治轨道。开展院庭领导接访、下访专项活动，畅通诉求渠道，推进解决申诉群众反映的实际问题。两级法院联动，化解陈年信访积案，一案一策，依法处置完成省委政法委、省高院交办赴省进京上访积案273件，全年信访总量历史最低。

【依法办理减刑、假释案件】2016年，长治市中院出台《长治市中级人民法院贯彻〈最高人民法院关于减刑、假释案件审理程序的规定〉的实施办法》，确保减刑、假释和暂予监外执行案件办理的公开公平公正，激励罪犯改过自新，促进罪犯回归和融入社会，全年办结减刑假释案件1341件。深化量刑规范化改革，充分运用大数据技术对已决刑事案件进行类型化分析，逐步扩大规范化量刑的罪名和刑种，实现量刑规范化工作新发展。通过改进案件审限跟踪管理，实施对办案部门、办案法官案件办理审限实名通报，提高办案效率。

【改进执行工作】2016年，长治市中院出台《“两到三年基本解决执行难”工作纲要》，开展“雷霆行动”（清理执行存案、惩治抗法拒执），2016—2017“法治力量”集中联动执行，加大对拒执罪及抗拒执行行为的打击力度，全市法院发布失信信息8506条，公布“老赖”名单5877个。通过摸清案件底数、综合运用查控、加大信用惩戒、创新办案手段等措施，提高办案效率，集中力量破解执行难题。全市法院受理执行案件10564件，执结9059件，执结标的总额12.28亿元。

【双“三一一”责任机制】2016年，长治市中院按照长治市中院党组部署的“一院一创新工程、一庭一示范项目、一人一亮点工作”和“一院一短板提升，一庭一弱项突破，一人一不足改进”的双“三一一”工作责任落实机制，各部门修改完善考核方案和评分细则，各基层法院紧密结合院长会部署，调整建立更加符合自身实际的落实与考评办法。

【“利剑工程”】2016年，长治市中院制订《关于进一步加强全市法院纪律作风建设的实施意见》，加大专项司法巡查力度，组织对基层法院开展专项司法巡查，建立办案风险岗位管控制度，强化审务督察，开展常态化明察暗访，对审判纪律、文明礼仪、工作纪律、制度执行的情况定期进行通报，增强干警的自我约束意识。

（张伟卫）

（责任编辑：张　洁）

司法行政

【普法工作】2016年，长治市司法局召开全市法治宣传教育工作会议，以市委、市政府名义印发《全市“七五”普法规划》，市人大通过《“七五”普法决议》，全面启动“七五”普法工作。以“法律六进”为载体，以“12·4”国家宪法日、法治宣传日和法律颁布日为节点，开展群众性法治文化活动。2016年，市县两级广播电视台共播出法治节目5300多期，报纸刊物发表法治文章8500多篇，通过手机短信发送普法信息596万多条。

【律师工作】2016年，长治市司法局组织和引导全市60家律师事务所487名执业律师提供法律服务，共办理诉讼法律事务8451件，非诉讼法律事务2118件，担任企事业单位法律顾问635家，律师业务收入达4668万元。完善律师参与涉法涉诉信访接待制度，市县两级信访部门普遍建立稳定的坐班接访律师团队，初步形成制度化、常态化机制。从2016年5月18日开始，长治市按照上级要求，每周一、三、五安排两名律师在市公安局、市检察院、市中级人民法院坐班接访。全年全市律师通过信访接待共解答涉法涉诉法律咨询3500余人次，出具法律意见书189份，引导信访人员纳入法定途径36件。

【基层法律服务工作】2016年，长治市司法局组织全市32家基层法律服务所187名基层法律服务工作者以“法律服务我争先”专项活动为载体，面向基层开展法律服务，共代理诉讼事务860余件，代理非诉讼事务280余件，担任企事业单位法律顾问130

余家，调解纠纷500余件，解答法律咨询8000余件，办理法律援助事项180余件，挽回经济损失2000余万元。

【法律援助工作】2016年，长治市司法局加强“12348”法律援助热线、便民服务大厅和远程视频服务系统三大平台的服务运营管理，为困难群众提供方便快捷的法律服务。全年市县两级法律援助机构共受理各类法律援助案件2636件，占全市人口总数0.81‰，高于省考核0.5‰的目标要求；受援人数32967人（其中，来访接收24430人次，电话咨询8537人次），占全市人口总数10.04‰，高于省考核6‰的目标要求。

【公证工作】2016年，长治市司法局加强公证服务联络站建设，扩大公证业务，提升公证质量。全市12个公证机构共办理各类公证事项4555件，其中，涉外事项1045件，涉及德国、法国、美国、俄罗斯、日本、南非等70多个国家。

【社区矫正】2016年，长治市司法局开展“除隐患、强基础、保稳定”“防脱管漏管虚管”等系列专项整治活动，对基层司法所的执法检查面达75%以上。市、县司法局投资300余万元，新建社区服刑人员GPS手机定位监管系统，电子监控覆盖率达100%，指纹人脸签到率达100%。市司法局投资40余万元建起社区矫正中心管理平台，襄垣、沁源、城区、壶关、郊区、长子、沁县7个县区投入1500余万元分别建起高标准多功能社区矫正中心，为规范执法提供必要阵地。截至2016年年底，全市累计接收社区服刑人员9132人，累计解除7629人，在册1503人，累计重新犯罪19人，重新犯罪率0.21%。

【安置帮教】2016年，长治市司法局继续开展“暖心回访月”活动，举办“互联网+创业就业培训班”，办理司法救助42件，发放援助资金8万元，帮助141人从事餐饮、果品买卖、煤炭运输等个体经营，为210人提供帮扶金额29600余元，协调民政等有关部门为321名刑满释放人员解决低保，为688人落实责任田。截至2016年年底，全市刑满释放人员在册人数6516人，重新违法犯罪率控制在2%以下。

【司法鉴定】2016年，长治市司法局召开专项整治推进会，组建长治市司法鉴定专家组，组织司法鉴定人进行业务培训，推动司法鉴定工作法治化、科学化、规范化建设。全市19家司法鉴定机构，460名执业司法鉴定人，共办理鉴定案件3825件。

【司法考试】2016年，长治市司法局按照司法部、省司法厅统一部署，组织2016年度国家司法考试。长治市有1276名考生参加考试，173人考试达线，通过率达16.9%，创造连续十三年组织全国司法考试零差错的工作业绩。

【人民调解】2016年，长治市司法局组织全市各级各类人民调解组织持续开展以“化解纠纷、服务发展、维护稳定”为主题的矛盾纠纷排查化解活动，到2016年年底，全市共调解生产经营、山林土地、征地拆迁、环境污染、劳动争议、道路交通、医疗等多类矛盾纠纷20512件，涉及当事人47286人，调解成功20240件，调解成功率达98.7%，充分发挥调解组织在基层维稳中的“第一道防线”作用。

【基层司法所规范化创建】2016年，长治市司法局开展司法所规范化创建活动，加强司法所组织机构、干部队伍、业务能力、所务管理、基础设施和信息化建设。到2016年年底，全市146个基层司法所中有138个被省厅命名为规范化司法所，占全市司法所总数的94.5%，城区英雄中路司法所、长治县西火司法所等6个司法所被省司法厅表彰为省级示范司法所。

【人民监督员工作】2016年，长治市司法局根据中央《深化人民监督员制度改革方案》和省厅《人民监督员选任管理方式改革工作实施方案》精神，原由人民检察院承担的人民监督员选任、培训、考核、奖惩等职责移交司法行政机关承担。对此，长治市司法局高度重视，及时制订《长治市人民检察院人民监督员选任管理方式改革工作的实施方案》，召开人民监督员选任管理方式改革工作会议。经公告、接受公民自荐报名、协商组织推荐和考察、公示公告，全市共确定55名人民监督员，经统一培训后即可上岗履职。

【荣誉】集体荣誉：2016年5月，长治市普法办被中宣部、司法部、全国普法办表彰为“2011—2015全国法治宣传教育先进普法依法治理办公室”，城区、沁源县被表彰为“2011—2015全国法治宣传教育先进县（市、区）”。2016年8月，长子县岚水乡人民调解委员会被司法部表彰为“全国模范人民调解委员会”；2016年10月，壶关县法律援助中心被司法部表彰为“全国第五届法律援助工作先进集体”。

个人荣誉：2016年5月，原长治市司法局局长马朝中等3人被中宣部、司法部、全国普法办表彰为“全国法治宣传教育模范个人”；2016年8月，沁县新店镇调委会主任杜云、沁源县沁河镇调委会主任郝金凤、潞城市辛安泉镇石梁村调委会主任石晚良被司法部表彰为“全国模范人民调解员”。

（李　慧）

（责任编辑：张　洁）

公　证

【概述】 2016年，长治市公证处共办理各类公证事项2428件。其中，国内公证1367件，涉外公证1045件，涉港澳公证3件，涉台公证13件；接待、解答当事人法律咨询7500余人次；为当事人起草、修改各类法律文书500余份。

【服务政府中心工作】 2016年9月中旬，长治市公证处参与长治市“城中村”改造拆迁的现场监督，为工程的公开、公正、有序平稳进行提供法律保障，维护国家利益、社会利益和广大住户的合法权益。

【服务群众】 2016年，长治市公证处开展群众满意度服务问卷调查，将公证服务细化制作问卷调查表，向服务单位和当事人发放进行满意度调查。通过选定不同的服务对象进行上门回访，听取对公证服务的意见和建议，了解群众对公证工作的满意度及存在的不足。实行公证流程全公开，在醒目位置公示业务范围、办证流程、收费标准和监督投诉电话等信息。提供“一站式”服务，首次接待的公证员负责解答办理申请人的公证事项，所需材料全面准确告知清楚，在材料齐全、事实清楚且符合法律规定的情况下，所办公证事项一次完成。

【打造公证“半小时法律服务圈”】 2016年7月12日，长治市公证处对全市178个基层法律服务所的公证员联络员进行为期3天的公证业务培训，提高公证联络员的公证业务能力。

（高海燕）

（责任编辑：张　洁）

2016年12月17日，山西省市级律师协会建设推进会在长治市召开

军 事

军分区

【军民融合发展】 2016年，长治军分区贯彻落实军民融合发展国家战略，按照“五部”职能，发挥平台优势，全方位全领域参与城区城南工业园国家级军民融合产业示范基地建设，逐步走出一条具有长治特色的军民融合发展路子。按照省军区脱贫攻坚“四帮一助”部署要求，结合全区实际，实施基础扶贫、教育扶贫、技术扶贫、兵役扶贫“四位一体”扶贫工程。基础扶贫，军分区投资20万元为沁县新店村兴建安全饮水工程，协调市县两级扶贫款360余万元落实“五个一批”帮扶项目。教育扶贫，开展“春蕾桥”“手拉手”等特色助学活动，累计帮扶学校20余所，资助中小学生1400余名，直接投资13万元，组织捐赠物资近200万元。9月，在武乡县举行“情系革命老区、共育祖国未来”助学兴教捐赠仪式，活动情况被中国老促会推广，并推荐上报至军委政治工作部。技术扶贫，在沁源县、沁县部分乡镇推广农田复合益生菌使用技术，农户年增收达15%。兵役扶贫，开展“送走一个合格兵、退出一户贫困户”活动，全年全区征集建档立卡贫困户青年61名，带动217人脱贫。

【学习教育活动】 根据军委国防动员部总体安排和军分区首长指示，2016年1月22日至27日，长治军分区实际利用三天半时间，组织开展“坚决服从改革大局、忠实履行职能使命”教育活动。下发方案计划和教育资料，结合省军区动员辅导，进行军分区本级的再动员再部署；注重搞好中共中央总书记、国家主席、中央军委主席习近平在军改会上讲话精神的通俗化阐释，针对性地抓串讲辅导；统筹运用观看录像、学习讨论、对照检查、总结讲评等方法，做好教育的深化转化，达到提升思想站位、凝聚改革共识、助推部队建设的预期目的。

【长治市应急力量建设观摩活动】 2016年4月20日，长治军分区为进一步推动年度民兵整组落实，提升应急力量建设质量层次，组织全市应急力量建设观摩活动。军分区密国林司令员、刘海靖参谋长，机关各业务口负责人，各人武部1名主官和1名干部，以及部分应急分队负责人，共计40余人参加这次观摩活动。与会人员观摩城区常备民兵应急分队整组点验程序，棍术和刺杀操演示，器材库及各类应急器材建设。观摩长治县民兵应急连阵地，人武部“三室两库”和国防教育展厅、武装工作史馆，听取长治县《应急力量综合应用信息系统》介绍演示，观看应急分队反恐维稳、森林灭火、矿山救援3种类型7个课目演示。观摩沁源县常备民兵应急分队连部、器材室、宿舍建设情况，观看分队队列、擒敌拳、警棍盾牌操、刺杀操、森林灭火基本器材操作及小分队编成灭火演练。城区、长治县、沁源县3个人武部现场介绍分队建设经验做法。观摩结束后召开总结会议，各人武部主官围绕应急分队建设进行座谈。

【国防大学“抗大足迹行”实践锻炼活动】 2016年7月25日至26日，国防大学副政委吴杰明带部分教员和机关一行55人，在省军区副政委喻军陪同下，分别赴武乡县、黎城县开展“抗大足迹行”实践锻炼活动。在武乡县参观八路军太行纪念馆、王家峪八路军总部旧址、砖壁百团大战指挥部旧址、蟠龙镇蟠龙村抗大旧址，在王家峪举行捐赠仪式，观看红色实景剧《太行山》。在黎城县参观黄崖洞兵工厂旧址、霞庄抗大旧址和中共北方局高干会议旧址，在霞庄举行捐赠仪式。省军区政委郭志刚到霞庄陪同进行实践锻炼。捐赠仪式上，吴杰明代表国防大学向王家峪八路军总部旧址和霞庄村委会各捐赠建设资金5万元，武乡县、黎城县向国防大学分别回赠锦旗和《红色黎城》丛书。

【纪念红军长征胜利80周年系列国防教育活动】 2016年9月至11月，为纪念中国工农红军长征胜利80周年，营造“热爱国防、关心国防”浓厚氛围，长治军分区牵头协调市委宣传部、报刊媒体、市博物馆等单位，借助上党老区红色资源优势，军地合力、上下联动，组织开展“传承红色基因、赓续红色血脉”大型国防教育图片巡展、寻访长治老红军系列采访活动和“党旗辉耀上党”纪念中国共产党成立95周年暨红军长征胜利80周年主题展。全区各人武部同步开展各具特色的配合活动，潞城市人武部组织民兵应急分队和社会各界群众400余人进行“不忘初心、继续前行，走好新长征路”主题户外健步行。沁源县人武部承办中国工农红军山西沁源陈赓红军小学授旗授牌暨陈赓将军铜像揭幕仪式。武乡县人武部举办“八路军文化旅游节”。全市共举办图片展览、文艺表演、主题报道等活动80余次，参与群众15万余人，进一步强化全民国防意识，凝聚“弘扬伟大长征精神、走好新的长征路”的强大正能量。10月21日上午，集中组织机关全体干部、战士和职工收听收看纪念大会，在《长治日报》进行报道。

（张　健）

（责任编辑：张　洁）

武警支队

【概述】 中国人民武装警察部队山西省总队长治市支队（以下简称长治支队）于1985年5月组建，是山西省长治市武装力量的重要组成部分。支队机关驻长治市城东路50号。2016年，长治支队结合“3·14”“6·4”“7·5”等敏感节点，多次组织实兵战备演练，打好“维稳战役”。组织完成“北戴河暑期警卫期间”东阳关卡点警戒和城市武装巡逻勤务、“G20”峰会期间联勤武装巡逻勤务等任务。

2016年7月21日，长治军分区组织建党95周年”军歌嘹亮献给党“歌咏比赛

（张健　供图）

【后勤保障】 2016年，长治支队着眼实战化需求，投入12万元，拆除亭台楼阁8座、长廊43米、奇石6块，喷泉1座，改造实体围墙103米；投资10万元对营房安防设施进行改造，消除各类隐患31处；经过多次协商，3处涉及有偿服务房地产租赁全部关闭停止、实施封存。整修执勤线路620米，加装（更换）钢网墙370米、维修电网670米，协调新增数字集群对讲机、战术照明灯等执勤装备器材72件（套），14个应急小组前置率、应急枪柜改造率和监门哨联管联控率均达100%。

【“千警万人护上党”大巡防启动仪式】 2016年1月25日上午，根据市公安局统一部署，长治支队出动官兵，参加长治市“千警万人护上党”大巡防启动仪式。

【典型事迹报告会】 2016年6月1日下午，长治支队举行“学习身边人，争做好军人”典型事迹报告会，支队党委常委、机关干部和基层全体官兵参加报告会。

【爱国主义参观见学教育基地挂牌启动仪式】 2016年6月23日上午，长治支队在武乡抗日纪念馆举行爱国主义参观见学教育基地挂牌启动仪式。

【“北戴河暑期警卫期间”东阳关卡点警戒和城市武装巡逻勤务】 2016年8月1日至15日，为确保“北戴河暑期警卫期间”安保任务万无一失，按照总部、总队两级首长相关指示精神，根据上级统一部署，长治支队每天出动兵力，完成长邯高速东阳关环京公安检查站武装警戒勤务和城市武装巡逻勤务。

【“G20”峰会期间联勤武装巡逻勤务】 2016年8月29日至9月9日，为维护“G20”峰会期间长治市社会面整体平稳，根据长治市公安局的要求，支队每天出动兵力，配合特警支队、各驻点派出所，担负人口密集区和市区主要街道城市武装巡逻勤务。

【组织官兵参加长治市“9·30”烈士纪念日公祭活动】 2016年9月30日上午，长治支队组织官兵参加驻地党委政府举行的“9·30”烈士纪念日公祭活动，完成向烈士纪念碑敬献花篮仪式任务。

【首届十大“上党卫士”颁奖晚会】 2016年10月31日晚，长治支队首届十大“上党卫士”颁奖晚会举行。总队李善勇参谋长及考察帮建组成员出席晚会，分别为十名“上党卫士”颁奖。

（尉志波）

（责任编辑：张　洁）

人民防空

【人防工程建设】 2016年，长治市人防办对全市人防工程进行普查。全年到工地检查86次，共计200余人次，下发整改通知书26份，监督覆盖率100%。主动上门服务，建立人防工程质量监督告知制度。开工前制订详细的督查方案，主动进行技术交底，规范质量行为，减少和避免质量事故发生。创新人防工程质量监督方式。采取巡查和抽检结合、资料和实体并重的监督方式，落实质量监督责任，做到对人防工程质量要素的监督全覆盖。完善人防工程质量状况公开制度。发现工程质量存在问题和隐患时，及时严肃制止、纠正、认真调查取证，做好执法记录，建立人防工程质量信用档案，网站定期向社会公告。

【安全维护管理】 2016年，长治市人防办组织3次安全大检查，对全市人防工程进行排查；对早期项人防工程、人员活动密集的公用人防工程进行重点检查。对查找出的安全隐患，现场责任人全程监督整改，直到排除隐患方可离开现场。对竣工验收合格的人防工程的主体结构、防护、防化设备，智能化管控设备设施，平时使用状态摸底登记。严格按照人防工程防火、防汛规定进行检查，排除隐患，全年未发生安全事故。

2016年新增人防工程开发利用率达100%，开发利用人防工程及设备设施安排就业人员逐年增加。责任到人，全程参与新建人防工程的建设和验收过程，全面掌握工程的实际状况，及时和使用单位签订《人防工程维护和安全管理责任书》，明确监管责任，动态把握新建人防工程使用的状况。

【指挥通信训练】 2016年5月份，长治市人防办组织为期4天的全市人防指挥通信系统跨地市拉动训练，共出动移动指挥车辆12台，参训人员共50人，途经晋中市、临汾市、晋城市，全程约720千米。训练短波通信、微波单兵图传、卫星视频通信、4G图传等系统的互联互通内容。10月在长治县人防训练基地，组织80余人，联合省人防指挥信息保障中心、晋城市人防办对指挥信息系统进行检验性演练，提升长治市指挥通信队伍的组织指挥、通信保障、应急支援能力和实战水平。每月组织全办15名通信警报技术人员，对警报器、空情接收系统、移动指挥系统，短波电台等设备进行维护管理和测试演练。推进人防警报社会化管理工作，确保防空警报设施设备始终处于良好的使用状态。2016年9月，市长王玉圣带领市人防办、城区政府主要领导全程参加警报统一试鸣活动，警报鸣响率、完好率均达100%。

【行政执法】 2016年，长治市人防办办理批准书31份，参加政务中心业务会议10次，与审批关联部门协调商洽5次，接待咨询办事人员200余人次，参加联审联批会议5次。协调发改委、土地、住建、规划等人防建设相关部门，规范工程项目审批流程，严格执行联审联批制度。与企业对接，开辟绿色通道，主动服务，帮助其在正式申报前，完善所有审批资料，确保能够一次性审核通过办结审批，为企业节约办理时间，提高审批效率。

根据省委、省政府、省军区《关于深入推进人民防空改革发展的意见》文件精神，出台《长治市深入推进人民防空改革发展军政联席会议制度》，明确军政联席会议成员名单及各单位重点工作任务，为长治市人防建设提供一个军地双重领导、社会多方共同谋划的领导和工作机制。

【宣传教育】 2016年，长治市征订《中国人民防空》《华北人防》等宣传杂志300余份，其中13个县区人防部门征订150余份。通过法制宣传日、防震减灾日等重要节日，发放《防空防灾知识应知应会手册》《人民防空建设法律法规选编》和《长治市人防行政审批事项服务指南》等资料3万余册。利用“5·12”、人防法律法规颁布纪念日、警报试鸣日等时机，开展“五进入”宣传教育活动。组组织全办干部职工分别在学校、社区、重点商业区开展大型人防宣传活动，重点对民众防空防灾知识、人防建设相关法律法规政策和要求、人防行政执法办事程序等内容进行宣传。定期在学校、企业社区进行国防宣传教育。

（赵泰山）

（责任编辑：张　洁）

经济管理

综　述

【“项目创新年”活动】 2016年，长治市为有效发挥投资稳增长的关键作用，出台《全市项目创新年工作实施方案》，创新领导联系重点项目制度、部门包联对口推进制度和月推进会议制度，建立项目长效跟踪督查制度，抽调发改、统计、经信、国土、环保、规划等部门人员组成6个督查组，不定期到13个县（市区）和高新区，对项目手续办理、建设进度等逐一进行督查。全年固定资产投资完成1514.4亿元，增长5.1%，高于全省4.1个百分点左右。“六位一体”指标完成省定目标。

【项目大起底活动】 2016年，长治市制订《长治市项目大起底工作方案》，组织开展项目大起底培训，梳理并分类汇总项目大起底清单。全市共起底项目1756项，总投资2795.1亿元。受理未办结事项13项，省转办受理未办结事项45项，梳理2013年以来中央预算内投资项目共323个，2015年以来使用专项建设基金的项目9个，民企入晋签约项目195项。梳理出的问题分别以函的形式发至各有关单位，按照“13710”工作时限要求，督促相关单位办理解决。

【重点项目联审联批制度启动】 2016年，长治市发改委制订《长治市固定资产投资项目联审联批实施方案（试行）》，11月1日起，联审联批制度正式实施。两个月时间，联审联批办理事项达到120项，包括项目审批、备案，工程规划许可证、施工许可证、人防审批等。重点协调长治市公交总公司世行贷款公交首末站项目工程规划许可、市食品药品监督检验所项目工程规划许可、太行公园改造项目招标、火炬中学建筑节能审查等事项。

【中央预算内投资项目实施】 2016年，长治市贯彻落实中央和省关于预算内投资项目要求，对2015—2016年中央预算内投资项目梳理自查，对全市中央预算内投资项目基本做到下达投资计划及时、资金拨付按时到位、项目开工按期。2015年中央预算内投资项目95个、总投资25.2亿元，截至2016年年底，竣工47个、在建48个。2016年中央预算内投资项目65个、总投资14.5亿元，截至2016年年底，竣工7个、在建50个、未开工项目8个。

【项目管理和监督】 2016年，长治市加快推进公共资源交易平台整合。完成全市公共资源交易平台数据上传、网络架设、平台搭建等工作，实现全市公共资源交易平台省市互联互通工作。全年上传数据538条。固定资产投资项目在线监管平台投入使用。实现在线审批监管平台纵向贯通，开展固定资产投资项目网上受理、网上审批、网上送达工作，全年在线平台办结事项达827项。根据省政府关于《山西省重大建设项目稽察办法》，加大对重大项目依法监督管理力度，保障建设工程质量和资金安全，提高投资效益。分别对低热煤发电项目和政府投资类项目进行稽察，涉及教育、医疗、采煤沉陷、以工代赈、粮食产能改造、畜禽养殖、老年公寓、基本农田工程及乡村道路工程等52个项目，通过稽查发现问题，提出整改意见，推进项目进展。

【转型综改建设】 2016年，长治市统筹协调各部门编制出台《转型综改2016—2020年实施方案》和《转型综改2016年行动计划》。《转型综改2016—2020年实施方案》包括重大改革40个，重大事项40个，重大项目100个，《转型综改2016年行动计划》包括重大改革10个，重大事项15个，重大项目30个，各项改革有序推进。

【放管服改革】 2016年，长治市按照《山西省人民政府关于发布山西省政府核准的投资项目目录（2015年）的通知》精神，将保障性住房项目（城中村改造）核准权限、节能审查、申请上级资金的保障性住房配套基础设施项目下放至城区、郊区。对企业投资备案类项目无论投资额大小均按属地管理，下放至各县（市区）发改局。

【公车制度改革】 2016年，根据中央和省的统一部署和安排，长治市公务用车制度改革取得进展，完成市直部门及各县区实施方案的批复，各项配套措施完善。市直150家参改单位全部发放公务交通补贴，城区、郊区、高新区、长治县、襄垣县、长子县6个县区发放公务交通补贴；市直拍卖车辆543辆，县级拍卖车辆558辆。

【资源性产品价格改革】 2016年，长治市继续落实水、电价格改革。水价改革方面，对居民用水实行居民阶梯水价，促进居民节约用水，截至2016年年底，全市市区及各县（市区），除黎城县外均完成阶梯水价改革。电价改革方面，通过扩大用户直供电实施范围，长治地区共有26户电力用户与4户发电企业直接交易工作。截至2016年年底，共交易电量32.55亿千瓦时，用电单价每千瓦时节约0.07元，累计节约用电成本2.4亿元。落实居民峰谷分时电价改革，引导居民科学合理用电，出台全市电动汽车充换电设施服务费标准。

【公立医院医药价格改革】 2016年，长治市发改委按照“总量控制、结构调整、有升有降、逐步到位”的原则，会同市卫计委、人社、财政等部门，推动全市公立医院改革，于12月31日进入听证程序。

【社会信用体系建设】 2016年，长治市发改委加强信用体系建设顶层设计，印发出台《长治市社会信用体系建设规划（2016—2020年）》和《长治市企业信用行为联合奖惩实施细则（试行）》，编制完成《长治市信用信息共享平台建设方案（2016—2020年）》，信用奖惩和应用机制逐步健全；加强信用信息“双公示”工作，截至2016年年底，“信用山西”网站公布市发改委信息9007条。“信用长治”网站于10月27日正式上线运行，并开始采集信息，截至2016年年底，共采集公示信息4266条。

【农业扶持力度加大】 2016年，长治市根据中央和省级财政预算安排，加快推进长子县、屯留县、襄垣县、沁县4个县的新增粮食产能项目建设，以及长子县和壶关县的高标准农田建设，全市完成农田实灌面积143.8万亩、高标准农田建设6.67万亩。研究探索农村一、二、三产业融合发展，实施“双十”增收富民工程，加快现代农业示范园区、干果经济林建设。

【传统产业优化升级】 2016年，长治市成立化解产能综合办公室，全面落实省分解下达的去产能目标任务，退出煤矿两座，压减产能120万吨。2016年，全市煤矿原煤产量10854.3万吨，同比下降8.6%。钢材产量459.3万吨，同比下降14.1%。电力产业加快推动四个低热值煤电厂建设，全市低热值煤发电项目建设完成投资29.73亿元。其中潞安长子高河2×66万千瓦，项目进展顺利，完成投资14亿元，“五通一平”全部完成，空冷塔、1号和2号机组区域桩基、仓储和搅拌站完成。

【新兴产业加快发展】 2016年，长治市发改委推动新兴产业加快发展。煤化工产业方面，牵头并编制《长治市煤化工中长期发展规划》，经过专家评审。协调推进潞宝己内酰胺、潞安180等重大产业项目，探索建设全省煤化工转型升级示范区；“双创”基地建设方面，出台《长治市推进大众创业万众创新实施方案》，建立长治市推进大众创业万众创新联席会议制度，打造四大类“双创”示范基地，城区被认定为8个省级双创基地示范县之一，城区唯美诺中小企业创业基地被认定为省级中小企业创业基地；新能源产业方面，光伏发电，沁源县王凤村20兆瓦、漳泽电力平顺龙溪镇30兆瓦、襄垣县小堡底村20兆瓦分布式等3个光伏项目已全部并网发电。风力发电，大唐虹梯关二期3万千瓦、国电太行风力壶关项目5万千瓦、江苏远景10万千瓦已经省发改委核准。新兴产业累计实现增加值79.6亿元，同比增长8.8%，占全市规模以上工业增加值的13.7%。

【现代服务业发展】 2016年，长治市发改委把发展服务业作为全市提升经济运行质量的重要抓手，贯彻《山西省进一步支持服务业发展的若干措施》和《山西省“十三五”服务业发展规划》，挖掘服务业发展潜力。壶关和平顺正式被国家旅游局列入全国首批创建全域旅游示范区；京东、苏宁、乐村淘等大型电商平台在长治市设立运营中心、服务站、线下体验店；太重长兴等40余家企业入驻敦煌网、诚商网、出口通、贸易黄页等跨境电子商务平台。

【基层服务强化】 2016年，长治市发改委推进“创环境、办实事、促增长”活动，全年在《周报清单》上刊登市发改委办实事320件。其中，涉及招商引资、项目见效方面154件；上级政策、争取落实方面64件；其他方面102件。政务中心窗口办结项目222项，本级办结事项209项，其中，核准2个，备案86个，可研审批44个，初步设计审批55个，概算调整18个，其他事项4个。上报事项18项，其中，上报可研7个，上报初步设计5个，上报节能审查5个，其他事项1个。

【项目服务】 2016年，长治市发改委协调太焦高铁沿线各县（市区）政府、市直有关部门和相关单位，完成项目的前期工作，2016年5月，国家发改委批复该项目。6月16日，神农隧道工程先期开工。长治境内5个标段于10月10日全部开工建设。长治机场航站区改扩建项目民航专业工程完成招标，施工区围挡安装完毕，场地清理完成；非民航专业工程前期加快推进。长治机场改扩建项目（东航站区）前期工作全面启动。对接省发改委，国道环城公路项目可行性研究报告通过专家评审，国道208线长治过境段项目可行性研究报告于2016年12月经省发改委批复。同时编印《中央预算内投资项目申报工作指南》，为各级各部门争取中央预算内资金提供重要参考。

【帮助企业协调解决问题】 2016年，长治市发改委参加全市干部入企服务，4个组10个人到企业，帮助企业协调和解决各方面的困难和问题15个。推动金泽玉米与中粮集团、国药集团对接洽谈，帮助企业内引外联，尽全力救活企业。促进潞安多晶硅与协鑫合作，引进先进技术，盘活企业存量资产。围绕液压集团、神通防爆等企业上下游产品，谋划企业装备配套协作，引进配套企业生产线等，加强产业协同，延伸产业链。

【脱贫帮扶】 2016年，长治市发改委加大脱贫帮扶力度。推动全市光伏脱贫项目，涉及平顺、壶关、武乡、沁县4个县159个村，7155户贫困户的光伏脱贫。全市72个村级光伏电站及1个35兆瓦光伏地面站并网发电后可带动1941户贫困户脱贫。推动脱贫贫困村基础设施建设，开工建设饮水安全工程163处；156个村及下属自然村通动力电；安排交通局对192个贫困村农村公路损毁情况、农村公路安全隐患情况、窄路基路面情况、农村公路连接的县乡公路通畅情况等情况进行调查摸底。

【采煤沉陷区治理】 2016年，长治市发改委出台《长治市采煤沉陷区治理实施方案（2016—2018）》，落实县市政府直接主体责任，实行10日一报制度推进采煤沉陷区工作。全年开工11个乡镇，开工率85%，完成投资11.76亿元，完成率182%。

【教育、医疗等社会事业支持力度加大】 2016年，长治市发改委争取资金，推进义务教育建设、教师周转宿舍建设、县级医院建设、疾控中心设备购置、卫生院业务用房建设等基础设施项目。加快旅游、养老、社区服务、计生服务、体育、文化、民政等公共服务设施项目建设。

【以工代赈工作】 2016年，长治市加快推进5个贫困县农村小型基础设施建设，新增基本农田140亩，改造中低产田540亩；发展节水灌溉面积1912亩；新建乡村公路55千米；新增控制水土流失面积8.7平方千米。项目惠及25个乡（镇）57个村、3万多贫困群众。

【生态环境治理工作】 2016年，长治市发改委组织31家企业参加省发改委组织的碳排放权交易企业备案、历史数据核算培训。27家企业入围初选山西省首批纳入国家碳交易市场企业，开展企业历史排放数据核算工作。推动低碳试点工作，督促指导获批省级低碳试点县的沁县、黎城推动重点行业温室气体减排示范。做好“十二五”期间万元地区生产总值二氧化碳排放量降低目标责任考核的相关工作。

【油气管道保护、新能源行业安全生产】 2016年，长治市发改委在全市范围内组织开展油气输送管道保护大检查、新能源行业安全生产大检查，监督企业落实主体责任，及时查找整改问题隐患，保持安全生产形势稳定。

【争取资金、政策和项目】 2016年，长治市争取中央预算内和省资金5.5亿元。采煤沉陷区治理2.3亿元，科教8962万元，新增粮食产能6772万元，保障房4170万元，旅游3548万元，以工代赈2804万元，林业1670万元，农村饮水安全1300万元，工业转型990万元，政法基础设施781万元，社会事业642万元，节能环保490万元。积极争取国家专项建设基金5.11亿元。在国家下达的六批专项建设基金中，长治市有长治机场改扩建、长治县科工贸产业集聚区棚户区改造、振东抗肿瘤药物等9个项目列

市发改委一行调研长子县高河电厂项目　（陈静　供图）

入国家专项建设项目。争取国家债券。为太行紫团7000万元私募债提供担保，发行2000万元。为襄矿10亿公司债提供担保，发行4.5亿元。为潞宝集团10亿元公司债提供担保，进入最后的审核阶段。推进非公开50亿公司债发行，内审工作基本结束，待股东会上会通过后发行。长子县被确定为全省“多规合一”试点。争取省经营性光伏指标10.5万千瓦，占全省70万千瓦的14.8%。扶贫光伏指标6.6万千瓦，占全省58.4万千瓦的11.3%。争取列入省PPP项目储备库41个，包括长治市污水处理厂、餐厨垃圾处理等项目，总投资208亿元。

【经济运行分析】 2016年，长治市发改委根据市政府要求，对地区生产总值、固定资产投资、服务业增加值等主要经济指标，进行精准测算，并将全年目标任务按月、按季分解落实到各县（市区），加强实时监控，准确分析研判，每月向市委、市政府提交经济运行分析报告，及时发现经济运行中出现的苗头性、倾向性问题，提出有针对性的措施建议，促进经济运行保持在合理区间。全年GDP增长4.6%，实现“一季好于一季”的目标。

【“十三五”规划编制工作】 2016年，长治市发改委为做好“十三五”规划编制工作，深入开展前期研究，于2016年5月完成《长治市国民经济和社会发展“十三五”规划纲要（草案）》，并提交长治市第十三届人民代表大会第六次会议审议批准，正式下发实施。共统筹推进20个专项规划编制。

【市场价格秩序维护】 2016年，长治市发改委认真落实省、市关于安定和改善民生的政策措施，开展监督检查，出台《长治市缓解生猪市场价格周期性波动调控预案实施细则》，2016年居民消费价格整体呈温和上涨态势，通胀压力较小，全年居民消费价格总水平（CPI）累计上涨0.9%。

【成本监审工作】 2016年，长治市发改委严格执行成本监审程序，履行工作职责。对供热、物业、学校、幼儿园、景区门票价格5个行业16个项目的成本实施监审，共核减不应计入成本的费用6678.9万元，发挥成本调查监审在价格管理决策中的职能作用。

【规范行政事业收费和经营性收费】 2016年，长治市发改委制订长治市滨河幼儿园、高新区容海幼儿园和城区西南关幼儿园等3所幼儿园暂行收费标准，调整市健乐幼儿园保教费标准。规范公交卡收费和殡葬服务费行为。各县（市区）全部按省要求完成污水处理费调整，市区污水处理待政府确定PPP模式后进行成本核算。规范市区廉租房租金及全市物业服务收费管理，制订市区廉租房租金标准，核定泽馨苑小区、凯旋花园小区前期物业服务价格，会同市住建局联合出台《规范物业服务收费管理的通知》。

【价格监管】 2016年，长治市发改委加大执法力度，规范价格秩序。按照“双随机一公开”的要求，完成“一单两库一细则”，明确抽查事项，检查依据、内容、方式等有关事项。开展涉企、涉农、环保、电力、医疗、旅游等专项检查工作，为稳定市场价格水平、维护市场价格秩序发挥积极作用。截至2016年12月底，全市共查处价格违法案件25件，实施经济制裁总金额399.66万元。对省价格监督与反垄断局承办的长治市18家车检企业涉嫌价格垄断案件进行核查，查明涉案机动车检测机构举行会议，达成上调机动车检测收费项目及标准的事实，对涉案机动车检测机构进行罚款，并督促其纠正，降低车检价格。加强价格举报信息管理，完成“12358”价格监督信息系统建设，全市共受理关于资源价格、房地产及物业管理、交通运输、医药、二手车市场交易服务费、机动车车检、驾校收费价格等方面的价格咨询、投诉案件177件，办结177件，办结率100%。稳步推进价格认证工作，强化价格鉴证档案管理基础建设，做好涉及纪检监察认定案件的价格鉴证工作，全市共受理各类价格认定事项792件，涉及金额2019.52万元。

（陈　静）

（责任编辑：李杨涛）

统　计

【概述】 长治市统计局是市政府直属机构，正处级建制。内设行政科室8个：办公室、国民经济综合科、工业交通科、固定资产投资科、贸易外经科、社会科技科、能源统计科、服务业统计科；下属事业单位24个：长治市农村社会经济调查队（副处建制）、普查中心、执法监察大队、统计监测中心、教育考试管理中心、统计咨询研究中心、数据管理中心、社情民意调查中心、服务业调查队、统计信息化服务中心和14个市属县级调查监测中心。2016年，长治市统计局被山西省精神文明建设指导委员会表彰为2014—2015年度山西省精神文明单位；被中国信息报社评为统计宣传工作先进单位；在全省各地市专业业务评比中获10项优秀和6项良好的优异成绩。

【统计法治建设】 2016年，长治市市县两级分别成立整治“数据造假 以数谋私”专项治理工作领导小组，市直相关职能部门、县级分管统计领导和统计系统一把手签订抵制统计数据“弄虚作假”承诺书；开展两次全市执法大检查活动，全年共查处统计违法行为30起；建立和完善统计执法抽查、执法检查制度，严格落实统计执法检查责任制，强化督办考核；推进“七五”普法和法制教育培训，全年培训人员2780人次。

【统计基层基础建设】 2016年，长治市统计局到全市13个县（市区）、企业、机关和乡村调研，开展业务指导和业务培训，全年培训各类统计人员6700余人次；建立部门数据报送和联系人制度，强化对部门统计业务的指导、组织、培训和规范。加强与交通、邮管、旅游、文化、民政等部门的协调合作和资源共享，为企业入库创造条件；对300余家全市重点、难点工业企业和商贸企业统计工作进行重点检查与指导。制订《服务业统计调查数据质量检查整治方案》，对全市营业收入前20名、重点行业、主要经济指标波动较大以及存在问题的企业进行检查；开展农村统计联网直报程序专项培训，对第三次农业普查机构组建、"两员"选调、办公场所和经费筹备开展督查，巩固完善统计"七有"和"四化"建设。

【统计监测服务】 2016年，长治市统计局开展专题调研35次，撰写经济形势分析133期，工作简报317篇，统计信息241篇；开展工业品价格调查和"三去一降一补"重点领域监测，制订《长治市主要工业品价格统计调查方案》，开展主要工业品价格统计调查；加大供给侧改革监测，编制《长治市煤炭重点企业原煤产量预报预警表》，重点加强原煤产能产量的监测；开展全市批发零售和住宿餐饮业企业电子商务经营情况调查、开发区"三新"统计调查、"四众"企业专项统计调查和电子商务问卷调查。推行全国劳资试点改革和开展劳动力月度调查；按月编印《长治市经济运行监测》和《长治投资运行监测》，在《长治日报》上公布《统计公报》，编辑出版《长治统计年鉴》，编印《数说"十二五"迈向新征途》"两会"专刊。

【数据质量监控】 2016年，长治市统计局实施《长治市保障统计数据客观权威2016年行动计划》，筑实数据质量保障机制。印发《长治市数据审核评估管理办法》，强化对主要和敏感统计指标数据质量的控制和评估；建立统计查询登记制度，每月对存在疑问的数据通过电话、现场核实等方式加大数据核查；制订《联网直报单位规范化建设实施方案》，推进全市企业联网直报单位规范化建设。

【第三次全国农业普查工作】 2016年，长治市统计局实施《长治市第三次全国农业普查2016年行动计划》，完成农业普查正式登记前的各项准备工作。市、县、乡、村四级全部组建普查机构，落实普查经费，选聘普查指导员和普查员，开展农业普查培训、综合试点、清查摸底和宣传工作。

（武宁宁）
（责任编辑：李杨涛）

审　计

【概述】 2016年，长治市审计局紧扣全市经济工作中心，严格履行审计职责，共完成政策措施贯彻落实情况跟踪审计、财政预决算和财务收支审计、政府投资审计、企业审计、金融审计、民生专项资金审计、经济责任审计7大类审计和审计调查项目。通过审计，查出主要问题金额1499710万元，促进整改落实有关问题资金1693万元，促进拨付资金到位2322万元，移送各类案件线索和处理事项93起，向被审计单位或有关部门提出审计建议196条。连续六次被山西省精神文明建设指导委员会授予"文明单位标兵"称号。

【政策措施落实情况跟踪审计】 2016年，长治市审计局为确保中央重大政策措施落实到位，对全市落实中央重大政策措施情况进行跟踪审计。反映和揭示各职能部门在政策措施贯彻落实过程中存在的项目进度缓慢、推进不及时、部分项目资金未到位等问题。通过持续跟踪、及时反映、督促整改，发挥审计促进国家重大决策部署落实的保障作用，推动国家稳增长等各项重大政策措施的实施。

【财政预算决算和财务收支审计】 2016年，长治市审计局在预算执行、财政决算、财务收支审计中，揭示一些部门存在的滞留专项资金、违规收费、政府采购政策监管不严、超预算支出、违规发放奖金补助、超编制配置公务用车、"三公经费"超支等问题。通过实施教育、督促、制度、问责"四位一体"的审计整改工作机制，促使其加强财政资金管理，健全内控制度，提高资金使用效益。

【民生专项资金审计】 2016年，长治市审计局完成2015年度城镇保障性安居工程跟踪审计。通过审计，揭示城镇安居工程建设部分任务还未完成、资金统筹安排和税费减免政策落实不到位、挪用专项资金、部分不符合条件的家庭违规享受住房保障待遇等问题，发现各类问题金额20845.16万元，移送违法违纪案件线索19起，13人被追究党纪、政纪责任。

【政府重点投资项目审计】 2016年，长治市审计局对2015年度遗留审计项目继续进行审计，对市十七中、市职业技术学院、10个市政建设项目等进行竣工决算审计，对两个经济适用房建设项目进行成本审计，发现有超概算、违规招投标、多列建设成本、挪用建设资金、违规虚列支出、违反建设程序等问题，共核减金额16336.48万元。

【国有企业审计】 2016年，长治市审计局对4户国有企业2014、2015年度资产负债损益情况进行审计，揭示在财务管理、执行财经法纪方面存在的25类主要问题，涉及金额101212万元，通过分析问题产生的原因，提出审计建议，推动国企深化改革，促进企业规范经营管理。

【金融审计】2016年，长治市审计局在省审计厅统一组织下，派出优秀审计骨干11人到晋城对晋城银行股份有限公司2014、2015年度资产、负债、损益情况进行就地审计调查，揭示出晋城银行在财务、信贷和中间业务3方面存在贷款五级分类划分不实、向不良客户发放贷款等24个问题，发挥审计监督作用，防范金融风险。

【经济责任审计】2016年，长治市审计局共组织实施26名县处级领导干部的离任经济责任审计，并探索实施1名领导干部自然资源资产离任审计。审计查出各类违纪违规金额295204.78万元。其中，被审计经济责任人应负直接责任金额为76.88万元，主管责任为161250.9万元，应负领导责任为133877万元，为规范领导干部权力运用，促进反腐倡廉发挥积极作用。

（李建玲）
（责任编辑：李杨涛）

国土资源管理

【概述】2016年，长治市共上报山西省政府建设用地8批次、单独选址2宗，面积共计5055.91亩；省政府批准建设用地19批次、单独选址2宗，面积共计11877.25亩。完成土地出让金收入7.69亿元。全市2011年—2015年批准面积为71876.01亩，全市供应46719.4亩，供地率65.1%，比2015年同期供地率50.95%增加14.35个百分点。2016年，全市共计征收非煤矿产资源补偿费828万元，追缴2015年年底之前的资源价款10.97亿元。

【项目审批】2016年，长治市建设用地审批继续使用2015年度新增建设用地计划指标，将服务发展保障用地需求作为重要抓手，科学安排用地计划，用活建设用地指标，交通、光伏、变电站等一批重点项目、民生项目报批。推进用地新机制，下发《长治市国土资源局关于进一步推进城乡建设用地增减挂钩项目的实施意见》和《长治市国土资源局关于解决增减挂钩、矿业存量用地整合利用折旧区复垦项目有关历史遗留问题的处理意见》。城乡建设用地增减挂钩完成长子县、壶关县复垦耕地验收，归还周转指标1402.09亩。矿业存量用地整合利用验收长子县复垦耕地889.9995亩。分别组织长治县、壶关县编制新一轮增减挂钩实施方案，申请周转指标1000亩。

【耕地保护】2016年，长治市实现全市517.78万亩耕地总量动态平衡和443.40万亩基本农田不减少的总体目标。完工12个省级耕地开发基本项目1.8万亩，申请验收9个面积1.2万亩，各县（市、区）立项的12个高标准基本农田项目全部开工。验收省级高标准基本农田整理项目2个2.49万亩。市县两级永久基本农田划定方案和城市周边基本农田核实举证通过审核论证。

【矿政管理】2016年，长治市完成矿产资源开发利用年检工作，年检矿山317座。其中，合格矿山266座，确定整改49座，对不合格2座下达整改通知书，进行二次验收。按时完成年检结果网上报备及公告工作。完成2016年度矿山储量年报编制审查，及时更新国家矿山储量数据库。在全省率先利用煤矿地测机构开展以“三率”为核心的矿产资源节约集约利用标准体系建设。2016年度长治市煤、铁、铝、建筑石料回采率分别达到75%、83%、85%、95%以上，均达到或超过国土资源部、山西省“三率”指标要求。

【地质环境管理】2016年，长治市市县乡层层签订地质灾害防治目标责任书1090份，发布实施年度地质灾害防治方案，建立1296人的市县乡村四级群测群防网络体系，对全市1181处隐患点进行汛期排查，与气象部门联合开展8次气象预警预报。开展地质灾害防治培训13次，参训人员达2500余人次，应急演练30次，参加演练人员2800余人。全市未发生一起造成人员伤亡和财产损失的地质灾害事件。2016年农村地质灾害治理搬迁项目涉及5县14村309户905人，壶关县、武乡县、沁源县、沁县、潞城市全部完成主体工程建设，达到省厅要求。其中，壶关县黄山乡牛盒村45户和潞城市辛安泉镇西北村24户的工程年底可入住，提前完成目标，全省排名前三。

【执法监察】2016年，长治市制定出台《长治市制止和查处违法占地暂行办法》《建设用地批后监管指导意见》《关于进一步加强市区土地供后监管的实施意见》等12项制度，卫片执法期间共立案539宗，罚款1140万元，没收123万平方米，拆除违法建筑物49万平方米，党政纪处分176人，移送司法机关15人。矿产图斑33个全部整改到位。2016年，长治市保持惩治非法违法采矿高压态势，组织开展安全生产大检查、“打非治违”等多次专项行动，巡查累计出动1300余人次，查处非法违法采矿案件10起，执行罚款20.33万元，全年接访210件、1327人次，未发生越级集体上访事项。

【地籍、不动产登记】2016年9月23日，长治市政府发布《关于实施不动产统一登记的通告》，同日，市政府举行市区不动产权证书首发仪式，标志着长治市土地、房屋、林权统一登记全面实施。截至2016年12月31日，全市办理不动产权证书653本，不动产登记证明945份。

【基础工作】 2016年，长治市基本完成基本农田划定数据库建设，其中长子县作为试点县率先通过数据库自检。部署开展城市周边基本农田划定，市本级中心城区范围调查摸底工作初步完成。新设长治市不动产中心，按时完成市县两级不动产登记职责机构整合。全市宅基地、集体建设用地的地籍调查平均完成率分别达到94.56%、94.67%。完成“天地图·长治”与省节点的连接和运行工作，完成长治市现代测绘基准体系建设项目，申报2015长治市独立坐标系统，为实现长治市独立坐标系与国家基本坐标的高精度转换，做好前期准备工作，开展测绘成果保密、地图市场和测绘地理信息质量检查。建设用地、用矿信息、土地登记、地质灾害等信息实现网上公布。

（王洪刚）

（责任编辑：李杨涛）

工商行政管理

【企业登记】 2016年，长治市工商系统深化登记便利化改革为内容的商事制度改革，加大服务发展力度，市场主体取得新活力。2016年9月1日起，全面实施企业“五证合一”登记，9月30日起实施个体工商户营业执照、税务登记证“两证整合”，分别比国务院要求的时间节点提前一个月和二个月。11月1日开通新设企业网上注册系统，推进登记注册电子化管理进程。2016年，全市新登记市场主体23940户，注册资本218.58亿元，日均新设96户。截至2016年12月底，全市实有各类市场主体159569户，注册资本（出资金额）8276.69亿元，比2015年同期分别增长14.93%和8.57%。其中，四类市场主体，在户数上、注册资本上均保持快速发展势头。内资企业虽然在户数上稍有回落，但注册资本却出现53.11%的超高速增长。私营企业和个体工商户是“双创”的主阵地，投资非常活跃，户数增长达19.04%和15.91%。农民合作社的注册资本高速增长，达36.96%。全市千人拥有企业数量为11.4户，略高于全省10.7户的平均水平。

“十二五”期间，全市在经济下行压力下，市场主体仍保持稳步发展势头，私营企业实现“井喷式”增长。全市市场主体总量比2011年的96122户增长66%。其中，内资企业比2011年的6995户减少0.9%，私营企业比2011年的13532户增长134.9%，个体工商户比2011年的69263户增长58.7%，农民合作社比2011年的6332

截至2016年年底长治市市场主体发展情况一览表

类型	户数	较2015年同期增幅（%）	注册资本/出资额（万元）	较2015年同期增幅（%）
内资企业	6930	-0.90	7158437.88	53.11
私营企业	31788	19.04	74059564.27	5.25
个体工商户	109947	15.91	786184.45	24.62
农民专业合作社	10904	6.05	762696.86	36.96
总 计	159569	14.93	82766883.46	8.57

截至2016年年底长治市三次产业中的企业分布情况一览表

（含内资、私营企业）

产业	行业	户数	注册资本（万元）	户数占比（%）	资本占比（%）
第一产业	农、林、牧、渔业	4549	1591454.5	11.75	1.96
第二产业	采矿业	425	576444.22	1.10	0.71
	制造业	2541	3462990.71	6.57	4.26
	电力、热力、燃气及水生产和供应业	389	1103720.87	1.01	1.36
	建筑业	2216	1590339.48	5.73	1.96
	合计	5571	6733495.28	14.39	8.29
第三产业	批发和零售业	15978	66240500.46	41.27	81.56
	交通运输、仓储和邮政业	1935	699350.73	5.00	0.86
	住宿和餐饮业	584	238139.72	1.51	0.29
	信息传输、软件和信息技术服务业	1423	590341.38	3.68	0.73
	金融业	1055	1261482.68	2.73	1.55
	房地产业	1059	944693.82	2.74	1.16
	租赁和商务服务业	2722	1501097.12	7.03	1.85
	科学研究和技术服务	1094	773377.98	2.83	0.95
	水利、环境和公共设施管理业	219	172333.8	0.57	0.21
	居民服务、修理和其他服务业	1532	263150.63	3.96	0.32
	教育	77	12881.75	0.20	0.02
	卫生和社会工作	53	34236	0.14	0.04
	文化、体育和娱乐业	808	141587.85	2.09	0.17
	其他	59	19878.45	0.16	0.02
	合计	28598	72893052.37	73.87	89.75
合计		38718	81218002.15	100.00	100.00

户增长 72.2%。

从产业构成上看，第三产业和商业批发零售业仍占主导地位。首先，从户数上看，全市企业的总户数是 38718 户。其中，第一产业 4549 户，第二产业 5571 户，第三产业 28598 户，其户数比例为 11.75 ：14.39 ：73.87。其次，从注册资本上看，全市企业的注册资本是 8121.80 亿元。其中，第一产业 159.14 亿元，第二产业 673.35 亿元，第三产业 7289.31 亿元，其资本比例为 1.96 ：8.29 ：89.75。由于第三产业投资门槛低，技术含量相对不高，所以第三产业，特别是商业批发零售业成为私营资本创业的重要领域。从事批发零售业的企业户数达 15978 户，占全部企业户数的 41.27%；注册资本达 6624.05 亿元，占到全部企业注册资本的 81.56%。

【商标品牌战略】 2016 年，长治市工商系统引深商标战略，品牌兴市取得新突破。2016 年新注册商标 1000 件，推荐驰名商标 1 件，被认定为地理标志商标 4 件（全省 4 件均在长治），被认定为山西省著名商标 45 件。全市有效注册商标达 6008 件。其中，驰名商标 12 件、山西省著名商标 102 件、地理标志证明商标 9 件。长治市工商局被国家工商总局商标局批准设立委托受理商标注册申请窗口，成为山西省首批享受该政策的地市局。

【服务发展】 2016 年，长治市工商系统发挥职能帮助企业缓解融资困难。通过指导、规范企业运用股权质押、动产抵押、商标权质押等方式，帮助企业融资 68.12 亿元。其中，办理股权出质设立登记 16 户，融资 16.44 亿元。办理动产抵押登记 231 起，融资 51.5 亿元。

【市场监管】 2016 年，长治市工商系统依法办案，打击违法违规经营行为。全系统开展反不正当竞争执法、惩治虚假宣传、商标侵权、制售假冒伪劣商品、非法传销、无照经营、侵害消费者权益、格式条款专项整治等各项执法工作，查办各类案件 805 件，占全省案件总数 18.9%，排名第二。其中，市局查处的长治市某燃气公司强制搭售保险案、长治某保险公司与某燃气公司商业贿赂案入选全国优秀不正当竞争案件汇编。

【信用体系建设】 2016 年，长治市工商系统推进信用建设，构建起信用监管新机制。推进“双随机一公开”，加强事中事后监管，制订“一单两库一细则”。超额完成企业年报公示任务，年报率达 90.22%，超过国家工商总局和省工商局 85% 的任务指标。对 3397 户市场主体信息公示情况进行随机抽查并公示抽查结果，将 144 个行政处罚案件信息予以公示。开通“长治市市场主体信用信息公示网”，搭建起协同监管平台，公示企业各类信息近 30 余万条。国家级“守合同重信用”企业新公示 26 户，省级 187 户，市级 51 户。引深诚信市场创建，12 个市场被认定为省级“诚信示范市场”，数量全省最多。

【消费维权】 2016 年，长治市工商系统畅通渠道，消费者权益得到保障。市消协与邢台、聊城、安阳、邯郸、晋城等市签订《消费维权联盟协议》，建立异地消费投诉就近调处机制。“12315”消费者申诉举报指挥中心进行提档升级改造，硬件、软件全省一流，提升维权效率，全年接电接访 7686 件。其中，咨询类 6432 件，申诉 1056 件，举报 198 件，为消费者挽回经济损失 360 余万元。

【法治工商建设】 2016 年，长治市工商系统编制“两单两图”，促进权力公开运行。共编制权力清单和责任清单各 306 项，绘制权力运行流程图和风险防控图各 68 张，对市局 32 项权力清单事项进行动态调整，确定随机抽查事项 16 项。落实学法用法制度，组织 265 人参加国家工商总局和省工商局举办的各类法治培训。市工商局建立每月 2 期工商业务讲堂制度。开展法治宣传和法治创建活动，市工商局和城区工商分局被表彰为 2011—2015 年全市法治宣传教育先进集体。

【非公党建】 2016 年，长治市工商系统选派非公党建指导员 1000 人，采取“三贴近、三排查”方法，排查非公企业 2.7 万户，统计党员 7050 人。全年新建党组织 106 个，党组织总数达 1252 个，党组织覆盖非公企业 3500 户，其余非公企业实现工作覆盖。组织全市非公企业党组织书记和党建指导员代表进行系统培训，开展两次主题征文活动和优秀党员先进事迹经验交流会。按照省、市委组织部要求，落实非公党建体制机制改革任务。

【全国文明城市创建、脱贫攻坚和“五道五治”行动】 2016 年，长治市工商系统完成全国文明城市创建任务。市工商局和各派出分局层层分解责任，完成所承担的 36 项指标任务，被市委表彰为创建全国文明城市突出贡献奖。精准扶贫助力“脱贫攻坚”，实施“五帮联动”，强化贫困村基层组织建设，精准对接 481 户 1255 人。机关全体干部职工捐款、捐物 4 万余元，扶贫济困送温暖。市工商局投资 52 万元扶贫资金用于田间公路改造、连翘种植、土豆深加工、粮食加工机械、蓄水池建设等扶贫项目，其中，双井村实现整村脱贫。“五道五治”工作取得阶段性成果，结合工商职能全面整治各级道路沿线的无照经营、占道经营行为，共查处无照经营 2462 户（其中取缔 168 户，规范办照 2294 户），整治固定店铺占道经营 1579 户。配合相关部门取缔流动摊点 757 户；拆除违章建筑后办理场所变更登记 23 户。对主城区范围内的废品回收场所进行集中整治，共排查184户，取缔4户，整治卫生脏乱23户，迁出主城区54户，66户停业搬迁。长治市工商局被省工商局表彰为2016年度目标任务考评优秀单位。

【维护市场秩序保护消费者权益十大典型案例】

一、长治市九号健身房预售消费卡侵害消费者权益案。2016年3月，长治市工商局、长治市城区工商局和长治市高新区工商局，陆续接到30余起消费者关于九号健身房的投诉，称2015年在九号健身广场店办理的会员卡，2016年去消费时发现店名改为“running”健身房，消费者找到工作人员咨询，却得到“老板已经换了，不承认原九号健身会员”的答复。接到投诉后，为避免引发群体事件，市消协及工商部门与接管九号健身房的“running”健身房及光宇健身房取得联系，经多次沟通调解，两个健身房的相关负责人表示，虽然九号健身与“running”健身房和光宇健身房之间并没有从属关系，但经过协商，原九号健身的会员可以凭会员卡和入会协议，来光宇健身房换卡或健身，并给予一定优惠政策。最终大部分消费者接受此调解，共为消费者挽回经济损失20余万元。

二、长治市城区经国五交化批发部经销侵犯“津成”电线注册商标商品案。2016年5月12日，城区工商局执法人员接到群众举报，反映城区经国五交化批发部所销售的“津成”电线存在侵权行为。经查，该批发部所销售的电线是从河北省石家庄市南三桥市场购进，据该店负责人反映，这批电线是一位推销人员上门推销时提供的进货渠道，店主进货后索要进货手续，对方也一直未能提供，因此，当事人也不能提供合法有效的进货手续。后经鉴定，该批次“津成”产品，不是“太原市津成电线电缆有限公司”生产的产品，侵犯其“津成”牌产品注册商标专用权。依据《中华人民共和国商标法》，工商部门责令其立即停止侵权行为，没收其侵权商品，处罚款40000元。

三、平顺县新兴加油站销售劣质油品案。2016年7月23日，根据相关投诉举报，平顺县市场和质量监督管理局对平顺县新兴加油站销售的0号车用柴油进行抽样，并委托山西省长治市质量技术监督检验测试所进行检验。2016年7月24日，长治市质监局再次对平顺县新兴加油站销售的0号车用柴油进行抽样检验。经山西省长治市质量技术监督检验测试所检验，该批0号车用柴油硫量的两次检验结果分别为34毫克/千克、352毫克/千克，均超过GB19147–2013中硫含量≤50毫克/千克的标准规定，两次检验均判定该批0号车用柴油为不合格产品。根据相关法律，没收其未销售的该批不合格0号车用柴油2300升，处罚款人民币18613.7元，没收违法所得1122.4元。

四、长治市中信兴业物贸有限公司销售侵犯注册商标专用权商品案。2016年9月6日，长治县工商局执法人员联合首钢长治钢铁有限公司质量监督站工作人员，在对长治县土地坍塌村搬迁工地进行检查时，发现有3捆钢材涉嫌侵犯首钢长治钢铁有限公司商标专用权。经首钢长治钢铁有限公司质量监督站工作人员鉴定，这批钢材侵犯该公司注册商标专用权，属假冒该公司注册商标产品。根据《中华人民共和国商标法》第六十条之规定，责令立即停止违法行为，没收侵权钢材，罚款30000元。

五、武乡县世纪之星五金机电建材劳保经销部销售不合格产品案。2015年10月22日，武乡县市场和质量监督管理局执法人员依法对该县世纪之星五金机电建材劳保经销部所销售的部分商品进行质量抽检。2016年1月18日该局收到有关部门出具的检验报告显示，在该商户抽检的防泄漏球阀、水龙头、节能灯、橡胶电缆等14种商品为不合格产品。据调查，当事人所购进的14类商品已以22000元的价格销售完毕，构成以不合格产品冒充合格产品的违法行为，应当为此承担相应的法律责任。对当事人作出没收违法所得4000元，罚款11000元的处罚。

六、壶关巴某某虚假宣传案。2016年3月16日，当事人巴某某与壶关县龙丽街津香大酒店负责人吴某某成口头协议，以每天600元的价格租赁该酒店大厅，进行为期5天的产品宣传，宣传的产品有北冬虫夏草酒、全利来净水机、黄金节能减压神锅、清风疼喷剂。接到群众举报后壶关县市场和质量监督管理局的工作人员到达现场，发现当事人在宣传北冬虫夏草酒的过程中，没有真实按照产品功能、功效进行宣传，而是宣称“100万买的配方，是祖传”“对风湿、麻木等多种疾病都有好处”等，其行为存在虚假宣传。至查获之时，共计销售18套，每套价格1500元、报名费10元。消费者当场退货13套，共计19630元。依据《中华人民共和国反不正当竞争法》第二十四条第（一）款的规定，壶关县市场和质量监督管理局责令当事人立即停止违法行为，消除影响，并处以罚款10000元。

七、长治市广顺达商贸有限公司平顺广顺达加油站销售劣质油品案。2016年4月15日，平顺县市场和质量监督管理局对长治市广顺达商贸有限公司平顺广顺达加油站销售的93号汽油和0号普通柴油进行抽样，并委托菏泽市产品检验检测研究院进行检验。经检验，该批93号汽油甲醇含量为0.5%，不符合不大于0.3%的技术要求，被判定为不合格产品；0号普通柴油闪点为53℃，不符合不低于55℃的技术要求，也被判定为不合格产品。该公司上述行为违反《中华人民共和国产品质量法》第三十九条的规定，对其处以罚款8281元，并没收违法所得 2230 元。

八、长治潞州农村商业银行股份有限公司合同违法行为案。2016 年 3 月，长治市工商局“12315”指挥中心接到消费者举报称，长治潞州农村商业银行股份有限公司在经营中所印制的宣传彩页上标注有“最终解释权归长治农商银行”的内容。执法人员分别于 2016 年 3 月 23 日和 4 月 5 日对当事人下达询问通知书，该当事人未接受询问并拒绝提供相关材料。经查，长治潞州农村商业银行股份有限公司在经营中所使用的宣传彩页上标注有“最终解释权归长治农商银行”的内容，该内容符合《山西省合同监督管理条例》第七条规定的格式条款特征，属于格式条款。违反《合同违法行为监督处理办法》第十一条的规定，构成经营者在格式条款中排除消费者解释格式合同的权利的违法行为。依据相关规定，对当事人处以罚款 10000 元。

九、屯留县麟绛镇康姿百德床垫经销店不正当竞争案。屯留县市场和质量监督管理局执法人员在市场检查中发现，屯留县麟绛镇康姿百德床垫经销店门店外张贴有一张告示，内容为：“喜讯：恭喜 *** 阿姨参加康姿百德 2015 年 11 月份“幸运大抽奖”中喜中二等奖，获得 1.5 × 1.9 床垫一套，价值 20980 元”。该店涉嫌在举办的抽奖式有奖销售活动中最高奖金额超过 5000 元，违反《中华人民共和国反不正当竞争法》第十三条第一款第三项“抽奖式的有奖销售，最高奖的金额超过 5000 元”的规定。依据《中华人民共和国反不正当竞争法》第二十六条规定，责令其停止违法行为，并对其处以 10000 元罚款。

十、长治市北方富泰投资管理有限公司违法合同条款案。经查，当事人长治市北方富泰投资管理有限公司在 2014 年建立网络平台“潞商 e 贷”，该营销平台在经营中，所宣传及公告的内容中表述有“本活动解释权归潞商 e 贷所有”的内容。当事人行为违反《合同违法行为监督处理办法》第十一条第（四）项，构成在格式条款中排除消费者解释格式条款的权利的违法行为。根据《合同违法行为监督处理办法》第十二条规定，对当事人作出罚款 7000 元的处罚。

消费者申诉举报热点分析及消费警示

【基本情况】 2016 年，长治市工商局 12315 指挥中心共接听消费者来电 7686 个，受理消费者咨询 6432 件，占消费者来电总数 84%；申诉 1056 件，较 2015 年同期增长 24.3%，占消费者来电总数 14%；受理举报 198 件，较 2015 年同期增长 0.4%，占消费者来电总数 0.2%。

【申诉举报类型分析】 2016 年受理申诉中，商品类申诉 697 件，占申诉受理量的 66%；服务类申诉 359 件，占申诉受理量的 34%。

商品类申诉。商品类申诉中，受理量居前四位的依次是：交通工具类、日用百货类、其他类申诉、通讯器材类。交通工具类申诉 166 件，占商品类申诉受理量 24%。此类申诉中，排名前两位的是：汽车及零部件类 138 件，占 83%；自行车（山地车、助力车）及零部件类 10 件，占 6%；摩托车及零部件类 18 件，占 11%。家用轿车类申诉主要涉及车辆本身的质量问题及售后不到位问题；购车不给消费者合格证，导致消费者无法给车上牌；承诺赠送的赠品不履行；购车订金、续保押金不予退款等问题。日用百货类申诉 159 件，占商品类申诉受理量 23%。此类申诉中：服装与鞋帽类申诉均为 46 件，并列首位，均占 29%，主要涉及皮鞋开胶、脱色等质量问题；服装起球、出绒、掉色等质量问题。其他类申诉 107 件，占商品类申诉受理量 15%。这类申诉中均为其他类商品的申诉。通讯器材类申诉 89 件，占商品类申诉受理量 13%。此类申诉中均为移动电话及配套设备类商品的申诉。主要涉及手机本身的质量问题；商家以旧充新，用翻新机当新机出售；消费者购买手机时不给开具发票，手机出现问题售后又以没发票为由拒绝消费者享受三包服务；手机反复维修，耽误消费者时间。

服务类申诉。服务类申诉 359 件，占申诉总量 34%，主要涉及美容美发店、洗车行、健身房等办理的充值卡，消费者想退款，或者店铺关门无法退款的问题；通信公司不履行合同、乱扣费的问题；买车、买房、摄影等各类订金问题；干洗服务将服装丢失、损毁等问题；照相服务、儿童摄影出现纠纷等问题。

家用电器类申诉 55 件，主要涉及家用电器本身的质量问题及售后服务不到位；三包期内拒绝为消费者免费修理；多次送修仍不能确定质量问题，维修质量难以保证。

举报情况分析。2016 年受理消费者举报 198 件，举报主要涉及商品虚假广告宣传、误导消费、价格欺诈、无照经营、三无产品、商标侵权、传销、成品油质量等问题。

【消费者警示】

一、微信作为一款社交软件迅速普及，不少商家利用这一平台，使其逐渐成为网购的延伸物，微信朋友圈卖东西、微信点赞赢商家优惠券等，正成为商家新的销售方式和促销方法。与此同时，通过微信朋友圈购物而产生的消费纠纷也在逐年增多。2 月，全市“12315”机构受理关于微信网购的咨询有 10 余件，存在的主要问题是消费者在微信上购买商品付款后，“微商”不发货并联系不上；代购商品有质量问题时，“微商”不能给予解决等。

“12315”提示：对于朋友圈里发布的产品图片，要重点了解商品的规格、产地等质量信息，对价格过低的商品要谨慎购买；在付费交易前，一定要核实微商的真实姓名和地址，保留好涉及商品服务的数量、型号、质量、承诺等关键性交流信息，要求销售方提供购物凭证等；对微信好友发来的消息，尤其是陌生链接，最好提高警惕。要到正规的购物网站的手机客户端购物，不要轻易在不知名的网站或者朋友圈内网购，避免上当。

二、预付卡消费成为一种常见的营销方式，在给消费者带来便利和优惠的同时，其存在的风险也不容忽视。2016 年全市“12315”机构受理的关于预付卡投诉就高达 50 余件，主要集中健身行业。从消费者反映情况来看，主要有以下几点问题：经营者吸收大量消费者的预付款后，经营者失踪，造成消费者卡内剩余金额无法使用；经营主体变更，新的经营者对原来消费者的剩余金额不予认可，让消费者重新付款才能继续消费；个别经营者以各种理由诱骗消费者提前付费，一旦消费者付费后想要退款，经营者以消费者违约为由，不予退款；服务项目和质量与开卡时的承诺不一致等。

“12315”提示：办理预付卡消费时，要根据实际需要合理办卡。消费者应当对商家信息详细了解，尽量到规模大、有资质、有备案的商家去消费；按照实际需求购买预付卡，不要贪便宜，避免承担过多风险。付款后要向商家索要发票，保留好相关证据；不要轻信商家的口头承诺，最好签订书面合同，对预付卡的使用范围、期限、退款条件等细节要了解清楚；预付卡上不要存放太多资金，建议阶段性、短期性消费。

截至 2016 年年底长治市中国驰名商标情况一览表

序号	辖区	企业名称	地址	商标名称	核定商品	备注
1	潞　城	天脊煤化工集团有限公司	潞城市中华东大街	天脊	硝酸磷肥	
2	屯　留	山西屯玉种业有限公司	屯留县屯玉路 129 号	屯玉	玉米种子	
3	郊　区	山西澳瑞特健康产业股份有限公司	长治市漳泽新型工业园健康路 1 号	澳瑞特牌	跑步机	
4	沁　县	山西沁州黄（集团）小米有限公司	山西省沁县金硕小区 6 号	沁州	小米	
5	开发区	山西世龙食品有限公司	长治市城北西街 168 号	世龙	腊驴肉食品	
6	沁　县	山西唯思可达天然饮业有限公司	沁县沁州南路 16 号	唯思可达	酸枣果汁	
7	城　区	山西中德塑钢型材有限公司	长治市城区机械工业园区	中德型材	塑钢门窗	
8	壶　关	山西郭氏食品有限公司	壶关县龙泉镇谷驼	郭国芳及图	羊汤	司法认定
9	城　区	山西惠丰型材有限公司	长治市惠丰街	丰	塑钢门窗	
10	沁　源	山西沁新能源集团股份有限公司	山西省沁源县李元镇	沁新及图	焦炭、煤	
11	襄　垣	山西潞安矿业（集团）有限责任公司	山西省长治市襄垣县侯堡镇	潞安及图	采矿、采石、钻井服务	
12	长治县	山西振东制药股份有限公司	长治县光明南路振东科技园	岩舒	复方苦参注射液	

截至 2016 年年底长治市山西著名商标情况一览表

序号	辖区	企业名称	商标名称	核定商品	注册时间
1	城区	长治市英吉利眼镜有限公司	英吉利牌	推销（替他人）	2015 年重新认定
2	城区	长治市紫坊潞泽物贸开发有限公司	紫坊牌	推销（替他人）	2015 年重新认定
3	城区	长治市潞安府腊肉制品有限公司	潞安府及图	腌腊肉、肉	2015 年重新认定
4	城区	山西都市名片广告有限公司	都市名片牌	广告	2015 年重新认定
5	城区	山西省长治市东方鸟裤王总汇有限公司	东方鸟牌	推销服务	2015 年重新认定
6	城区	路振国（授权长治市佳威商城有限公司使用）	佳威	推销（替他人）	2015 年重新认定
7	城区	山西太行药业股份有限公司	漳河及图	人用药	2016 年重新认定
8	城区	国营长治面粉厂	潞安牌	面粉	2016 年重新认定
9	城区	长治液压有限公司	CHANGZIYEYA 及图	液压泵、气动元件	2016 年重新认定
10	城区	长治市照江蜜蜂园有限公司	照江及图	蜂蜜	2014 年重新认定
11	城区	长治市海棠伟业电器有限公司	海棠	脱水机洗衣机	2016 年重新认定
12	城区	山西省长治市潞酒有限公司	潞及图	酒	2016 年重新认定
13	城区	长治市韩科家用装饰有限公司	韩科及图	办公家具	2016 年重新认定

续表

序号	辖区	企业名称	商标名称	核定商品	注册时间
14	城区	长治市城区百佳购物中心	中诺百佳 ZHONGNUO BAIJIA	推销（替他人）	2014 年认定
15	城区	山西中德塑钢型材有限公司	中德管业	非金属建筑结构	2016 年认定
16	郊区	长治市明峰家私有限公司	明峰 MINGFENG 及图	办公家具	2016 年重新认定
17	郊区	长治市安迪建材有限公司	安迪 Andi 及图	石膏板	2015 年重新认定
18	郊区	长治市嘉玥清真食品有限公司	嘉玥 JiaYue	肉、咸肉	2016 年重新认定
19	郊区	长治市石圪节瑞福莱生物酿造有限责任公司	瑞福莱牌	食醋	2016 年重新认定
20	郊区	长治市潞丰炉业有限公司	潞丰 LF 及图	锅炉、炉子	2014 年重新认定
21	郊区	长治市山诚种养殖专业合作社	老顶山	鸡蛋	2014 年认定
22	郊区	长治市霍家工业有限公司	霍家及图	聚氯乙烯树脂	2014 年认定
23	壶关	长治市九牛寨乳业有限公司	九牛寨牌	牛奶制品	2015 年重新认定
24	壶关	山西大峡谷现代农业科技开发有限公司	百素珍	鲜食用菌	2015 年重新认定
25	壶关	山西壶化集团股份有限公司	晋威及图	爆炸火药	2015 年认定
26	壶关	山西辛寨世方醋业有限公司	辛世方及图	醋	2016 年重新认定
27	壶关	山西壶关化工集团有限公司	大圣	炸药、引爆雷管	2016 年重新认定
28	壶关	壶关县中药材协会	壶关党参	党参	2014 年认定
29	壶关	壶关县绿康源养殖有限公司	思语 SIYU	蛋	2014 年认定
30	壶关	山西太行陶瓷有限公司	金太行及图	日用陶瓷	2016 年认定
31	壶关	山西郭氏食品工业有限公司	郭氏及图	肉、浓汁肉	2016 年认定
32	襄垣	山西山窝窝农牧科技开发有限公司	鸡满坡	蛋	2015 年认定
33	襄垣	山西清浪饮品有限公司	清浪及图	水（饮料）	2014 年重新认定
34	襄垣	长治黄土蛋有限责任公司	黄土及图	蛋	2014 年重新认定
35	襄垣	山西省天下襄农业科技开发有限公司	仙堂山	面粉	2016 年重新认定
36	襄垣	山西仙堂山旅游开发有限公司	仙堂山	公共游乐场、提供娱乐场所	2016 年重新认定
37	襄垣	襄垣县仁达机电设备有限公司	仁达及图	装卸设备、玉米脱壳机	2016 年重新认定
38	襄垣	山西晋襄子老粗布有限公司	襄子 Xingzi 及图	蛋	2016 年重新认定
39	襄垣	山西阎老醋业有限公司	阎老及图	醋	2016 年重新认定
40	潞城	潞城市凤栖桥酿业有限公司	唐宫悦牌	烧酒	2015 年重新认定
41	潞城	潞城市潞发锯业有限公司	潞发及图	刀片、锯条	2015 年认定
42	潞城	潞城市卓越水泥有限公司	强晋	水泥	2015 年认定
43	潞城	潞城市神农开发有限责任公司	潞玉	玉米（烘过的）	2016 年重新认定
44	潞城	山西永腾建材股份有限公司	永腾牌	非金属管道	2014 年重新认定
45	潞城	潞城市圣堂食品有限公司	圣堂 SHENGTANG 及图	醋	2014 年重新认定
46	潞城	潞城市森龙绿食有限责任公司	熬脑及图	新鲜蔬菜	2014 年重新认定
47	潞城	山西省潞城市昌隆复肥厂	晋东及图	混合肥料	2016 年重新认定
48	屯留	山西振东开元制药有限公司	太行山及图	中药、中成药	2016 年重新认定
49	屯留	山西省屯留县麟山酒业有限公司	羿神及图	酒	2014 年重新认定
50	屯留	长治市亨德谊食品有限公司	亨德谊及图	糕点、薄烤饼	2015 年重新认定

续表

序号	辖区	企业名称	商标名称	核定商品	注册时间
51	屯留	山西上和泵业有限责任公司	上和及图	泵（机器）、阀（机器零件）	2014 年认定
52	屯留	长治市昂生医药集团有限公司	昂生大药房	推销（替他人）	2016 年重新认定
53	屯留	长治市胖妞食品有限公司	胖妞	豆腐制品	2016 年重新认定
54	屯留	长治市荷英商贸有限公司	荷英及图	推销（替他人）	2016 年重新认定
55	屯留	屯留县民康中药材开发有限公司	麟山	药茶、药草	2016 年重新认定
56	长治县	山西潞玉种业股份有限公司	潞玉 LUYU 及图	植物种子	2015 年重新认定
57	长治县	山西日益康食品股份有限公司	康寿园牌	面粉	2015 年重新认定
58	长治县	长治市古磨面业有限公司	好厨娘及图	面粉	2015 年重新认定
59	长治县	山西振东制药股份有限公司	岩列牌	人用药、医用生物制剂	2015 年认定
60	长治县	山西振东制药股份有限公司	岩舒	复方苦参注射液	2016 年重新认定
61	长治县	山西易通环能科技集团有限公司	易通 yitong	传动装置（机器）	2016 年重新认定
62	沁源	沁源县灵空山绿色食品有限公司	灵空山 LINGKONGSHAN 及图	食用面粉、面粉制品	2015 年重新认定
63	沁源	山西沁新能源集团股份有限公司（许可山西太岳磨料有限公司使用）	太岳 TAIYUE SHAN 及图 ESHAN 及图	金刚砂、研磨材料	2014 年认定
64	沁源	沁源县脱毒马铃薯泉水科技有限公司	鱼儿泉 YUERQUAN 及图	脱毒马铃薯原种、一二级种薯	2014 年认定
65	武乡	武乡县三里湾种植专业合作社	翻得高及图	食用面粉	2016 年重新认定
66	武乡	武乡县汇丰农产品发展有限公司	杏满园	果汁饮料	2016 年重新认定
67	武乡	武乡县老家农业开发有限公司	上司老家	米、谷类制品、豆类粗粉	2014 年认定
68	武乡	武乡县康达醋业有限公司	康达百味	醋	2016 年重新认定
69	武乡	山西武乡晋昌农业生态园有限公司	波利维	米	2016 年认定
70	开发区	长治市鑫农奥利种业有限公司	潞鑫 LUXIN 及图	植物种子	2016 年重新认定
71	开发区	山西长治维特衡器有限公司	WEITE 及图	电子汽车衡	2015 年重新认定
72	开发区	山西康宝生物制品股份有限公司	晋康 JinKang 及图	人用药	2015 年重新认定
73	开发区	山西福万达工业新材料有限公司	FOWDA 及图	照明器械及装置、空气净化用杀菌灯	2015 年认定
74	开发区	山西省长治市祥雨塑胶有限公司	祥云	车辆盖罩（非安装）、阻燃布、涂塑布、帐篷	2015 年认定
75	开发区	山西世龙食品有限公司	上党	腊驴肉	2016 年重新认定
76	开发区	山西中池联华科技开发有限公司	中池联华	计算机周边设备	2015 年重新认定
77	开发区	山西世龙食品有限公司	胶芪	非医用营养液	2015 年重新认定
78	开发区	长治市晋峰生态园有限公司	晋峰	饭店	2016 年重新认定
79	开发区	山西佰和园食品有限公司	佰和园	面粉制品	2016 年重新认定
80	开发区	长治市钜星锻压机械设备制造有限公司	钜星及图	卷板机、弯管机	2014 年认定
81	开发区	长治市金威超市有限公司	图形	推销（替他人）	2014 年认定
82	平顺县	平顺县太行水乡双喜绿色产业开发有限责任公司	上党及图	食用植物根	2014 年重新认定

续表

序号	辖区	企业名称	商标名称	核定商品	注册时间
83	平顺县	山西平顺大红袍开发有限公司	情人及图	调味酱	2014 年认定
84	长子县	山西长子县潞仙酒业有限公司	潞仙 LUXIANEY 及图	烧酒	2015 年认定
85	长子县	长治市瑞强禽业食品有限责任公司	瑞强 Ruiqiang 及图	蛋、肉	2016 年重新认定
86	长子县	长治市华星液压机械有限公司	飞虹 FEIHONG 及图	液压泵	2016 年重新认定
87	长子县	长子县万成生物生态养殖基地专业合作社	国国蛋	蛋	2016 年重新认定
88	长子县	长子县绿生源菌业科技开发有限公司	潞尧	鲜食用菌	2014 年认定
89	长子县	长治市澳瑞特健身器材有限公司	澳瑞特 ORIENT	乒乓球台、体育活动器械	2014 年认定
90	长子县	长子县晋科饲料有限公司	晋科及图	饲料	2014 年重新认定
91	长子县	长治市玖兴炉响铜乐器有限责任公司	国国蛋	蛋品	2016 年重新认定
92	长子县	长子县海宏农机专业合作社	海鸥 HAIOU 及图	农业机械	2014 年认定
93	长子县	山西龙烨科技有限公司	颖烨及图	燃气灶	2014 年认定
94	长子县	长子县华斌新型农具厂	农副春天	农业器具	2016 年认定
95	长子县	长子县生贵大棚技术推广有限公司	生贵	新鲜蔬菜、鲜食用菌	2016 年认定
96	沁 县	山西万里香食品开发有限公司	远誉	米、面粉制品	2016 年重新认定
97	沁 县	山西沁州黄小米（集团）有限公司	沁州黄及图	推销（替他人）	2014 年重新认定
98	沁 县	山西沁州黄小米（集团）有限公司	谷之爱 PRO-LOVE	谷类制品、米粉	2015 年重新认定
99	沁 县	沁县白玉河梅花鹿养殖专业合作社	北方水城 beifangshuicheng 及图	米	2015 年认定
100	沁 县	山西康禾农业有限责任公司	东方木酒	果酒（含酒精）	2014 年认定
101	沁 县	沁县吴阁老土特产有限公司	吴阁老及图	小米	2014 年认定
102	沁 县	常建青授权（沁县沁谷香农业开发有限公司使用）	次村	米	2016 年认定

长治市地理标志商标名单

序号	商标	注册人	注册证号	商品
1	壶关党参	壶关县中药材协会	6455685	党参（中药材）
2	上党连翘	屯留县民康中药材专业技术协会	11619830	连翘（中药材）
3	潞州黄芩	屯留县民康中药材专业技术协会	11619831	黄芩（中药材）
4	上党党参	屯留县民康中药材专业技术协会	11619832	党参（中药材）
5	襄垣手工挂面	襄垣县手工挂面协会	14305806	挂面
6	长治堆锦	长治市上党堆锦文化研究会	15578933	堆锦、丝织艺术品
7	黎城核桃	黎城县富民干果协会	15537089	核桃
8	壶关旱地西红柿	壶关县兴农旱地西红柿协会	15253438	西红柿
9	沁源马铃薯	沁源县脱毒马铃薯产业协会	14618258	新鲜土豆

（王海平）
（责任编辑：李杨涛）

·链　接·

长治市市场主体构成及产业发展情况的调研报告

把长治打造成为山西重要增长极，如期实现“两个目标”，是长治市当前的重要政治任务。市场主体是区域经济的“细胞”和基础，是经济社会发展的抓手和支撑。为此，有必要对长治市的市场主体构成和产业发展情况进行一次调查研究和认真分析，以便为推动全市经济转型升级提供决策参考。

一、商事制度改革成效显著，全市市场主体总体发展势头良好

2016年，长治市持续深化商事制度改革，全面实行企业“五证合一、一证一码”和个体工商户“两证整合”改革，有力地激发创新动力和创业活力，促进市场主体的全面发展。

1.纵向看，全市市场主体总体发展保持良好势头。2016年，全市新登记市场主体23940户，注册资本218.58亿元，日均新设96户。截至12月底，全市实有各类市场主体达到159569户，注册资本（出资金额）8276.69亿元，比2015年同期分别增长14.93%和8.57%。其中，四类市场主体，要么在户数上，要么在注册资本上，均保持快速发展的势头：内资企业虽然在户数上稍有回落，但注册资本却出现53.11%的超高速增长。私营企业和个体工商户是“双创”的主阵地，投资非常活跃，户数增长达19.04%和15.91%。农民合作社的注册资本也高速增长，达到36.96%。

2.横向比，全市市场主体总体发展在全省排名处于中上游水平。全市市场主体总数159569户，占全省市场主体（1949709户）总量的8.18%，全省排名第六。市场主体增长率14.93%，全省排名第三。其中，内资企业6930户，占全省内资企业总数的11.1%，全省排名第二。私营企业31788户，占全省私营企业总数的8.2%，全省排名第五。个体工商户109947户，占全省个体工商户总数的7.8%，全省排名第七。农民合作社10904户，占全省农民合作社的11.7%，全省排名第四。全市千人拥有企业数量为11.4户，略高于全省10.7户的平均水平，但远低于全国18.7户的平均水平。

3.“十二五”期间，全市在经济下行的压力下，市场主体仍保持稳步发展的势头，特别是私营企业突飞猛进，实现“井喷式”增长。全市市场主体总量比2011年的96122户增长66%。其中，内资企业比2011年的6995户减少0.9%，私营企业比2011年的13532户增长134.9%，个体工商户比2011年的69263户增长58.7%，农民合作社比2011年的6332户增长72.2%。

二、内资企业户数略有回调，但整体实力大幅增加

工商部门所统计的内资企业，主要是指国有、集体资本占50%以上的企业，具体企业形式包括国有企业、集体企业、公司和其他经济组织。

1.内资企业在全市市场主体中的比重越来越小，呈逐年下降趋势。2016年年底，全市内资企业6930户、注册资本715.84亿元，占全部市场主体的4.34%和8.64%。2011年年底，全市内资企业6995户、注册资本214.30亿元，占全部市场主体的比重达到7.27%和36.19%。可以说，五年前内资企业的资本实力占到全部市场主体的三分之一强，到“十二五”末其比重连十分之一都不到。

2.内资企业户数逐年减少，但资本实力大幅增长。长治市的内资企业随着国有、集体企业改革步伐的深入和现代企业制度的不断完善，通过改制、重组、合并等形式成为公司制企业，退出公有制领域，导致全民、集体等企业数量持续减少。另外，少数国有、集体企业因设备老化、工艺落后、生产成本高、债务沉重等问题，在激烈的市场竞争中逐步被淘汰，也是内资企业逐年减少的一个重要原因。但伴随全市经济体制改革的深入，引导、支持有条件的国有企业改革改组改造，通过优化重组、强强联合，大力发展混合所有制企业，全市内资企业质量得以提升，注册资本进一步增加，总体实力得到进一步增强。截至2016年12月底，全市实有内资企业与2015年同期相比，企

截至2016年年底长治市内资企业发展情况一览表

内容	户数	与2015年相比增幅	注册资本（万元）	与2015年相比增幅
国有企业	1407	-2.36%	178421.39	-11.91%
集体企业	1651	-14.19%	90271.55	-22.28%
公司	3686	5.16%	6870969.66	58.70%
其他企业	186	51.22%	18775.28	-30.97%
合计	6930	-0.90%	7158437.88	53.11%

截至 2016 年年底长治市私营企业发展情况一览表

企业类型	截至 2016 年年底		截至 2015 年年底		增幅	
	户数	注册资本 / 出资额（万元）	户数	注册资本 / 出资额（万元）	户数	注册资本 / 出资额（万元）
独资企业	1251	107496.2	1256	111784.21	-0.40%	-3.84%
合伙企业	34	44374	39	54985	-12.82%	-19.30%
有限责任公司	30399	73703221.12	25343	69983009.54	19.95%	5.32%
股份有限公司	104	204472.95	65	218896.21	60.00%	-6.59%
合计	31788	74059564.27	26703	70368674.96	19.04%	5.25%

截至 2016 年年底长治市个体工商户发展情况一览表

内容		2016 年年底	2015 年年底	增幅
户数		109947	94859	15.91%
从业人员		239196	201784	18.54%
资金数额		786184.45	630890.69	24.62%
其中：城镇	户数	52826	45336	16.52%
	从业人员	125014	112118	11.50%
	资金数额	473992.45	160577.81	195.18%

业户数下降 60 户，注册资本增长 248.3 亿元，增幅分别是 -0.09% 和 53.1%。

3. 公司制企业一枝独秀。公司制企业在内资企业的组成形式中继续保持领先的位置，在国有和集体企业户数不继萎缩的情况下一枝独秀，稳步有升，新增企业越来越多选择有限公司为主要形式。据统计，2016 年，公司制内资企业的注册资本增长达到 58.7%。

三、私营企业体现大众创业、万众创新的重大成果，成为全市经济的中流砥柱

1. 改革的红利促进私营企业大发展。随着企业注册资本认缴制度、年度报告公示制度以及先照后证、“五证合一、一照一码”等改革制度逐步实施，工商部门同时采取深化行政效能建设，梳理审批事项，完善重点项目跟踪服务等方式，为民营企业快速发展提供良好环境。截至 2016 年 12 月底，全市实有各类私营企业 31788 户，比 2015 年同期增长 19.04%；注册资本（出资金额）为 7405.96 亿元，比 2015 年同期增长 5.25%。

2. 私营企业在全部市场主体中的比重是逐年上升，达到近九成。2016 年年底，私营企业 31788 户、注册资本 7405.96 亿元，占全部市场主体的 20% 和 89.48%。2011 年，全市私营企业 13532 户、注册资本 311.37 亿元，占当时全部市场主体的比重只有 14% 和 52.59%。可以说，五年来，私营企业的发展比重由半壁江山，成为绝对的中流砥柱。

3. 在四类私营企业组成形式中，有限责任公司适应市场发展的需要，成为主要经济组织形式。全市有限责任公司达到 30399 户，占到私营企业总数的 96%；有限责任公司注册资本达到 7370.32 亿元，占全部私营企业注册资本的 99.5%。

四、个体工商户是广大群众就业的主要载体

个体工商户准入门槛低，风险相对较小，在国家有关鼓励下岗失业人员再就业、高校毕业生、农民工等从事个体工商业等优惠政策的影响下，相关部门制定落实优惠政策的具体措施，鼓励和支持自主创业，对创业的大学毕业生、农民工、复转军人等实行“一条龙”帮扶，针对就业难、创业起步难的问题，提供创业的平台，增加创业的信心，使得个体工商户登记数量持续增长。截至 2016 年 12 月底，全市个体工商户发展到 109947 户，与 2015 年同期相比增长 15.91%；出资金额达到 78.62 亿元，与 2015 年同期相比增长 24.62%；从业人员计 239196 人，与 2015 年同期相比增长 18.54%。从占比看，个体工商户 109947 户、注册资本 78.62 亿元，占全部市场主体的 68.9% 和 0.95%。个体工商户注册资本比重虽然在全部市场主体中的实力比重不高，还不到 1%，但却是广大人民群众实现就业、解决民生问题的主要载体和渠道。

五、农民专业合作社尚有较大发展空间

1. 农民专业合作社持续发展。全市工商系统认真落实贯彻各项惠农政策，让农民充分了解政府对合作社的扶持态度和优惠政策，熟悉合作社的创建流程及运行模式，了解合作社成员的权利和义务，积极引导农民群众登记农民专业合作社，大力发展农村经纪人，推进农业产业化发展，极大地促进全市农民专业合作社快速发展。2016 年 12 月底，全市实有农民专业合作社 10904 户，出资总额达到 76.27 亿元，与 2015 年同期相比，增幅分别达到 6.05%、36.96%。

截至 2016 年年底长治市农民专业合作社发展情况一览表

内容	2016 年	2015 年	增幅
户数	10904	10282	6.05%
出资总额	762696.86	556879.76	36.96%

2. 农民专业合作社尚有较大发展空间。从占比看，全市农民专业合作社 10904 户、注册资本 76.27 亿元，占全部市场主体的比重只有 6.83% 和 0.92%。从发展时间看，农民专业合作社，刚刚走过十年时间，未来发展空间仍然很大。

3. 农民专业合作社尚处于小规模发展阶段。从出资情况来看，以货币出资 486444.86 万元，以非货币出资的有 70434.9 万元。其中，以货币出资的占到出资比例的 87.35%。从出资总额范围来看，出资总额在 100 万元以下的农民专业合作社占到 87.34%，出资总额在 100 万 ~ 500 万元范围内的企业占到全部企业的 11.66%，出资总额在 500 万 ~ 1000 万元范围内的企业占到全部企业的 0.76%，出资总额在 1000 万元以上的大型、特大型农民专业合作社仅有 24 户。这表明长治市农民专业合作社尚处于小规模发展阶段，需要加大对农民专业合作社的扶持力度，实现规模化经营。

六、从产业构成上看，第三产业和商业批发零售业仍占主导地位，新兴产业开始崭露头角

1. 从产业构成上看，第三产业一业独大。首先，从户数上看，全市企业的总户数是 38718 户。其中，第一产业 4549 户，第二产业是 5571 户，第三产业是 28598 户，其户数比例是 11.75 ：14.39 ：73.87。其次，从注册资本上看，全市企业的注册资本是 8121.80 亿元。其中，第一产业 159.14 亿元，第二产业 673.35 亿元，第三产业 7289.31 亿元，其资本比例是：1.96 ：8.29 ：89.75。由于第三产业投资门槛低，技术含量相对不高，所以第三产业，特别是商业批发零售业成为私营资本创业的重要领域。

（长治市三次产业中的企业分布情况统计表，同前表）

2. 从行业构成上看，商业批发零售业位居榜首。从事批发零售业的企业户数达到 15978 户，占全部企业户数的 41.27%；注册资本达到 6624.05 亿元，占到全部企业注册资本的 81.56%。

3. 从新发展的私营企业看，投资最活跃的行业仍然是“批发和零售业”。2016 年，全市新登记私营企业 5825 户，新登记私营企业中，登记户数排在前五位的行业依次是“批发和零售业”“农、林、牧、渔业”“租赁和商务服务业”“建筑业”“交通运输、仓储和邮政业”。投资最活跃的行业

截至 2016 年年底长治市新登记私营企业行业发展情况一览表

行业分类	2016 年 12 月底新登记		2015 年 12 月底新登记		增幅（%）	
	户数	注册资本 / 出资金额（万元）	户数	注册资本 / 出资金额（万元）	户数	注册资本 / 出资金额
农、林、牧、渔业	774	212393.3	384	174091	101.56	22.00
采矿业	16	18300	19	22520	-15.79	-18.74
制造业	185	108440	163	82634.98	13.50	31.23
电力、燃气及水的生产和供应业	45	43130	62	58807	-27.42	-26.66
建筑业	408	224866	305	120361	33.77	86.83
批发和零售业	2412	680371.1	2542	689568.7	-5.11	-1.33
交通运输、仓储和邮政业	344	85094	125	44897	175.20	89.53
住宿和餐饮业	116	18644	109	19169	6.42	-2.74
信息传输、软件和信息技术服务业	186	36613	174	59060	6.90	-38.01
金融业	48	12830	23	18206	108.70	-29.53
房地产业	115	51955	151	71730	-23.84	-27.57
租赁和商务服务业	408	70398	326	56491	25.15	24.62
科学研究和技术服务业	216	89389	148	59497	45.95	50.24
水利、环境和公共设施管理业	34	24611	12	4290	183.33	473.68
居民服务和其他服务业	262	46991	210	42911	24.76	9.51
教育	14	627	10	1680	40.00	-62.68
卫生和社会工作	18	17130	12	2936	50.00	483.45
文化、体育和娱乐业	219	29516.9	173	26526	26.59	11.28
其他	5	390	30	19477	-83.33	-98.00
合计	5825	1771689.3	4978	1574853.58	17.01	12.50

仍然是“批发和零售业”。2016 年，批发和零售业新注册企业 2412 户，占全部新注册私营企业的 41.4%。

4. 从增幅比例上看，新兴产业开始崭露头角。卫生和社会工作行业的注册资本增长比例最高，其次是水利、环境和公共设施管理业，再次是交通运输、仓储和邮政业。

七、加快市场主体发展的建议

从上面的分析可以看出，长治市市场主体发展虽然势头良好，成绩显著，但也存在着总体数量不多、质量不高、竞争力不强、低端化严重等问题。因此，加快发展，至为重要。

（一）全面对接“六大工程”，发展一批战略新兴产业，支持骨干企业做大做强，加快转型升级。规划一批工业园区，培养一批骨干企业，储备一批发展项目，引进一批高端人才。支持国有企业兼并重组和传统产业升级改造，鼓励大中型企业充分利用资本市场，升级为股份有限公司、上市公司。发挥民营经济在转型升级中的作用，培育一批民营“小巨人”企业。引进一批科技含量高、产业带动力强，具有引领性、关键性和突破性的高端产业项目，加快构建具有长治特色的中高端现代产业体系。

（二）积极支持“双创”，大力扶持小微企业发展。加强“双创”基地建设，对接先进地区经验，完善并落实支持小微企业健康发展的各项优惠政策。把促进小微企业发展纳入城镇化发展战略中，提高到城市规划的高度来考虑，尽可能在财税、金融等方面给予更大的优惠、扶持，为小微企业创新发展、集聚发展、结构调整创造更加优越的环境。不断完善以政府部门为主导，民间企业协会为桥梁，社会服务中介机构为依托的小微企业服务体系，加速小微企业健康发展。

（三）开展“双服务”行动，进一步优化营商环境。唱好“人说长治好环境”主旋律，在全市工商系统全面开展以服务企业、服务基层为内容的“双服务”行动，切实转变作风，提升工作效能。继续推进商事制度改革，实行企业简易注销制度，全面推行网上注册，开展“证照分离”试点，服务企业快速进入市场。实施“品牌战略”，大力开展保护“长治制造”企业商标专用权行动，维护企业权益，支持企业注册商标，鼓励、引导、帮助企业争创驰名、著名商标，全力打造一批成长性好、发展空间大、带动性强的品牌企业。充分发挥动产抵押职能，开展股权出质和股权出资登记服务，鼓励投资人以知识产权等非货币财产出资设立企业，积极支持村镇银行、融资再担保公司、小额再贷款公司等金融机构规范发展，切实帮助企业特别是中小企业解决融资难问题。加快“信用长治”建设步伐，支持长治市企业申报全国、全省“守合同、重信用”企业和争创全省百家信用企业。

（王海平）

（责任编辑：李杨涛）

质量技术监督

【概述】 长治市质量技术监督局（以下简称长治市质监局）为正处级行政单位，履行全市产品质量、标准化、计量、认证认可、特种设备安全等综合管理和行政执法两大职能，内设办公室、计财科、人事科、纪检监察室、机关党委、法规科、特监科、监督科、质量科、认证科、计量科、标准科 12 个科室。所属副处级全额事业单位 3 个：长治市质量技术监督局稽查分局、长治市质量技术监督检验测试所、长治市特种设备监督检验所。所属正科级自收自支事业单位 1 个：机关后勤服务中心。下设派出机构 3 个：长治市质量技术监督局高新区分局、长治市质量技术监督局城区分局、长治市质量技术监督局郊区分局。市质监局机关共有公务员编制 40 名，实有 38 名；工勤人员编制 8 名，实有 8 名；实有离休人员 2 名，退休人员 22 名。2016 年 11 月，成立市质量技术监督局机关党委，机关党委共有 137 名党员，下设 5 个支部。2016 年 3 月 8 日，长治市质监局召开全市质量技术监督暨特种设备安全工作会议，确立“夯实四大技术支撑，牢守质量安全底线”的工作目标。长治市在省政府首次对市级政府质量工作考核中被评为 A 档优秀（全省三市），纳入目标考核加分行列；在省政府安委会对市政府特种设备安全监管工作考核中，排名全省第一。

【特种设备安全监管】 截至 2016 年 12 月，长治市有特种设备 21212 台，锅炉 1071 台，压力容器 10974 台，电梯 5404 台，起重机械 3307 台，大型游乐设施 30 台，客运索道 6 条，场内机动车辆 420 台，压力管道 823.276 千米，气瓶 27 万余只。全市共有气瓶充装单位 70 家（14 家停业）、特种设备生产单位 14 家、特种设备安装单位 27 家、电梯安装维保单位 16 家、外省市驻长治电梯维保单位 40 家、气瓶检验单位 4 家、安全阀校验单位 3 家。长治市质监局组织开展特种设备安全大检查工作，全市共检查企业 1099 家，发现隐患 428 处，完成隐患整改 344 处。2016 年，长治市质监局在全市组织开展“电梯安全、管道安全、锅炉安全”专项检查，对 2015 年电梯检查中未完成的 64 个隐患督促整改，对全市 15 年以上老旧电梯摸底排查，全市共有注册登记 115 台 15 年以上老旧电梯，在用 76 台；压力管道安全隐患排查，全市没有 20 年以上的老旧油气管道，全市共办理压力管道使用登记 240.5 千米；锅炉节能减排检查，全市共检查锅炉单位 290 家，锅炉 534 台，发现安全隐患

98 处，完成 10 吨 / 时及以上燃煤锅炉能效普查 182 台，培育山西达利园食品有限公司和潞安集团古城煤矿两家安全节能标准管理达标示范锅炉使用单位。

【产品质量监督】 2016 年，长治市质监局组织开展农资、车用燃油、食品用不锈钢制品、地条钢等多个专项检查，配合环境保护、公安交管等多个职能部门在成品油市场整治、危化品运输车辆监管等方面开展专项整治行动。全年共检查企业 709 家，查办案件 116 起，涉案金额 50 余万元。在全市范围内对烟花爆竹、化肥、车用汽柴油、特种劳动防护用品、电线、水泥、开关、插座、车用制动液等产（商）品开展质量监督抽查工作。共抽检产（商）品 10 类 319 个批次，合格 301 个批次，不合格 18 个批次，不合格检出率 5.6%。完成市政府安排的清洁焦产品质量抽检任务，实行每批抽检，出厂和入户两口把关。

【质量管理】 2016 年 3 月 18 日，长治市质监局召开全市生产许可证监管工作会议。开展生产许可证年审，全市共有工业产品生产许可证获证企业 99 家，获证满一年应参加年审的企业 84 家，实际参加年审企业 69 家，因停产未参加年审企业 16 家，因企业破产未参加年审企业 2 家，年审率 82.14%。参加年审的企业中，合格 64 家，不合格 5 家，合格率 92.19%。配合省局完成钢铁、水泥两类获证企业专项检查，共检查企业 15 家。5 月 9 日至 11 日，召开全市 2016 年度 QC 成果经验交流会，来自全市 10 家企业的 42 项成果进行交流，其中 38 项成果进行现场发表；培育 15 个省优，4 项国优。10 月 18 日，组织各县（市区）局质量工作分管局长和业务股长 140 余人召开全市质量信得过班组培训。2016 年 11 月，对长治市质量强市领导组和长治市名牌战略领导组成员进行调整，质量强市领导组成员扩展为 23 家。发挥市质量强市领导组办公室谋划、协调、组织和推动作用，制定《实施质量发展纲要 2016 年行动计划》，出台名牌产品奖励政策，《市委市政府扶持实体经济发展意见》中明确规定："对每个获得山西省名牌企业奖励 30 万元"；开展制造业产品质量合格率统计调查抽样，对 17 类 60 个样品进行抽样检验，合格率 100%。9 月 28 日，召开全市《质量信用报告编写指南》培训班，全市 15 家企业完成报告的编写。指导武乡八路军文化旅游园区的筹建工作，组织参加全国示范区经验交流会。山西振东制药股份有限公司、长治市钜星锻压机械设备制造有限公司、山西日益康食品股份有限公司、山西玉华再制造科技有限公司和长治市太行紫团饮业有限公司 5 家企业参与包括产品品牌、企业品牌在内的两大类品牌价值评定工作。从 2016 年 10 月中旬起，组织开展"质监助力民企双百行动"，抽调市局机关和直属单位干部及技术骨干，用 100 天时间对 100 家民营企业开展送政策、送技术、送管理、送项目、送安全行动。帮助企业初步建立特种设备安全管理台账、计量管理台账和企业需求台账；现场为企业解决问题 132 个。

【计量管理】 2016 年，长治市共有法定计量检定机构 12 家，建立计量标准 144 项，涉及长度、力学、电学、电磁、光学、热工、电离辐射等领域；计量授权机构 6 家，建立计量标准 30 项，对煤矿安全计量器具、电能、水流量、质量、压力、热工等方面的计量器具进行强制检定；13 个企业建立企业内部最高计量标准 61 项，对企业内部计量器具进行计量检定工作。2016 年新增热工、有毒有害气体检测 18 项计量标准。全市法定计量机构（含授权机构）年检定强制检定计量器具近 15.7 万台（件），计量器具受检率保持在 90% 以上。开展农贸集市计量器具专项执法检查，对市区内的金鑫瓜果批发市场、紫坊农贸市场、潞卓商贸市场在用计量器具进行检查。开展加油机、电表、气表、水表"质监利剑"专项行动。开展新闻、出版、电视领域使用法定计量单位情况监督检查，对发现使用非法定计量单位 120 处进行整治。11 月 24 日，召开"计量基础知识管理培训班"，特邀省计量测试研究院教授级高工、副院长朱庆科授课，全市各级计量管理人员和计量技术机构技术、质量负责人 148 人参加培训。

【标准化管理】 2016 年 2 月，长治市政府、市政府办公厅分别发布《关于进一步推进标准化工作改革发展的实施意见》《关于成立长治市标准化工作领导小组的通知》，成立全市标准化工作组织领导机构。截至 2016 年年底，全市备案的企业产品标准共 653 项，建成农业标准化示范区 40 个，2016 年新获批省级农业示范区 3 个。由长治市城区文化局承担的"长治市社区文化服务标准化试点"项目，被国家标准化管理委员会批准为全国第三批社会管理和公共服务综合标准化试点项目。山西振东集团一次性承担连翘、苦参、党参、黄芪、远志、柴胡、山楂、酸枣仁、款冬花、白土苓 10 项国家标准制定工作。对 DB14/T 837-2013《长治市循环经济标准体系》、DB14T 845-2013《低温热源双循环发电机组》两项山西省地方标准进行复审。

【认证认可工作】 2016 年，长治市共有获资质认定检验检测机构 71 家，其中质量监督类 1 家；机动车检验类实验室 30 家（安检 15 家，综检 8 家，安检、综检、环检三合一的 6 家）；环境监测类实验室 13 家；建筑建材类实验室 17 家；煤矿安全检测类 2 家；疾控、食药、安全设备、自来水、农产品、煤焦、地矿、空调卫生检测类实验室各1家。全市共有3C获证企业41家。其中，有效证书149张（涉及企业33家），暂停证书16张（涉及企业8家）。其中低压电器21家（1家暂停），安全玻璃7家（1家暂停），信息技术3家（2家暂停），机动车辆3家，电线电缆2家，电焊机类1家，照明电器4家（4家暂停）。全市共有自愿性认证证书454张。其中，质量管理体系认证证书247张，环境管理体系认证证书100张，职业健康安全管理体系认证证书95张，能源管理体系认证证书12张。全市共有食品农产品认证证书61张。其中，食品农产品管理体系认证5张，国家推行的食品农产品认证（有机产品认证）32张，一般食品农产品认证（绿色食品认证）22张，国家推行的服务认证（绿色市场认证）2张。2016年，长治市质监局编制发布2015年《全市实验室资质认定证后监督检查年度质量分析报告》。对71家获证检验检测机构开展全覆盖证后监管。对重点领域、重点区域的18家获证检验检测机构及23家机动车安检、环检机构开展专项监督检查。组织24家获证检验检测机构参加省质监局组织的室内环境中甲醛吸收液的检测、热轧带肋钢筋下屈服强度、抗拉强度、断后伸长率4个参数的能力验证。协助省质监局完成18家检验检测机构首次、复评审、扩项等取证。全年共建立完善41家3C获证企业的信息档案，市县两级对获证企业开展证后监管，监管覆盖率达100%。采取现场见证与日常监管相结合的方式，对26家获证企业开展证后监管，对5家认证机构的现场审核情况进行现场见证。

【**行政审批**】 2016年，长治市质监局共发放特种设备人员证3259件，办理特种设备使用登记2531件，核准计量综合审批事项108件。开辟预约办理、加急办理等为民服务通道。优化审批流程，审批业务平均办理时限由原来的21个工作日下降到10个工作日，全年共发放各类证件5500余份，审批事项按时办结率100%。

【**国家中心建设**】 2016年5月5日，长治市组织召开《国家中心可行性研究报告》专家现场评审会，7月1日，市发改委行文《关于国家煤基合成油产品质量监督检验中心（一期工程）可行性研究报告的批复》正式批准国家中心建设项目的可研报告。国家中心总投资3亿元，占地100亩，分二期建设。一期工程建筑面积32215平方米，容积率为0.7，绿地率25%，建筑密度40%，总投资2.09亿元。主要建设一栋综合服务楼，八栋专业检测楼、一栋后勤保障楼；二期工程规划预留建筑面积18800平方米，投资1亿元，计划筹建国家低温余热发电国家中心，特高压国家中心，整合全市药品检测，建筑工程检测、环境检测等实验室。2016年11月22日，在市政务大厅4楼建设交易市场举行国家中心建设项目勘察、设计招投标，山西省勘察设计研究院和山西省建筑设计研究院分别为国家中心勘察、设计中标单位。

【**产品质量检验**】 2016年，长治市检测所共出具质检报告1629份，检定校准计量器具28874台件，完成经济收入612.5万元（其中事业性收费564万元，技术服务费48.5万元）。2016年，长治市检测所新上项目9个：CT检定装置、CR/DR检定装置、钳形电流表校准装置、数字多用表检定装置、二等铂电阻温度计标准装置、标准水银温度计标准装置、一等铂铑10—铂热电偶标准装置、可燃气体检测报警器检定装置、硫化氢气体检测仪检定装置。完善项目8个：千分尺、平板检定；CR/DR检定；天平、砝码检定；直角尺检定；材料试验机检定；医用B型超声源检定；电导率仪检定；血压计检定。

【**特种设备检验**】 2016年，长治市质监局检验特种设备7980台。其中，在用锅炉定期检验532台，监督检验14台；在用压力容器定期检验1040台，车载气瓶安装监检113台，制造监检61台，修理监检2台；压力管道定期检验0.26千米，压力管道安装监检3.09千米，制造监检（PE管）69.67千米；在用电梯定期检验3932台，监督检验782台；在用起重机械定期检验990台，监督检验112台；在用场（厂）内专用机动车辆定期检验379台，监督检验23台。安全阀校验4938个；水质化验431份。在特种设备安装维修改造申请（行政许可）方面，锅炉安装申请62台、维修申请32台、改造申请6台，移装申请1台;压力容器安装申请（备案）354台、制造申请50台、维修申请2台、移装申请2台；压力管道安装申请386.268千米，制造申请27.892千米；气瓶安装申请84只；电梯安装申请834台；起重机械安装申请243台；厂（场）内机动车辆51台。

【**依法行政**】 2016年，长治市质监局制订出台《长治市质量技术监督局2016年普法依法治理工作要点》，层层签订行政执法责任书。推行“双随机、一公开”，建立“一单、两库、一细则”，编制随机抽查事项清单7项，建立特种设备安全监察、计量、质量、认证、监督5项执法检查人员名录库，共收录执法检查人员285名，制订出台《长治市质量技术监督局随机抽查工作细则》。

（罗江陵）

（责任编辑：李杨涛）

食品药品监督管理

【**概述**】 长治市食品药品监督管理局，正处级建制，为长治市人民政府工作部门。主要职能是负责对食品生产、流通、餐饮服务、保健食品、化妆品的监督管理和药品、医疗器械研制、生产、经营、使用的监督管理。内设14个职能科室，下设市食品药品稽查队、市食品药品检验所、市药品不良反应监测中心、局培训中心、局后勤服务中心5个直属事业单位。2016年，长治市食品药品监督管理局强化监督管理、解决突出问题，巩固稳定向好的食品药品安全形势，确保全市全年未发生较大及以上食品药品安全事故。连续八年获全省食品药品监管系统优秀单位称号，连续五年获长治市目标责任考核优秀单位称号，连续四年获“长治市安全生产优秀单位”“长治市政协提案办理先进单位”称号，被山西省文明委表彰为“山西省文明单位”，被山西省食品药品监督管理局表彰为“全省食品安全抽检监测工作先进单位”。

【“四有两责”落实】 2016年，长治市食品药品监督管理局着力提升基层监管能力，落实“四有两责”（即食品药品监管有责、有岗、有人、有手段，切实履行监管职责和检验职责）要求。夯实监管基础，推进乡镇站标准化建设，全市75个乡镇监管站到位407人，到位率68.5%，配备执法车辆82台、快检设备90套，长治县韩店监管站、城区太西监管站、黎城黎候监管站、襄垣候堡监管站、武乡洪水监管站等一批基层监管站达到标准化要求，筑牢监管网底。加快推进长治市食品药品检验所项目建设，争取长治市人民政府和山西省食品药品监督管理局支持力度，落实资金政策，推进工作进度，项目于2016年12月底正式开工，为提升全市食品药品检验检测能力夯实基础。引导市县两级组建食品药品协管员队伍，全市146个乡镇均有1名乡镇长分管食品药品安全工作，均有1名公务员为食品药品协管员，3507个行政村共有3521名协管员。组织乡镇站所700余名工作人员进行综合业务培训，解决基层监管人员“不会管、不敢管、不善管”等问题，提升基层监管人员履职能力。

【社会共治】 2016年，长治市食品药品监督管理局推动食品药品安全监管社会共治机制。发挥“牵头抓总”作用，统筹规划全市食品安全工作，强化对各方面的综合协调，组织开展对地方政府食品安全工作督导检查和考核评价，推动落实党政同责、社会共治。推进食品安全城市创建工作，细化量化创建标准，层层分解责任，任务落实到人，截至2016年年底，市级指标全面完成，在省检查组多次阶段性评价中受到好评；潞城市通过落实政府属地管理责任，强化日常监管、检验检测、应急处置等工作，创建成效显著。加大社会宣传力度，开展安全用药月、食品安全宣传周、法制宣传日等活动，发放科普资料5万多份，发送安全信息10万多条；在长治电视台黄金时段前播放食品药品公益广告、风险预警、消费提示等内容360余次；建立“长治食事药闻”微信公众号，加强对公众的食品药品安全知识普及宣传。

2016年12月19—20日，长治市举办首届食品安全快速检测技能大比武

（杨博　供图）

【食品药品安全隐患大排查大整治活动】 2016年，根据长治市人民政府和山西省食品药品监督管理局关于开展食品药品安全风险隐患大排查大整治活动有关精神，长治市食品药品监督管理局以风险隐患“大排查大整治”为载体，成立活动领导小组，制订印发《长治市食品药品安全风险隐患大排查大整治活动实施方案》，工作任务层层分解，责任落实到人。共清理出食品安全方面风险隐患205条，涉及企业98家；药品安全方面风险隐患27条，涉及企业13家；医疗器械安全方面风险隐患64条，涉及企业31家；化妆品安全方面风险隐患48条，涉及企业35家。针对风险隐患，长治市食品药品监督管理局确定责任单位，落实包案领导，细化工作措施，制订整改时限，督促落实到位，消除潜在食品药品安全隐患。

【食品快检走基层活动】 2016年，长治市食品药品监督管理局强化抽检职责，开展“食品快检走基层”活动，组织各县（市区）基层执法人员进农村、进社区、进市场、进学校、进餐馆，定期在当地农贸市场、大型超市、学校食堂、街道社区、大型餐馆等场所设立100多个固定或流动快检点，对食品进行现场检测，建立起范围更广、品种更多的常态化检测机制。2016年，全市共快检2982批次，涉及1067家食品经营单位，14批次不合格。为扩大“食品快检走基层”活动成果，12月19日至20日，长治市食品药品监督管理局举办以“大练兵、强素质，走基层、保安全”为主题的全市首届食品安全快速检测技能大比武，来自基层食品安全监管战线上的14支代表队42名队员参加比赛。山西新闻、长治新闻、《长治日报》等媒体对活动进行报道。

【食品药品检验检测】 2016年，长治市食品药品监督管理局把检验检测作为发现问题、防控风险的重要技术手段。完成药品抽检工作，对全市药品生产企业品种进行全覆盖抽检；完成药品监督抽样565批次，检出不合格药品3批次并立案调查。超额完成食品抽检工作，共抽检21个大类、105个品种、770个批次，合格率96.5%，发布抽检公告4期；完成3180批次的食用农产品抽检任务，完成数量全省第一。引导企业自建检验室，在潞城、高新区、城区等地的26家大型超市、批发市场、集贸市场建立快检实验室，每天对“入市”食品进行抽检，并于显著位置公示结果，强化企业的自律意识。高新区分局自筹经费近100万元，建成中型规模的快检实验室。

【食品安全监管】 2016年，长治市食品药品监督管理局在食品生产环节方面，详细制订现场评审工作规范，严格按照新要求，对全市47家企业核准换发新版“SC”食品生产许可证，全市食品生产企业持证数达161家；制订印发《长治市食品生产加工小作坊监督管理实施细则（试行）》和《关于深入推动食品生产领域食品生产加工小作坊专项整治工作的指导意见》，全市380家食品生产加工领域小作坊全部建档列入监管范围。在食品流通环节方面，落实食品销售经营主体责任，按照“全面推行，重点展开”原则，在大型商场超市、集贸市场通过设置质量安全管理机构、建立食品快检室，签订食品安全责任书，建立食品安全管理制度，保障购进和销售的食品来源合法、可追溯；对企业自定的食品安全公示、散装食品销售、特殊食品销售、食用农产品销售、食品安全自查、食品安全追溯以及集贸市场开办者的义务等内容进行确定，统一规范商场（超市）和集贸市场的食品销售经营行为。在餐饮服务环节方面，按照市政府要求，制订《长治市食品药品监督管理局大气环境综合整治专项行动方案》，开展餐饮单位的油烟整治工作，主城区内中型以上需要安装油烟净化装置的餐饮单位共567家，全部安装完毕；针对2016年“3·15”晚会对网络订餐情况的曝光，于3月中旬组织开展为期一个月的全市网上订餐餐饮服务单位食品安全专项检查，出动执法人员1563人次，检查网上订餐餐饮单位642家次，下达整改通知书25家次，全部整改完毕。

【药品和医疗器械安全监管】 2016年，长治市食品药品监督管理局在药品生产环节方面，加强对未通过新修订GSP企业监督检查力度，组织有关县局对山西众桑药业有限公司等8家应停产企业（车间）进行现场检查，监督上述企业停产或停止相关产品生产；制订《药品生产领域专项整治实施方案》，对全市11家药品生产企业开展专项检查，发现安全风险3处，监督企业进行整改到位，强化企业安全责任意识；对经营第二类精神药品、蛋白同化制剂和肽类激素的药品批发企业、人工牛黄原料药、辅料空心胶囊使用情况、药品高风险品种执行新版药典、医疗机构制剂质量标准执行情况等重点领域开展专项检查，规范企业行为。在药品市场环节方面，通过市场自主调节和行政引导规范，加强GSP认证跟踪检查，实行飞行检查制度，落实药品经营企业退出机制，于2016年年初注销22家药品零售企业，公告39家停止药品经营活动的药品零售企业名单，对新开办的药品零售企业检查201家，对未通过的22家限期整改到位，提升全市药品经营企业质量水平；开展药品流通环节督导检查、流通环节疫苗质量监管、基本药物质量监管、终止妊娠药品管理等专项整治工作，规范药品市场经营秩序；加强药品广告和互联网信息服务网站监管，全年未发现违法药品广告，共检查互联网药品信息服务网站4家，交易网站2家。在医疗器械环节方面，对57家医疗器械批发企业、69家零售企业进行现场核查，共办理三类医疗器械经营许可证126家、二类备案233家；对定制式义齿生产企业专项检查实行全覆盖（全市共2家企业），开展无菌、植入类医疗器械专项检查，共出动执法人员529人次，检查经营单位246家次、使用单位146家次，责令整改105家。

【保健食品化妆品安全监管】 2016年，长治市食品药品监督管理局共督查保健食品生产企业3家和保健食品经营企业23家，其中10家经营企业存在索证索票不全、台账记录不完善和违规宣传等问题，下达责令改正通知书10份，发出案件督查函5件；在全市开展保健食品等三类食品非法添加非法声称问题专项治理，共检查保健食品生产企业6家次，保健食品经营企业186家次，出动车辆89台次，出动检查人员362人次，发现索证索票和台账记录不全的42家，对42家违法违规保健食品经营企业下达责令改正通知书。开展各类检查活动的同时，在“山西省食品药品监管信息化平台”中录入监督检查和专项整治情况1601家次，对应检查企业录入覆盖率达到90%以上。

【行政许可】 2016年，长治市食品药品监督管理局严格许可规范，提高准入门槛，力促优胜劣汰。长治市食品药品企业持证2.4万余家，其中食品生产企业153家，食品流通企业16218家，餐饮服务单位6521家，药品生产企业13家，医疗机构制剂配制1家，麻醉药品和精麻药品区域性定点批发企业1家，第二类精神药品定点经营企业18家，药品经营企业875家（零售企业835家，批发企业40家），医疗器械生产企业9家，医疗器械经营企业477家（零售企业354家，批发企业123家），保健食品生产企业2家，化妆品生产企业1家。

【案件稽查】 2016年，长治市食品药品监督管理局受理并核查举报投诉222起，查处违法案件737件，收缴罚没款367.27万元，取缔无证经营户72家，捣毁生产假冒食品黑窝点2个，移送公安机关涉刑案件3起。加大行政执法监督检查力度，对全系统稽查案件进行评查，规范案源追查、办理程序、文书制作、证据留存、执法依据等，提高办案质量；在省食品药品监督管理局公布的8起食品药品典型案件中，长治市食品药品监督管理局上报5起，入选3起，入选率全省第一。

（杨　博）

（责任编辑：李杨涛）

安全生产监督管理

【概述】 长治市安全生产监督管理局（以下简称长治市安监局），是2001年批准成立并于2006年与市煤炭局分设办公、履行安全生产综合监督管理职能的正处级行政执法部门。局机关内设办公室、编制人事培训科、法规督查科、矿山安全监督科、危险化学品安全监督科、综合安全监督一科、综合安全监督二科、安全生产应急科和职业安全健康监督科9个职能科室，实有在编在岗人员26人；下属有安全生产监督执法支队、本质安全型城市工作委、职业安全监督管理站、安全设备监督管理站、安全生产技术培训中心、驻企安监员管理中心及安全应急救援指挥中心7个事业单位，实有在编在岗人员101人。根据安全生产法规和机构“三定”职能，依法对非煤矿山、尾矿库、危险化学品、烟花爆竹和民爆、冶金工贸行业安全生产进行直接监管，并综合协调督导有主管部门的道路交通、消防、建筑施工和特种设备等行业安全生产工作。

2016年，长治市安监局围绕市委市政府“三个不变”（“本质安全工程”为统领的工作总布局不变，“明晰责任、重在基层、用功企业”的工作主线不变，“杜绝重特大事故、遏制较大事故、减少一般事故”的工作目标不变）和“五个强化”（隐患排查治理、安全监管监察、基层基础建设、安全综合治理和依法治安）的总体部署，始终突出经济低位运行压力加大、供给侧结构性改革及市县乡三级换届带给安全生产的问题导向，坚持用好规范完善、巩固深化和改革创新等方法手段，狠抓责任落实，严格监管执法，紧盯源头防控，注重科技兴安，力推法治安全，着力基础保障，全市安全生产“十三五”开局良好，呈现总体持续稳定、事故可防可控、更加向好企稳的态势，工矿商贸行业事故控制再创历史最好水平，在全省2016年度安全生产目标责任考核中，综合成绩排名第三，位列优秀地市行列。

【生产安全指标控制】 2016年，长治市生产经营性安全事故总量发生173起，死亡总人数为152人，较“十二五”时期的2012年，分别下降59.4%和35.3%，连续四年实现“双下降”；亿元GDP死亡率、工矿商贸10万从业人员死亡率同比2015年分别下降3.5%和50%，各项指标均控制在省控指标内。其中，煤矿企业发生事故1起，死亡1人；化工企业发生事故1起，死亡1人；生产经营性道路交通发生事故171起，死亡150人；其他行业领域安全事故均为零。

【责任体系建设】 2016年，长治市坚持“党政同责、一岗双责、齐抓共管、失职追责”的安全责任制度和“管行业必须管安全、管业务必须管安全、管生产经营必须管安全”的安全工作原则，把安全生产纳入党委、政府工作重要议事日程，纳入经济社会发展总体布局，推进落实安全生产“党政同责”的领导责任和分级属地监管责任，细化修订《长治市安全生产工作职责分工》，将242条工作职责逐一分解认领到52个单位（其中党务工作部门4个、政府工作部门40个、社会团体3个、企业5个），并逐级督促覆盖到县、乡、村三级党政机构，13个县（市区）和高新区全部建立政府主要领导任主任、第一副职分管安全的安委会工作机制；针对落实工商登记注册企业单位安监责任中存在的行业归属界定不清、注册地与生产经营地不一、经营区域不同等难题，制订出台并对照执行《关于推进落实工商登记注册生产经营单位安全监管责任十条意见》，使全市工商登记注册的149076家生产经营单位（其中企业36305家、个体工商户102134家、合作组织10637个）全部落实监管部门及监管责任人，构建形成“所有党政领导干部都有安全责任、所有行业方面安全都有部门监管、所有生产经营单位都有人员主抓”的全覆盖无盲区的安全生产责任体系。

【安全执法检查】 2016年，长治市立足深查细治重点行业领域、关键时段节点、重要岗位环节隐患问题的工作导向，结合国家、省里安全巡查督查以及“打非治违”安排，组织“两节”“两会”安全检查、汛期安全检查、主城区烟花爆竹禁放检查、“反三违”专项检查、百日安全隐患大排查大整治等一系列安全生产大检查。全市累计出动执法检查人员94657人次，检查企业40526家次，排查整治隐患80012条，落实整改资金5239.6万元，惩治非法违法生产经营建设行为6466起，79家企业被责令停产整顿，关闭取缔企业20家，行政处罚4166.81万元。2016年9月15日主城区烟花爆竹“长治市政府禁放令”实施后，长治市政府安委办出台《关于进一步做好禁放区烟花爆竹安全管理工作的意见》，长治市安监局成立由局分管副职带队、重点职能科室负责人实施的9个专项检查组，依法撤销禁放区原有的2家批发企业许可证，督导“三区”（城区、郊区、高新区）撤销21家零售企业许可证，协调帮助供销部门将被撤销许可的2家批发企业库存156936箱烟花爆竹，有序分流到除主城区外12个县（市区）的17家烟花爆竹批发企业，确保令行禁止、安全稳定。

【创新安全监管】 2016年，长治市直面“三去一降一补”新形势下新产业、新业态、新技术快速成长带给安全生产的新挑战新考验，改革探索更加对症管用的安全监管机制。巩固强化党政领导干部夜查突查安全制度，增加公安及检察部门参与的权重与威慑，升级检查的频次和标准，全市各县区、各部门掀起夜查突查安全的新高潮，累计夜查突查3602次，抽查检查企业4786家次，查找整治隐患问题8900条；推进完善专家巡检会诊安全制度，制定建立“政府购买服务、专家服务安全”管理办法，灵活采取市级专家常规巡诊、省市专家联合会诊、疑难问题跟进问诊等诊治措施，累计出动专家2022人次，巡检会诊企业857家次，诊治安全隐患问题9186条，其中破解企业自身难以解决的技术疑难884项；坚持执行安全月例会和“两议一报”（县区及部门每月至少召开2次安全生产专题会议且每月1次报告市政府安委办安全工作情况）制度，针对三级换届后安全工作衔接不到位和新分管安全干部不易进入状态的难题，在完成好一月一例会、一月两议会规定动作基础上，把全市月例会开进长治县振东药业集团，借助基层安全管理的先进平台，以会代训培养新上岗安管干部的安全自信和监管自觉，并通过“长治安信”等新媒体按月公布排队会议议决安全工作情况，提高制度执行效能，市县两级例会解决安全问题190余项；深化推行“手指口述”“双指双述”等现场安全管理方法，重点在襄垣瑞恒化工有限公司等多家危化企业，推进以工艺流程标识、装备设备定位、重点事项公告、重大危险源图示、现场实时监控“五步操控法”为核心要领的“可视化”现场安管模式，初步实现由抽象、概念化安全标准制度向可视、精准化安全管理终端的转轨。

【法治安全生产】 2016年，长治市安监局规范建立包括3项安全许可、80项行政处罚、2项行政强制、1项行政奖励及19项备案审查等在内的安监执法权力清单和责任清单，并公开接受监督执行；下放危化部分经营及非煤矿山部分生产许可、重大危险源备案等权限4项，核减审核程序8项，简化再造非煤矿山、危险化学品和烟花爆竹安全许可流程，推行一图一表一程序（安全许可证申办流程图、行政许可联审流程表、行政许可办理程序）安全许可审批模式；争取移动执法终端、便携式数字测尘仪等安监执法装备6类185台套件，通过走出去取经学教、请进来现场指导、传帮带互动提高等方式，提升安监队伍的监管能力、执法水平和服务本领，以实际行动推进安全生产工作的法治化、规范化和科学化。

【“双防控”体系建设】 2016年，长治市安监局抓住突出居安思危要求的安全风险防控体系和注重防患未然功能的隐患排查治理体系“两个防控体系”建设不放松，制订出台《长治市标本兼治遏制重特大事故工作指南》和非煤矿山、危险化学品及冶金工贸行业重特大事故防治方案，督导建立煤矿、道路交通和建筑施工等重点高危行业遏制重特大事故行动方案，初步研究煤矿、金属非金属矿山、焦化、冶金、交通运输及建筑施工6大高危行业安全风险分级评定标准，并集中优势力量在郊区、襄垣和沁源3个重点县的10家企业展开安全风险防控体系建设试点；持续引深隐患排查治理常态化机制全国试点工作，建立实施《安全生产事故隐患排查治理信息化管理办法》和《隐患排查治理系统操作指南》，建成投运市级平台与13个县（市区）和高新区100多家重点

市领导走上街头宣传安全生产　　（徐红兵　供图）

企业并网运行的隐患排查治理系统，月均查治隐患 917 条，以信息化、智能化促进安全监管现代化。

【职业危害防治】 2016 年，长治市安监局落实安全生产与职业健康齐抓共管的指导思想，在涉及粉尘危害的企业开展职业健康“双告知”（告知用人单位主要负责人职业病防治责任、告知劳动者职业健康权益）行动，市县两级安监部门与 489 家用人单位主要负责人签订防治责任告知书，42300 多名劳动者与用人单位签订健康权益告知书，基本实现“双告知双到位”；依法督促陶瓷生产、耐火材料制造和金属非金属地下开采“三类企业”实施粉尘危害专项达标治理，改进升级生产工艺，配套完善防尘措施，增进强化现场健康管理，粉尘整治取得阶段性成效；突出粉尘与毒物两大防治重点，注重发挥典型企业的示范引领作用，在山西潞安环能五阳弘峰焦化有限公司和山西潞安机械有限责任公司 2 家企业创建国家级尘毒治理示范企业、在天脊集团精细化工有限公司和华润水泥（长治）有限公司 2 家企业创建省级尘毒治理示范企业，创建工作进展顺利，带动效应显现，达标进级实现预期。

【安全宣传教育】 2016 年，长治市安监局围绕“强化安全发展观念、提升全民安全素质”宣传主题，不断融合拓展传统媒体与新兴媒体、主流媒体与辅助媒体、重点普及与日常宣教的宣传优势，常态化开设长治电视台及《长治日报》等主流媒体上的安全生产宣传栏目，周期化开展“安全生产月”“安康杯”竞赛和青年安全示范岗等活动，规范化狠抓安全生产技能培训，宣传安全发展理念和安全红线意识，倡导不安全不生产、不健康不作业的思想，推动提高全社会全民安全综合素质。开通“长治安信”微信公众号和“1+37”长治久安微信群，“长治安信”开设的“安全风向标”“安全直通车”“安全聚焦”“安全排行榜”“安全大家谈”“执法动态”“安全小课堂”“安全警示”和“安全小贴士”等 10 多个固定栏目，每个工作日将最新的安全新闻、安全知识和事故案例等内容发布 1 次，累计发送信息 2410 余条，宣传覆盖率和公众影响率稳居 2016 年度全国市、县、乡前 30 位，成为山西省唯一榜上有名的微信公众号；按照“1+37”模式建立的全省规模最大的安全生产微信群，由 1 个综合督导群（成员包括市委市政府主要领导、分管领导，有关部门主要领导，各县市区委书记、县长、分管副县市区长，安监局长）和 37 个行业部门群（成员包括市直有关部门主要领导、分管领导、业务科室负责人等）的 205 名领导干部群员组成，通过群组成员随时自查、行业群组对比检查、综合群组统计通报、领导实时互动督导的运行机制，日均发布信息 2100 条左右，达到互通安全信息、普及安全宣传、激发安全自觉、凝聚安全力量的目的。

（徐红兵）

（责任编辑：李杨涛）

出入境检验检疫

【概述】 2016 年，长治出入境检验检疫局（以下简称长治检验检疫局）共检验检疫出入境货物 823 批、货值 3452.46 万美元，同比分别下降 11.7% 和 77%。其中，一般出口商品 365 批，货值 2691.89 万美元，同比分别增长 109.77% 和下降 4.61%；进口商品 23 批，货值 760.57 万美元，同比分别下降 94.87% 和增长 1.75%；检验出口包装 435 批，同比增长 40.32%。查获进出境不合格货物 1 批，不合格金额 61.52 万美元。对外签发各类证书 1048 份，其中产地证书 280 份。检验检疫的出境货物主要包括蘑菇菌丝、硝酸铵、硝酸钙、氰化钠、金属钙、线麻籽仁等；主要进境货物有机棉、加工中心、成套设备等产品。

【促进质量提升】 2016 年，长治检验检疫局探索大质量工作机制，建立与地方政府的重大事项联络协商机制，促进政府与检验检疫质量共治。2016 年 7 月、12 月两次向市政府报送综合质量分析、每季度报送工作专报，其中《关于促进长治市外贸稳增长十条措施》获得常务副市长许霞批示，要求上报长治市政务信息并总结提炼后上报省政府信息；《关于提升长治地区区域性原产地证书利用率的报告》获得常务副市长潘贤掌批示，“拟同意检验检疫局意见，请市考核办研究列入考核指标体系，检验检疫局牵头建立联席会议制度，强化各项工作的开展”，通过及时汇报沟通工作，取得地方政府的认可与支持。长治检验检疫局强化与商务、海关、质监、食药、农业、林业等部门沟通联系，形成合力，推动合作和信息共享，促进质量提升。2016 年 2 月，由长治检验检疫局推荐的沁县“沁州黄”小米获评“国家生态原产地保护产品”，实现山西省此项工作“零突破”。在沁县组织召开国家级出口农产品质量安全示范区和生态原产地产品保护推进会，通过为企业授牌，扩大影响力。2016 年推荐扶持山西澳瑞特公司获得国家质检总局命名的“中国出口质量安全示范企业”称号，山西壶化进出口贸易有限公司获长治地区首家国家质检总局“出入境检验检疫信用管理 AA 级企业”。营造质量氛围，运用官方微信、政务网站、现场宣传、新闻发布会等手段，开展日用消费品质量安全整治、“清风”行动、进口汽车缺陷调查等专项工作，组织“质量月”活动，完成日用消费品安全知识“三进”“进口食品安全社区行”“国门安全进校园”“实验室开放日”等活动，取得预期成效。

【出口危化品检验监管】 2016年，长治检验检疫局按照山西检验检疫局“全覆盖、零容忍、严执法、重实效”的要求，对辖区10家危化品及其包装生产企业开展全面隐患排查，提升企业主体责任意识，确保产品运输安全；采取ABC角顶岗方案，针对生产不停的情况，采取全过程监管方式，由检验人员轮流到企业查验，保证危化品监管到位。2016年，辖区新增出口危化品企业3家，出口2.3万吨，货值1200万美元，较2015年同期分别增长156%、85%。产品主要包括硝酸铵、金属钙、氰化钠等，主要出口至印尼、缅甸、蒙古等国家。

【入境集装箱有害生物截获率提升】 2016年，长治检验检疫局加强对进境集装箱的检疫，做到入境集装箱和木质包装批批查验，从2批来自德国的入境货物集装箱内截获外来一般性有害生物。按照山西检验检疫局要求，建立有害生物标本实验室，加强有害生物标本及进境截获物收集管理。完成年度检疫性实蝇监测工作。配合山西检验检疫局卫检处完成2家企业进口特殊物品卫生检疫审批。

【动、植、食及其产品质量安全加强】 2016年，长治检验检疫局严格进出境动植物及其产品的检验检疫监管及有毒有害物质残留监控，对企业卫生控制体系运行有效性实施日常监管，提高企业对食品原料基地的管理水平，在源头控制和过程管理上下功夫，确保出口食品农产品质量安全。参加对动检相关业务的学习研究和检验技能培训，做好长治云海兔肉的业务承接。

【助推农产品出口】 2016年，长治市新增出口食品备案企业1家、植物产品备案企业2家、木质包装热处理标识加施企业1家、食用菌备案企业1家。其中新备案企业汉恩宝生物科技有限公司生产的线麻籽仁出口韩国，属山西省线麻籽仁的首次出口。山西安敦堂农业开发有限公司生产的15吨、货值168000元的小米出口加拿大，继“沁州”牌沁州黄小米后，长治地区实现出口的又一小米品牌。蘑菇菌棒的出口批次和货值均成倍增长，农产品出口呈现良好局面。2016年，长治检验检疫局开展促进特色农产品出口调研，与长治市农委进行对接，出台《关于促进我市特色农产品扩大出口调研的通知》，组成联合调研组，带领相关部门，到长治市10个县区农委和近30个农产品加工重点企业、种植基地实地调研，获得大量翔实的基础材料，与多家有出口意向的农产品加工企业建立沟通机制，为扩大长治地区特色农产品的出口打下基础。

【检验监管】 2016年，长治检验检疫局加强对进口棉花等涉及国计民生的大宗资源性商品的检验监管；跟进对不合格产品的后续处置，对不合格情况开展风险分析，对重大不合格案件开展风险预警处置工作。2016年共检测样品214批825项，开验新商品10大类248项；通过CNAS（中国合格评定国家认可委员会）专家现场评审，报名参加能力验证和测量审核活动7次，开展质量控制工作8次30余项；对食品实验室进行维修改造，建设微生物实验室，新建P2实验室，为检验检测业务和实验室发展提供技术保障。长治检验检疫局指定专人负责收集国外技术贸易措施等风险信息，每月向辖区出口企业发布《长治检验检疫局风险预警通报》，将风险信息传达到企业，帮助企业及早规避贸易风险。全年发布预警通报11期。2016年8月，长治检验检疫局正式发布权力清单及责任清单，规范行政权力运行，方便群众监督，推进简政放权和职能转变，共涉及权力事项31项。其中，行政许可类3项，行政处罚类1项，行政强制类2项，行政检查类3项，行政确认类11项，其他权利类11项；流程图31个。2016年9月，e-CIQ（中国电子检验检疫）主干系统在长治正式上线运行，标志长治检验检疫局正式纳入全国检验检疫通关一体化体系，大幅提高通关效率。

【创优服务环境】 2016年，长治检验检疫局强化通关便利服务，加大区域原产地政策宣传力度，做到应签尽签；继续实施检验检疫直通放行、虚拟口岸直通车和绿色通道等便利政策，提高受惠企业覆盖率；以结合实际、深度融合、分段实施为原则，逐步复制、推广京津冀检验检疫“一体化”模式和经验，实现跨辖区检验检疫一体化作业。长治检验检疫局提供标准检索免费服务，依托广东检验检疫局“标准与技术法规信息快车”平台、上海市质量和标准化研究院标准文献数据库，为辖区进出口企业提供免费快捷的标准信息查询服务，提高企业应对技术性贸易壁垒的能力，便利进出口企业获取最新国际、国内检验标准，2016年共为企业提供标准检索服务800余条次。长治检验检疫局对进出口企业推行服务承诺：完善岗位责任、首问负责、政务公开、限时办结、一次性告知、责任追究等制度；优化检验检疫业务流程，简化办事程序，急事急办、特事特办；实行“5+2”工作制、24小时预约检验和上门服务，确保各项便利措施落到实处。长治检验检疫局针对企业经常咨询的问题和容易犯错的环节，重新制作《原产地证书知识普及手册》和《服务外贸企业便利手册》，方便企业查阅，提高服务质量。

（张鹏伟）

（责任编辑：李杨涛）

盐务管理

【概述】 长治市盐务管理分局是长治市盐业主管部门和盐业行政执法主体，负责本行政区域内的盐政执法和盐业行业管理工作，隶属于山西省盐务管理局。2016年，长治的食盐市场总体平稳。盐务监管力度加大，打击力度提升。全年共出动盐政执法人员4718人次，查处涉盐违法案件37起，截获贩私车辆3部，捣毁制假窝点2个，查获各类违法盐产品153.9吨，没收各类违法盐产品148.4吨，罚款83110元。续建食盐安全示范村1149个，涵盖10个县区，43个乡镇，争取各级补贴420.15万元，发放碘盐1147吨，惠及64.4万人；代开跨省食盐准运证48份，涉及各类食用盐1824吨。检测精碘盐50批次，代表吨数2000吨，碘含量全部在国家标准范围内。

【市场监管】 2016年，长治市盐务管理分局针对重点区域、重点行业，加大检查力度，坚持分片管理与开展活动相结合，做到日常检查不间断、每周检查有重点，营造良好的盐业经营环境。1月—4月，开展全市盐业市场春季专项治理整顿活动，重点对各集贸市场、社区食盐经销网点、城中村市场、小吃饭店、食品加工用户进行检查，共出动执法人员1502人次，检查食品加工企业26家，集贸市场139个，饭店、小摊点1838户，食堂90个，商店、超市4236家。通过这次专项治理活动，打击一些食盐经营户的违规违法行为，净化辖区的盐业市场。6月和9月，对长治市各大专院校、高初中学校、幼儿园的食堂及学校周边的饭店、小吃摊和食品加工用盐单位进行两次食盐安全专项大检查。还多次对辖区私盐可能出现地带和曾被查处有过违规销售私盐行为的门店进行反复查、回头查，取得明显的效应。

【执法处罚】 2016年1月21日，长治市盐务管理分局根据群众举报，在市公安局食药支队和西郊派出所民警配合下，对被举报人马某所租场所依法进行检查，当场查获成品假冒小包装食盐1153袋/400克（计0.46吨）；假冒绿色小包装食盐217袋/500克（约0.1吨），制假使用的原料工业盐（湖北产“长舟”牌精制工业盐GB5462、黄骅产精制盐）77件/50千克(3.85吨)；已使用的工业盐外包装袋433条/50千克(合计22.15吨)，400克假冒小包装袋26453条，20千克假冒外包装袋194条；用于加工假冒小包装食盐的设备。案件进入诉讼阶段。12月9日，端掉1个利用工业精制盐加工400克假冒海藻碘盐窝点。该加工窝点位于沁县郭村镇池堡村农村专业种植合作社内，现场查获执行标准为GB/T5462（工业盐标准）标识为“鲁岩”牌高级精制盐26.2吨、假冒“晋盐”400克海藻碘盐外包装7070个、已加工好的假冒“晋盐”400克海藻碘盐35袋，假冒“晋盐”20千克海藻碘盐外包装84条。案件移送当地公安部门。

【宣传活动】 2016年，长治市盐务管理分局利用多种形式，开展舆论宣传活动。在日常的市场检查工作中，进行面对面宣传。盐政执法人员向零售户、消费者宣传食盐专营办法、假冒食盐的辨别知识等，引导零售户守法经营、消费者明白消费。注意发挥舆论导向作用，与市电视台、《山西省供销报》《长治日报》《上党晚报》等新闻单位密切配合，开展对涉盐违法大要案的宣传工作。利用“3·15”“5·15”及6月开展的“食品安全宣传周”等活动，宣传盐务打假成果和盐业知识。联合社区、村委会等基层组织，通过展示板面和发放宣传资料等形式进行宣传。

【示范村续建工作】 2016年，长治市盐务管理分局开展食盐安全示范城市创建工作，截至2016年年底，共争取各级补贴420.15万元，涵盖10个县区，43个乡镇，续建食盐安全示范村1149个，发放碘盐1147吨，惠及64.4万人。

【碘盐质量检测】 2016年，长治市盐务管理分局严格执行《盐产品质量检测程序》，加强质量管理员的责任意识和检测能力，对碘盐监测实行规范化、制度化、程序化管理，严格调入食盐抽检、复检与查验随货质检报告制度，确保辖区“三率”达标。共计检测食用盐50批次，代表吨数2000吨。2016年对辖区4个县进行百户居民食用盐检测。其中，长治县碘盐覆盖率为100%，碘盐合格率为96%，合格碘盐食用率为96%；屯留县碘盐覆盖率为100%，碘盐合格率为99%，合格碘盐食用率为99%；壶关县碘盐覆盖率为100%，碘盐合格率为95%，合格碘盐食用率为95%；长子县碘盐覆盖率为100%，碘盐合格率为94%，合格碘盐食用率为94%。

（隋东升）

（责任编辑：李杨涛）

工　业

综　述

【概述】 2016年，长治市规模以上工业增加值累计完成583.1亿元，同比增长2.5%，总量位居全省第一，增速位居全省第五；GDP综合能耗下降3.2%；新兴产业投资占比为62.9%；七大新兴产业投资完成161亿元，高于省定任务15亿元；工业固体废弃物综合利用率达67.2%；非煤产业增速为3.9%；非煤产业占比为32.6%；“三新”（新技术、新工艺、新装备）对工业增加值贡献率为44.2%。2016年，潞安太阳能、潞海新材料、日盛达光伏玻璃、高科LED等项目投产，长治市工业企业呈现出“千企百强”的新格局、新态势，2016山西企业制造业100强，长治市潞宝集团、振东制药、成功汽车等25家企业入围；上市企业增加，在原有潞安环能、漳泽电力、振东制药、成功通航上市企业的基础上，长治市凯康电梯股份公司在新三板挂牌，优秀企业家涌现，在全市民营经济发展推进大会上，市委市政府对15名功勋企业家、45名优秀企业家进行表彰奖励。

【经济工作】 2016年，长治市千名干部入企服务工作被山西省表彰为全省入企服务先进市；长治市成为全国第一批全光纤接入城市；申报国家工信部2016年电信普遍服务试点城市，并争取专项资金1087万元；城南工业园被工信部评为全国七家军民融合新型工业化产业示范基地之一，全省唯一；成功汽车5款新能源车型获得国家工信部新能源汽车推荐目录；山西高科华烨建成华北唯一国家级LED检测中心；成功汽车、凤凰胶带、华光半导体3家企业技术中心被认定为省级企业技术中心；市节能中心在线监测平台作为全国首家地级市平台进入国家节能中心公共网平台；振东制药50万亩道地中药材种植及野生抚育基地建设争取到工信部中药材种植项目资金5000万元，一期工程验收并到位资金1900万元；康宝痢疾疫苗项目获得国家战略性新兴产业发展专项，争取国家资金支持5000万元，全省唯一。

【工业项目转型】 2016年，长治市经济和信息化委员会（国资委）（以下简称市经信委）共实施推进118个重点工业转型技改项目，完成投资262亿元。首钢长钢2号焦炉、潞宝兴海新材料、华杰光电LED、惠丰特车多功能联合吸污车、炎黄照明新型灯芯、鑫磁高性能钕铁硼等52个项目竣工投产。

【工业园区管理】 2016年，长治市经信委研究起草长治市《关于规范工业园区发展的管理办法》《工业园区转型发展指导意见》《工业园区节约集约用地管理办法》等，引导产业集聚发展，发挥工业经济助推器效应。2016年全市工业园区基础设施稳步建设，园区经济平稳增长，全年全市工业园区完成工业总产值875.2亿元，占全市工业经济总量的56.9%，比2015年同期提高0.6个百分点。

【工业经济发展政策落实】 2016年，市经信委落实《省政府“60条措施”支持工业经济发展实施方案》《省政府“20条措施”促进工业稳定运行提质增效实施方案》以及市委、市政府《关于推进实体经济发展的若干措施（试行）》等企业减负政策措施。组织推进扩大电力直接交易量，2016年直接交易电量39.11亿度，为企业节约用电成本近2.7亿元。

【新能源汽车产业试点】 2016年，市经信委出台《长治市推进新能源汽车产业发展和推广应用工作实施方案》，研究起草《长治市充电基础设施建设运营管理暂行办法》。成功集团5款新能源汽车被列入国家工信部推介名录，可上市销售，在新能源汽车推广应用方面，全年电动汽车注册700余辆。开展甲醇汽车试点工作。

【中药材种植项目试点】 2016年，市经信委重点推进振东道地50万亩中药材种植及野生抚育基地建设项目，争取工信部中药材种植项目资金支持5000万元，一期工程验收，到位资金1900万元。

【“宽带中国”示范市建设】 2016年，长治市经信委制定出台《关于促进大数据发展的实施意见》，长治市成为全国第一批全光纤接入城市；申报并列入工信部2016年电信普遍服务试点城市，项目总投资5488万元，长治市在全省排名第一，争取到国家专项资金1087万元，新建56个村，提速改造365个村。无线局域网对全市重点公共场所实现全覆盖，互联网普及率达54%。

【国家新型工业化产业示范基地建设】2016年，长治市城南工业园被工信部评全国七家军民融合型产业示范基地之一，全省唯一。园区内军民结合特色产品的比重达73.4%，实现军工与民企之间的互通，形成以军工产品为主、军工带动民品发展的新格局。

【第二届长治制造展推介活动】 2016年，长治市经信委举办第二届长治制造展销推介活动，参展企业357家，展位275个、展品种类1000余种。接待参观团队120余个，观展人数15万人次，网民点击率达2931万次。推介项目251个，招商项目签约220个，总投资1528亿元，现场签约项目16个，总投资100.04亿元，现场销售合同3.95亿元，现场直销1500余万元，网络销售300万元。市经信委还承办第二届山西省LED好产品推广展示会、“焦炉荒煤气余热回收利用技术推介会”“潞安—太行润滑油产品专场推介会”等系列活动，扩大成果推介和延伸服务，建设长治制造产品、技术、项目展示厅，推动长治制造和国内外市场、高端技术领域常态化对接。

2016年7月28日，长治市第二届互联网大会在潞州剧院召开

（杨雯雯　供图）

【第二届长治市互联网大会】 2016年，长治市经信委召开第二届长治市互联网大会，聘请专家学者传播新知识、好经验，组织全市千余名各类人才学习数字经济。长治市与腾讯、移动、联通、电信签署“互联网+”战略合作协议，签约中国3号线煤炭物联网项目。全市电商企业达3000余家，易淘、钜星、太行山农产品、山西老陈醋等电商企业，为经济增长提供高效快捷的服务。

【千名干部入企服务活动】 2016年，长治市市县两级选派干部1391人，组成465个入企服务工作小组深入企业服务，全市各级入企服务小组发现问题1226个，解决1174个，解决率95.8%，长治市被评为全省干部入企服务工作先进市。市经信委设立技术创新服务、转型发展服务、综合指标统计、项目储备管理等四个办公室。建立和完善入企服务常态化、长效化机制，建设规模以上企业和重大项目管理服务信息平台，专题解决企业经营和项目建设中存在的困难和问题。

【建立用能监管服务平台】 2016年，按照国家节能战略部署，长治市经信委开展能源监管在线监测系统建设，建立长治市节能中心在线监测平台，作为全国首家地级市平台进入国家节能中心公共网平台，重点用能企业节能监察、能源审计、能源评估、企业“能管员”培训考核、公共机构服务等业务均实现信息化和可视化管理。

【技术创新】 2016年，长治市评审认定市级企业技术中心6户，上报认定省级企业技术中心3户，全市工业企业拥有2个国家级、17个省级和45个市级企业技术中心。先后与中科院、煤化所、清华大学、北京大学、天津大学等160个国内外知名院校和科研院所建立产学研合作关系，合办科研机构29个。特别是康宝集团痢疾疫苗项目获得国家战略性新兴产业发展专项，得到国家支持资金5000万元，全国12家山西省仅此一家。久豪电动汽车充电桩、费托蜡、生物雪莲、碳光玻璃等18个项目的28类系列产品填补国内、省内空白。特厚煤层安全开采关键装备及自动化技术、双循环低温发电技术等30余项工艺技术达到国际一流、国内领先水平。

【优化经济结构】 2016年，长治市传统产业中的煤炭比重由“十二五”期间的72%下降到67.4%，焦炭由9.2%

下降到 7.2%，冶金由 4.7% 下降到 2.3%，电力由 4.5% 上升到 5.9%。新兴产业中的化工由 2.6% 上升到 3.0%，装备制造由 2.5% 上升到 3.7%，医药由 0.9% 上升到 2.4%，农产品加工由 0.5% 上升到 0.8%，新型建材由 1.1% 上升到 1.5%。

【推进两化融合】 2016 年，市经信委研究制订《两化深度融合发展规划》《两化深度融合实施意见》（“两化融合”指以信息化带动工业化、以工业化促进信息化），重点培育国家级两化深度融合贯标示范企业 1 家、省级 3 家，长治市重点行业、重点企业的两化深度融合指数达 67.81。长治市两化融合促进中心与山西省信息化和信息安全评测中心签订“开展信息安全评测合作协议”，成立山西省信息化和信息安全评测中心长治市工作站。

【节能降耗】 2016 年，市经信委组织实施燃煤工业锅炉改造工程 3 个，热余压利用工程 24 个，能量系统优化工程 15 个，电机系统节能工程 17 个，完工后可实现节能约 40 万吨标准煤。与全市 10 家企业签订合同能源管理合同，项目完工后可实现节能量 15 万吨标准煤。推进清洁焦的生产利用，组织潞宝、华诚清洁焦生产上标准、上水平，保障清洁焦供应，实现“三区”冬季取暖清洁利用全覆盖。

【编制完善工业规划】 2016 年，长治市树立抓经济首先要抓工业、抓工业必须要抓行业、抓行业就要上标准，抓标准就要树品牌的理念，分别到广东、贵州、重庆、湖南等省份以及省内晋中、大同、运城等市学习考察，借鉴外地发展经验，在此基础上组织召开 25 次行业座谈会，编制完成以《长治市“十三五”工业转型升级规划》为统领，以煤化工、装备制造、新能源新材料、医药、食品加工等 10 个专项规划为支撑的全市“十三五”工业发展规划体系。

【供给侧结构性改革】 2016 年，按照工信部和省经信委的工作部署，长治市经信委针对行业特点和突出问题，从供给侧和需求侧两端发力，开展消费品工业增品种、提品质、创品牌“三品”专项行动，以市场为导向，以创新为动力，以企业为主体，以重点项目、重要平台、重大活动为主要载体，加快培育品种日趋丰富、品质明显提升、品牌不断涌现的供给新格局，在长治制造展销推介周活动中，评选出 50 个金杯产品和 100 个银杯产品，提高消费品有效供给能力和水平。

【全面深化国有企业改革】 2016 年，长治市调整充实市属国有企业改革工作领导小组，召开政策研究讨论会 20 余次，起草《关于加快推进全市国有企业改革的实施方案》等“1+15”配套政策。针对新形势、新任务和新要求，启动国有企业监事工作管理中心、国有资产稽查评审中心、国有企业资产管理中心等工作职能，提升服务管理功能。企业调查研究，实行“一企一策”，推进市属企业改革。加快党政机关与所办企业脱钩改革工作，完成全市党政机关所办 155 户企业调查摸底工作。加快推进潞苑、长轴、九鼎汽配、防爆电器等棚户区改造工作，2016 年年底，潞苑棚户区改造项目完工，长轴、防爆电器棚户区改造主体工程封顶，九鼎汽配棚户区改造开工建设。

（杨雯雯）

（责任编辑：张司佳）

煤炭工业

【概述】 2016 年，长治市地方煤矿累计完成煤炭产量 5352.8 万吨，同比下降 3.37%。完成工业增加值 108.4 亿元，同比增长 13.06%。完成工业总产值 212.79 亿元，同比增长 16.46%；煤炭综合销售价格 397.53 元 / 吨，同比增长 57.78 元 / 吨，产销率达 100%。驻市五大电厂使用长治市煤炭由上年的 66.7% 上升到 71.54%。全年全市共发生事故 1 起，死亡 1 人，百万吨死亡率 0.019。同比 2015 年事故减少 1 起，下降 50%，人数减少 2 人，下降 66.7%。百万吨死亡率减少 0.035，下降 64.81%。

【煤矿隐患排查治理】 2016 年，长治市加大煤矿隐患排查治理力度，紧抓瓦斯、水患等重大灾害治理。全年全市 31 座瓦斯和突出矿井中，30 座矿井建成地面瓦斯抽采系统并投入使用，建成地面瓦斯抽采泵站 35 座，安装抽采泵 140 台（运行 46 台，备用 94 台），总抽采能力达 2.152 万立方米 / 分，全市地方煤矿煤矿瓦斯抽采实现全覆盖，瓦斯抽采管路改造任务全部完成。全年累计抽放瓦斯 1.46 亿立方米，利用 1802 万立方米；21 座煤矿累计排放采空区积水 208 万立方米。防范煤矿重大灾害事故能力有所提高。创新安全检查工作方法，变单纯的安全执法检查为安全能力检查，建立对重点矿井、管理基础薄弱矿井的精查活动。全年市本级组织各类安全执法大检查活动 6 次，专项检查 30 余次，出动执法检查人员 1225 人次，检查矿井 202 矿次，查处隐患 2123 条，整改率达 100%。

【煤炭信息监管平台建设】 2016 年，市级煤炭信息监管平台于 2015 年 11 月 28 日入驻办公。各县市区的信息监管平台建设进入相关企业数据录入程序，基本实现省、市、县、矿四级联网运行。

【煤矿供给侧结构性改革】 2016 年，长治市地方煤矿新建成投产矿井 6 座，新增产能 510 万吨 / 年，全市共退出关闭煤矿 2 座，压减产能 120 万吨 / 年，通过省政府组织的现场验收；对全市正常生产的 58 座矿井中的 57 座，进行产能释放；惩治煤矿“五假五超”（“五假”即假整改、假密闭、假数据、假图纸、假报告，“五超”即超能力、超强度、超定员、超层越界、证照超期仍然组织生产）行为，对煤矿超能力生产行为，进行严厉处罚。

【质量标准化矿井建设】 2016年，长治市65座生产矿井除6座长期停产外，其余59座矿井全部达到2级以上质量标准化，市煤矿安全生产的基础得到进加强。

【安全高效矿井建设】 2016年，中国煤炭工业协会命名长治市的34座煤矿为2014—2015年度煤炭工业安全高效矿井（露天）。其中，特级19座，一级15座。

【现代化矿井建设】 2016年，长治市煤矿以机械化、信息化、自动化为重点，加大资金投入，加强现代化矿井建设，全年新建成现代化矿井3座，为山西长治郊区三元南耀小常煤业有限公司、山西汾西太岳煤业股份有限公司太岳煤矿、山西三元煤业股份有限公司下霍煤矿，全市现代化矿井总数达到8座。

【素质教育提升工作】 2016年，长治市煤炭工业局规范劳动用工管理，实现合同签订、登记备案、培训、保险、年检“五个百分之百”。在继续做好招收专业学生、强化在职培训、引进高端人才与落实“变招工为招生”政策的基础上，加强煤矿“三项岗位”人员培训，全年共培训6039人，合格率93%。对414名煤矿“六长”履职情况进行现场考核，对考核不称职人员，予以岗位调整。强化安全执法人员素质提升工作和安全知识题库建设。对全局执法人员进行《煤矿安全规程》和《中华人民共和国安全生产法》考试，促动安全执法人员，如先用法，必须先知法、学法，“打铁先得自身硬”的意识得到提高。

（崔　君）

（责任编辑：张司佳）

城镇集体工业联合社

【概述】 长治市城镇集体工业联合社（以下简称城联社）是城镇集体资产监督管理的行政管理机构，归口长治市经济和信息化委员会。城联社所辖11个县级联社及市直33个企业。全系统共有县营以上工商企业146个，职工16120名，其中离退休职工7473名。联社资产总额125亿元。全系统分煤炭、医药化工、工艺美术、机械制造、轻工纺织等14个行业，主要产品有原煤、化工、民爆产品、起重设备、五金、锅炉、服装、鞋帽、工艺美术制品、农副产品等150余种。

2016年全系统工业总产值计划20亿元，实际完成29.8亿元，占年计划149%，同比增长29.3%；销售收入计划18亿元，实际完成28亿元，占年计划155%，同比增长30.7%；利税计划3亿元，实际完成5.5亿元，占年计划183%，同比增长27.7%；经济指标排名在全省同行业继续保持前两名。受到省城联社通报表彰，被评为2016年度完成省政府目标责任分解任务优秀城联社。

【深化集体企业改革改制】 2016年，长治市根据城镇集体经济性质、特点、规律，构建集体资本、民营资本和多种经济成分相互参股的新型集体经济。对长治市市直16户集体企业提出2015—2019年改制推进计划。并先期推进长治市鞋帽厂、长治市高压电瓷有限公司和太行健身器材厂3家企业改制。各县区联社利用当地资源资产和地理位置优势，实行多种形式改制。长子县联社坚持改造和改革相结合的路子，利用城建拆迁改造时机，对长子电器厂、线材厂等4家企业拆迁进行一次性改制，企业资产、债权债务及职工安置均由政府打包处理。

【项目建设】 2016年，长治市新上和续建项目16项，总投资8.2亿元，涉及煤炭、化工、工艺美术、文化旅游、商贸服务、房地产开发8个行业。武乡、长治县联社所属4个煤矿120万吨改造，均按计划进度完成。其中，福达煤业公司和温庄煤业公司投入试运行。壶化集团高精度延期元件工艺技术改造项目10月完成设备安装调试，该企业提升研发能力，提高产品质量，被国家质监局评为“国字号”信用AA级荣誉。沁源县联社引资1200万元，开发锦绣山庄林牧养殖项目实施种植、养殖、休闲度假、观光采摘经营的庄园经济。襄垣县联社总投资1500万元新建废旧资源综合利用生产线项目和续建项目钢结构生产线投产达效。市直企业童装厂厂区改造项目全部竣工达效。东风建筑公司金隅房产开发1.4万平方米大楼项目按进度推进。2016年，国家工商行政管理总局核准长治市上党堆锦文化研究会注册“长治堆锦”地理商标。“长治堆锦”地理标志证明商标的使用范围为全市“两区一市五县”，即城区、郊区、潞城市、长治县、长子县、屯留县、襄垣县、壶关县。12月23日，市城联社首次拍摄电视专题片《弘扬太行精神　塑造行业未来》全面纪实长治城镇集体企业改革开放以来创新发展成绩。

【煤与非煤结构调整】 2016年，长治市有城镇集体煤炭企业（含参股）11个，产值占全系统经济总量54%以上，为落实全省去产能目标，长治县、武乡县联社所属煤矿企业，把生产经营落脚点放到现金流量管理上，在按照计划推进煤炭减量化生产的情况下，加大营销及去库存力度，根据市场变化情况，与客商进行价格协商，把产销稳定在全年目标控制内，继续保持竞争优势。长治县联社发展非煤项目——雅瑞地毯，依靠国家“一带一路”战略，立足高端，从国内知名地毯企业高薪聘请专业技术人才，不断创新产品品种。雅瑞地毯以新疆市场为依托，在扩大北京、山东、陕西等地市场基础上，2016年打入国际市场，远销哈萨克斯坦、塔吉克斯坦、吉尔吉斯斯坦等十多个国家。在全年煤炭行业产值同比下降13%的情况下，雅瑞地毯转型项目同比增长72%。

长治市潞丰炉业公司，实施“内强管理，外强市场”战略，从降低成本入手，化小核算单位。由原来的4个车间管理，转向13个班组管理，将大型锅炉、散煤炉、彩暖片生产中的各种费用转为交易费用，各核算单位节能降耗，降低生产成本。公司对班组以质量为核心、交易为手段，实现全方位市场化运营。根据市场淡旺季走势，对产品价格、网店分布、上货返货等适时进行调整，拓展忻州、五台、原平等地区，扩大市场份额，2016年前三个季度工业总产值、销售、利税、人均工资分别比2015年同期增长10%以上。

【长治工艺美术行业发展】 2016年，针对长治市工艺美术行业点多面广、相对分散、缺乏统筹指导的情况，城联社牵头引导于2016年5月在长治县文体中心成立“长治市工艺美术协会”，并举办第一届长治市工艺美术协会会员大会。这是由全市工艺美术和民间手工艺工作者及从事工美生产、科研、商贸等单位自愿组成的跨行业、跨部门、跨所有制的非营利性发展平台。协会制订《长治市工艺美术产业发展规划》，打造互联网+工艺美术产销模式，组建加强企业实施POX优品战略。2016年5月，城联社向山西省城联社申请工艺美术专项保护发展基金10万元，用于支持屯留祥云工艺公司工艺美术品扩大科研生产。5月22日至25日，市城联社和市工艺美术协会首次承接2016年中国工艺美术中青年人才文化创意设计展暨首届长治市工艺美术精品展，展出来自全国20多个省市区和长治市近百位工艺美术大师的100余幅美术作品。10月首次组织全市50家企业100余种工美产品参加为期一周的第二届长治制造推介周活动。展会期间每天成交额达10万元，签订销售意向书价值400余万元。市城联社和市工艺美术协会分别获得由组委会颁发的“优秀组织奖”和最佳贡献奖。2016年10月进行级工艺美术大师初审申报工作。

【抓稳定保民生】 2016年，城联社协调解决市直22户特困企业3417名职工补助医疗保险资金112万元；为22户困难企业解决帮扶资金和“两节”维稳金140万元；为218名困难老劳模、老党员、老职工解决送温暖资金14万元；筹措资金23万元解决城联社东家属院84户住户集中供热和用电入网改造问题。

（王路平）

（责任编辑：张司佳）

中小企业发展

【概述】 2016年，长治市民营经济总户数为8.23万户。其中，个体工商户6.45万户、民营企业17715户（大型企业14户、中型企业467户、小型企业1932户、微型企业15302户），分别比2015年增加7172户、2880户。规模以上民营工业企业达234户，占全市316户的74.05%；营业收入超亿元民营企业189户，50亿元以上企业2户，潞宝集团入围中国民营企业500强第290位（全省有4家，潞宝排名第一）；在创业板、“新三板”、上海股权托管交易中心等场外交易市场挂牌民营企业13户。民间投资完成1014.5亿元，占社会固定资产投资的70%。

2016年，长治市民营经济完成增加值592.46亿元，同比增长5.97%，高于全市经济增长1.37个百分点，占全市GDP46.68%；完成营业收入1847.26亿元，增长5%；从业人员56.13万人（其中，个体工商户21.22万人、民营企业34.91万人，新增就业岗位6698人），占全市就业总数的55.03%。中小企业完成营业收入1181.13亿元，同比增长7.01%；从业人员31.9万人，新增就业岗位4869人，占全市就业总数的31.27%。

【民营经济试点市建设】 2016年，山西省委、省政府把长治市确立为全省首家民营经济试点市。长治市民营经济克服经济下行压力，以推进长治县、襄垣县、城区、郊区、高新区5个重点县区、10个重点行业、50个重点企业为民营经济试点市建设的突破口，民营经济和中小企业持续实现正增长，总量和增速位居全省第二。

【民营经济产业转型】 2016年，长治市探索实践“延伸煤”“跳出煤”发展新模式，重点发展山西潞宝集团百万吨精细化工、高科投LED、日盛达光伏玻璃及太阳能发电设备、成功电动汽车、澳瑞特“太空健身车”和“太空跑步机”、康宝基因工程疫苗、中国3号线煤炭能源物联网项目、钜星电商平台等一批中国制造2025、工业4.0、互联网+等传统产业改造型、新兴产业带动型项目；新技术、新工艺、新装备对经济增长的贡献率达44%；全市民营科技型企业达266户，其中高新技术企业38户，占全市45户的84.4%，成为长治市转型升级的生力军。

【民营经济推进措施】 2016年，长治市委、市政府拿出500多万元重奖鼓励15位功勋企业家和45位优秀企业家所在企业，掀起重振“潞商”雄风、推进民营经济和中小企业大发展的新热潮。继续推进民营经济政策环境建设。长治市委、市政府出台《关于推进实体经济发展的若干措施》（以下简称《措施》）20条和《关于印发长治市民营经济转型发展基金实施方案的通知》两个政策文件。《措施》20条明确设立民营经济发展资金，对新增的“小升规”工业企业、全市“十大创业”和“十大创新”企业、首次认定的省级民营企业技术中心、创业基地等给予一次性奖励。设立规模为10亿元的“长治市民营经济转型发展基金”，主要投向具有自主创新能力、成长性好、盈利能力强、社会影响力大的民营企业。

【民营经济发展成效】 2016年，长治市共有29户小微企业进入规模以上工业企业行列，超额完成省市下达的10户目标任务，位居全省前列；新培育“小巨人”企业8户，超额6户目标任务；新创办小微企业3800户，超额完成省市下达的3000户目标任务。三大争创指标完成，全山西省119个县市区中，长治市城区成为8个省民营经济创业创新示范县（区）之一。争创唯美诺创业基地为全省中小企业创业示范基地；新认定6个省级中小企业技术中心，总数达到22个，排名全省前列。

【资金扶持】 2016年，长治市深化政银企合作，发布市级中小企业融资服务目标企业138户。6月29日，长治市召开长治市民营经济发展大众创业创新政银企对接会，促成日盛达等10户企业与潞州、漳泽等7家农商行合作，签约金额2.39亿元。扩充“倒贷”基金达到2亿元，办理136笔，总额35.06亿元，缓解企业“倒贷续贷”难题。创新开展助保贷、税易贷、银保贷、信用担保、跨境撮合等融资新模式，郊区等9个县区开展“助保贷”业务为95户企业贷款5.89亿元；税务部门与市17家银行法人机构签订协议，向126户企业发放贷款77笔4.83亿元，占全部新增贷款的6.5%。截至2016年年底，市中小微企业贷款余额为593.6亿元，比2015年增加56.46亿元，增长10.51%。长治市中小企业局引导中小企业拓展融资渠道，推荐拟挂牌“新三板”后备企业27户，其中凯康电梯在“新三板”挂牌，全市上市和挂牌企业达12户；为山西成功通用航空股份有限公司争取省财政奖励资金50万元，市财政奖励兑现资金165万元。

【人才培养】 2016年，长治市政府投资100多万元用于人才培训经费，实施分层次专业化培训。第三期长清班吸引238名企业负责人参加，开课7次，自主培训2次。推进“3个1”素质提升工程（10名优秀企业经营者、100名小微企业主、1000名小微企业管理人员）培训1200人；请专业财务公司以“师带徒”方式帮助100户民营企业规范建账，提高财务管理水平，争取金融支持。组织100人参加民营企业招投标技能提升风险防控培训。

【创业基地建设】 2016年，长治市加快创业基地（园区）建设，构筑创业创新载体。鼓励互联网金融、新兴服务业入基地、入园区，推动创业孵化平台建设工作，打造楼宇型众创空间、生产生活服务业融合型、园区型、生产配套服务型“四类”示范基地。截至2016年年底，全市有经山西省中小企业局认定的省级中小微企业创业基地7个，共入驻企业184户，总营业收入22.82亿元，从业人员1.15万人，上缴税金9080万元，开展服务活动315余次，孵化成功离开基地企业37户。城区城南工业园区被工信部认定为山西省第一家国家级新型工业化军民融合产业示范基地，以产品结合、人才技术结合、民参军结合、信息服务结合四种方式推进军民融合发展，园区内企业34家，军民结合特色产品的比例达73.4%。中小企业局同时帮助中小企业与高校、科研院所建立产学研合作关系，促进高新技术成果转化。振东五和健康食品股份有限公司技术中心在研项目33项、自研项目14个，拥有发明专利19件，形成依靠技术创新发展的新模式。

【拓展市场交流】 2016年，长治市委书记席小军带领中德型材集团董事长程田青到太原，宣传企业的品牌、质量，为中德集团争取到太原城中村改造5亿元的门窗销售合同。长治市中小企业局组织企业参加深圳第九届APEC中小企业技术交流暨展览会、第十三届中国国际中小企业博览会，签订合作意向5项，发布42家企业产品信息。第二届长治制造展销推介周民营、中小企业成为主体，组委会评出50个金奖产品中，民营、中小企业产品占90%以上，有16个产品成为“最受消费者欢迎产品”。参与“一带一路”，融入全球产业链和价值链，组织26家企业与中国银行开展“跨境撮合”，最终全省共有2家企业参与现场视频交流会，均为长治中小、民营企业，分别是长治市钜星锻压机械设备制造有限公司和山西钜星超硬工具制品有限公司。

【为中小企业发展创优环境】 2016年，长治市市长卢建明带队到省中小企业局座谈交流，为城区争取省民营经济创业创新示范县（区）900万元资金支持。长治市中小企业局在创优环境上创新审批制度，制订《长治市固定资产投资项目联审联批实施方案（试行）》，自2016年11月1日实施后，呈现出协调办、共同办、及时办三个特点，截至2016年年底，办理项目可行性研究报告审批、项目选址、用地预审、工程规划许可证、施工许可证等事项100余项。全面推进“项目大起底”工作，通过制订方案、专项培训、实地调研等方式起底项目1756项，项目总投资2795.1亿元，办结1743项。全面启动千名干部入企服务工作，派遣1391名干部入驻482户企业，摸查问题1214个，解决问题

1117个。加快平台对接，发挥市中小企业公共服务平台作用，与高新区、团市委、市金融办合作成立中小企业金融服务平台，开展4场大型服务对接活动，举办各类培训、论坛29期，参加企业1365家2021人，接待上门寻求服务企业和创业者76人次。市技术交易平台引进科技成果项目255项。

（柴静悦）

（责任编辑：张司佳）

厂矿企业

潞安集团

【概述】 2016年，潞安集团煤炭产量7432.96万吨，营业收入1600.20亿元，增加值252.68亿元，投资总额151.33亿元，利润2.16亿元。在先进产能矿井产量、实体经济营业收入、重点项目投资、实现利润等指标，走出连续三年下滑局面，呈现出平稳回升的态势。

【安全生产】 2016年，潞安集团推行“369”大安全管理新体系（强化“三种理念”，确保“六个安全”、实现“九个新突破新提升”），全年省内煤矿百万吨死亡率为零，地面单位安全事故为零，成为全国唯一一家连续十七年蝉联“安康杯”竞赛优胜杯的企业。

【融资工作】 2016年，潞安集团参与或主办北京路演、金融机构进煤企、海通证券路演推介等一系列活动；与山西省农信社、工商山西分行、中国信达、山西煤投等签订战略合作协议；与建行签订市场化债转股协议；成立国际融资租赁公司；上海投资公司转让融新创达股权，实现投资收益10.12亿元；财务公司完成增资扩股，实现利润2.83亿元；与信达资产合作开展首笔25.3亿元的信贷资产转让业务。通过多种方式实现融资498.35亿元。

【大营销格局】 2016年，潞安集团构建“一型三化”大营销协同创新体系（市场导向型、业务集约化、管理专业化、资源共享化），与中石化、湖北宜化等签订中长期战略合作协议，新开发铁路用户33家、公路用户51家；探索建立“互联网+”“到厂热值计价”等灵活的市场调价机制，提高潞安煤的市场地位；启动高河能源、微子镇车站集装箱运输，完成长北交接场改造，提升铁路装车、车站转运能力；2016年外运煤炭、铁路外运均创历史新高。太行润滑油开展线上线下一体化营销，推进同煤炭的协同销售，进入华润、国电、江苏新海电厂、华能等企业，在全国14个省布局91家代理商。天脊集团创新服务型营销新模式，实现产销率100%。

【去产能与先进产能】 2016年，潞安集团完成第一批石圪节等4座矿井关闭退出任务，实现去产能300万吨。5座矿井入选全国首批先进产能矿井，先进产能达3000万吨；22座矿井入选释放先进产能矿井，释放产能达3270万吨。

【集约高效生产模式】 2016年，潞安集团推进矿井“精益化生产、精准化管控、精细化操作”，完善集约高效生产考评体系，推广快速掘进、大功率岩巷掘进、厚煤层沿空留巷、一次采全高、瓦斯立体化抽采、充填开采等，探索引进水力割缝等新技术，以探抽掘采平衡为标志、复杂地质条件下的集约高效生产新模式得到完善。

【矿采工程】 2016年，潞安集团余吾、王庄、高河、五阳、漳村等矿井新风井建成投运；古城矿首采工作面形成；继续李村矿、潞新砂墩子矿井各项手续办理和申请三道岭矿区接替资源。

【整合矿井技改建设工程】 2016年，潞安集团规划建设的16座整合基建技改矿井全部通过山西省厅竣工验收，新增产能1350万吨。竣工投产矿井数量、比例均列全省第一。

【新型高端现代煤化工产业】 2016年，潞安集团180项目（全称为高硫煤清洁利用油化电热一体化示范项目，项目建设规模为年产186.4万吨油品和化学品）通过国家发改委核准，建设加快，完成中交，进入系统调试阶段，规划形成2大类5个品种19个规格高端产品体系；60万吨/年异构脱蜡项目和30万吨/年烯烃分离项目取得进展。太行润滑油通过国家石油燃料质量监督检验中心测试；甲醇改精细化学品装置（一期）稳定运行；钴基费托合成技术商业化推广实现突破，同陕西燃气集团签订合作协议。

【绿色生物健康产业】 2016年，潞安集团油用牡丹新增育苗基地15000亩，育苗量达16亿株，种植规模达20万亩，成为全国最大的油用牡丹育苗和种植企业；油用牡丹产业一体化项目被批准为国家农业标准化示范项目。生产野樱莓生根苗13万株，种植7万株，成为国内首家利用组培技术规模化生产野樱莓的企业。潞安集团获“中国林业产业突出贡献奖”。

【传统产业项目运营和挖潜改造】 2016年，潞光电厂一期2×66万千瓦项目建设有序推进；高河乏风氧化利用项目长周期稳定运行；争取大用户直供电，节约成本1.06亿元；天脊集团攻克复肥尾气治理世界性难题，合成氨月产、产氨制氢日产创造历史最高纪录，水溶肥跻身“中国水溶肥十大品牌”；焦化产业开创焦炭定制销售模式，“潞安牌”焦炭走出国门，实现稳定盈利运行。

【辅助产业】 2016年，潞安集团太阳能科技公司获批建设省光伏电池工程技术研究中心，5座光伏电站实现并网运行，总装机容量达 280 兆瓦；煤炭技术装备制造公司与北煤机建立战略伙伴关系，实现电机修理和电气制造协同发展；安易电气与 ABB 公司签署合作协议；工程公司优化整合集团内部资源，盘活闲置资源，构建完善集地产开发、建筑施工、矿井建设、绿色建材于一体的发展新格局；经销公司、日照国贸、物资贸易公司等稳健运营，铜材加工新上马 35 吨铜材生产线。

【高端创新平台】 2016 年，潞安集团国家煤基合成工程技术研究中心建设有序推进；与上海高研院合作深化，参与上海低碳产业技术研究院建设，形成从工艺包设计、中试到商业化推广的运营新模式；在泰国曼谷联合共建先进润滑油实验室，作为首批输出技术进驻中科院曼谷创新合作中心，构建“一带一路”开放发展的桥头堡；与省资源型经济转型促进会联合成立煤炭转型升级综合创新研究院，搭建企业高端智库平台；与大连化学物理研究所签订战略合作协议。

【重大科技创新】 2016 年，潞安集团获省部级科技奖 12 项，申报专利 12 项，博士后科研工作站获国家专利 8 项；“煤基合成精细化工产品关键技术联合研究”获得省科技厅单批资金最大经费资助 5000 万元；“煤矿乏风氧化热电联供关键技术及示范应用项目”国际领先；“煤基煤化电热一体化示范项目”入选“首批煤炭行业科技创新示范工程”；太行润滑油公司成为国内首家具有两项煤基合成产品企业技术标准的单位，全合成型柴油机油产品填补国内高档润滑油空白。

【创新型人才队伍建设】 2016 年，潞安集团在现代煤化工、生物化工、金融等领域引进高端人才 3 名；在国际融资租赁公司、煤基合成油公司、太行润滑油公司等选聘职业经理人 7 名；启动实施“首席师”制度；以“潞安大学”为平台，整合优化培训教育资源，加大技术技能型人才培养力度。

潞安集团煤基合成油示范基地

【公司治理体系】 2016 年，潞安集团建立健全董事会决策管理流程；完善控股子公司法人治理结构，加强控股子公司董事会、监事会规范化建设，健全现代企业制度。

【股权多元化改革】 潞安集团推进新设公司、新上项目优势嫁接的股权多元化。煤基清洁能源公司与美国 AP 公司打包空分、气化、净化装置成立合资公司，引进资金 54 亿元；与上海纳克、南京天诗、李振山团队等联合组建合资公司，形成“利益共享、风险共担”的股权多元化运营机制。

【困难企业整治攻坚】 2016 年，潞安集团制订《出清“僵尸企业”和精简优化法人单位工作方案》，对“僵尸企业”和低效无效资产，以及不符合政策规划的法人单位，分类处置清理。煤化公司、塑业公司、炭黑公司、郑安物流等清算注销工作取得进展。

【机构改革】 2016 年，潞安集团机关处室由原来 65 个减少为 41 个，精简比例 36.92%，科级机构精简 15.7%，科级职数精简 12.4%，精简人员 385 人；基层单位机构改革全面展开，王庄煤矿、新闻中心、电力中心、潞安大学等单位改革取得新进展。

（武莉莉）
（责任编辑：张司佳）

首钢长钢

【概述】 首钢长治钢铁有限公司（以下简称长钢）前身为故县铁厂，始建于 1946 年，是中国共产党建立的第一座红色钢厂，曾为新中国的解放和建设事业作出过重要贡献，被誉为“共和国红色钢铁的摇篮”。2009年8月与首钢总公司实现跨地区联合重组，成为《钢铁产业调整和振兴规划》颁布后国有钢铁企业首例跨地区联合重组的成功典范。长钢主要设备有：2座200平方米烧结机、2座1080立方米高炉、3座80吨转炉、5条轧钢生产线和2座65孔6米炭化室捣固焦炉，以及动力、发电、制氧等公辅设施。长钢实行董事会领导的总经理负责制，设规划发展处、计财处、生产技术处、设备处、安全环保处、公司办公室、人力资源处、纪委/监察处、法务审计处、党群工作部等10个处级职能机构；设焦化厂、炼铁厂、炼钢厂、轧钢厂、熔剂厂、检修部、动力厂、运输部、计控室、质量监督站、采购中心、销售中心等12个钢铁主流程单位；设锻压机械制造有限公司、瑞昌水泥有限公司、太原办事处、创业服务中心、职工培训中心、离退休管理中心、后勤服务中心、职工医院、武装保卫处、附属企业公司等10个非钢及后勤单位。2016年年底在岗职工7650人。其中，博士1人、硕士63人、本科1216人、大专1987人、中专及以下4383人；高级职称109人、中级职称699人、初级职称1201人；高级技师221人、技师749人、高级工1905人、中级工175人；职工平均年龄39.8岁。

2016年，长钢被列入山西省2016年电力直接交易用电企业公示名单；通过北京中安质环认证中心环境/职业健康安全管理体系现场认证审核；全国冶金物理测试信息网2014年—2015年学术研讨会暨2016年—2017年工作年会在长钢举行。获山西省企业联合会、山西省企业家协会授予的“2015年度山西省功勋企业”荣誉称号。

【主要指标】 2016年，长钢铁、钢、材产量分别为219.31万吨、228.50万吨、231.57万吨；实现销售收入50.83亿元；全年自发电量3.04亿千瓦·时，自发电比例35%，同比提升6.03%；吨钢综合能耗650千克标准煤，比计划降低19千克标准煤；吨钢电耗384千瓦·时，比计划降低9千瓦·时；吨钢耗新水2.83立方米，比计划降低0.38立方米。

【降本增效】 2016年，长钢外矿采购、钢材销售方面，把烧结配矿工作前移至港口，建立“港口—料场—料仓”精细化预警管理机制，实施“少量多单”现货采购策略，规避市场风险；利用铁运、汽运价格差相互撬动降低运费。生铁成本、钢材单利方面，全年生铁成本同比降低38元/吨，较行业缩差27元/吨。生铁成本排名行业第39名，比上年前进1名；炼钢加强窄成分控制，轧钢实现全定尺生产，加大效益相对较好的H型钢生产销售比例；开发合金焊线、含铬光圆盘条等10个品种规格17254吨新产品，钢材单利同比好369元/吨，较行业缩差136元/吨。经与标杆单位对标，找到79项对标差距，3月下达全年降本增效任务3.3亿元。全年内部增效4.91亿元，吨钢增效214.84元，超总公司计划103.84元。

【重点技改工程】 长钢瑞达工业园区焦化项目一期工程，包括2×65孔6米捣固焦炉、配套煤气净化和干熄焦发电系统进行技术改造，2016年3月30日2号焦炉烘炉，7月19日开始装煤，7月21日出焦，在9月实现达产；2016年3月14日1号焦炉砌筑，11月8日1号焦炉烘炉。

烧结环冷机烟气余热发电工程，2016年3月初完成汽轮机发电机组冷热态调试、冲转，5号单台锅炉并网发电；3月15日4号锅炉及主蒸汽管道吹扫，4月6日两台锅炉同时并网发电；8月份机组发电量达到426万度，基本实现达产达效。

【新品种开发】 2016年，长钢高线产线开发780S水电钢板配套埋弧焊材43.8吨，生产ER70S-M合金焊线盘条705.21吨，ER70S-G3合金焊线盘条269.30吨，制丝用Q195L盘条1218.5吨，制钉用HPB300T盘条1025.6吨，含铬HPB300Cr光圆钢筋盘条315.78吨；型钢产线开发H300×300×10×15规格产品23948吨，H400×150×8×13规格产品277.38吨，H506×201×11×19规格产品287.64吨；棒材产线承接一轧区直径28毫米和32毫米大规格螺纹钢、直径18毫米和20毫米锚杆钢产品、直径18毫米~32毫米优碳圆钢产品，生产直径12毫米~20毫米规格HPB300Cr光圆钢筋644.37吨，直径12毫米~25毫米多个规格含铬带肋钢筋783吨。

【清理规范外委外包】 2015年后，长钢对外租汽车、运输代理、维修业务、卸车、生产办公区域卫生保洁等外委外租进行清理规范。2016年全年实际发生费用2444万元，同比降低3087万元，降幅56%，6月底，长钢劳务用工全部清退，实现“零”劳务用工。

【完善“二库合一”机制】 2015年9月至12月末，长钢对“一级库”“二级库”进行整合，库房实行统一管理，各生产单位负责库房的实物管理，设备处等职能部门负责账务、资金管理。2016年4月投入供应链信息化系统，备材申报、平衡、出入库全部在线上进行，实现实物库存全公司资源共享、统一调拨利用；7月开始实行电子商务招标，在不增加投入的情况下，采购周期从45天缩短至15天。年末存货资金占用6.29亿元，同比降低0.95亿元，比计划降低140万元。

【建立电子商务招标比价采购平台】 2016年6月14日起，长钢对“20万元以下的设备、材料、备品备件、办公用品等”通过电子商务招标采购平台进行网上招标比价采购，并逐步扩展到采购金额在50万元以下的具备电子商务招标条件的其他项目。

【机构编制及人员结构优化】 2016年，长钢坚持效率效益原则，推行扁平化管理模式，精简合并职责相近机构，两级机关取消科室建制实行主管负责制，各实体单位取消工段建制实行作业区制，处级机构由38个减少至32个，科级机构由220个减少至65个，班组由587个减少至318个，分别减少16%，70%，46%；推行多岗合并、一岗多责、操检合一等定员设置模式，实行竞争上岗机制，两级机关由1124人减少至542人，职能处室由584人减少至270人，生产作业岗位和其他管技人员由8512人减少至6688人，分别减少51.8%、54%、21.43%；强化思想引导，确保职工队伍稳定，多渠道分流安置，推进富余职工“二次创业”，至2016年年底在岗职工和劳务用工较2015年年底9759人减少2109人，主业实物劳产率达到325吨/人·年，同比提高30%，人工成本同口径降低6867万元，同比降低9.99%。

【安全管理】 2016年，长钢23次研究部署安全重点工作，从公司层面强化安全生产责任体系建设；结合安全生产专项整治、“反三违”活动的开展，开展季度、节前、热融金属、煤气设施停送操作、安全规制执行落实、有限空间作业、危险化学品及易燃易爆物品等专项检查，共查处违章违制955项，处罚金额228630元，规章制度执行情况存在问题47项，全部进行整改。全年工亡、重伤事故为零；群体性伤害事故为零；急性职业病事故为零；轻伤事故3起伤3人，千人负伤率0.32。实现安全生产目标。

【环保自行监测及环评审批】 长钢从2016年1月开始环保自行监测，监测范围包括35个重点污染源排放口、废水总排口及厂界噪声等，在山西省环保厅指定网站长治市自测平台定期公开监测结果，全年自行监测完成率和公布率达到国家要求。2016年7月长钢强化环境监测力量，将环境监测业务从环保处划归质量监督站，质量监督站/环境监测站一套人马两块牌子运行；2016年11月环境监测站通过山西省企业自行监测能力认定。

9月21日，长钢200万吨焦化项目取得长治市环保局环评批复。

9月29日，长钢取得长治市环保局对新区第一条生产线（4号烧结机、8号高炉、6号转炉）环保验收批复函。

9月30日，长钢取得长治市环保局对H型钢生产线环保验收批复函。

10月13日，长钢取得长治市环保局对新区第二条生产线（5号烧结机、9号高炉、7号和8号转炉）的环保备案审批。

【能源管理】 2016年，长钢申请争取并享受大用户直供电政策“红利”，全年大用户直供电交易量6.78亿千瓦·时，节省电费支出5196.64万元；通过调整电力系统运行方式，长钢站全年停运1台90兆伏安主变，节省基本电费支出2592万元。

【运输途径多样化】 2016年，长钢利用铁运、汽运价格差相互撬动降低运费，汽运价格低时及时启动外矿汽运，3月汽运优于铁运，全月汽运量占比57%，4月起铁运优于汽运，几乎全部为火车运输；并与铁路部门两次谈判降低铁路运费，最终比基准价降低47.33%，同比降低39.84%，全年降低铁路运费约1.4亿元。

【产品销售】 2016年，长钢钢材销售量228.44万吨，销售收入49.05亿元，实现直销量83.62万吨，直销率达36.62%，同比提升27.62 %，创效1672.6万元；棒材省内销售比例由2015年67%提升至91%；中标太原市政工程和轨道交通2号线，全年供货18.07万吨，同比增加16.67万吨；与长临高速、晋蒙黄河大桥、霍永高速、阳蟒高速、太原香檀一号高端房地产项目、林州市红旗渠供应链项目、太原管廊工程、大张高铁等50余项重点工程开展合作，与山西路桥、中铁建工、中铁物资、四川路桥、宁夏路桥等30家终端用户建立合作关系。

【群众性质量活动】 2016年，长钢共注册开展群众性QC小组活动54个，4月组织成果发布，选出10项公司级优秀成果，并向省、市等上级部门推荐，最终获山西省优秀QC小组称号6个、冶金行业优秀QC小组称号4个、国家优秀QC小组2个（分别为炼铁厂烧结求实QC小组、轧钢厂进取QC小组）。

【金杯奖】 2016年1月，长钢申报的热轧带肋钢筋和热轧H型钢两项产品被授予“金杯奖”称号，证书编号为CISA-SWZL2015-111、CISA-SWZL2015-112,有效期为三年。至此，公司5次获得该项荣誉，标志着产品符合国家产业政策和技术发展方向，具有先进的工艺路线、生产装备、检测手段及完整的技术标准体系，产品质量统计分析数据准确齐全，有稳定合格的原料来源、齐全的产品实物统计分析数据，大生产实物质量和国际同类产品质量水平相当。

【质量体系换证审核】 2016年7月25日至27日，北京国金衡信认证有限公司对长钢质量体系运行情况进行审核，认为长钢有力保证现有资源配置满足质量管理体系运行的需要，体系运行有效，符合GB/T 19001-2008/ISO9001:2008的要求，推荐保持认证注册资格。

【MC认证监督审核】 2016年10月，

中冶（北京）冶金产品认证中心对长钢热轧带肋钢筋、热轧光圆钢筋、热轧H型钢三类产品进行年度监督审核，认为长钢的人员资质、工艺过程控制、产品质量等符合要求，推荐通过年度审核认证。

【“五小”竞赛】 2016年，长钢开展群众性“小发明、小创造、小革新、小设计、小建议”（以下简称“五小”）竞赛活动，参与职工8000余人，创造经济效益1885余万元。各单位结合生产实际，利用职工创新工作室、“五型”班组、合理化建议等各项活动，针对难点问题、瓶颈问题、落后问题开展技术攻关、技术创新，2个项目获山西省“五小”竞赛二等奖，带头人立山西省个人一等功；3个项目获山西省“五小”竞赛三等奖，带头人立山西省个人二等功；19个项目分获长治市“五小”竞赛一等奖、二等奖和三等奖，4名项目带头人获长治市“五一”劳动奖章，15名项目带头人分别立长治市个人一等功、二等功。

【激活辅业经营机制】 2016年1月1日，长钢后勤服务中心、医院、瑞昌公司自主经营，7月长钢宾馆自主经营，8月金长钢自主经营，完成责任书确定的经营目标；协调推进生活垃圾焚烧发电、城市立体车库、旅游合作、环保治理等项目各项前期工作，12月24日，首钢总公司与长治市政府签署扩大战略合作协议。

【民生工程】 2016年，长钢投入150余万元，对2.4万平方米职工住宅楼屋面进行防水大修，对28栋住宅楼采暖管网进行改造，外墙抹灰修复6000余平方米，更换落水管1200余米，改造水管2000余米，确保职工家属的正常生活；对长钢区域快递公司进行集中整合，净化生活区环境，方便居民生活；开展困难职工低保救助活动和两节“送温暖”“夏送清凉”“金秋助学”等活动，共为1423人资助124万元；9335人参加第九期职工大病医疗互助活动，参保率达80%，101名职工享受补助39.4万元；老年大学于10月13日恢复授课教学，丰富老年人文化生活，让全体职工家属共享企业发展成果。

【人才培养】 2016年，长钢党校以基层党支部书记、党员骨干、入党积极分子为培训主体，共举办4期（个）培训班，受训人员合计172人次。其中，基层党支部书记95人次、党员骨干52人次、入党积极分子25人次；全年开展职工企业内训77项，总计培训各类职工6420人次，选送职工外出培训101人，包括先进管理理念、先进技术学习交流21人，国家行业强制性培训81人，计划内外出培训70人，计划外培训31人。

（王　婷）
（责任编辑：张司佳）

山西澳瑞特健康产业股份有限公司

【概述】 山西澳瑞特健康产业股份有限公司（以下简称澳瑞特）成立于1991年，是从原长治自行车工业公司分离出一部分组建的国有企业。于2001年12月进行股份制改制，2011年搬迁入驻长治市漳泽新型工业园。2016年有职工700余名，其中工程技术人员100余人。生产有氧健身、专业力量训练、综合训练、康复医疗器材以及室外健身路径等十几大类500多个品种的系列健身器材，是国内最早从事健身器材研发生产的专业化企业、中国文体协会副理事长单位、中国体育用品业联合会副主席单位。

【产品转型升级】 2016年，澳瑞特继续推进技术研发，调整产品结构，拓展企业产品线。推动传统健身器材产品适应“互联网+”时代的要求，向智能化、自动化、信息化方向发展。初步形成以健身器材为核心、以运动康复和医疗产品为发展方向的产品格局。2016年度的营业收入、工业总产值多项指标均创历史新高。

【健身器材】 2016年，澳瑞特捕捉市场需求，开发和补充室外器材新产品，针对笼式场地及健身步道、冰场的需求，技术部门针对各地不同的安装要求，调整设计方案，满足用户需求，当年形成产值1380万元。为支撑全年经营目标的完成提供支持。补充路径产品的智能化升级、华容道和跳绳机的开发工作。

【康复器材】 2016年，澳瑞特完善开发气动产品：包括精卫气动产品、麦澜德气动产品、多功能气动拉伸练习器；进行大四肢联动产品的结构改进和完善；对康复跑台进行重大结构改进，样机基本完成，待软件控制部分改进试验。等速器材技术攻关太原理工方案原理样机评审通过。

【航空航天用品】 2016年9月，澳瑞特研制的太空跑步机、太空健身车搭载“天宫二号”目标飞行器遨游太空，为神十一航天员景海鹏、陈冬在太空为期33天的工作生活提供运动健身保障。

【企业管理】 2016年，澳瑞特持续完善多个企业管理体系。通过ISO9001质量体系认证、ISO14001环境管理体系和GB/T28001职业健康安全管理体系认证、复评。为企业长远的发展及抢占国际市场奠定坚实的基础。引进ERP管理平台，使企业的生产控制、物流管理和财务管理有效集成、整合在一起，实现企业的生产、物料、财务、质量、销售、标准化等工作的快速处理统计，信息资源得到有效共享。

【生产设备更新】 澳瑞特有大中小型

澳瑞特在北京的奥森国家全民健身示范园

主要生产设备 300 多台套。2016 年，公司新购双头数控镗铣床，管材专用激光加工中心，周波跌落模拟器，雷击浪涌发生器，万能试验机，振动试验机等加工设备和检测设备，依靠先进的生产检测设备确保产品质量的稳定性、一致性和可靠性。

【销售渠道建设】 2016 年，为拓展营销市场，澳瑞特参加中国（福州）2016 体育用品博览会，广州进出口商品交易会，德国体育用品展会，广州运动康复器材展，上海文体用品展，收集市场信息，拓展新渠道，推进市场份额的提升。

【全民健身工程】 澳瑞特是国家体育总局全民健身工程的长期供货商及合作伙伴，是国家扶持青少年校外活动和校园阳光体育活动项目，以及民政部星光计划的合作实施单位。公司驻外营销机构遍布全国各省、市、自治区，可为全国消费者随时、随地的提供咨询、安装、培训及售后等服务。

【荣誉】 2016 年，澳瑞特企业及产品获中国进出口产品质量安全示范企业、国家级守合同重信誉企业、轻工行业十强企业、山西省功勋企业、国家健身器材检测试验基地、全国质量信用 AAA 类企业等多项荣誉。

（史小虎）

（责任编辑：张司佳）

清华机械厂

【概述】 2016 年，长治市清华机械厂（以下简称清华厂）营业收入完成 27.43 亿元，利润总额 1.32 亿元，经济增加值（EVA）1.24 亿元，成本费用率控制在 95%，全员劳动生产率 16.16 万元 / 人 · 年。清华厂党委获“全国先进基层党组织”、获山西省“六有”工会红旗示范单位、山西省第十四届“讲理想、比贡献，奋力实现中国梦”竞赛活动先进集体、2016 年中国技能大赛第七届全国数控技能大赛山西赛区企业特殊贡献奖。

【技术创新】 2016 年，长治清华机械厂加大创新技术力度，以“弹头舱锥 形框架制造技术”为代表的一批科技创新获院成果奖。其中，获科学技术进步三等奖 1 项，获型号研制阶段成果奖一等奖 2 项、二等奖 1 项，获技术改进一等奖 3 项，二等奖 6 项。全年新增知识产权 78 件。其中，发明专利 30 件、实用新型专利 36 件、外观专利 3 件、软件登记著作权 2 件、院 AAA 级技术秘密 2 件、厂 AA 级技术秘密 5 件。新品开发方面，重点加强军用起重机、自研军品的项目研发，全年完成新研发、新改进项目百余项。其中，新品开发 10 项，技术改进 89 项，QH660 折叠式起重机取得新的技术突破。

工厂运用外部资源，扩大产学研用合作。推动与北航、哈工大、天津大学及多家知名企业的合作，围绕核心关键技术，开展沉淀不锈钢加工技术、激光表面淬火技术、无损检测技术、刀具高效切削参数和优化选配等方面的技术交流和研制合作。

【技术协作】 2016 年 11 月，清华厂与亚太公司共同筹备参加在菲律宾举行的“菲律宾国际工程、机械及建筑材料展览会”，推进菲律宾专用车卖场的建设。与德国 Tirre 公司开展业务合作磋商，拟共同开发 40 吨米吊机研发项目，国际化经营取得成果。

【产品研发】 2016 年，根据环卫市场信息反馈，原有 22 吨拉臂装置不能满足大型垃圾转运站的需求，经市场调研，清华厂组织技术人员开发 26 吨拉臂装置。此型号产品采用伸缩型的拉臂结构，能够广泛安装于国产及进口的 31 吨级载货底盘上，特别适用于 6.5 米 ~ 7.4 米的车厢，10 月完成样机，各项功能试验和可靠性试验证明，产品结构合理，性能稳定，适合在大中型垃圾中转站配套使用。2016 年清华厂结合客户实际需求，对原有 5 吨、6.3 吨、8 吨、10 吨、12 吨随车起重机产品进行升级，升级后的产品集机、电、液一体，具有整机结构紧凑，自重轻，起重性能好，结构设计合理，外形简洁新颖，性能安全可靠等特点。首批完成 6.3 吨和 12 吨两种型号随车起重机的改进和样机生产，参加上海宝马展。清华厂以 12 立方米后装车为基础进行三方面改进，增大车厢容积和料斗容积，升级为 14 立方米，提高产品装载效率；优化装料器附件，针对装料器生产精度不够高，北方垃圾成分特点等情况，对装料器大小、导轨、滑动体进行基础研究，找出满足现状的结构，掌握装料器设计的关键参数和经验；对车厢外形进行少骨架设计，提高外观质量。通过验证，样机的功能和性能完全满足设计要求，产品的市场竞争力得到提高。

【产品参展】 2016年10月，清华厂参加“长治制造展销推介周”、11月参加“中国国际工程机械、建材机械、矿山机械、工程车辆及设备博览会”（2016上海宝马展），展出产品包括新研制的6.3吨、12吨直臂式随车吊和12吨、8吨折臂式随车吊以及多款多型新研制的油缸产。

【改革改制】 2016年9月，清华厂《厂办大集体改革实施方案》获得集团公司、院批复，厂办大集体改革正式实施。

【美好家园建设】 2016年，清华厂完成社区天然气置换和集中供热改造等多项惠民工程，完成职工住宅楼和公寓楼建设；开展群众信访来访、维稳排查20余次，保障社区和谐稳定；“园林化工厂”再添新妆，新增生产和生活区绿化面积3万平方米，全厂绿化覆盖面达37%以上。

（张　敏）
（责任编辑：张司佳）

淮海工业集团

【概述】 淮海工业集团有限公司（以下简称淮海集团）隶属于中国兵器工业集团，于2011年由山西北方惠丰机电有限公司和山西淮海机电有限公司重组成立。淮海集团是国家战略团队的骨干成员单位，是高科技国际化兵器工业的重要组成部分，前身为抗战时期八路军总部在敌后根据地创建的规模最大的兵工厂——黄崖洞兵工厂。

2016年淮海集团占地面积560余万平方米，建有国内一流水平的计算机网络中心、半实物仿真实验室和国内第一条非硅MEMS中试生产线，是一个集高技术产品研发、精密加工、压铸、锻造、表面处理、总装总调、检测试验等为一体的军民品科研生产基地。军品以智能化产品为核心，涉及陆、海、空、火箭军等领域。民品有特种车辆、多功能联合吸污车、塑钢型材、汽车零部件、非硅MEMS器件等。淮海集团引进中国工程院院士和国家“千人计划”专家，建成院士工作站和博士后工作站。建有国家级技能大师工作室和省级技能大师工作室。

【奖项和荣誉】 2016年1月，淮海集团十五分厂史彦波职工创新工作室被山西省国防科技工业工会命名为“山西省国防科技工业职工创新工作室”，十分厂暴赵鸿创新工作室被命名为“山西省国防科技工业劳模创新工作室”。3月29日，第二届中国质量奖颁奖大会在人民大会堂举行，淮海集团周建民作为“第二届中国质量奖提名奖”获得者与其他获奖人员一道接受大会表彰。7月8日，在中国兵器行业第三十五次质量管理小组代表会上，第二研究所发动机喷管座部件QC小组编写的《提高喷管座部件耐烧蚀性》QC成果获国家优秀成果奖。10月18日，2016山西“大众创业、万众创新”大赛颁奖仪式在太原清控创新基地举办，淮海集团推荐的“双创”项目“周建民操作法”获金奖。11月，淮海集团获中国质量协会、中华全国总工会、中华全国妇女联合会、中国科学技术协会等颁发的“2016年全国质量管理小组活动优秀企业”称号。第二研究所“喷管座部件QC小组”被命名为“2016年全国优秀质量管理小组”，成为淮海集团科研类首个获得国家级荣誉称号的QC小组。12月，淮海集团获“2016山西企业100强和山西制造业企业100强”称号。

【人才队伍建设】 2016年1月，试制工程部杨兴隆，二分厂吴永钢、冯嘉宾，十五分厂关联明，检验一中心李惠军入选山西省人力资源与社会保障厅“山西省享受政府津贴高级技师”和“三晋技术能手”。试制工程部刁爱民、五分厂李惠丰、奥圣公司刘洋、惠丰机械工业公司赵军入选“三晋技术能手”。淮海集团机械设备制造及维修分公司任涛在全省数控装调维修工职业技能大赛获得全省第一名，获评“三晋技术能手”称号。

1月28日，“感动山西”2015年度人物颁奖盛典在山西广播电视台举行。刘波作为淮海集团第一个“感动山西”十大人物站上颁奖盛典的舞台。5月8日，山西电视台新闻联播《匠心筑梦》栏目以“刘波：刀具上的舞者”为题报道国家级技能大师刘波的先进事迹。12月26日晚，由长治市委宣传部、长治市文明办主办的“追随你前行——2016年感动长治人物颁奖典礼”在潞州剧院举行。国家级技能大师、公司二分厂数控程序员刘波作为新时期践行工匠精神代表获得“感动长治十大人物”。

5月31日至6月3日，由国务院国资委举办的“中央企业高技能人才培训班”在广东省邮电职业技术学院举行，国家级技能大师、兵器集团首席技师、十四分厂钳工周建民，作为中国兵器工业集团公司唯一派出的一名高技能人才代表受邀登台授课。

【“五小”竞赛】 2016年1月，山西省国防工会、团委、科协联合印发表彰通报，对“五小”竞赛优秀成果和先进集体进行表彰。淮海集团十四分厂周建民申报的《某产品翼面斜度测量仪加工难点解决》项目获一等奖，三分厂宋海亮团队申报的《某产品机加生产线精益化改进》、六分厂闫晓东团队申报的《某产品电子部件生产线布局优化》2个项目获二等奖，八分厂王伟团队申报的《某产品XXX自动定位改进》、试制工程部李红兵申报的《自制空心深槽钻提高加工效率》、四分厂王伟团队申报的《分析刀具参数，优化轮毂轴管工艺，降低刀具费用》3个项目获三等奖。集团工会因组织有力、成效突出，被授予山西省国防科技工业“五小”竞赛优秀组织单位。集团工会获“山西省国防科技工业模范职工之家”称号，二分厂分工会、六分厂分工会、八分厂分工会获“省国防科技工业模范职工小家”称号；集团党委副书记、工会主席马常明，集团工会贺佳曦、供能公司吴效堂、检验二中心李爱庭、十四分厂秦利获“省国防科技工业优秀工会工作者”称号。

【科研开发】 2016年3月，淮海集团JKY072项目在北京召开方案评审暨初样机设计评审、初样机试验大纲鉴定评审会。项目在评审专家的一致表决中通过。2016年，由惠丰特车公司自主研发成功的井下现场混装炸药车成为市场新宠，仅在第一季度就销售出三辆。该车具有数字化、智能化等特点，实现低温环境下炸药配方技术领先，水环技术取得国家专利，成为企业新的经济增长点。6月，中国兵器科学研究院在北京主持召开国内某型号项目初样机鉴定审查会、正样机设计评审会、正样机鉴定试验大纲评审会。审查评审组查阅相关技术资料，经质疑和讨论形成意见，该项目通过专家审查及评审。

2016年，技术管理工作攻关解决19个生产过程的工艺和技术难题，完成“水基清洗剂替代汽油清洗”“三价铬代替六价铬表面处理”等52项工艺创新项目，节创价值290余万元，策划的军品自动化装配线实施方案通过国防科工局初评。

【民生工程】 2016年1月15日，淮海集团与国电山西长治供电公司举行电力直供战略合作协议签字仪式，签订《电力直供战略合作协议》。《协议》的签订标志双方战略合作进入到更深层次，为下一步南北区新建小区、原有小区居民电力直供直管奠定坚实基础。

8月27日上午，淮海工贸公司向长治市“三河一渠”工程指挥部正式移交淮海段所涉及的搬迁住宅平房。9月28日，列西列东红线内110户住户的搬迁工作完成，所有住户得到妥善安置。当天晚上11时，列西三栋楼的红线内建筑全部拆除完毕。

【创新大赛】 2016年，淮海集团组织开展第三届创新竞赛。竞赛分“产品创意设计竞赛”“工艺—技能协同创新竞赛”“特色操作法”“管理创新竞赛”和“质量创新项目竞赛”五大类。王存林团队申报的《基于某产品的控制技术》、于天朋团队申报的《某武器系统》、郭浩洋团队申报的《一种可逆式的机电安全系统》获产品创意设计项目一等奖。杨兴隆团队申报的《关于解决“旋转轴补偿”功能梧州机床自动编程的协同创新技术》、周建民团队申报的《关于解决175产品用全形规加工制造中工艺难点问题的协同创新技术》、何敏团队申报的《关于解决高强钢塑性低问题的协同创新技术》获工艺—技能协同创新项目一等奖。《王广义H13钢渗碳淬火高成磨具耐用度操作法》《刁爱民STUDER系统数控磨床操作法》《郭树平西门子交流伺服电机修理操作法》被命名为淮海集团特色操作法，同时被命名为中国兵器工业集团的特色操作法。柳丽娟团队申报的《某产品总装及核心零部件制造技术体系论证》、李金梁团队申报的《军用电子元器件管理创新》、穆欣团队申报的《三维数字化工艺协同设计》、冯国华团队申报的《公司科技“人才树”》获管理创新项目一等奖。李润伟团队申报的《强化管理，降低公司质量成本1000万以上》获质量创新项目一等奖。第一研究所、第二研究所、第三研究所、技术工程部、MEMS研究中心、试制工程部、二分厂、机械设备制造及维修分公司，获优秀组织奖。

（陈保军）

（责任编辑：张司佳）

淮海工业集团

农 业

综 述

【概述】 2016年，长治市粮食作物种植面积362.26万亩。其中，玉米面积较上年减少近10万亩，总面积301.83万亩；新发展杂粮5.5万亩，总面积53万亩。新发展设施蔬菜6.05万亩，累计面积56.7万亩；新种植中药材20.54万亩，总面积92万亩；发展新果园和改造老果园0.37万亩，水果种植面积14.23万亩。全年粮食产量16.17亿公斤，较上年增长3%，是继2014年来第二个丰产年，其中玉米单产493公斤以上，创历史新高。全年农村居民人均可支配收入完成11863元，增速6.9%。农林牧渔业增加值完成62.34亿元，增速3.4%，其中，种植业增加值完成41.19亿元，增速2.3%。

【强农惠农政策落实】 2016年，长治市落实并通过“一卡通”发放农业支持保护补贴资金23241.53万元；拨付屯留、长子、襄垣和沁县4个产粮大县玉米一次性支付资金3096万元；争取实施部级马铃薯绿色高产高效创建项目1个、省级粮食高产创建示范片16个和旱作农业技术推广地膜覆盖项目，项目资金1998万元。全市种植业参保面积260.56万亩，保费收入5140.61万元。其中，玉米参保面积251.1万亩，承保覆盖率为83.3%；小麦参保面积4.75万亩，承保覆盖率为58.6%；马铃薯参保面积2.47万亩，承保覆盖率为17.8%；其他作物参保面积2.24万亩，有效增强种植业抗风险的能力。

【新型职业农民培育】 2016年，长治市共投入新型职业农民培训资金1878万元，其中争取中央、省级资金1021万元。完成新型职业农民培训任务8907人，举办各类新型职业农民培训班共114期，培训专业涉及粮食作物、经济作物、畜禽养殖等20多个，每个参训学员培训实训时间达到7天～15天。其中，现代青年农场主290人、新型农业经营主体带头人3080人、专业技能和社会服务型职业农民5537人。开展新型职业农民认定工作，12个农业县(市、区)全部制订出台新型职业农民认定管理办法，全市共认定初级职业农民560人。新型职业农民领办的各类农民专业合作社等新型农业经营和服务主体500多个。

【农产品加工业】 2016年，长治市农产品加工企业销售收入208.67亿元，完成山西省农业厅指标203.41亿元的102.59%；完成长治市指标207亿元的100.81%。全年实施新改扩建农业产业化项目101个，总投资40.25亿元。其中，总投资亿元以上的项目21个，投资5000万元至1亿元的项目12个。开展农业产业化重点龙头企业监测，完成对太行紫团、世龙驴肉2个国家级重点龙头企业、55个省级重点龙头企业、136个市级重点龙头企业监测工作。新推荐递补襄垣林盛、长子浩润、潞卓商贸、绿农农牧等20家企业为省级重点农业龙头企业，全市省级重点农业龙头企业55家。对符合申报山西省2016年度特色农产品产业支撑项目贷款贴息条件的振东五和、武乡大山等15个企业予以贷款贴息，贴息资金总额332.52万元。

【特色产业扶贫】 2016年，长治市围绕杂粮、马铃薯、蔬菜、水果、中药材、畜牧、农产品加工、休闲农业8大特色扶贫产业，因地制宜制订农业特色产业扶贫发展规划。探索构建新型经营主体和贫困户的利益联结机制，总结推广振东集团“政府引导、企业服务、农户受益”的利益联结模式，武乡县多维牧业“政府补贴、企业寄养、农户分红”，壶关县紫团公司“财政资金变资本、农村资源变资本、贫困农户变资本”三变模式等特色产业扶贫8大利益联结模式。全市参与特色农业产业扶贫的新型经营主体299家，带动贫困户13100户，带动贫困人口

31696 人；2016 年全市 5 个贫困县特色农业脱贫实际完成 28247 人，完成率 117%。

【农村人居环境改善】 2016 年，长治市改善农村人居环境“四大工程”累计完成投资 32.2 亿元，计划投资 24.2 亿元，超计划投资 33%。其中：完善提质工程 8.53 亿元，农民安居工程 20.2 亿元，环境整治工程 0.99 亿元，宜居示范工程 2.48 亿元，19 项年度建设任务全面完成。美丽宜居示范村三级联创工程新启动 12 个省级、20 个市级、160 个县级美丽宜居示范村三级联创工作。截至 2016 年年底，共落实省市奖补资金 1535 万元。，其中，省级美丽宜居示范村以奖促治资金 1185 万元，省级 10 项强农惠农政策资金 50 万元，市级奖补资金 300 万元。

【种植业结构调整】 2016 年，长治市粮食种植面积 362.26 万亩，全市种植结构表现为“一减六增”，农业供给侧结构性改革取得阶段性成效。玉米较上年减少 12.49 万亩；谷子较上年增加 3.28 万亩，豆类增加 1.51 万亩，薯类增加 0.34 万亩，其他杂粮增加 2.83 万亩，蔬菜增加 2.46 万亩，中药材增加 4.24 万亩。全市特色产业发展壮大，粮经比由 8 ∶ 2 调整为 7 ∶ 3。粮食高产创建成效明显，组织实施 16 个省级、20 个市级粮食千亩高产示范创建项目，辐射带动全市粮食稳定增产。

【中药材崛起工程】 2016 年，长治市新发展中药材面积 20.54 万亩，与省、市级任务 5 万亩相比，超额 310% 完成任务指标。中药材总面积 91.92 万亩。主要品种有连翘、苦参、柴胡、黄芩、党参、板蓝根、知母等。全市中药材总产量 7.44 万吨，总产值 12.56 亿元。

【果业提质增效工程】 2016 年，长治市新发展高产水果园 80 个，面积 6850 亩，改造低产果园 3710 亩。水果种植总面积 14.23 万亩，挂果面积 10.23 万亩，设施栽培面积 0.11 万亩；水果总产量 8.49 万吨。全市共有 50 亩以上规模园区 115 个，100 亩以上 73 个，200 亩以上 29 个，500 亩以上 7 个。

【“三品一标”认证】 2016 年，长治市组织 6 家企业的 8 个产品开展绿色食品新申报，组织 3 家企业的 4 个产品开展绿色食品续展工作；组织 23 家企业的 56 个产品开展无公害农产品新申报，组织 19 家企业的 52 个产品开展无公害农产品复查换证工作。全市有效使用“三品”标志的企业 77 家，产品 210 个。其中，无公害企业 61 家，产品 182 个；绿色企业 14 家，产品 22 个；有机企业 2 家，产品 6 个。沁州黄小米和襄垣手工挂面通过农业部评审，获得农产品地理标志认证，全市取得地理标志认证的农产品 10 个。

【耕地质量保护与提升】 2016 年，长治市高标准农田建设项目任务 16.76 万亩，落实完成 19.88 万亩，超额完成 26%，总投资 20285.66 万元。其中农业部门完成建设任务 6.67 万亩，投资 6308 万元，比年初下达的任务 5.81 万亩多完成 0.86 万亩。全市推广测土配方施肥面积 368.02 万亩，推广精准化配方肥示范面积 7 万亩；推广增施有机肥面积 285 万亩，超出年初任务 15 万亩；实施旱作农田节水技术面积 284.27 万亩，其中秸秆还田面积 282 万亩。

【农业综合执法】 2016 年，长治市农业委员会持续开展“绿剑护农”行动，全年共立案查处农资生产经营违法行为 58 起，罚没款项 16.4 万元。其中，查处假种子 1 个批次、劣质农药 6 个批次，破获 2 个销售肥料的忽悠团，罚没款项 16.4 万元。12 个县（市、区）案件结案率、案卷合格率达 100%。与公安部门建立农资打假部门联动机制，建立完善联络员制度、联席会商制度、联合执法制度和案件督办制度等 4 个层面制度，明确在农资案件查处中公安部门提前介入的五种情况，构建农业、公安两机关“提前介入、联合调查、及时移送、共同追究”的联动模式。

【农作物病虫害防治】 2016 年，长治市各类农作物病虫草鼠害发生面积 1070.83 万亩次，防治面积 1120.39 万亩次，挽回各类农产品损失 8737.66 万吨。其中，小麦病虫害发生面积 30.83 万亩次，防治面积 26.38 万亩次，挽回损失 6255.55 吨；玉米病虫害发生面积 366.05 万亩次，防治面积 314.92 万亩次，挽回损失 147535.66 吨；马铃薯病虫害发生面积 30.4 万亩次，防治面积 35.5 万亩次，挽回损失 1.9479 万吨；杂粮病虫害发生面积 32.4 万亩次，防治面积 42.86 万亩次，挽回损失 1.09 万吨；蔬菜病虫害发生面积 96.85 万亩，防治面积 175.3 万亩，挽回损失 27.62 万吨；果树病虫害发生面积 14.46 万亩次，防治面积 34.14 万亩次，挽回损失 3.82 万吨。

【设施蔬菜生产】 2016 年，长治市蔬菜播种面积 84 万亩，蔬菜总产量 490 万吨，蔬菜总产值 55 亿元，蔬菜种植涉及茄瓜果类、葱蒜类、甘蓝类、根菜类、叶菜类、豆类等十大类近 50 个品种。全年新增设施蔬菜占地面积 6.05 万亩，改建设施蔬菜 1.8 万亩，开发露地特色蔬菜 3.06 万亩，新建集约化育苗场 3.48 万平方米，增加产值 6.68 亿元，带动全市农民人均增收 278 元。全市设施蔬菜棚内面积累计 56.70 万亩，其中：日光温室 22.1 万亩，春秋移动棚 34.6 万亩，全市农民人均设施蔬菜收入 2338 元。

【休闲农业与乡村旅游】 2016 年，长

2016年5月11日至12日，山西省中药材产业发展研讨、交流活动暨全国第二届中药材商品规格等级标准联盟成员会议在长治市举行（李晋平 供图）

治市推进国家级、省级示范县和示范点创建工作，推介申报1个省级示范县，3个省级示范点，组织振兴村申报“中国美丽休闲乡村”，申报1个全国五星级休闲农业企业，2个全国四星级休闲农业企业。截至2016年年底，全市创建休闲农业国家级示范县2个、省级示范县1个、国家级示范点2个、中国最美休闲乡村2个、中国美丽休闲乡村1个、省级示范点13个。平顺县石城镇、长治县振兴新村等2条推荐路线入选农业部发布的208条初夏休闲农业与乡村旅游精品路线，长子县方兴现代农业科技园区入选农业部发布的236条仲秋到田间去采摘精品景点路线，为山西省唯一上榜精品线路。全市共发展休闲观光农园（庄）68个，农家乐406个，全年营业收入6.4亿元，接待游客420万人次。

【农产品质量安全监管】 2016年，山西省农业厅共抽检130个蔬菜样品，检测合格率100%，市、县两级农产品检测中心（站）共检测样品2263个，合格率99.7%，超过省厅下达农产品检测合格率3.7个百分点。长子县、襄垣县创建省级农产品质量安全县。全年无农产品质量安全事故。

【荣誉】 在2016年山西省农业农村重点工作目标责任考核中，长治市综合排名全省第二，12个单项奖11个获奖。其中，新型职业农民培育、农产品质量安全工作全省排名第一，农民增收、特色农业扶贫工作全省排名第二，农产品加工业、改善农村人居环境和休闲农业工作全省排名第三，农业法治建设全省第四，种植业结构调整、设施蔬菜发展全省第五，现代农业投资全省第八。长治市农业委员会被农业部表彰为“全国农业先进集体”。在山西省农村人居办组织对11个市2015年度改善农村人居环境全面考评中，长治市综合得分排名全省第二。2016年10月20日至21日，农业部在浙江省德清县召开2016中国美丽休闲乡村发布活动暨全国休闲农业和农村旅游现场会，农业部权威发布2016中国美丽休闲乡村名单，长治市振兴村获得美丽休闲乡村称号。

【承办省部级现场会议】 2016年1月22日，第三届山西精品年货节在太原煤炭交易中心开幕，年货节为期10天，长治市照江蜂蜜、平顺大红袍、山西秋林里道斯等15家企业参展。4月21日至22日，山西省蔬菜标准园生产技术培训班在长子县举办，来自全省40个部省级蔬菜标准园负责人、长治市50名蔬菜园区负责人及省蔬菜产业管理站全体人员参加培训。5月10日，在山西省中药材产业发展研讨、考察交流活动暨全国第二届中药材商品规格等级标准联盟成员会议中，长治市有6个项目上台签约，总投资22.32亿元，引资额13.5亿元，签约项目数量和引资额在全省位列第三。5月11日至12日，山西省中药材产业发展研讨、考察交流活动暨全国第二届中药材商品规格等级标准联盟成员会议在长治市举行，来自国内的中医药专家、中药企业负责人、兄弟地市中药材产业发展负责人等120余人在长治市参观考察。5月5日至6日，长治市完成2016年农业部春季种子市场专项检查玉米种子样品的品种纯度田间小区种植鉴定播种工作，共种植24个省（市）市场抽检的532个玉米种子样品。6月30日至7月1日，晋陕甘宁四省区旱作农业协作会议在长治市召开，总结交流四省区发展旱作节水农业的经验，讨论进一步加强协作的方法途径，并现场观摩沁县沁州黄谷子种植基地、襄垣县林盛果业张林梨王育苗基地、壶关县东井岭乡北行头村玉米地膜覆盖基地、壶关县店上镇绍良村旱地西红柿种植基地及长子方兴现代农业示范园区。8月6日至8月8日，2016年全国春季种子市场抽查玉米品种纯度田间鉴定培训现场会在长治市召开，来自全国18个省（市、区）种子检验机构的田间检验员和特邀的玉米育种专家，共计50余人参加现场培训会，并对2016年全国春季种子市场抽取的532个玉米种子样品进行科学公正的甄别判定，出据科学准确的鉴定结果，完成鉴定任务。9月23日，山西（运城·临汾·吕梁）特色农产品北京展示展销活动在北京全国农业展览馆1号馆拉开帷幕，长治市

8家企业70余种特色农产品参展，在山西（运城·临汾·吕梁）特色农产品北京展示展销活动暨山西特色现代农业招商引资项目签约仪式中，长治市签约6个项目，签约金额23.8亿元。10月18日，2016年全省农业农村基层干部培训长治班在长治县神农生态园区开班，13个县（市、区）分管农业的副县（市、区）长、各县（市、区）农委主任、负责农村工作或改善农村人居环境工作的干部、省（市、县）三级美丽宜居示范创建村党支部书记和村委主任共计220余人参加培训。11月5日，第十四届中国国际农产品交易会暨第十二届昆明国际农业博览会在昆明国际会展中心开幕，长治展团秉承农交会办展宗旨，诠释国家现代农业示范区"绿色农业、品牌农业、服务农业、生态农业"内涵，组织6家企业到春城昆明参展，4家企业进行现场销售。11月10日下午，市农委、市金融办、长治银监分局联合召开长治市农业产业化项目政银企对接座谈会，市县涉农的14家金融机构和有贷款需求的19家农业龙头企业参加该次座谈会。11月29日，山西省特色农业产业扶贫现场观摩暨技术培训会在平顺县召开，全省11个地市、36个国定贫困县农委负责人参加会议。

【调研"三农"情况】 2016年3月9日至10日，山西省水利厅副巡视员姚海平带领省农村一、二、三产业领域重点企业重点项目大帮扶活动第四小组到长治市，对长治县、壶关、长子、沁县、襄垣等地的13家重点企业进行实地调研、精准帮扶。

3月17日，长治市政协副主席关小平和部分政协常委、委员一行12人，到长治县视察长治市新型职业农民培育工程实施情况。

3月21日至22日，山西省农垦局书记吴丽琴一行3人对长治市农垦改革发展情况进行调研，22日在市农委会议室召开研讨会，市农委副主任文姜全和部分科室负责人及长治市的4家农垦企业（长治市果树场、长治市奶牛场、襄垣农牧场、屯留县国营肉牛场）负责人参加研讨会。

3月23日，山西省农村人居办处长李固对长治市长子县的西郭村、庄里村两个农村公共浴室的建设运行情况进行专题调研，调研中就建设成本、运行模式、存在困难等情况与市县农居办和村干部进行交流座谈。

3月24日，山西省农业厅计划处处长裴峰和副处长郝燕花到长治市就创建农村一、二、三产业融合发展示范区进行调研。

3月29日，山西省农业厅第二督导组在省农技推广总站站长杨军带领下对长治市2016年春耕生产进行督导，采取汇报、现场察看、组织座谈、走访农户等方式，到长治县和黎城两县了解强农惠农富农政策落实情况、春播种植意向、农资市场情况以及当前农业生产存在的问题。

4月8日，云南省昆明市农业局副局长齐超英一行10人到长治市实地交流学习调研新型职业农民培育工作，考察团在长治市长治县神农生态种养园专业合作社、振兴鑫源有机农产品合作社和长子县方兴现代农业公司等3家培训机构实地参观教学实训基地，参阅工程管理档案资料，了解组织管理、食宿保障办法，交流认定管理和政策扶持措施。

4月21日至22日，由山西省人大常委会副主任、省总工会主席田喜荣带队的省人大常委会执法检查组就贯彻落实种子"一法一条例"情况进行调研，执法检查组到潞玉种业、长子县方兴蔬菜种苗基地、省农科院谷子所、壶关县紫团食用菌生产基地、襄垣县林盛果业生产基地考察调研，并召开汇报会听取长治市相关情况汇报。

4月27日，山西省农业厅副巡视员张红星到长治市，就中药材产业发展情况进行调研。

5月16日至17日，农业部农产品质量安全中心地标处副处长陈思博士，省名优中心副主任杨世平、金宇，地标科科长文波一行4人就襄垣县手工挂面协会申报地理标志情况进行考察调研。

6月13日至14日，山西省小麦品种审定委员会小麦组主任姚先伶带队的小麦专业委员一行9人，到长治市屯留区试站、长子原种场、农科院谷子所三个小麦试验点，对中部晚熟冬麦区小麦区试和生产试验的33个品种（含对照）进行田间考察和检查指导。

8月9日至11日，以省水利厅副总工程师李智慧为组长的省督查组到长治市，就2016年上半年改善农村人居环境工作进行督查，督查组到平顺、长子、壶关、潞城4县市21个村和项目工地，对长治市美丽宜居示范村、农村垃圾污水治理、农村改厕、易地扶贫搬迁等四大工程有关项目进展情况进行实地查看。

8月12日，由太原市农委巩天奎总农艺师带队的设施蔬菜考察组一行9人到长治市学习考察设施蔬菜发展典型经验，考察组参观长治市长子县的浩润公司、"生贵式"移动大棚、方兴现代农业园区，长治县的红都种植专业合作社、太行山物流园以及壶关县旱地西红柿种植情况。

8月12日至13日，国药药材股份有限公司副董事长、总经理文元一行到长治市武乡和平顺两县就中草药种植和深加工等情况进行考察调研。

8月17日至18日，农业部全国农技中心防治处赵中华研究员、中国农科院植保所陈德富研究员在省植保植检总站副站长张武云、科长张东霞的陪同下，到长治市就大秋作物病虫害防控工作进展情况进行督查指导。

10月11日，长治市农委联合长治检验检疫局，在全市范围内开展促进特色农产品扩大出口的调研活动，掌握各县（市、区）具有一定规模和出口潜力的特色农产品产业现状、生产经营情况和出口需求等有关情况，了解农业企业“走出去”、农产品出口等在信贷、融资、税收、通关、政策支持、信息服务等方面面临的主要问题。

10月14日，由国家发改委农经局副司长巡视员胡恒洋带队的全国休闲农业与乡村旅游星级创建验收组到长治县振兴新区，对振兴新区申报五星级园区进行评审和验收。

11月16日，“长治市农产品质量安全监管及农业标准化培训班”在山东省潍坊市开班，各县（市、区）农委主任和农产品质量安全监管业务骨干、“三品”认证企业负责人代表、休闲农业与乡村旅游企业负责人代表参加培训班。

12月7日至10日，由文姜全带队的调研交流学习团一行13人到陕西省宝鸡市调研交流学习陕西省新型职业农民培育工作，调研团到宝鸡市陈仓区国人菌业循环农业园区、陈仓区绿丰源现代农业示范园区，眉县齐峰果业公司暨眉县国家级猕猴桃批发市场、眉县农广校，宝鸡市农广校，陇县飞鹤关山4万只奶山羊养殖基地，千阳县农广校、千阳县海升现代农业园区，凤翔县农广校等4家培训机构、5个新型职业农民实训基地调研学习。

12月20日至21日，山西省农业厅副巡视员赵安泽、外经外事处处长白国平、省农广校校长武怀庆一行3人，到长治市壶关县紫团公司、五龙山乡刘寨村，长治县日益康面粉厂、铁府醋业、振东五和食品厂，襄垣县林盛果业，武乡县多维牧业公司等地调研指导农业产业扶贫和农产品出口工作。

12月12日至15日，长治市农委在中国农业大学组织举办长治市新型职业农民培育暨现代农业发展管理培训班。培训内容以现代农业先进理念、农村一、二、三产业融合发展、新型农业经营主体发展、区域农产品和农业园区品牌提升为重点，突出现代农业发展和经营管理能力水平提升，邀请9位全国知名专家教授进行授课。

（李晋平　牛庆波）
（责任编辑：罗　艳）

扶贫开发

【概述】 长治市扶贫开发中心属全额事业单位，正处级建制，编制23名，内设综合科、监测科、产业科、财务科、社会科、科教科等6个科室，领导职数1正1副，科级职数10名。截至2016年，实有在编人员16人。

长治市有国家级贫困县3个，分别为壶关县、平顺县、武乡县，省级贫困县2个，分别为沁县、沁源县，有贫困人口的非贫困县6个，分别为屯留县、长子县、潞城市、襄垣县、黎城县、长治县。“十三五”时期，全市有贫困村893个，贫困人口217762人，分布在除城区、郊区外的11个县（市）、136个乡镇、3159个村，全市规划到2019年贫困人口全面脱贫、贫困村全部退出、贫困县全面摘帽。2016年实现222个贫困村有序退出，56513名贫困人口稳定脱贫，分别超出年初目标15.6%和13%，截至年底，有671个贫困村、68719户贫困户、169214名贫困人口尚未脱贫。

【精准扶贫】 2016年，长治市扶贫开发中心针对国家审计署山西特派办提出的涉及长治市的问题线索进行核查。经过甄别和核查总共出列11884人，新增6230人，为全市实施精准扶贫打下坚实基础。在《山西省贫困退出办法》的基础上出台《长治市贫困户、贫困村、贫困县退出指标实施细则（试行）》，细化贫困退出指标细化。通过因户施策，精准帮扶，退出贫困人口年人均可支配收入稳定超过3026元且达到“两不愁、三保障”的标准，帮扶工作的满意度得到贫困群众认可。2016年，全市56513名贫困人口按照村内评议公示、乡镇审核公告、县级监督检查的程序退出，村支部书记、村委会主任、第一书记、驻村工作队和脱贫户全部在精准扶贫手册上完成签字。通过产业引导，政策扶持，2016年退出村的贫困发生率全面降至2%以下，其中204个贫困村贫困发生率降到零。

【扶贫队伍建设】 2016年，长治市扶贫办新增10个编制，原隶属于农业系统的6个插花贫困县全部独立设置扶贫办，正科建制，编制人员不少于8人。在5个贫困县乡镇设立67个扶贫工作站，非贫困县设立71个扶贫工作站，共配专兼职扶贫干部201名，其中武乡、沁县的乡镇扶贫专干编制隶属于县扶贫办。为国省定贫困县每个工作站拨付工作经费3万元，非贫困县每个工作站拨付2万元，从根本上解决扶贫队伍弱小的问题。

【“五帮联动”帮扶】 2016年，长治市实现全市893个贫困村、88155户贫困户、21.77万贫困人口的帮扶全覆盖。其中市直161个单位抽调516名驻村工作队员，帮扶389个贫困村，组织市直5800余名党员干部结对帮扶29248户贫困户。按照省里要求，市级对3个国定贫困县的第一书记进行市县调整，增派177名第一书记驻村任职，省市派驻比例达60%以上；对市级67支不足3人的工作队进行充实调整。

【干部帮扶管理】 2016年，长治市成立干部驻村帮扶工作领导组，市委常委、常务副市长潘贤掌，市委常委、组织部长姚逊担任双组长。出台《长治市农村第一书记管理办法》和《长治市驻村帮扶干部管理办法》，将帮扶工作纳入帮扶单位年度目标责任考核，明确驻县工作队大队长、驻村工作队队长、工作队队员、农村第一书记必须脱产扶贫，每月在村工作时间不少于15天；党员干部联户帮扶责任人每年到户帮扶不少于6次，每周与包联贫困户电话联系不少于1次；驻村帮扶干部每人每天100元补助标准。为5个县的市直单位驻村工作队解决办公经费5万元，明确帮扶单位闲置办公用品可用于扶贫捐助。对群众不满意、工作表现差、长期不在岗的驻村干部实行“召回制”，被召回干部两年内不准提拔重用，不准评优评先，不准列为后备干部。

【扶贫资金保障】 2016年，长治市用于脱贫攻坚的各级财政专项扶贫资金和整合的涉农资金达8.29亿元，其中，中央、省级财政扶持资金4.4亿元，中央和省财政扶持资金比上年增长109.8%；市委、市政府在经济下行压力加大的情况下，筹措市级财政专项扶贫资金1.49亿元，比上年增长206.8%；各县从本级财政投入专项扶贫资金6121.66万元，5个贫困县整合财政资金17679.69万元；财政专项扶贫资金投入总量和增幅都达到双增长的目标。社会各级帮扶单位筹措资金物资5664万元用于帮扶脱贫。

资金使用方面。全市11个县2015年及以前年度资金全部清零，2016年度资金账面余额为1957.37万元，占2016年扶贫资金的4.4%，达到占比10%以下的目标要求。

金融扶持方面。5个贫困县累计发放“富民贷”1.55亿元，完成全年任务的101.6%，扶持3603户贫困户发展一批小养殖、小加工、小农业、小作坊等项目。支持涉农企业发放“强农贷”2.77亿元。

【搭建政策落实工作平台】 2016年，长治市扶贫开发中心组织编印《驻村工作队培训资料》《精准扶贫手册》《脱贫攻坚政策100问》等政策性资料，为帮扶干部和贫困群众提供政策理论保障。建立长治扶贫工作队工作微信群，工作队通过微信平台，发布工作动态，分享工作经验，落实帮扶政策，建立驻县大队长月度点评制度，将每月29日定为大队长月度点评日。

【脱贫攻坚指挥部】 2016年，长治市扶贫开发中心结合市情，组建脱贫攻坚总指挥部，下设产业发展指挥部、易地搬迁指挥部、促进就业指挥部、基础设施指挥部、公共服务与兜底保障指挥部、户容户貌改善指挥部、基层组织建设指挥部、督查考核指挥部等8个分指挥部，指挥部共涉及48个成员单位，办公驻所设在政府大院，其中8个重点单位派出常驻人员，采取周例会、月调度、季通报、年考核的机制集中办公，形成脱贫攻坚的强大合力。

【特色农业】 2016年，壶关县形成以食用菌、旱地西红柿为主的产业链条；平顺县形成以中药材、乡村旅游、休闲农业为主的产业链条；武乡县形成以畜禽产业、小米、梅杏为主的产业链条，沁县形成以小米、高粱、有机蔬菜为主的产业链条；沁源县形成以马铃薯、肉驴养殖加工为主的产业链条；黎城县10个贫困村以养殖为引领，实现村村有产业。平顺县全产业链发展中药材产业助力脱贫攻坚的经验被全省推广，并作为优秀范例被推荐到农业部，同时平顺县被工信部、财政部等12部委列为全国重点扶持的两大中药材基地之一。培育壮大振东中药材、太行紫团、大山禽业等51家龙头带动型企业；成立新天地种养专业合作社、新世纪种养专业合作社、恒绿源造林专业合作社等一大批农民专业合作社，带动吸收13959名有劳动能力的贫困人口发展生产和创业就业，实现增收脱贫。

【光伏扶贫】 2016年，长治市共建设72个村级光伏电站和1个35兆瓦地面电站。截至2016年年底，72个村级电站全部开工。其中，竣工61个，在建11个，竣工率85%；37个并网发电产生效益。潞安集团在壶关投建的35兆瓦地面电站开工建设。通过光伏扶贫使1538户4613人摆脱贫困。屯留县安排专项光伏信贷资金用于实施户用式光伏扶贫项目578户，并网发电201户；扶贫办为助力光伏脱贫项目，给贫困户发放贷款贴息16.71万元。

【电商创业】 2016年，长治市建成县级电子商务中心12个，村级服务网店1462个，帮扶3050名贫困人口实现创业。武乡县探索出一点带多户模式、三商联动模式、整村微商模式和

2016年11月29日，山西省特色农业产业扶贫现场观摩暨技术培训会在平顺县召开

（李晋平　供图）

平台运营模式等4种电商扶贫模式，被评为全国电子商务进农村综合示范县。武乡县的岭头村，一个只有494口人（贫困人口140人）的小山村，在工作队和第一书记带领下，打造微商村，有80人开微店，其中贫困户20户。

【旅游扶贫】 2016年，长治市以优质景区辐射带动周边乡村开展乡村旅游，支持贫困群众依靠景区和乡村旅游经营“农家乐”，鼓励贫困户利用自家房屋发展农家客栈，将当地土特产品销售给游客，实现脱贫增收。其中，太行山大峡谷景区直接带动530名农民就业，辐射带动周边13个村发展农家乐、小摊点、小运输320户，接待床位7500余张，拉动1360人从事旅游，平顺县太行水乡、通天峡两个AAAA级景区发挥辐射带动作用，通过乡村旅游，使贫困人口不出家门便可实现增收。

【促进就业】 2016年10月后，长治市在壶关、平顺、武乡、长治县等县举办6场就业脱贫专场招聘会，组织有劳动能力的贫困人口与企业进行对接，为贫困劳动力提供就业岗位，帮助784名有劳动能力的建档立卡贫困人口实现就业脱贫。在长治市就业脱贫工作长治县对接仪式暨经验推广交流会上，为贫困户提供300多个劳动岗位。

【企业带动】 2016年，长治市加大企业产业扶贫力度。完成投资19.5亿元，占省下达任务18亿元的108.3%，解决和带动3900人实现就业脱贫，达到年计划的100%。制订《长治市民营企业“百企帮百村——精准到户”扶贫行动实施办法》，按照市场导向、农企双赢的要求，动员引导组织全市一百家以上民营企业与全市建档立卡的一百个以上贫困村结对帮扶。武乡县大山禽业公司开展“我与农户手拉手”活动，解决农户养鸡育雏难、防疫难、卖蛋难三大难题，与大有乡、贾豁乡、上司乡等20多个村400多贫困户签约，实现户均年增收1000元至2000元。2016年，全市通过产业就业脱贫辐射带动34196名贫困群众实现脱贫。

【易地搬迁】 2016年，长治市通过城镇安置、就近安置、产业安置、资产利用、特困保障和市场运作等6种易地扶贫搬迁模式对贫困群众进行安置，摆脱贫困。截至2016年年底，全市103个集中安置点全部开工，开工率100%，竣工率67%，完成投资2.48亿元，占年度计划投资的104.6%，后续产业同步跟进。其中，产业扶贫4090人，技能培训580人，落实就业1504人，劳务输出2580人，其他1027人，通过易地扶贫搬迁使9781名贫困人口实现稳定脱贫。黎城县探索易地搬迁与稳定移民相结合方式，让移民户既搬得出、又稳得住。

【生态扶贫】 长治市山区、丘陵区占全市国土面积的80%以上，有宜林荒山面积250余万亩，其中5个贫困县和黎城县约180万亩，是林业生态建设的主战场。成立扶贫攻坚造林合作社是林业扶贫的一项创新举措，2016年，全市造林专业合作社113个，其中吸纳带动贫困人口2693人，占社员总数83%。利用国家生态公益林、天然林保护、未成林造林地保护工程，安排贫困人口担任林业管护员2791名，保证年底前至少有一个月的工资收入。通过生态补偿脱贫1083户4109人。沁县绿田源扶贫攻坚造林专业合作社，每季度公布一次工程建设收支情况，2016年，该合作社承担3000亩重点区域造林和4000亩市级封山育林任务，有5户在该合作社的带领下脱贫。

【基础设施改善】 2016年，长治市扶贫开发中心对退出的192个贫困村安全饮水进行全面排查，针对163个存在饮水安全问题的村，投资3107万元，实施整村脱贫饮水安全工程，解决163个贫困村，26154名贫困人口饮水安全问题。将全市4065户贫困户的危房纳入改造范围，政策上重点向住房困难贫困户倾斜，2016年投资25278万元，完成农村危房改造8380户，完成率100%，解决贫困群众的安全住房问题。

【教育扶贫】 2016年，长治市扶贫开发中心全面“雨露计划”和贫困大学生资助工作，按照每人2000元的标准，资助3052名贫困中、高职生，按照每人5000元的标准，资助686名贫困大学生，使贫困学生享受更加公平的教育政策，阻断贫困代际传递。以稳定就业为导向，对贫困劳动力开展实用技术培训，完成就业培训7679人，新型职业农民培育11723人。通过教育脱贫有1342户4032人。

【健康扶贫】 2016年，长治市在退出村中开展大病集中分类救治行动，组织市、县、乡、村成立337支医疗工作队，逐村逐人进行排查，为2068名患病贫困群众建立健康档案，对241名患病群众集中救治。各县实施健康扶贫行动，沁源县在全县开展送医疗服务、送卫计政策、送健康知识“三送”健康扶贫行动和“一人一策精准医疗”活动，降低贫困群众就医成本。对退出贫困村卫生室进行全面改造达标，通过乡镇卫生院派出医生定期坐诊、公开招聘乡村医生和市县两级医疗机构下乡服务等方式解决贫困村卫生室乡村医生短缺问题，通过强化基层基本药物供应，实行村卫生所16类186种基本药物强制上架销售，解决乡村卫生室缺医少药问题，实现222个退出村贫困群众的就医全覆盖。

【政策兜底保民生】 2016年，长治市按照国家扶贫标准，对不达 3026 元的平顺、武乡、壶关、沁县、黎城和长子 6 县的农村低保标准进行调整，全部提高到 3030 元。截至 2016 年年底，11 个县市农村低保标准全部超过国家扶贫标准，平均农村低保标准达到 3139 元，实现低保标准与扶贫标准的“两线合一”，使 7365 户 14176 名贫困人口通过政策兜底实现脱贫。

【三容三貌】 2016 年，长治市扶贫开发中心成立户容户貌指挥部，制订贫困村“村容村貌、户容户貌、民容民貌”专项整治达标标准，引导改变贫困户的生活卫生习惯。各县市筹集资金用于改善户容户貌，其中壶关县财政筹资 1000 万元，村容村貌整治每村补助 3 万元；户容户貌每户补助 500 元，覆盖 1.09 万户，2.8 万人。各帮扶单位动员全社会力量在保障贫困家庭实现收入达标的基础上，捐助家具、生活用品及衣物。

【多样化宣传】 2016 年，长治市扶贫开发中心在 10 月 17 日扶贫日，举行长治市“脱贫攻坚 决战太行”大型图片展活动；《长治日报》专版刊登脱贫工作；各县开展街头政策宣传和咨询活动；在 10 月 13 日至 20 日举行的第二届长治制造展销推介周上，专门增设脱贫攻坚板块，展示扶贫攻坚的新成果，通过展会平台签订多家扶贫合作意向和产品销售合同，实现扶贫企业合作共赢目标。

【中药材产业的发展】 2016 年，平顺县争取中央一县一业项目资金 740 万元；5 个贫困县争取到中药材退耕还林项目资金 545.5 万元，省级财政支农中药材项目资金 1230 万元；市级财政每年拿出资金对中药材龙头企业进行贷款贴息补贴。各贫困县也对中药材产业给予扶持，如平顺县对中药材种植先进乡村、专业合作社、种植大户共奖励资金 50 余万元；壶关县对集中连片达 50 亩以上的中药材种植村，每亩资助 100 元；沁源县拿出 160 万元购进连翘苗 400 万株，免费发放到种植户手中。2013 年后，省、市、县三级用于中药材产业发展资金达 4100 万元。全市中药材产业在 5 个贫困县共有 1 万余贫困人口实现稳定脱贫。

平顺县连翘抚育基地　　（李晋平　供图）

【资产收益扶贫】 2016 年，长治市在 11 个县市推开资产收益扶贫试点工作，确定有 31 个试点单位。其中，试点合作社 25 家，试点企业 6 家，吸纳建档立卡户 5280 户，贫困人口 13228 人。将壶关县刘寨村和方兴在黎城跨县发展的脱贫事例，总结提炼为“合作社 + 能人 + 贫困户”模式和“龙头企业 + 合作社 + 贫困户”模式，以典型事例解读资产收益扶贫如何开展。出台《长治市资产收益扶贫试点工作实施方案》，理顺集体经济组织与贫困户的产权关系，保证贫困户权益，在此基础上实现集体经济破“零”、集体经济壮大和全体村民的增收 3 个目标。

【农村电子商务扶贫】 2016 年，长治市以“互联网 +”思维为引导，采取多项措施，打出“组合拳”，推进农产品销售网络、农村电子商务的应用与发展，推动农业升级、农村发展、农民增收。据初步统计，长治市电子商务企业达到 113 家，开展电子商务个体工商户近 800 家，网络零售额达 5 亿元。贫困地区农产品“卖难”问题得到解决。太行山农产品物流园区的“阿里巴巴太行山农产品专业市场”网上交易平台，有 217 家企业入驻电商平台，以农产品深加工企业为主，交易品种 1230 种，日访客户 5600 人次，年交易额 240 万元，主要销售山西省的红枣、小杂粮、老陈醋等产品。武乡县通过建立县电商协会，对农村电商服务点建设、农村电商物流配送体系建设以及规模以上农村电商企业等多方面进行奖励，带动农村电商发展。依托农村电子商务平台的发展，逐步打造农村物流体系、农村本地农特产品的外销平台建设、农村金融服务体系，带动广大农民参与到农村电子商务中，带动贫困地区特色农业发展，解决贫困地区农产品卖难的问题。

【推广造林专业合作社扶贫】 2016 年，长治市组建扶贫攻坚造林专业合作社，让贫困群众在参与造林营林中增收致富。探索出“公司 + 基地 + 合作社＋贫困户”“种养殖合作社＋林地土地＋合作社＋贫困户”“能人（村干部）＋市场＋合作社＋贫困户”3种模式。

（陈长宁）
（责任编辑：罗 艳）

农业机械化

【概述】 2016年，长治市农机总动力新增3.01万千瓦，达124.33万千瓦，完成全年新增3万千瓦的目标任务。春夏秋农机化生产作业实现顺利开展，农机耕种收机械化运用水平保持正常发展态势，完成全年综合机械化水平达到74%的目标任务。全市共使用农机购置补贴资金2840.694万元，补贴各类农机具5095台件，受益农户4052户，完成全年任务的203%。全市新增农机专业合作社12个，新增农机大户42个，分别完成全年任务的200%和168%。全市检验拖拉机、联合收获机9294台，办理拖拉机、联合收割机注册登记入网1134台，新训、新考驾驶操作人员786人。截至2016年年底，全市无农机田间作业伤亡事故，保持农机安全生产形势稳定。全市新增玉米联合收获机282台，完成全年任务的176%，玉米全程机械化作业面积145.17万亩。全市新增马铃薯机械装备32台，完成全年任务的107%，马铃薯全程机械化面积作业5.57万亩。全市农机深松整地作业面积36.21万亩，完成全年36万亩的目标任务。完成培训新型职业农民1005人。完成全年培训新型职业农民1000人的目标任务。

【农时季节管理】 2016年，长治市共投入各种农业机械44124台，完成机耕面积278.45万亩，完成机播面积286.65万亩。“三夏”（夏收、夏种、夏管）期间，共投入各类生产机械6516台，收获小麦8.98万亩，其中机收8.28万亩，机收率为92.21%。“三秋”（秋收、秋耕、秋种）期间，共投入各类机具43691台。其中，拖拉机18865台，玉米收获机1689台，马铃薯收获机333台，秸秆还田机2386台，深松机535台，播种机1750台，旋耕机4972台。完成玉米机收145.17万亩，耕整地291.846万亩，小麦机播8万亩，秸秆还田213.98万亩，深松35.79万亩（全年共完成36.21万亩）。

【农机购置补贴】 2016年，山西省农机局下达长治市的中央农机购置补贴资金共计2905.65万元，实际用于农机购置补贴的资金为2840.69万元。根据全省统一安排，长治市农机局于4月28日举办全市农机购置补贴工作培训班，传达贯彻全省补贴工作会议精神，安排2016年的农机购置补贴工作。5月13日，长治市农机局会同市财政局联合下发《长治市农机局 长治市财政局关于进一步做好2016年农机购置补贴工作的通知》，农机购置补贴工作在各县（市、区）开展。2016年，全市共使用补贴资金2840.69万元，补贴各类农机具5095台，受益农户4052户，超额完成全年工作任务。

【农机安全监管】 2016年，长治市检验拖拉机、联合收获机9294台；办理拖拉机、联合收割机注册登记入网1134台；新训、新考驾驶操作人员786人次。开展“平安农机”创建，组织形式多样的安全生产宣传教育活动。农机安全生产发展形势稳定，全市无农机田间作业责任死亡事故。开展“3·15”农机维权活动，查处假冒伪劣产品，保证农机产品质量安全，维护全市农机市场的规范运行。全市共受理解决农机产品质量投诉案件7起，为农民挽回经济损失8.48万元。

【电动农机新产品研发】 2016年，长治市农业局针对丘陵山区农机情况，与农机生产企业合作，开展电动农机项目科技研发工作，研制出3种电动农机产品。为保证电动农机产品质量，与农机企业共同起草制定产品企业标准，并通过长治市质量技术监督局标准审定。结合长治市电动农机发展的实际情况，起草《关于推进电动农机发展的实施意见》。长治市研发的电动农机新产品中，有3家企业的8款产品被列入2016年《山西省电动农机新产品奖补名录》。武乡县、平顺县、壶关县被山西省农机局确定为电动农机项目示范县，下达奖补资金共计320万元。与文化局联合开展“公益电影进农村”活动，对电动农机进行宣传。

【农机示范合作工作】 2016年，山西省农机局确定长治市6个示范农机合作社、3个示范机械化家庭农场、6个示范农机大户为2016年的农机示范社场户培育对象，并开展农机“示范社场户”创建活动。结合全国农机合作社示范社创建活动，3个农机合作社参加全国农机示范合作社评选推荐活动。截至2016年年底，全市新增农机专业合作社12个，新增农机大户42个。

【农机技术比赛及培训】 2016年，长治市举办长治市第一届农机手技能大赛暨第三届中国农机手大赛选拔赛。选拔15名选手参加全省比赛，其中9名选手入围全省30强参加全国比赛，占全省参赛选手的近1/3。全国大赛中，屯留县选手王旭东获大赛第三名。全市共开设各类农机培训班和农机现场培训演示活动30期，培训各类农机操作人员4000余人次。其中培训新型职业农民（农机操作手）1005人次。

（李 亮）
（责任编辑：罗 艳）

农村经济管理

【概述】 长治市农经局成立于1991年12月，为市政府直属副处级建制，独立法人，全额事业拨款机构，党务

（支部）、财务、人事、管理均独立运行。长治市农经局共有 60 人，内设一室四科（办公室、编制人事科、财务科、合同管理科、农民负担科），下设 3 个中心（长治市农民专业合作社管理中心、长治市农村财务管理中心、长治市农经服务中心）。

2016 年，长治市农经局持续加大监督、管理、指导、协调和服务力度，农村土地承包经营权确权登记颁证和农村集体产权制度改革试点工作顺利进行，农村产权流转交易市场全面建成，培育新型农业经营主体，合作社、家庭农场等新型经营主体继续发展，资产收益扶贫试点工作有序开展，农村土地承包调解仲裁体系完善，农村土地有序流转，农民负担监督管理落实到位，全面完成“十三五”开局之年农经工作的目标任务。

【农民合作社】 2016 年，长治市有农民合作社 10904 家，农民合作社联合社 28 家,加入联合社的合作社 194 家，取得无公害农产品认证 60 个，绿色食品认证 9 个，有机农产品认证 11 个，农产品地理标志认证 7 个。四级示范合作社累计 1459 家（其中国家级 48 家，省级 238 家，市级 277 家，县级 896 家），新培育示范社国家级 4 家、省级 28 家、市级 45 家、县级 86 家，超额完成 2016 年省市下达任务。2006 年至 2016 年，中央、省、市三级下拨项目扶持资金累计达 6015 万元。其中，中央 423 万元、省级 1532 万元、市级 4060 万元，市级资金在 2015 年开展土地确权后被暂停。2016 年 11 月，市委、市政府领导同意恢复此项预算资金每年 500 万元。搭建培训平台、网络平台、产销平台三大平台。培训平台采取请进来、走出去方式，加强合作社理事长、会计、辅导员三类人才培训，2016 年培训共 40 余期、10000 余人次，形成市、县、乡三级分层分类培训体系。11 月 18 日，市农经局邀请中国农大规划设计院农研所所长邢春雨教授就如何做好“农业 +”文章，面对面对农民合作社理事长进行培训指导，让庄稼汉上“研究生课”。完善“长治市农民专业合作社信息网”和长治市合作社微信交流平台等网络平台，搜集和发布市场供求信息、科技信息等万余条，拓宽农民信息共享的渠道。组织武乡县三里湾等合作社，到太原、驻马店、青岛等地参加展销活动，为农民合作社提供合作交流窗口和产销对接平台。

【家庭农场】 截至 2016 年年底，长治市累计发展家庭农场 347 家，新发展家庭农（牧）场 51 个，培育省级示范家庭农场 2 个。从家庭农场的生产经营来看，适度规模经营、产业化生产水平较高，土地产出率、资源利用率、劳动生产率普遍高出全市平均水平 10% 以上，具有较大发展空间。

【农村土地承包管理】 截至 2016 年年底，长治市开展土地确权工作共涉及 13 个县市区、156 个乡镇、3468 个行政村（城区有 4 个村耕地）561 万亩耕地。全部完成二轮清册、发包方调查表、承包方调查表的填写，3368 个村完成承包地块调查表填写，占总村数 97.1%；3410 个村完成权属调查，占总村数 98.3%；完成权属调查面积 537.5 万亩，占市国土地二调耕地总面积 561 万亩的 95.8%。完成审核公示的 3295 个村，占总村数的 95%；1185 个村与农户签订农村土地承包合同，占总村数的 34.1%，在山西省排名第三。

2016 年，长治市印发《关于引导农村土地经营权有序流转发展农业适度规模经营的实施意见》引导该市农村土地经营权流转。截至 2016 年年底，13 个县（市、区）均成立农村土地流转服务中心，开展土地流转信息发布，设立土地流转登记备案簿，指导土地流转合同签订，开展土地流转宣传及政策咨询、合同鉴证。结合长治市实际，市农经局起草《长治市关于建设农村土地承包经营纠纷调解仲裁体系的实施方案（讨论稿）》。建立健全县级仲裁、乡村调解的农村土地承包经营纠纷调解仲裁体系，按国家标准逐步改善县级仲裁设施条件，设立“二庭二室”，受理解决农村土地承包经营纠纷。2016 年，各级调解仲裁委员会共聘任调解员 438 人，仲裁员 199 人。全市共发生各类纠纷 4540 起，调解仲裁 4520 起。

【农村财务管理】 2016 年 3 月和 5 月，农业部两次对长治市农村集体产权制度改革潞城试点工作开展情况进行督查和调研，对潞城市小天贡村的改革成效给予肯定。潞城市在 9 个乡镇（办事处）确定 15 个不同类型的村集体改革试点，督促潞城市配套 30 万元作为改革工作启动资金。9 月 22 日，农经局在潞城市组织举行长治市产权制度改革培训班，明确改革流程、实施细则。潞城确定的 15 个村集体产权制度改革试点工作全面完成。4 月下发“集体经济收入情况统计表”，对全市 3764 个行政村（居委会、社区）经营收入情况进行摸底调查。

【产权交易市场建设】 2016 年，按照山西省委省政府“土地确权工作完成之时，就是产权流转交易市场建成之日”的要求，长治市各县（市、区）的产权流转交易市场全部建成。截至 2016 年年底，受理 25 宗交易，累计交易金额 61.7 万元，规范流转交易合同 129 份。

【农民负担监督管理】 2016 年，长治市农村一事一议公益事业项目用于脱贫村建设 672 个，其中，用于无集体收入的村 296 个，共投资 9304.8 万元。其中，财政奖补资金投资 6116.81 万元，村级投资 2837.11 万元，为贫困村脱贫致富提供资金保证。

开展农民负担综合检查。重点检

查涉农收费情况、强农惠农政策落实情况、村级一事一议财政奖补情况、相关涉农部门向农民专业合作社和村集体经济组织乱收费、乱摊派、乱罚款情况等。开展农民负担综合检查的行政村有3380个，占全市总村数的97.5%。通过各县市区的自查、市级抽查，全市涉农收费和惠农政策执行情况总体良好，未发现向村级组织和农民乱收费现象。

【资产收益扶贫试点】 2016年，长治市被列为山西省唯一的“资产收益扶贫整市推进试点市”。11月11日，市政府召开全市资产收益扶贫试点工作推进会，明确资产收益扶贫工作目标、实施路径。在省级确定壶关、平顺、武乡3个县的基础上，按照市委、市政府安排，经过充分论证，将范围扩大到个县市，11个县市各自确定3个市级试点的同时，铺开县级试点工作。印发《关于开展资产收益扶贫试点的指导意见》和《长治市资产收益扶贫试点资料汇编》，推广壶关县刘寨村“合作社+能人+贫困户”模式和长子方兴在黎城县跨县发展的“龙头企业+合作社+贫困户”模式。武乡县大山禽业有限公司作为长治市资产收益扶贫的试点单位，2016年12月29日，在武乡县贾豁乡召开资产收益分红大会，为贫困户小额贷款入股大山禽业有限公司每户分得红利600元，这次分红涉及贾豁乡贾豁村等7个村38户贫困户，分红金额共计2.28万元。

【农村土地确权登记颁证工作】 2016年1月18日，长治市确权办组织召开由各县（市、区）确权办主任（农经局长）、农经局分管土地确权工作的副局长、办公室主任60余人参加的全市农村土地承包经营权确权登记颁证工作培训会，会议传达省确权办培训会议精神，就确权工作中存在的政策性和技术性问题进行解答。4月22日，市农经局与档案局相关人员前往试点工作开展最早、推进最快的潞城市就土地确权档案整理工作进行检查指导。6月、7月，市确权办集中力量对各县（市、区）中标测绘公司的工作情况进行两次全面督查，部分县区测绘公司存在测绘队伍技术人员配备不足、设备配套较少、工作落实不力的问题。为改变加快长治市确权工作的进度，保质保量完成土地确权工作，2016年8月23日至26日，市确权领导组办公室分别对9个县市区进度较慢、质量较差的测绘单位的技术负责人进行约谈。为加快推进确权档案管理及信息化建设工作，11月11日，市农经局联合市档案局在清华宾馆举办长治市农村土地确权档案整理和信息系统项目推进培训班，参加该次培训班的有各县市区农经局和档案局分管领导、业务科长等共计60余人。

（梁　晶）
（责任编辑：罗　艳）

水　利

【概述】 长治市水利局是市政府主管水行政的职能部门，主要承担全市水利规划、水利建设、水资源管理、防汛抗旱、水土保持、水电水产的组织管理任务。局领导班子核定编制6名，局长1名，副局长3名，总工1名，纪检组长1名。局机关内设16个职能科室和党群机构；局属单位16个，含3个副处级事业单位。市直水利系统共有干部职工367人。其中，行政编制33人，事业编制334人。全市13个县市区都单独设有水行政主管机构。截至2016年年底，全市完成水保治理面积43.9万亩；水电年发电量9006万度；水产养殖面积3000公顷，水产品年产量5400吨，渔业产值5700万元，渔业增加值达到1810万元，同比增长6.47%，水产苗种和产地水产品质量监督抽查合格率100%；完成地下水压采量563.13万立方米，全年用水总量控制在4.93亿立方米以内，万元地区生产总值用水量和万元工业增加值用水量分别下降5.98%和2.53%，全部指标均超额完成年度目标任务。

【水资源基本情况】 长治市属北暖温带半湿润气候，冬春干旱，夏季多雨，2016年平均降雨量为573.3毫米。在山西省属于“相对富水区”，水利设施基础条件相对较好。根据全市第二次水资源评价，全市水资源总量为19.07亿立方米，占全省水资源总量的15.4%；其中可利用量为9.76

2016年3月，长治举行“世界水日”“中国水周”宣传活动（王皓　供图）

亿立方米，占总量的51.2%。在水资源总量中，地表水资源量16亿立方米，地下水资源量9.25亿立方米，地表水资源与地下水资源的重复计算量为6.18亿立方米。全市人均占有水量611立方米，是全省人均占有水量的1.60倍；亩均占有水量346立方米，是全省亩均占有水量的1.92倍。

【水利发展规划】 2016年10月18日，《长治市水利发展“十三五”规划》《漳河流域生态修复与保护规划》《沁河流域生态修复与保护规划》经市政府常务会议通过，明确“十三五”重点实施构筑1个市域大水网，建设60个重点水源和引调水项目，建成90座大中小型水库，形成8亿立方米的供水能力的“1698”市域大水网工程，构建“两大流域、五大区域、河湖连通，多源互补、应急保障、促进发展”的供水网络体系，为全市“十三五”水利发展指明方向。

【市域大水网工程】 2016年，长治市水利局配合省水利厅漳河水利建管局，为省大水网工程顺利推进提供良好的外部条件，省大水网辛安泉供水改扩建工程水源部分沥头水电站通过下闸蓄水验收，并网发电，主干线试通水工作全面启动。城区、郊区、长治县等9个受益县市区配套小水网规划全部编制完成并获得县政府审批，襄垣县小水网王桥蓄水池项目完成；屯留县成立上善水利建设投资有限公司，小水网工程可行性研究报告编制完成，并批复；郊区成立和浚水利建设有限公司，小水网工程可行性研究报告初稿编制完成，长治市小水网建设有了实质性进展。主城区应急备用水源工程加压泵站水泵机组调试完成，市外段29.2千米管线全线贯通，完成试通水工作；长治市最大水利枢纽工程沁源永和水电站大坝主体工程完工，通过下闸蓄水验收；全市自1979年以来新建的第一座水库枢纽工程壶关八泉峡供水工程（水源部分）通过竣工验收；全省首座沥青心墙堆石坝沁县西汤和全市第一座混凝土面板堆石坝武乡县广志2座新建小水库超额完成年度建设任务；沁县韩庄、大良、石门等5座小型水库除险加固工程通过竣工验收，水利工程蓄水调洪、兴利除害的能力得到提升。

【重点河流生态修复】 2016年，长治市成立由市长任组长，22个相关部门和县（市、区）政府负责人任成员的浊漳河南源河流生态修复工程领导组，编制完成“漳河、沁河流域生态修复与保护规划”。10月18日，召开市域大水网工程推进暨浊漳河南源河流生态修复工程启动会，重点对浊漳河南源漳泽水库上下游重点河段以及支流石子河上游、黑水河上游、陶清河、岚水河、绛河入河口河段进行河流生态修复综合整治，各项工程前期工作有序推进。长治县成立黎水河河道治理有限公司，借鉴城区“三河一渠”的建设融资模式，黎水河（黑水河）河道生态修复项目全部放线，启动河道开挖；襄垣县阳泽河河道生态修复项目完成初设批复。

【民生水利建设】 2016年，长治市水利局农田水利方面突出抓小型农田水利重点县、膜下滴灌节水示范等项目建设，加快实施屯留、长子、襄垣、沁县4个县的新增粮食产能（水利部

2016年10月，山西大水网辛安泉供水改扩建工程水源部分沥头水电站通过下闸蓄水验收　（王　皓　供图）

分）项目。2016年，潞城市获全省农建“禹王杯”先进县称号，襄垣县、长子县、沁县获红旗县称号，共获得以奖代补资金250万元，在全省受表彰的县市区数量和以奖代补资金均居首位。水保治理方面，重点实施潞城、平顺等5县市国家水土保持重点建设工程，完成水保治理面积43.9万亩。平顺县白马小流域综合监测站作为全省唯一入选全国50家重要水土保持监测点，为下一步构建水土保持“天地一体化”监测体系奠定基础。饮水安全方面，完成农村饮水安全巩固提升工程103处，改善和提高116个自然村3.88万农村人口饮水安全标准；水电水产方面，2016年小水电年发电量达9006万度，水产品产量达5400吨，渔业总产值达5700万元，渔业增加值达1810万元，同比增长6.47%，为全市农业增产、农民增收和农村发展提供水利保障。

【水资源管理保护】2016年，长治市按照“先地表、后地下，先浅层、后深层”和“分质供水、优水优用”的原则，严格取水管理，严控深层地下水特别是辛安泉岩溶水的开采。开展地下水位监测和取水远程监控工作，截至2016年年底，全市取水远程监控设备平均在线率达到84%，在全省排名第二。突出“水库、河道、辛安泉域重点保护区和农村饮水安全集中供水工程水源地”4类重点，成立领导小组和7个现场督查组，于12月中旬组织开展“水利铁腕治污百日专项行动”。2016年，完成地下水压采量563.13万立方米，全年用水总量控制在4.93亿立方米以内，万元地区生产总值用水量和万元工业增加值用水量分别下降5.98%和2.53%，均超额完成年度任务目标。辛安泉水源地于2016年列入全国重要饮用水水源地第三批名录，年度考核成绩96分，考核结果优秀，在海河流域重要饮用水水源地中排名第三。组织开展《长治市辛安泉水源地保护条例（草案）》的编制工作，这是长治市拥有立法权以来制定的首批地方法规。条例（草案）初稿编制完成并面向全社会公开征求意见。

【防洪抗旱】2016年，受超强厄尔尼诺现象影响，长治市先后经历“6·4”强对流天气、“6·13”强冰雹天气、“6·23”强降雨和7月8日至9日、7月19日至21日强降水过程。长治市防汛指挥部强化以行政首长负责制为核心的各项防汛责任制，落实预案制订、应急演练、值班巡查、隐患治理等各项工作措施，应对多次强降雨天气，确保全市平稳安全度汛。重点实施襄垣县和沁源县抗旱应急水源工程，根据旱情旱象和农业生产需要，满负荷开动各类水利设施，扩大灌溉面积，保障全市农业生产安全。

【水利脱贫攻坚】2016年，长治市水利局按照“精准扶贫、精准脱贫”要求总投资8364万元，实施“整村脱贫饮水安全、水土保持、农田水利、农村水电、水库移民后期扶持和党员干部帮扶”六大水利扶贫工程。按照国家有关标准，对全市192个整体脱贫村饮水安全情况进行地毯式、拉网式的全面调查，并投资3107万元，建成农村饮水安全工程163处。按照全省统一部署，从11月29日至12月15日，省市县三级水利部门抽调180人组建30个调查帮扶小组，联合对壶关、平顺、武乡3个国定贫困县2050个自然村、56948户建档立卡贫困户、147485贫困人口开展农村饮水安全调查和水利技术帮扶活动，为开展水利扶贫工作奠定良好基础。

（王 皓）

（责任编辑：罗 艳）

林业生态建设

【概述】2016年，长治市森林面积为429.6千公顷，森林覆盖率达30.9%。全市有2个省级自然保护区，分别是山西浊漳河源头省级自然保护区和山西中央山省级自然保护区。长治市有湿地公园5处。其中，国家级湿地公园3处，分别为长治市国家城市湿地公园、山西沁县千泉湖国家湿地公园和山西长子精卫湖国家湿地公园（试点）；省级湿地公园2处，分别为屯留绛河省级湿地公园和平顺太行水乡省级湿地公园。根据2014年第二次全国湿地资源调查结果，全市湿地总面积11560.39公顷。其中，河流湿地4950.54公顷，沼泽湿地863.95公顷，人工湿地5745.9公顷，占全市国土面积的0.83%，占全省湿地面积的7.61%。根据《山西省湿地保护工程规划（2005—2030）》审批稿，长治市的漳泽水库湿地、武乡关河水库湿地和襄垣后湾水库湿地被拟定为“山西重要湿地”。

【造林绿化】2016年，长治市完成营造林30.49万亩，占总任务30万亩的101.6%。其中，完成国家省级营造林工程15.8万亩，占省任务15.8万亩的100%；完成市级营造林工程14.69万亩，占市级任务14.2万亩的103.5%。

【森林防火】2016年，长治市森林防火工作通过严格责任落实、强化制度约束、强化组织领导、强化全民宣传、强化防范意识、强化队伍建设、强化预警监测等方式多措并举，森林火灾发生次数减少，受害面积明显下降，森林受害率为0.016‰，低于0.45‰省控指标。

【国有林场改革】2016年1月6日，长治市成立由市领导及相关单位为成员的长治市国有林场改革工作领导组。9月9日市委、市政府出台《长治市国有林场改革实施方案》，明确全市国有林场由18个减少到15个，全部纳入公益一类事业单位管理。为推动国有林场改革工作有序进行，10月14日召开长治市国有林场改革工作会议，并全面安排部署长治市国有林场改革工作。截至2016年年底，全市有7个县市区上报县级改革方案，剩余县（市、区）国有林场改革工作稳步推进。

【集体林权制度配套改革】 2016年，长治市在集体林权制度改革方面，推进林业合作社发展，鼓励林农发展林下经济；重点抓森林保险和林权纠纷调解等配套服务工作，共签订森林保险保单面积475.8万亩。进行林权纠纷调解工作，全年未发生一起重大林权纠纷上访案件。

【林业产业精准扶贫】 2016年，长治林业实施以退耕还林补助、扶贫攻坚造林专业合作社造林、森林资源管护劳务、经济林提质增效、林业生态产业增收等五大林业生态扶贫工程，使全市36161名贫困人员享受林业政策并受益。其中，1800名贫困人员通过参加造林绿化专业队或合作社，获得造林工程劳务收入年均在1万元以上，有效解决5400名贫困人员脱贫，实现“一人造林，全家脱贫”；3169名贫困人员通过公益林管护年均增加劳务收入在3200元以上；160名贫困人员通过参加未成林造林地管护年均增加劳务收入在3000元以上；共有8729名贫困人员通过参与林业工程建设和管护劳务收入实现稳定脱贫。27432名贫困人员通过实施退耕还林、干果经济林提质增效工程、发展林下经济增加收入。

【林业科技保障】 2016年，长治市林业围绕干果经济林产业发展“一县一个示范区，一乡一支服务队、一村一个合作社、一户一个明白人”目标，开展百乡、千村、万户大培训活动，全年共举办各类培训班100余次，培训干果经济林管理乡土技术人员11000余名。市县两级组织150余名干果经济林管理技术人员，采取包乡包村包农户的方式，为300多核桃种植专业合作社和大户提供高接换优、整形修剪、病虫害防治、土肥水管理等技术服务。建起网上留言平台，公布专家服务电话，全年共解答群众关于林业政策、林业技术、经济林发展、林木采伐、病虫害防治等问题560余个，搭起便捷服务、方便群众的桥梁。

【林业有害生物防治】 2016年，长治市森林病虫害防治工作以松材线虫病和美国白蛾等重大外来林业有害生物防控为重点，加强林业有害生物的监测预警，检疫御灾和防治减灾三大体系建设，遏制林业有害生物的发生、扩散和蔓延，确保全市林业有害生物成灾率控制在3.9‰以下，全市林业未发生有害生物灾害。

（张　鑫）

（责任编辑：罗　艳）

畜　牧

【概述】 截至2016年年底，长治市畜禽饲养量达到7813万头（只），肉类总产量22.5万吨，同比增长5.71%；禽蛋总产量18.14万吨，同比增长3.39%；奶类总产量2.65万吨，同比增长0.23%。全市新建改扩建标准化规模养殖场105个。2016年长治市现代畜牧业投资达到62.76亿元，全山西省畜牧系统排名第一。潞城市兴弘养殖有限公司于2016年10月被农业部验收通过并确定为“动物疫病净化创建场”，是山西省唯一一家。沁源县于2016年10月被中国扶贫协会确定为国家功能农业综合示范县，其中功能畜产品是重点。屯留县山西瑞康源禽业有限公司于2016年12月被农业部确定为“2016年农业部畜禽养殖标准化示范场”，是山西省3个蛋鸡场之一。全市新建符合“三防”要求的畜禽粪污处理设施359个，位居全省农业系统第一。长治市畜牧兽医局获2016年全省畜牧业生产市级先进单位、2016年全省农产品质量安全工作市级先进单位。沁县畜牧兽医局、长子县畜牧兽医局获2016年全省畜牧业生产县级先进单位。黎城县畜牧兽医局获2016年全省农产品质量安全工作县级先进单位。沁源县畜牧兽医局获2016年全省现代农业投资县级先进单位。

【龙头企业建设】 2016年，长治市畜牧龙头企业和产业化快速发展，山西鑫四海养殖有限公司投资4000余万元年屠宰100万头的生猪屠宰车间投入使用；山西新大象股份有限公司在壶关县投资2000余万元肉鸡养殖基地投产；汾酒集团在沁县投资亿元的肉牛养殖项目，一期投资3000万元，存栏1000多头。大象集团在沁县拟投资上亿元的3万头生猪养殖、山西瑞康源禽业有限公司拟投资1000万元的育成蛋鸡养殖等一批项目，开展相关手续的办理工作。沁源

天一生态农牧产业有限公司的十万头“沁源驴”产业扶贫循环精养工程位于沁源县法中乡董家村　（李晋平　供图）

县被中国扶贫协会确定为国家功能农业示范县，天一集团、浩兴农业、卧龙林木、泰岳田园、牧丰农业等一批企业注册畜产品品牌，为产品走向全国奠定基础。

【畜禽品种改良】 2016年，长治市新建改扩建标准化规模养殖场105个，改良绵羊16.8万只、山羊13.4万只，推广三元优种猪45.5万头、标准化养鸡128万只。在沁县开展草牧业试点县建设，种植面积1万余亩。协助沁县、沁源县完成6万亩鼠害防治工作。沁县“红安格斯”肉牛、沁源县“30万只黑山羊”成为草畜改良新亮点。

【争取扶持资金】 2016年，长治市共争取中央、省级扶持和补贴资金1320万元，其中：争取省级生猪良种补贴资金50万元，争取中央农业综合开发项目资金450万元，争取中央现代农业投资资金320万元，争取省级畜牧业扶持资金400万元，争取现代畜牧业生产发展资金100万元，加快长治市畜牧业转型发展、绿色发展。

【重大动物疫病防控】 2016年，长治市高致病性禽流感、牲畜口蹄疫等重大动物疫病应免畜禽免疫密度全部达100%。据统计，全市春秋集中免疫高致病性禽流感2298.42万只次，新城疫2263.32万只次，口蹄疫261.80万头（只）次，高致病性猪蓝耳病88.77万头次，猪瘟94.38万头次，小反刍兽疫33.48万只次。长治市重大动物疫病防控指挥部对各县市区工作完成情况进行事前、事中、事后督查。春防、秋防工作结束后，市县两级化验室按进度、按梯次分别开展免疫合格率自查和抽查，春秋集中强制免疫合格率全部超过农业部要求。在国内外、省内外疫情严重威胁的形势下，全市全年未发生一起重大动物疫情。

【畜产品质量安全监管】 2016年，长治市加强畜牧产品对各县市区送检的335批饲料、肉类、奶类样品进行瘦肉精类、兽药残留、三聚氰胺检测，全部合格。省厅抽检的156批次畜产品样品检测全部合格。加强动物及动物产品检疫。全市共检疫各类畜禽生猪2814.12万头（只），定点屠宰检疫肉类3.63万吨。全市动物产地检疫、屠宰检疫电子出证、规模养殖场及定点屠宰场病害（死）动物无害化处理率均达100%。推进病死畜禽无害化处理工作。2016年全市新建无害化处理坑31个，全年无害化处理病死猪3.19万头。长子县、武乡县被列入省级病死畜禽无害化处理体系建设项目示范县，两个投资100万元的病死畜禽无害化处理厂项目前期准备工作均完成。开展兽用抗菌药、生猪屠宰、“瘦肉精”、生鲜乳、饲料兽药等专项整治行动。全市共检查生产经营企业1870家次，出动执法人员4082人次，共查处问题24起。推进畜禽屠宰监管改革。经市编办同意，2015年4月正式成立市畜禽屠宰管理办公室，配备畜禽屠宰监管人员，7月15日开展全市生猪屠宰监管扫雷行动，对全市屠宰场逐一开展检查，对2个不符合要求的生猪定点屠宰厂进行关停，新设立生猪屠宰厂1个。

【畜禽粪污处理】 2016年，长治市畜牧局对“十二五”期间由市环保部门负责的未通过环保部“十二五”减排核查的30个减排企业，加强督促检查和技术指导工作，对30个减排企业建设情况向有关县市人民政府进行通报。截至2016年年底有16个养殖场完成，6个养殖场停产或倒闭，建设中的有4个，未开工的有4个，未完成粪污治理建设任务的主要原因是资金短缺。2016年争取中央资金320万元，在全市建立12个标准化畜禽粪污资源化利用示范场，其中在沁县建立1个大型综合粪污集中处理中心，在长子县、长治县、壶关县、武乡县建设11个标准化畜禽粪污资源化利用示范场。12个项目均在建设中。在对全市粪污治理模式调研基础上，按不同畜种、不同规模总结出适用于大、中、小三类养殖企业的畜禽废弃物综合利用模式，对投资适宜、效果明显的模式进行推广。2016年，全市新建符合“三防”要求的畜禽粪污处理设施359个，从数量和质量上均实现历史性突破。长子县2016年全县有200多个养殖场进行粪污处理设施建设。

【畜牧产业精准扶贫】 2016年，长治市畜牧兽医局把5个贫困县的精准扶贫作为一项重点工作来抓，成立4个畜牧帮扶技术服务队。自办养殖、入股分红、能人带动、合作发展等畜牧产业扶贫模式成为长治市的亮点。武乡依托大山禽业、大象集团等畜牧龙头企业，带动的扶贫户占到全县的50%。下发《长治市畜牧兽医局关于开展畜牧产业精准扶贫“一卡一库一培训”专项行动方案》。12月14日至18日督查各县（市、区）落实情况，确保国家扶贫政策和资金落实到位。

【技术培训】 2016年，长治市畜牧兽医系统组织11个组44名专业技术人员深入5个贫困县的11个养殖场户开展“三区”技术服务和帮扶。组织市县乡三级80余名畜牧兽医技术人员开展蛋鸡高产高效集约化养殖、笼养肉鸡高效养殖及粪污无害化处理等9项农村技术承包。派出讲师36人次，组织3000余名养殖场户的技术人员参加新型职业农民培训。继续以“宣传政策、普及知识、推广技术、服务畜牧业”为宗旨，发行《长治牧业》四期。2016年年初印发《长治市畜牧业“十三五”发展规划》，指导长治市畜牧业发展。联合长治市总工会开展职工“五小”竞赛暨第二届畜牧兽医科技创新竞赛活动，参与企业61个、专业技术人员282人、科技创新项目68个。获得国家发明专利2项，获得中国特色农产品交易博览会金奖1项。

（高玄涛）

（责任编辑：罗　艳）

综　述

【概述】 2016年，长治市交通运输局机关内设办公室、编制人事科、法规科、综合规划科、财务科、综合运输管理科、安全监督科、路政管理科、行政审批科、纪检监察室、交战办、公安科、老干科13个职能科室。下辖市道路运输管理处、市城市客运管理处、局公路管理处、市交通建设工程质量监督站、市交通运输综合行政执法处、市地方海事局、局路政支队、局信息中心、市航运管理局9个事业单位和长治市公交有限责任公司1个企业。

2016年，长治市公路通车总里程达11643.027千米，公路密度达83.4千米/百平方千米，其中，国道948.512千米，省道691.971千米，县道1662.121千米，乡道3875.366千米，村道4417.58千米，专用公路47.477千米。按技术等级划分有高速公路339.245千米，一级公路121.455千米，二级公路1358.678千米，三级公路1401.068千米，四级公路8027.908千米，等外公路394.673千米。通车里程中路面铺装里程为10812.797千米（其中，有铺装路面里程8632.538千米，简易铺装路面里程2180.259千米），占通车里程的92.9%；未铺装路面里程830.23千米。全市完成公路建设投资19.58亿元，其中高速公路完成11.05亿元，国省干线完成0.13亿元，农村公路完成8.4亿元。

【高速公路工程】 2016年，黎城至左权高速公路竣工通车。推进长治至临汾高速公路、长治至邯郸高速公路改扩建工程。长治至临汾高速公路项目全长166.234千米，其中长治境内41千米，概算22.38亿元，2016年完成投资7.65亿元；长治至邯郸高速公路改扩建工程2016年完成投资3.4亿元。

【国道过境环线公路建设】 2017年，国道207线、208线、309线在长治市过境路段改线工程，确立政府购买服务建设模式，成立工程建设领导组，加快推进前期准备工作。

【旅游公路建设】 2016年，长治市争取到山西省“十三五”农村旅游公路建设项目31项530千米，总投资37亿元。2016年完成初步设计21项，开工6项86千米。

【农村公路建设】 2016年，长治市完成农村公路建设投资8.4亿元。完成农村公路建设里程354.936千米、农村公路完善提质工程318千米、农村公路安全生命防护工程573.156千米、危桥改造工程5座125.323延长米，为历史最好、山西省第一。

【农村公路养护】 2016年，长治市12个县（市、区）成立公路养护中心，设置率为100%，121个具备条件的乡镇设立公路养护站，设置率为90%。

2016年，长治市农村公路列养里程9899.4千米，农村公路列养率达到100%，县乡公路年平均优良率达到75.3%。县公路绿化率75.5%，乡公路绿化率48.1%，村公路绿化率38.4%。完成道路路面损毁修复、清理塌方、修复路基、路面、桥涵构造物等水毁工程6761万元。

【路政管理】 2016年，市委、市政府“五道五治”专项工作之际，长治市交通运输局制订实施方案，成立组织机构，严格督促检查，通过市、县两级交通部门共同努力，农村公路路容路貌焕然一新。深入开展以“爱护桥梁，保障安全”为主题的路政宣传月活动。查处路政案件742起，案件发现率、查处率、结案率均达95%以上。

【超限超载治理】 2016年，长治市6个超限检测站经费全部列入县级财政预算，新增2个无人值守点。以全国“治超新规”颁布实施为契机，开展新一轮治超行动，改造治超检测系统，健全路警联合执法体制，严格站点管理，确保24小时不停车检测。政府公示的货运源头企业监管覆盖率达100%，全市共检测货运车辆150万辆，查处违法超限超载车辆201辆，超限超载率控制在0.02%以内。

【道路运输】 2016年，长治市共有客运企业23家，汽车客运站64个，危险货物运输企业26家，普通货物运输业户16768户，维修企业446家，汽车综合性能检测站14个，驾校32所，汽车租赁5户，物流、信息配载等其他运输服务企业9户。拥有营运客车1351辆，42252座，营运货车32108辆，吨位327897。完成客运量3295.13万人次，旅客周转量211228.68万人千米；完成货运量8712.98万吨千米，货物周转量1116131.95万吨千米。

2016年，新增通客车建制村20个，行政村通客车率达92.4%。完成农村物流"1420"（县级1个、乡级4个、村级20个）站点布局。全市32所驾校"计时收费、先培后付"服务模式实现全覆盖。市域内2个一级汽车客运站、9个二级汽车客运站实现联网售票。全市重点营运车辆联网联控系统全覆盖，全市11家旅客运输企业和27家危货运输企业，全部建成卫星定位系统动态监控平台，实现省、市、企业三级平台互联互通。13371辆12吨以上的重型货车、半挂牵引车安装GPS监控装置，接入全国货运公共服务平台。运政业务网上审批模式开通，12328交通运输服务监督电话系统联网运行，省内率先开通长治运政微信公众服务平台。开展道路运输企业年度质量信誉考核，共取缔不合格的货运企业2家、维修企业8家。开展"道路运输平安年"活动、道路运输企业安全隐患排查和"打非治违"专项整治行动、冬季百日安全大检查等行动，行业安全监管水平提升，保障道路运输市场安全稳定。推进道路运输行业的节能减排工作，共淘汰6697辆营运类黄标车。在2016年春运期间，全市日均投入客运车辆1344辆，共办理包车321辆，加班车530辆，安全输送旅客222.9万人次；日均投入货运车辆4716辆，完成煤炭、粮油、鲜活农产品等货物运输量562.8万余吨；未发生一起道路运输责任事故。

【水运运输】 2016年，长治市水路运输业务覆盖9个县市区，共有码头38道，水运企业9家，机动船舶66艘。2016年水路运输完成客运量43.35万人，客运周转量89.15万人千米。2016年4月长治市航运管理局正式成立。

【城市公共交通】 2016年，长治市共有城市公交企业14个，城市公交汽车1451辆，其中新能源纯电动公交车785辆。12个县市区全部开通县城公交。市政府一次性购置450辆纯电动公交车，市区达到500辆，实现市区公交车"绿色换装"。对市区6条公交线路进行优化，新开通市区26路、德义兴钢材市场定制公交线路等5条公交线路。市公交公司完成智能调度中心装修及系统平台建设工程，610部公交车安装智能车载设备，安装246处公交智能电子站牌、投入2500辆公共自行车、配备监控设备的180组车棚。公共自行车于2016年9月30日起试运营，截至2016年年底，共办理公交自行车"一卡通"15792张，累计借还车达715205辆次，日均约5000辆次，长治市为全省首家实现全国交通"一卡通"互联互通的市。

2016年，长治市共有出租运输企业29个，出租汽车3121辆，全年运送旅客4700万人次；长治市出租汽车行业连续第12年，组织11家出租汽车企业、5个行业车队及志愿者、约600余辆出租汽车参加"爱心送考"大型志愿服务公益活动，接送考生上万人次。出租汽车从业人员继续教育培训全覆盖，共组织岗前教育培训7期1160人次，考试合格率68.8%。

【交通运输机制改革】 2016年，长治市交通运输局进行行政审批制度改革，市交通运输局所有交通运输行政审批项目全部进驻市政府政务中心，撤销原市运管处直属的客运、货运、维修、驾培、驻检等业务所（办），22个内设科室（所、队）优化整合为12个。推进城乡公交客运一体化改革，长治市被确定为全省城乡客运一

2016年9月30日起，长治市公共自行车开始试运行　（常晋美　供图）

体化示范工程建设试点市之一，获得试点资金1000万元，按照“行业引导、企业推进、公交引领、试点先行”的原则，在屯留县开展试点工作，开通2条县城公交线路。市政府成立深化出租汽车行业改革工作领导小组，起草《长治市网络预约出租汽车管理暂行办法》和《长治市巡游出租汽车管理办法》，推进出租车改革。实施交通运输综合行政执法改革，将道路运政稽查和原执法监督处合并，7月经市编办批准成立长治市交通运输综合行政执法处，为下一步全面推行综合执法奠定基础。对市公交公司进行内部机构改革，原有的15个机关处室精减为11个，一线生产单位由11个合并为10个，生产辅助部门由7个精减为4个，公司中层领导由94个精减为66个，普通岗位由129个精简为92个，清理出159名在编不在岗人员。实行市交通运输局机关内部机构改革，机关科室和局属单位负责人全部进行轮岗，科室人员实行优化组合，形成工作合力。

【交通运输安全生产】 2016年，长治市交通运输局开展交通运输企业安全生产排查整治。市级许可监管的企业，市运管处、市客运处、市地方海事局进行全面排查后由市局组织复查；各县市区交通运输局负责本辖区内许可监管企业的排查、复查工作，市交通运输局组织抽查。市级共排查、复查企业193家，县级排查、复查241家，督查组抽查74家，取缔6家。吸取“6·3”“8·5”事故教训，6月起开展“两客一危”（从事旅游的包车、三类以上班线客车和运输危险化学品、烟花爆竹、民用爆炸物品的道路专用车辆。）企业安全隐患排查整治工作。共排查“两客一危”车辆1262辆，从业人员安全教育2235人次，发现一般隐患35处，全部进行整改。同时，开展道路客运市场专项排查整治和道路危险货物运输企业“十查十看”活动。开展农村公路基本情况摸底排查。在各县市区交通运输局对建制村优选通达路线窄路基路面、县乡公路安防工程、危桥改造工程、农村公路“畅反不畅”四项内容进行全面摸底排查基础上，市交通运输局组织50余人，分8个小组，对全市13个县市区3454个建制村的农村公路基本情况逐条逐村进行复查，确保统计数据的真实性，为下一步合理安排并有计划开展农村公路建设奠定基础。开展应急演练和安全教育培训。山西省交通运输厅与长治市政府联合在漳泽水库举行全省水上搜救应急演练，全市道路危险货物运输企业普遍完成年度应急救援演练科目。长治市交通运输局在市委党校举办全市交通运输应急管理人员培训，邀请有多年安全生产工作经验的教授和专家，讲授应急预案体系、应急管理工作等内容。

9月19日，山西省2016年水上交通应急搜救演练在长治市举行

（常晋美　供图）

【法治建设】 2016年，长治市交通运输局强化对公路“三乱”的督查整治，对辖区基层站、所、政务大厅执法人员执行交通部“五个规范”情况进行监督检查40余次、专项整治1次。严厉打击道路运输非法违法经营行为，综合行政执法专项活动和日常稽查相结合，共出动执法人员3279人次，执法车辆780辆次，累计检查车辆7326辆次，纠正违规行为1300余起，查处案件249起，对112名从业人员实施计分处理。结合长治市全国文明城市创建工作，加强出租汽车行业精神文明建设，取得明显效果。

（常晋美）

（责任编辑：牛　琪）

公路管养

【概述】 山西省公路局长治分局（以下简称长治公路分局）担负着长治市境内3条国道、14条省道共计1230千米干线公路的养护、建设和管理任务。其中：国道384千米、省道846千米；一级公路95千米、二级公路943千米、三级公路155千米、四级公路37千米；管养桥梁336座，隧道7处。长治公路分局下辖12个公路管理段，8个超限运输检测站，4个直属单位，同时直管长兴路桥公司。机关设15个科室、1个中心。

【重点工程建设】 2016年，长治公路分局规划由国道207线、208线、309线长治过境段组成的长治市国道环线公路，全长112千米，其中：利用原有公路30千米，新改建82千米，全线按双向四车道一级公路标准设计，总投资49.81亿元，采用政府购买服务的建设模式，被列为长治市委、市政府重点工程项目，交通运输部“十三五”规划项目。

项目分四段实施，国道208线长治过境段公路工程：路线全长13.6千米，其中：利用旧路拓宽改建7.6千米，新建6千米，投资估算8.46亿元；国道207线长治过境段公路工程：路线全长48.54千米，均为新建，投资估算33.11亿元；国道208线屯留小河北至常金段公路工程：路线全长13.11千米，均为利用旧路拓宽改建，投资估算5.64亿元；国道309线潞城过境段公路工程：路线全长6.75千米，均为新建，另设置国道207线与309线连接线0.666千米，投资估算2.6亿元。

省道汾屯线松罗至上滩段改建工程项目土地预审、初步设计均批复。

【公路养护】 2016年，长治公路分局按计划完成3座危桥加固改造和司庄隧道安全隐患治理工程，完成投资952万元。抓好养护技术创新，推广使用路面微表处、贴缝带处治路面裂缝，红外热熔技术加热修补坑槽等养护工艺和双向土工桥栅、MMT双组份抗污标线、沥青复原剂等新材料，增加道班生产作业车、护栏清洗车等，在急弯陡坡路段增设振荡标线、彩色防滑警示路面、诱导标志，部分路段安装反光里程碑、百米桩。全年累计修补坑槽24万平方米，处治路面翻浆10.3万平方米，处治沉陷5.64万平方米，处治龟裂5.42万平方米，贴缝灌缝42.2万米，刷油罩面22.5万平方米，封层8万平方米，加铺12.35万平方米，优良路率为80.39%。

【路政管理和治超工作】 2016年，长治公路分局累计清理乱堆乱放274处，加水点、摆摊设点、占道经营177处，集中清理非公路标志441块，违章建筑86处。全年共查处路政案件368起，收取损路赔偿费106.26万元，发现率、查处率、结案率均为100%。贯彻落实治超新规，做到宣传发动到位、学习培训到位、设施设备到位、协同配合到位、应急准备到位。各超限检测站全年累计检测车辆373.8万辆，查处超限车辆673辆，卸货635.26吨，超限率0.18‰，办理超限运输通行证2720个。

【公路安全防护】 2016年，长治公路分局实行每月安全例会制度，开展安全隐患排查和交叉检查9次，对134处隐患建立台账并进行整改。完善公路防汛抢险应急预案和除雪保畅应急预案，加强危险路段隐患治理，全局累计新增钢筋混凝土护栏5153米、波形护栏820米，安装标志407块，划设标线14.38万平方米、振荡标线1954平方米，新建隔离墙12.8千米，维修隔离墙6.21千米，增设示警柱2981根，示警墩578块，道口标柱2050根，对遮挡视线、标志、影响行车安全的行道树进行修剪。

（史　骥）

（责任编辑：牛　琪）

城市客运

【概述】 长治市公共交通总公司（以下简称长治公交公司）是从事城市公交客运业务的公益性服务企业。公司初建于1968年，于2012年4月更名为长治市公交有限责任公司。公司下设10个生产单位、11个职能处室和4个生产辅助单位，汽修厂、供气公司、广告公司、劳服公司等10个经济实体。截至2016年年底，企业共有在职职工2780人，公交车辆1255部（折合1550.8标台），营运线路129条（其中城市线路16条，城郊线路19条，城乡线路58条，县城公交线路11条，通勤线路25条），线路总长度3187千米。年客运量9562.9万人次，总资产1.9亿元，2016年公司总收入19827万元。

【车辆更新】 2016年2月2日，长治公交公司郊区分公司举行802路车辆更新启动仪式，11辆新型公交车正式投入运营。

2016年7月7日，长治公交50辆新能源纯电动公交车分别赶赴303路、9路、14路公交线路上正式投入运营。

2016年11月4日，长治公交公司采购195台纯电动公交车，其中八米级85辆，十米级110辆，此次采购的纯电动公交车全部用于襄垣创新公司、潞城利达公司、屯留长恒公司营运车辆更新。

2016年，长治公交公司争取财政支持，购置450辆纯电动公交车，截至2016年年底，长治公交拥有纯电动公交车共计695辆。

【一卡通业务】 2016年，长治公交公司正式申请到交通运输部互联互通密钥，成为全省首家拿到交通运输部正式密钥的城市，新组建的一卡通公司通过5个月的系统更新测试，实现城市一卡通与公共自行车系统顺利对接，9月开始试运营售卡。长治公交公司IC卡中心将市内400余辆公交车上的刷卡机全部更换为具有实时无线传输营运数据的刷卡机。公司对原公交IC卡系统升级为一卡通系统，新系统具备发行CPU卡功能。截至2016年年底，持长治市“一卡通”可在全国110个城市乘坐公交车。

【县城公交】 2016年9月8日，屯留县城乡公交一体化建设启动暨县城公交开通仪式举行。按照交通运输部发展思路和长治市委、市政府“1+7”城镇一体化发展要求，长治公交先行先试，将屯留县列为推进城乡公交一体化工作示范县，组建屯留县长恒公交客运公司，并开通县城1路、2路两条公交线路，屯留县城的群众率先享受到便捷优质价廉的公共交通服务。

【线路优化】 2016年，长治公交公司本着“就近停发，收车归队”的站场管理原则，对线路和停车场站进行优化，最大程度地降低空驶里程，成本得到合理控制。分别对9路、17路、19路、20路、21路、301路6条公交线进行优化整合，并开通市区26路、德义兴钢材市场定制公交线路、潞安太阳能通勤线路，长治县免费公交3路、潞城市免费公交线路5条新线路。

2016年12月，长治公交公司完成智能调度中心装修及系统平台建设工程，610部公交车安装智能车载设备。同月，公司二级智能调度平台初步建成。

【场站建设】 2016年8月25日，长治公交公司供应处、结算中心、IC卡信息中心、科技中心、检查站等部门搬迁至公交东客站停车场办公新址。12月4日，世行贷款公交首末站建设项目发布招标公告，规模包括综合办公楼、附属用房、修理车间、地下车库，总建筑面积为25068.19平方米。12月13日，东客站公交停车场违建占地问题得到妥善解决，困扰企业8年之久的违建得以一次性拆除。12月29日，城南停车场办公楼工程开工建设。

【服务社会】 2016年3月3日，长治公交公司为期40天的春运工作落下帷幕。其间，参加春运公交车474辆，每天发送2493趟次，共安全输送乘客867.09万人次，共行驶304万千米，好人好事34起。

2016年4月2日至4日，长治公交公司开通长治学院——颐仙园临时公交清明祭扫专线，三天共投入运力26台车辆，发送趟次162趟，运送乘客2万余人。

（陶　涛）
（责任编辑：牛　琪）

民用航空

【概述】 长治机场有限责任公司（以下简称长治机场）隶属于山西省民航机场集团公司，是国有企业（正处级），现有在职职工289人，退休40人。下设办公室、人力资源部、党群工作部、计划财务部、安全质量部、航行保障部、公安分局、地勤服务部、综合保障部、安检护卫部、机务保障部、航空市场部等12个科级单位。长治王村机场位于山西省长治市北部，是山西省五个民航机场之一，属于军民合用机场，跑道全长2440米，其中1400米产权属于民航，1040米产权属军方，宽45米，厚度为32厘米，PCN50/R/B/X/T，单向I类精密进近跑道，可供B737以下机型飞机起降。

【服务质量】 2016年，长治机场对安检通道进行改造，优化安检人员调配以及工作流程，缩减旅客候检时间，提高安检工作质量。优化停车场收费系统，解决停车场多年来航班高峰期车辆拥堵问题，将原有停车场出入口“一进一出式”，改造成“两进两出式”，出入口分离，使用先进的车牌自动识别计费系统，形成循环路，既节省人力，也彻底解决进出车辆拥堵问题。

【市场经营】 2016年，长治机场与航空公司沟通，争取合作支持，完善航线网络；新增昆明、沈阳、呼和浩特、桂林、南宁等航线；加密重庆、太原航线。同时，为发挥机场自身潜力，随时关注分析每个航班旅客吞吐量的动态，组织客源，通过多种促销方式吸引旅客，以提高航班客座率。

【通航情况】 截至2016年年底，按照航班换季或实际情况对航班进行优化调整，取消呼和浩特航线，长治机场共通航14个城市：北京、上海、广州、成都、重庆、太原、昆明、沈阳、桂林、厦门、海口、天津、大同、南宁，11条航线：北京南苑—长治、北京首都—长治、重庆—长治—太原、天津—长治—桂林、上海浦东—长治、成都—长治、南宁—长治—太原、广州—长治—大同、海口—长治—天津、太原—长治—厦门、昆明—长治—沈阳。

【吞吐量】 2016年，长治机场完成运输起降9052架次，同比增长25.41%，完成2016年计划（7900架次）的114.58%；旅客吞吐量741573人次，同比增长20.02%，完成2016年计划（680000人次）的109.05%；货邮吞吐量718.6吨，同比增长12.92%，完成2016年计划（690吨）的104.14%。

【机场建设】 2016年，长治机场航站区改扩建工程初步设计经省发改委和民航华北地区管理局批准，将在原航站楼南侧新建1.2万平方米航站楼，新建4部廊桥、3个停机位及配套设施，总投资3.68亿元。经与长治市政府协商，同步实施机场改扩建远期方案：跑道延长至3200米，增加中线灯，次降方向增设仪表着陆系统，按4E机场的标准在现有跑道东侧新建平行滑行道、停机坪、3万平方米的T3航站楼，与正在建设中的高铁站实现快速连接，将现有航站楼改造成国际航站楼，实现军民双方分离运行，减少军民双方飞行冲突。初步估算投资在20亿左右。

（程　琳）
（责任编辑：牛　琪）

邮政·通信

无线电管理

【概述】 2016年，长治市共有设台单位38家，各类台站9091个。其中A库6890个，包括移动基站6121个（2G基站3540、3G基站2581个），广播电视台站9套（中波台1个、调频台2个、电视台6个），高频台1个，甚高频特高频台502个，集群基站19个，地球站2个、微波站23个，业余电台213个。B库台（站）2201个，包括4G基站2147个，450兆赫模拟无线接入基站6个，中波台5个，调频台14个，电视发射台17个，CMMB（中国移动多媒体广播）多媒体电视发射台9个，校园广播3套。

【无线电监测及干扰查处】 2016年，长治市无线电管理局受理和查处干扰7起，查处率100%。查封4部手机信号屏蔽器，1部手机信号放大器，整改2套调频广播设备，维护空中电波秩序，保证群众正常收看电视节目，保障手机用户的通信秩序和航空通信畅通。

【重大任务及考试无线电安全保障】 2016年，春节、“两会”、五一、十一等节假日和特殊时期，长治市无线电管理局加强无线电安全保障和应急处突工作。在各个重要时期，技术人员加强党政机关、航空、铁路交通运输等重点区域以及地面广播电视、公众移动通信、公安、部队等重要无线电业务频率的保护性监测，严密防范利用无线电技术手段进行非法活动，妥善应对突发应急事件，维护空中电波秩序。全年共参与各类考试保障工作25次，共发现作弊信号9个，查获3部对讲机，抓获作弊分子2人并移交考务部门。

【无线电科普进校园】 2016年，长治市无线电管理局先后走进康园中学、长治职业技术学院、紫坊小学建立无线电科普基地、实践基地。在2016“华日通讯”杯全国青少年无线电测向锦标赛中，长治代表队分获3个二等奖和3个三等奖，东关小学被授予优秀组织奖和优秀基层单位称号，紫坊小学被授予体育道德风尚奖。

【四省九市频率台站信息共享】 2016年11月11日至12日，长治市无线电管理局组队到聊城市参加晋冀鲁豫边界区域无线电频率协调与监测技术演练。协调会由山东省聊城市无线电管理处承办，河北邯郸、邢台，河南安阳、濮阳、鹤壁，山东聊城、菏泽、德州和山西长治四省九市无线电管理局相关领导和技术人员共计70多人参会。 （王玉萍）

（责任编辑：申　泳）

邮政管理

【概述】 2016年，长治市有邮政营业场所200处（含空白补建局所62处），其中邮政普遍服务局所172处，邮政储蓄营业场所28处；集邮门市部13处；城市局所71处，农村局所129处。全市172处普遍服务营业场所涉及13个县市区、147个乡（镇、街道）；其中自营局所85处，代办局所87处。全市机要营业场所14处，市级1处，县级13处。

2016年，全市邮政行业业务总量累计完成33777.89万元，同比增长29.78%；业务收入累计完成32898.30万元，同比增长20%。

2016年，全市有快递企业及分支机构267家，快递从业人员超1800人，快递业务量累计完成603.91万件，同比增长89.33%；业务收入累计完成10012.30万元，同比增长59.28%。全市拥有快递服务车辆719辆，其中快递服务新能源汽车5辆；拥有快递手持终端922台。

【《长治市邮政业突发事件应急预案》纳入全市应急管理体系】 2016年，《长治市邮政业突发事件应急预案》正式纳入市政府应急管理体系。11月在长治百世快递分拨中心举行长治市邮政业突发事件综合应急演练，包含

2016年10月，长治市举行邮政业突发事件综合应急演练（韩国芳　供图）

火灾消防事故、不明化学品泄漏、安检机发现危爆物品三个演练科目，出动演练人员28人次，市公安局、国安局等部门负责人与全市邮政快递企业100余人观摩演练活动。

【黎城县县级机构成立】 2016年7月，长治市邮政管理局联合黎城县人民政府正式出台《黎城县邮政业发展中心组建方案》，8月黎城邮政管理局获批成立，四级邮政监管体制取得突破。

【审批与备案管理】 2016年，长治市邮政管理局共收到邮政企业撤销提供邮政普遍服务和特殊服务的邮政营业场所申请1个，受理1个，批复同意1个，撤销网点为县级以下机要通信网点。全年共收到邮政企业各类备案18个，其中：新增邮政普遍服务营业场所备案5个，新增非邮政普遍服务营业场所备案1个，邮政普遍服务营业场所信息变更备案0个，暂时停止或限制办理邮政普遍服务和特殊服务业务备案6个，恢复办理邮政普遍服务和特殊服务业务备案6个。

【邮政普遍监督】 2016年，长治市邮政管理局共检查605人次，检查网点107个，下发检查通报3份，责令整改通知书4份；针对违反邮政普遍服务和邮票发行销售相关法律法规，以及违反行业安全等法律法规的违法行为，作出行政处罚决定1个，累计罚款1万元。长治市邮政管理局共有8名社会监督员，2016年开展社会监督人次443次，上报监管报告444份，走访用户255人，反馈问题12个，监督网点396个，提出相关建议9条。

【邮政基础设施】 2016年，长治市邮政管理局共建设村邮站266个。全市132个乡镇3450个行政村全部通邮，实现建制村通邮全覆盖。全市涉及2016年西部和农村地区邮政普遍服务基础设施建设项目包括网点整修2处、网点翻建1处、危旧县局房改造1处；邮运及投递车辆新增50辆。

【快递业行政执法检查】 2016年，长治市邮政管理局共出动执法检查709人次，检查快递企业222家，检查覆盖13个县（市、区），针对市场监管下达责令整改通知书88份，行政处罚决定书13份，执行罚款金额14000元，责令停业整顿7家。约谈吉通、中通、汇通3家企业负责人，要求企业规范企业经营行为、消除分支机构未办理备案手续情况，并依法审核撤销其31家分支机构。2016年，长治市邮政管理局联合市综治办、安监局、公安局、消防支队等相关部门，开展寄递渠道风险排查整治，并对未严格落实用户身份核对和信息登记的6家快递网点集中封停；与长治市公安局联合发文，对山西顺丰速运有限公司长治分公司严格执行收寄验视规定、协助查获毒品的行为给予通报表扬。

【快递处理中心建设】 2016年，长治市主要快递企业新建、改建一批快件处理中心，百世快递分拨仓、顺丰快递转运中心、圆通速递晋东南转运中心等分拨中心相继投入运营，均配备半自动化分拣设备，增强快件处理能力，其中圆通速递晋东南转运中心占地约30亩，包括4500平方米操作场地、800平方米办公场地以及200平方米员工宿舍，是长治市首个区域性分拣中心。全年，长治市寄递企业共配置安检机10台，其中圆通、申通、中通、韵达、顺丰、快捷、全峰等品牌企业各1台，百世快递2台，兄弟快递（同城）1台。

【快递“进校园、进社区、进农村”】 2016年，长治市132个乡镇设立快递网点367个，乡镇网点覆盖率达到100%；长治市共有高校5所，其中规范收投的5所，规范收投率100%；全市共有标准化网点69个，网点标准化率89.6%。

【开通微信公众号】 2016年4月，长治市邮政管理局全面启用“长治市邮政管理局”微信公众平台，为市民、企业和有关部门提供通畅的双向、多向信息沟通机制和便捷的服务渠道。

（韩国芳）

（责任编辑：申　泳）

中国移动长治市分公司

【概述】 中国移动通信集团山西有限公司长治分公司（以下简称长治移动分公司），成立于1999年7月28日，下设11个职能部门、11个县（市）级分公司和3个营业部,在岗员工949人。2016年公司通信服务收入完成11.12亿元，月均通信客户市场份额达到67.94%，4G客户渗透率达到57.05%。

【网络建维】 2016年，长治移动分公司累计建设开通4G宏站809个、4G室分站点408个，4G微站174个；4G MR覆盖率（4G网络整体覆盖率）由83%提升至92.34%，4G客户驻留比由95.95%提升至99.12%，Volte全程接通率（4G高清语音全程接通率）由95.1%提升至99.12%；4G客户DOU（每个客户月均上网流量）快速增长，达到1.24G；网络满意度领先竞争对手9.78，4G NPS（4G客户净推荐值）领先强势对手22.65；长治地区4G网络实现市区、县城区域的优质覆盖，乡镇、12个A级景区、高速公路以及广大农村的有效覆盖。

【宽带建设】 2016年，长治移动分公司开展宽带网络升级改造。全年累计完成1514个GPON宽带小区（光网络宽带小区）建设，共新增端口19.07万个，GPON端口总数达到33.49万个，PON家庭覆盖率（光网络家庭覆盖率）达到70.36%，全市20M以上带宽用户占比较年初提升34.3%，达86.5%，固数投诉回访满意率较2015年提升1.7%，达95.5%。

【渠道运营】 2016年，长治移动分公司遵循商圈化、网格化的实体渠道评估模型科学开展渠道建设。全年共完成27个直营店、342家骨干代办点的建设和13个合作伙伴的特许经营引入，实现核心商圈及通信商圈内80%手机卖场专营，300人以上行政村网点覆盖率达到85%以上。推进线下渠道的电商化演进，强化微信营业厅、手机营业厅等电商渠道应用，建立完备的线上线下协同发展渠道体系。

【客户服务】 2016年，长治移动分公司推出六项服务承诺，包括“4G网络、全新体验；流量资费、实惠简明；订购收费，清晰透明；不良信息、严厉打击；实名登记、严格落实；星级服务，便捷提供”。全年先后开展客户接待日活动24场次，共计接待客户356人次，收集问题203件，现场解决185件,跟踪解决18件;参加“政风行风热线”节目3次，畅通客户沟通渠道，解决落实问题及时率达到100%，满意率达100%；召开“走进移动”集团产品质量提升研讨会，共邀请10余位集团客户参与，收集客户意见和建议12件并全部予以答复解决。全年投诉量同比下降3.5%，其中，基础通信投诉量下降25.2%，固定数据投诉量下降11.9%，处理及时率达到95%以上,满意率达92%以上。

【信息化建设】 2016年，长治移动分公司成功实施潞城市环保局高空监控项目、长治市住建局智慧工地监控项目、长治市交警队道路卡口监控项目、长治市公交公司绿色出行公交自行车项目、长治市食药监局食品药品监管平台项目等重点项目。

【通信保障工作】 2016年,长治移动分公司为长治市重要活动和“防汛、防灾”等突发事件提供应急通信保障，累计实施应急通信保障16次，参加保障工作218人（次），动用应急通信车10次，完成太行欢乐谷花灯节、两会通信保障、清明节防火灾、6月的突发冰雹灾害、8月至9月的强降雨天气、中国好声音走进黄崖洞、第四届太行红山国际自行车骑游文化活动周、长治商品展销周活动通信保障等一系列通信保障任务。

（刘阳阳）

（责任编辑：申　泳）

中国联通长治市分公司

【概述】 中国联合网络通信有限公司长治市分公司（以下简称长治联通）由原长治网通和原长治联通合并而来。2016年，长治联通主营收入累计完成65740.56万元，利润完成1211万元。

【经营工作】 2016年，长治联通移动业务聚焦重点区域、4G和流量经营，开展“换机风暴”“流量风暴”等系列主题营销活动。截至2016年年底，移动业务出账用户82万户，4G网络用户渗透率33.96%；宽带用户到达39.1万户，有效出账率91.3%，出账用户累计净增2.47万户。宽带业务以“480”服务承诺为契机，突出差异化竞争，累计提速24.78万户。

【信息化建设】 2016年，长治联通开启政府信息化应用云时代，突出“ICT+IDC+云+网络”的云网一体化优势，推动长治市主城区监控与报警综合管理系统服务项目、山西省机电职业技术学校云教育项目、长医附属和济医院互联网+医疗合作项目、长治市煤管局安全生产监管项目、长治第一汽车运输公司众众行互联网平台合作项目等；举办2场行业大型推介会，引入轻资产合作模式，携手华为共同打造长治大数据云中心基地；加大标准化解决方案和标准化产品推广，协助政府全面推进“两化融合”工作。

【网络维护】 2016年，长治联通光纤改造一、二期建设任务全部完成，用户割接转化率分别为100%和99.1%。光纤宽带网方面，长治联通宽带互联网出口带宽420G，宽带网络总能力90万线，FTTH能力80万线。宽带覆盖行政村3154个，实现城市100兆、农村50兆的宽带接入能力。移动宽带网方面，基站规模达到6000个，行政村覆盖率95%，人口覆盖率98%；4G基站规模达到2000多个，4G网络实现市县乡连续覆盖，人口覆盖率67.86%，市区、县城、校园、AAAA级景区基本实现4G良好覆盖，乡镇

4G全部覆盖到达，人口覆盖率80%，FDD LTE4G移动互联网数据下行峰值速率达到150兆，上行峰值速率达到75兆，3G网络再利用基站47个；对2G低效基站进行减容降配，同步采取GU升级、双模部署等方法，优化农村2G覆盖；聚焦深度覆盖，新建室分81套，覆盖楼宇715栋，I、II类楼宇覆盖率分别达到93.33%和34.46%。

【客户服务】 2016年，长治联通开展客户体验活动，回收优质问卷372份，完成率148.8%。组织员工培训服务技能3次，培训人数累计218人。客户服务部李敏获2015年—2016年度通信行业“全国用户满意电信服务明星”称号，是山西联通唯一获此殊荣之人。

【参展互联网大会和工业制造推介周】2016年7月28日，长治联通参加长治市第二届互联网大会，布设专门展区，提供应急保障，无线Wi-Fi热点及百兆专线带宽，实现会场Wi-Fi全面覆盖及宽带接入。2016年10月15日，长治联通携车联网、云监控、蓝信、三晋兴业云、4G无线图传等“互联网+”应用相关产品参加工业制造推介周。

【通信保障】 2016年，长治联通为长治市重要活动和“防汛、防灾”等突发事件提供应急保障。先后完成长治县振东公司2016年经营管理培训会议通信保障、颐仙园公墓清明节祭扫期间通信保障、长治市第二届互联网大会通信保障、长治制造展销推介周通信保障、金融年底结算保障等保障任务。

（郭　宇）

（责任编辑：申　泳）

中国电信长治市分公司

【概述】 中国电信长治分公司（以下简称长治电信分公司）隶属于中国电信集团公司山西省电信分公司，主要在长治地区范围内经营固定电话、移动电话、卫星通信、互联网接入、家庭宽带、云和大数据、物联网、ICT集成等智能综合信息服务业务。2016年长治电信分公司下设办公室、人力资源部、财务管理部、市场营销部、渠道销售部、客户服务部、运行维护部、网络发展部、政企客户部9个职能部室，城区营销中心，郊区营销中心2个中心，11个县市分公司。

2016年4月11日，长治电信分公司与长治市经信委(国资委)成功签订“互联网+”战略合作协议。2016年7月，长治电信分公司与长治学院签订数字校园建设合作协议。2016年9月，长治分公司参加中国技能大赛——山西电信客户服务职业技能竞赛，长治分公司代表队获团体一等奖；长治分公司王超慧同志获互联网客服专业组金奖。

【客户服务】 2016年，长治电信分公司打造专业维系团队，先后推行“星级服务”和“先装后付”两项工作落地，百兆宽带大提速，为电信用户提供差异化服务；加强投诉风险管控，落实“首问负责制”，归集服务触点疑难投诉，提升触点客户满意度，降低重复投诉发生率；完善“甩单”系统，提高一线营销能力。

【渠道建设】 2016年，长治电信分公司成立网格、支局、自有厅、商圈四个专业营销中心。建立社会渠道分级运营体系，构建基本运营模型。全年共完成网格专营店新建24家、改建24家；支局专营店建设34家；商圈专营店建设15家；建设星级店104家；社会渠道产能占比达到67.95%。

【网络建设】 2016年，长治电信分公司重点开展移动网络、宽带网络建设。移动网络建设，全年共完成271个4G基站的建设与开通，对长治13个县（市区）深度覆盖，乡镇、AAAA级景区有效覆盖，实现网络无缝隙衔接；宽带网络建设完成861个老旧小区光纤化改造，全年共完成广覆盖端口新建及扩容6.2万个，FTTH覆盖家庭10.2万户，宽带使用20兆及以上用户占比达到98%；完成宽带建设项目463个。2016年建设开通天翼高清业务，能为长治地区所有光宽网络覆盖区域用户提供服务。

【网络维护】 2016年，长治电信分公司无线网、接入网整体运行平稳，网络质量良好，各项网络类指标完成较好，未发生重大故障；宽带退单率、资源利用率、呼叫成功率等指标完成较好，在全省排名处于前列。组织防汛应急演练，完成5.17军民护线宣传和三电设施保护宣传；完成4G基站的优化验证工作，城区覆盖率达到98.41%。针对五道五治工作，长治电信分公司安排工程队14家，出勤619工次，对全市13个县区100多条道路进行线路整改。截至2016年年底城区完成光缆入地4处、27.6千米，整治25处、111千米。其余县区开工106处，完成整治95处、共计1476千米。长治市区完成跨路整治207处，其余各县区整治跨路387处。

【云计算】 2016年12月20日上午，长治分公司与长治市政府金融办共同举办“长治市金融云平台启动大会”。金融云平台由长治市金融办指导，中国电信金融行业信息化应用基地开发，中国电信长治分公司与长治市融成汇聚网络科技有限公司联合运营。该平台利用大数据、云计算系统模型，为政府、中小微企业及金融机构提供以融贷信息对接为主的金融信息服务产品解决方案；是中国电信提供的从端—网络—云的全套解决方案。

（牛小英）

（责任编辑：申　泳）

城市建设·环境保护

住房保障和城乡建设

【概述】 2016年，长治市住房保障和城乡建设管理局（以下简称长治市住建局）推进棚户区改造，实施城市更新提质，推进美丽乡村建设，加强建筑房地产市场监管，深化党风廉政和精神文明建设，较好地完成省、市下达的目标任务。

【保障性住房建设】 2016年，长治市开工棚户区改造12024套（其中城中村改造6015套，全国重点镇棚改512套），基本建成棚改房、公租房9040套，完成投资35.04亿元，超额完成年度目标任务。深化住房保障制度改革，将公租房保障范围由城镇户籍人口家庭扩大至城镇常住人口家庭，拓宽住房保障覆盖面。建立住房保障常态化申报机制，变分期分批集中受理为常年受理申报，根据房源情况按轮候顺序分别或集中进行安置，及时解决中低收入家庭住房困难问题。

【城市人居环境改善】 2016年，长治市完成改善城市人居环境四大工程投资171.01亿元，完成年度任务的100.1%，其中：设施提升工程完成投资46.01亿元，完成年度任务的104.7%；城市安居工程完成投资97.44亿元，完成年度任务的90.22%；城中村改造工程完成投资11.5亿元，完成年度任务的164.3%；环境提质工程完成投资16.06亿元，完成年度任务的133.6%。

【市政基础设施建设】 2016年，长治市（含县城）共完成市政基础设施投资42.73亿元，新建改造城市道路141千米、地下综合管廊6.1千米、供水管网152千米、供气管网164.6千米、供热管网147.49千米、雨水管网140.5千米、污水管网66千米，人均道路面积达到13.92平方米，城市集中供热面积新增585万平方米，供水普及率、集中供热普及率、燃气普及率、污水处理率、再生水利用率分别达到98.43%、87.53%、91.43%、91.17%、22.27%，城市功能日益完善。创建省级容貌示范街道3条、省级保洁示范街道4条，市本级、潞城市道路机械化清扫率分别提高6个百分点。

【主城区建设改造】 2016年，长治市主城区实施城建重点工程41项，包括15条市政道路、2座市政桥梁、3座人行过街天桥、3项黑臭水体治理、2项集中供热、2项城市供水、2项环卫设施等，拆除建筑物8.78万平方米，新增道路面积26.6万平方米，新敷设各类管网219.3千米，综合承载能力稳步提升。编制完成海绵城市规划，建立海绵城市建设项目储备库。取缔燃煤小锅炉178台，新增集中供热面积500万平方米，基本消除城市禁燃区单位、企业采暖燃煤小锅炉。创新城市建设投融资模式，先行在市污泥（餐厨）处理项目、市污水处理项目、市生活垃圾无害化处理项目开展政府和社会资本合作（PPP）试点，引进社会资本19亿元，完成特许经营权招标，在鼓励社会资本参与城市市政基础设施上取得实质性突破。完成城市地下管线普查，建成综合管理信息系统，市本级数字化城市管理平台投入使用，城市管理向数字化、精细化迈进。加快城市管理综合执法体制改革，成立城市管理综合执法体制改革领导组，制订《长治市推进执法体制改革改进城市管理工作方案》。

【五道五治】 2016年，长治市住建局开展"五道五治"行动，抓好主城区建筑工地、道路修复、照明亮化、环卫保洁等工作，截至2016年年底，主城区51个违规工地全部完成裸地、材料全覆盖，4个在建工地按文明工地要求基本整改到位；市政道路安装砌挡墙70米，拆除路障357处，维修井室30座，修复路面5866平方米、便道2226平方米、侧石1360米；城市照明新安装中杆灯4盏，维修不亮路灯230盏，清理灯杆小广告53初，查处偷电事件2起。

【美丽乡村建设】 2016年，长治市深入推进乡村清洁工程，全市落实市县两级配套资金6427.1万元，建设垃圾中转站25座、卫生填埋场12处，清除农村“四堆”15.68万处，治理残垣断壁3.88万处，清理积存垃圾35.38万吨，并编制完成县域农村垃圾治理专项规划，启动长子县农村垃圾治理示范县建设，创建1148个乡村清洁工程达标村和18个绿色示范村，申报2处宜居小镇和宜居小区，村容村貌显著改善。推进乡村规划编制，完成1项县域乡村建设规划、5项实用性村庄规划、2项采煤沉陷区迁入地规划，逐步实现乡村建设有目标、村庄整治有安排、生态环境有管控。

【农村危房改造】 2016年，长治市住建局坚持农村危房改造向建档立卡贫困户、低保户、农村分散供养特困户和贫困残疾人家庭倾斜，完成危房改造8380户，完成投资2.53亿元，其中实施“四类重点对象”危房改造4715户，占总量的56.3%。

【传统村落保护】 2016年，长治市住建局争取上级专项资金1500万元，完成基础设施和公共环境投资1537.28万元，实现全市16个中国传统村落保护规划全覆盖。

【房地产去库存】 2016年，长治市住建局推进新建商品房和存量房网签系统建设，市本级实现与住建部日报系统联网对接，强化房地产交易管理。调整完善“十三五”城镇住房发展规划，坚持房地产开发与城市发展水平、经济承受能力相匹配，与居民收入状况、人口增长趋势相适应。探索建立购租并举的住房制度，引导住房合理消费，提倡住房先租后买、梯级消费新理念。释放住房需求，拓宽去库存渠道，2016年全市销售商品房198.15万平方米，同比增长35.04%，其中：市本级销售商品房90.06万平方米，同比增长23.23%；县级销售商品房108.09万平方米，同比增长46.76%。

【质量安全监管】 2016年，长治市住建局开展工程质量治理两年行动，建立完善工程建设企业、注册人员、工程项目、诚信信息等基础数据库，依法查处建筑施工违法发包、转包、违法分包及挂靠等违法行为，对2家企业给予罚款，对5家企业停业整顿，全市工程质量总体水平提升。对2014年年底前未经竣工验收备案投入使用的房屋，遵循尊重历史、简化程序、分类处理、区别对待的原则，由建设单位（房地产开发企业）委托工程质量检测机构或房屋安全鉴定部门对房屋安全状况进行检测鉴定，根据检测鉴定报告出具工程质量合格证明，妥善解决国有土地房屋竣工验收备案遗留问题。坚持违法建设“零容忍”，惩治未经施工许可擅自开工建设行为，遏制城市建成区新增违法建设。按照“全覆盖、零容忍、严执法、重实效”的要求，对主城区建筑工程项目开展不间断大巡查，严查安全隐患，堵塞监管漏洞。落实“双随机、一公开”制度，完善随机抽查事项清单，健全随机抽查执法人员名录库和检查对象名录库，制订随机抽查细则，并实地抽查建筑企业44家，在局网站上全部进行公开，推动监管重心由事前审批向事中事后监管转变。

【建筑节能】 2016年，长治市新建建筑严格执行强制性节能标准，大型公共建筑全面执行绿色建筑标准，新增绿色建筑84.1万平方米，新建建筑执行绿色建筑标准比例达到36.9%，比年度目标任务26%高10.9个百分点。推进可再生能源建筑规模化应用，新增太阳能光热建筑176.8万平方米，新建建筑可再生能源应用比例达到77.5%，比年度目标任务42%高35.5个百分点。推进既有建筑节能改造，共实施既改10.46万平方米。

（梁　晨）
（责任编辑：牛　琪）

府后西街建设完成　（梁晨　供图）

住房公积金管理

【概述】 2016年，长治市住房公积金管理中心以发挥公积金保障功能为核心，紧扣主题，服务大局，做到应提尽提，应贷尽贷，全市住房公积金制度覆盖面扩大，使用率提升，获得2016年度山西省住房和城乡建设系统“优秀单位”荣誉称号。

【主要业务指标】 2016 年，长治市住房公积金管理中心全年实缴单位 3959 家，新开户单位 334 家，净增单位 302 家；实缴职工 25.78 万人，新开户职工 1.1 万人，净增职工 0.21 万人；当年缴存额 17.90 亿元，同比降低 5.04%。截至 2016 年年底，缴存总额 149.02 亿元，缴存余额 48.68 亿元，同比分别增长 13.65%、11.99%。受委托办理住房公积金缴存业务的银行 6 家，比上年增加 0 家。

2016 年，长治市当年提取额 12.69 亿元，同比降低 76.86%；占当年缴存额的 70.89%，比上年同期减少 220.09 个百分点。截至 2016 年年底，提取总额 100.34 亿元，同比增长 14.49%。

2016 年，长治市发放个人住房贷款 0.57 万笔 16.32 亿元，同比增长 35.71%、62.71%。其中，市中心发放个人住房贷款 0.55 万笔 15.86 亿元，分中心发放个人住房贷款 0.02 万笔 0.46 亿元。2016 年，回收个人住房贷款 3.53 亿元。其中，市中心 2.90 亿元，分中心 0.63 亿元。截至 2016 年年底，累计发放个人住房贷款 2.82 万笔 51.81 亿元，贷款余额 36.43 亿元，同比分别增长 25.33%、45.98%、54.17%。个人住房贷款率为 74.84%，比上年同期增加 20.48 个百分点。

2016 年，长治市住房公积金管理中心业务收入 21086.38 万元，同比降低 1.92%。其中，市中心 16244.37 万元，分中心 4842.01 万元；存款利息收入 11541.28 万元，委托贷款利息收入 9529.48 万元，国债利息收入 0 万元，其他收入 15.62 万元。2016 年，业务支出 7232.33 万元，同比降低 14.63%。其中，市中心 6262.70 万元，分中心 969.63 万元；住房公积金利利息支出 548489.91 万元，归集手续费用支出 0 万元，委托贷款款手续费支出 307.66 万元，其他支出 1434.76 万元其中质押贷款利息支出出 1425.11 万元）。

2016 年，长治市住房公积金管理中心增值收益 13854.03 万元，同比增长 6.34%。其中，市中心 9981.67 万元，分中心 3872.38 万元；增值收益率 2.95%，比上年同期增加 1.04 个百分点。2016 年，提取贷款风险准备金 546.97 万元，提取管理费用 40.32 万元，提取城市廉租房建设补充资金 7279.57 万元元，当年未分配增值收益 5987.19 万元，未分配增值收益余额 10127.6 万元。

2016 年，长治市住房公积金管理中心上缴财政管理费用 61.97 万元。市中心上缴财政的城市市廉租房建设补充资金 12688.13 万元，潞矿分中心上缴潞矿集团的城市廉租房建设补充资金 10547.8 万元。

截至 2016 年年底，长治市贷款风险准备金余额 9720.61 万元。累计提取城市廉租房建设补充资金 66707.95 万元。其中，市中心提取 45517.59 万元，分中心提取 21190.36 万元。

【政策调整】

缴存政策。根据山西省住建厅、财政厅、省人民银行《关于印发“山西省住房公积金业务指引”的通知》文件规定，山西省住房公积金缴存基数上限为上年度职工月平均工资的 3 倍，依据长治市统计局统计信息网公布的 2015 年长治市在岗职工年平均工资 49463 元，确定长治市 2016 年月住房公积金基数上限为 12366 元。按照中国人民银行、住房城乡建设部、财政部《关于完善职工住房公积金账户存款利率形成机制的通知》通知要求，从 2016 年 2 月起，将职工住房公积金账户存款利率，由现行按照归集时间执行活期、3 个月存款基准利率，调整为统一按一年期定期存款基准利率执行。制订《规范和阶段性适当降低公积金缴存比例实施方案》，截至 2016 年年底，共为长治市 3 家企业、738 名职工办理降低、缓缴手续。

提取政策。继 2011 年、2012 年、2015 年 3 次集中提取以来，为扩大住房公积金受益面，长治市从 2016 年 8 月 15 日至 12 月 20 日，第 4 次对发生过购房行为且从未使用过住房公积金的缴存职工和配偶，开展集中提取。在还贷提取业务中，发生个贷逾期后，由结清前不予提取调整为提取日前一年内无贷款逾期情况即可提取。

贷款政策。异地缴存职工在长治市范围内购房申请公积金贷款的，取消原来的长治市户籍限制。经省住房公积金监管处批示同意，调整“认贷不认房”政策，只要从未申请过公积金贷款，不管其商业贷款是否有或是否还清，都可按公积金贷款政策受理。在住房公积金个人贷款审核中，由原来的 3 年内按固定频率缴存住房公积金的职工准予贷款，放宽为申请贷款之日前 3 个月正常足额缴存住房公积金的职工准予贷款。

【紧扣地区实际调整使用政策】 2016 年年底，为保障职工购房刚性需求，防控资金流动性风险，报请管委会同意，从 2017 年 1 月 1 日起调整部分公积金提取、贷款政策。

在提取政策上，取消购房提取中每平方米 1000 元的装修费。取消购房中可提取直系亲属账户住房公积金的规定。将购房提取从付首付至办理“房屋所有权证”三年之内均可提取，调整为从付首付至办理“房屋所有权证”一年之内可提取。取消无房户租房提取中首次提取可提取 5 年租房费用的规定，同时年最高提取额由 2.4 万元降低至 1.8 万元。还贷提取额由贷款额加已还利息调整为已还贷款本息；为确定商业贷款职工已还本息额度，在偿还商业贷款提取手续中增加银行出具的还款明细一项。

在贷款政策上，取消装修贷款。取消已全部付清房款的购房贷款。取消偿还能力中包含直系亲属的规定。最高贷款额由 100 万元调整为 60 万元。调整二手房贷款政策，二手房贷款由办理完“房屋所有权证”三年之内调整为一年之内办理；最长贷款年限由30年调整为20年，且不超过借款人65岁；最高贷款额度按二手房建成时间分层次核定。

【服务改进】

简化优化流程。开展贷后变更业务，变更范围涵盖借款人变更、婚姻变更、担保方式变更等各个方面，做到全方位为贷款职工服务。精简流程手续，对无房户租房提取中取消婚姻关系证明。死亡销户提取中取消提供关系证明。服刑人员提取直接以解除劳动合同方式办理。

综合服务平台及网络载体建设。依托“官方网站、“12329”服务热线、微博、微信”为核心的“四位一体”信息公开平台，为长治市职工提供便利快捷的查询、咨询、互动交流服务。截至2016年年底，网站点击量达149.5万人次，累计504.5万人次；12329服务热线服务量5.37万通，总量16.39万通；年发送短信息65.9万条；微信关注“粉丝”0.95万人，微博“粉丝”3.39万人。此外，通过微信功能，建立全市“公积金专管员微信群”，随时发布政策，及时分享长治市公积金的“大事”“小事”“身边事”。

【风险防控】 2016年，长治市住房公积金管理中心严格落实《关于加强住房公积金廉政风险防控工作的通知》要求，对照《关于印发“山西省住房公积金业务指引”的通知》中所列的36项风险点，76条防控措施，通过提“机控”、建制度、强培训、重内审，严防各类资金风险。

提升“机控”能力。在住房公积金管理系统中设定控制“红线”，自动终止任何“逾越”操作；将所有业务环节全部纳入系统管理体系，减“人控”，增“机控”；全程记录每一笔业务工作的“时间、内容、经办人信息、档案依据”信息，实行留痕管理。

强化制度约束。制定下发《财务会计统一核算制度》《归集复核制度》《提取业务管理制度》《贷款风险管理暂行办法》《固定资产管理制度》等制度和操作流程，使各业务工作有依据，有“红线”；在财务管理中，实行《经费管理制度》《资金使用管理制度》等，规范行为操作；在人事管理中，下发《关于关键岗位不相容相关工作的实施意见》《关于任职回避制度的实施意见》等，减少用人风险，使中心全体干部职工自觉做到心有所畏、言有所戒、行有所止。

强化培训。2016一年中先后组织近20批次，180余人次的各类教育培训和200余人次“两学一做”教育学习，涵盖政治理论、党的建设、业务技能、互联网+公积金服务、法律法规等多个层次方面。

强化内审。坚持《内部审计制度》，以“日常抽查与定期内审相结合”“电子系统抽查与纸质材料审查相结合”“现场抽查与抽调档案相结合”的全方位立体审计模式，及时发现问题堵塞漏洞。

【长治市住房公积金管理中心潞矿分中心】

缴存基数调整。2016年，长治市住房公积金管理中心潞矿分中心（以下简称潞矿分中心）根据经济下行压力加大、煤炭市场持续低迷的客观实际，从2016年5月1日起，缴存比例由原来个人缴存130元/月、企业缴存600元/月，个人缴存180元/月、企业缴存700元/月，个人缴存500元/月、企业缴存800元/月，统一调整为：个人缴存90元/月、企业缴存410元/月。

年度公积金政策执行。2016年，潞矿分中心出台六项细则，放宽贷款政策，购买商品房的贷款额度由原来不得超过所购住房总价款的70%调整为80%，最高不得超过35万元调整为100万元。贷款年限由原来借款人不得超过20年调整为不得超过本人法定退休年龄后5年，且贷款最长年限不超过30年。公积金质押贷款的质押额度由原来借款人和保证人公积金账户余额的70%调整为公积金账户余额的40%。增加房产抵押担保的贷款方式，二手房贷款业务，装修、异地贷款业务。

改进服务。取消支取时的繁琐环节，直接网银划入职工账户。取消贷款和支取中的单身证明，改为现场承诺。放宽资格审查。简化流程，办理提取业务由公积金管理部门核准材料后，不需再返回单位盖章，办理提取由必须多次到中心简化为一次即可全部办结。

风险防控。2016年，潞矿分中心为加强住房公积金管理安全，制定财务管理办法、资金安全管理办法，细化重要空白凭证管理规定、贷款业务档案管理办法，完善计算机管理制度、关键岗位不相容制度，明确网银支付和网银操作人员权限，做到严控操作权限、严抓数据安全，形成有效控制资金风险的“安全锁”，确保资金安全。

（崔 巍 张 佳）

（责任编辑：牛 琪）

城乡规划勘察

【规划编制】 2016年，长治市规划局配合开展全国城镇体系规划编制和省域城镇体系规划修编工作，配合山西省住建厅进行基础资料收集。修编完成《潞城市城乡总体规划（2015—2030）》《屯留县城总体规划（2012—2030）》。编制完成《长治市“十三五”城市近期建设规划》及《潞城市近期建设规划（2015—2020）》。编制完成《沁源县县城总体城市设计》。潞城市报省厅备案控规覆盖率达到70.5%；其他县城报市备案控规覆盖率达到60%以上。结合长治市新一轮总体规划的实施，主城区《新增建设用地控制性详细规划》于2016

年11月10日市政府常务会议批准实施。全市范围103平方千米规划建设用地范围实现控规全覆盖。完善长治市职教园区控规编制。完成容海学校、公务员小区学校、实验中学北校区等八所学校的规划调整工作。完善主城区“控规一张图”平台，为推进规划管理科学规范化奠定基础。同时，为保证长治市的机场扩建、太焦高铁客运专线、207及208国道改线等重点项目的顺利实施，启动长治市总体规划的调整工作，该工作已通过市政府常务会议。

【规划审批】2016年，长治市规划局进驻市政务中心，实现窗口受理、一站式服务，确保规划审批公开透明、提质提效。针对出让土地，探索实行“两证合一”，即“建设用地规划许可证”与“建设工程规划许可证”从原来的分两阶段办理合并到一个阶段办理，优化审批流程，从审批环节上减少相应的审批时限。初步构建控规“一张图”规划管理平台及工作机制，为规划管理工作的规范提供制度保障。2016年11月1日，进入固投项目联审联批环节后，规划审批时限缩短。截至2016年年底，共办理选址意见书24个，建设用地规划许可证23个，建设工程规划许可证54个，建设工程竣工规划认可证17个。对政府投资类公益性建筑及大型公共建筑，执行绿色建筑标准工作正常进行。

【规划监察】2016年，长治市规划局查处国有土地上在建违法项目共12起。强制拆除6起，拆除面积约2800平方米；查封施工电源6起，其中，经过管理停止建设的3起，行政处罚1起，处罚金额42686元，请示市政府查封施工现场2起。响应和配合城区开展的“违建清零”活动，长治市城乡规划监察大队先后督促拆除天马商场门厅、维特衡器有限公司钢架结构等私搭乱建近500平方米。配合道路征迁工作，拆除府后西街红枫理想城门前多年违法建设的大型擎天柱式电子显示屏等设施。以确保规划实施为目的，严格按照《中华人民共和国城乡规划法》《山西省城乡规划条例》等法律法规，加强规划批后管理工作力度，做好放线、验线、验收各个环节的工作。对未按规划审批要求进行建设的项目进行查处并责令改正。作出行政处罚1起，处罚金额49.91万元。

【城乡规划督查】2016年，长治市规划局根据上党城镇群规划建设需要，在完成往潞城市、长治县、壶关县、长子县、屯留县、襄垣县6个县（市、区）派驻督察员的基础上，对其余各县实行巡视制度，实现全市11个县（市、区）城乡规划督察工作全覆盖。在出台《长治市城乡规划督察员管理办法》的基础上，制订《长治市城乡规划督察员考核方案（试行）》和《长治市城乡规划督察员考核实施细则》。派驻各县（市、区）的城乡规划督察员履行职责，此项工作受到山西省住建厅肯定。

【五道五治】2016年，按照《长治市规划局“五道五治”行动实施方案》和违章建设规划认定办法，市规划局分两个片区，网格化全方位，行程累计约4000余千米对主城区道路两侧国有土地上违法建筑进行摸底认定工作，道路两侧违章建筑认定共计12处，违建面积约2860平方米。配合城区、郊区、高新区管委会对所属管辖范围内违建进行摸底认定，经督促统计，城区涉及道路63条，违建328处，40648平方米；郊区涉及道路26条，违建128处，6526平方米；高新区涉及道路8条，违建27处，836平方米。根据《长治市规划局“五道五治”违章建筑整治（拆除）清单》，共拆除违建4处，拆除面积900平方米。

【棚户区、城中村改造】2016年，长治市规划局与城区、郊区、高新区全面对接，现场解决城中村改造存在的规划编制审批方面的问题，推进城中村改造规划编制工作。局领导带队5次深入基层，现场协调，业务科室分组先后赴城区的府城、新华、秦家庄、北董、桃园、紫坊、柏后村，郊区的梁家庄、大辛庄、壶口、庄里、北寨村，高新区的大化家庄、捉马村，研究指导服务棚户区、城中村改造推进工作。完成鹿家庄城中村改造规划编制方案的评审、公示、上报审批工作。

【开发区扩区】2016年，长治市规划局主动与高新区沟通联系，配合高新区开展工作。根据高新区拟扩区方案，结合长治市城市总体规划的相关规定，提出建议扩区的范围，并提供相关资料。

（王建苍）

（责任编辑：牛　琪）

市政建设

【概述】长治市市政管理处的主要职责是：受主管部门委托，依法对辖区市政道路、桥涵、排水设施等进行管理和监督；负责城市道路占用、挖掘许可手续的办理，依法制止和查处擅自占用、挖掘城市道路的违法违章行为；负责政府委托的市政建设项目的工程质量、安全及管理工作。在2016年4月29日召开的山西省“五一”表彰大会上，获得“山西省五一劳动奖状”。

【设施管养】2016年，长治市市政管理处共完成路面维修12588.12平方米，拆修便道3690.5平方米，清挖疏通雨水井及立蓖出水口1710座/个，清挖疏通排水10107.3米，安装更换检查井防护网1206套等，累计完成投资381.2万元。汛期防汛处置16次，出动人员824人次，车辆272辆，保证市政设施安全度汛。经政务大厅行政审批，进行道路现场审核后，及时办理道路挖掘审批手续131起。

【五道五治】 2016年，长治市市政管理处制订《长治市市政管理处“五道五治”市政基础设施专项整治行动实施方案》，并组织专门力量开始对设施进行维修，完成预期任务。截至2016年年底，长治市市政管理处共投入施工人员2799人次，机械设备746台次，资金217.8万元，完成修补沥青路面坑洼8097.76平方米，修补其他路面坑洼443.85平方米，拆除砼边坡5104米，维修护栏490米，维修侧平石3520.83米，维修人行便道4119.06平方米，维修井盖47个，占总数量的18.98%；拆除挡车杆217根，拆除路障（垃圾箱、电杆基础及其他）199处，维修座椅6座。

【社区服务】 2016年，长治市市政管理处设立市民求助电话，为6个社区和市民及时处置诸如小区排水堵塞、钥匙掉入雨水井等问题，共出动人员26人次，设备13台次，疏通排水4次约200米，清挖排水井室7座，清运淤泥4次约16立方米。

【隐患解决】 堠南庄铁路立交桥桥下积水是长治市市政设施运营重大安全隐患。每到汛期，该立交桥下的积水可达4米多，不仅阻断交通，更是给过往车辆和行人造成重大安全隐患。2016年，长治市财政下拨专项资金解决该隐患。工程于2016年3月底开工建设，历时60天完成，完成投资163万元，在2016年汛期来临前交付使用。

【设备更新】 2016年，长治市财政下拨专项资金209万元，为长治市市政管理处添置集高压疏通、高压冲洗、真空抽吸、泥水分离、污水反排等功能为一体的清洗吸污车，和主要用于城市内涝时抽排道路积水的渣浆泵。

【项目建设】 2016年，长治市市政管理处负责27项市政建设工程项目的管理任务，其中新建工作17项，续建工程10项，计划总投资额4.2亿元。在这些项目中，新建项目完成11项，续建项目完成9项，共完成雨水管道埋设15601.8米，污水管道埋设7375.03米，电力管道埋设15927.57米，完成主车道7468.4米、面积165618.5平方米，非机动车道5164米、面积19041.8平方米，人行便道6333.21米、面积33857.83平方米，完成投资2.8亿元。

【项目手续】 按照相关要求，办理一项工程项目的前期手续包括立项批复、规划选址意见书、环评批复、用地预审批复、资金证明、勘察设计招标、初步设计批复、规划用地许可证、建设工程规划许可证、施工图审查、预算评审、施工监理招标、档案资料备案、质量注册、安全注册、建设工程施工许可证等16项手续，涉及发改、财政、国土、环保、规划、住建6个单位的17个部门。按照有关办理程序及时限要求，办结一项工程的前期手续需要二百多个工作日，且多数手续受程序制约不能同步办理。为此，长治市市政管理处向上级提出简化前期手续办理流程的建议。2016年9月9日，长治市政府办公厅印发《长治市市政基础设施建设项目流程再造实施意见》。由此，长治市市政管理处在2016年按时办理完结纬七中路、纬十一东路、经十五南路、太行南路、经六路、北二环路、延安北路、府后西街电力沟、市医院人行天桥、西客运人行天桥等10项工程项目的全部手续。

（马俊杰）

（责任编辑：牛　琪）

市政车辆在进行清扫作业

园林绿化

【概述】 2016年，长治市园林局按照2016年初与山西省住房城乡建设厅签订的《2016年住房城乡建设工作目标责任制》要求，推进城市园林绿化工作，城市建成区绿化覆盖率达到47.01%，绿地率达到42.13%，人均公园绿地面积达10.4平方米。

【新增城市绿化面积】 2016年，长治市全市城市园林绿化新增绿化面积233.52万平方米，完成年度目标任务的119.7%。其中：长治市市辖区新增绿化面积46.46万平方米；长治县新增绿化面积15.02万平方米；长子县新增绿化面积18万平方米；襄垣县新增绿化面积22.95万平方米；壶关县新增绿化面积16.65万平方米；沁源县新增绿化面积15万平方米；屯留县新增绿化面积13.06万平方米；黎城县新增绿化面积15.23万平方米；

潞城市新增绿化面积 25 万平方米；武乡县新增绿化面积 18.1 万平方米；平顺县新增绿化面积 15.05 万平方米；沁县新增绿化面积 13 万平方米。

【裸地绿化工程和常绿草坪试种】 2016 年，长治市裸地绿化补植完成 16.7 万平方米，完善绿化景观；首次试种常绿草坪 6500 平方米取得成功，实践证明丹麦草、崂峪苔草均可在全市大面积推广。

【太行公园改造】 2016 年 10 月，太行公园改造工程由市发改委进行立项和初步设计批复，截至 2016 年年底，工程完成预算评审和招投标工作，并完成前期投资 300 万元。

【道路附属绿化】 2016 年，长治市园林局完成四项道路附属绿化跟进工程。一是德化门西街、威远门路南延附属绿化。德化门西街具备绿化施工条件的路段全部完成。该路段共种植国槐 347 株，各类花灌木 876 株，种植小叶黄杨篱、金叶女贞篱、红叶小檗篱 7000 余平方米；威远门路南延具备绿化施工条件的路段全部完成，共种植乔木 162 株、花灌木 240 株、小苗 2140 平方米。二是延安北路附属绿化。清渣换土和乔灌木种植工作完成，共种植乔木 376 株、花灌木 155 株、球类 120 株。三是长兴路南延附属绿化。具备绿化施工条件的路段全部种植完成，共种植乔木 154 株，花灌木 234 株，小苗 2140 平方米。四是纬二十五路附属绿化。道路绿化全部完成，分车带内乔木为府后西街移植国槐 143 株，种植草坪 1640 平方米。

【城市美化】 2016 年，长治市园林局按计划于五一、十一期间在市区主要街道、节点实施美化项目，总计摆放和种植矮牵牛、金盏菊、万寿菊、金鱼草、美人蕉、一串红等各种花卉 62270 盆。同时在八一广场一号地试种由荷兰引进的郁金香，有“金阿波罗”“检阅”“夜皇后”“世界真爱”“天地王子”“蓝宝石”等多个品种，共计 46000 余株。

【人民公园动物区搬迁选址】 2016 年，长治市园林局根据市委、市政府要求，依据动物园选址国家规范对长治市近郊及壶关县辖区有可能具备动物园建设条件的 12 处地方进行实地考察调研，经市政府同意，最终选定在老顶山后山区域。

【广场、游园园林基础设施维修改造】 2016 年，长治市园林局完成包括八一广场公厕、滨河游园旱喷泉改造等 9 项基础设施维修改造工程。广场东、西游园厕所除保留建筑结构外，对建筑外立面及内部所有设施包括无障碍设施、蹲便器、洗手台等全部进行改造更新；北关桥游园公厕、电杆厂游园公厕、紫金广场公厕均进行内部设施更新维修；广场中央 6 块草坪地全部安装喷灌设施，并投入使用；紫金三角地游园改造项目中地面铺装全部更新，草坪喷灌铺设完毕；滨河游园喷泉修复一新。

【城市社会义务绿化】 2016 年，长治市共安排城区、郊区、高新区、市直 15 个口、7 大工矿企业、3 个省管院校社会城市义务绿化任务。共种植各类苗木 122454 株，其中种植：乔木 2250 株、花灌木 7928 株、小苗 111668 株、常青树 653 株、草坪 7052 平方米。另外，由清华、淮海、长治医学院提供郁金香花卉种子 4.6 万株，分别种植于八一广场、上党门游园、烈士陵园旁边、迎宾大道连接线转盘周围等区域。

【人民公园黑臭水体整治】 2016 年，长治市园林局将人民公园原有湖水全部清放并更换新水，对湖底淤泥及沉积物进行清理，对池壁绿藻进行高效杀菌，完成湖体给水及排水管道的铺设。

【东南外环路心池裸地整治】 2016 年，除约 2000 平方米市政施工路段外，长治市园林局对其余东南外环路心池裸地全部进行整治，整治面积约 5.4 万平方米，其中石子覆盖 25766 平方米，有效抑制裸土扬尘。

（邢潇竹）

（责任编辑：牛　琪）

市容环卫

【乡村清洁工程】 2016 年，长治市乡村清洁工程获省级补助资金 3317 万元，用于农村清扫保洁员的工资补助。市级下达补助资金 995.10 万元，用于乡村环卫设施设备的配置，各县（市、区）共投入资金 4523.4 万元，省、市、县合计投资 8835.5 万元。全市共配有农村清扫保洁员 11695 名，环卫监管员 2582 名。在农村垃圾中转站建设方面，郊区建设 13 座压缩式中转站，沁县建设 1 座、壶关县建设 1 座，合计 15 座。全市新增人力三轮垃圾收集车 2700 辆，机动三轮垃圾收集车 2200 余辆，机动四轮清运车 170 余辆，配备垃圾桶 4000 余个，垃圾收集箱 2400 余个。

【目标责任制创建】 2016 年，长治市计划创建 1120 个达标村，已完成创建 1148 个，超额完成年度目标。

2016 年，长治市共清理农村“四堆”（柴堆、煤堆、粪堆、料堆）15.68 万处，清理农村积存垃圾 35.38 万吨，治理残垣断壁 3.88 万处，沿线、沿路村、重点村、中心村改善农村环境卫生的效果显著。

2016 年，根据山西省城市容貌示范街道，保洁示范街道，星级公厕的创建工作通知，长治市开展相关工作，并完成目标责任制要求。创建容貌示范街道3条分别是：市区迎宾大道、长治县韩西路、襄垣县迎宾东街。创建保洁示范街道4条分别是：市区北外环路、花园街、潞城市府东路、长治县韩东路。创建城市星级公厕3座分别是：四星级公厕中国银行西侧公厕、长治县正大路公厕、平顺县城西公厕。

【星级公厕改造】 2016年，长治市主城区完成2座星级公厕改造工作，分别为：中国银行西侧公厕、莲花巷公厕。

（陈凌杰）

（责任编辑：牛 琪）

城市供电

【概述】 国网长治供电公司（以下简称长治供电公司）是隶属于国网山西省电力公司国有大型一类企业，担负着长治市12个县（市、区）工农业生产和人民生活用电的供应以及电网规划、设计、建设、运行、检修、维护任务。拥有固定资产84.52亿元，用电客户107.46万户。

截至2016年12月31日，长治供电公司实现连续安全生产5026天长周期；全年完成固定资产投资7.99亿元，其中电网投资7.27亿元，同比增长12.01%；售电量完成117.16亿千瓦时，计比增加1.17%；综合线损率完成3.42%，计比降低0.38个百分点；电费回收率100%。

【电网概况】 截至2016年年底，长治电网通过13条500千伏线路（漳久Ⅰ、Ⅱ线、长晋Ⅰ、Ⅱ线、长久Ⅰ、Ⅱ、Ⅲ线、榆久Ⅰ、Ⅱ线、潞城—邯东Ⅰ、Ⅱ线、左潞Ⅰ、Ⅱ线）、6条220千伏联络线（霍沁线、东乐Ⅰ、Ⅱ线、堡神线、紫神线和紫秦线）与山西电网相联，基本形成以1000千伏特高压变电站为战略支点、500千伏双T型网为核心、220千伏电网为骨干、110千伏及以下电网辐射型供电的网络结构。

【发电设备规模】 截至2016年年底，长治电网总装机4842.815兆瓦。接入500千伏系统机组2台，容量1200兆瓦，与同期持平；接入220千伏系统机组13台（座），容量2889兆瓦，与同期持平；接入110千伏系统机组17台（座），同比增加1座，容量428.5兆瓦，同比增加30兆瓦；接入35千伏系统机组28台（座），同比增加4座，容量243.18兆瓦，同比增加57.8兆瓦；接入10千伏系统机组72台（座），与同期持平，容量82.135兆瓦，与同期持平。

按机组类型划分，火电机组22台，与同期持平，容量4036兆瓦，与同期持平；水电机组79台，与同期持平，容量36.015兆瓦，与同期持平；光伏电站7座，同比增加3座，容量175.5兆瓦，同比增加70兆瓦；风电场2座，与同期持平，容量298.5兆瓦，与同期持平；煤层气电厂4座，同比增加2座，容量52.8兆瓦，同比增加17.8兆瓦；生物质能电厂2座，与同期持平，容量39兆瓦，与同期持平；余热、余气电厂16座，与同期持平，容量205兆瓦，与同期持平。

【变电设备规模】 截至2016年年底，长治地区共有统调35千伏及以上电压等级变电站159座，同比增加2座，主变326台，同比增加5台，主变容量21433.3兆伏安，同比增加378.5兆伏安。其中1000千伏变电站1座，主变2台，容量6000兆伏安，与同期持平；500千伏变电站1座，主变2台，容量1500兆伏安，与同期持平；220千伏变电站24座，主变49台，与同期持平，容量6329.5兆伏安，同比增加120兆伏安；110千伏变电站82座，同比增加2座，主变171台，同比增加5台，容量6801.8兆伏安，同比增加258.5兆伏安；35千伏变电站51座，主变102台，容量802兆伏安，均与同期持平。其中，长治公司维护220千伏变电站16座，主变33台，与同期持平，容量5100兆伏安，同比增加120兆伏安；110千伏变电站51座，同比增加1座，主变105台，同比增加3台，容量4462.5兆伏安，同比增加158.5兆伏安；35千伏变电站51座，主变102台，容量802兆伏安，均与同期持平。

【输电线路规模】 截至2016年年底，长治地区共有统调35千伏及以上输电线路561条，同比增加16条，线路长度6112.665千米，同比增加134.503千米。500千伏线路7条，与同期持平，长度246.744千米，与同期持平；220千伏线路61条，同比增加1条，长度1375.78千米，同比减少0.819千米；110千伏线路164条，同比增加3条，长度1849.27千米，同比增加26.046千米；35千伏线路329条，同比增加12条，长度2640.871千米，同比增加109.276千米。其中，长治公司维护的35千伏及以上输电线路共有299条，同比增加6条，线路长度4150.701千米，同比增加61.091千米。220千伏线路50条，同比增加1条，长度1237.998千米，同比减少0.819千米；110千伏线路114条，同比增加1条，长度1486.005千米，同比增加5.886千米；35千伏线路135条，同比增加4条，长度1426.698千米，同比增加56.024千米。

【电网建设】 2016年，长治供电公司全年电网建设投资完成15357万元。开工110千伏及以上输电线路10.8千米，变电容量6.3万千伏安，投产110千伏及以上输电线路24.75千米，变电容量60万千伏安；开工35千伏及以下输电线路48.5千米，变电容量2.5万千伏安，投产35千伏及以下输电线路61.26千米，变电容量3万千伏安。开工、投产任务完成率均达到100%。

【安全生产】 2016年，长治供电公司

未发生人身、电网、设备事故，未发生同等及以上责任交通事故，未发生火灾事故，实现当年安全生产无事故365天，连续安全生产无事故5025天。全面践行安全管理“ABCD”理念（A：安全全过程管控，B：波动点管控，C：现场安全管控，D：加大反违章力度），着力解决“四个不清晰”（现场有多少不清晰、重大危险源有多少不清晰、什么人员到岗到位以及是否到位不清晰、到岗到位具体做什么不清晰）问题。各级领导干部、管理人员及现场专职安全员到岗到位4552人次，在微信群中发布现场作业照片3700余张，深入现场查处各类违章违规行为149次，开展各级负责人安全述职1800余人次。针对110千伏中庄变电站2号主变扩建工程及正川至中庄110千伏线路工程，发布输变电施工风险预警11份，收到各类预警反馈单346份，保障安全生产持续稳定。

完成“输电通道专项治理年”活动，完成816档36113棵树木清理、24线23基护坡维护、20线27处线下杂物清理、13线305千米巡检道路修筑。完成220千伏西庄站2号主变返厂和6台110千伏主变大修，更换35千伏及以上老旧开关23组，编制513条配电线路综合治理“一线一案”，推广“配网工程标准化设计软件”，精选适合长治区域“典型设计”方案6项，建立124项工程管理信息库。

建立配网抢修指挥协同机制，提高抢修效率，降低故障平均处理时长，加强预案编制与演练，应对五级电网等级事件94项，六级电网等级事件55项。开展地县电网停电计划审批，统筹平衡所辖地县电网年、月、日调度计划，强化电网计划的刚性执行。检修计划完成率100%，备用电源自动投入装置动作5次、正确率100%。

开展覆盖安质、运检、建设、营销、调控、集体企业等11个专业的安全大检查和隐患排查整治工作，整改各类安全隐患1905项。深化输变配电设备隐患排查治理，自查出反措未落实隐患1853处，“三跨”（跨高铁、跨高速和重要输电通道）安全隐患34处，列入三年整治计划，提升设备健康水平。

【用电安全】 2016年，长治市共有高危及重要客户124户。按照规定周期，开展安全用电检查工作，用电检查完成率为100%。在检查过程中发现安全隐患676条，其中273条已整改完成。2016年完成春检客户（10千伏及以上）903户。其中发现隐患（缺陷）1260条，消缺894条，消缺整改率71%。

【电网调度】 长治供电公司根据2016年电网运行方式变化，重新修订年度正常运行方式事故应急预案。严格执行“三严三勤三核对”（严肃调度纪律、严格执行调控规程、严格执行重大事件汇报制度；勤监视、勤调整、勤联系；核对运行方式、核对继电保护、核对安全自动装置）工作理念，每月5日地、县调定期核对一、二次设备运行方式，排查电网方式隐患，保障电网安全运行。严格执行等级事件汇报制度。监控电网运行输变电设备的电流、电压、有功，严格按照“长治电网重负荷变电站及线路控制措施”及“长治电网110千伏线路及35千伏联络线最大控制电流”执行，根据电网电压波动情况，及时投、退系统无功补偿设备，防止发生电网稳定破坏。

【电力运行】 2016年，长治供电公司安全生产工作持续夯实基层基础，强化安全全过程管控，深化专业精益管理，未发生人身、电网、设备事故，实现连续安全生产5026天，安全生产保持平稳态势。

建立“安全管理职责到位管控模式”。制订《生产现场安全管理全过程管控工作实施细则》，开发“生产现场安全管理全过程管控系统”，建立安全管控微信群，全年共管控现场1788个，辨识重大危险源605个，落实管控措施1135项，各级人员到岗到位4702人次，基本实现生产现场全过程在线管控。

实现反违章管理制度化。制定《安全生产典型违章30条》和《安全生产违章现象处罚标准》，将违章指标下达至各部门、单位，每月通报。建立现场安全三级督（纠）察体系，开展“领导约谈违章者”活动，公司领导包干督察，管理部门随机抽查，市、县安全纠察队每月纠察，共查处违章149起，罚款26050元，约谈违章者21人，作业现场违章得到初步遏制。

电网精益管控能力稳步提升。强化电网运行方式风险校核，发布风险预警通知单213份，应对5～7级事件风险177项。编制执行应急预案54份，开展反事故演练12次，省地联合演练1次，专项反事故演练2次。启用备调完成220千伏康庄站启动送电，操作时间减少34%，实现“应急备用”向“全业务备用”转变。强化保护自动装置管理，完善35千伏及以上变电站备自投68套，10千伏线路投入重合闸325套。践行大运行体系“末端优化”，建成黎城、襄垣、潞城三个标准化县调。截至2016年年底，长治电网已基本形成以1000千伏特高压变电站为战略支点、500千伏双T型网为核心、220千伏电网为骨干、110千伏及以下电网辐射型供电的网络结构。35千伏及以上输电线路561条，35千伏及以上电压等级变电站159座，总装机4842.815兆瓦。

设备隐患排查治理成效明显。组织实施220千伏东鸣等11站综合检修，完成220千伏候堡等3座老旧站综合治理，消除220千伏西庄站2台主变抗短路能力不足、东鸣站GIS漏气等隐患38项，候堡站荣获省公司220千伏精益化评价红旗变电站。着力输电通道治理，完成220千伏及以上树线矛盾治理816档，实施防覆冰、防雷击、防外破等综合治理42线，220千伏输电线路跳闸率降低27%。

深化精益运维管理。220千伏输电线路跳闸率同比下降27%；实施220千伏康庄等11座变电站综合检修，220千伏侯堡站被评为省公司精益化管理红旗变电站。承办“省公司配网精益管理标准化建设现场会”，侯家庄台区荣获“国网百佳工程”，潞城、壶关县公司获配电网标准化建设“国网百县标杆”。

【电力营销】 2016年，长治供电公司售电量完成117.16亿千瓦时，同比增长0.93%；电费回收率100%，预付电费达5.06亿元，占月均应收电费的87.28%；完成合表用电改造5.9万户，推动供电资产移交接收9572万元，超计划任务完成3905户多表合一建设任务；成功投运长治首座充电站（二广高速公路武乡服务区（双向）电动汽车充电站），年累计完成电能替代项目18个，替代电量8.63亿千瓦时，完成全年计划的198.39%；累计受理分布式光伏项目1616户，接入容量8267千瓦；完成合表用电“一户一表”改造5.9万户；完成大用户直接交易34.11亿千瓦时，同比增长291%，节约用户电费支出2.39亿元；99%的台区实现月自动统计同期线损，98%的台区实现同期线损按日监测，线损合格台区达到6003个；查处违章窃电197户，挽回经济损失379.32万元；“网上营业厅”累计注册31.02万户，占城乡客户比重突破50%；微信自动推送覆盖12.1万户，线上累计交费17.7亿元，线上报装应用率达到85.29%。建立客户微信群5841个，直接服务客户23万户；与市广电总台联合开办“电力之声”栏目累计播出22期，解决各类问题116件；完成经营区域内106万户营配调数据采录及建模任务，高压用户和低压贯通进度完成100%。

【农网建设与改造】 2016年，长治地区农网工程投资40104万元，改造302个村，新建及改造10千伏线路459.99千米，新增及改造配变650台，容量142.61千伏安，新建及改造低压线路1115.08千米、主要解决县城及主要乡镇的电网改造、贫困村通动力电、中心村、农村老旧设备及10千伏线路末端电压低的改造。

【服务管理】 2016年，长治供电公司营业服务类投诉同比下降28.35%，基本实现营业服务类投诉结零。

“互联网+”营销服务转型。“网上营业厅”累计注册31.02万户，占城乡客户比重突破50%。微信自动推送覆盖12.1万户，线上累计交费17.7亿元，线上报装应用率达到85.29%。

健全市场快速响应机制。市、县逐级成立主要负责人为组长的领导小组，实行周报告常态监控，密切关注市场动态。开展秋季大走访，累计走访各类用户130个，对接用电需求，开展政策宣讲，凝聚电改共识。加强电能替代宣传，利用电视、报纸、网站、微信等媒介开展电能替代宣传，组织全区12个县市开展专题宣传活动，发表新闻稿件30余篇，滚动播出新闻达40余次。

提升优质服务。下发《投诉举报管理考核细则》，对县公司领导班子、营销分管副经理以及一线站所进行考核。全年共对投诉管控排名靠前的县公司下发奖金46万元，对投诉管控靠后的单位实施处罚9万元，对未发生投诉的53个一线站所累计下发奖金163万元。设立“优质服务教育培训室”，对投诉责任人开展一对一教育培训，经考试合格后重新上岗，对3起重点投诉约谈县公司分管经理及站所长。全年营业服务类投诉60件，较同期下降55.49%。开通“3382311”营销业务答疑专线及成立专家智囊团，保持24小时电话畅通，随时为供电所一线人员提供作业指导。联合长治市电视台开办“电力之声”栏目，全年累计播出31期，实际为客户解决问题180余件。

（王春丽）
（责任编辑：牛　琪）

城市供水

【概述】 长治市供水总公司成立于1941年，是以供水为主，集污水处理、给排水设计、营业销售、管道安装、管线维护、水质检测于一体的中型一类国有企业，隶属山西省长治市住房保障和城乡建设管理局。公司固定资产5.64亿元，有在岗员工846人。下辖的污水处理厂二期工程生产工艺达到国家城市污水排放标准一级A标准。

长治市城市供水系统是辛安泉地下水系统，设计供水能力17.28万立方米/日；辛安泉供水水源距市区45千米，四级泵站加压，是主城区、马厂区、故县区以及潞城市城区和管道沿线村庄的唯一供水水源。DN200毫米以上供水管线509.1千米，供水区域80平方千米，服务人口约80万。

【主要经济技术指标完成情况】 2016年，长治市供水总公司供水量完成5169万立方米；售水量完成4700.28万立方米；产品销售收入完成1.3亿元；水费回收率完成99.99%；污水处理4697万立方米；水质综合合格率100%；管网修漏及时率100%；产销差率9.07%。

【管网建设】 2016年，长治市供水总公司配合市政道路改造新建府后西街、纬十一路、经十五路、纬七中路、英雄南路桥5条主路段供水管道5.7千米，置换管道3.8千米。按照城区政府道路改造计划和“管随路走”管网改造方式，更新改造北关三巷、新街、南关开元一巷等38条背街小巷配水管网3.7千米，开展148户居民的户表改造。投资247.4万元，完成110台消防栓及6台消防水鹤新建工作。铺设应急备用水源工程市区段项目管道3.5千米，起点处已与水利局施工段对接。长治市辛安引水新建输水管道（微子镇—二水厂）工程。上半年按照市委领导的指示精神，完成工程设计流量及管道管径设计变更并获得发改委批复，输水能力由原来的17.28万立方米/日增加到24.28万立方米/日，管道管径在原来基础上普增200毫米。8月15日，工程正式开工。2016年年底，工程完工。

【管道维护】 2016年，长治市供水总公司在严格执行GPS巡线制度基础上，强化管网巡视人员管理，由班组巡查改为单兵巡线，将巡视责任具体到人。针对施工现场、老旧管道街巷等爆管多发路段，公司安排专人24小时重点盯防，避免市政工程作业挖断管道。通过对管网普查摸底，列出分步维护改造清单，全年共预防性检修消火栓904台、排气阀81台、阀门1367台，更换阀门28台、消火栓8台，补装井盖59套，新增排气阀1台。做好管网抢修工作，出台《供水管道应急抢修方案》，提高工作效率；加强应急抢修队伍建设，投入资金购置抢修设备，全年投入费用24.34万元，新购液压动力站一台、抢修车辆2辆、小型发电机3台；开展岗位练兵、技术比武活动，提高抢修队伍的战斗力。全年完成突发性应急抢修7起。严格管网（户表）工程质量管理，管理部门和施工企业每周召开质量、安全工作例会，对存在的问题进行总结分析。施工过程中，严格按国家质量规范和公司制度组织施工，每日对重点部位进行检查，发现问题限期整改，关键节点没有验收绝不允许进入下一道工序。发挥“大数据”的优势，完成管网地理信息系统（GIS）建设，将管网坐标、管径、材质等基础数据进行采集后录入计算机，通过电脑和手机APP即可实现管网数据的轻松调阅、分析、数据管理及隐患排查，并开展管网员工操作技能培训。

【设备精修精保】 2016年3月，长治市供水总公司对各厂站进行摸底排查，确定14项精修精保工程计划，明确检修内容、精修重点、完成时限及责任人。完成二水厂5#调速装置、4号缓闭蝶式止回阀，三水厂1～3号立式单级离心泵、三相异步电动机、进出水闸阀、逆止阀，一级站1#深井泵、5#6#水泵、5#6#双速阀、1#2#3#5#6#电机，台上供水站1#水泵的改造，使设备运行效率得到提高。5月4日，印发《关于设备精修精保工程建立设备健康档案的通知》，从5月起，为每一台设备建立“健康档案”，对年代久远且存在潜在安全隐患的设施设备建立“设备病历登记处置卡”，根据以往“病症”制订应急处置方案，便于紧急情况紧急处置。

【智能水表安装】 2016年，长治市供水总公司共更换水表174台，超额完成更换100台的计划工作。针对自备井超声波水表安装和收费难度大的问题，依据《污水处理费征收管理实施细则》，加大宣传和查收的力度，通过上门宣讲政策、邮发追缴通知、下发律师函、启动诉讼程序等措施，全年对自备井用户安装超声波流量计72台,代收自备井污水处理费223.3万元。

【户表工程评优】 2016年，长治市供水总公司下发《户表工程施工质量评优实施方案》，户表办采取定期、不定期组织相关部门采取现场检查、明察暗访等多种方式进行监督检查，通过看现场、听汇报、查资料、访用户等形式，购买并使用电火花测漏仪、涂层测厚仪、密实度仪、厚度测厚仪对每道工序进行检测，确保每道工艺符合技术标准。在施工过程中，落实工程质量管理终身负责制，按照考核制度，每月严格执行检查制度，逐项检查施工的每个环节。截至2016年年底，共完成户表改造9369户。

【表井整治】 2016年，长治市供水总公司各营业所作为责任部门，按照“先急后缓、先易后难”的实施原则及季节性变化开展整治工作，每月会同计量管理处和施工单位组织现场勘察，根据实际情况逐户制订改造方案，安排施工。全年共计划整治水表井705座，实际完成787座，超计划11个百分点。

【优质服务】 2016年，长治市供水总公司完成短信息水费使用提醒平台、支付宝水费支付平台建设。支付宝水费支付平台开通仅1个月，收缴水费27万元；对欠费用户实行人性化管理，继续做到欠费不停水。保证供水水质、水压符合国家标准，计划停水提前24小时发布停水通知，紧急停水在抢修同时发布；接到管道漏损信息3小时到达现场；大小抢修24小时恢复，受理用户投诉3个工作日内做出答复。做好供给侧差异化服务工作，由被动服务向主动服务转变，依托“2090111”供水热线、长治供水网、长治供水微信平台，及时解决用户的诉求。同时，公司各职能部门、营业所定期通过走访用户、在小区门前定点宣传的形式，解决用户实际问题。

（董慧荣　孟丽飞）
（责任编辑：牛　琪）

城市供热

【概述】 2016年，长治市热力公司新增供热面积500万平方米，市区接通集中供热面积约3800万平方米，实际用热面积达3300万平方米，集中供热覆盖率达到87%。

【工程建设】 2016年，长治市热力公

司改造采暖燃煤锅炉178台，敷设供热主管网22.4千米，新建换热站58座。截至2016年年底，长治市市区集中供热敷设DN250–DN1200供热管网208.4千米，建成换热站370座。

2016年，为解决长治市主城区集中供热热源不足的问题，长治市热力公司对漳山电厂实施热电联产改造，向市区输送热源，其中漳山热源集中供热管网工程总投资3.8亿元，漳山电厂投资1.6亿元，其余2.2亿元由热力公司自筹。2016年10月漳山热源集中供热管网全线贯通，11月顺利与长治市区供热管网并网运行，该工程增加供热能力1400万平方米。

【设备维修】 2016年，长治市热力公司组织编写2016年锅炉、管网、换热站设备检修方案，针对上一运行期出现的隐患，召开专题会议研究讨论，对每一个隐患制定检修措施，责任到人。对投入运行的370座换热站内设施进行全面检修，清洗管网除污器260台，清洗板换160个，更换破损阀门200个；对软水设备全面检修，保证水质达标，解决冬季供暖系统的高耗水和高耗盐问题，确保换热站安全稳定运行。对全市180余千米主管线进行检修，并对腐蚀严重的漏水管道进行更换，对开启不灵和关闭不严的阀门进行保养维修及部分更换。截至2016年年底，完成2016年1月1日—3月31日和11月1日—12月31日共计150天的供热任务，未发生停热事故，供热连续稳定，用户反映良好。

【供热服务】 2016年，长治市热力公司新增加两个营业厅，分别为颐龙湾第六营业厅、世纪嘉园第七营业厅，主城区内的营业厅数量增至6个，方便用户就近办理各项业务。为方便用户缴纳取暖费，缓解供热前缴费高峰期，新增工商银行、建设银行两个缴费网点，用户缴纳取暖费的方式更加多元。成立客户服务中心，开通24小时供热服务热线“2250681”，此热线为六部电话24小时不间断接听，并通过报纸、发放宣传页等方式向市民公布，建立追踪回访制度，保证各种用热问题在第一时间内得到解决。

（李志辉）

（责任编辑：牛　琪）

城市燃气

【主要指标完成情况】 2016年，长治华润燃气有限公司累计发展居民用户24161户，累计发展工商户145户，累计销售燃气3622.22万立方米，同比增长20.05%，是历年增幅最大的一年；实现销售收入17202.52万元，同比增长1.85%；实现净利润870.26万元，同比增长71.04%。截至2016年年底，长治华润燃气有限公司管理民用户18.5285万户，工商业用户574户，运行管线总长度559.57千米。全年安全运行无事故。

【市场发展】 2016年，长治华润燃气有限公司加快基础建设。东外环、南外环、长壶线长治段、长潞线次高压潞城段以及潞城—史迴等管网全面建成；漳泽工业园、城南工业园管网建设实现覆盖；西贾站主体完工，具备应急保供能力。打破常规，潞安铁运处首次实施CNG点供并成功通气，日供气量高达1万余方；抢占国新能源已占领的中德型材市场；长治市丰雨机械、山西经贸潞恒机械、山西东盛建设公司等一批工业用户实现送气。将中压B级管网升为中压A级，提升输配能力。与长治市政法委协调出台《关于建立防范、打击破坏燃气设施及盗窃燃气违法犯罪联动工作机制的通知》，强化偷盗气治理。加快壶关置换送气。利用“三供一业”政策成功接收淮海、惠丰用户；枫林花园、省建三公司用户得到整合。配合全市燃煤锅炉改造，简化安装流程，短短两个月时间，燃煤锅炉改造完成40家126吨58台。

【用气安全】 2016年，长治华润燃气有限公司实施危旧管网改造工作，累计投入1100余万元完成危旧管网改造22.58千米；全年处理违章占压89起。隐患治理7117处。利用安全宣传车加大安全宣传力度，做到“车动广播响”。利用电视、报纸、广播、网络、手机微信客户端等多种媒体广泛宣传燃气知识。全年累计开展各种形式的安全宣传50次，其中进社区宣传19次，联合宣传3次，《上党晚报》宣传3次，《长治日报》宣传15次，进校园宣传10次，长治电视台长期播放燃气安全流水字幕。

（周煜芳）

（责任编辑：牛　琪）

环境保护

【概述】 2016年，长治市主城区空气质量二级以上天数为219天，优良天数比例59.8%；$PM_{2.5}$全年平均浓度为69微克/立方米，同比上升6.2%；PM_{10}全年平均浓度为114微克/立方米，同比上升7.5%。全市17个国、省控地表水监测断面中，水质优良（III类以上）断面13个，比例为76.47%，省辖省考核排名第一；劣V类的断面1个，比例为5.88%，达到省政府考核目标要求；全市集中式饮用水源地水质达标率保持100%。

【环境源头管控】 2016年，长治市环境保护局严把环保准入关口，坚持主动上门、及时审批、跟踪服务，确保国道207、208和309改线项目和首钢长钢垃圾发电等一批绿色、民生重点工程项目顺利推进。多次组织召开“清零”工作推进会，深入研究对策，集中解决疑难，确保50个“未批先建”、282个“久试不验”项目全部按期完成整改任务，并在全省违法违规建设项目清理整改推进会上作经验交流。2016年12月7日，长治市排污权交易中心正式挂牌。

2016年11月11日，市委书记席小军（左4）一行在市环保局监测站点查看周边环境情况 （石颜红　供图）

【环保提标改造】2016年，长治市投入8亿元环保资金推动企业环保设施升级改造。截至2016年年底，全市26家焦化企业，22家完成提标改造，3家停产，1家未实施改造的予以关停取缔；全市6家钢铁企业，5家完成提标改造，1家停产。扎实抓好水污染防治，4个县城污水处理厂完成提标改造，3个人工湿地和4家乡镇污水处理厂开工建设，钢铁、化工、煤炭等重点行业开展水污染防治设施提标改造工程，完成13个重点水污染物减排项目。

【大气污染防治】2016年，长治市出台主城区全面整治烧烤摊点、全面禁止燃放烟花爆竹、全面禁止燃煤等通告，按照烧烤进屋、烤炉进店、油烟进管的“三进”工作要求，引导251家烧烤摊点入室经营并全部安装油烟净化装置，全市567家中型以上餐饮单位全部完成油烟净化装置安装并投入使用；2016年9月15日零时起，主城区全面禁止燃放烟花爆竹；主城区264台采暖燃煤锅炉全面完成淘汰，78台经营性燃煤锅炉全部完成清洁能源替代改造，44个城中村及城边村3.54万台土小燃煤锅炉全部实现清洁能源替代；淘汰黄标车及老旧车17458辆，完成省定任务160.95%，全省排名第一。

【环境执法监管】2016年，长治市环境保护局印发《长治市环境保护工作职责规定（试行）》《关于加强环保、公安联合执法的通知》《长治市环境保护委员会成员单位工作职责及2016年主要任务分解的通知》等文件，召开环保约谈会。结合环境保护大检查（督察），先后对52名责任人行政问责，党纪、政纪处分17人。全年共出动环境执法人员3200余人次，累计罚款金额5100万元，同比增长525%；特别是按日计罚、查封扣押、限产停产、移送司法等“四类案件”明显增加，实施按日计罚2家、查封扣押16家、限产停产37家、移送司法机关11家行政拘留13人。

【环境监测水平】2016年，长治市环境保护局着眼监测数字不间断、上传数据不失效、在线审核不失误的“三不”目标，环境监测中心站实行24小时不间断监控值守，及时发布预警和应对建议，随时发现问题，随时处置异常；在国控监测站点安装UPS应急电源，实现全年监测数据无效天数为零；率先开展县级大气监测站点市控直管，按照及时发现、及时预判、及时指挥的“三及时”标准，建立环保部门与气象部门每日2次大气质量会商机制，及时发布重污染天气应急预警；在全省率先使用无人机对主城区及周边工业集聚区约116平方千米范围进行航拍航测；在线监控企业达到98家，共设监测点位200个，实行24小时不间断监控和“隔日处罚”措施，超标排放行为得到有效遏制，在线监控企业排放平均达标率80%，同比上升13.6%。

【环境应急水平】2016年，长治市环境保护局争取1亿元资金开展矿山生态修复试点工程建设，推进生态保护区红线划定，把2890平方千米确定为生态保护区，为子孙后代保留一份“绿色家底”。对长治市涉源核技术利用单位进行全面检查，完成27家环境保护验收，23家环境影响审批，25家射线装置报废审批。按照反应迅速、应对精准、处置有效的标准，把全市分为敏感区、严控区和监管区，创新采用分区预警、因区施策的措施，提升重污染天气应对的针对性、有效性，全年共启动大气预警13次，企业限产58家次、停产199家次；投资700万元购置3辆雾炮车、8辆洒水车、2辆冲洗车，对主城区“一环七纵七横”道路全天抑尘作业；市环监中心60名工作人员24小时不间断对主城区国控监测点周边环境进行巡查。12月5日，长治市因重污染天气应对措施得力，受到国家环保部通报表扬。

【环境舆论宣传】2016年，长治市环境保护局在《长治日报》、长治电视台等媒体开辟环境保护专栏，综合运用网络、微信、短信、户外宣传牌等传播媒体，做到周周“电视有影、报纸有文、广播有声、网络有图”，构建传统与新兴媒体相互结合，线上与线下媒体互为补充的多位一体宣传平台。

（石颜红）

（责任编辑：牛　琪）

综　述

【概述】 长治市商务局是市政府职能部门。2005 年 3 月由原财委、外贸局、商业局组建成立。主要承担内贸、外贸、外资、外经、开发区管理和行业管理等职责，工作领域涵盖国内外贸易、利用外资、对外经济技术合作、开发区建设及 32 个小微行业促进等。2016 年，长治市商务局联合工商、税务、安检、外汇、公安财政等 22 个部门，成立以市长挂帅的全市招商引资工作领导组，以分管副市长挂帅的全市外经贸工作领导组、全市酒类流通管理工作领导组、长治市药品流通行业管理领导组、全市整顿规范成品油流通领导组、长治市再生资源回收体系建设领导组、长治市“双打”工作领导组等 8 个领导组。全市商务领域有行业协会 38 个，商务局主管的行业协会有 8 个，分别是：饭店烹饪协会、进出口协会、酒类协会、家政协会、低碳生活协会、商业总会、茶文化协会、供应商协会。

【经济指标】 2016 年，长治市社会消费品零售总额达到 566.62 亿元，总量增加 42.2 亿元以上，同比增长 8%，增幅高于全省平均水平 1 个百分点，增速全省排名第二。全市进出口总额完成 7731 万美元（进口 4886 万美元，出口 2845 万美元）。全市商贸物流项目完成固定资产投资 52.58 亿元，全省排名第一。全市全市实际利用外资 4.75 亿美元，全省排名第一。

【商贸经济】 2016 年，长治市有各类商贸流通企业 9 万余个。其中：限额以上企业 459 个（住宿 44 个，餐饮 59 个，批发 134 个，零售 222 个）；速递快递及其分支机构 260 个；成品油企业 379 家（批发企业 5 家，加油站 374 家）；汽车类企业 96 家（品牌汽车销售企业 83 家、二手车交易市场 10 家、报废汽车拆解企业 3 家）；典当企业 21 个、拍卖企业 8 个；大型商场超市 54 个。

【开放经济】 2016 年，长治市有外贸进出口经营权企业 394 家，其中有进出口实绩企业 47 家；三资企业 45 家，其中合资企业 27 家，合作企业 6 家，外商独资企业 12 家。

【民生经济】 截至 2016 年年底，长治市有酒类批发经营 396 户；注册家政企业数达到 188 家；鲜活农产品经营实体 58 个（批发市场 10 个、农贸市场 35 个、农产品流通企业 13 个）；旧货市场 8 个；再生资源回收企业 230 个，包括回收网点 390 家、分拣中心 28 个、集散市场 3 个。全年共有物资交流大会（庙会）600 余场。长治市商务局继续开展家政从业人员培训工作，全年共培训 850 名。继续开展放心早餐工程建设，增加网点 20 个。

【对接“一带一路”】 2016 年 11 月 13 日至 20 日，长治市商务局组织成功汽车、中德型材等 16 家企业到俄罗斯、蒙古国开展为期 8 天的经贸交流、对接洽谈，签订各类贸易订单 4.8 亿元，率先在全省走出融入“一带一路”步伐；组织华杰光电、高科华烨等 15 家企业到韩国、波兰、澳大利亚、印度参加“山西品牌丝路行”活动，签订贸易订单 1.2 亿元；承办“山西品牌丝路行”美国拉斯维加斯站活动，组织奥朋轮毂、华扬机电、三恒科贸及太原、大同等 6 个地市共 10 家企业参加展会，接待客商 1000 余家，签订出口订单 1000 余万美元。

【“山西品牌中华行”活动】 2016 年，长治市商务局组织 50 余家企业参加合肥、济南、长沙等 11 站“山西品牌中华行”活动，累计现场销售 600 余万元，签订合作意向 2 亿元，发展异地代理商 150 余家。其中，在大连、杭州独立举办“山西品牌中华行”长治品牌专场活动，30 余家企业、1500 余种商品参展，现场销售 200 万元，合同销售1亿元，发展异地代理商、经销商86家。

【"百日千企万品让利促消费"活动】 2016年9月13日至12月20日，长治市13个县市区同时开展以"扩大消费需求，拉动经济增长"为主题的"2016长治百日千企万品让利促消费"活动，为期一百天。活动期间，全市千余家企业、10万余种商品、商贸流通、家装家居、家电、汽车、房地产、成品油、建材、餐饮、电子通信、农副产品等十大行业，参加专场促销活动58场。据不完全统计，各类商贸企业实现销售总额约81亿元，较上届增长62%。其中，汽车展销售额4.5亿元，家电、通信器材销售0.78亿元，农副土特产品销售额0.24亿元，商贸百货实现销售1.23亿元，家具建材卖场累计销售3.3亿元，特色餐饮销售0.39亿元，成品油让利促销累计销售30亿元，"双十一""双十二"电商专场销售3.8亿元，同比增长15%。

【电商发展】 2016年，长治市商务局共组织开展各类电商业务知识培训200余场次，累计培训电商人才万余人次；新建锦东创业、晋东南国际电子商务两个电商园区；成功孵化电商企业13家，农民网商2000余家、创客200多个；引进乐村淘、京东商城、苏宁易购等知名电商平台；培育千汇、京东蓝普等本土农村电商项目；县级电商运营中心实现全覆盖，村级电子商务服务站（线下体验店）覆盖率达到三分之一。全市电子商务交易主体达到近5000家，交易额达到200亿元，其中网络零售额50亿元。

【开发区建设】 2016年，襄垣经济技术开发区、潞城经济技术开发区通过省级评审，待省政府研究通过后可正式获批成为省级开发区。

【海关建设】 2016年，市政府第70次常务会议研究通过长治海关和检验检疫建设方案。截至2016年12月份，项目建设的规划调整、土地预审、环保预审、项目立项等各项手续办理完毕，完成设计招标。

（李　涛）
（责任编辑：申　泳）

招商引资

【概述】 2016年，长治市招商引资共计完成签约项目365个，总投资2109.03亿元，完成省政府下达长治市年度目标任务1710亿元的123.34%。其中，民企入晋项目签约216个，总投资1392.5亿元，完成省政府下达长治市年度目标任务1006亿元的138.42%。

【招商活动】 2016年，长治市先后在太原、北京、深圳、上海、杭州、南京等地举办六场招商推介对接会。重点组织参加"太原国际能源产业博览会"。利用"长治制造展销推介周"活动平台，组织潞商回家座谈会暨重点产业项目签约仪式。

创新运用"火柴盒"式招展+招商模式，在北京举办两场"长治制造北京行"专场招商项目推介对接会，现场成功签约项目19个，总投资167.4亿元。

组织举办长治市归国青年·海外留学生代表回乡创新创业座谈会暨招商引智引技项目对接会。现场共有跨境电商保税贸易物流园、智能电子信息产业园、海归创业园·金融小镇等10个返乡创业项目成功签约，总投资19.35亿元。

（牛志勇）
（责任编辑：申　泳）

粮食购销与管理

【概述】 长治市粮食局为长治市人民政府工作部门，行政单位，正处级建制，核定行政编制27名。内设办公室、编制人事科、调控科、储备基建科、财会科、市场管理科（行政审批科）6个行政科室；党委下辖局纪检委和老干部管理科2个工作机构。全额事业单位2个：稽查队（质检中心）编制15人，贸易学校编制46人；局直属企业17个，在职干部职工854人。全市粮食企业（含县区）总数为110个。其中购销企业36个。全市国有粮食企业（含县区）共有干部职工5046人。

【粮油购销】 2016年，长治市收购粮食8.91亿公斤；销售粮食10.58亿共公斤；省外购进粮食2.53亿公斤。年消费转化粮食12.25亿公斤，其中：玉米6012亿公斤，小麦3085亿公斤、稻谷1.37亿公斤。米、面、油三大居民消费的品种对外依存度高，主要口粮品种小麦需求量的85%以上、稻谷需求量的100%、食油需求量的90%以上需要省外调入解决；玉米、杂粮有余，年外销量7.5亿公斤以上，省际间粮食流通量大。

【粮油储备】 截至2016年年底，长治市建立市级储备粮1.2亿公斤，其中：小麦0.85亿公斤，玉米0.35亿公斤，市级储备大豆油175万公斤；存放有中央储备玉米2288.9万公斤（其中代储1191.3万公斤，租仓1097.6万公斤），省级储备粮3200万公斤，其中1250万公斤省级储备粮为2016年新增。长治市建立应急成品粮油储备，市级应急成品粮储备302.5万公斤，其中：大米25万公斤，面粉277.5万公斤；市级应急小包装食用油储备80.5万公斤。争取到省级储备新增计划1250万公斤（玉米1000万公斤，小麦250万公斤）。

【粮食产业经济发展】 2016年，长治市粮食局编制《长治市粮食产业经济"十三五"发展规划》；组织推荐山西日益康食品股份有限公司、山西天下襄农业科技开发有限公司等2家企业加入山西主食产业化企业协调和自律组织；给全市小杂粮生产加工企业提供交易平台，山西沁州黄小米（集团）有限公司、山西太行红叶国际贸易有限公司等2家企业经太原国家粮食交易中心审查，成为首批入驻省级小杂粮信息交易平台的会员；组织开展产销衔接活动，扩大玉米和小杂粮销路，服务“三农”、助农增收；组织长治市28家企业的60余种系列产品参加2016北京国际优质农产品展示交易会，成功举办“中国粮企山西行”活动长治对接会。

【仓储物流设施管理和建设】 2016年，长治市新建0.3亿公斤粮库。2015—2016年度，全市安排“危仓老库”维修改造项目库点25个（14个项目单位，25个工程项目），总投资2695万元，维修改造总仓容2.19亿公斤。2016年全市新增农户科学储粮标准化储粮装具10000套（彩钢板组合仓），总投资430万元。

【市场监督检查】 2016年，长治市粮食局对全市粮食经营活动依法开展监督检查。对全市库存的35261.8万公斤粮食进行全面检查；在粮食收购期间，共出动检查人员277人次，检查粮食收购经营者297个；开展国家政策性粮食竞价销售出库检查工作，督促和指导粮食企业严格执行国家政策性粮食销售出库的有关规定，确保国家通过粮食交易中心拍卖的粮食按照合同约定的数量、质量及时投放市场。

【粮食质量监测】 2016年，长治市粮食质量安全检验监测能力建设项目共投资460万元，在长治国家粮食储备库组织实施。实验楼竣工并通过相关部门的验收，实验平台安装于11月完工并通过市质检中心和长治国家粮食储备库初验。

（贺亚廷　李　静）

（责任编辑：申　泳）

供销合作

【概述】 长治市供销合作社联合社（以下简称长治市供销社），成立于1950年，为参公管理事业单位，内设8个科室，有直属企业12个，事业单位1个，联系省属单位2个。13个县级供销社也均为参公管理事业单位，县直企业79个，基层供销社158个，农村便民店3518个，参办农民专业合作社及联合社263个，行业协会64个，在册干部职工13940多名。市供销社党委下辖19个基层党组织，共产党员466名。

2016年，全系统实现商品销售123.28亿元、实现利润3106.9万元、所有者权益2.02亿元，分别较同期增长25.07%、8.48%和7.87%，社有企业纳税总额达到2386万元。荣获全省供销社系统综合绩效考核第一名，实现“九连冠”。

【农业社会化服务惠农工程】 2016年，长治市各级供销社搭建惠农服务平台，全市投资1500多万元，建设惠农服务中心17个，惠农服务站190个，庄稼医院20个，基本具备土地托管、农资直供、农机作业、农民培训等服务功能，全年实现全托管土地13.4万亩，半托管土地99.7万亩，服务农户20.9万余户；依托山西大学等科研院所的技术成果和设施资源，推广“种肥同穴、精准施肥、精量播种、环保种植”绿色农业集成技术7.8万亩，每亩节约种植成本40元左右，亩均产量提高15%～20%；依托惠农服务中心（站）、庄稼医院，采取专家授课、科技下乡、示范观摩等形式，开展科学施肥、种植管理等培训，全年共培训各类农民1000余名，提高农民科学种植水平和合理施肥用药能力，为农业增产增收增效打下基础；培育潞城市黄池、黄牛蹄、下黄3个基层供销社惠农服务中心，采用土地托管、农机托管、农资托管等独特模式，形成“中心（站）+农机专业合作社+农户”服务模式，开展土地托管服务。

【基层社建设】 2016年，长治市供销社广泛吸纳农民和各类新型主体入股基层社，全市改造基层供销社达到82家，新增入社农民3100人；在综合服务社建设方面，通过与村委会、社区、村民或专业社等其他社会力量合作，搭建农村综合服务平台，农村综合服务社（中心）达到926家，提供医疗服务、日间照料、文化娱乐、餐饮住宿、红白理事、农产品收购、废旧回收等服务；在专业合作社示范

襄垣县王桥镇农民晾晒脱粒后的玉米

社及联合社建设方面，领办创办专业合作社及联合社累计达到263个，组建“农合联”和各类协会64家，培育国家级、省级农民专业合作社示范社24个，著名商标3个，入社社员达到2.8万户。引导社员围绕当地农业主导产业、特色产业，新上年产150吨花生烘焙食品生产线、500吨中药材初加工、优质肉羊养殖、家庭农场、梅杏栽培和秸秆综合利用等一批有市场前景的项目，带动3490户农户增收。

【发展农村电子商务】 2016年，长治市供销社拓展经营服务领域，组建县级电子商务公司10家，村级体验店146个，市级电商平台山西欣鑫合电子商务公司与全国供销总社“供销e家”合作，实施市级仓储物流中心升级改造、客户服务呼叫中心建设、培训孵化中心项目建设和主城区201个基层网点信息化改造。市、县两级电商公司分别与总社“供销e家”、省社“农芯乐”等电商平台签订合作协议，200多家企业、3000多种产品入驻电商平台，开展农产品线上销售，线上销售突破2000万元。

【农村合作金融和资产收益扶贫试点】 2016年，壶关县平忠种植专业合作社稳步开展资金互助合作，吸收社员110户，吸收互助金8万余元，为社员及村民提供借贷服务，用于购买种子、化肥、农药、农地膜等农资商品和旋耕、种植等服务，托管土地近千亩，由合作社组织统一经营生产，年产生经济效益90万元，户均增收3600元。平顺天池药材专业合作社开展资产收益试点，将扶贫资金100万元设立为贫困户优先股，全部折股量化给107户贫困户，连续三年按年化6%“保底分红”，待贫困户脱贫后，则终止收益权，但可以作为合作社成员继续享受普通农户的分红待遇。

（靳婷婷）

（责任编辑：申　泳）

烟草专卖

【概述】 2016年，长治市累计销售卷烟11.89万箱，同比下降13.11%。实现卷烟条均价95.89元，同比下降10.6%。累计实现税利7.11亿元，同比下降16.19%。全年种植烟叶面积4200亩，收购烟叶1.28万担。

【打假破网】 2016年，长治市烟草专卖局全年共查获各类违法卷烟1456.96万支，查处5万元以上重大案件8起，判刑3人，13个县局全部实现受理移送案件，成功侦破3起利用互联网贩售假烟的新型国标网络案件，位居全省第二。连续4年率先超额完成打假破网任务，连续两年蝉联省四部门“卷烟打假破网特殊贡献单位”；承办全省系统办理互联网自媒体案件方法经验交流现场会。

【市场监管】 2016年，长治市烟草专卖局严堵真烟非法流入，严打贩售假烟行为，商户守法经营率从4月81.75%跃升至5月、6月的90%、92.5%，最终提升至96%。在全省真假烟鉴别技能竞赛中，取得“中片区一等奖”和“团体三等奖”的优异成绩。

【物流改革】 2016年，长治市烟草专卖局以分拣人员合理调配、包装机预热、塑封膜降低厚度、残损烟拆条更换、“标兵送货小组”评选、线路优化等小改小革为突破口，努力做到精化流程、精到服务、精确核算、精细管理。全年终端送货车减少1辆，终端送货人员减少2人，送货车辆装载率提高23%，装载量提高458条。

【增收节支】 2016年，长治市烟草专卖局压缩重点控制费用，全年三项费用支出共计14057万元，同比下降20.93%，降幅全省第一；六项费用总额985.68万元，同比降低16.09%，超额完成省局“两项费用同比持平、六项费用同比下降5%”的硬指标；开展协定存款业务，实现资金收益3179万元，同比增长162.30%；拓展增收渠道，通过对外出租闲置房屋，公开拍卖老旧车辆，实现资产收益185.04万元。

（李　云）

（责任编辑：申　泳）

盐业专营

【概述】 2016年，山西省盐业公司长治分公司全年实现销售收入4186万元，实现利润总额226万元。全年食用盐销售12349吨，工业盐销售4476吨。

【非盐业务】 2016年，长治盐业分公司按照全省盐业“以盐为基，多元发展”的战略部署。公司成立的盐业轻松益家电子商务有限公司业务取得良好进展，销售额962万元，销售白酒11万元，销售宁王府醋11万元。

【政策宣传】 2016年，长治盐业分公司开展盐改方案相关政策内容的宣传活动，制作宣传版面30个，下发县公司24个，公司营业网点6个，印发相关宣传资料30万份，并在上党晚报、长治日报、长治新闻网微信公众平台发布《2017国务院〈盐业体制改革方案〉政策解读》和《致全省人民的一封信》。加强新品宣传力度，在市区各大中型超市共设立晋盐专柜11个，增加盐品种达12种。

【食盐市场安全管理】 2016年，长治盐业分公司开展多次市场检查整治活动。全年共查获涉盐违法案件36起，查获各类假冒盐商品128.9吨，扣押假盐运输车3辆，加工窝点2个，罚没款7.43万元。

（武明刚　张　鹏）

（责任编辑：申　泳）

贸促会

【概述】 中国国际贸易促进委员会长治市支会（以下简称长治市贸促会）组建于1988年12月，正处级建制，编制14人，全额拨款事业单位，2008年12月经市委组织部批准参照公务员法管理，长治市贸促会是由市政府直接领导。内设“三部一室”（办公室、联络展览部、信息会员部、法律事务部），下设党组，1个支部，党员19人。

【组织企业参加展览会】 2016年5月13日，长治市贸促会组织长治市上党堆锦文化有限公司到西安参加2016年丝绸之路暨第20届中国东部合作与投资贸易洽谈会。2016年10月15日至20日，配合长治市经信（国资）委举办2016中国山西第二届长治制造展销推介周。此次活动吸引来自省内外的357家企业携上千种产品参加，集中展示长治市经济发展和科技创新工作取得的丰硕成果，宣传推介长治制造能力和长治品牌。2016年11月8日，陪同日本井美农机株式会社大岛喜八郎一行七人赴长治市潞安集团油牡丹种植基地、长子生贵蔬菜种植基地、壶关县店上乡旱地西红柿种植基地等进行考察，对山西农业种植农机及农耕市场情况进行调研，详谈和长治市高新区山西巨成车业公司合作生产农业机械的具体事宜。

【办理原产地出口证书】 长治市贸促会作为长治市唯一的原产地证出证认证机构。2016年，共出具原产地证书71份，新增注册企业2家，出口金额747.13万美元。重要出口企业有：山西中德塑钢型材有限公司、山西太岳磨料有限公司、晋城市锐锡铸造有限公司、山西科泰自动化科技有限公司、天脊煤化工集团股份有限公司等。出口类型：型材类产品、化工类产品、铸件类产品、电力控制机组等。出口至阿尔及利亚、俄罗斯、危地马拉、以色列、蒙古等国家。2016年，长治市贸促会开展代办领事认证业务：即由长治市贸促会代企业递交相关材料，通过外国驻华使（领）馆对出口企业所提交的商业单据和文件加以认证，为进口国办理通关结汇手续提供便利。贸促会为山西太重长兴机械制造有限公司代办埃及领事认证1份，涉及金额37924美元。

（赵　斌）
（责任编辑：申　泳）

石　油

【概述】 中国石化销售有限公司山西长治石油分公司（以下简称长治石油分公司）是长治地区最大的成品油销售主渠道。公司主营汽油、柴油、煤油及各类润滑油脂，拥有总资产3.6亿元，职工千余人。下辖12个职能科室、专业部门和14个县（区）公司。共有成规模的加油站170余座，有总储量3.2万立方米的现代化油库一座，有专用铁路线一条，拥有成品油储、运配套设施和检测设备及安全设备，全年吞吐量60余万吨。

2016年，长治石油分公司销售成品油29.41万吨。其中零售完成省公司下达年度计划的90%，全省系统排名第六。直销批发完成省公司下达年度计划的85%，全省系统排名第八。非油品营业额完成省公司下达年度计划的82%，全省系统排名第五。全年无安全事故。

【资源调配保障】 2016年，长治石油分公司共落实资源26.4万吨。在二次物流配送方面，二次物流共计配送油品19.94万吨，其中柴油配送8.36万吨，汽油配送11.58万吨，有效地保证市场供应。

【零售工作】 2016年，长治石油分公司出台《长治石油分公司2016年“比学赶帮超”工作实施细则》，根据细则规定按月、季、年度进行红、黄旗评比及奖罚。开展“多卖一吨油”销售竞赛，灵活经营手段，开展油非互促、“点对点”竞争、网上营业厅推广和IC卡营销，与邮政、保险、通讯等单位开展交叉营销。

【直销拓市】 2016年，长治石油分公司以客户需求为重点，开展“油非双增长”销售竞赛活动，坚持“一地一策”“一户一策”，突出重点工程项目，开拓县域市场和汽油市场，推进个性化服务和差异化营销，加大新客户开发力度，全年共开拓新客户81个，新增销量3000余吨。公司加大风险防范力度，针对部分客户资金链面临断裂风险的状况，及时对信用客户及信用额度进行调整，确保将资金风险控制在可控范围内。

【非油品业务】 2016年，长治石油分公司采取“品种齐全，倾向低端”的非油品业务策略，以“玻璃瓶”汾酒占领市、县、乡村市场。针对长城小包装润滑油系列品种少的情况，重点做到丰富货源品种，同时，价格贴近经销商，提高产品竞争力。

【安全质量管理】 2016年，长治石油分公司开展各项安全培训，先后组织开展安全员培训、加油员上岗安全培训，对加油站进行安全隐患治理。严把油品出入库关，落实“专车专用”与铅封制度，加强运输环节的监督与管理，加大加油站的损耗管理，将油品损耗控制在规定范围内，没有出现油品质量事件。

（吕彦芳　马海俊）
（责任编辑：申　泳）

旅游业

综　述

【旅游接待与收入】 2016年，长治市培育红色旅游、峡谷山水、古建文化和神话故事四大文化旅游品牌，加快把文化旅游业打造成为长治的战略性支柱产业。全年全市共接待入境游客25170人，同比增长4.41%；旅游外汇收入1560.83万美元，同比增长4.69%；接待国内旅游3750.95万人次，同比增长15.03%；国内旅游收入368.18亿元，同比增长15.07%；实现旅游总收入369.08亿元，同比增长15.02%。旅游总收入增幅超市考核指标0.02个百分点。

【景区】 2016年，长治市有星级以上旅游景点68处。其中，国家AAAA级旅游景区数量达到9个，分别为：太行山大峡谷景区、太行水乡景区、太行龙洞、八路军太行纪念馆、八路军文化园、黄崖洞景区、仙堂山景区、通天峡景区；AA级景区3个：灵空山景区、始祖百草堂景区、五凤楼景区。

旅游项目建设

【景区开发建设】 2016年，长治市56个旅游重点项目共完成投资17.3亿元。长子发鸠山、黎城洗耳河、沁县南涅水石刻3个项目被国家发改委列入"十三五"旅游基础设施和公共服务设施建设项目，占全省入选总数的27%。壶关桥上旅游风情小镇、欢乐大世界主题公园、平顺通天峡景区开发、太行神龙湾旅游区建设4个项目被国家旅游局列为2016年全国优选旅游扶持项目。

【全域旅游发展】 2016年，长治市申请创建全域旅游示范区，壶关县、平顺县、黎城县、武乡县分两批入选国家全域旅游示范区创建单位。

【旅游厕所建设】 2016年，长治市开展"旅游厕所"革命，全年共建成投用旅游厕所57座，超过省定任务11.8%。其中，有39座厕所建设享受省级专项补助资金，共争取省级补助资金272万元。壶关太行山大峡谷被国家旅游局评为"厕所革命最佳景区"。

【旅游公共服务体系建设】 2016年，黎城、屯留、武乡、城区、郊区、沁县、长子、潞城、壶关共9个县区完成所有旅游导向系统标示标牌的整治目标任务。全市共整治不符合标准的旅游导向系统标识标牌153块，完成全市168块总目标任务的91.07%，共投入资金45.70万元。

旅游行业管理

【旅游酒店和旅行社】 2016年，长治市有12家旅游星级酒店，其中五星级酒店2家。有旅行社54家。

2016年长治市旅游星级酒店一览表

序号	酒店名称	星级
1	益东国际酒店	五
2	东明国际大酒店	五
3	鹏宇国际大酒店	四
4	财苑大厦	四
5	长治宾馆	三
6	花园假日酒店	三
7	壶关宾馆贵宾楼	三
8	大河宾馆	三
9	长城宾馆	三
10	天脊宾馆	三
11	武乡宾馆	三
12	五洲大酒店	三

【出台《长治市大宗旅游接待奖励方案》】 2016年，长治市制定出台《长治市大宗旅游接待奖励办法》，由市财政每年列支300万元专项资金，用于奖励组织大宗团队到长治市旅游的旅行社。该政策出台以后，旅行社开拓长治市旅游市场的积极性增强，2016年申报奖励的旅游团队18个，直接带来游客5000余人次。国庆期

2016 年长治市旅游景区（点）信息一览表

序号	县别	景区	级别
1	城区	东山	
2		市博物馆	
3		潞安府城隍庙	
4		抗日五专署	
5		刘伯承兵工厂旧址	
6		牺盟会旧址	
7		太行公园	
8		人民公园	
9	郊区	百草堂	2A
10		老顶山森林公园	
11		观音堂	
12		二贤庄	
13		太行湖	
14		湿地公园	
15	长治县	五凤楼	2A
16		天下都城隍	
17		黎都公园	
18		振兴新村	
19		荫城古镇	
20	潞城市	高山流水	
21		潞宝毛主席纪念馆	
22		绿野漂流	
23		八路军总部北村旧址	
24	屯留县	屯绛水库	
25		老爷山	
26	长子县	法兴寺	
27		崇庆寺	
28		方兴生态园	
29		仙翁山木化石	
30		发鸠山	
31	壶关县	太行山大峡谷	4A
32		太行欢乐谷	
33		常平小镇	
34	平顺县	太行水乡	4A
35	平顺县	通天峡	4A
36		天脊山	4A
37		神龙湾	
38		金灯寺	
39		九天圣母庙	
40		王家庄园	
41		岳家寨	
42	黎城县	黄崖洞	4A
43		金鸡寨	
44		四方山	
45		洗耳河	
46		广志山	
47		杨岐山	
48		黎侯古城	
49		黎城板山	
50	襄垣县	仙堂山	4A
51		宝峰湖	
52		东湖	
53		凉楼	
54	武乡县	八路军太行纪念馆	4A
55		八路军文化园	4A
56		太行龙洞	4A
57		八路军游击战体验园	
58		实景剧	
59		武乡板山	
60		八路军总部王家峪旧址	
61		八路军总部砖壁旧址	
62		龙湖梦岛	
63		李峪村	
64	沁县	南涅水石刻馆	
65		牺盟会新军纪念馆	
66	沁源县	灵空山	
67		菩提寺	
68		太岳军区司令部旧址	

间还开通青岛到长治的“八泉峡号”旅游专列，这是长治市首次有旅游专列到站。

【旅游市场监管】 2016 年，长治市外事侨务和文物旅游局制定出台《关于加强旅游市场综合监管的实施意见》，明确市直相关部门和各县市区职责，并联合公安、工商、物价、食药、交通等单位开展旅行社专项检查和“不合理低价游”整治工作。全年接听各类旅游咨询电话 223 个，受理旅游投诉 76 起，办结 74 起，无正在处理，撤诉 2 起，不在范围的 5 起，受理的投诉均及时妥善处理，并为游客追回不合理支出、赔偿共计 79018 元。

【旅游安全监管】 2016 年，长治市强化对旅游重点时段、重点环节和重点企业的监管，开展旅游安全隐患排查整治、打非治违和大检查“回头看”工作，全市未发生重特大旅游安全事故，保持全市旅游行业安全工作稳定。

【获奖情况】 在“2016 旅游行业年度颁奖盛典”上，长治市外事侨务和文物旅游局获“2016 年度智慧旅游创新实践奖”；在2016第二届全球旅游视频大赛上，长治市旅游宣传片《中国长治，相约太行之脊梁》获“最美旅游视频”奖；在第八届全国旅游商品大赛上，武乡红星杨旅游公司开发的抗战故事主题工艺品获银奖；在第二届全国红色旅游故事大赛上，八路军总部砖壁旧址纪念馆讲解员栗宇琴获全国二等奖，八路军太行纪念馆的讲解员魏巍获优秀奖。

【服务技能大赛】 2016年11月7日长治市外事侨务和文物旅游局举办“2016年山西旅游星级饭店职业技能大赛长治选拔赛”。在2016年“颐景杯”山西省星级饭店职业技能大赛中，财苑大厦的曹艳和长治宾馆的闫晴晴获客房服务（中式铺床和开夜床服务）和餐厅服务（中餐主题宴会设计）三等奖，其他五位选手获得优秀奖，长治市外事侨务和文物旅游局获“2016年全省星级饭店职业技能大赛优秀组织奖”。

【导游大赛】 2016年10月21日，长治市外事侨务和文物旅游局成功举办“长治市第五届导游大赛”；2016年11月2—3日，长治市参加山西省2016“皇城相府杯”导游员大赛，杜瑞鹏荣获全省第一名，冯小丽荣获风采展示突出奖，李茹浩、闫雅静荣获全省优秀导游员称号。

旅游宣传

【媒体宣传】 2016年，长治市在央视等主流媒体开展的山西旅游品牌宣传推广，在山西日报和山西电视台策划长治旅游专版和“飞越山西”宣传，在京沪高铁、京广高铁等7大高铁线路投放拜年广告。组织参加“人说山西好风光”电视竞演，以全省第五的成绩顺利进入复赛，获“最具旅游活力城市”奖。充分利用微信等新媒体开展宣传，推出长治风光微信美篇。

【旅游惠民工程建设】 2016年6月18日，长治市采取政府主导、市场化运作的方式，在全省首家发行旅游惠民一卡通。市民只需消费88元，就可在全市52家代售点购买到一张长治旅游惠民一卡通，在一年之内不限次数免首道门票游览全市23家主要景区。此外，还联合邯郸、安阳等市旅游局发行金中原旅游惠民一卡通。

【旅游宣传推介】 2016年，长治市外事侨务和文物旅游局继续坚持“走出去，请进来”宣传推介，组织重点旅游景区、旅行社在太原、上海两地分别召开“太行经典、长治久安”长治旅游推介会；并邀请康辉旅行社总社和兄弟城市40余家康辉旅行社负责人到长治市考察踩线，邀请晋冀鲁豫陕5省26市电视台、旅行社等踩线，长治旅游的知名度和美誉度得到提升。

（李慧娟）

（责任编辑：曾晋芳）

2016年9月3日，由山西省委宣传部，长治市委、市政府主办，市委宣传部，武乡县委、县政府承办的“弘扬太行精神传承八路军文化”第六届八路军文化旅游节在武乡八路军太行纪念馆广场正式开幕，图为开幕式现场

财政·税务

财　政

【概述】 2016年，长治市财政局机关干部职工70人，内设办公室、人事科、国库科、会计科、预算科、农发办等科室，辖13个县市区以及高新区财政局和17个市级直属单位。其中，2016年成立的直属单位有市政府投资管理有限公司、扶贫开发投资有限公司和美丽乡村建设投资发展管理公司。市财政局获得2015年度山西省财政工作和党风廉政建设工作目标责任制考核优秀等级；山西省2015年度预算绩效管理工作先进单位；山西省政法经费保障绩效考核良好级别；山西省第六届职工珠算比赛暨第36届珠心算技术比赛团体二等奖等荣誉。

【财政收支】 2016年，长治市公共财政预算收入完成98.53亿元，增长2.17%，增收2.09亿元。分部门看：国税部门完成27.51亿元，增长59.72%，增收10.29亿元；地税部门完成37.58亿元，下降14.21%，减收6.22亿元；财政部门完成33.43亿元，下降5.57%，减收1.97亿元。长治市公共财政预算收入规模名列全省第三位，增幅名列全省第三位。

2016年，长治市公共财政预算支出累计执行234.34亿元，比上年同期下降2.99%，减支7.22亿元。其中，在民生方面累计支出195.03亿元，占全部公共财政预算支出的83.2%，高于全省（82.5%）0.7个百分点。

【支持经济发展】 2016年，长治市加大力度培育财源，涵养税源，先后整合资金1亿多元，设立企业发展资金，全力支持实体经济发展；安排企业发展专项资金2000万元，专项支持民营经济发展；创新财政支出方式，继续加大融资力度，累计融资26亿多元，支持中小企业经济发展。

【成立融资平台】 2016年，长治市财政局加大筹资融资力度，成立市政府投资管理有限公司、扶贫开发投资有限公司和美丽乡村建设投资发展管理公司3个融资平台，累计融资5亿多元，利用政企银三方合作，投身民生项目建设，社会效益显著，各方反响良好。

【推进PPP模式】 2016年，长治市加速推进PPP模式，长治市政府和社会资本合作中心正式挂牌成立。全年共征集上报PPP项目85个，筛选录入项目库32个，财政部示范项目污泥餐厨垃圾处置项目和省级示范项目污水处理项目完成政府采购，推进职教园区和文化场馆项目。

【保障民生改善】 2016年，长治市民生投入继续增加，下达城乡居民养老专项资金39699.96万元，其中市级财政补助资金4386.96万元。调整退休人员基本养老金，提标所需资金已按时足额发放。城镇居民医保和新型农村合作医疗财政补助标准由每人每年380元提高至420元。城镇居民医疗保险市级财政补助部分978.23万元和新型农村合作医疗市级财政补助部分9002.36万元已足额配套到位。

2016年，长治市下达落实计划生育家庭奖励政策市级补助资金2008.33万元。下达基本公共卫生服务市配套经费1321万元，基本公共卫生服务经费提标工作完成。

【支持“三农”工作】 2016年，长治市财政局累计下达支农资金13.7亿元，。下达农机购置、农业支持保护、退耕还林等补贴资金4.21亿元。下达种粮农民补贴资金1.76亿元，惠及长治市58.65万农户。推进县市区低收入农户冬季取暖货币化补贴发放工作，落实补贴资金1.78亿元，惠及长治市77.14万农户。抓好“五大增收工程”，拓宽农民增收渠道。

2016年，长治市继续优化支出结构，保障支农重点工作。落实水利资金2.46亿元，支持水利建设，改善农业生产条件。下达省级美丽宜居示范村资金1235万元、市级配套300万元，支持美丽宜居示范村建设。下达中央和省农业发展资金3158万元，突出扶持高效特色农业发展，推进农业现代化建设。下达上级资金6463万元，推动农村土地承包经营权确权登记试点工作。

【扶贫工作】 2016年，长治扶贫开发投资有限公司正式成立，完成拨付易地扶贫搬迁项目资金三批共16392.95万元，下拨采煤深陷区居民搬迁安置项目中央补助资金23249万元。拓宽扶贫开发投资渠道，加大对扶贫开发项目的支持力度。

2016年，长治市财政局落实中央、省专项扶贫资金4.14亿元，并拟定《长治市易地扶贫搬迁项目资金管理办法》。6月，成立长治市财政局脱贫攻坚帮扶工作领导小组。推进产业扶贫、科技扶贫和智力扶贫等综合扶贫措施落实，支持规模特色产业整村推进项目、领导干部下乡住村包村增收项目。

【支持教育事业发展】 2016年，长治市教育投入45.26亿元。统一城乡义务教育学校生均公用经费基准定额，将城市义务教育学校生均公用经费由小学每生每年510元提高至每生每年695元、初中每生每年620元提高至每生每年895元；将寄宿生公用经费由农村小学每生每年795元提高至每生每年895元、农村初中每生每年995元提高至每生每年1095元。

2016年，长治市下达多项资金用于改善教育事业发展，其中：中职免学费资金7449.72万元，免学费人数约2.6万人。中职和高职助学金约1119.46万元，受助学生约7千人。高中阶段经济困难学生助学金2300.59万元，市直普通高中免学费资金615.52万元，普通高中免学费和助学金受助学生比例达到40%，受助人数约2万人。学前教育幼儿资助专项资金1207.01万元，对在读的家庭经济困难儿童、孤儿、残疾儿童按照1000元/生/年的标准给予生活补助，受助儿童覆盖面为在园儿童数的15%。

2016年，市级财政投入300万元用于滨河幼儿园设备购置及维修改造。下达上级改造专项资金395万元，用于长治市23所农村幼儿园改扩建；投入540万元用于党校主体班培训、教师培训及函授停办缺口弥补，加强和改进干部教育培训，培养造就高素质干部队伍。

【推进科技文化体育事业发展】 2016年，长治市科学技术、文化体育与传媒支出9.7亿元，同比增长26.99%。对在长治市科技事业发展和现代化建设中作出贡献的科技工作者与企业进行表彰，激发创新创业活力。

2016年，长治市对全市3450个行政村放映的41400场电影进行补贴，确保长治市一村一月放映一场公益电影目标的实现；下达18420套广播电视直播卫星接收设备运行维护费44.24万元和663个行政村广播电视直播卫星入户覆盖设施运行维护补助95.28万元，支持广播电视“村村通”工作；下达无线数字化覆盖工程结余省级资金1558万元，专项用于中央广播电视节目的无线数字化扩大覆盖范围、提高覆盖质量；投入160万元用于市广电台数字电影、系列电视剧拍摄，投入30万元用于举办2017长治百姓跨年演唱会；争取中央补助地方国家电影事业发展专项资金540万元，用于通过省级考核的县城数字影院建设补贴；拨付2016年农村文化建设专项资金2228.73万元，用于农村文化建设。

2016年，拨付新闻大楼工程建设项目资金782.6万元，确保市新闻大楼工程竣工。下达长治日报印刷厂整体搬迁设备更新资金460万元，保障日报社印刷厂顺利搬迁。投入466万元用于剧团排演精品剧目所需，投入150万元用于市上党梆子剧团设备更新。投入资金1736万元用于体育中心建设工程费用，投入1145万元确保市体育中心日常正常运行及免费低收费开放。实现文化馆、图书馆和博物馆免费开放全覆盖。

2016年，争取国家文物保护中央专项补助资金7036万元，省级文物保护经费1830万元，加大重点文物保护力度；争取上级资金298.2万元，加大非物质文化遗产保护力度；对推进公共文化服务体系后续建设、文化产业发展、广电报社专栏建设等予以最大财力支持。

【支持就业再就业及保障工作】 2016年，长治市财政局共拨付就业专项资金19687万元，促进长治市就业再就业工作。

2016年，长治市财政局着力保障困难群众基本生活，落实民政福利救助优抚政策。下达市级补助资金120万元，建立老年人日间照料中心40个。下达中央省市级救灾资金4070万元，用于自然灾害生活补助。拨付专项资金，用于困难群众城乡医疗保险和医疗救助补助，提高抚恤优待和医疗补助标准，改善优抚对象生活、医疗、住房等方面的保障水平与条件。

【财政管理与改革】 *盘活银行存款。*2016年，长治市财政局在满足日常支付需求的前提下，采取购买国债、活期存款、协定存款、定期存款等灵活多样的方式，创造性地盘活财政在各银行的存款，调动银行支持长治市发展的积极性，利息收入大幅增加，利息收入由上年的3000万元增加到1.2亿元。

*财政预算绩效管理。*2016年，长治市财政局建立涵盖各行各业的各类预算支出绩效指标7000余个，实现绩效目标申报和审核全覆盖，市级通过信息系统报审预算绩效目标415个，涉及资金22.85亿元，36个重点评价

项目全部完成评价工作。

向上争取资金。2016 年，长治市财政局成功争取世行贷款 1 亿美元，争取美丽乡村融资平台建设资本金 5000 万元，新增债券、转移支付资金比上年多争取 7 亿多元，在全省各市处于前列。

严控一般性支出。2016 年，市直部门一般性项目经费在上年压缩 30% 的基础上继续压缩 10%，累计压减近 4000 万元；市本级“三公”经费支出 2785 万元，同比下降 40.7%。

加大预算统筹力度，规范重点支出挂钩事项。2016 年，长治市财政局推进政府性基金预算、国有资本经营预算与一般公共预算统筹安排，将政府住房基金、水土保持补偿费等政府性基金列入一般公共预算；取消教育、支农、科技等重点支出与财政经常性收入的挂钩，一律根据实际项目需求和财力水平，安排重点支出预算。

推进预决算公开与“营改增”改革。2016 年，长治市全面公开财政预算、财政决算和“三公”经费预决算；及时调整市与县增值税收入划分办法，先后两次对省与市、市与县“营改增”收入进行调库，保证体制调整后各级收入平稳入库。

【财政法治与监督】 2016 年，长治市财政局制订《长治市财政性建设资金投资项目预决算审查操作规程》，开展财政专项资金监督检查，提高财政资金使用效益。制订实施《长治市财政局关于在政府采购中优先采购本地优质产品的意见》《政府采购项目支持地方产品实施办法》，建立《长治优质产品政府采购指导性目录》。对长治市直 400 家行政事业单位进行内部控制基础性评价业务培训，制定《长治市财政局内部控制基本制度》，构建形成对各类工作风险进行事前防范、事中控制、事后监督和纠正的动态过程和机制，提高财政内部管理和依法理财水平。

（刘　鹏）

（责任编辑：栗　茁）

非税收入管理

【概述】 长治市非税收入管理局，成立于 2000 年，正县级建制，隶属于长治市财政局，2015 年由长治市事业收费管理局更名为长治市非税收入管理局，编制人数 40 人，其中党员 23 人，设局长 1 名、副局长 2 名、纪检组组长 1 名，内设办公室、编制人事科、综合科、票证科、稽查一科、稽查二科共六个科室。

【非税收入资金管理】 2016 年，市非税收入管理局采用票据金额与专户金额相核对后领票的办法，预防和遏制单位非税资金的截留、挪用，确保财政非税收入及时、足额缴入专户。市级非税收入网点银行运行平稳，发挥定点银行收缴联网的支撑作用，促使银行按时足额积极上缴，促进“收支两条线”秩序的正常运转，保证非税收入上缴和财政支出的使用。

【票据管理】 2016 年，市非税收入管理局建立用票单位工作微信群组，将所有用票单位纳入微信群集中管理，及时传递及发布各种工作通知，使票据核销工作实行错峰管理。

建立公共邮箱。将各项财政票据管理制度、票据领购核销工作流程、电子表格等放在公共邮箱，用票单位来办理业务前均可提前登录邮箱下载所有表格并填写后来局一次性办理。

规范票据库房管理。票据库房配置票据货架、防盗门、灭火器等安全设施，票据入库按库内组、列、柜张贴的标签内容和票据包装上的起止号码顺序进行存放，票据出入库必须将出入库票据数据输入计算机，并登记台账，做到账票相符。

截至 12 月 31 日，长治市非税收入管理局累计共为市直各单位领购各种票据 6028300 份，核销各类票据 5629820 份，核销率达到 93.4%。

【收费稽查工作】 市非税收入管理局抽调业务骨干于 2016 年 9 月参与全市非税收入收缴情况专项检查，促进各单位严格遵守财经纪律。

【政务大厅窗口工作】 截至 2016 年 12 月 31 日，市非税收入管理局办理收费业务 93 笔，共收取财政资金 18074655.10 元，其中：人防办（易地建设费）办理收费业务 15 笔，收取财政资金 5079055.30 元；国土资源局（土地登记费）办理收费业务 57 笔，收取财政资金 119286.00 元；规划局（城市建设配套费）办理收费业务 21 笔，收取财政资金 12876313.80 元。

（杨彦云）

（责任编辑：栗　茁）

国家税务

【概述】 2016 年，长治市国家税务局系统（以下简称市国税系统）提前一个月完成税收收入任务，共组织税收收入 96.63 亿元，占年计划 113.9%，同比增长 7.66%，其中：地方级收入完成 39.34 亿元，同比增长 59.77%；市县级收入完成 27.54 亿元，同比增长 59.77%，为全市经济社会发展提供可靠财力保障。落实税收优惠政策，小微企业所得税受惠面达到 100%，全年依法办理各种减免退（抵）税 13.55 亿元，同比增长 144.14%，减免税额占到同期国税收入的 14.02%。

【征管改革】 2016 年，市国税系统推进办税服务。全市 1 个单位实现国地税共驻政务大厅，14 个单位实现国地税互设窗口，共设立国地税联合办税窗口 24 个，实现纳税人在一个地点办理国税、地税两方手续。其中，襄垣县被命名为“全国百佳国税地税合作县级示范区”，并在全省国税工作会上交流经验。

推进执法适度整合。联合办理注销登记 1037 户，联合认定非正常户

175户，联合税务行政处罚372户次，联合开展税务稽查5户，查补税款926.71万元，强化税收共治。

推进信息高度聚合。依托金税三期系统，长治市国税局、地税局累计共享涉税信息5.34万余条，联合从8部门采集第三方涉税信息135条，并利用信息高度聚合成果，全市国税、地税联合开展税收分析，增加税收收入421.3万元。

2016年5月1日零时，长治市首张营改增发票成功开具　（解慧　供图）

【营改增税制转换】市国税系统从2016年5月1日全面推开营改增试点，至8月实现营改增税制平稳过渡。

确保营改增纳税人名册清楚。与地税部门强化合作，对建筑业、房地产业、金融业、生活服务业四大行业纳税人逐户上门确认，共接收纳税人1.21万余户。

确保纳税人懂政策、能开票、会申报。全市系统开展分行业分类培训190余场次，培训试点纳税人2万余户次，免费发放政策读本8000余册，推广增值税发票管理新系统4000余户。

确保营改增纳税人税负只减不增。市县两级国税机关成立专业辅导团队，对54户样本企业及税负波动企业进行辅导，常态化、专业化解决各种难题，把企业税负“降”下来，受益于营改增政策红利，全市企业减税近亿元，推动长治市供给侧结构性改革。

确保全面完成营改增改革任务。长治市国税局顺利完成营改增税制转换，全省营改增专项绩效考评取得第一名的成绩。

【法治税务】2016年，市国税系统持续强化税收法治宣传教育。定期编印税收规章、规范性文件范本，举办税收法治专题讲座13场（次），形成税务干部依法行政、依法用权的内在自觉。武乡县国税局被评为“全省国税系统法治税务示范基地”。

推进税务行政审批制度改革。制定取消税务行政审批事项后续管理办法，组织开展税务行政审批制度改革落实情况“回头看”。

截至2016年年底，共取消税务行政审批项目57项、调整为其他权力事项项目23项、保留税务行政审批项目7项。加强税收执法督察，共查出6类25项620件问题，追究责任141人次，有效防止权力脱轨跑偏。开展税务重大案件审理。引进公职律师，参与审理重大税务案件6起，审结4起，退回补证2起，涉及税款6000万元、罚款760万元，提高大要案的审理质量。

【便民办税】2016年，市国税系统从落实制度上减轻纳税负担。通过“二维码”一次性告知制度，纳税人扫码即可获知办税流程；为2.32万户符合条件的纳税人，简并申报缴税次数。将“免填单”服务延伸至6大类30项业务；从多元化办税上减轻纳税负担。

推广山西国税网上申报平台升级版，注册用户达到3.2万户，89%的企业纳税人使用平台申报，3805户纳税人使用平台缴纳各类税款1.46亿元，实现办税事项网上办理；推广“e税客”，3.31万户注册纳税人体验到移动办税的便利性；加快自助办税、同城办税等步伐，足不出户办税成为常态；从推行延伸服务上减轻纳税负担。将委托邮政代开发票推广至13个基层单位，全年共代开发票1.78万户（次）、税款1470万元；开展信用等级评价工作，引导纳税人诚信经营、依法纳税；深化银税合作，12家银行为64户企业发放贷款4.83亿元，帮助守信纳税人解决融资难、增强发展后劲；从持续改进作风上提高办税效率。全市国税系统成立16个检查组，按月开展自查自纠和常态化交叉检查，全年共查出纠正问题104个，形成良好的纳税服务。

（解　慧）

（责任编辑：栗　茁）

地方税务

【概述】2016年，长治地税系统（以下简称市地税系统）累计完成各项税费收入80.30亿元。其中，税收收入完成69.97亿元；其他收入完成10.33亿元。税收收入中，省以下地方公共财政收入完成58.74亿元，为年度目标任务的100.93%，市县两级以下地方公共财政收入完成37.57亿元，为年度目标任务的103.73%。

【行业管理】2016年，市地税系统落实全市地方税收保障办法，严格对重点企业税源、税款跟踪的管理，重点税源监控覆盖到全市主要税源行

2016年8月31日，长治市国税局、地税局联合召开税企高层见面会暨《税收遵从合作协议》签订仪式（解慧　供图）

业，监控税收比例占税收总收入70%以上。

【税种管理】 2016年，市地税系统综合运用多种措施促进收入增长。全面加强企业所得税汇算清缴，清缴税款2.19亿元；完成个税年所得12万元以上自行申报工作，占省局任务的102.5%。

推进个税全员全额明细化申报，4月召开全市财政统发工资单位个人所得税明细化申报工作推进会议，全市月均增加个税400余万元。

抓好煤炭资源税征收，7月1日其他品目资源税顺利实现从价计征，全年征收资源税24.66亿元，其中煤炭资源税完成24.38亿元。全年全系统查补入库城镇土地使用税893.5万元、房产税40.5万元，房产税、土地税等与房地产相关度较高的税种收入合计同比增长16.3%。

稽查威慑力度加大，稽查部门全年检查纳税人70户，组织自查282户，查补入库各项收入2.45亿元。

做好"非税收入就地缴库"工作，4月1日三费种征收实现"进金三、开税票、入国库"，5月1日工会经费上线，实现"税费征收一体化"，规费征管稳中有进、规范运行。

【征管改革】 2016年，市地税系统与国税共同开展管户核查，澄清管户底数，全市办理或补录管户15190户，比核实前增加42.09%。

开展营业税税源清查，确保"营改增"顺利实施。多次召开国地税合作联席会议，各单位采取国、地税"互设窗口""共建办税服务厅""共同进驻政府服务中心或其他政务部门"等方式联合办税，方便纳税，提升质效。

强化风险防范应对，制定完善《大企业税收风险管理办法》《大企业税收服务和管理工作办法（试行）》。

强化信息技术支撑，加强网络安全教育，严格网络安全管理，山西地税信息运维服务管理平台初始化完成，服务税收征管。9月，组织全市双轨业务测试，完成"金三"换版。

【便民办税】 2016年，市地税系统开展"便民办税春风行动"，推出9类29项便民办税措施。启动税收宣传月活动，通过升级微信平台、纳税人学堂、"二维码"一次性告知事项宣传、"营改增"政策辅导等措施，提升纳税遵从。与市国税联合开展纳税信用等级评定，与建行长治分行等多家金融机构共享纳税信用结果，为98户小微企业发放贷款8.42亿元。全市享受残疾人税收优惠减免23户，减免税金57.63万元，享受小型微利企业所得税减免1098户，减免所得税591.92万元，助力纳税人发展，发挥税收优惠政策杠杆作用。

（李晓波）

（责任编辑：栗　茁）

中国人民银行长治市中心支行

【概述】 2016年，中国人民银行长治市中心支行（以下简称人行长治中心支行）机关内设办公室、货币信贷管理科、金融稳定科、调查统计科、会计财务科、支付结算科、科技科、货币金银科、国库科、内审科、人事科、征信管理科、外汇管理科、保卫科14个职能科室和党委办公室（与行政办公室合署办公）、组织部（与人事科合署办公）、纪委监察室、宣传群工部4个党群工作机构。下辖襄垣、长治县、潞城、屯留、沁源、长子、黎城、壶关、武乡、平顺、沁县共11个县（市）支行。截至2016年末，全辖职工数417人，其中机关:169人，县（市）支行248人。

【货币政策执行】 2016年，长治市执行稳健的货币政策，综合运用多种货币政策工具，引导货币信贷和社会融资规模平稳适度增长，促进融资结构和信贷结构优化，支持全市经济结构调整和转型升级，信贷总量合理适度增长。截至2016年12月底，全市金融机构本外币各项存款余额2122.18亿元，较年初增加78.01亿元，增长3.82%；本外币各项贷款余额1196.82亿元，较年初增加64.8亿元，增长5.72%。

2016年长治市银行业存款金融机构存贷款情况一览表

单位：亿元，%

机构名称	各项存款		各项贷款	
	余额	比年初增长	余额	比年初增长
全市	2089.20	4.2	1198.82	5.9
农业发展银行	17.17	87.0	36.29	21.7
工商银行	392.91	-0.6	126.54	2.8
农业银行	194.69	8.5	95.51	5.3
中国银行	109.47	1.6	54.68	5.5
建设银行	188.38	-3.0	84.89	8.0
交通银行	24.06	-10.1	52.41	9.3
中信银行	13.11	85.6	23.57	-7.6
华夏银行	25.71	-26.1	32.05	16.8
浦发银行	36.65	23.5	60.20	3.8
渤海银行	9.26	-35.5	0.72	
晋商银行	40.71	61.7	42.86	94.3
长治银行	143.48	-4.8	93.57	-8.5
邮储银行	138.51	16.0	37.51	23.6
村镇银行	17.43	48.7	11.22	23.7
农信社	654.36	11.6	387.15	4.2
其中：农信	83.93	7.4	39.38	-16.5
农商	570.44	12.2	347.77	7.2
财务公司	83.29	-25.9	59.67	-5.9

说明：以上各银行类金融机构均为在长治的分支机构

引导地方法人金融机构加强对农业、中小企业、政策扶持项目等经济薄弱环节的资金支持。截至12月底，人行长治中心支行累计发放支农再贷款11.2亿元、支小再贷款5.8亿元，累计办理再贴现10.88亿元，支持全市“三农”经济和小微企业的发展。

执行降低存款准备金率政策，提高金融机构信贷资金可用度。2月25日，对符合条件的长治银行降准0.5个百分点；3月1日，辖内18家地方法人金融机构降准0.5个百分点。两次降准共增加可用信贷资金4.13亿元。

推动金融支持煤炭、钢铁行业过剩产能化解工作。要求各机构对煤炭钢铁企业的贷款不搞“一刀切”，本着“具体情况具体对待”的原则，做好贷款回收工作。

【金融扶贫】 2016年，人行长治中心支行协调市政府召开全市金融助推脱贫攻坚推进会，联合发改委、财政局、扶贫办等部门下发金融扶贫考评办法，要求各金融机构成立专门扶贫部门，组织专业团队，调配专项资金。截至年底农行、邮储、农商行和农信社与5个贫困县均签订扶贫合作协议。人行长治中心支行在辖内沁县支行组织召开以“金融助推精准扶贫”为主题的党委（党组）中心组联组学习会议。并以沁县农村信用联社为试点，组织其开展“两汇一审”工作机制、“三级授信”运行机制和精准扶贫贷款履约保证保险三项创新，受到省联社、省扶贫办的充分肯定。2016年，人行长治中心支行先后向贫困县地方金融机构发放扶贫再贷款2.5亿元，向其他县（市）地方金融机构发放支农再贷款8.1亿元，保证扶贫再贷款、支农再贷款的充足需求。12月中旬，牵头在国家级贫困县、革命老区武乡县召开四省四市（安阳、聊城、邯郸、长治）金融协作会议，四个中心支行分别交流金融精准扶贫的经验和做法，为下一步金融精准扶贫工作提供相互借鉴。

【金融风险监测】 2016年，人行长治中心支行加强对金融市场日常监测。坚持金融市场监测分析定期报告制度，完善同业拆借市场、票据市场的日常管理，按月掌握全市金融机构逐笔交易的情况，避免风险的跨机构、跨市场传递；加强对金融风险的分析、预测和评估。运用《总行金融稳定评估系统》和《山西省金融风险监测系统》，加强辖区金融风险的监测。分别按旬、月、季度、年对全市银行业金融机构的流动性进行监测，按要求上报流动性风险监测报告；做好黄金市场业务监测工作。加强黄金市场准入管理，规范银行业金融机构账户黄金业务，按季做好黄金市场业务监测报表。

【“两管理两综合”工作】 2016年，人行长治中心支行推进“两管理两综合”（开业管理、日常管理，综合检查、综合评价）工作，维护辖区金融稳定。长治市人民银行系统金融服务与管理办公室共对17家金融机构实施开业管理，受理业务申请147项；为15家迁址、更名或升格的银行业金融机构办理金融服务与管理体系中单位信息变更，共受理变更事项32项。通过实施开业管理，为新开业的金融机构的经营发展和提供便捷服务和有力支持。按照《山西省金融机构综合评价办法》的规定，对全市金融机构2015年的日常管理、信贷政策执行效果、内部控制、践行社会责任四个方面、15个专业、共132项内容进行考核评价。此次综合评价范围共包括46家金融机构，其中：被评为A级的机构共18家，被评为B级的机构有25家，被评为C级的机构3家。组织开展对交通银行长治分行、浦发银行长治分行及其分支机构的综合执法检查，共发现问题26项。

【金融消费权益保护】 2016年，人行长治中心支行加强金融消费者宣传教育工作，组织金融机构在全市范围内开展以“传承弘扬晋商精神，维护金融消费权益”为主题的“3·15”宣传教育活动；利用“金融消费者权益保护日”“金融知识普及月”专题活动契机，协调电视台、农行、浦发、农信社等金融机构制作“普及金融知识 服务百姓生活”的行长电视访谈节目，并在长治市电视台新闻频道播出，全市15家金融机构制作的场景秀通过微信朋友圈转发、群发等形式宣传金融消费权益保护知识。规范全市金融机构金融消费权益保护工作，开展金融机构金融消费权益保护工作评估，提升全市整体工作水平。及时解决消费者投诉事项，全年全市人民银行共受理职责范围内金融消费者投诉、申诉8件，主要集中在联网身份核查、残损币兑换、个人信用报告查询与异议等方面，投诉办结率和满意率为100%。

【土地经营权抵押贷款】 2016年，人行长治中心支行加大对参与金融机构的正向激励，推动开展以省级试点县——潞城市区域内的林权、土地承包经营权、农村房屋产权、集体建设用地使用权、农业类知识产权、农村经济组织股权等农村产权流转金融服务、产品创新，探索形成一条符合当地土地流转实际，切实可行可操作的金融服务操作体系。

【农村承包土地经营权抵押贷款试点】 2016年，长治市初步形成“政府主导、人行牵头、涉农金融机构主办、职能部门联动”的工作格局，并取得一定的经济和社会效益。全年全市累计发放土地流转的涉农贷款42笔，金额1815万元，余额1418万元，较年初增加611万元，流转土地面积4395.5亩。其中：农业产业化龙头企业贷款4笔，余额1095万元；农户贷款17笔，余额323万元。

【支付结算】 2016年，人行长治中心支行改善支付结算环境。组织辖内银联卡各成员机构开展为期10个月的银行卡业务发展竞赛活动，开展联合整治非法买卖银行卡信息专项行动，开展防范电信网络新型违法犯罪宣传活动；促进电子商业汇票业务推广。全年全市电票业务中出票7884笔，金额1531819万元，承兑1012笔，金额245675万元，贴现702笔，金额 301557 万元，转贴现 418 笔，金额 346088 万元，背书 15 笔，金额 4830 万元；深化农村金融综合服务站建设。在 2015 年金融综合服务站建设的基础上，扩大惠农支付辐射范围，切实解决偏远、贫困地区的金融基础设施建设，提升支付服务水平。全辖共建设农村金融综合服务站 2531 个，覆盖行政村 1809 个，其中验收合格服务站 1914 个、覆盖行政村 1566 个，系统录入信息 1689 个，申请奖补资金共 313.2 万元，完成与太原中心支行签订的任务指标；推动农村支付服务网络与电商网络有效对接。推动服务站与电商平台的有机结合，指导屯留人行、屯留农信社与屯留“588”电商平台共同新建农村金融综合服务站。全辖与电商平台叠加的服务站验收合格数达 288 个；推进“长治县刷卡无障碍示范县”工作。与长治县政府进行协调沟通，推进长治县刷卡无障碍示范县工作。长治县区主要街道 POS 机具布放 80%，大型物流园区 POS 机具布放 30 余台，小区刷卡缴费机器布放 2 台，POS 机刷卡交易笔数 29153 笔，金额 5047.7 万元，较上年交易额增长 30%；严格银行结算账户管理。严格核准类账户的日常开立、撤销、变理等审批，加大非核准类账户备案的管理力度。指导各银行业金融机构采取有效措施识别开户资料的真实、有效。2016 年，全辖共开立账户 10654 户，变更账户 6855 户，撤销账户 15243 户。

【国库监督管理】 2016 年，长治市国库部门累计完成各级预算收入 216.40 亿元，同比下降 4.2%；完成公共财政预算收入 98.53 亿元，同比增长 2.2%；全市各级国库办理退库业务 1735 笔，金额 3.2 亿元。全年人行长治中心支行加大日常柜面监督力度，强化重要印章、CA 证书的管理，执行国库主任定期查库、国库大额拨款和退库审批制度。组织全市国库部门进行业务自查，对检查中发现的问题认真整改。加强对商业银行代理国库业务的监督管理，依法对城、郊区两个代理支库开展实地业务检查，组织全市国库部门对辖区交行、浦发银行的国库经收业务进行现场检查，对发现的问题及时提出整改要求。

【国库直补业务开展】 2016 年，人行长治中心支行依托 TCBS 系统平台，指导县支库开展农林、社会保障、村级建设、医疗卫生等一系列政府关系民生、支农惠农资金的直接发放，减少资金拨付环节。

【财税库银横向联网业务】 2016 年，人行长治中心支行推动网银缴税、银行卡刷卡缴税业务的开展，提高资金入库效率。全年全市国库共办理电子缴税业务 38.2 万笔，金额 122.93 亿元，其中，刷卡缴税 19.2 万笔，金额 13.4 亿元。

【国债发行兑付】 2016 年，人行长治中心支行开展国债宣传，加强对国债承销机构的检查，及时报送国债发行数据，全年累计发行 4 期凭证式国债，金额 5.1 亿元。

【外汇业务日常监管】 2016 年，人行长治中心支行严格对外资企业外汇登记、进出口企业备案、银行结售汇业务准入等业务规范化管理力度，执行逐级审批制度，前移管理关口。全年共为 12 家银行办理结售汇机构信息变更，为 12 个企业办理进出口备案，签发登记表 5 份，取消 14 家企业名录，未发生任何差错和违规行为。

【国际收支核查】 2016 年，人行长治中心支行坚持做好国际收支日常非现场核查，有针对性加大非现场专项核查，按季开展贸易信贷抽样调查和出口换汇成本监测。全年共进行非现场核查 36 次，累计核查 3520 笔，共发现交易附言错误、国别错误等 5 类 32 笔错误，对检查出的错误，要求银行修改。

【外汇收支非现场监测】 2016 年，人行长治中心支行对货物贸易项下 120 余个企业开展重点监测，通过排查恢复正常 100 个，列入非现场跟踪企业 14 个，列入现场核查 6 个。开展“控流出”重点企业核查工作，分别对长钢集团、潞安海通、胜科水务等 7 个企业大额付汇进行重点核查，涉及金额 2500 多万美元，向企业提出整改建议 3 条，向分局报送专题报告 6 个。

【跨境人民币结算】 2016 年，人行长治中心支行加强跨境人民币业务非现场监测和现场检查工作，维护人民币资金跨境流动正常秩序。截至年底全市办理跨境人民币业务的结算银行有 4 家：中行、交行、建行、工行；办理跨境业务的辖内企业有壶化集团等 10 余家；全年累计办理跨境人民币结算金额 3.79 亿元，较上年同期减少 0.32 亿元，同比下降 7.8%。自试点开始至 2016 年末，长治市累计办理跨境人民币结算金额 9.17 亿元。

【征信宣传】 2016 年，人行长治中心支行在春节、元旦、3.15、6.14 等重要节点组织开展大规模宣传活动，在平时开展面对面宣传，点对点教育。通过与教育局、团委、学校等部门合作，打造征信共同宣传平台。五四青年节期间，与各校团委合作，组织宣讲团至长治学院、长治医学院开展征信知识进校园活动。发挥各金融机构的优势，以各国有股份制银行为主开展企业宣传教育；以农行、信用社、邮储为主开展农村宣传教育。

【信用评级】 2016 年，人行长治中心支行与市金融办进行沟通协调，推动两类机构外部评级结果作为金融办分类监管的考核加减分项目。严格监管社会征信机构。对辖内申请开展企业征信业务的山西泰山信用服务有限公司提交的相关资料，对照制度、备案流程进行多次审核，已送至太原中心支行进行备案。对经营征信业务的长治绿盾企业征信有限公司和长治中梦企业征信有限公司进行检查，发现其存在资质不全、虚假宣传、信息报备不及时、组织结构过于简单等问题，在检查时及时向企业指出问题所在并要求其全面整改。

【信用报告查询服务和异议处理】 2016年，人行长治中心支行共受理个人查询56023笔，企业查询242笔。督促各金融机构完善异议处理制度，维护信息主体人的权益。

【机构信用代码证的发放】 2016年，人行长治中心支行共为6074户企业办理机构信用代码证，基本做到开户企业的全部发放。

【现金供应】 2016年，人行长治中心支行加强发行库管理，严格执行各项规章制度和操作流程，确保库款安全无事故。搞好发行基金调拨工作，全年投放124亿元，回笼88亿元，净投放36亿元,保证全市合理的现金供应。

【残损人民币回收】 2016年，人行长治中心支行加大残损币回收监督力度，严格控制夹杂率，杜绝以好充次，提高回收残币质量，促进小面额残损人民币回收工作可持续发展。

【反假货币工作】 2016年，人行长治中心支行推广冠字号码查询。协调公安、工商、各金融机构等部门开展反假货币工作。加强冠字号码查询工作，推进银行涉假纠纷的举证和责任认定工作。开展打击反宣币工作以及反假货币宣传活动。

【全额清分工作】 2016年，人行长治中心支行加大人民币全额清分质量管理，要求各金融机构建立健全清分管理制度，提升银行业金融机构现金业务管理水平。

【反洗钱】 2016年，人行长治中心支行开展反洗钱考核评级工作。结合现场与非现场监管获得的工作情况与资料，对各机构进行逐项评价和打分。参评机构包括银行业30家、保险业22家、证券期货业及其他4家，其中被评为A级4家、B级35家、C级17家；开展现场走访。充分发挥市县联动监管作用，全年共实施现场走访16次，对屯留三禾村镇银行进行书面质询；强化准入管理。对按规定报备准入的法人、非法人机构区别情况实施差别监管。对新设机构，着重从业务、操作、人员方面进行审核。落实指导、培训、后续跟踪工作，以保障新机构在成立之初就能有效执行反洗钱内控制度；实施现场监管。全年共检查7家机构，其中对于黎城联社、潞城农商银行等2家法人银行机构实施行政处罚；做好金融机构反洗钱岗位人员的年检工作。经审核，市区金融机构管辖行反洗钱岗位人员符合年检条件的79人，其中年检合格64人，占比81%；不合格15人，占比19%；加强反洗钱业务培训。分别深入中行、村镇银行、潞城农商行、太平洋人寿、太平人寿等多家金融机构，举办反洗钱培训讲座。

（吴　光）

（责任编辑：曾晋芳）

银行业监督管理

【概述】 2016年年末，长治市共有34家银行业机构，其中政策性银行1家，大型银行5家，股份制银行5家，邮政储蓄银行1家，城市商业银行3家，财务公司1家，农商银行10家，农村信用合作联社3家，村镇银行5家；此外，还有2家村镇银行获准筹建。全市银行业机构营业网点637个，从业人员11751名。基本形成各类银行齐全，功能完备，覆盖面广的格局，为长治经济社会平稳较快发展提供金融支撑。年末，全市银行业总资产2711.1亿元，同比增长6.8%；总负债2573.7亿元，同比增长7%；实现净利润29.7亿元，同比增长1.8亿元。各项存款2061.1亿元，新增74.5亿元，增长3.75%；各项贷款1196亿元，新增64.8亿元，增长5.72%；存贷比58.7%，同比上升1.1个百分点。

2016年长治市银行业金融机构一览表

分类	名称
政策性银行	农发行长治分行
大型商业银行	工商银行长治分行
	农业银行长治分行
	中国银行长治分行
	建设银行长治分行
	交通银行长治分行
股份制银行	浦发银行长治分行
	华夏银行长治分行
	中信银行长治分行
	渤海银行长治分行
	兴业银行长治分行
城市商业银行	晋商银行长治分行
	晋城银行长治分行
	长治银行
邮政储蓄银行	邮政储蓄银行长治市分行
财务公司	潞安集团财务公司
农商银行	长治潞州农商银行
	潞城农商银行
	长子农商银行
	黎都农商银行
	襄垣农商银行
	平顺农商银行
	壶关农商银行
	武乡农商银行
	屯留农商银行
	漳泽农商银行
信用合作社	黎城县信用合作联社
	沁源县信用合作联社
	沁县信用合作联社
村镇银行	长子县融汇村镇银行
	襄垣县融汇村镇银行
	屯留县三禾村镇银行
	武乡县泽都村镇银行
	长治县泰都村镇银行
获准筹建的村镇银行	沁源县长青村镇银行
	壶关县晋融村镇银行

【金融服务】 2016年，中国银行业监督管理委员会长治银监分局（以下简称长治银监分局）开展服务实体经济系列活动，出台《引导银行业支持促进工业稳定运行提质增效实施意见》，制定工作方案，围绕“支持重点、精准扶贫、助力小微、服务三农”四项专题，加大信贷投放，贷款同比增长5.72%。通过项目贷款、债券承销、票据融资等产品组合，发挥金融对经济的支持作用。全年为597户重点企业累计发放贷款525.8亿元。突出精准金融扶贫，发放扶贫贷款25.2亿元，其中精准发放建档立卡贫困户贷款2399户、1.1亿元。改善小微金融服务，支持14家法人机构引进微贷技术，推进银税合作，为98户小微企业发放银税合作贷款8.4亿元，完成“三个不低于”目标，被省局评为小微企业金融服务先进单位。提升三农金融服务水平。支持建行长治分行在无网点的壶关、沁源两县开办自助银行业务。通过会议督促、调研督导等方式，引领涉农机构支持三农发展。全市农合机构涉农贷款366.5亿元。推进“村村通”工程，农村基础金融服务覆盖行政村3272个，较年初增加214个，覆盖率95%，提高7个百分点。

【支持煤炭行业转型发展】 2016年，长治银监分局与政府有关部门加强政策对接和信息共享，引导银行业支持技术领先、管理安全、成本较低的优质煤炭企业。支持银行业为潞安集团等煤炭企业续贷近30亿元，发行超短融资20亿元，办理融资性保函15亿元，发行公司债60亿元。推进省属煤炭集团转型升级中长期专项贷款工作，为四大煤炭集团及其核心成员企业发放贷款341笔、332.1亿元，续作中长期贷款80笔、122.6亿元。

【帮助企业解困化险】 2016年，长治银监分局发挥债委会（债权人委员会）作用，组建21个债委会，加强沟通协调、交流座谈，达成共识，统一行动，推动企业解困、银行化险、经济发展。通过多方协调，促成银行业机构、常平钢铁与中钢特材签订《债务转移三方协议》，中钢特材承接常平钢铁资产及债务9.5亿元，银团贷款2.07亿元发放到位，通过增加增量和重组存量方式化解风险。12月28日该企业点火复产。

【信用风险防范】 2016年，长治银监分局引导银行业机构加大信用风险管控，持续监测十大集团客户，紧盯风险苗头，及时做好风险预警和化解工作。出台加强社团贷款控制的监管意见，开展现场检查，化解社团贷款风险。通过多方沟通协调，促成孝义市鹏飞实业有限公司承接马军峪煤矿7.6亿元社团贷款。加大不良贷款处置力度，督促银行业对逾期贷款按“一户一策”原则，制定清收处置方案，加强贷后管理。农合机构开展高管包户清收处置不良贷款工作，通过现金清收、盘活处置、以资抵债、呆账核销等方法，累计清收处置存量不良贷款9.5亿元。

【法人机构风险排查】 2016年，长治银监分局全面排查农合机构不良贷款情况，掌握不良贷款分布情况。严密防控流动性风险，分机构实行差异化监管，督促村镇银行与主发起行签订《流动性支持协议》。督促农信社制定完善风险处置预案，实施压力测试。开展同业、跨业业务情况排查，出台监管意见，召开座谈会，规范同业业务管理，建立交叉金融产品监测台账，严防交叉金融产品风险。出台《加强农合机构印章管理的监管意见》，要求对印章管理进行自查自纠，强化问题整改。

【操作风险防控】 2016年，长治银监分局开展“制度执行年”活动，组织开展风险排查。针对发现的问题，及时约谈农合机构相关人员，逐家梳理存在问题，逐条建立问题台账，逐个提出监管要求。加大对非法集资、P2P网络借贷、电信诈骗等违法活动的排查与处置力度，确保广大人民群众资金安全。加大对非法集资、P2P网络借贷、电信诈骗等违法活动的排查与处置力度，确保广大人民群众资金安全。加强与银行业内审部门的协调联动，通过现场指导、沟通交流等方式，指导邮储银行长治市分行内审部门对该行基层网点操作风险进行检查，对疑难问题进行答疑解惑、纠偏检查方向，保证检查质量。

【推进农信社改革】 2016年，长治银监分局实行局领导包点制度，坚持“一社一策”，做到逐社摸清情况、逐社采取对策、逐社化解处置。分局领导先后深入黎城、沁县、沁源3家联社进行调研，帮助制定规划，协调解决困难和问题。截至年底，黎城县联社改制筹建工作准备就绪。

【法人机构转型发展】 2016年，长治银监分局坚持改革转型同步推进，引导法人机构走差异化、特色化发展道路。引导长治银行建立特色支行和客户分层维护机制，探索发展无抵押小微信贷业务，累计发放小微贷款1531户、1.4亿元。实施正向激励，鼓励农商行回归服务小微、三农的市场定位。2016年末，农商行小微贷款达248.2亿元，占全市小微贷款64.9%。督导村镇银行明确差异化发展战略，找准定位，突出优势，形成特色。如屯留县三禾村镇银行成立以来，各项存款为2.41亿元，各项贷款1.63亿元，贷款户数4319户，户均贷款3.79万元。

【完善服务体系】 2016年，长治银监分局通过简化流程，推动长治银行、晋商银行设立7家小微、社区支行，为小微企业、社区居民提供快捷的金

2016年5月，武乡泽都村镇银行开业　　（李俊义　供图）

融服务。推进法人机构下沉机构、网点和服务。核准潞州农商行3家异地支行开业，长子农商行在武乡、沁县设立支行获山西省银监局批准筹建。推进村镇银行设立，辖内村镇银行达7家，占全市11个县域的64%。督促潞城农商行最大股东履行减持承诺，将持股比例由24.9%降至20%以内，引进4家优质法人股东，退出3家经营困难股东，提升股权质量，增强股东持续补充资本的能力。支持潞城、壶关农商行投资入股黎城联社改制，拓宽投资渠道，增强盈利能力。

【EAST系统推广与应用】 2016年，长治银监分局制定下发《进一步推进EAST系统应用工作方案》《EAST系统应用管理办法》《EAST系统保密制度》，成立推广应用领导小组及EAST系统模型设计应用组，明确工作目标和措施。组织EAST系统应用推进会议、模型演示会，按月组织EAST系统培训，就EAST应用中遇到的问题进行充分的讨论。组织参加省局第三届EAST系统竞赛，获得“应用优秀团队”奖。在对农合机构现场检查中，结合山西省银监局提供的7个模型，自主开发2个模型，发现问题192笔、5.3亿元。

【非现场监管】 2016年，长治银监分局成立非现场监管委员会，建立非现场监管联席会议制度，组建6个非现场监管专题风险分析小组，定期召开专题分析会议，强化对重点风险的深入分析，针对发现的问题及时约见谈话100余人次、下发监管意见30余份。召开全市银行业提升数据质量专题会议，解读上级监管政策，提出监管要求。修订《银行业机构监管统计工作考核办法》，对2015年监管统计工作进行考核评比。

【改进行政许可和处罚工作】 2016年，长治银监分局承接简政放权事项，优化工作流程，提高准入工作的规范化和标准化。简化行政许可工作流程，明确环节办理重点及时限要求。科学匹配审核时间，规范更新文本格式，实现准入各环节流转衔接严密、高效顺畅。截至年底，受理的60项许可事项，均按时办结。印发《分局行政处罚文书格式》，对行政处罚流程进行再造，优化工作程序，建立查、审、决相分离的处罚机制。严格实行“双罚”制（机构和人员），对2家机构罚款80万元、2名责任人罚款10万元，取消高管任职资格1人、禁止终身从业2人。

（李俊义）
（责任编辑：曾晋芳）

中国农业发展银行长治市分行

【概述】 中国农业发展银行长治市分行（以下简称农发行长治分行）是长治市唯一一家国有政策性银行，其主要职责是按照国家的法律、法规和方针、政策，办理国家规定的农业政策性金融业务，代理财政支农资金的拨付，为地方农业和农村经济发展服务。截至2016年年底，农发行下辖武乡、襄垣、屯留、长治、潞城、沁县6个县级支行，市区、郊区、壶关、长子4个驻县（区）客户服务组以及平顺扶贫工作组，有干部职工134人，内设10个部（室），服务网络覆盖各县域。为充分发挥国务院赋予农发行的扶贫职能，2016年9月增设平顺扶贫工作组。

【服务“三农”】 2016年，农发行长治分行贯彻落实市委、市政府“三农”工作部署，履行农业政策性银行职能，主动承担服务“三农”社会责任，保证粮油收储资金供应，发挥政策性银行逆周期调节和服务实体经济作用。全年累计发放各项贷款13.23亿元，较上年多投放5.86亿元，增幅79.5%，年末贷款余额36.29亿元，较年初增加6.46亿元，其中：涉农基础设施建设中长期项目贷款余额15.7亿元，增幅83%；基金投资余额3.81亿元，较年初增加1.76亿元。全年支农投入总额15亿元，净增8.22亿元。实现利润1565万元，较上年增盈3001万元。3个支行在确保政策职能充分履行的前提下，摆脱亏损局面，6个县支行全部盈利。

【支持粮油购销储备】 2016年，农发行长治分行按照“市场定价、价补分离”的粮油收储新政策要求，统筹做好辖内收购信贷业务。并按相关文件下达的粮油储备计划要求，向承担储备任务的企业发放储备和轮换贷款。其中：为中储粮襄垣直属库发放跨省移库最低收购价小麦贷款7530万元，省级储备粮增储贷款3310万元，市级成品粮油存储调整贷款371.6万元，支持收购轮换粮食1.4亿公斤，做到储备贷款按计划发放和收回，当地粮食收储不出大的问题，农民没有出现卖粮难，有效维护全市粮食安全。并实地核查清理规范县级储备，辖内8个县区县级储备粮承储规模为5750万公斤，经省粮食厅、市粮食局和省分行联合认定，全部通过。

【金融扶贫】 2016年，农发行长治分行完善扶贫金融组织体系，市分行和武乡县支行成立扶贫金融事业部，增设平顺扶贫工作组，实现县域机构全覆盖，集中全行资源服务脱贫攻坚；经协调，长治市扶贫开发投资有限公司基本账户转在农发行长治分行行开立，各县区易地扶贫搬迁资金共管账户全面开设，为各县区顺利承接易地扶贫搬迁资金、确保搬迁任务顺利完成提供保障；农发行长治分行通过召开银政企座谈会、专题汇报、现场对接会等形式，详细解读信贷政策，对具有产业特色、扶贫效益的项目进行指导，“一对一”制订金融服务方案，得到各县政府的肯定和支持。在主推易地扶贫搬迁信贷产品的同时，推动光伏扶贫、旅游扶贫等扶贫政策落地。共营销对接贫困县项目5.17亿元，并与壶关县政府就光伏扶贫项目达成合作意向。做强产业扶贫，重点支持山西沁州黄小米有限公司、山西振东制药股份有限公司和长治市太行紫团饮业有限公司产业发展。

【支持城乡一体化建设】 2016年，农发行长治分行累计审批涉农中长期项目贷款24.32亿元，投放贷款10.68亿元，重点支持城区马坊头棚户区改造、长子南北大街拓宽改造、长子地下综合管廊建设项目、屯留县东河北村周边居民环保搬迁项目等地方政府主导的13个涉农重点项目建设，全行业务发展步入快车道。特别是通过全面支持长子县基础设施建设项目，完成项目审批16个，金额17.48亿元，涉及棚户区改造、水利建设、城镇基础设施建设等领域，探索打造出银政合作“长子模式”，被市政府在全市推广。落实国务院关于项目资本金扶持政策，充分发挥逆周期调节作用，为银河湾农业三产融合开发建设项目、山西振东道地连翘开发有限公司新建50万亩中药材项目、振东制药股份有限公司产品创新和产业化项目3个项目投放基金1.76亿元，收益率仅1.2%。

【清控不良贷款】 2016年，农发行长治分行全面建立市分行领导包县包点负责制，逐企业制定清收处置方案，确保“双降”目标实现，仅剩下3户企业。针对金泽公司不良贷款，农发行与市政府、长治市中级人民法院、屯留县政府通过多种途径寻找意向购买方。9月份，长治市委书记席小军到北京与中粮集团、国药集团进行对接洽谈，11月份，中粮集团、国药集团分别派专人到金泽公司进行考察。

（赵　强）

（责任编辑：曾晋芳）

中国工商银行长治分行

【概述】 2016年，中国工商银行长治分行（以下简称工行长治分行）本部设有17个部室及附属机构，下辖19个一级支行，15个扁平化的二级支行，8个依托一级支行管理的二级支行，共42个营业网点。全行从业人员1472人。全年实现拨备前利润5.41亿元，实现净利润4.45亿元。各项贷款时点余额达126.53亿元，较年初净增3.43亿元。全部存款时点余额达410.23亿元，较年初净增4.82亿元。全年实现中间业务收入1.96亿元。

【支持地方经济】 2016年，工行长治分行深化银政、银企合作，通过与山西省分行、市政府多方沟通，促成省分行牵头分别与长治市政府、潞安集团签订《全面深化战略合作协议》。优化医保贷产品，与市商务局合作开办银政通业务，引入政府风险补偿金模式，支持小微企业发展。全年投放公司贷款62亿元，主承销超短融30亿元，办理票据直贴47亿元，投放个人贷款9.3亿元。

【负债业务】 2016年，工行长治分行客户基础、各项存款保持稳定增长。围绕扩容提质增效，深化“六进”拓户，以企业、大中专院校、行政事业单位为重点，深入200多家目标单位开展上门营销，拓展个人优质客户。推广节节高、薪金溢等产品，提高代发工资稳定性和留存率，加强全产品渗透，保持储蓄存款余额和增量同业占比双第一。综合运用工商注册信息库、大额资金监控平台等，全年新增对公结算账户1957户。加快对教育、医疗、社会团体等重点领域客户的跑马圈地，全年新增机构客户95户。

【中间业务】 2016年，工行长治分行推进渠道优化建设和网点智能化改造，建设轻型网点4家，实现低效网点提质增效1家，智能服务模式网点投产运行25个。创新贵金属专业化经营模式，实行“专柜、专队、专管”的三专模式，改造贵金属实物展柜，建立贵金属专业营销团队，出台专项考核管理办法，实现“即买即走”的贵金属销售模式。开展后台中心标准化改革，定人、定位、定标准，后台中心服务响应能力提升。

【风险防控】 2016年，工行长治分行实行行领导分片包干制，分层落实清收责任，一户一策化解风险，加快不良贷款清收处置。强化内控案防管理，开展“两个加强、两个遏制”回头看，组织“强素质、严管理、控风险”活动，强化“十大重点领域和关键环节”的风险治理，按季开展员工行为排查，成功防堵外部电信欺诈事件3起，假冒存单1起，信用卡非法买卖事件1起，及时化解非法集资风险事件1起。完成组合服务流程改革、自动柜员机清点功能试点等重点项目，实现全辖网点的集中运营管理目标。个贷和信用卡不良贷款较2016年年初增加，不良防控压力较大。

（李倩蓉）

（责任编辑：曾晋芳）

中国农业银行长治市分行

【概述】 2016年，中国农业银行长治市分行（以下简称农行长治市分行）下辖14个县级支行，其中，城区行2个，郊区行1个，县域支行11个。下辖35个营业网点，其中市区营业网点16个，郊区营业网点2个，县域营业网点17个。全市农行在职人员共计1101人。截至2016年年底，各项存款日均余额189亿元，较年初净增10.02亿元；各项存款时点余额194.5亿元，较年初净增15.2亿元，日均、时点增量份额指标四行排名第一；各项贷款余额95.5亿元，贷款总量四行排名第二；个贷全年净增1.83亿元，贷款结构得到优化。中间业务收入达到5442万元，实现拨备后利润2.97亿元；普惠金融服务实现全覆盖，累计发放惠农卡66万张，社保卡203万张，代收代付业务顺利上线，改造完成“金融综合服务站”602个。

【服务地方经济】 2016年，农行长治市分行拓展动产质押贷款、标准仓单质押贷款、票据贴现、买入返售票据、商业承兑汇票贴现、对公账户透支、融资租赁和委托债权投资、超短融等多种产品组合，探索新时期支持企业的模式转型。这一举措，支持以长治市五大电力集团、八大煤业、首钢长治钢铁为主的地方支柱产业发展，而且紧跟地方产业结构调整方向从供给侧发力，重点向潞安煤制油180项目、振东、康宝、中德型材、长治机场等项目渗透。在支持小微企业上，农行长治市分行专门成立小微企业服务团队，先后对潞卓商贸、通天峡景区、鑫元商贸、华驰物业、潞安华信、长子烟业等小微企业提供金融服务。仅2016年，各项贷款累计发放47.88亿元，办理贴现8.26亿元，发行超短融10亿元，有力支持地方经济发展。

【普惠金融】 2016年，农行长治市分行加大普惠金融应用系统开发力度，创新金融服务方式，深化与政府和企事业的合作。在开发现金管理平台上，加强与财政、社保、卫生、住房公积金、等部门的合作。担当起社保“一卡通”这项惠及全市300多万人民的历史重任，克服重重困难，确保工程进展。截至2016年年底，社保“一卡通”开卡230万张，共发卡205万张，为全市社保资金提供运转平台，履行服务全社会的责任。

【服务“三农”】 2016年，农行长治市分行“惠农通”工程推进。全年共发放惠农卡66.85万张；为2792个行政村布放各类电子机具4819台（部），村均达到1.7部，基本实现“机到村、卡到户”两个全覆盖，农民足不出村就可方便地享受刷卡消费、转账结算、资金汇划等金融服务。依托惠农卡和转账电话，代理“新农合”“新农保”及国家各种直补资金。通过惠农卡累计发放报销医疗费33.24亿元，累计代理新农保资金5.99亿元；代理发放财政惠农补贴资金26项。同时，通过转账电话、自助终端、“万村千乡”信息终端、网银和手机银行等电子渠道代收电费、话费6012万元。通过对“新网工程”“农村便民连锁超市”等农村商品零售终端的覆盖，推广物流配送专属卡，实现“村村通”与城乡物流链的融合，发挥农行网络产品优势，最大限度地发挥农行在城乡支付结算体系建设上的引领作用。至2016年年底，累计改造完成“金融综合服务站”464个。重点跟进水投集团、振东连翘、长子烟办、郭氏羊汤、潞卓商贸等优质民营企业，做大做优涉农贷款。选取郊区和平顺2个全国休闲农业与乡村旅游示范县，试点推广农家乐农户贷款业务，把农家乐农户贷款打造成新的增长点。支持农民进城购房。

【构建“三农”互联网金融服务体系】 2016年，农行长治市分行推广“e农管家”电商平台，打造“金穗惠农通”工程与“e农管家”对接示范样板支行和“e农管家”的样板服务点，在有条件的服务点设立客户体验区，使客户通过亲身体验更直观感受电商服务的便利性。推广“三农通用代收付平台”，拓展更多涉农代理项目，丰富“三农通用代收付平台”代理内容，争取实现乡、村、户资金结算全服务，村级资金结算环节全覆盖。

【金融扶贫】 2016年，农行长治市分行重点突出产业扶贫，借助潞卓商贸、潞玉种业、振东制药等涉农企业，开展产业扶贫，带动当地农户脱贫。做好金融精准扶贫工作，支持国定贫困县支行开办“光伏扶贫惠农贷”，支持国定、省定贫困县支行开办政府增信贷款。做好建档立卡贫困户的扶贫包干工作，确保精准扶贫贷款投放计划、贷款余额和增量位居四行前列。试点对接电商平台，推动贫困地区农资及消费品下乡、农副产品进城，发展创新“互联网+扶贫”模式。

【渠道建设】 2016年，农行长治市分行加大存取一体机、自助服务终端、转账电话等自助设备的投放量。截至年底，全市共有人工网点34个、离行自助网点36个。

（贾丽平）

（责任编辑：曾晋芳）

中国银行长治市分行

【概述】 中国银行股份有限公司长治市分行（以下简称中国银行长治市分行）成立于1985年1月，是中国银行设在长治市的二级分行，在潞城市、长治县、襄垣县、黎城县和沁县设有县级支行，全辖共有22家营业机构。2016年，全行实现经营性净收入3.02亿元，拨备前利润1.58亿元，净利润1.33亿元。其中，净利润完成省行计划的174.12%，长治四大行中唯一实现正增长。

【负债业务】 2016年，中国银行长治市分行人民币各项存款日均余额106.02亿元，较年初新增3558万元，日均新增四大行排名第二。人民币各项存款时点余额106.76亿元，较年初新增9625万元，四大行口径净增额市场份额较年初提高4.13个百分点，排名第二。

客户拓展增存。2016年12月末，中国银行长治市分行单位结算账户5316户，较年初增加401户。其中，基本账户3946户，占比74.23%。个人有效客户34.43万户，较年初增加2.86万户，增长8.3%。中高端客户11416户，较年初新增655户，增长5.73%。

行政事业稳存。2016年，中国银行长治市分行继续将行政事业存款营销作为工作重点，加强对市级财政和县域财政存款的营销，在军队、教育、社保、国土等专项资金上取得突破。截至2016年年底，行政事业存款时点余额10.81亿元，较年初新增3.15亿元。

产品组合揽存。2016年，中国银行长治市分行加大产品组合与交叉销售的力度，通过大力销售生肖卡、礼仪存单、大额存单、步步高和聚财通等特色产品，有效增加个人存款。2016年，中国银行长治市分行储蓄存款日均余额79.15亿元，较年初新增3.42亿元。时点余额79.52亿元，较年初新增2.96亿元，四大行和全口径净增额市场份额分别较年初提高10.33和1.38个百分点。紧盯企业发债、短融、票据等直接融资业务，主动扩大负债来源。截至2016年年底，为潞安集团发行超短融20亿元、私募30亿元；实现债券分销15.7亿元，创历年新高；办理中国银行首笔对公团险业务；山西省首笔债券投资顾问业务落地长治市行；公司表外理财日均余额、新增额均排名山西省地市行第一。

【资产业务】 2016年年末，中国银行长治市分行人民币各项贷款余额54.67亿元，较年初新增2.86亿元，资产结构不断优化，规模逐步扩大。

项目营销。2016年，中国银行长治市分行按照“扶优限劣”的原则，重点营销符合总分行授信指引，地方政府支持的背景好、资质优、潜力大的优质项目和客户，拓展电力、交通、教育、医疗、卫生、旅游、现代农业等新兴行业和项目。2016年，营销的潞光发电、紫团饮业、康宝生物、北峙峪煤业、国洪商贸等项目成功获批。全年累计完成发放审核金额10.8亿元，公司贷款余额新增地市行排名第五。

个人授信业务。2016年，中国银行长治市分行紧抓个贷业务发展的有利机遇，加大楼盘和中高端客户的营销力度，扩大个人贷款规模，个贷完成率连续两年位列地市行第一。拓宽品种，充分发挥中银E贷、车改直通车、爱驾分期、现金分期等优势业务产品，拓展个人经营贷款和信用消费贷款，优化资产结构。通过对个人授信客户的二次营销，刺激客户住房、购车等多方面消费需求，实现个人授信产品之间交叉销售20余单。2016年，个人贷款占比15.05%，较年初提高1.95个百分点。

【风险管控】 2016年，中国银行长治市分行继续完善全面风险管理体系，落实全产品、全方位、全流程管理，做到营销、审批、授信、贷后和存续期管理的“五个统一”。运用综合手段，管好存量资产，盘活存量不良，确保资产质量不向下迁徙，多措并举化解不良资产。关注个人贷款、银行卡资产质量，遏制不良攀升势头。确保新增贷款质量，落实国家去产能、去库存、去杠杆的政策要求，持续跟踪，严格管控潜在风险。截至2016年年底，中国银行长治市分行不良贷款余额1884万元，较年初减少5514万元，不良贷款率0.34%，较年初下降1.08个百分点，不良额、不良率持续双降。

【内控管理】 2016年，中国银行长治市分行加强内控管理，建立和完善“内控合规员”“反洗钱联络员”“合规监督员”等内控队伍，对全辖业务经理进行轮岗交流，通过公开竞聘补充业务经理，完善《内控考核办法》和《业务经理管理办法》，召开内控委员会会议和业务经理例会等方式强化全员内控合规意识。全年共组织开展内控案防专项治理、“两加强，两遏制”（加强内部管控、加强外部监管、遏制违规经营、遏制违法犯罪）回头看、基层风控“50条”、反洗钱专项治理、业务经理专项排查等一系列检查和活动，对内检外查发现的问题，坚持问题导向，全面梳理业务操作流程和规章制度执行情况，坚守制度红线。

（王　震）

（责任编辑：曾晋芳）

中国建设银行长治分行

【概述】 2016年，中国建设银行长治分行（以下简称建行长治分行）下辖28个分支机构，年末一般性存款日均余额193.76亿元，各项贷款余额84.88亿元。

【支持地方经济发展】 2016年，建行长治分行顺应区域经济发展形势，落实山西省政府和省建行、省建行和长治市政府所签订的金融振兴战略合作协议框架内容事项，发力服务供给侧结构性改革，助力三去一降一补，有效支持区域经济社会发展。全年为全市大中型企业综合授信150亿元，完成煤炭行业转续贷15笔，涉贷金额14.6亿元，较好地落实市政府、银监局支持煤炭行业发展的相关要求。共融资54亿元支持长治地方经济发展。

【推动产业转型】 2016年，建行长治分行重点支持潞安集团潞光一期低热值煤发电项目、中南铁路长子南集运站建设项目及长治市政府投资基金清洁焦等一批项目，涉及高端装备制造、现代物流、城镇化建设等多个板块，信贷资金支持达9.95亿元。

【创新融资模式】 2016年，建行长治分行通过资产收益权理财产品、超短融券、融资租赁保理等融资工具，多渠道、多方式满足长治重点企业及项目建设的融资需求。重点为潞安集团发行超短融企业债券10亿元，资产收益权理财产品转池10亿元，办理两单共6亿元融资租赁保理业务；为首钢长钢签发银行承兑汇票3.08亿元；为淮海机电办理国内信用证1.13亿元；全年以表外融资的方式，为社会提供总量为25.95亿元的资金需求。

【服务小微企业】 截至2016年年底，建行长治分行与长治市政府，长治高新区、长治县等12个区县政府签订“助保贷”合作协议，与市国税局、地税局签订银税合作协议，通过银政平台有效搭建提高小微企业惠及面。

银政合作。建行长治分行以“助保贷”为切入点，通过平台资源整合、财政资金风险补偿、综合金融服务三个方面，以市场化方式推动金融支持小微企业。在全市各区县的“助保贷”业务平台扩展到12个，全年累计为全市94户中小企业提供4.03亿元的信贷资金支持。

银税合作。建行长治分行与国税、地税局建立以征信互认、信息共享为基础的银税合作机制，帮助诚信纳税、规范经营的小微企业轻松获得建行贷款。截至2016年年底，建行长治分行从国税、地税筛选出61户白名单客户，成功转化14户，投放信贷资金1011万元。

“互联网+金融”服务模式。建行长治分行推进小微企业服务与“互联网+”深度融合，深化与市商务局、电商协会的战略合作关系，通过善融商务平台，让更多的企业通过“互联网+”，拓展融资、结算、交易、资金管理渠道。全市入驻建行善融商务平台的商户达到63户，累计年交易金额达到3亿元。依托大数据技术，分析和挖掘优质客户信息，创新“五贷一透”POS贷、创业贷等大数据信贷产品。建行长治分行为全市191个小微企业客户累计提供12.66亿元的信贷资金支持。

【风险防控】 2016年，建行长治分行对风险管控实施精细化管理。特别在与部分县域沟通化解逾期“助保贷”问题上，持续与当地政府保持互动沟通，并获得理解支持。在此基础上，按企业经营情况采取相应的化解措施：对尚能维持经营的企业，由建行长治分行与政府共同协助企业，力争盘活；对出现不良状况企业，制定“一户一策”化解处置方案，综合运用现金回收、再融资、期限调整、追加抵押担保、批量转让、呆账核销方式进行有效处置。

【普惠金融】 2016年，建行长治分行无机构县域壶关、沁源、黎城三县离行自助均实现运营，补齐建行在无机构县域的金融短板。调整网点布局。对低效网点进行迁址，对单一功能网点进行升格，在城区经济活跃带增设网点，增强辐射功能、拓展延伸服务空间和半径；对自助渠道进行拓面。2016年，建行长治分行ATM保有量达到261台，离行自助银行44个，实现“设备数量最多、交易量最大、功能最全、客户体验最优”的长治地区自助银行服务第一品牌的目标；构建智慧银行。全年在长治市28个机构投入80多台STM智慧柜员机，能够办理开销户、投资理财、结售汇等十九大类212项个人及对公非现金业务，实现“客户自助服务+关键点银行审核”的网点服务模式创新。

【互联网渠道平台】 互联网渠道成为建行长治分行交易服务的主渠道，每100笔账务性交易中约有97笔在电子渠道办理。2016 年，建行长治分行线上生活服务平台“悦生活”涵盖银医服务、餐饮娱乐、日常缴费等 67 项服务场景，龙支付”也为客户带来更开放、更多样化的支付体验场景。

【增强民生领域投入】 2016 年，建行长治分行先后投入 1.5 亿元信贷资金支持长治市重点医院门诊楼改造项目和重点大中院校校区建设。与长治学校和山西机电学院共建信息数字化校园，通过两卡合一实现在校师生对学费缴纳、门禁考勤、图书借阅等多项需求；创新拓展“智慧医院”项目，支持长治市人民医院数字信息化建设，实现自助挂号、自助缴费，缓解群众“挂号难、付费难、排队难”等问题。

【产品多元化】 2016 年，建行长治分行针对个人客户推出“社保、旅游、银校、有车、社区”五大生态圈系统建设。其中，社区生态圈建设以“潞安社区”为样本、银校生态圈以“长治学院”为样本并取得阶段性成效。发挥在住房金融传统优势，落实商品房去库存政策，利用消费升级对信贷多元化的需求，解决居民购房装修、日常消费等方面需求，运用大数据产品快贷，创新个人融资模式，实现客户全流程网上自助办理贷款和高效融资需求，全力助力改善民生。2016 年，全行个贷累计投放 10.37 亿元，新增 6.57 亿元，创历史新高，个贷余额、投放、新增市场占比分别为 51%、44%、66%，均为同业第一。

（李　娜）

（责任编辑：曾晋芳）

邮储银行长治分行

【概述】 中国邮政储蓄银行长治市分行（以下简称邮储银行长治分行）于 2008 年 3 月挂牌成立，2016 年下辖 11 个支行，102 个营业网点，县域机构实现全覆盖。

【个人金融】 2016 年，邮储银行长治分行新增总资产 84966 万元，完成省行计划 80.12%。其中：储蓄余额净增 17497 万元。全年销售理财 67469 万元，完成计划进度 73%。财富管理团队及理财产品分获长治银行业“最受信赖理财机构”“最受欢迎理财产品”奖项。信用卡全年发卡 13660 张，全省排名第一。

【电子银行】 2016 年邮储银行长治分行个人网银新增客户 26186 户，完成全年目标 158.4%，手机银行新增客户 33117 户，完成全年目标 124.03%，完成计划均列全省第一；电子银行总替代率 89.49%，全省排名第二。其中，手机银行交易替代率 66.22%，较年初提高 18.35 个百分点，全省排名第一。

【公贷公存】 2016 年，邮储银行长治分行投放对公贷款 16 亿元，结余 29.42 亿元，新增 4.89 亿元，全省排名第四。成功营销电力、交通等非煤客户，累计取得总行 18 亿元授信批复；公司负债企稳回升，年末余额达到 9.96 亿元，较年初增长 1.83 亿元，净增全省排名第五，完成年度计划的 147.44%。“财政资金银行存款利率上浮”竞标成功，为财政类公司存款业务奠定良好基础。

【票据金融】 2016 年 6 月下旬，邮储银行长治分行票据中心完成组建，自组建后，全年累计贴现 1.75 亿元，开立银行承兑汇票 2.02 亿元。特别是成功营销落地全省首笔敞口承兑汇票 1 亿元（山西潞安环保能源开发股份有限公司）；金融市场业务销售 80.26 亿元，累计日均保有量 6.15 亿元。

【零售信贷】 2016 年，邮储银行长治分行零售贷款总体规模增长 10716 万元，其中：个商贷款净增 2129 万元，完成省行计划 118.30%，全省排名第一，较年初上升 8 位；小额贷款净增 230 万元，全省排名第六；消费贷款净增 9683 万元，完成省行计划 101.92%，全省排名第七；小企业贷款净增 -1326 万元，全省排名第九。在上半年业务发展缓慢的情况下，市行于 8 月 5 日召开全市零售信贷督导会议，补充“2016 年月度绩效考核指标”，对高职高管月度绩效实施“量收双挂”考核。从 8 月份起均能按月完成月净增计划，小额贷款净增排名从全省末位逐月追升至全省第六。青年创业贷款项目受到中央金融团工委的肯定，邮储银行长治分行被授予 2015—2016 年度“银团合作优秀派出机构”称号，屯留县支行晋尔美纸业贷款项目及员工巩江波被分别授予 2015—2016 年度“银团合作优秀项目”奖和“银团合作优秀个人”称号。

【不良贷款清收】 2016 年，邮储银行长治分行坚持“控新降存、双线管控”，在不良贷款清收百日竞赛活动中，先后多次召开动员、推进、座谈和专项督导会，强化过程管控，加强经验交流，发挥“能人效应”，提前 22 天完成省行清收目标计划，全年累计清收 1256.05 万元。

【金融扶贫】 2016 年，邮储银行长治分行响应中央和地方号召，开展金融扶贫系列工作。全年累计发放各类扶贫贷款 254 笔、2821 万元，在 5 个贫困县设立金融服务网点 35 个，助农取款点 250 个，武乡县支行扶贫工作受到地方政府赞赏，支行行长王劲松被武乡县委、县政府推荐参加“全省脱贫攻坚奖先进个人”评选。

【风险防控】 2016 年，邮储银行长治分行加强资产质量管理，对不良资产采取五应五尽（应收尽收、应交尽交、应诉尽诉、应核尽核、应管尽管）处置，资产质量完成省行“双控指标”。其中：全行不良贷款余额 3500 万元，低于省行控制目标（3730 万元）230

万元；不良率4.5%，低于省行控制目标（4.58%）0.08个百分点。当年虽新增不良贷款1924万元，低于省行新增控制目标（2420万元）496万元。

（张守明）

（责任编辑：曾晋芳）

长治市农村信用社联合社

【概述】 山西省农村信用社联合社长治办事处机关内设办公室、纪检监察室、人力资源科、财务管理科、业务管理科、电子科技科、稽核合规科、安全保卫科、改革发展科、督查室10个部门，下辖13个农商银行、信用联社，319个营业网点，系统职工总数达3688人。2016年末，全市农信系统资产总额达到997.83亿元，各项贷款余额387.15亿元，各项存款余额654.36亿元，各项收入实现54.55亿元。存、贷市场份额均占全市银行业金融机构首位。系统缴纳各项税费达到5.16亿元。被省总工会金融工委授予“五一劳动奖状”。

【优化传统农户金融服务】 截至2016年年末，长治市评定的信用户达38.09万户，占辖内农户总数的39.61%，授信总额58.35亿元；贷款的信用户数量达5.33万户，贷款总额12.63亿元，满足全市传统农户粮食生产所需的种子、化肥、农药、灌溉等各环节资金需求。在信用户评定的基础上，全市评定信用村724个，其中省级信用村97个、市级信用村37个、县级信用村593个；评定信用乡（镇）16个，为全市农业生产提供资金支持。

【优化城镇居民金融服务】 截至2016年年末，长治市评定的信用商户达到6944户，授信总额7.35亿元；贷款的信用商户数量达到3835户，贷款总额5.11亿元，支持广大城镇居民和进城农户的就业、创业、安居、消费等金融需求。

【优化创业群体金融服务】 截至2016年年末，长治市农信社支持城乡青年创业2466户、贷款余额25361.50万元；支持大学生村官创业20户、贷款余额285.83万元；支持巾帼妇女创业184户、贷款余额1676.72万元。

【优化新型经营主体金融服务】 截至2016年年末，长治市农信社支持农业龙头企业161户、贷款余额16.56亿元；支持农民合作社155户、贷款余额3.03亿元；支持专业大户28户、贷款余额0.32亿元；支持基地（园区）68户、贷款余额3.96亿元。

【优化特色农业金融服务】 2016年，长治市农信系统以支持小杂粮、干鲜果、设施菜、酿造业、中药材等为重点，优化特色农业金融服务。

【小微企业金融服务】 截至2016年末，长治市农信社小微贷款余额达267.27亿元，较年初增加21.66亿元，增速为8.82%，高于各项贷款平均增速4.65个百分点；小微客户数量18012户，较同期增加2211户；小微客户申贷获得率98.77%，较同期提高0.22个百分点。

【精准扶贫】 截至2016年末，长治市农信社为1532户贫困户发放扶贫小额贷款6902.27万元；发放扶贫开发项目贷款14笔、12430.5万元；发放其他扶贫贷款18979万元，合计投放扶贫信贷资金3.93亿元。

【对接重点项目】 2016年，长治市农信社支持地方重大项目建设，重点支持沁县南湖文化园建设项目、长治市胖妞食品有限公司、山西平顺大红袍开发有限公司、屯留县民康中药材开发有限公司等企业和项目。支持新兴行业发展，支持一批如山西晨洋光伏科技有限公司、山西省长治中药材有限公司、山西龙呈工艺绣品有限公司、长治市光华半导体科技有限公司、长治市科源创意广告有限公司等新兴产业和企业项目。

【拓展服务平台】 2016年，山西省农村信用社联合社长治办事处加快推进农村金融综合服务站建设，全市1463家农村金融综合服务站建成运行，百姓足不出户就能享受到农信便利的金融服务；加大社区银行建设力度，搭建集“社区互动、特殊群体关爱、特色文化沙龙、理财科普教育、企业家交友论坛、儿童游乐、养生保健、家政便民、健身休闲”等一系列涵盖客户“医、食、住、行、玩”的社区金融服务平台。探索引进O2O社区服务体系，“长青e惠之家”正式投入运营，121家特惠商户成功签约，通过资源整合丰富农信金融服务生态；加大理财产品研发力度，“宝通”“潞盈”“金动力”“小白菜”“聚财宝”“招财宝”“金鲤鱼”等系列理财产品累计发行250期，存续余额268.43亿元；资金业务规模达459.11亿元，实现营业收入23.38亿元；履行社会责任。2016年，全市农信系统利用网点人缘、地缘优势，全面搭建集爱心桥梁、爱心服务、爱心捐赠、爱心帮扶、爱心志愿、爱心培训、爱心书屋七大功能于一体的“爱心驿站”，实现奉献爱心“全社会关注、全民众参与、全范围共享”的良好效果。

【体制改革】 2016年，长治市13家县级联社成功改制农商行10家，黎城联社改制工作申请长治银监分局验收，沁县、沁源2家联社实现达标升级。

（任俊明　王忠于）

（责任编辑：曾晋芳）

长治银行

【概述】 2016年12月底，长治银行资产总额为253.37亿元，较年初增加9.18亿元，增幅3.76%。各项贷款余额为93.57亿元。各项存款余额为141.48亿元。长治银行先后获中国银行业协会授予的“服务三农五十佳金融产品”、长治银监分局授予的“监管统计工作一等奖”等多个荣誉称号。

【支持地方经济发展】 2016年，长治银行从重点项目入手，优先做好重点基础设施和持续跟进城市公用事业领域项目拓展，跟踪介入医疗卫生、学校教育、城市改造、节能环保、城建交通等民生领域，确保有效满足地方资金需求，实现经济效益和社会效益的有机统一。全年新增授信额度5亿元，新增贷款1.64亿元，支持潞安集团、沁新集团、潞宝集团等一批重点企业；响应“为实体企业降成本”号召，放宽利率优惠政策，有效降低企业融资成本。2016年，累计让利客户31户，优惠利差合计1659.69万元；在免除对账费、账户管理费、年费、抵押登记费等政策性减免项目费用基础上，长治银行继续扩大减免范围，增加网上银行及手机银行跨行转账汇款、代发工资、企业常年财务顾问、综合资信证明等一系列免费项目；支持“双创”企业发展，开启“银税互动”，将企业纳税和融资需求有机结合，实现纳税服务与金融服务的无缝对接，取得小微企业贷款经济效益和社会效益的双赢发展。

【小微金融服务】 2016年，长治银行推出“房产超值贷、存单超值贷”等“超值贷”产品，集存款、授信、消费、转账等功能为一体的惠商卡贷款产品，满足用户多层次的金融需求。截至2016年12月底，长治银行小微业务累计发放贷款2548笔，发放金额52585.7万元。服务小微企业客户1531户，贷款余额14018.5万元。涉及农业、制造、建筑、批发零售、运输、居民服务、教育、卫生和文化等11个行业。

【金融服务网点建设】 截至2016年年底，长治银行建立起25家传统支行、5家社区支行、3家小微支行。社区银行和小微银行以“便民、亲民、惠民”为宗旨，不仅为长治市民提供便利的金融服务，还通过举办摄影比赛、广场舞、电影节300余次等社区活动，丰富社区居民的业务文化生活。

【金融扶贫】 2016年，长治银行丰富金融扶贫产品，拓展业务发展模式，创新完善涉农贷款产品。涉农贷款专属信贷产品有“农机贷”和“大学生村官创业贷”。借助“小微移动金融服务车”的优势，推进壶关、沁源、武乡、平顺、沁县等贫困县区的金融扶贫业务宣传推广力度，现场办理业务，打通金融扶贫服务的“最后一公里”。

（屈振中）

（责任编辑：曾晋芳）

保险业综述

【概述】 2016年，长治市保险公司市级机构32家，较2015年年底增加2家，其中财产险公司16家，人身险公司16家（包括健康险公司1家）。保险专业中介机构2家。全年长治保险业实现保费收入50.26亿元，同比增长12.49%，保费规模居全省第七位，与2015年相比下降1位，增速居全省第六位，较2015年相比上升1位。其中，财产险公司实现保费收入14.15亿元，同比增长6.38%，保费规模位居全省第六，增速位居全省第六。人身险公司实现保险收入36.11亿元，

2016年长治市保险公司一览表

类别	序号	公司名称	类别	序号	公司名称
财产险公司	1	中国人民财产保险股份有限公司长治市分公司	人身险公司	17	中国人寿保险股份有限公司长治分公司
	2	中国人寿财产保险股份有限公司长治市中心支公司		18	中国太平洋人寿保险股份有限公司长治中心支公司
	3	中国平安财产保险股份有限公司长治中心支公司		19	国华人寿保险股份有限公司长治中心支公司
	4	中国大地财产保险股份有限公司长治中心支公司		20	中国平安人寿保险股份有限公司长治中心支公司
	5	中国太平洋财产保险股份有限公司长治中心支公司		21	阳光人寿保险股份有限公司长治中心支公司
	6	中煤财产保险股份有限公司长治中心支公司		22	中国人民健康保险股份有限公司长治中心支公司
	7	阳光财产保险股份有限公司长治中心支公司		23	新华人寿保险股份有限公司长治中心支公司
	8	永安财产保险股份有限公司长治中心支公司		24	太平人寿保险有限公司长治中心支公司
	9	中华联合财产保险股份有限公司长治中心支公司		25	中国人民人寿保险股份有限公司长治市中心支公司
	10	太平财产保险有限公司长治中心支公司		26	泰康人寿保险股份有限公司长治中心支公司
	11	华安财产保险股份有限公司长治中心支公司		27	农银人寿保险股份有限公司长治中心支公司
	12	天安财产保险股份有限公司长治中心支公司		28	合众人寿保险股份有限公司长治中心支公司
	13	安盛天平财产保险股份有限公司长治中心支公司		29	民生人寿保险股份有限公司长治中心支公司
	14	永诚财产保险股份有限公司长治中心支公司		30	英大泰和人寿保险股份有限公司长治中心支公司
	15	安邦财产保险股份有限公司长治营销服务部		31	信诚人寿保险有限公司长治中心支公司
	16	华泰财产保险股份有限公司长治中心支公司		32	百年人寿保险股份有限公司长治中心支公司

注：1. 百年人寿保险股份有限公司长治中心支公司成立于2015年12月

2. 华泰财产保险股份有限公司长治中心支公司成立于2016年1月

同比增长 15.07%，保费规模位居全省第七，增速位居全省第六。全市保险深度 3.96%，较 2015 年相比增长 0.22 个百分点。保险密度 1463.22 元 / 人，较 2015 年增长 156.87 元 / 人。

【长治保险行业协会成立】 2016 年 12 月 19 日，长治市保险行业协会成立，并召开第一届第一次全体会员大会暨第一届第一次理事会，全市 32 家会员代表参加，会议通过《长治市保险行业协会章程（草案）》，选举出第一届理事、会长、副会长等人选。

【“6·13”冰雹灾害理赔】 2016 年 6 月 13 日，长治遭遇历史罕见的冰雹灾害，特别是市区露天停放在冰雹区的车辆受损严重。灾害发生后，长治保险协会及时启动应急响应，组织专门力量排查了解受灾情况，督促保险公司快速开展保险理赔；通过长治交通广播台提醒广大市民及时报案。要求各保险公司通过微信平台等渠道对客户报案的基本程序和注意事项进行引导；深入一线了解理赔进展情况，及灾后处置工作中有可能引发的其他风险，先后形成 6 个理赔进展及风险预测报告，及时报告市委市政府、山西保监局、山西省保险行业协会，为政府和保险业及时掌握受灾情况和理赔进展提供数据支持；先后 4 次召开冰雹灾害理赔推动会，传达市委、市政府、山西保监局关于做好保险理赔服务的指示精神，推进各公司加快理赔进程；围绕理赔中出现的新情况新问题，开展专题调查形成关于 NCD 系数（无赔款优待系数）中剔除冰雹灾害导致出险次数、长治农业保险发展情况 2 个专题调研报告，并就改进保险服务提出建议；运用多种媒体进行宣传，《中国保险报》《山西日报》《长治日报》《上党晚报》及黄河新闻、长治交通广播台等媒体先后刊发 20 余篇关于保险理赔的报道，提升保险业的社会形象。

据统计，长治冰雹灾害理赔结案金额达到 1.13 亿元。在备受关注的车险方面，定损案件高达 2.39 万件，理赔金额超亿元。长治保险业应对雹灾工作得到省、市各级领导的肯定。

【重大道路交通事故理赔】 2016 年 8 月 5 日，“8·5”山东聊城高速发生重大交通事故，造成 9 人死亡，38 人受伤，长治保险业在得知相关事故报道后，及时向相关部门了解事故情况。事故车辆承保公司第一时间向省公司报告，派出专人赶赴当地，开通绿色通道，安排相关人员到现场看望和安慰出险客户，并及时提供理赔服务，中国人寿财产保险股份有限公司第一时间先行预付赔款 100 万做为医疗救助费用，截至 2016 年年底，该事故已决赔款 447.44 万元。

【保险扶贫】 2016 年 6 月 6 日，中国人寿长治分公司与长治市扶贫开发中心出台《关于转发〈关于印发贫困户大病医疗补充保险与意外伤害保险工作的指导意见〉的通知》，推动贫困户大病医疗补充保险和意外伤害保险两个专项扶贫保险的宣导与承保工作。截至 2016 年年底，该专项保险覆盖 6 个县（市）6 万余人，提供风险保障近 2000 万元。中国人寿长治分公司与人保产险长治分公司是长治地区承保新农合大病保险经办机构，落实省、市相关政策要求，降低贫困地区大病保险报销起付线，分别由原先的 12000 元、10000 元降低至 5000 元，同时提高贫困人口分段医疗费用补偿比例，分段补偿比例对应上浮 5%，切实缓解贫困人口就医负担。

【农业保险】 2016 年，人保财产保险长治分公司、国寿财产保险长治中心支公司、中煤财产保险长治中心支公司、太平洋财产保险长治中心支公司 4 家具有经营农业保险的资质。全年农险保费收入 5897.59 万元，提供风险保障 35 亿余元，全年支付赔款 2867.18 万元。其中：中国人寿财险 2016 年全年承保贫困农户 2.48 万户，保费收入 270.46 万元，保险金额 5.95 亿元，向贫困农户支付赔款 287.78 万元，受益贫困户 1.52 万户。在保险金额，保险费率不变的情况下，农业保险条款将旱灾纳入政策性种植业保险保障范围，大幅提高保障水平和赔付标准，各公司针对灾害理赔，开通绿色通道，保障农民灾后再生产。

【维护消费权益】 2016 年，长治市保险纠纷调解委员会累计受理各类保险纠纷案 170 件，涉案金额 1848.50 万元，成功化解 157 件，涉案金额 1647.60 万元，调解成功率 92.35%。其中，共受理人民调解案件 133 件，涉案金额 1129.30 万元，成功调解 130 件，成功率 97.74%；诉调对接案件 37 件，涉案金额 719.20 万元，成功调解 27 件，成功率 72.97%。

【缓解中小微企业“融资贵、融资难”】 2016 年年初，长治市保险行业试点开展小额贷款保证保险，累计向 29 家无抵押担保的企业和个人发放贷款 2036 万，贷款保证保险放大效应 35 倍，涉及幼儿园、汽车配件、医药、家具、商贸等不同行业 16 种。

【解决因意外致贫返贫问题】 2016 年，长治市新农合意外伤害补充保险承保 20 万人，实现保费 400 万元，其中理赔 160 万，涉及 7000 人。发展各类专项及意外险。老龄保险、农村小额保险、医护人员保险、女性安康保险取得突破，承保人数 7909 人。承保各类责任保险 3220.44 万元（包括旅行社责任保险、公众安全、学生平安、环境污染、物业责任保险、电梯责任保险雇主责任保险、建筑工程质量责任保险、机动车停车场责任保险等），赔付支出 1313.08 万元，赔付率达 40.77%，有效发挥保险机制在社会治理体系中的补充作用。

（李志敏）

（责任编辑：曾晋芳）

教 育

综 述

【概述】 2016年，长治市共有幼儿园825所，在园幼儿100381人，教职工6707人；特殊教育学校8所，在校生742人，教职工191人；小学643所，在校生207548人，教职工14523人；初中160所，在校生102687人，专任教师9629人；高中49所，在校生71997人，专任教师5738人；中等职业学校47所，在校生34005人，教职工3318人。全市学前三年毛入园率达到90%，6周岁学龄儿童入学率达到100%，初中入学率达到100%，三类残疾儿童入学率达到93%。

2016年，长治市教育局被山西省委宣传部、山西省司法厅、山西省普法依法治理办公室表彰为“2011—2015年全省法治宣传教育先进单位”。长治市招考中心被北京军区空军招飞工作领导小组表彰为招飞工作先进单位。在山西省第十届职业院校技能大赛中，长治市共获得一等奖6个，二等奖31个和三等奖46个，并获得团体三等奖。在第八届全省中等职业学校“文明风采”竞赛活动中，长治市共获一等奖103个，二等奖135个，三等奖142个，优秀指导教师奖78人，长治市教育局获优秀组织奖。

【学前教育】 2016年，山西省政府下达给长治市的新（改、扩）建23所农村幼儿园建设任务，全部完工。2016年，长治市教育系统继续实施第二期学前教育三年行动计划，提高城乡公办园和普惠性民办幼儿园覆盖面，其中，长子县对所有民办幼儿园分三个层次予以资金补贴，推进普惠性幼儿园工作。长治市教育局与长治市发改委、长治市财政局联合下文确定并明确新的公办幼儿园收费标准，对民办幼儿园收费作出备案规定，幼儿园收费工作进一步规范。制订《长治市小规模幼儿园办园标准（试行）》，开展幼儿园登记注册和公办幼儿园年检工作。对全市民办幼儿园进行两次排查整顿，截至2016年11月，全市共有无证幼儿园74所，取缔4所，对具备办园条件的无证幼儿园责令限时整改。

【特殊教育】 2016年，长治市教育局继续实施《长治市特殊教育提升计划（2014—2016年）》，出台《长治市推进特殊教育工作方案》《长治市教育局关于开展义务教育阶段适龄重度残疾儿童少年送教服务工作的实施方案》和《长治市教育局关于开展义务教育阶段适龄残疾儿童少年随班就读工作的实施方案》，推进特殊教育各项工作开展，形成以特殊教育学校为龙头、以随班就读为主体、以送教上门为辅助的特殊教育办学格局，保障特殊少年接受教育的权利。2016年，长治市“三类”适龄残疾儿童少年义务教育入学率达到93%。

【基础教育】 2016年，长治市义务教育保障经费足额拨付到位，全市31.36万名义务教育阶段在校生共计投入28723.88万元保障经费，生均公用经费达到省定标准；为所有农村义务教育阶段和城市家庭经济困难学生免费提供教科书。各级财政为普通高中免学费共计投入2325.7万元，受助学生26494人。2016年，义务教育阶段在统一城乡义务教育补助公用经费的基础上，对寄宿制学校按照寄宿生年生均200元标准增加公用经费补助；特殊教育学校和随班就读残疾学生补助公用经费标准从2016年春季起提高到6000元/生/年。2016年，郊区、壶关县通过国家义务教育均衡县评估验收，通过国家义务教育均衡发展县评估认定的城区、沁源县和襄垣县国家检测指标控制在标准范围内。

2016年，长治市推进有资质的供餐企业服务于农村寄宿制学校营养餐改进工程，努力实现配餐标准化、食品安全化、管理规范化、营养均衡化。营养餐工程保障资金共计投入4058.6万元（其中市级2029.3万元），贫困五县营养餐受助人数由2015年的 9483 人增加至 18444 人，炊事员、生活管理员补助人数由 2015 年的 782 人增加至 1292 人。2016 年，长治市所辖各县（市、区）政府加大教育投入力度，改善义务教育学校办学条件，促进教育资源均衡布局。按照长治市人民市政府的工作部署，在主城区启动新（改、扩）建 8 所中小学工作，截至 2016 年年底，开工建设 4 所。潞城市投入 9037 万元，规划建设 24 个教育基建项目；壶关县投入 9000 余万元用于义务教育学校建设，并投入 405 万元为 4 所学校新建 69 套教师周转宿舍；黎城县投入 5940 万元，完成 9 个义务教育学校建设项目；平顺县投资 267 万元，对 8 所学校进行校园内网升级改造。针对长治市农村寄宿制学校室内无厕所，存在安全和卫生隐患的问题，长治市教育局下发《关于尽快解决农村寄宿制学校宿舍区无厕所的通知》，对长治市农村寄宿制学校改厕工作进行安排部署，涉及 12 个县区的 307 所农村寄宿制学校需要改建厕所，截至年底，完成改造 149 所。开展“全国校园足球特色学校”创建活动，新增 23 所学校通过教育部“全国校园足球特色学校”认证，组织 102 名校园足球骨干教师及校长参加省级和国家级培训，开展青少年足球运动。2016 年，长治市选手参加全省校园足球、篮球、跳绳、健美操、无线电定向越野等比赛均取得优异成绩，参加全省学生“学宪法讲宪法”演讲比赛获二、三等奖，参加 2016 年山西省大中小学生钢琴比赛和“美丽校园”摄影作品比赛取得优异成绩。印发《长治市学校艾滋病防治知识宣传教育全覆盖工作方案》《关于做好新学期学校卫生防疫工作的通知》等文件，对学校卫生防疫、校园环境、食品安全、艾滋病宣传教育等进行两次督导检查，推动学校卫生工作的有效开展。开展形式多样的禁毒预防教育活动，使广大青少年学生认清毒品危害，确保全市教育系统“学生不吸毒，校园无毒品”。

【职业教育】 2016 年，长治市实现中等职业教育免费全覆盖，对于中职在校生做到能免尽免、能补尽补。按规定标准由中央、省、市三级财政拨付免学费配套资金共计 5565.09 万元，全市中等职业教育在校学生 32242 人得到免费教育；中等职业教育国家助学金标准从 1500 元 / 生 / 年提高到 2000 元 / 生 / 年，共投入 602.56 万元，受助学生 3766 人。针对生源减少、各种外界条件对中职招生不利的情况，组织开展“职业教育活动周”活动，向社会各界展示职业教育风采，邀请初三学生和家长到校参观和观摩职业技能现场展示，加大宣传力度，获得家长和社会认可度。全市中职学校共招生 11432 人，完成山西省教育厅确定的招生任务。

2016 年，长治市教育局加强与农业、科技、人社、扶贫等部门的联系，开展灵活多样的培训工作，全年共完成培训 30.97 万人次；完成社区教育培训任务 42.3 万人次，学习型组织创建 160 个。长治市校企合作、校企联合、产学一体的现代职业教育体系逐步建立，全市职业院校与本地 420 余所企业进行校企合作，5757 名学生实现本地就业，超额完成年初确定的 5000 名的目标，完成率达 115%。2016 年，长治市教育局推进职教园区建设，局党委专题研究并成立教育重点工程项目领导组，配齐人员，对重点项目进行责任分解，实行工期倒排。截至 2016 年年底，项目工程任务书签章并提交 PPP 社会资本方，可研报告在编制过程中。

【教育扶贫】 2016 年，长治市教育局和所辖各县（市、区）教育局及学校统一建立帮扶对象信息平台，做到上下对接，底数清楚，精准帮扶，台账清明，实现贫困家庭学龄人口建档立卡全覆盖。全市教育系统做到贫困家庭子女资助资金全落实。学前教育阶段受助贫困幼儿 14804 名，按 1000 元 / 生 / 年资助标准，拨付资助专项资金共计 1480.4 万元。义务教育阶段对农村家庭经济困难学生按照小学 1000 元 / 生 / 年、初中 1250 元 / 生 / 年标准进行补助，受助小学生 7667 名、初中生 10140 名，补助费用共计 2034.27 万元。国家为建档立卡贫困户、残疾生、低保家庭、农村特困救助户四类家庭困难的普通高中学生免除学杂费共计投入 265.89 万元，受助学生 5743 名；执行普通高中国家助学金政策，资助面达 20%，共计投入 2966.36 万元，受助贫困生 14831 名。高等教育执行国家高职助学金标准 3000 元 / 生 / 年，受助贫困生 1190 名，共计投入 344.8 万元；执行国家励志奖学金标准 5000 元 / 生 / 年，受助贫困生 151 名，共计投入 75.5 万元；执行国家奖学金标准 8000 元 / 生 / 年，受助贫困生 3 人，共计投入 2.4 万元。加大对贫困大学生的资助力度，全市共发放资助款 1507.96 万余元，资助 4619 名贫困大学生入学；为 25463 名家庭困难大学生、研究生办理生源地助学贷款约 1.56 亿余元；为 533 名贫困应届新生发放路费资助共计 38.05 万元，保证家庭经济困难学生顺利进入大学校门，实现“不让一名大学生因家庭经济困难失学”的工作目标。2016 年，长治市教育局组织全市 5 所国家重点职业高中对口帮扶 5 个贫困县职业中学，为当地农村贫困家庭人员开展就业创业技能培训 80 余场，培训人员达 2136 人，加快贫困地区职业教育发展，提高劳动力的就业创业能力，从根本上增强贫困人口的“造血功能”和内生动力。

【教育教学改革】 2016 年，长治市教育局制订出台《长治市直属中小学校发展性评价方案》《中小学校教师评价体系》等制度，以项目管理为基础，全面推进考核评价体系，构建起覆盖面全、可操作性强的评价机制，学校管理步入制度化、规范化、科学化轨道。2016年，长治市教育系统全面推进义务教育学校办学模式改革，城区完善片区制管理，将全区义务教育学校划定为8个片区，在片区内实施“十统一”和“六个统筹”；郊区组建实验中学教育集团和潞泽中学教育集团两个教育集团；襄垣县推行联盟区化办学，将全县中小学结合成片，划定为五个联盟区；沁源县组建7个“教育发展联盟”，累计开展各项联盟活动4560余次；潞城市确立紧密式集团化办学、对口帮扶、学区制管理和送教下乡4种模式，确定10所联盟办学改革试点；壶关县试行学区制管理，组建5个九年一贯制学校，实现对口直升；其他县也开展改革试点，推进办学模式改革。2016年，长治市教育系统坚持普通高中和中等职业教育并重，推动普职协调发展，高中阶段教育普及率不断提高。为主动适应高考改革新要求，长治市各级中小学的课堂教学改革从以学习借鉴名校改革经验为主，转化为以自我完善教学模式和借智发展相结合，基本结束“临摹”学习和“建模”试验阶段，进入“普及与提升”阶段，课改工程也形成良性发展态势。高考成绩有质的提升，录取率达79.51%，其中，北大、清华共录取17名，“985”“211”院校录取人数大幅增加。

【教师队伍建设】 2016年，长治市教育局制订出台《集中开展师德师风建设实施方案》，就存在的违反师德规范的行为进行集中整治，促使教师思想受教育、师德上水平、教学出成效。截至年底共查处六起师德师风违纪案件，并进行专门通报，在教育系统形成高压态势和震慑作用。组织全体教师参加以课堂教学实战能力训练为主题、以深化课改有效提升教师师德素养和课堂教学实践能力为目标的继续教育网络远程培训。组织实施“国培计划”各培训项目的培训，沁县、武乡县、潞城市和壶关县申报成为“国培”项目县。开展“一师一优课、一课一名师”评选活动，向山西省教育厅推荐200余节优质课。举办长治市实验教学说课活动，选拔8名教师参加山西省实验教学说课活动，2名教师获省级特等奖、6名教师省级获二等奖。按照山西省教育厅的统一安排，经过报名资格审查、笔试、面试等程序，为壶关县、沁源县、平顺县和沁县4个贫困县公开招聘特岗教师205名，缓解农村学校教师短缺情况，优化农村教师队伍结构。2016年，长治市教育局组织各县（市、区）教育局局长、副局长，部分中小学的校长、副校长共210人，参加全市教育行政领导培训；组织城区、潞城市共100名校长，进行远程网络培训；组织30名农村学校校长参加省教育培训中心的校长任职和资格培训；组织部分中小学校长到江苏进行影子培训；组织县区教育局长参加省级培训；组织全市高中学校校长或分管教学的副校长参加山西省教育厅举办的“教改下的教与考”专题培训会。通过各项培训，提升校长队伍的整体素质，促进学校管理水平和教育教学质量的提高。2015学年（2015年9月至2016年7月），全市共安排65名校长和1300名教师进行交流置换，交流面覆盖13个县（市、区），校长和教师的交流比例分别达到14%和11%，均超过省级下达10%的任务，区域内义务教育阶段学校校长、教师交流实现全覆盖。

【德育工作】 2016年，长治市心理健康教育教师专业化水平提高，具有国家三级以上心理咨询师资质的教师由2015年的110名增加到140名；长治一中心理健康教育课题研究成果获全国一等奖；长治市心理健康教育指导中心的工作经验在全国、全省心理健康教育工作会议上进行交流，并获得好评。长治市未成年人心理健康教育指导中心在13个县（市、区）设立工作分站，并成立专门的工作机构。开展心理健康教育特色学校创建工作，共创建市级心理健康特色学校20所，推荐9所学校参加省级、国家级特色学校评选，长治二中、幼儿师范、长治一职高初步被确定为国家级心理健康教育特色学校。2016年，长治市10个县级青少年活动中心按要求开展暑期“圆梦蒲公英行动计划”的各项活动，多个活动项目在各级比赛中获奖；10个活动中心中有3个达到省A级标准、6个达到B级标准、1个达到C级标准。开展社会主义核心价值观和“讲文明树新风”公益广告宣传活动，形成以社会主义核心价值观为主导的校园文化氛围。开展培育和践行社会主义核心价值观示范学校创建工作，创建市级示范学校30所，并从中推荐8所学校参加省级示范学校的评选。贯彻教育部《关于加强家庭教育工作的指导意见》，创建省级家庭教育实验学校45所。以纪念红军长征胜利80周年为契机，和团市委联合举办“走好新的长征路”主题征文比赛活动。和长治市文明办联合制订《深入开展“我的中国梦”主题教育实践活动实施方案》，组织中小学校开展“清明祭英烈”“学习和争做美德少年”“童心向党”“向国旗敬礼”“学长征精神、做红色传人”系列主题教育实践活动。评选表彰长治市“2016最美孝心少年”45名，并从中推荐8名同学参加省级“最美孝心少年”评选。以“4·23”世界读书日为契机，广泛开展“中华经典诵读”活动。开展“三爱三节”主题教育活动。

【学校安全工作】 2016年，长治市教育系统实行以各县（市、区）、各学校为主体责任的安全管理方式，强化“一岗双责和管业务必须管安全”的理念，重点强化安全隐患的排查与整治和落实学校安全工作的无缝隙管

2016年11月11日，城区建东小学开展“学国学诵经典”主题活动，图为学生们在操场上诵读国学经典

理制度。组织开展全市学校安全交叉大检查，排查出各类隐患386条，并做到全部落实整改。强化汛期学校安全隐患防范措施，排查学校1157所，督促汛期学校完善预案871份，排查出汛期校舍围墙隐患89处，整改落实53处。联合有关部门对学校周边治安秩序、文化环境、交通秩序、饮食与饮用水卫生和建筑设施等进行深入排查、集中整治，共检查各类隐患386条，其中重点隐患11条、一般隐患375条，对现场发现的问题和隐患第一时间下发校园及周边治安综合治理隐患通知单，确保问题有落实，隐患不过夜。加大安全教育平台建设，落实安全教育课程化，全市821所学校开展安全课程，12612名教师参与授课，419112名学生参与学习；利用安全教育平台开展“全国中小学安全教育日”“预防校园暴力”“夏季防溺水”和寒暑假平台安全作业等专题活动，增强家长及学生的安全意识。推进学校安全演练实战性、常态化，开展宿舍、食堂等多样性、实战性的安全演练299起，其中市直学校完成演练38起。建立市直学校和县区安全管理两个微信平台，通过微信平台及时发布安全工作信息，掌握学校安全工作，推荐学校交流安全工作经验。改变学生安全管理的模式，变传统的以“堵”为主的模式为以“疏”为主的模式，推广市十六中“我的安全我负责、他人安全我有责、学校安全我尽责”的安全管理经验，提升学生自我安全管理能力，推进学校安全工作向纵深发展。加大宣传力度，利用报刊、电视、网络等媒体，发布安全温馨提示，播放安全专题片，强化家长安全监管责任，让全社会来关注学生安全。2016年，长治市校方责任保险工作全面落实，共计投保392316名学生，投保率90.3%，解决纠纷86起，赔付300余万元，有效的规避学校的风险，保障学校的正常教学。

【各类考试】 2016年，长治市中考全面实行报名、评卷、填报志愿、录取网上操作；体育考试增加坐位体前屈为选测项目；首次将理化实验操作和信息技术考试纳入中考科目，并将分值统一计入中考成绩。全市中考报名人数为38360人，普通高中共录取新生23750人；高考实际参加总人数31714人，录取总人数为26837人，录取率为79.51%；普通高校专升本考试报名总人数326人，对口升学报考考生2799人；成人高考报名总人数为4101人，其中免试生117人、专升本考生八大类共2416人、高中起点专科四大类1461人、高中起点本科两大类107人；高等教育自学考试报考总人数为5456人，其中新报330人，报考总科次为12882科；硕士研究生统一考试报名人数共计4417人。中小学教师资格考试笔试人数共计5453人、12659科次，面试1114名，面试通过率达80%。

（贾燕娥）

（责任编辑：闫国凤）

长治一中

【概述】 长治市第一中学（以下简称长治一中）始建于1912年，其前身是山西省立第四师范学校，1952年正式更名为长治市第一中学校，并被确定为山西省首批重点中学，2009年11月被省教育厅正式命名为山西省示范高中。2016年，长治一中有教师265人，其中特级教师3人，高级职称教师67人，中级职称教师97人，在校学生近2800人。被山西省住建厅授予“山西省园林单位”；被长治市教育局授予“2016年先进基层党组织”；在中国教育学会“十二五”科研规划课题研究中结题案例获一等奖。

【教学工作】 2016年高考，长治一中一本达线人数341人；二本B以上达线人数790人；二本C以上达线人数1043人。2016年学业水平测试，8门学科得A人数和全A人数继续实现双双全市第一的优异成绩，全A人数共103人，分别是第二名、第三名的2倍和5.7倍。

【教师培养】 2016年，长治一中抓好教师的专业技能培训，特别是对教师进行“微课制作”和“个人空间”项目的培训，提升教师运用现代化教学手段技能；邀请河北衡水、西安等地名师到校为师生讲座交流，全年共有近200名教师接受各类培训。制订出台名师培养方案，选定15名培养对象，形成学校的名师团队，有9名教师被长子教育局聘为专家指导组成员，聘期一年，不定期赴长子一中开展校际交流。对接平顺中学实施教育扶贫，介绍高考备考经验和教学管理方法。

【校园文化】 2016年，长治一中百家讲坛举办8次，不同领域的专家带来气象科学、汉服文化、国际型人才等知识；8位教师先后登场教师讲坛，延伸课堂教学，拓展课外知识；学生论坛举办8次，各类学生活动30余次，直接参与学生近千人。成立10个教师工作室，带领同学们开展专业性更强的社团活动。开展安全卫生法治教育活动，先后进行消防应急疏散演练，春秋季传染病、艾滋病、禁毒知识宣传教育，开展校园欺凌专项治理教育活动，创建平安和谐校园。

【创优办学环境】 2016年10月，长治一中新建的西厕所投入使用，该项目为地上地下两层建筑，建筑面积300余平方米。再加上投入使用的东厕所，基本满足在校学生如厕需求。另外，为各教学班新装84寸交互式智能平板液晶显示屏和推拉式黑板。长治一中成为长治市首家实现智能化授课的高中学校，教师现代化教学走在全市前列。

（翟希娟）
（责任编辑：闫国风）

长治二中

【概述】 2016年6月，长治二中被国家教育部确定为“全国学校体育工作示范校”和“全国长治二中在国家教育部颁发的青少年校园足球特色学校”。被授予“全国2016年国防教育特色学校”称号，长治市普教系统获此殊荣的仅此一家。

【教学工作】 2016年高考，长治二中夺全市30（1987—2016）连冠。全校一本达线629人，二本以上达线1127人，以绝对优势名列全市第一。全校660分以上高分人数10人，占全市660分以上高分人数71%。全校北大、清华共录取8人，名列全市第一。全校600分等以上高分人数128人，占市直各校的61%。438班王雨晴，以总分696分的优异成绩，获山西省高考裸分状元。

2016年5月，长治二中学生参加全国生物奥赛山西赛区联赛，以5个一等奖，12个二等奖，16个三等奖的优异成绩，夺得全省团体总分第二名。456班学生樊钰，以全省前八的成绩进入省队。8月，樊钰代表山西省参加在四川绵阳举办的全国生物学奥林匹克竞赛总决赛，摘得银牌。

2016年，长治二中落实长治市委市政府的援疆任务，为新疆阜康一中代培学生。共接受六批60名学生，其中第一、二批共20人分别于2014年、2015年毕业，全部考入重点大学，第三批10人于2016年毕业，也全部考入重点大学。

·链接·

长治二中2013年以全市高考第一名的优异成绩考入清华大学钱学森力学班的李步选同学，在陈民教授的指导下，利用分子动力学模拟方法，对3D打印的液滴与固体壁面碰撞中的动力学行为进行研究，其研究成果发表在国际流体力学领域的权威期刊《流体物理》（Physics of Fluids）上，由李步选同学首次提出的纳米液滴破碎理论模型，被美国物理学会（American Institute of Physics）以“理解破碎”为题在其主页头条进行报道，受到国内外力学界的高度重视。

【教育基地】 2016年4月，长治二中在学校科技广场南侧新建一处景点——地质园，其中有多种岩石实物标本和27种地质地貌模型，还有四季星空仪、日晷、烽火台、长江、黄河地下模型，为广大师生课余休闲娱乐、学习地理知识提供场所。在学校原有基础上对学生爱国主义教育基地、国防教育基地和红色足迹教育基地进行修缮，11月竣工。

长治二中深入挖掘1939年日本侵略军在本校院内借建设潞安陆军医院之名行731部队细菌实验之实，对中国人进行活体解剖实验，所开挖的地道与三座地堡。以及1969年长治二中师生响应毛主席“深挖洞、广积粮、不称霸”的指示精神开挖的长达1500米的地道和近30个用于战争爆发后全校师生下到地道内上课学习的教室，长治二中在2016年对此进行全方位的修缮和布展，形成独具特色的爱国主义教育基地和国防教育基地，并对全校师生开放。

2016年，长治二中形成独具特色的“七大景点”和“六大基地”。“七大景点”：南山苑暨戎子和塑像景点、德风亭暨石碑群景点、地质园暨科技广场景点、植物园暨佳德苑景点、府学小区暨学生作品展区景点、府学塔及班主任工作楼、牡丹苑暨梓林台景点；“六大基地”：学生红色足迹教育基地、学生爱国主义教育基地、学生国防教育基地、学生乒乓球训练基地、学生社会实践活动教育基地、学生篮球训练基地。

（孙　宇）
（责任编辑：闫国风）

长治医学院

【概述】 长治医学院是一所省属全日制普通高等医学院校。2016年，被列入国家支持中西部基础能力建设高校。全年招收临床医学硕士专业学位

长治医学院（常泽　供图）

研究生 35 人、本科生（含专升本）2218 人，硕士研究生在校生达到 89 人，全日制在校本科生达 8842 人。

【专业建设】 2016 年，长治医学院历经 70 年的建设发展，形成以医学及医学相关专业为龙头，融医学、工学、管理学、理学、教育学、文学、艺术学为一体的多学科相互渗透、协调发展的办学格局和集研究生教育、本科教育、职业教育、继续教育于一体的多层次人才培养体系。设有教学院（系、部）20 个：第一临床学院、第二临床学院、基础医学部、护理学系、人文艺术传媒学系、公共卫生与预防医学系、医学影像学系、生物医学工程学系、麻醉学系、医学检验系、药学系、口腔医学系、卫生信息与管理系、精神卫生系、思想政治理论课教学研究部、公共体育部、外语教学部、计算机教学部、继续教育学院、职业技术教育学院。开设本科专业 19 个：临床医学、护理学、医学影像学、医学影像技术、生物医学工程、麻醉学、医学检验技术、医学检验、精神医学、口腔医学、药学、信息管理与信息系统、应用心理学、康复治疗学、运动人体科学、音乐学、预防医学、医学实验技术、传播学。

【教学管理改革】 2016 年，长治医学院医学影像技术专业获教育部 2015 年度新增专业审批通过，组织申报临床药学、儿科学、食品药品监督管理等 3 个新专业。完成对信息管理与信息系统、药学、医学检验技术、口腔医学、应用心理学等 5 个专业人才培养质量的校内评估；组织专家对医学实验技术、信息管理与信息系统专业等 2 个专业进行校内论证。长治医学院 3 项教学改革项目获山西省高校教学改革创新项目立项，20 项大学生创新创业训练项目获省级立项（国家级 5 项）。长治医学院 18 项教学改革项目获校级教学改革项目立项，22 项大学生创新创业训练项目获校级立项。组建 2015 级“临床医学专业人才培养模式改革试点班”。举办基于“互联网 +”教学改革（课程建设）的学术报告 4 场 8 人次；引入网络通识教育课程 37 门；《内科学》获评国家级精品资源共享课称号，建设线上线下混合式课程 1 门。

【研究生培养】 2016 年，长治医学院完善临床医学硕士专业学位研究生培养体系，2016 级研究生与住院医师规范化培训基地全面接轨，35 名研究生分别进入长治市人民医院和山西大医院进行规范化培训。完成首届研究生毕业及学位授予等工作，长治医学院办学层次在研究生方面取得标志性的成果，也是长治医学院 2016 年申报硕士学位授予单位的一个亮点，录取 35 名硕士研究生。

【素质教育成果】 2016 年，长治医学院附属和济医院牵头，附属和平医院配合，组织参加全国高等医学院校大学生临床技能大赛，连续六次蝉联华北赛区一等奖，最终获全国总决赛三等奖；长治医学院非计算机类专业学生组成的两支队伍，在华北五省和港澳台大学生计算机应用大赛总决赛中分别取得二、三等奖，在山西赛区二十支队伍中均获一等奖；长治医学院在第一届医药院校药学、中药学大学生创新创业暨实验教学改革大赛，获 2 个二等奖；长治医学院生物医学工程专业 2012 级本科生田苑鑫同学获颁“第十届中国青少年科技创新奖”，第二届全国大学生生物医学工程创新设计竞赛一等奖；在第五届“中国软件杯”大学生软件设计大赛中获得三等奖；长治医学院两位学子在第十九届“外研社杯”全国大学生英语辩论赛华西赛区比赛中获大赛三等奖。

【师资队伍建设】 2016 年，长治医学院制订《长治医学院公派出国留学资助管理暂行办法》等文件，鼓励教师提升学术水平。发布《长治医学院博士招聘公告》，并与国内大型专业招聘网站进行合作，吸引高层次人才，改善长治医学院师资队伍结构。公开招聘新教师 15 名（其中 985 院校及行业重点院校硕士研究生 8 名），优化教师队伍学历学缘结构。引进军事医学科学院院士吴祖泽成为长治医学院“131”领军人才；设立“王立东教授奖学金”。组织评审和推荐副教授 20 名，高级会计师 1 名，讲师 21 名，实验师 5 名，图书馆员 3 名。推荐上报 13 位教师为山西省高校教师和实验系列高（中）级职务评审委员会评委人选、4 位教师进入省文化厅图书系列中评委库、11位教师为山西省医疗器械专家人选。制订《长治医学院"十三五"辅导员队伍建设规划》，培养辅导员能力素养，推选长治医学院辅导员参加山西省高校辅导员职业能力大赛并取得优异成绩。长治医学院教师在"第二届全国护理学青年教师基本功大赛"获得优秀奖；在全国高校微课比赛（医学类）中获得教学风采奖；在第一届全国医药院校药学大学生创新创业暨实验教学改革大赛中获得二等奖；获2016年度山西省科学技术进步三等奖；在"外教社杯"全国高校外语教学大赛山西赛区决赛获得一等奖；在第四届山西省高校辅导员职业能力大赛中获得金奖。2016年取得护理学等4个学科获得副教授评审权，长治医学院一级学科副教授评审权达到13个。

【科研工作】 2016年，长治医学院获资助的项目有国家自然基金2项，山西省基础研究计划（自然基金）项目3项，（青年基金）项目2项，山西省重点研发计划（一般项目）社发领域项目2项，山西省软科学项目1项，山西省高校科技研究开发项目2项，山西省高等学校哲学社会科学研究项目1项，山西省回国留学人员资助项目1项，山西省教育科学"十三五"规划课题6项，山西省哲学社会科学"十三五"规划课题1项。食管癌研究团队的"精准医学食管癌专病队列研究"获国家重点研发项目立项，冯向先教授牵头申报"不同减盐策略预防心脑血管病的结果、安全性及卫生经济效益评价"获国家重点研发项目立项，资助金额为75万元。教师发表学术论文415篇，其中被SCI收录36篇，出版专著30部，获得专利授权2项。2016年，冯向先教授申报的"山西省东南部地区人群基因多态性与食管癌易感性关系的病例对照研究"项目，获2016年度山西省科学技术进步三等奖；附属和济医院神经外科主任任新亮带领的课题组开展的《损伤控制外科理念在急性颅脑损伤治疗中的应用》获长治市科学技术进步类一等奖。全年举办校内专家学术讲座10场，校内青年论坛学术讲座10场，校外专家学术讲座20场，全年讲座达40多场。

【教学设施】 2016年，长治医学院完成锅炉房的改造，升级为音乐治疗与传播学教学基地，保障人文艺术传媒系的教学。临床技能中心项目建设完成。长治医学院图文教学楼项目获批为中西部高校基础能力建设工程（二期）支持项目，获得中央专项支持资金1亿元。

【校园文化建设】 2016年，长治医学院以建校70周年为契机，在校本部和和平医院树立院长和穆的铜像，上演话剧《和穆医生》，重新确立单蛇杖图形标志的新校徽，发布"厚德、精业、济世、报国"的新校训，由人民音乐家冼星海谱曲、桂涛声作词的作品《在太行山上》成为新校歌；确立覆盖何穆精神、太行精神和白求恩精神的长医精神。

【校企、校地、校校合作】 2016年，长治医学院共签订校企合作协议12个。包括与澳瑞特公司签订校企战略合作协议，成立全省首家运动康复产品联合实验室；与北京元延医药科技股份有限公司签订校企合作框架协议；与山西中嘉加泰生物科技有限公司签署战略合作协议；与山西邦仕得药业有限公司签署校企合作框架协议；与太原金域临床检验有限公司签署产学研合作协议；与山西执信医疗设备有限公司签署产学研合作协议；与山西迪安医学检验中心有限公司签署产学研合作协议；与中科博爱心理医学研究院签订共建精神卫生系教学实践基地的合作协议；与清华大学国际传播研究中心（健康传播研究所）签订合作协议；与长治日报社签订《长治医学院与长治日报社共建学生实践教学基地框架协议书》；精神卫生系为振东集团新入职员工进行心理健康培训；与中国医学博物馆签订"医学实践教育基地"合作备忘录。2016年，长治医学院加入"山西省医学教育资源联盟"，开展联盟成员间特色和优质教育资源的互补性合作，提升长治医学院的能力、水平与社会声誉。

【对外交流】 2016年，长治医学院领导干部随教育部代表团出访加拿大执行由教育部开展的"千名中西部大学校长海外研修计划"任务；应美国宾夕法尼亚州费城的托马斯杰弗逊大学邀请，长治医学院教师赴美国做访问学者；与日本东京大学附属病院就推动学术发展达成共识，长治医学院的学生和临床教师均有机会去日本学习；经过选拔，长治医学院5名学生正式赴澳大利亚参加澳大利亚阿德莱德大学"通用英语与科研方法学习营"的学习。

（常　泽）

（责任编辑：闫国风）

长治学院

【概述】 长治学院创办于1958年，是一所综合性全日制普通高等院校。2016年，学院占地面积337343.3平方米，校舍建筑面积306591.3平方米，其中教学行政用房总面积139912.9平方米；运动场所总面积42546平方米；全日制在校生12500余人，生源遍及全国20个省（自治区）。学院设有太行山生态与环境研究所、太行山生态与旅游研究中心、方言研究所、上党文化研究所、教育研究所、书画研究所等6个研究结构，有1个（生物科学专业）国家级特色专业建设点、1个（生物科学专业）教育部综合改革试点专业、1个（音乐学）教育部课程改革试点专业、3个（舞蹈学、网络工程、思想政治教育）省级特色专业、2个（历史学和数学与应用数学专业）省级创新人才培养模式实验区、

1个（太行山生态与旅游研究中心）省级人文社会科学重点研究基地、1个（生态学）省级重点扶持学科、2个（植物学教学团队、语言学教学团队）省级教学团队、4门（教育学、植物学、中学物理教学法、现代汉语）省级精品资源共享课、7个（生物实验室、物理学实验室、化学实验室、计算机实验中心、语言实验教学示范中心、旅游管理实验教学中心、美术综合实验教学中心）省级实验教学示范实验室（中心）。学院设有全国大学英语四、六级考试考点、全国专业英语四、八级考试考点、全国计算机等级考试考点、普通话水平测试站；建有各类实验室、实训场所114个，建有上党文物陈列馆（收藏有3000余件上党地区的珍贵文物）、海洋标本馆（藏有500多种3000余份海洋标本）、动物标本馆（藏有1065种10000余份动物标本）和植物标本馆（藏有1409种10000余份植物标本）；中文数据库6个（维普期刊数据库、中国知网等）；藏有较珍贵的大型文献资料:《四库全书》《四库全书荟要》《四部丛刊》《申报》等。

学院有14个教学系（部），设有中文、法律与经济学、历史文化与旅游管理、外语、数学、生物科学与技术、化学、计算机、电子信息与物理、音乐舞蹈、美术、体育、思想政治教学研究部、教育系等。9个学科门类：文学、理学、工学、管理学、法学、经济学、教育学、历史学、艺术学等。31个本科专业：汉语言文学、秘书学、新闻学、思想政治教育、法学、经济学、历史学、旅游管理、公共事业管理、英语、翻译、数学与应用数学、信息与计算科学、应用统计学、物理学、教育技术学、电子信息科学与技术、光电信息科学与工程、生物科学、生物技术、化学、化学生物学、计算机科学与技术、网络工程、体育教育、美术学、视觉传达设计、音乐学、舞蹈学、舞蹈表演、学前教育等。3个专业方向：英语（经贸英语方向）、计算机科学与技术（软件技术方向）、体育教育（体育表演方向）。

【中央支持地方高校资金使用情况】 2016年，长治学院争取到中央支持地方高校资金900万元，主要用于学院实验室建设。采购环境生态工程基础实验室设备，化学专业实验室设备，计算机信息与安全网络实验设备，环境生态工程基础实验室设备、化学与生态学科平台设备等。

【教学设施】 2016年，长治学院有800元以上仪器设备13053台（套），仪器设备总值10527.59万元。新增仪器设备值为1805.39万元，新增仪器设备值所占比例为16.77%。生均仪器设备值及新增仪器设备所占比例达到国家办学条件的要求。学校有教学实验室、实训场所114个、校外实习实训基地104个，省级高校实验教学示范实验室（中心）7个。实验、实训场所及设施基本能够满足教学要求，实验室每学年承担本科实验教学任务为72余万人时数，实验开出率在95%以上。图书资料建设及利用。学校建有南北校区图书馆，建筑总面积为20823平方米；共有馆藏纸质图书107.11万册，生均纸质图书91册；建有电子资源数据库11个，电子图书57.04万册（种）；中外文纸质期刊1684种，电子期刊18875种。校园网络资源建设及利用。建成覆盖学校教学、科研、行政用房、学生公寓的校园网络。校园主干网带宽1000兆，出口带宽110兆，网络接入信息点数2000个，中心机房数据库存储容量3.6TB，各类服务器11个。校园网络设有教务网络管理、招生就业管理、数字图书馆等教学资源平台。校舍、运动场所设施生均31.1平方米，教学行政用房面积139912.9平方米、生均11.86平方米，学生宿舍面积67281平方米、生均5.70平方米；学院各类功能教室齐备，43个多媒体教室和10个语言实验室共有座位4684个，12个微格教室共有座位164个，用于教学的计算机1179台，达到国家办学条件要求。学院运动场所总面积42546平方米，生均3.6平方米，有篮球训练馆1座，标准田径场2个，还有室外篮球场、乒乓球场、乒乓球、排球训练室、健身与健美操训练室等，学生活动场所及相关设施基本满足学院的体育教学和学生课外活动的需要。

【师资力量】 2016年，长治学院共有教职工667人，其中专任教师518人，专任教师中具有正高级专业技术职务者27人、具有副高级专业技术职务者152人；具有博士、硕士学位教师429人，占专任教师的82.8%；有外籍教师4人。此外，有省级教学名师、学科带头人、省级中青年骨干教师、省级优秀教师、省级师德标兵等30余名；聘请省内外知名专家、学者60余人为学院兼职、客座教授。2016年，学院共引进人员30人，充实教学、管理等岗位。

【学生工作】 2016年，长治学院毕业生共2410人，本科2410人。其中本科就业的毕业生去向统计结果为：升学483人，项目就业5人，签订协议28人，合同9人，灵活就业1322人，其他未就业563人，就业率为76.6%。学院共有483个学生考取硕士研究生，考研率达到20.04%。毕业生就业指导中心和各系部联系用人单位进校园开展招聘活动，全年组织10余场小型校园招聘会和40余场专场宣讲会，共有150余家用人单位参会，提供3000余个就业岗位。根据《关于做好高校毕业生求职补贴发放工作的通知》要求，收集材料、审核证件、整理数据、上报长治市人社局就业科，争取做到不遗漏一名贫困毕业生的求职补贴（每人1000元），为154名低保家庭毕业生，共计发放就业补贴154000元。学院学生处就业指导中心支持大学生创业，在全院师生中广泛宣传创业政策。在全省举办的“建行杯”第二届山西省“互联网”大学生创新创业大赛中，学院教育系“亲子共享童年体验馆”项目荣获山西省第二届“建行杯”二等奖。举办《双创梦工厂》海选活动，通过这次活动建立企业和学院大学生沟通的桥梁，形成企业需求与高校培养的有效对接，组织高新技术成果走入校园，引领校园与新科技对接。

【科研工作】 2016年，长治学院共组织申报各级各类项目130余项，获准立项49项，获项目经费466.9万元，学校教职工公开发表学术论文370余篇，高水平论文有较大增长，其中SCI收录论文14篇，国家级论文21篇，北大核心27篇，独著或参编论著及教材23部，其中独著16部，取得实用新型专利授权1项。

【校园文化活动】 2016年，长治学院团委组织开展一系列的文体活动，丰富学生的第二课堂。开展“三走”活动，全年组织开展春季篮球联赛、趣味运动会、校园五人制足球联赛、校园定向越野及乒乓球长治高校联赛等体育活动，引导学生走下网络、走出宿舍、走向操场。组织开展明辨思理校园辩论赛、十佳歌手大赛、主持人大赛、模特大赛、预防艾滋病主题晚会、一二九主题晚会、话剧汇演、勾股杯数学竞赛、电影配音大赛等活动，为学生搭建展示才华的舞台。引导开展社团活动，丰富学生课余生活。2016年10月，组织开展长治学院2016年社团第二届社团文化节，在院社团联合会的带领下，40余个社团参与社团文化节的开幕式表演。此外还组织形式多样的社会实践，引导学生关注社会，投身实践。利用寒暑假组织开展以个人、组队等形式的社会实践，实践包括支教、帮扶、关注留守老人儿童、志愿服务、调研等多种形式。通过实践，让学生从书本上走到现实中，了解社会的变化、发展，践行“实践是检验真理的唯一标准”。

【对外交流与合作】 2016年，长治学院开展国际合作与交流。与美国、英国、澳大利亚、新西兰、日本、马来西亚、印度等国的14所国外一流大学缔结友好院校、签订互换教师和留学生协议。2015年12月在教育厅国际处牵头下与全省16所高校共同签订山西高校合作联盟协议，参与联盟合作，扩大学院的国际合作交流项目。

教师公派访问学者项目。2016年，长治学院为提高学院教师队伍整体素质，增强教师的国际视野，培养具有双语授课能力的教师，根据学院“十三五”规划，重视并推进在职教师进行因公出国（境）培训和海外访问学者项目。从学院优势学科、学术带头人、中青年骨干教师等优秀人才中选拔符合条件的教师赴发达国家和地区的一流院校、一流实验室进行访问学习，并逐年扩大教师出国培训人数。有3名教师赴美国东北州立大学进行为期一学期的交流学习，入选“2016海外访问学者”的其他3名教师正在申请美国北亚利桑那大学访问学者项目。

学生海外交流学习。2016年，长治学院学生海外交流学习取得实质性进展，在巩固扩大原有对外交流项目的基础上，对外交流正向规模化、多层次、多国别方向发展。学院选拔的36名优秀学生赴世界一流高校马来亚大学和北方大学进行交流学习，其中4名学生于2016年9月到马来亚大学进行为期一学期的交换学习。9月，学院推荐计算机专业1名学生赴美国伯米吉州立大学进行为期一学期的交流学习。此外，选派5名学生和1名带队老师参加由山西省高校联盟组织的英国阿伯丁大学夏令营活动、澳大利亚阿德莱德大学冬令营活动。

长短期外国专家聘请。2016年，长治学院本着“走出去、引进来”的对外工作方针，聘请符合国家外专外教资质的海外人才到学院进行长短期教学工作，利用合作院校资源拓宽引进外国专家到学院进行专业授课，提高师生外语听说能力，并近距离接触专业学术前沿知识。截至2016年年底，通过国家外专局来华工作证件办理网上申报系统聘任来自英、美、澳、新、南非等国家的外专外教共17名，首次办理、转聘、续聘等手续达到51人次，聘请海外高层次客座教授6人次。

（贾晓红）

（责任编辑：闫国风）

长治市教育学院

【概述】 长治市教育学院系山西省人民政府于1984年7月批准成立的成人师范专科学校，1986年9月原国家教委备案。

学院设17个内设机构，其中：管理机构10个（党委办公室、院长办公室、组织部、纪检监察办公室、编制人事处、教务处、学生处、总务处、保卫处、科研处），教学机构3个（理科部、文科部、基础部），教学辅助机构2个（函授站、图书馆），群团机构2个（工会办公室、团委办公室）。学院在编职工78人。在编职工中，管理人员24人，专业技术人员50人，工勤人员4人。专业技术人员中，副教授11人，讲师18人。

学院分成人高等教育、普通高等教育、网络本科教育（与北京师范大学联合办学）、函授本科教育、中小学校长培训和教师培训六类办学领域。其中成人高等教育设有现代教育技术、汉语言文学、初等教育、数学教育、英语教育、音乐教育六个专业。

2016年，全院成人在校生总数75人。毕业学生176人，其中，普专生毕业85人，成人学生毕业91人。

（周秀堂）

（责任编辑：闫国风）

山西电大长治分校

【概述】 山西广播电视大学长治分校（以下简称长治电大）是一所现代远程教育开放大学。1979年成立以来，由最初的文字教材辅之以函授方式提升为利用计算机多媒体网络手段进行教育教学的国家开放大学，培养适应当地经济发展所需的应用型人才的新型大学。2016 年，学校内部机构设办公室（党、政）、教务处、教研室、政教处、培训科、总务科、中专部 7 个职能部门；有教职工 24 人，其中教师系列有副教授 7 人，讲师 3 人，非教师系列有中级职称的 4 人，有硕士研究生 7 人。还聘有 60 余位兼职教师。1979 年至 2016 年，长治电大为社会输送毕业生 30000 多人。

【学历教育】 2016 年，长治电大在教学程序上填补论文指导讲座，毕业典礼空白，严格入学教育、面授辅导、形成性考核、终结性考核，夯实教学过程。坚持实践教学环节，严肃考风考纪，不仅加强考生的诚信考试教育、监考教师的责任心教育，而且在每个教室安装两台屏蔽仪。

【非学历教育】 2016 年，长治电大以干部在线 300 人的培训为契机，培训科发挥长治电大网络教学设施和省电大干部在线资源的优势，做好各项支持服务工作，学员按期完成学习任务。11 月 19 日成功组织将近 400 人干部在线考试。承办郊区教育局开展教师电脑、微课培训。承办市公安局开展干警网络考试。

【办学规模】 2016 年，长治电大办学规模稳中有降。全市招生人数继续保持全省第一，市直招生 457 人，基本稳定。

【队伍建设】 2016 年，长治电大编制 35 人，2012 年人数 33 人，缺编比例 6%。2013 年以后长治电大教职工队伍迅速减少，年龄老化，缺编比例高达 31%。2010 年以来增加人数仅 4 人，却减少 13 人。

长治电大下设屯留、长子等 10 个县级电大，共有本专科学生 5353 人。长治电大直属本专科学生 1171 人。在开展学历教育的同时，还承办非学历培训，师生比不符合国家规定。

（郭彩萍）

（责任编辑：闫国风）

长治市第一职业高级中学

【概述】 长治市第一职业高级中学校（长治市商业技工学校）（以下简称长治一职）的前身是成立于 1980 年由长治市商业局开办的职工培训学校，隶属于长治市教育局。学校坐落于长治市城区延安中路 355 号，占地 20 亩，共有高星级酒店服务与管理、计算机应用、烹饪、会计电算化、市场营销、旅游服务与管理、电子商务、社会文化艺术、播音与主持等 15 个专业。其中市场营销、高星级酒店运营与管理、旅游服务与管理、计算机应用、烹饪等专业成为省市品牌专业，在校生近 3000 名，160 余名教职工。其中，专任教师 122 人，本科以上学历占 84%，研究生学历占 11%，中级以上职称占 48%，高级职称占 8%。截至 2016 年，学校相继为社会输送各类实用技能人才 21000 余人，为社会和企业培训员工 18000 人，为农村劳动力转移和下岗职工转岗培训 20000 余人。毕业生遍布全国 21 个城市 148 家单位，用人订单签至 2020 年。成为“市级名校”“省级管理五星级学校”和“国家级重点中等职业学校”。

【实训教学】 2016 年，长治一职作为山西省唯一一所两项国家级科研课题入选 2016 年度国家旅游局“万名旅游英才计划”培训项目的中职学校，相继与皇城相府景区、八路军太行纪念馆、八路军文化体验园建立校企（馆）深度合作关系，在三地挂牌“旅游专业实习实训基地”，分别签订学生顶岗实习协议，“万名旅游英才计划”项目启动，导游专业依托实习基地，专业升级发展精准发力，现场实景教学有效展开，“双师型”教师培育有序推进，学生工学交替、工学结合落地开花。开展校际交流，2016 年长治一职相继与山西财贸职业技术学院、长治职业技术学院、山西机电职业技术学院、太原旅游职业技术学院等高职院校在人才培养、专业设置、课程设置等完善对接。与太原旅游职业技术学院、长治学院相关专业的专业建设和精品课程建设开展互访、互学交流。学校实训管理中心通过招标引进优秀企业，共建专业实训基地实体店，超市、药房、旅行社、烹饪等实训基地运营良好。2016 年，由 36 名师生组成的省第十届技能大赛参赛代表队，共有 27 人获奖，其中，4 个一等奖、10 个二等奖、13 个三等奖。在烹饪大赛中，申飞同学在学生组单人热炒项目中获得全省二等奖，取得国赛资格。教师龙静和王嘉慧在教师组英语口语大赛中，分获一等奖和二等奖。通过中央电化教育馆的专业机构评审，长治一职率先成为全国“第二批职业院校数字化校园建设实验校”。完成 650 余名新生招生计划，500 余名学生顺利在北京、太原和长治等地多家用人单位成功就业。

【内涵建设】 2016 年，长治一职引进外力助推德育，转变学生管理模式，与社会合作，引进两名退伍军人，加强学生管理工作，提升学生管理和校园安全内涵建设。推进女性文化讲堂，分别邀请市医院专家和中山大学专家开展健康讲座，引领广大女教师做魅力女性、知性女人。开展法制文化建设，法制副校长定期开展法制安全讲座，模拟法庭教师辩论赛和学生模拟法庭校园情景剧，助推依法治校。获得长治市法制宣传教育先进单位称号，被评为山西省心理健康教育特色校。年底通过专家验收，达到档案工作规范化管理省 AA 级标准。

（殷国栋）

（责任编辑：闫国风）

综　述

【科技管理体制改革】为推进长治市的科技管理体制机制改革，2016年4月，长治市科技局邀请山西省科技厅具体负责科技管理体制改革的副厅长张浩林，对科技管理工作者进行科技管理体制机制改革专题培训。为深化科技体制改革、激发科技创新活力，出台一系列政策措施，先后印发《长治市专利资助管理办法》《长治市科技创新券实施管理办法》《长治市众创空间认定和管理办法》等政策措施，为持续推进科技改革提供政策保障。

【科技型企业培育】2016年，长治市科技局发挥企业在科技创新中的主体地位，加大科技型企业培育力度。进行高新技术企业培育，组织成功汽车等25家企业申报高新技术企业认定，申报数创历史新高，全部通过初审，经复核的有16家,等待发文正式认定。新培育14家省级民营科技企业，全市省级民营科技企业达280家。

【科技创新平台建设】2016年，易淘电商信息产业园等5家创新平台被认定为省级众创空间，长治市省级众创空间数达到6家，其中5家还被省科技厅推荐上报国家级众创空间。组织申报国家级星创天地11家、省级星创天地18家，其中有6家通过科技部第一批公示备案，占全省备案数的18%。加强省级工程技术研究中心建设力度，潞安太阳能公司申报的“山西省太阳能光伏科技工程技术研究中心”顺利通过评审，长治市省级以上企业工程技术研究中心达到5家。

【科技重大专项实施】2016年，长治市科技局组织长治市企业承担重大科技计划项目，多批次申报省级各类科技计划项目140余项。落实山西澳瑞特健康产业股份有限公司的“模拟失重抗阻力锻炼平台研制”等24个项目，争取上级资金7035万元，其中潞安集团承担的“煤基合成精细化工产品关键技术联合研究”项目，入选省级国际科技合作项目，争取省级科技专项资金5000万元，是长治市近年来争取资金最大的省级计划项目。

【知识产权战略】2016年，长治市人民政府印发出台《长治市专利资助管理办法》。开展知识产权宣传培训，深入县区、企业进行专利业务知识宣传服务，不断提高企业的专利意识和能力，联合相关部门开展专利行政执法检查。全年长治市有效发明专利拥有量为583件，比2015年年底增加96件，超额完成省政府535件的考核任务。全年完成专利申请972件，其中发明申请242件，职务申请689件。

【技术交易市场建设】2016年，长治市科技局完善长治市技术交易平台功能，依托长治市技术交易市场，加快线上线下技术交易信息服务，累计导入技术项目信息127598项，实时更新供给项目5万余项，新增设国有科技成果挂牌交易系统和科技成果项目精选库等信息，时发布本地技术需求。特邀中国技术交易所副总裁高静带领清华大学等科研院所相关领域专家，开展技术推介活动，并组织专家深入长治高新区进行精准对接，久豪充电技术有限公司、炎黄照明科技有限公司与航空五院达成技术合作协议。全年全市技术合同成交263项，技术合同成交额达到25.4亿元。

【长治工业技术研究院】2016年，长治市科技局瞄准构建高效科技创新服务平台，启动长治工业技术研究院筹建工作,赴外地考察学习,向长治市委、市政府提交《关于建设长治工业技术研究院的学习考察报告》，提出长治市建设工研院的机制、思路、步骤等。

【农业科技创新】2016年，长治市科技局开展农村技术承包工作，落实51个省级计划，有13个项目获省农技承包奖。开展“三区”科技人才选派工作，全年新选派59人。加快农村科技信息服务平台建设。通过网站、微信发布技术信息5900余项，制作电视专题节目12项，《科技在线》电视节目、《科技之声》专题广播节目各播出52期。组织专家深入农业园区和特色种养殖企业服务10次，开展集中诊断和现场技术指导培训，培训指导农民800余人，完成专家咨询服务420多次。2016年，全市科技特派员达1726人。科技特派员领办、创办、培育示范基地600余个，引进推广新品种、新技术300余项，示范、辐射、带动农民达30余万人。

【科技扶贫】 2016年，长治市科技局加大科技扶贫工作力度，先后编印《“互联网+”与大众创业 万众创新》等实用技术读本，面向全市广大贫困农村开展科技扶贫培训工作，举办全市食用菌技术培训、科技特派员“互联网+”电子商务知识培训等活动。在定点帮扶贫困村的工作中，确立“第一书记协调抓总、扶贫队员长期蹲点、党员干部包户到底”的工作思路，精准帮扶，完成各项扶贫年度任务。

【科普宣传培训】 2016年，长治市科技局牵头举办主题为“创新引领·共享发展”的2016年全市科技活动周，活动周期间组织开展科技培训、科技成果展示等一系列丰富多彩的科技活动。与长治广电总台联合开办《科技在线》和《科技之声》节目，在《长治日报》开办“科技园地”栏目，定期开展科技宣传，推介长治市科技成果；与团市委联合开展“创新成长·智在长治”长治市第二届中学生科技创新技能大赛活动。

【科技论坛】 2016年10月17日，在长治制造展销推介周的综合会议厅，长治市科技技术局牵头主办主题为“创新驱动发展、科技引领未来”的“科技论坛”。论坛现场，长治市科技局邀请清华大学成果与知识产权管理办公室主任张友生教授，中国空间技术研究院闫翠霞教授、北方工业大学横向项目管理中心主任马志伟教授，通过不同的角度，畅谈中小城市引进转化科技成果的重要性、机制和模式，推介高校研究所在科技成果方面的先进适用技术和团队。来自全市企业、科研人员代表约300余人参加论坛。论坛上，长治市人民政府副市长景普秋致辞，长治市科学技术局局长方晋斌主持。

2016年10月17日，清华大学教授张友生在论坛上作主旨报告

（孙晓钟　供图）

【科技创新专题展】 2016年，在第二届长治制造展销推介周期间，长治市科技局从“科技助力制造”“科技改变生活”科技促进转型”和“科技引领未来”四大板块，布置组织“科技创新专题展”，在29个展位上，凝练组织40家参展单位的100项参展项目，全方位地展示长治市各行业科技创新取得的成果，宣传长治科技新形象，营造鼓励科技创新的浓厚氛围。

（孙晓钟）

（责任编辑：闫国风）

气象工作

【概述】 2016年度长治市总的气候特征是：气温偏高，降水偏多，日照偏少，气象灾害较多，主要气象灾害是：冰雹、洪涝、低温冻害等自然灾害，对工农业生产带来一些不利影响，尤其是冰雹给人民群众财产造成很大的损失，对全市农业整体来讲属正常年景，对群众财产来讲是个非正常年景。

2016年，长治市气象科技馆被中国科协授予全国科普教育基地称号，被中国气象局表彰为优秀全国气象科普教育基地，长治市气象学会获先进市级气象学会，襄垣县气象局副局长王伟斯获山西省农林水气五一劳动奖章。

【抗旱】 2016年11月20日夜间至22日08时，长治市出现一次降水、强降温天气，并伴随4到5级西北风。降水相态：20日夜间到21日18时为液态降水；21日18时以后转为固态降水。伴随冷空气南下，全市温度普遍下降。截至22日08时，各县最低气温24小时内下降9.0℃ ~ 13.1℃。最低气温出现在武乡，为-7.3℃。21日08时 ~ 22日08时各县降水量在0.9 ~ 5.1毫米之间，全市平均降水量2.8毫米。针对此次过程，11月18日上午，长治市气象台制作《降水、强降温重要天气预报》，相关内容通过电话、手机短信、“12121”、气象电子屏、气象大喇叭、网站、微博等方式对外进行发布，并邀请《长治日报》、《上当晚报》、长治电视台、教育电视台、广播电台等多家媒体记者，召开重要天气过程气象新闻发布会。20日下午，在长治市气象局发布应急响应命令以后，气象台立即进入应急状态。应急响应期间，气象台制作重要天气预报1期，举行新闻发布会1次，发布预警信号3期，向市政府制作专题汇报材料2份。

【防汛】 2016年7月8日至10日，长治市经历一次全市范围的暴雨过程。全市共有58个乡镇观测站出现暴雨。针对此次降雨过程，2016年7月7日10时，市气象局召开气象新闻发布会，提醒全市各级关注：降水天气引发的城市内涝、山洪、泥石流等地质灾害，有关单位要做好防范措施。新闻发布会通过长治市市各电视台、广播电台、报纸等进行对外发布。7月8日上午10时发布重要降水天气预报，并向市委、市政府及相关单位报送，同时建议电视台字幕滚动播出。7月8日省局启动暴雨Ⅳ级应急响应，市气象局根据降水趋势的研判，组织召开专题会议，研究决定启动长治市气象局气象灾害暴雨Ⅳ级应急响应命令，要求进入应急响应的单位实行24小时应急值守和领导带班制度，各岗位应急人员按职责完成相关任务，每日14时30分前向应急指挥部书面汇报应急工作情况。7月8日以后共发布5次预警信号。7月8日17时发布地质灾害气象风险预警，预警级别3级，风险较高。据此，长治市政府发电，下发长治市人民政府办公厅关于应对极端天气做好防灾救灾工作的紧急通知。7月8日19时15分发布暴雨蓝色预警信号、7月9日02时50分发布城市内涝蓝色预警。7月9日03时45分发布升级变更为暴雨黄色预警信号，预警区域主要是黎城、平顺、武乡、沁源、沁县、襄垣6县。7月9日10时00分市气象局继续发布暴雨黄色预警信号。

7月18日至20日，长治市又经历一次暴雨过程，全市共有119个乡镇测站过程降水量超过50毫米。全市最大过程降水量出现在壶关鹅屋为254.8毫米。2016年7月18日上午长治市气象台做《重要降水天气预报》，并制作汇报卡向市委、市政府领导进行汇报。18日下午17时，长治市国土资源局、长治市气象局联合发布地质灾害气象风险趋势预报，提醒隐患点附近的居民、厂矿、学校、企事业单位密切关注地质灾害气象风险预警。上述各种预报、预警产品通过传真送到市委办公厅、市政府办公厅和市应急办、市防汛指挥部，同时通过电视屏幕滚动播出，通过传真、手机短信、电子显示屏、农村大喇叭、网站、微博等方式提供给市政等各大用户单位以及社会公众，重要天气预报、气象汇报卡由专人送至市委、市政府。

（宋林则）

（责任编辑：闫国风）

防震减灾

【概述】 长治市地震局成立于1979年6月，是市政府直属正处级参公事业单位，主要负责实施防震减灾法律、法规和规章，负责建设工程抗震设防要求和地震安全性评价工作的管理、监督，管理地震监测预报工作，参与震区救灾和制订重建规划，会同有关部门开展防震减灾知识的宣传教育工作。核定编制16人，内设科室为办公室、监测信息科、地震应急科、震灾防御科。

【防震减灾主体责任落实】 2016年，长治市地震局在全市范围内开展市县防震减灾目标责任考核实践，与政府主体工作同安排、同部署、同考核。3月31日召开全市防震减灾会议，市政府与各县市区签订目标责任书；分别于6月和10月对县级防震减灾工作进行督查和考核，并将在年底对各县市区防震减灾工作情况进行综合考评，考评结果面向全市通报，确保防震减灾主体责任得到落实。

【防震减灾规划编制工作】 2016年，长治市地震局将规划编制作为推进“十三五”时期防震减灾工作的“先手棋”，专门成立规划编制领导组，在做好与省“十三五”防震减灾规划对接的同时，坚持打造符合长治市实际、具有发展优势的防震减灾工作新亮点，明确烈度速报与预警工程、监测系统优化及运行维护工程、地震安全服务工程、地震应急响应与服务工程和防震减灾宣传工程等重点项目，并从领导机制、经费保障、责任落实、人才建设等方面予以保障。

【监测台网建设】 2016年，长治市地震局全面做好监测台站建设和管理维护工作，保障辖区内地震监测台站、台网正常运行。2016年1月至10月，信息节点运行率达99.68%，月评比平均分均在98分以上；沁县漫水地下水观测项目和全年运行率为99.48%，高于95%的考核目标；妥善处理潞城东南山地下水观测项目仪器停测事件。

【震情监视跟踪】 2016年，长治市地震局坚持异常零报告制度，每日按时上报率达到100%，督促地震部门在“两会”等重点时段和节假日期间做好震情保障工作，向两办上报震情信息及网络舆情；召开月、年度会商会，1月至11月份共召开11次月会商会，编写的地震趋势研究报告在2017年度全省地震趋势会商会中被评为优秀；完成会商机制改革任务，成立由局长为组长、分管副局长为副组长，监测科各岗位为成员的领导小组，制订7项会商流程，修订震情会商制度、震情信息报告制度等3项工作制度，促进震情监视跟踪工作水平的提升。

【“一县一台”建设】 2016年，长治市地震局根据“一县一台”建设要求，在武乡县建设一处断层气观测台站，12月底台站建设全部完成，观测数据纳入国家震情监测网络；完成长治市辖区内15个《国家地震烈度速报与预警工程》项目台站的踏勘选址任务。

【隐患排查】 2016年，长治市地震局以市防震减灾协调领导组办公室的名义于2016年5月印发文件，对全市13个县市区政府的地震应急准备和抗震设防工作检查进行安排部署，检查内容包括地震应急预案体系建设情况、地震应急救援队伍装备更新情况、应急避难场所建设管理情况、各类地震次生灾害隐患排查治理情况和应急物资储备情况等。

【健全城市抗震应急体系】 2016年，长治市地震局按照《长治市突发事件应急预案编制审批备案制度》精神，出台《长治市地震应急预案备案管理办法》，对全市地震应急预案实行备案工作制度。同时根据《长治市地震应急预案》和《长治市地震局应急预案》工作职责，相继制订重特大地震灾害事件应急处置流程和长治市地震局应急响应流程图，确保震后应急工作有章可循、有序开展。

【地震应急演练】 2016年，长治市地震局将演练作为检验、评价和保持地震应急能力的重要手段，开展不同层次、不同类型的地震应急演练：在“5·12”“7·28”等重点时段广泛开展中小学地震应急避险演练；完成7月26日的省市县三级地震系统应急联动演练任务；7月27日，组织长治市地震专业救援队伍应急演练，武警、消防等专业救援队伍参加演练，演练过程紧张有序，达到预期目的。

【专业地震救援队伍建设】 2016年，长治市地震局高度重视队伍建设，5月初组织市地震局和部分县市地震局人员赴雅安进行学习考察；9月，组织人员赴濮阳市观摩豫北八市组织的地震应急拉动演练。11月初，开展全市地震系统应急工作人员培训；为县级地震部门和武警支队配发地震应急装备100余套，全年指导开展各种层次的地震应急演练30余次，基层地震应急响应更加扎实。

【地震应急避难场所建设】 2016年，长治市地震局扎实推进应急避难场所建设。太行公园及八一广场应急避难场所是长治市首座国家Ⅰ类应急避难场所，集合火灾、水灾、地震等多险种综合用途，总投资500余万元，项目于12月底前建成。项目坚持“平震结合、平灾结合”的理念，在场地内分设7个篷宿区，铺设各种管线1万余米，新增固定供电设施1处，移动供电设备2台，隐蔽式厕所3座150个坑位，饮水点和污水井各24处，监控25处和广播14台等各类设施（备），具备应急篷宿、供水、排污、供电、厕所、洗浴、垃圾储运、应急指挥、应急停机坪、应急物资储备等17项功能，可容纳应急避难人员1.1万人。

【抗震设防审批】 2016年，长治市地震局在国务院《关于第一批清理规范89项国务院部门行政审批中介服务事项的决定》下发前，主动规范行业管理，第一时间彻底取消市级自主地震安全性评价工作，取消与中介机构的合作，对于《需开展地震安全性评估的建设工程目录（暂行）》中的建设工程由建设单位自主委托有关机构开展安评，市地震局在所有工作中只服务不收费，下属的事业单位、主管的社会组织及其所办的企业不再从事与抗震设防要求审批相关的中介服务。在国务院《清理规范投资项目报建审批事项实施方案》下发后，又主动向市发改委提出取消投资项目联审联批中的抗震设防要求前置审批程序并得到准许，主动向市编办和市政务中心申请取消地震行政审批窗口撤销程序，还权于社会。

【农村民居地震安全】 2016年，长治市地震局开展地震安全农居示范工程建设，通过广泛宣传、典型引领、示范带动，引导农民建造经济适用、抗震安全的新型农居。全年全市共创建地震安全农居示范点2个。

【震害防御基础性工作】 2016年3月31日长治市地震局召开第五代地震动参数区划图暨活断层探测成果应用培训会，全市地震系统干部职工和防震减灾领导组成员单位从事震防工作的干部共70余人次受训；还向市住建、国土、规划等部门和设计、建设单位赠送有关资料。

【群测群防工作】 2016年5月1日长治市地震局下发《长治市地震群测群防工作管理办法》，加强对全市“三网一员”的管理工作；各县市区地震局根据实际情况，对人员名单和宏观观测点进行重新调整。截至2016年年底，全市共有地震宏观前兆观测点70个，防震减灾助理员146名，全部按照每人每月60元的标准落实岗位津贴；13个县市区中有10个举办“三网一员”业务知识培训。

【防震减灾宣传工作】

开展联动宣传。2016年，长治市地震局及时印发宣传方案和宣传通知，对全市的宣传活动进行详细部署。5月12日，市防震减灾领导组46家成员单位统一在市政府门前，通过悬挂宣传标语、设置咨询台现场咨询、散发宣传资料等多种形式向市民进行宣传。与此同时，13个县市区也开展不同形式的集中宣传活动，据不完全统计，宣传活动期间，共发放防震减灾各种宣传资料200000份，接受群众咨询100000余人次，开展应急演练20场次。

创新宣传方式。2016年，长治市

地震局不间断在各种媒体开展防震减灾主题宣传活动，通过短信平台发送防震减灾公益短信，覆盖人群达数十万；在长治市政府安委办建立的“长治久安”微信群和“长治安信”微信公众账号上进行防震减灾工作宣传，并印发10万份防震减灾知识宣传停车牌；在长治政府网站、长治地震信息网站加强防震减灾知识网络宣传。2016年3月起，面向全国征集防震减灾宣传作品，并于7月27日对获奖作品举行颁奖仪式，一大批艺术水平较高、制作精良的原创电脑平面作品、视频类作品和文艺作品充实全市宣传阵地，调动公众参与防震减灾宣传的积极性和主动性；制作30块高标准科普宣传版面，在八一广场和各县市区进行巡回展示。

“平安中国千城大行动”活动。2016年，长治市地震局以“平安中国千城大行动”为载体，提升公众防灾减灾意识。全市共播放防灾减灾公益电影6场，发放防灾减灾创意宣传品5000余份，覆盖宣传人次12000余人。

示范创建工作。2016年，长治市地震局开展防震减灾示范县、防震减灾科普教育基地、地震科普示范学校和地震安全示范社区创建活动，通过典型示范作用增强全社会的防震减灾意识。2016年全市共创建1个省级示范县、2所省级防震减灾示范校、1个省级防震减灾示范社区；在长子县建成全市首家地震科普展览馆，并于5月12日正式投入使用，填补地震宣传教育基地空白。

（姜宇翔）

（责任编辑：闫国凤）

谷子研究

【概述】 山西省农业科学院谷子研究所（以下简称谷子研究所）前身为始建于1942年的“晋冀鲁豫边区农林局”，为驻市省级农业科研事业单位。历经70多年的发展，由一个农业试验场发展成为具有雄厚科技队伍、丰富科研成果和专业优势明显、地方特色突出的国家谷子研发中心和省级农作物研究所。

谷子研究所主要从事谷子、玉米、小麦、大豆、蔬菜等农作物种质资源、遗传育种、生物技术、生理生化、耕作栽培、土肥植保、旱作农业、产后加工等领域研究和成果示范推广、农业科技培训服务、科技开发、人才培养、对外交流等方面工作。拥有国家谷子改良中心长治分中心、国家现代农业谷糜产业技术体系栽培与土肥研究室、国家现代农业玉米产业技术体系长治综合试验站、国家谷子原原种扩繁基地、特色杂粮种质资源发掘与育种山西省重点实验室、谷子杂种优势利用与分子机理研究山西省重点创新团队，山西省谷子产业科技创新战略联盟、谷村科技创新示范基地等科研平台。

2016年，共有在职职工123人，其中干部80人、工人43人；研究员7人、副研究员20人、助研36人；博士3人、硕士33人。国家现代农业产业技术体系岗位专家2人、试验站站长1人；山西省现代农业产业技术体系首席专家1人、副首席专家1人、岗位专家4人；山西大学、山西农业大学兼职硕士生导师3人；享受国务院特殊津贴专家2人；山西省委联系的高级专家1人；山西省特级劳动模范1人、山西省五一劳动奖章获得者2人；山西省学术技术带头人1人、山西省青年学科带头人1人、山西省优秀科技工作者1人、山西省优秀青年科技工作者1人；长治市人大常委1人、长治市劳动模范2人、长治市拔尖人才1人、长治市学术技术带头人7人。2016年通过省直文明委组织的省直文明单位验收，获2015年度省直文明单位称号。

【科技项目申报】 2016年，谷子研究所新上各级各类项目39项、“三区”（边远贫困地区、边疆民族地区、革命老区）科技服务人才13人，全年共承担国家、省、院等各级各类研究推广项目63项，其中，国家级项目5项、省级项目15项、院级项目36项、科企合作项目3项、所级项目4项。国家级项目有：国家攻关项目1项、成果转化项目1项、农业产业技术体系项目3项；省级项目有：重点科技创新平台项目1项、创新团队项目1项、农业科技攻关项目4项、自然科学基金项目1项、青年基金项目2项、星火计划项目1项、成果转化项目1项、农业综合开发项目1项、科技创新团队项目1项、“三区”人才及技术承包项目2项；院级项目有：育种工程项目8项、育种基础项目2项、种业专项6项、重点攻关项目4项、攻关项目7项、自主创新项目1项、财政支农项目5项、成果转化与示范推广项目2项、所长青年引导专项1项；科企合作项目有：分别与山西潞玉种业股份有限公司、四川同路农业科技有限责任公司、山西大正农业科技有限公司三家种业企业签订科企合作项目；所级项目有：自筹资金开设玉米研究、玉米种质创新、谷子种质资源、蔬菜四个项目。全年到位常规项目经费591.25万元，其中财政经费535.2万元、非财政经费（横向课题）11.05万元、技术承包拨入依托县经费25万元、科企合作在企业使用经费20万元。项目和经费稳定提升。

【科研创新】 2016年，谷子研究所重点围绕作物遗传育种、作物栽培与耕作学、分子生物学及农产品加工四大学科，在谷子、玉米、小麦、大豆等主要农作物上开展科技创新。通过山西省审定农作物新品种4个、达到审定标准待审定3个：小麦新品种长7080、长6990，玉米新品种长单510、德朗118通过山西省农作物品种审定委员会审定，玉米新品种长试131、大豆新品种长豆31号和长豆32号均通过省区试、生试和田间鉴定，达到审定标准待审定；通过鉴定成果1项：“谷子轻简化栽培技术研究与应用”通过山西省科技厅鉴定，达到国内外同类研究中的国际先进水平；获发明专利1项：“小麦玉米一年两作机械化套种方法”获国家发明专利；制定省地方标准3项：《谷子春播中晚熟区宽窄行种植技术规程》（DB14/T1137–2015）2016年颁布实施，《玉米两米一带三行种植技术规程》和《旱地玉米整秆地膜全覆盖栽培技术规程》通过审定待颁布实施；转让科技成果2项：玉米新品种德朗118和小麦新品种长5222分别转让给山西中农容玉种业有限公司和山东连发农业科技有限公司。育成谷子新品种长生13、小麦新品种长7080和长麦251，研究形成玉米艺机一体化整秆全覆盖技术等一批创新性强、实用性强、有一定突破性的标志性科研成果。

【科研苗头】 2016年，谷子研究所在谷子、玉米、小麦和大豆等农作物研究上涌现出一批科研成果新苗头。有9个新品系进入国家区试和生产试验、20个新品系进入省区试和生产试验；谷子精播、谷子简化栽培、玉米水肥高效利用、小麦撒播、小麦玉米机械化套种等技术研究取得阶段性进展，生产示范表现良好。

【科技成果示范推广】 2016年，谷子研究所围绕山西省农业生产、农村经济增长和农业产业结构调整所急需的关键技术，结合谷子研究所年取得的新成果，在长子、高平、祁县等多个县（市、区）建立核心示范点，摆出样板，搞好示范，带动、辐射周边地区推广应用，开展和加速科研成果向生产力的转化，变技术为效益。获山西省农村技术承包奖3项：“高油玉米长玉18号高产综合栽培技术”荣获山西省农村技术承包奖集体二等奖；“优质高产谷子新品种良种良法配套技术”获山西省农村技术承包二等奖；参加完成的“旱地谷子机械化生产技术”，获得山西省农村技术承包奖集体一等奖；示范田测产12项：先后邀请省级专家对“旱地玉米艺机一体化秸秆覆盖高效用水技术研究与示范”“标准化旱地玉米整秆覆盖栽培技术”“谷子优质高产轻简化栽培技术示范推广”“玉米简约节本高效集成技术”“玉米带状种植高产栽培技术研究”“祁县三万亩小麦玉米一年两作机械化套种技术”等项目分别在陵川县东伞村、高平市牛村、长子县谷村、武乡县监漳镇、长子县民生农作物种植专业合作社、祁县西六支农业开发专业合作社等地的示范田进行测产，示范田较常规种植增产效果显著，示范带动效应明显；召开县级现场观摩会2次：结合“旱地玉米艺机一体化秸秆覆盖高效用水技术研究与示范”等项目中研究形成的旱地玉米艺机一体化秸秆覆盖高效用水技术，分别在陵川县附城镇川里村和长子县谷村召开县级现场观摩会，现场示范效果良好，要求提供服务应用该项技术。

【科技服务】 2016年，谷子研究所选派13名科技人员开展山西省“三区”科技人员专项计划项目。科技人员深入武乡、壶关、平顺、陵川等贫困地区相关企业、合作社、农村开展送技术下乡，进行技术培训，指导和示范推广新品种、新技术等工作。全年组织全所谷子、玉米、小麦、大豆、旱作农业、作物栽培、植保等各方面专家和科技人员300余人次，送科技下乡，让科技入户。累计培训指导农民1万余人次，发放技术资料5万余份，接待咨询农民500余人次。

【调研指导】 2016年6月13日，长治市发生重大冰雹灾害，对部分地区的生产生活造成重大损失。灾情发生后谷子研究所组织有关专家赴长治市郊区、屯留县、壶关县的受害情况进行实地调研，并提供技术指导，为地方相关部门和农民提出补救措施和管理意见。

【科技扶贫】 2016年，谷子研究所按照省农科院脱贫攻坚领导组的安排部署，作为主要参加单位派出11名科技人员完成3个县的农业产业及产业扶贫规划等调研，编制形成武乡县和榆社县产业扶贫规划；深入平顺县北流滩村、水峪村开展扶贫调研指导。

【学科人才】 2016年，谷子研究所通过公开招聘工作人员3人。申报2017年公开招聘计划7人；推荐晋升研究员2人、副研究员3人、助理研究员2人，调整2名科技人员的职级，1人取得硕士学位、3人继续攻读硕士；推荐2人到贫困县挂职副县长人选，通过省委组织部的考察，2人分别选派到国家贫困县吕梁市兴县和长治市壶关县挂职。

【学术交流】 2016年，谷子研究所共有40多人次外出参加各种学术会议和科技交流活动；全年所内举办8次学术讲座、交流和研讨会；江苏徐州农科院、重庆渝东南农科院、陕西延安农科院和陕西榆林农科院等兄弟院所领导、专家到谷子研究所所交流。

【科技平台建设】 2016年，谷子研究所改善科研基础条件，加强科技平台建设，提升科技创新条件支撑能力。总投资128万元的谷村科技创新示范基地建设项目和总投资462万元的国家谷子改良中心长治分中心二期建设项目均通过验收；总投资331.7万元的国家谷子原原种扩繁基地建设项目完成主要建设内容；牵头组建的山西省谷子产业科技创新战略联盟通过山西省科技厅的认定；牵头组建的谷子杂优利用与分子机理研究山西省重点创新团队通过省科技厅组织的中期验收；同兄弟校所联合建设的特色杂粮种质资源挖掘与育种山西省重点实验室通过山西省科技厅组织的建设验收。

（张东旭）

（责任编辑：闫国风）

综　述

【公共文化设施建设】 市梆子剧团、落子剧团、豫剧团、杂技团四所院团新址建设于2014年9月17日正式立项。图纸设计、土地重用手续批复、用地规划证、工程规划许可证、资金评审、节能认定等相关手续和批件、工程监理、工程招标于2016年11月17日完成。

2016年，长治市获全省公益文化设施建设达标率三连冠，全市132个乡镇全部建有300平方米的综合文化站，并实现免费开放。3454个行政村均建有农家书屋和文化活动室，覆盖率达到100%。在2016年公布的全国文化馆第四次评估定级工作中，长治市13个文化馆全部达标，其中有5个一级馆，4个二级馆，4个三级馆。

【公共文化服务体系示范区管理】 2016年，《关于巩固扩大全国公共文化服务体系示范区建设成果，让全民共享文化改革发展成果》全省宣传思想文化系统重要课题入选山西省哲学社会科学课题。3月，长治市文化局特邀北京专家对全市农村电影放映员开展为期两天的专业技术培训。7月，举办由全市农村文化志愿者、项目负责人参加的为期4天的长治市农村文化志愿者2016年“阳光工程”培训活动，重点解读文化部关于“阳光工程”项目实施意见以及要求，群众文化活动的策划和组织，农村文化志愿服务的开展和信息平台运作等内容。开展“上党公仆、长治好人”活动，鼓书、秧歌、小戏等45个节目在全市范围内进行巡回演出。8月，在牡丹奖全国曲艺大赛中，《山西面食》获牡丹奖全国曲艺大赛表演牡丹奖；《一个都不许死》《起乳名》《花馍情》获牡丹奖全国曲艺大赛节目奖提名。10月，在第十一届中国艺术节“群星奖”曲艺门类决赛中，沁州三弦书《花馍情》凭借精湛的演艺、富有内涵的创作、跌宕起伏的情节，赢得在场观众和所有评委的一致好评。

【文化惠民活动】 2016年，长治市文化局开展“全民阅读”“公益电影院”“周末大剧院”“公益电影放映”“流动图书车”“数字电影流动放映”等文化惠民活动。春节期间，开展“我们的中国梦——文化进万家”新春惠民演出活动。5月23日至6月5日，组织开展以倡导“全民阅读，乐享免费服务”为主题的图书馆服务宣传周活动，具体包括“助推宜学长治，引导全民阅读”“普及古籍知识，传承经典文化”“优秀图书推荐”“重温红色经典、铭记抗战历史”“健康大讲堂”、走近“数字图书馆”“书香伴我行，全民来阅读”和青少年绘画比赛8个系列的精品活动。2016年，市直五院团送戏下乡演

2016年12月8日，“文化惠民在三晋”文化志愿者走基层活动在长治市路安剧院巡演

（韩治国　供图）

出600场；“周末大剧院”惠民演出活动开展50场；农村公益电影放映工程完成41400场，为全市245所有寄宿学生的中小学校完成放映2205场；全市25家城市数字影院实现城市数字影院全覆盖；流动图书服务车开展活动380车次，现场办理借书证1000多个，服务读者2万余人次。

【文艺作品创作】 2016年，市豫剧团新编历史剧廉政剧目《吴琠晋京》和潞城市红旗剧团新编现代戏《拜师》、优秀传统剧目《朱元璋斩婿》，三部戏曲先后受中国戏曲学院邀请，在北京梅兰芳大剧院参加国家级非物质文化遗产展演，展示上党落子和上党传统文化发展的最新成果。7月15日至16日，大型新编历史剧《法显》经山西省委宣传部、山西省文化厅推荐，参加中宣部、中国文化部主办的“全国基层院团戏曲会演”，全国共31家，山西省仅此一家。10月9日，市上党梆子剧团精心打造的经典剧目《闯幽州》，代表长治市完成在石家庄市举行的全国梆子声腔优秀剧目展演任务。歌曲《太行奶娘》和豫剧《吴琠晋京》在山西省第十一届精神文明建设“五个一”工程颁奖仪式上获得优秀作品奖。市群众艺术馆合唱团参加山西省第十一届“三晋之春”合唱比赛获金奖（春花奖）。

【非物质文化遗产保护】 截至2016年年底，长治市有国家级非物质文化遗产16项，保护单位19个，名列全省第四。有国家传承人10名，名列全省第五。有省级非物质文化遗产79项，保护单位84个，名列全省第三。有省级传承人74名，名列全省第五。省级、市级非遗生产保护基地2个和22个，省级非遗博物馆1个、省级非遗项目传习所和大师工作室各1个。全市（每县都有）40个乡村文化记忆工程试点，都配备照相机、摄像机、台式电脑，将非遗项目保存、完善。10月12日，举办2016年市级非遗传承人补助发放仪式暨非遗保护工作研讨会，首次向市级100余名非物质文化遗产代表性传承人每人发放1000元的补助资金，实现对传承人收徒传艺和参与教学、交流的支持。11月25日，在潞州剧院举办非物质文化遗产保护成果展（包括非遗专场晚会和为期3天的非遗生产性保护项目展示、展演、展销），上党戏绝活“要牙”“帽翅功”、武乡开花调、西火秧歌、上党乐户、上党八音会等15个节目在非遗专场晚会上进行精彩表演。《长治日报》新闻摄影周刊开设《长治非遗》栏目，全年刊登非遗项目28个。在长治电视台公共频道开设“非遗传承·工匠精神”栏目，播出10期16个非遗项目。

2016年7月15日，长治市文化局评选出第五批市级非物质文化遗产代表作项目、第三批市级非物质文化遗产传承人名单以及第一批市级非物质文化遗产代表作项目文化遗产生产性保护示范基地。

入选长治市第五批市级非物质文化遗产代表作项目一览表

2016年（共24项，涉及24个保护单位）

序号	类别	项目名称	申报地区
1	民间文学	鸡鸣河的传说	屯留县
2	民间文学	柳仙庙的故事	沁　县
3	传统音乐	上党八音会	潞城市
4	传统音乐	安陵寺祈福佛乐	沁源县
5	传统舞蹈	竹　马	壶关县
6	曲　艺	瞽　调	武乡县
7	曲　艺	壶关评书	壶关县
8	曲　艺	长子莲花落	长子县
9	传统体育	八卦刀（器械）	平顺县
10	传统美术	大山南剪纸	壶关县
11	传统手工技艺	培清剪纸	长治县
12	传统手工技艺	传统手工制鼓	长子县
13	传统手工技艺	传统手工地毯	长治县
14	传统手工技艺	奥治木雕	平顺县
15	传统手工技艺	彩灯制作	城　区
16	传统手工技艺	山西彩塑制作技艺	城　区
17	传统手工技艺	潞酒酿制技艺	城　区
18	传统手工技艺	手工金钱眼枕头	沁源县
19	传统手工技艺	邓氏手工制作火烧	沁源县

续表

序号	类别	项目名称	申报地区
20	传统手工技艺	手工制作糖类	沁源县
21	传统手工技艺	长子根雕	长子县
22	传统手工技艺	长子乔坡底麻糖	长子县
23	民　俗	跑腿秧歌	武乡县
24	民　俗	院　戏	平顺县

入选长治市第三批市级非物质文化遗产传承人名单一览表

2016 年（共 43 人）

序号	类别	项目	传承人	性别	申报地区
1	传统手工技艺	大唐刺绣	原排常	女	长治县
2	传统手工技艺	潞城布艺	雷义玲	女	潞城市
3	传统手工技艺	砂　罐	赵俊峰	男	武乡县
4	传统手工技艺	五香醋	张书文	男	武乡县
5	传统手工技艺	武乡高台	卫爱国	男	武乡县
6	传统手工技艺	码子记账法	宋惠群	男	平顺县
7	传统手工技艺	襄子老粗布	赵志清	女	襄垣县
8	传统手工技艺	手工挂面	李艳军	男	襄垣县
9	传统手工技艺	手工挂面	史国兵	男	襄垣县
10	传统手工技艺	韩州桃木核雕	刘显旺	男	襄垣县
11	传统手工技艺	小麻油制作技艺	李庆和	男	沁源县
12	传统手工技艺	沁源编织手工技艺	杨丽俊	女	沁源县
13	传统手工技艺	辛寨陈醋	辛　波	男	壶关县
14	传统手工技艺	辛寨陈醋	段志花	女	壶关县
15	传统手工技艺	郭氏羊汤	郭树义	男	壶关县
16	传统手工技艺	郭氏羊汤	郭光辉	男	壶关县
17	传统手工技艺	长子蒙鼓	王兴来	男	长子县
18	传统手工技艺	长子席	张　义	男	长子县
19	传统手工技艺	长子铜乐器	崔桃命	男	长子县
20	传统手工技艺	长子铜乐器	崔国斌	男	长子县
21	传统手工技艺	潞麻种植	苏保祥	男	长子县
22	传统音乐	上党乐户	王文波	男	潞城市
23	传统音乐	上党乐户	王文庆	男	潞城市
24	传统音乐	庙堂音乐	武江标	男	黎城县
25	传统音乐	上党乐户	刘志文	男	壶关县
26	传统音乐	上党乐户	刘月胜	男	壶关县
27	传统音乐	上党乐户	郭志孝	男	壶关县
28	传统音乐	长子佛教音乐	王圣启	男	长子县
29	传统音乐	长子佛教音乐	罗行达	男	长子县
30	传统音乐	文社火	陈爱民	男	武乡县
31	曲　艺	屯留道情	李俊平	女	屯留县
32	曲　艺	屯留道情	赵庆新	女	屯留县
33	曲　艺	壶关鼓书	秦彩霞	女	壶关县

续表

序号	类别	项目	传承人	性别	申报地区
34	曲　艺	沁州三弦书	郑明明	男	沁　县
35	曲　艺	沁州三弦书	崔国胜	男	沁　县
36	曲　艺	长子鼓儿词	李先玲	女	长子县
37	曲　艺	潞安大鼓	王付贵	男	长治县
38	民　俗	民间社火	杜建堂	男	潞城市
39	民　俗	民间社火	杜树堂	男	潞城市
40	民　俗	民间社火	杜文堂	男	潞城市
41	戏　剧	耍　牙	张书堂	男	长治县
42	戏　剧	壶关秧歌	吴海生	男	壶关县
43	民间美术	长治堆锦	李铭山	男	城　区

第一批市级非物质文化遗产生产性保护示范基地一览表

序号	申报地区	示范基地名称	类别	项目
1	郊　区	长治市郊区绵绣坊艺术品有限公司	传统手工技艺	民间绣活（上党女红）
2	郊　区	李新如医院	传统医药	李氏正骨疗法
3	沁源县	沁源县道原福食用油有限公司	传统手工技艺	沁源小麻油制作技艺
4	沁源县	沁源渣滩德胜纯麻纸有限公司	传统手工技艺	郑变和手工麻纸制作
5	长治县	山西长治八义窑红绿彩陶瓷文化有限公司	传统手工技艺	八义窑红绿彩陶瓷制作
6	襄垣县	山西襄子老粗布有限公司	传统手工技艺	襄子老粗布织造技艺
7	长治县	王坊大唐手工绣坊	传统手工技艺	传统手工（刺绣）技艺
8	潞城市	潞城市凤栖桥酿业有限公司	传统手工技艺	唐宫悦酒制作技艺
9	高新区	山西世龙食品有限公司	传统手工技艺	上党腊驴肉制作技艺
10	城　区	长治市类通堆锦工艺有限公司	传统美术	长治堆锦
11	黎城县	黎城县杨斐民间剪纸艺术研究院	传统手工技艺	黎城剪纸
12	黎城县	黎城四品民间文化产业有限公司	传统美术	浮雕彩绘戏曲人物脸谱制作
13	武乡县	山西桃花春小米醋业有限公司	传统手工技艺	武乡“五香醋”技艺
14	壶关县	山西郭氏食品工业有限公司	传统手工技艺	壶关郭氏羊汤手工制作技艺
15	壶关县	山西辛寨世方醋业有限公司	传统手工技艺	陈醋酿制技艺
16	潞城市	潞城市福禄民间工艺品有限公司	传统手工技艺	潞城布艺
17	潞城市	潞城市舒心枕文化有限公司	传统手工技艺	舒心养生枕头
18	潞城市	山西世兴餐饮有限公司	传统手工技艺	潞城甩饼
19	襄垣县	山西天下襄农业科技开发有限公司	传统手工技艺	襄垣手工挂面
20	城　区	长治市三叠堂工艺有限公司	传统美术	长治堆锦
21	长子县	长治市玖兴炉响铜乐器有限责任公司	传统手工技艺	响铜乐器
22	黎城县	黎城县红石民间工艺有限责任公司	传统手工技艺	黎侯虎

（韩治国）

（责任编辑：罗　艳）

文化市场管理

【概述】 2016年，长治市文化局完成新版文化市场经营许可证的全部启用；组织开展互联网上网服务营业场所专项整治行动、G20期间文化市场安全防范工作专项行动、校园及周边文化市场专项整治行动及文化市场管理工作督查行动和文化市场安全生产检查暨暗访抽查工作。推进全国文化市场技术监管与服务平台应用工作。全市文化市场存量数据全部上传并激活，新设立审批和文化市场综合执法全部实现网络受理、办理、发证、办结。截至2016年，全市共有互联网上网服务营业场所245家，41家互联网上网服务营业场所完成转型（其中城区12家，郊区1家，高新区7家，襄垣县8家，长治县1家，长子县3家，沁县1家，壶关2家，屯留1家，黎城1家，潞城4家），转型率为17%。尚未转型的网吧，也通过改善内部环境，规范管理营销，实现提档升级，升级率为64%。

【扫黄打非】 2016年，长治市文化局完成印刷企业年度核验工作和记者证年度核验初审工作；认真做好全市2016年农家书屋出版物补充更新工作；按时报送"双打"工作报表，做好版权执法培训工作；配合省文化局在平顺县召开"山西平顺2016年国产软件应用试点工作启动会"。开展"清源、净网、护苗、秋风、固边2016"五大专项行动，加大对政治性有害出版物的惩治力度；惩治网上淫秽色情反动违禁信息；坚决查缴非法出版、侵权盗版的少儿出版物；加强惩治假媒体、假记者站、假记者，切实规范新闻采访秩序；严厉惩治反动出版物及有害信息，特别是"三股势力""藏独""台独""疆独"等非法出版物，反动宣传片和有害信息。"净网2016"专项行动中出动执法人员560人次、车辆112车次、检查电脑销售市场等435家次，删除、屏蔽网络有害信息35条。"扫黄打非"进基层宣传活动，发放宣传画1000份，宣传页2500页，在校园、乡村、社区、旅游景点掀起"支持正版、抵制盗版"的热潮。

【广播电视工作】 2016年，长治市文化局完成全市广播电视直播卫星户户通工程建设任务。该任务共计58793户，涉及平顺县、沁县、沁源县、武乡县、襄垣县、屯留县、长子县、黎城县、壶关县和潞城市共计10个县市。该工程从2015年开展工作，市文化局严格执行有关技术要求和建设规范，直播卫星户户通广播电视信号接收达到省局规定的60%以上。实施中央广播电视节目无线数字化覆盖工程建设。截至2016年年底，一期工程资金（11个台站）和补点工程资金（10个台站）共计1558万元，全部按要求下发至各台站，由总文化局和省文化局负责招标的设备也部分到位。配合山西省文化局做好"百县万村示范工程"广播器材配置工作。"百县万村示范工程"涉及平顺、壶关、武乡3个县23个村，市文化局主要负责设备招标、供货合同签订、设备发放、安装调试、监督检查和工程验收工作，按照上级要求完成前期准备阶段。对全市违规频率、频道进行整顿，关停市台未经批准擅自开通的94.3兆赫交通文艺广播和文化旅游频道（长治TV2），将科教法制频道（长治TV4）恢复为省新闻出版广电局审批的原有呼号，规范频率频道使用许可。

（韩治国）

（责任编辑：罗　艳）

长治日报社

【概述】 2016年，长治日报社承担全市纪念建党95周年暨红军长征胜利80周年和市直机关脱贫攻坚大型图片展。承担编写《脱贫攻坚决战太行》《一路上有你》《温暖一座城》《长治印记》等4本书，系统地展示长治一年来经济社会发展和脱贫攻坚取得的成就，以及好人城市的精神风貌。长治日报社获"2014—2015年度山西省文明单位"称号，并有10件作品获第二十五届山西新闻奖，《长治日报》连续15年被评为全省一级报纸，《上党晚报》连续14年被评为全省一级报纸，先后获"中国十大地市晚报"和"中国十大品牌影响力城市晚报"称号。

【正面宣传报道】 2016年，长治日报社把全面做好学习习总书记系列重要讲话、十八届六中全会和省市第十一次党代会、全市"两会"、项目建设、城乡建设、民生工程、环境综合整治、安全维稳、"两学一做"学习教育、纪念建党95周年、纪念红军长征胜利80周年、全面深化改革等重点工作宣传报道，开设一批贴近基层、带着露珠的鲜活栏目，推出一批有思想、有品质、有温度的深度报道和典型报道，组织14路记者深入基层，挖掘"长治好人""上党公仆"的动人故事，两报共推出"长治好人""上党公仆"稿件和图片近千篇（幅），弘扬向上向善向廉的正能量。

【媒体融合发展】 2016年，长治日报社建成"三微一端一网一号"新媒体平台，拥有I长治网、I长治微信公众平台和I长治手机客户端，长治日报、上党晚报、I长治3个微信公众号，初步形成长治日报全媒体矩阵。尤其是I长治微信公众号稳居全国纸媒体公号排行榜山西榜单前三名，推送的多篇消息阅读量达到10万以上。全媒体中央控制室于2016年7月正式投入运营后，实现新闻内容的"一次采集、多种生成、多元发布"，提高新闻传播效率，获第一届（2014—2015年度）中国报业创新项目三等奖，成为山西省唯一获奖的市级报社。

【提升文化创意活动】 2016年，长治日报社先后成功举办太行山农产品物流园首届年货采购节、第十二届长治汽车节、第九届名城汽车巡展、长治市房地产交易展示博览会、花毽大赛、"勇士的荣耀"长治站比赛、欢乐小品喜剧汇等活动。特别是受市经信委委托，完成由市委、市政府主办，市经信委承办的2016长治制造展销推介周的设计、布展等工作。

（李浩文）

（责任编辑：罗　艳）

广播电视台

【舆论引导】

中心工作宣传。2016年，新闻综合频道"长治新闻""新闻视点""长治周刊”和新闻综合广播“长治新闻”等栏目围绕“十三五”开局、脱贫攻坚、经济结构转型升级、骨干企业发展、创业创新、招商引资、项目建设、园区发展、交通安全、民生保障等重大主题、重点工作，组织一系列重大宣传战役，先后推出“新常态下谋发展”“冬季在行动·千人记者下基层”“增强看齐意识、围绕中心服务大局”“两学一做”“六大发展”“扎实推进党风廉政建设”“扶贫一线攻坚人”“上党公仆·长治好人”“创新·突破”“奋进长治·2016新亮点”等专栏，对长治市的重点工作进行宣传；“新闻视点栏目”走出去，深入到田间地头、厂矿企业当中去做节目，使节目形式也更具感染力，比如《村里来了第一书记》《身边榜样 前行力量》等节目。“长治周刊”栏目，探寻接地气、有筋骨的内容，百姓关注关心的热点、焦点话题和各行各业普通的劳动者，做有思想、有品质的作品；反映长治市广大干部群众在建设一线、工作一线敢于担当、甘于吃苦、勇于奉献，为加快长治经济社会全面发展的典型事迹和精神风貌，为凝聚干事创业的奋进力量起到推动作用。

扶贫攻坚宣传。教育频道“党旗飘扬”栏目将镜头对准市委组织部选派的1172名“第一书记”的典型代表，反映他们在农村的“熔炉”里锤炼党性，增强本领，提升能力，解决新农村建设中存在的突出问题，带领基层群众增产增收的感人故事。

“六权治本”宣传。新闻综合广播为强化舆论引导的吸引力、传播力，强化节目的贴近性，将“直通政务厅”栏目设在长治市政务中心，主动担负起“群众少跑路，我们多服务”的职责使命，2016年，开通与各县市区政务厅的三方通话，共接到群众咨询电话4290个，现场解答群众问题567个，直播节目中回复解答3132个，为推进“六权治本”、阳光政务架设一道“连心桥”。该项工作全省首创，受到省市领导和广大人民群众的肯定好评。

社会主义核心价值观宣传。“长治新闻”栏目开设“行进中国·精彩故事”“上党公仆·长治好人”专栏，宣传基本做到经常化、制度化；新闻综合广播继续办好“倾听民声、关注民意、弘扬好民风、争做好公民”为主题的“949社区行”和“群众身边的好人好事”专栏，发挥广播媒体的优势，传播社会正能量。“百姓影视”栏目拍摄反映普通劳动者在平凡岗位上实现自身价值的影视短剧；“携手慈善”栏目宣传爱心人士的爱心事迹，宣传情暖万家活动，冬助日活动，金秋助学活动，孝星评选等活动。“工人先锋”栏目以群众喜闻乐见的形式宣传展示了新时期劳动者的风采；2016年，长治台组织“榜样的力量——长治好人、上党公仆演讲大赛”，到各县市区进行巡回演讲，社会反响强烈；“追随你前行——2016年‘感动长治’人物颁奖典礼”，受到市领导高度评价；策划摄制“上党公仆、长治好人”电视系列剧，其中，“山村警察”上下集完成摄制并播出；新闻广播与山西省农村信用社联合社长治办事处及319个网点启动实施“爱心驿站”活动；各频道频率及微信公众平台播出大量的公益广告，社会主义核心价值观宣传加强。

中国共产党成立95周年及红军长征胜利80周年宣传活动。新闻综合频道“长治新闻”栏目从6月底到7月底开办“两优一先”风采栏目，报道长治市新时期优秀党员的先进事迹，以及各界建党95周年和长征胜利80周年的活动情况。各频道安排播出反映中国共产党、红军、长征、抗战等题材的革命历史剧，营造浓厚的氛围。

长治市新闻大楼夜景

【新闻大楼】 2016年，新闻大楼采购的数字化、智能化、高清化广播电视设备全部安装完毕，进入调试阶段，采编人员培训学习部分系统的使用及维护。行政职能科室、周播类节目人员搬迁入住新闻大楼开始办公。

【创意活动】 2016年2月份，长治台承办“长治市2016年春节电视联欢晚会”，晚会突出中国梦、反腐倡廉、抗战胜利及长治建市70周年主题，受到社会各界广泛好评；公共·少儿频道举行“晨阳光伏杯”微电影大赛；“快乐宝贝”栏目春节期间举办少儿春晚，4月份联合多家幼儿园举行“爸爸去哪了”主题活动，六一前夕举办长治2016六一少儿晚会；2016年6月份，交通广播成功举办2016

第十二届“弘扬雷锋精神，真诚服务考生”大型志愿服务活动；音乐广播举办“中国好声音长治选拔赛”等多项活动。传媒中心组织“2016长治市万人广场舞电视大赛”。文化频道开设“清凉一夏水上大冲关”“唱响长治歌手走近沁州”等季播节目；开展晋冀鲁豫陕5省26市地市电视媒体长治旅游推介观光周活动，郑州、太原、渭南、邯郸、菏泽等兄弟台集中对长治市的红色文化游和绿色生态游进行采访报道；12月31日，举行“2017唱响长治跨年演唱会”。电视剧中心创作首部15集广播文学剧《潞仙老酒传奇》，深受广大听众好评，党建专题片《我的工作充满爱》获省委组织部好评。

【对外宣传】 2016年，电视新闻在省台共发稿300多条，名列各地市第一名；广播新闻在省台“山西新闻”发稿220多条，名列全省各地市第二名。

【微波传输】 2016年4月，长治电视转播台至上司电视转播台微波线路由模拟微波传输更新为数字微波传输。

【高山台站建设】 2016年，上司电视转播台采购2台3000瓦调频发射机，开始转播新闻综合广播和交通广播，顺利完成设备更新工作；争取市财政资金采购2部3000瓦电视发射机，用于转播长治新闻综合频道和公共·少儿频道节目；争取中央资金400万元，开始实施模拟覆盖向数字广播电视覆盖的升级改造，截至年底采购大型数字广播电视发射设备3台，新立80米发射塔一座，及配套设施。

【广电集团组建】 2016年，广电集团新注册长治市长广传旅游开发有限公司、长治市广惠万家商贸有限公司等公司并开始投入运营。广电集团完成组建任务并起步运行。

【新兴媒体】 截至2016年年底，长治广播电视台开通“I长治广播电视台”“长治新闻综合广播”“长治交通广播”“上党夜线”“百姓影视”“快乐baby”等微信公众平台，特别是“长治交通广播”微信公众平台的用户达到6万多人。“I长治广播电视台”实现视频再现观看功能，“长治新闻”的重点报道、主题报道均可通过手机微信随时进行阅看，弥补传统电视媒体的缺陷。新闻大楼新媒体一期设备长治网络电视台完成安装。组织相关人员起草完成《关于推动传统媒体和新兴媒体融合发展的实施方案》，明确重点项目的时间表、路线图。

（宣鹏波）

（责任编辑：罗　艳）

新闻中心

【对外宣传】 2016年，长治市新闻中心在省级以上主流传统媒体和重点新闻网站发稿5000多篇。与相关媒体共同策划“传统媒体和网络媒体同步采访，省级媒体与中央媒体梯次发表”的报道方案，把“长治好人”“上党公仆”的宣传推到新的高度。采取集中力量采写和为上级媒体提供资料的办法组织发表一批重点稿件，11月27日，光明日报头版头条《长治把好人当作名片》将长治好人的宣传推向高潮。在长治制造展示推介周期间，邀请省级以上媒体30多家，在报纸、电台、电视台、网站和微博、微信、客户端同步发表新闻报道90多篇。新华网通稿《增强创新驱动力，打造山西重要增长极》和《人民日报》的《山西长治发力先进装备》为长治制造展示推介圆满收官。以市县党委换届换出新气象，激发干事创业新动能为主题，以头版头条+专版报道+网络推送的模式，先后在《山西日报》《山西经济日报》发表《长治：奋力打造山西重要增长极》《长治市集聚干事创业正能量》《长治：厚植精神沃土，传承优秀文化》等一大批有影响的重要稿件，加上网络转发推送，实现山西媒体全覆盖。围绕红色文化和法制文化，组织采写发表一批重点稿件，收到良好效果。

【网络宣传】 2016年，长治市新闻中心将长治新闻网办成“网上的党报党刊”，把长治网转型建设成关注民生、服务群众的“百姓版”。围绕中心宣传，及时准确发布市委、市政府提出的总体思路、中心工作、重大决策、巨大成就。为确保发布及时准确，新闻中心完善采写、编辑、审稿、签发和上传发布制度。建立网页浏览审读制度，确定2人每天定时4次对网站发布的内容进行审读，发现差错随时登记，及时反馈，迅速纠正。优化长治新闻网、长治网微信、微博、微视平台建设，充实栏目设置，多层面宣传报道长治市重大主题、重要活动，打造新媒体主流资讯平台。抢占网络外宣新高地。加强与新华网、人民网、中国网、央视网、中国经济网、山西新闻网等国家级、省级主流强势网络媒体的合作，联合开通上述大网站的长治频道，实行多网联动，共同发布。同时，强化与长治市各县区新闻中心网站联合，继续升级13县（市、区）数字报展示平台，打造导向正确、口径统一、权威准确、发布及时的长治网络外宣联合舰队。

长治市摄影家协会拥有会员900多人，是长治市对外宣传的一支有生力量。市新闻中心加大对协会的领导和支持力度，强化队伍建设，举办摄影活动，调动广大会员的积极性和主动性，促进长治市摄影事业的发展和外宣工作。

【新闻接待】 2016年，长治市新闻中心制订接待程序和办法，实行专人登记、请示签单，严格按照接待规定办理。集中力量完成大型采访活动。完成中国民航看山西采访团在长治市的接待采访任务。

【新闻应急和新闻发布】 2016年，长治市新闻中心出台《关于进一步加强全市信息发布和政策解读工作的实施意见》，完善新闻信息发布工作机制。先后举办解读市委十届八次全体会议精神、长治区域医疗微信平台上线、取消二级以上医疗机构门诊患者静脉输、2016第二届长治制造展销推介周等10余场新闻发布会，及时向社会发布长治市重大决策、重大活动以及相关职能部门工作进展和取得的成绩。参加省委宣传部、省政府新闻办在上海交通大学举办的山西省新闻发布工作专题培训班，增强应对公共突发事件的能力和水平。漳泽农商行培训“体罚”事件、屯留老师聚餐受处分事件、和平医院伤医事件等多起突发事件都得到妥善处置。

（王一平）

（责任编辑：罗　艳）

专业艺术

上党梆子剧团

【概述】 长治市上党梆子剧团于1993年7月正式组建成立，是长治市文化局辖属机构，属财政全额供给事业单位。正科级建制，内设机构有办公室、财务科、后勤科、演员队、乐队、舞美队。长治市上党梆子剧团事业编制74名。在编人员56名，离退休职工7名，外聘专业技术人员40名。

长治市上党梆子剧团为专业戏曲演出单位，2016年拥有表演、演奏、舞台技师等艺术门类专职人员56人，其中国家一级演员1人；国家二级演员5人；中级演员20人。长治市上党梆子剧团为国家级、省级非物质文化遗产——上党梆子的保护和传承单位，同时，张志明为上党梆子国家一级演员和国家级非物质文化遗产代表性传承人。

【文化巡演】 2016年，长治市上党梆子剧团下农村、去工矿及送戏下乡等演出250场，经济收入160余万元。

【精品剧目】 2016年，长治市上党梆子剧团新排两部下乡演出剧目《白蛇传》《香莲案》。当年对两个剧目《潘杨讼》《二进宫》进行录音。

【获批“国家艺术基金”立项】 2016年7月3日现代戏《潇洒走一回》获国家艺术基金批准立项。

【全国梆子声腔优秀剧目展演】 2016年，长治市上党梆子剧团根据《文化部办公厅关于举办全国梆子声腔优秀剧目展演的通知》要求，经中宣部、文化部组织专家对各地申报的80台剧目中进行审看遴选最终于9月底至10月在河北省石家庄市举办的“全国梆子声腔优秀剧目展演”。10月9日，完成这次演出，取得很好的演出效果。《中国文化报》《河北日报》《河北新闻网》《长治日报》《长治电视台》等媒体进行报道。

（李莹莹）

（责任编辑：罗　艳）

全国梆子声腔优秀剧目展演　　（韩治国　供图）

上党落子剧团

【概述】 长治市上党落子剧团创建于1954年6月，为全额事业单位。正科级建制，内设机构有办公室、财务科、演员队、乐队、舞台队。2016年，长治市上党落子剧团定编79人，在编人数为58人，其中国家一级演员2名，国家二级演员、演奏员、主任舞台技师12人，中级演员、演奏员、舞台技师24人，初级演员、演奏员、舞台技术员17人，工勤人员2人，管理人员1人，临时人员28人，离退休职工16人。招聘两名戏曲专业人才。

【文化巡演活动】 2016年，长治市上党落子剧团继续“送戏下乡，传承文明”活动。送戏下乡13个县区，深入乡镇、农村、厂矿企业、社区等地演出。全年演出191场，其中送戏下乡演出共123场，周年大剧院演出8场，商业演出58场，长治市春晚演出1场，元宵节演出1场。

【精品剧目】 2016年，上党落子剧团恢复传统剧目两个《醉陈桥》和《廻荆州》。新排两部小戏《一生守诺》和《根在大山》，参加长治市“长治好人颂”活动，并在“长治好人颂”首届曲艺大赛获得“优秀奖”和“二等奖”，新排移植历史剧《两狼山》。参加长治市一年一度的优秀新创剧目的汇演活动，剧中多名演员获得奖项。

（郭　燕）

（责任编辑：罗　艳）

公共图书事业

【概述】 2016年，长治市图书馆围绕“倡导全民阅读、推广文化服务”工作主题，通过构建良好的阅读环境和服务环境，开展一系列公共文化服务推广活动，使图书馆公共文化服务效能得到很大提升，为推进全民阅读以及学习型城市建设发挥积极作用。截至2016年年底，长治市图书馆累计藏书62.2万册，持证读者达到2.8万人，年接待读者35万人次，年文献流通量达到49.8万册次。长治市图书馆流动服务车新增服务点一个，开展服务432个车次。

【开设健康讲堂】 2016年1月15日，“普及健康知识，推广健康文化”主题健康大讲堂首讲在长治市图书馆二楼多功能报告厅内开讲。大讲堂作为每月一期的系列讲座，以人民群众健康需求为导向，以提高人民健康水平为目标，通过图书馆和医院优势资源的整合，对培育健康文化和健康新观念起到很好的引导和促进作用，这也是长治市图书馆在创新和延伸服务过程中的一种新尝试。

【市政协文史资料馆】 2016年1月21日，设在长治市图书馆三楼的长治市政协文史资料馆正式对外开放，资料馆实行长治市政协和长治市图书馆共建、全民共享模式。筹建期间为丰富馆藏，长治市图书馆将馆内多种珍贵地方文献资料精选充实其中，并先后接受长治市政协捐赠各类文史图书资料1485册。2016年资料馆共收藏各类地方文史资料1184种、4000余册。

【“图说社会主义核心价值观‘雷锋—我们与你同在’”作品展】 2016年3月3日，“图说社会主义核心价值观‘雷锋——我们与你同在’”作品展在长治市图书馆二楼展厅开展。作品展以学雷锋日为契机，把“学雷锋”主题与生动的漫画形式紧密结合，寓教于乐中传播和弘扬雷锋精神。

【全民阅读主题系列活动启动】 2016年，长治市全民阅读“宜学长治·书香上党·文化长治”系列活动启动仪式4月22日在长治市图书馆广场举行。市领导及市宜学长治建设领导组成员、市文化系统、最美读书人代表及部分学生代表500多人参加启动仪式。作为系列活动的重要组成部分，长治市图书馆2016年“4·23”世界读书日“阅读，从图书馆出发”主题全民阅读推广活动正式启动。

【世界读书日主题青少年读书朗诵比赛】 2016年4月22日，长治市图书馆邀请长治市高新区火炬中学、长治市城区西关小学以及长治市梅辉坡小学，在图书馆二楼多功能报告厅联合举办世界读书日“让阅读成为我们的习惯”主题青少年读书朗诵比赛，来自3个学校的42名学生参加此次朗诵比赛，近300名青少年在现场观看倾听。为激励参赛选手，鼓励更多青少年加入到阅读的行列中来，此次比赛改变以往评分标准从口才、表演等不同方面设“最佳”奖项，让参与其中的每个孩子都能感受到阅读所带来的收获与快乐。

【亲子阅读活动】 2016年4月23日，世界读书日当天，长治市图书馆与长治悠贝亲子图书馆合作，举办“阅读，从图书馆出发”主题亲子悦读会和亲子阅读公益讲座，引导孩子和家长们从图书馆开始，培养良好的亲子阅读习惯，在共同阅读中体味亲情快乐。

【从图书馆开启“棋”妙之旅】 2016年5月29日上午，长治市图书馆联合长治市德艺双馨围棋教室，在长治市图书馆青少年阅览室举办以“从图书馆开启‘棋’妙之旅”为主题的“迎六一”青少年围棋展示活动。

【送书送文化推广全民阅读】 2016年5月到6月，长治市图书馆先后向长治市东街小学、长治市人民医院赠送畅销图书近1500册，以充实学校和医院的图书室，为孩子们、医务工作者以及病患送上丰富的精神食粮。

【推广数字阅读】 2016年，长治市图书馆联合中国知网、万方数据、博看网、有声有色等国内知名数字资源阅读平台，先后在4月、6月开展两次大型的数字阅读推介与用户体验活动。通过铺设展台、宣传版面、专人推介、用户体验、赠送小礼品等互动方式，近距离地向进馆读者推荐新媒介特色阅读学习平台，推进全民阅读工作的有效开展。

【流动图书车服务点再延伸】 2016年6月1日，长治市图书馆流动图书车正式进入东方360社区服务点，在参与该社区小朋友节日互动的同时，为社区居民快捷办理读者证，提供优质便捷的图书馆服务。东方360社区增设流动图书车服务点，是长治市图书馆流动图书车服务的又一次地域延伸。

【举办古籍知识公开课】 2016年6月3日，长治市图书馆举办“传承中华文明，弘扬民族文化”古籍知识公开课，这是长治市图书馆自2005年重新开馆后首次开设面向社会公众的古籍公开课。公开课从古籍定义、版式、发展、保护入手，通过直观的PPT展示、浅显易懂的讲解以及亲临古籍部的现场观摩，让在现场聆听的长治市飞龙小学近300名师生更加直观立体地领略到古籍以及中华文字的无穷魅力。

【古籍创意作品展】 2016年6月，“‘我与中华古籍’创客@图书馆”主题古籍创意作品展在长治市图书馆二楼展厅开展。展览通过图书馆与创客空间、图书馆与古籍元素、古籍元素与创意设计等三大板块25块展板，向观众展示传统文化与现代环境的和谐交融。

【新疆维吾尔自治区文化考察团到长治考察】 2016年8月18日，新疆维吾尔自治区昌吉回族自治州文化考察团一行就公共文化服务体系示范区建设，在长治市图书馆考察交流。考察团首先在长治市图书馆馆长杨伟的陪同下参观了长治市图书馆各服务窗口的服务情况、数字化自助化服务设施以及机房设施等，并就长治市图书馆在长治市创建公共文化服务体系示范区过程中的一些经验以及图书馆如何推进公共文化服务并在公共文化服务体系建设中发挥重要作用做深度的探讨与交流。

【地方特色数字图书馆培训班】 2016年9月21日长治市图书馆承办的“长治市地方特色数字图书馆培训班”在襄垣县正式开班，来自全市13个县市区公共图书馆的36名图书馆馆长及业务骨干参加此次培训学习。

【全民阅读演讲比赛活动】 2016年10月17日，以“开展‘红色魅力’阅读活动，挖掘‘红色文化’资源”为主旨的长治市“红色的魅力”全民阅读系列活动启动仪式在长治市图书馆广场举行。长治市委宣传部、长治市学习型城市建设领导组、长治市文化局领导以及各直属单位代表280多人参加启动仪式。市文化系统“两学一做”暨“红色的魅力”全民阅读演讲比赛在长治市图书馆二楼报告厅举行，来自全市文化系统各直属单位及各县区文化局的41名选手参加比赛。长治市图书馆派出的3名参赛选手取得二等奖和优秀奖的好成绩。

【推荐阅读工作】 2016年，长治市图书馆根据市委宣传部的提议和安排，策划、编印一期好书推荐专刊《荐·悦读》，把一些政治类、经济类、文学类、历史类、生活类优秀图书推荐给市委、市政府主要职能部门。

【迎接文明城市第四次复检】 2016年11月，长治市文明城市第四次复检。为迎接此次复检，长治市图书馆将一年来所做工作相关材料逐一整理，并按文化局分解任务要求，将所属的12项任务逐一规划、分解，先后撰写9篇情况报告，编辑图片近百张，按时完成各项材料的准备工作。

2016年10月，长治市图书馆开展“红色的魅力”全民阅读宣传周活动

（韩治国　供图）

【移动图书馆正式开通试运营】 2016年11月，长治市图书馆移动图书馆开通试运营，从此开启图书馆“掌上”数字阅读新模式。这是继长治市图书馆数字门户开通之后，又一次延伸图书馆阅读服务的创新。

（马丽军）

（责任编辑：罗　艳）

地方志事业

【概述】 2016年，长治市地方志办公室坚持依法治志，做好地方志编纂、管理和开发利用工作。继续对《长治市志（1978—2010）》试印本进行审校；组织评审2部县区志；编纂出版《长治年鉴》1部、《长治方志》6期；加强地情网站更新维护、长治方志馆管理。被山西省地方志办公室表彰为“2016年度市级综合年鉴工作先进单位”。

【修志工作】 2016年，长治市地方志办公室继续加大续修志书工作力度，各编辑对照《地方志书质量规定》《图书质量规定》《山西省第二轮修志行文规定》《长治市志·凡例》《市志终审稿编辑细则》等规范要求，对续修《长治市志（1978—2010）》试印本进行审校。《长治市志》试印本一套四册共45卷，3600余页，510余万字，内文插图840余幅。重点记述1978年至2010年期间长治市自然、经济、政治、文化、社会等各个方面的情况。

【年鉴编纂】 2016年，长治市地方志办公室继续采取全办集中编纂方式，加大组稿编辑力度，缩短出版周期，提高编纂质量。《长治年鉴（2016）》根据省地方志办公室意见及年度特色设置框架。在充分掌握长治市上年经济社会发展脉络的基础上，对原有框架进行大幅度调整，使之更加科学合理，更具地方特色。该版年鉴从原来

4个类目细化分类到26个类目，151个分目，57个次分目，全书共计70万字。对各行业进行横分门类，归类记述，在各类目下分门别类地客观记录长治市各行各业取得的成就。《长治年鉴（2016）》（2015年内容）经省地方志办公室审查后，12月正式出版发行。《长治年鉴》自1986年以来，逐年编纂出版，已连续出版31期。

【《长治方志》编辑】 2016年，长治市地方志办公室编辑出版6期《长治方志》（双月刊），每期均设40个栏目，10余万字，随文照片近100幅，彩页4个版面；每期印刷2000册，向社会各界赠阅。因弘扬和研究长治的优秀文化而受到社会的广泛欢迎，实现了研究方志理论，保存地方史料，褒扬人杰地灵，服务长治建设的办刊宗旨。《长治方志》于1981年创刊，是经省新闻出版局批准的期刊，双月刊，已连续出版121期。

【市情网站运行维护】 “长治市情”网站是“中国·长治”网站的二级域名，2010年8月开通运行。2016年，长治市地方志办公室加大对市情网站的管理维护，及时更新信息，充分开发利用地方志资源，推进地方志信息化建设。网站主要包括长治概况、工作动态、数字方志馆、长治人物、长治年鉴、长治大事记、图行长治、长治旅游、长治方志等九大信息库。及时发布全市修志动态，加强信息交流，推动二轮修志工作。及时更新网站信息，同时向政府信息公开及部门动态更新发送信息，共采用市县区信息25条。年内，网站同步更新全年《长治方志》。10月，顺利完成市直单位网络安全检查。截至2016年年底，长治市情网点击率超过280万次，累计上传电子书100余本。

【方志馆管理】 2016年，长治市地方志办公室及时对长治方志馆损坏设施进行维护修缮。组织购买山西省已经出版二轮县市区志和山东省各地区志，扩大充实馆藏图书规模，为社会提供更好的服务。向社会广泛征集藏书，发放收藏证书。继续做好馆藏资料的收集、分类、整理和归档工作。长治方志馆每周一、三、五免费对外开放，接待单位和个人查阅资料，受到社会各界的广泛关注。

【业务指导】 2016年，长治市地方志办公室加快推进县区修志进度。8月，组织召开《长治郊区志》评审会，并依托县志评审会对各县区志办主任及编修人员进行县志编纂培训，通过专家评委对志稿的讲解，为提高编辑人员素质，提升志书编纂质量，确保按期完成全市修志任务起到推进作用。11月起，组织省市专家对《长治城区志》终审稿进行评审工作。加强对部门行业志书编修的业务指导，指导《长治城区法院志》《新民菜场志》等志书的编纂。

【地情资料】 2016年，长治市地方志办公室向省地方志办公室争取到出版《中国史话》系列丛书《长治史话》项目。《长治史话》被列入中科院《中国史话》系列丛书，为“十二五”国家重点图书出版规划项目。2016年，《长治史话》编纂完毕，10万余字，等待进行出版印刷等相关工作。年内，长治市地方志办公室结合全市中心工作，充分发挥地方志的资政功能，及时为市级领导提供志书和地情资料，随时为各级领导提供咨询，接待查阅地情资料的单位和社会人士，为长治市的各项建设作出贡献。

（王姝杰）

（责任编辑：王姝杰）

文物 博物

【概述】 2016年，长治市登录在册的不可移动文物6833处，数量居全省第二，各级文物保护单位1222处。其中，全国重点文物保护单位66处，数量居全省第二，63处省级文物保护单位，168处市级文物保护单位，925处县级文物保护单位。长治是我国木结构古建筑的密集地，全市各类古建筑从唐代至清代，共有3580处，占不可移动文物总量的一半以上。全市3504个行政村中，绝大多数存在古建筑遗存。

长治市全国重点文物保护单位一览表

序号	名称	类别	时代	公布时间	批次	地址
1	八路军总司令部旧址	旧址	1938年	1961年	一	武乡县潘龙镇砖壁村、韩北乡王家峪村
			1938—1939年	2006年	六	潞城市店上镇北村
2	法兴寺	古建筑	宋	1988年	三	长子县慈林镇崔庄村
3	天台庵	古建筑	唐	1988年	三	平顺县耽车乡王曲村
4	大云院	古建筑	五代—清	1988年	三	平顺县耽车乡实会村
5	龙门寺	古建筑	五代—清	1996年	四	平顺县石城镇源头村
6	崇庆寺	古建筑	宋	1996年	四	长子县色头镇琚村
7	正觉寺	古建筑	金—明	2001年	五	长治县苏店镇看寺村
8	观音堂	古建筑	明	2001年	五	郊区大辛庄镇梁家庄村

续表

序号	名称	类别	时代	公布时间	批次	地址
9	潞安府城隍庙	古建筑	元—清	2001 年	五	城区长兴中路庙道巷 13 号
10	淳化寺	古建筑	金	2001 年	五	平顺县阳高乡阳高村
11	明惠大师塔	古建筑	五代	2001 年	五	平顺县苤兰岩乡虹霓村
12	九天圣母庙	古建筑	宋—清	2001 年	五	平顺县北社乡东河村
13	沁县大云院	古建筑	金	2001 年	五	沁县郭村镇郭村
14	洪济院	古建筑	金—清	2001 年	五	武乡县故城镇东良村
15	武乡县大云寺	古建筑	宋—清	2001 年	五	武乡县故城镇故城村
16	会仙观	古建筑	金—清	2001 年	五	武乡县监漳镇观庄村
17	三嵕庙	古建筑	金—清	2001 年	五	壶关县黄山乡南阳护村
18	原起寺	古建筑	宋	2001 年	五	潞城市黄牛蹄乡辛安村
19	佛头寺	古建筑	宋	2006 年	六	平顺县阳高乡车当村
20	灵泽王庙	古建筑	金—清	2006 年	六	襄垣县夏店镇太平村
21	东邑龙王庙	古建筑	金—清	2006 年	六	潞城市成家川办事处东邑村
22	回龙寺	古建筑	金	2006 年	六	平顺县阳高乡阳高村
23	普照寺大殿	古建筑	金	2006 年	六	沁县郭村镇开村
24	郭庄昭泽王庙	古建筑	金	2006 年	六	襄垣县王桥镇郭庄村
25	天王寺	古建筑	金	2006 年	六	长子县丹朱镇同旺村
26	夏禹神祠	古建筑	元—清	2006 年	六	平顺县阳高乡侯壁村
27	玉皇观	古建筑	元—清	2006 年	六	长治县南宋乡南宋村
28	真泽二仙宫	古建筑	元—清	2006 年	六	壶关县树掌镇神郊村
29	宝峰寺	古建筑	元－明	2006 年	六	屯留县路村乡姬村
30	文庙	古建筑	元—清	2006 年	六	襄垣县城内南街
31	潞安府衙	古建筑	明	2006 年	六	城区府上街
32	金灯寺石窟	石窟寺及石刻	明	2006 年	六	平顺县杏城乡背泉村
33	黄崖洞兵工厂旧址	近现代重要史迹及代表性建筑	1941 年	2006 年	六	黎城县黄崖洞镇赤峪村
34	崇教寺	古建筑	宋	2013 年	七	郊区马厂乡故驿村
35	关村炎帝庙	古建筑	元	2013 年	七	郊区老顶山镇关村
36	炎帝庙	古建筑	元	2013 年	七	长治县北呈乡北和村
37	文庙	古建筑	宋、元	2013 年	七	潞城市黄牛蹄乡李庄村
38	关帝庙	古建筑	清	2013 年	七	潞城市黄牛蹄乡李庄村
39	蓬莱宫	古建筑	清	2013 年	七	屯留县路村乡石室村
40	舍利塔	古建筑	唐	2013 年	七	屯留县余吾镇老马背村老爷山
41	小张碧云寺	古建筑	宋	2013 年	七	长子县丹朱镇小张村
42	玉皇庙	古建筑	宋、金	2013 年	七	长子县慈林镇布村
43	尧王庙	古建筑	金	2013 年	七	长子县大堡头镇韩坊村
44	义合三教堂	古建筑	元	2013 年	七	长子县大堡头镇义合村
45	护国灵贶王庙	古建筑	金	2013 年	七	长子县丹朱镇下霍村
46	汤王庙	古建筑	元	2013 年	七	长子县丹朱镇前万户村
47	伏曦庙	古建筑	元	2013 年	七	长子县南漳镇中漳村
48	大中汉三嵕庙	古建筑	元	2013 年	七	长子县常张乡大中汉村
49	府君庙	古建筑	宋	2013 年	七	长子县城内东大街
50	天仙庙	古建筑	元、明、清	2013 年	七	壶关县晋庄镇庄头村
51	北甘泉圣母庙	古建筑	元	2013 年	七	平顺县苗庄镇北甘泉村

续表

序号	名称	类别	时代	公布时间	批次	地址
52	北社大禹庙	古建筑	元、明、清	2013 年	七	平顺县北社乡北社村
53	西青北大禹庙	古建筑	元、明、清	2013 年	七	平顺县东青北乡西青北村
54	北社三嵕庙	古建筑	元、明、清	2013 年	七	平顺县北社乡北社村
55	天齐王庙	古建筑	元	2013 年	七	黎城县东阳关镇辛村
56	大庙	古建筑	元	2013 年	七	黎城县东阳关镇长宁村
57	黎候古墓群遗址	遗址	西周	2013 年	七	黎城县黎候镇西关村
58	城隍庙	古建筑	明	2013 年	七	黎城县河下街 95 号
59	永惠桥	古建筑	金	2013 年	七	襄垣县城北门外北关
60	五龙庙	古建筑	元	2013 年	七	襄垣县古韩镇北关村
61	襄垣昭泽王庙	古建筑	元、明	2013 年	七	襄垣县古韩镇西街
62	真如寺	古建筑	元—清	2013 年	七	武乡县韩北乡土河村
63	洪教院	古建筑	金	2013 年	七	沁县牛寺乡南涅水村
64	南涅水石刻	石刻	北魏—宋	2013 年	七	沁县定昌镇
65	灵空山古建筑群	古建筑	明、清	2013 年	七	沁源县灵空山镇灵空山村
66	太岳军区司令部旧址	旧址	1940—1942 年	2013 年	七	沁源县沁河镇阎寨村

长治市省级文物保护单位一览表

序号	名称	类别	时代	公布时间	批次	地址
1	抗日三周年纪念塔	旧址	1940 年	1965 年	一	黎城县西井乡后寨村
2	抗日阵亡将士纪念碑	旧址	抗日时期	1965 年	一	沁源县沁河镇阎寨村
3	常行村民兵抗日窑洞战斗遗址	遗址	抗日时期	1965 年	一	壶关县东井岭乡常行村
4	老爷山革命战斗遗址	遗址	1945 年	1965 年	一	屯留县余吾镇老爷山
5	合室遗址	遗址	新石器时代	1965 年	一	潞城市合室乡合室村
6	壁头遗址	遗址	新石器时代	1965 年	一	郊区小常乡壁头村
7	八义窑址	遗址	宋	1965 年	一	长治县八义镇八义村
8	西旺墓群	墓地	殷周	1965 年	一	长子县南漳乡西旺村
9	北良侯村造像	石刻	北齐	1965 年	一	武乡县故城镇北良侯村
10	潞河古城及墓地	墓地	春秋战国	1986 年	二	潞城市辛安泉镇潞河村
11	阏與古城及墓地	墓地	东周	1986 年	二	沁县册村镇乌苏村
12	长子古城址及墓地	墓地	战国	1986 年	二	长子县丹朱镇孟家庄村
13	丈八寺塔	古建筑	唐	1986 年	二	长治县荫城镇桑梓村
14	虹梯关铭	石刻	明	1986 年	二	平顺县虹梯关乡碑滩村
15	沙窟遗址	遗址	新石器时代	1996 年	三	壶关县黄山乡沙窑村
16	脑张遗址	遗址	新石器时代	1996 年	三	屯留县西贾乡西魏村
17	石勒城遗址	遗址	晋	1996 年	三	襄垣县西营镇城底村
18	崇福院	古建筑	金	1996 年	三	屯留县路村乡王村
19	文庙	古建筑	元	1996 年	三	长子县丹朱镇东大街
20	仙堂山古建筑群	古建筑	明、清	1996 年	三	襄垣县下良镇井背村
21	秦庄东岳庙	古建筑	元、明、清	2004 年	四	壶关县龙泉镇秦庄村
22	东泰山庙	古建筑	明	2004 年	四	长治县苏店镇原家庄村
23	南宋村秦氏民宅（含南宋高楼）	古建筑	明	2004 年	四	长治县南宋乡南宋村
24	都城隍庙	古建筑	清	2004 年	四	长治县西火镇南大掌村
25	八路军总部办事处故县旧址	旧址	1937—1946 年	2004 年	四	郊区故漳乡故县村
26	三嵕庙	古建筑	元、清	2016 年	五	襄垣县侯堡镇常隆村

续表

序号	名称	类别	时代	公布时间	批次	地址
27	福源院	古建筑	明、清	2016 年	五	武乡县故城镇北良侯村
28	潦河头关帝庙	古建筑	元、清	2016 年	五	潞城市黄牛蹄乡潦河头村
29	贾村玉皇庙	古建筑	元、民国	2016 年	五	潞城市翟店镇贾村
30	辛安玉皇庙	古建筑	明、清、民国	2016 年	五	潞城市黄牛蹄乡辛安村
31	团城唐王圣帝庙	古建筑	元、清	2016 年	五	长子县南陈乡团城村
32	仁胜洪济寺	古建筑	金、明	2016 年	五	沁县郭村镇仁胜村
33	长春玉皇庙	古建筑	宋、明、清、民国	2016 年	五	长治县荫城镇长春村
34	王坊三神庙	古建筑	明、清	2016 年	五	长治县荫城镇王坊村
35	小罗灵仙庙	古建筑	元、清	2016 年	五	郊区老顶山镇小罗村
36	张村府君庙	古建筑	元、清	2016 年	五	郊区大辛庄镇张村
37	柏后神农庙	古建筑	元、清	2016 年	五	城区常青办事处柏后村
38	路堡龙王庙	古建筑	元、明、清	2016 年	五	黎城县程家山乡路堡村
39	西下庄昭泽王庙	古建筑	元、清	2016 年	五	黎城县上遥镇西下庄村
40	南社玉皇庙	古建筑	元、民国	2016 年	五	平顺县北社乡南社村
41	逢善天齐庙	古建筑	元、清	2016 年	五	壶关县集店乡逢善村
42	辛村大禹庙	古建筑	元、清	2016 年	五	壶关县集店乡辛村
43	冀南银行小寨旧址	革命文物	1939 年	2016 年	五	黎城县黄崖洞镇小寨村
44	崇福寺	古建筑	元	2016 年	五	襄垣县城内
	城隍庙		明			
	通济桥		明			
	关岳庙		元、明			
45	上村双桥	古建筑	金、明	2016 年	五	屯留县上村镇
46	赵村玉皇庙	古建筑	金、明、清、民国	2016 年	五	长治县南宋乡赵村
47	西社卫公庙	古建筑	元、清	2016 年	五	平顺县北社乡西社村
48	贾郭石窟	石窟寺	北魏、隋、唐	2016 年	五	沁源县王和镇贾郭村
49	中共襄垣县工委成立大会旧址	革命旧址	1937 年	2016 年	五	襄垣县城
50	太岳行署赵寨旧址	革命旧址	1939 年	2016 年	五	沁源县沁河镇赵寨村
51	抗大一分校女生队队部旧址	重要史迹	1939 年	2016 年	五	屯留县渔泽镇北岗村
52	潞城县人民大礼堂旧址	革命旧址	1952 年	2016 年	五	潞城市潞华街道南街社区
53	八路军太南办事处台东情报站旧址	革命旧址	1941 年	2016 年	五	潞城市成家川办事处台东村
54	潞城县抗日民主政府旧址	革命旧址	1939 年	2016 年	五	潞城市黄牛蹄乡土脚村
55	抗日五专署及刘伯承兵工厂旧址	革命旧址	1937 年	2016 年	五	城区五马街道办事处南石槽村
56	石勒寨遗址	古遗址	后赵（东晋）	2016 年	五	武乡县故县乡故县村
57	武乡玉贞观	古建筑	清	2016 年	五	武乡县丰州镇城关村
58	上党战役指挥部大丰当旧址	革命旧址	1945 年	2016 年	五	襄垣县城
59	八路军兵工厂蟠龙镇旧址	革命旧址	1938 年	2016 年	五	武乡县蟠龙镇石门村、柳沟村
60	决死三纵队二十五、三十八团团部旧址	革命旧址	1940 年	2016 年	五	沁源县灵空山镇下兴居村
61	中共太岳区党委阎寨旧址	革命旧址	1937 年	2016 年	五	沁源县沁河镇阎寨村
62	八路军军工部垂阳兵工厂旧址	革命旧址	1945 年	2016 年	五	潞城市史廻乡垂阳村
63	上党战役指挥部旧址	革命旧址	1945 年	2016 年	五	黎城县县城

长治市市级文物保护单位一览表

序号	名称	类别	时代	公布时间	批次	地址
1	六府塔（宝雨寺塔）	古建筑	金	1960年	一	城区潞华集团
2	安城村古佛堂	古建筑	明	1960年	一	长治县郝家庄乡安城村
3	李村神农庙	古建筑	清	1960年	一	郊区马厂乡李村
4	长子门村两座椭圆形拱桥	古建筑	金	1963年	二	城区长子门
5	唐碑	石刻	唐	1963年	二	（城区）长治市一中
6	景家庄宗教寺塔	古建筑	明	1963年	二	城区景家庄村
7	护国灵贶王庙	古建筑	元、明	1963年	二	城区邱村
8	尧王庙	古建筑	明	1963年	二	城区北董村
9	湛上村玄帝阁	古建筑	明	1963年	二	郊区堠北庄乡湛上村
10	南垂村崔府君庙	古建筑	清	1963年	二	郊区老顶山镇南垂村
11	关村静乐宫	古建筑	清	1963年	二	郊区老顶山镇关村
12	壶口村大禹庙琉璃狮子及八字墙照壁琉璃	古建筑	清	1963年	二	郊区老顶山镇壶口村
13	三教庙	古建筑	清	1999年	三	郊区故漳乡坡底村
14	三嵕庙	古建筑	元	1999年	三	城区五马办事处北石槽村
15	二贤庄及湛上村内唐槐	古建筑	清	1999年	三	郊区堠北庄乡湛上村
16	观音堂	古建筑	清	1999年	三	郊区王庄村
17	唐石佛及南佛寺建筑	石刻	唐、清	1999年	三	郊区黄碾镇黄南村
18	昭泽王庙	古建筑	元—清	1999年	三	开发区捉马村
19	文庙	古建筑	元—清	1999年	三	潞城市府前广场
20	碧霞宫	古建筑	元	1999年	三	潞城市翟店镇贾村
21	炎帝铜像及滴谷寺遗址	遗址		1999年	三	郊区老顶山镇百谷山中
22	黄龙洞遗址	遗址	旧石器时代	1999年	三	潞城市合室乡合室村
23	五龙山遗址	遗址	元、明	1999年	三	长治县苏店镇
24	刘邓司令部旧址	旧址	解放战争	1999年	三	长治县苏店镇北天河村
25	上党战役北关战斗遗址	遗址	解放战争	1999年	三	城区北关
26	洪福寺	古建筑	元	1999年	三	长治县荫城镇李坊村
27	关帝庙	古建筑	明	1999年	三	长子县丹珠镇同昱村
28	炎帝庙	古建筑	清	1999年	三	长子县色头镇色头村
29	琚村三嵕庙	古建筑	明清	1999年	三	长子县色头镇琚村
30	鲍店墓群	古墓葬	东周	1999年	三	长子县鲍店镇东街村东500米
31	圣母庙	古建筑	清	1999年	三	黎城县上遥镇平头东村
32	冯奉世墓	古墓葬	汉	1999年	三	黎城县停河铺乡石羊坟村
33	南丰遗址	遗址	新石器时代	1999年	三	襄垣县古韩镇南丰村
34	西营遗址	遗址	新石器时代	1999年	三	襄垣县西营镇西营村
35	晋冀豫军区布置上党战役会议旧址	旧址	解放战争	1999年	三	襄垣县城内东街
36	文昌楼	古建筑	清	1999年	三	沁源县王陶乡百草村
37	大安桥碑	石刻	清	1999年	三	壶关县店上镇北大安村
38	屯长古墓群	古墓葬	战国	1999年	三	屯留县李高乡、长子县鲍店镇
39	晋冀豫党校旧址	旧址	抗战时期	1999年	三	屯留县渔泽镇寺底村
40	南神山建筑遗址	遗址	元、明	1999年	三	武乡县上司乡韩庄村
41	古城遗址	遗址	新石器时代	1999年	三	武乡县故县乡故县村
42	千佛塔	古建筑	清	1999年	三	武乡县城

续表

序号	名称	类别	时代	公布时间	批次	地址
43	长乐战斗纪念碑	革命建筑	1939 年	1999 年	三	武乡县故县乡里庄村
44	娲皇母庙	古建筑	明	1999 年	三	武乡县韩北乡下合村
45	御书楼	古建筑	清	1999 年	三	沁县城内
46	八路军总部小东岭旧址	旧址	1938 年	1999 年	三	沁县段柳乡小东岭村
47	绍良遗址	古遗址	新石器时代	2007 年	四	壶关县店上镇绍良村
48	宁城遗址	古遗址	东周	2007 年	四	襄垣县下良镇南桥院村
49	张家洼宋合墓葬	古墓葬	宋	2007 年	四	平顺县青羊镇山南底村张家洼
50	明代尚书刘龙古墓群	古墓葬	明	2007 年	四	襄垣县下良镇肖家垴村
51	玄帝庙	古建筑	明	2007 年	四	城区中营街
52	关帝庙	古建筑	清	2007 年	四	城区常青办事处桃园村
53	民居（赵家大院）	古建筑	明、清	2007 年	四	城区五马办事处中山头村
54	民居（裴家大院）	古建筑	明、清	2007 年	四	城区五马办事处中山头村
55	原光庙	古建筑	明、清	2007 年	四	城区五马办事处秦家庄村
56	土地庙	古建筑	明、清	2007 年	四	城区五马办事处中山头村
57	孟家花园	古建筑	明、清	2007 年	四	城区花园街
58	任环故居建筑群	古建筑	明、清	2007 年	四	城区南大街 241 号南侧
59	真如寺	古建筑	元	2007 年	四	郊区老顶山镇南垂村
60	府君庙	古建筑	元	2007 年	四	郊区堠北庄镇坡栗村
61	静窑古寺	古建筑	明、清	2007 年	四	郊区黄碾镇葛家庄村
62	土地庙	古建筑	明、清	2007 年	四	郊区黄碾镇故漳北村
63	太清宫	古建筑	明、清	2007 年	四	郊区黄碾镇魏村
64	观音堂	古建筑	清	2007 年	四	郊区黄碾镇故南村
65	三圣庙	古建筑	明	2007 年	四	郊区史家庄村
66	申家大院	古建筑	明、清	2007 年	四	郊区西白兔乡中村
67	文庙戟门	古建筑	明	2007 年	四	沁县烈士陵园
68	漳河庙	古建筑	元	2007 年	四	沁县漳源镇漳源村
69	清和观	古建筑	明、清	2007 年	四	沁县郭村镇郭村
70	观音堂	古建筑	元	2007 年	四	平顺县北社乡北社村
71	观音堂	古建筑	元	2007 年	四	平顺县北耽车乡安乐村
72	观音圣母堂	古建筑	元	2007 年	四	平顺县阳高乡车当村
73	牛王楼	古建筑	元	2007 年	四	平顺县北社乡东禅村
74	奶奶庙	古建筑	元	2007 年	四	平顺县石城镇黄花村
75	唐王庙	古建筑	元	2007 年	四	平顺县北耽车乡南峧村
76	文公庙	古建筑	金	2007 年	四	平顺县苗庄镇南五马村
77	龙王庙	古建筑	元	2007 年	四	平顺县北耽车乡王曲村
78	实会龙王庙	古建筑	元－清	2007 年	四	平顺县北耽车乡实会村
79	大庙（三官庙）	古建筑	元	2007 年	四	黎城县西仵乡东旺村
80	延庆寺	古建筑	元	2007 年	四	黎城县黎侯镇南关村
81	三官庙	古建筑	元	2007 年	四	黎城县黎侯镇望北村
82	佛爷庙	古建筑	金	2007 年	四	黎城县上遥镇西下庄村
83	千佛寺	古建筑	元	2007 年	四	长子县南陈乡大南石村
84	大云寺	古建筑	元	2007 年	四	长子县大堡头镇柳树村
85	紫薇庙	古建筑	元	2007 年	四	长子县大堡头镇柳树村
86	二仙庙	古建筑	元	2007 年	四	长子县大堡头镇青仁村

续表

序号	名称	类别	时代	公布时间	批次	地址
87	成汤庙	古建筑	金	2007年	四	长子县丹朱镇鲍庄村
88	唐太宗神庙	古建筑	元	2007年	四	长子县丹朱镇西小河北庄村
89	三嵕庙	古建筑	金、元	2007年	四	长子县常张乡壁村
90	玉皇庙	古建筑	元	2007年	四	长子县南陈乡城阳村
91	三嵕庙	古建筑	金	2007年	四	长子县慈林镇崇瓦张村
92	东狱庙	古建筑	元	2007年	四	长子县南陈乡东陈村
93	护国灵贶王庙	古建筑	元	2007年	四	长子县大堡头镇两水村
94	佛爷庙	古建筑	元	2007年	四	长子县南陈乡申村
95	汤王庙	古建筑	金	2007年	四	长子县丹朱镇南鲍村
96	玉皇庙	古建筑	元	2007年	四	长子县丹朱镇南韩村
97	佛爷庙	古建筑	元	2007年	四	长子县慈林镇南贾村
98	三嵕庙	古建筑	元	2007年	四	长子县南漳镇酒村
99	龙王庙	古建筑	元	2007年	四	长子县南陈乡善村
100	佛爷庙	古建筑	元	2007年	四	长子县南漳镇南漳村
101	王郭三嵕庙	古建筑	金	2007年	四	长子县宋村乡王郭村
102	东鲍村祖师庙	古建筑	清	2007年	四	长子县丹朱镇东鲍村
103	岳阳广化寺	古建筑	元	2007年	四	长子县石哲镇岳阳村
104	五佛殿	古建筑	元	2007年	四	长子县鲍店镇北街村
105	西上坊成汤庙	古建筑	金	2007年	四	长子县丹朱镇西上坊村
106	观音殿	古建筑	元	2007年	四	壶关县集店乡东长井村
107	大明寺	古建筑	金、元	2007年	四	壶关县龙泉镇西归善村
108	二仙庙	古建筑	金	2007年	四	壶关县集店乡东旺庄村
109	九天圣母庙	古建筑	元	2007年	四	壶关县集店乡南皇村
110	老君庙	古建筑	金	2007年	四	壶关县龙泉镇清流村
111	沙窟云山寺	古建筑	元	2007年	四	壶关县黄山乡沙窟村
112	三佛观	古建筑	元	2007年	四	壶关县黄山乡上好牢村
113	关帝庙	古建筑	元	2007年	四	壶关县店上镇西坪村
114	龙王庙	古建筑	元	2007年	四	壶关县集店乡北皇村
115	白云寺	古建筑	明、清	2007年	四	壶关县桥上乡紫团村
116	三皇庙	古建筑	元	2007年	四	襄垣县夏店镇付北村
117	千手观音庙	古建筑	元	2007年	四	襄垣县上马乡流渠村
118	周成王庙	古建筑	金	2007年	四	襄垣县侯堡镇太平村
119	昭泽王庙	古建筑	元	2007年	四	襄垣县西营镇西营村
120	建封寺	古建筑	明	2007年	四	襄垣县古韩镇南里信村
121	慕容将军庙	古建筑	明、清	2007年	四	襄垣县古韩镇王家庄村
122	东嶽庙	古建筑	明、清	2007年	四	襄垣县古韩镇西李村
123	李卫公庙	古建筑	明、清	2007年	四	襄垣县古韩镇甘村
124	灵泽王庙	古建筑	元、明	2007年	四	襄垣县古韩镇北里信村
125	玉皇庙	古建筑	元、明、清	2007年	四	襄垣县善福乡善福村
126	龙王庙	古建筑	明	2007年	四	襄垣县下良镇下良村
127	关爷庙	古建筑	明、清	2007年	四	襄垣县西营镇西营村
128	三教庙	古建筑	明	2007年	四	襄垣县侯堡镇西回辕村
129	古佛庙	古建筑	明、清	2007年	四	襄垣县夏店镇西北阳村

续表

序号	名称	类别	时代	公布时间	批次	地址
130	五龙庙	古建筑	明、清	2007 年	四	襄垣县夏店镇范家岭村
131	玉皇庙	古建筑	明	2007 年	四	襄垣县古韩镇上峪村
132	龙王庙	古建筑	明	2007 年	四	襄垣县古韩镇崔村
133	三教庙	古建筑	明、清	2007 年	四	襄垣县古韩镇仓上村
134	大禹庙	古建筑	元	2007 年	四	潞城市成家川办事处郭家庄村
135	显庆寺	古建筑	元	2007 年	四	潞城市辛安泉镇上村
136	玉皇庙	古建筑	金、元	2007 年	四	潞城市翟店镇东天贡村
137	东岳庙	古建筑	元	2007 年	四	潞城市翟店镇郭村
138	关帝庙	古建筑	清	2007 年	四	潞城市店上镇北村
139	府君庙	古建筑	清	2007 年	四	潞城市店上镇常庄村
140	观音堂	古建筑	金	2007 年	四	长治县南宋乡赵村
141	玉皇庙	古建筑	元	2007 年	四	长治县南宋乡北宋村
142	唐王庙	古建筑	金	2007 年	四	长治县荫城镇中村
143	祖师庙	古建筑	金	2007 年	四	长治县八义镇龙山村
144	玉皇庙	古建筑	元	2007 年	四	长治县荫城镇郭良村
145	石佛寺	古建筑	元	2007 年	四	长治县郝家庄乡东下郝村
146	法云寺	古建筑	元	2007 年	四	长治县八义镇西八村
147	慈禧故里	古建筑	清	2007 年	四	长治县北呈乡西坡村
148	玉皇庙	古建筑	元	2007 年	四	长治县荫城镇琚寨村
149	贾桂楼	古建筑	清	2007 年	四	长治县荫城镇琚寨村
150	古佛堂	古建筑	元	2007 年	四	长治县韩店镇东呈村
151	南和玉皇庙	古建筑	清	2007 年	四	长治县韩店镇韩店村
152	碧霞元君行宫	古建筑	元	2007 年	四	长治县郝家庄乡高村
153	关帝庙	古建筑	明	2007 年	四	长治县荫城镇大峪村
154	娘娘院	古建筑	清	2007 年	四	长治县郝家庄乡上秦村
155	应感庙	古建筑	宋	2007 年	四	武乡县监漳镇监漳村
156	永宁寺	古建筑	金	2007 年	四	武乡县故城镇岸北村
157	广福院	古建筑	金	2007 年	四	武乡县石盘乡会同村
158	圣母庙	古建筑	清	2007 年	四	武乡县泳泉乡泳泉村
159	奶奶庙	古建筑	元	2007 年	四	屯留县上村镇北宋杜村
160	三晋第一碑	石刻	北朝	2007 年	四	平顺县东寺头乡东寺头村
161	妙轮寺舍利塔	石刻	五代	2007 年	四	平顺县东寺头乡东寺头村
162	长治牺盟会旧址	革命文物	抗日战争时期	2007 年	四	城区英雄路莲花巷 5 号
163	李顺达故居	革命文物	近代	2007 年	四	平顺县西沟乡西沟村
164	北方局高干会址	革命文物	1940 年	2007 年	四	黎城县洪井乡北社村
165	八路军总部军法处、会昌校	革命文物	1939—1940 年	2007 年	四	襄垣县西营镇花宝拐村
166	上党战役土落截击战遗址	革命文物	16711	2007 年	四	襄垣县虒亭镇土落村
167	上党战役指挥部大平旧址	革命文物	16712	2007 年	四	襄垣县夏店镇大平村
168	神头之战旧址	革命文物	1938 年	2007 年	四	潞城市微子镇神头村

【争取文物保护经费】 2016 年，长治市共争取文物保护经费 9091 万元，其中国家级文物保护专项经费约 7036 万元，共 25 个项目，省级文物保护经费 1830 万元，共 22 个项目，省级古建筑日常养护经费 175 万元，市级文物保护专项经费 50 万元，涉及 9 个项目。

【文物保护项目管理】 2016 年，长治市外事侨务和文物旅游局全面做好文物保护项目管理工作。国、省保立项报告共编制完成并报送 38 个，通过批复18个。国、省保方案共编制完成并报送4个，通过批复4个。全年，共召开省、市保方案评审、网审3次，共评审方案7个，通过7个，批复5个；共网审方案13个，通过11个。

2016年，长治市共有11处文物保护工程项目完工，并通过省、市有关部门验收。其中，国保2处（长子尧王庙、长子天王寺），省保1处（城区刘伯承兵工厂旧址），市保8处（襄垣周成王庙、长治县东呈古佛堂、武乡千佛塔、城区孟家花园、沁县漳河庙、长子王郭三嵕庙、武乡应感庙、壶关清流老君庙）。

【国、省保养护工程】 2016年，山西省文物局拨付长治市国省保古建筑日常养护工程175万元。为合理分配并使用好日常养护经费，长治市外事侨务和文物旅游局采取“一报二查三筛四核对”的办法，制订养护经费的分配依据，并经局党组会议研究决定，确定养护经费的分配方案。做好全市古建筑日常养护工程的监管工作。

【第一次全国可移动文物普查工作】 按照国务院和省政府的统一部署，长治市于2013年7月启动第一次全国可移动文物普查工作。2016年，长治市外事侨务和文物旅游局完成16家行业内单位，25家行业外文物收藏单位30628条223927件文物数据的采集工作，编制上报《长治市第一次全国可移动文物普查工作报告》。率先在全省范围内绘制完成全市文物保护单位分布图，以地图形式全面反映全市各级文物保护单位以及各类博物馆的分布情况。

【地下文物保护】 2016年，长治市外事侨务和文物旅游局配合市基本工程建设，对长治市兴建房地产开发有限公司金威家园小区建设项目、屯留县城镇建设房地产开发公司花园小区住宅楼建设项目、山西省第三建筑工程公司屯留分公司果园世纪城建设项目等7个项目工程用地进行勘探，勘探面积约10万平方米；配合省考古所完成屯留余吾煤矿太行润滑油项目工地、长临高速屯留李高工地等墓葬的发掘工作，共发掘墓葬150余座；配合省博物院完成碾张元代墓葬的搬迁工作。

【博物馆建设】 2016年，长治市推进全市博物馆建设和陈列布展，完成八路军总部王家峪旧址《八路军总部在太行》数字化展示项目，编制《平顺县文物博物馆陈列展示设计方案》和《白杨坡认知中心主体设计方案》。平顺县太行三村生态博物馆的豆口、岳家寨村周边环境整治一期工程完工，白杨坡村认知中心陈列布展项目设计方案开始公开招投标。

平顺龙门寺　　（李慧娟　供图）

【文物安全监管】 2016年，长治市外事侨务和文物旅游局开展文物安全执法工作。以重点时段检查、日常安全巡查、专项检查相结合，加强文物安全执法检查工作。全年开展安全执法巡查检查500余次，检查文物单位1200余处，发现、整改安全隐患190余处，做到防患于未然。全市范围内的文物保护单位基本消除建筑区域内私搭乱建、摆摊设点、违规燃香等影响文物安全的违规行为。

（李慧娟）

（责任编辑：曾晋芳）

档案工作

【档案馆达标工作】 2016年，长治市档案馆通过省一级馆标准重新认定，城区档案馆通过省二级馆标准认定，沁源、黎城、沁县、长子县档案馆达省三级馆标准。

【资源建设】 2016年，长治市档案馆接收58个市直单位档案27645卷（件）档案进馆；城区档案馆接收52个单位4800件原生电子档案；长子县组织专门人员深入各项目拆迁改造现场，跟踪拍摄反映县城旧貌的民宅、街景等照片300余张；潞城市征集到反映该市在二十世纪七八十年代社会发展的各方面的照片和视频档案120件；沁县县委、县政府两办发文，收集奖牌、奖杯、证书、印章等实物档案440件，个人奖品、荣誉证书286件，原省级劳模王兰孩的个人全套实物档案210件。据统计，2016年以来，市县两级档案部门共接收档案116776卷（件）。

【信息化建设】 2016年，长治市档案馆对案卷级和文件级目录数据库进行维护、增量及数据库备份工作。截至年底，共完成档案目录数据库增量5万余条，目录数据库总量达到90万余条。沁县、沁源、长子、襄垣、长治县开展目录数据库录入和全文扫描工作；城区通过档案网络系统实现80多个全宗单位档案数据目录的远程在线移交，建立民生档案专题数据库。

【鉴定划控】 2016年，长治市档案局完成1986年前（含）馆藏档案鉴定划控工作，划控标准到件；完成馆藏1986年至2006年涉密档案标注工作。各县市区也开展相关工作，馆内业务建设得到规范。

【档案查阅服务】 2016年，长治市各级档案工作者创新服务方式，提高服务质量。市馆推行“首问负责制”；平顺县开展“档案服务窗口体验月活动”；长子县接待土地证存根查阅者，为县城改造拆迁提供依据；城区做出百姓办事“零障碍”、服务内容“零缺失”、服务对象“零投诉”的服务承诺，满足百姓利用需求。据统计，全年全市各级档案馆累计接待档案查阅利用者17249人次，提供档案32479卷（件）。

【基础设施建设】 2016年，长治市各级档案部门继续推进新馆建设。市档案局向市政府作新馆项目建设规范设计功能情况说明，提交关于市档案局在新馆建设中应该担负的职责文件材料，就新馆设计提出合理化建议。沁县新馆建设工程全部完成，进入验收阶段；沁源、长治县新馆完成主体工程建设，进行内部装修；黎城县新馆主体工程接近尾声；郊区、屯留县完成新馆选址工作。沁县拟投入30万元用于设施设备购置；长子、屯留、襄垣等县区还配备密集柜、报纸架、电脑、扫描仪等档案装具和办公设备，档案保管条件得到改善。

【机关、团体、企事业及农村档案工作】 2016年，各级档案部门按照《山西省机关档案工作目标管理办法》《山西省企业科技事业单位档案工作规范化管理等级评定标准》和国家档案局、民政部、农业部关于《社会主义新农村建设档案工作示范县实施办法》的要求，加强指导服务工作，推动机关、团体、企事业单位和农村档案管理水平逐步提高。市档案局把潞城市作为承包地确权管理试点；对市直及各县市区机关事业单位养老保险管理服务中心、市财政局所属13个单位和市中医院、二院档案工作进行重点指导；在潞宝集团开展非公企业示范档案室创建工作，9月6日，潞宝集团综合档案室被省档案局命名为“山西省非公企业示范档案室”，成为山西省首家山西省非公企业示范档案室；襄垣、潞城市开展村档乡管工作；黎城县指导部分乡镇创建社会主义新农村建设档案工作示范乡；屯留、郊区围绕美丽乡村建设，狠抓承包地确权档案工作。

【档案法治工作】 2016年，长治市档案局对全市档案部门执法人员和市财政系统档案工作人员进行档案知识培训；在潞宝集团举办档案法律法规及档案安全管理知识讲座；对部分县（市、区）的撤并乡镇和县直机关开展执法检查，对在检查中发现的未按时移交档案和档案实体存在安全隐患的单位下《责令整改通知书》和《书面告知书》。屯留县档案执法人员全部实现持证上岗，并对部分乡镇、单位下达执法检查通知书；武乡县联合县法制办，对8个撤并单位档案工作进行执法检查；平顺县对全县各单位和12个乡镇开展执法检查，对存在问题的单位和乡镇下发整改通知书，要求限期整改；郊区人大、政府部门负责人组成检查组对全区贯彻“一法一例”情况进行检查。

【档案宣传工作】 2016年，全市各级档案部门普遍利用“国际档案日”和“12·4”国家宪法日开展宣传活动。长治市档案局深入街道、学校、村镇和农户开展“档案与民生”为主题的档案宣传活动；在市政务大厅“直通政务厅”电台直播栏目中，现场解答档案法律法规知识；《中国档案报》发行工作被中国档案报社评为“发行先进单位”。各级档案部门开展档案文化编研出版工作，长治市档案局编辑出版《长治档案》《人民日报元旦社论汇编》《长治大事记》等期刊、资料；城区档案局汇编《城区档案馆基础数字汇编》《砥砺奋进40年，扬帆起航谋新篇》等资料；屯留编辑印发《我爱我家》宣传画册；长子县编写《长子县区划沿革》等编研材料。

【档案安全建设】 2016年，长治市各级档案部门加强档案安全保管的基础设施建设，配备完善“八防”设施设备；市档案局更换无酸纸档案盒约2万个。市档案局、平顺县档案局分别与芜湖、济南市历下区档案局进行重要档案异质异地备份。各级档案部门普遍成立档案安全工作领导小组，制订应急预案。

（李千红）

（责任编辑：罗　艳）

卫生概况

【概述】 2016年，长治市共有医疗卫生机构5063个，其中，医院、卫生院169个，妇幼保健机构15个，疾病预防控制中心15个，卫生监督机构15个。病床位16290张，其中医院、卫生院11585张。卫生技术人员18712人，其中，医生8038人，注册护士7506人，药剂人员960人。乡镇卫生院132个，床位2808张，乡村医生和卫生技术人员6903人。

2016年，长治市卫生和计划生育委员会（以下简称市卫计委）为正处级建制，是市人民政府主管医疗卫生计生工作的组成部门，内设14个行政科室，行政编制46名。委属事业单位24个，其中，市级综合医院3所，中医医院2所，公共卫生机构2所，学校1所，委属参公事业单位3个，科级事业单位13个。长治市被省卫生和计划生育委员会表彰为“2016年目标责任考核优秀市”。全市卫生计生系统有30多项工作分别受到国家和省市表彰。

【县级公立医院综合改革】 2016年，长治市13个县（市、区）财政累计投入药品零差率补偿2530万元，完善财政补偿机制。各县市区均建立公立医院管理委员会，出台县级公立医院绩效评价实施办法。平顺县在国务院医改办公立医院综合改革复核评价中取得佳绩。沁源县政府强化主体责任，2014至2016年公立医院基础设施建设投入累计达8400多万元。长子县通过六项措施加大医联体工作力度，示范效应显现。

【城市公立医院综合改革】 2016年12月19日，市卫计委组织召开长治市城市公立医院实行药品零差率销售新闻发布会，12月20日起，全市13家城市公立医院所有药品（中药饮片除外）实施零差率销售。

【分级诊疗制度】 2016年，长治市新农合分级诊疗病种新增60种，达110种。市卫计委以高血压、糖尿病等慢性病和结核病防治管理为突破，通过差别化报销政策，引导参保人员基层就医、就近就医。

【药品供应保障】 2016年，长治市基层医疗机构累计采购基本药物1.90亿元，配送1.76亿元，配送率92.3%，配送金额及配送率高于往年，基层医疗机构基药占比保持在90%以上。全市53家二级以上公立医疗机构，除城区妇幼保健院、长子县妇幼保健院因无临床医疗业务外，全部实施药品阳光分类采购。

【新农合保障】 2016年，长治市新农合参合221.49万人，参合率98.58%。门诊慢性病保障病种达37种，重大疾病保障病种达24种，政策范围内住院费用报销比例达81.48%，补偿封顶线提高至18万元，实现按病种、床日、人次付费等多种支付方式。

【基层卫生工作】 2016年，长治市13个县市区成立集中核算中心，覆盖144个基层医疗卫生机构。乡镇卫生院建立乡村两级医疗风险基金、事业发展基金、乡村一体化管理考核奖励基金、乡镇卫生院内部考核奖励基金。落实老年村医退养补助，提高在岗乡村医生养老保险费缴纳标准、岗位津贴和公共卫生服务补助标准、基本药物零差率补助标准、考核奖励补助标准。

【医疗惠民新模式】 2016年，长治市卫计委“进村接地气，入户送健康”下乡挂职医疗小分队服务实现行政村全覆盖，累计开展义诊9万多人次，举办健康讲座500余场，惠及基层群众50余万人。

【基层医疗服务能力】 2016年，长治市共建立县乡医联体70个、院社医联体42个。创建“群众满意的乡镇卫生院”42个，潞城合室、沁源李元、屯留河神庙等11个卫生院获国家级先进单位。城区东街、太东社区卫生中心获省级社区卫生提升工程示范单位。39个乡镇卫生院建设特色科室，医疗服务能力提高。

【中医药事业】 2016年，长治市中医院作为全省首批“治未病”建设项目单位，开展中医“治未病”服务平台建设。48所基层医疗机构成功创建山西省中医药特色基层医疗机构，完成12个中医馆建设项目。创建省级重点专科12个，新遴选市级重点专科19个。屯留县、沁县、沁源县、壶关县、长治县、潞城市开通中医药适宜技术推广网上培训。全市17个社区卫生服务中心、131个乡镇卫生院、59个社区卫生服务站、2769个村卫生所都能提供中医药服务。

【人才队伍建设】 2016年，长治市6名高端领军人才、88名骨干精英人才和612名基层适宜人才入选全省“百千万”人才培养工程。29名学术技术带头人共获得国家级科研项目（课题）及学术论文获奖14个、省级19个、市级11个，出版著作4部。新推荐学术技术带头人9名、享受省政府特殊津贴学科带头人1名。长治卫校通过国家中等职业教育改革发展示范学校建设终期验收。

【医疗服务质量】 2016年，长治市5所三级综合医院临床路径管理达15个专业60个病种以上、13所县级综合医院临床路径管理达10个专业40个病种以上。二级以上综合医院优质护理服务病区实现全覆盖。全市三级综合医院和长子县、襄垣县、沁源县人民医院试点开展住院病人“无陪护”工作。开展“平安医院”建设。全年安全供血5.27万单位。

【医疗机构监管】 2016年，长治市医药购销领域纠正行业不正之风治理工作部署会议召开。开展重点医疗机构和重点县市区药品高值耗材阳光采购专项督导检查、医疗机构依法执业大检查。开展民营医院、门诊部、体检中心整治规范，并对重点单位整改工作进行“回头看”。

【医养结合工作】 2016年，长治市范围内开展医养结合工作情况摸底调查，市政府办公厅转发市卫生计生委等部门《关于推进医疗卫生与养老服务相结合实施意见》，在市二院、惠丰医院开展试点工作。

【疾病防控工作】 2016年，长治市免疫规划任务完成，儿童预防接种信息省内互联互通。学校艾滋病防治宣传教育全覆盖，340名艾滋病病人得到免费治疗。全市二级及以上医疗机构建立食源性疾病病例信息监测报告制度，食源性疾病监测完成率100%。2015年至2016年，共完成农村60～64岁老年人免费健康体检14.42万人、65岁以上老年人免费健康体检19.36万人。全年发放健康宣传“口袋书”435.83万册，举办健康大讲堂讲座1596场，累计受益群众300余万人。

【妇幼健康服务能力】 2016年，长治市医院、和平医院、和济医院和市妇幼保健院被确定为市级危重孕产妇与新生儿救治中心。全市孕产妇系统管理率为89.19%，0～6岁儿童健康管理率为91.75%，0～6岁儿童系统管理率为91.19%。婚前检查和孕前优生健康检查整合实施，全市共检查30204人。“健苗工程”全年共采集血片36093人，筛查31147人，全部进行遗传咨询和生活指导。壶关县、沁县被评为全省妇幼健康优质服务示范县，城区五马社区卫生服务中心等13个乡镇卫生院（社区卫生服务中心）被评为全省乡级妇女儿童规范化门诊单位。

【监督执法】 2016年，长治市共监督检查各类监管机构17208户次。公共场所、学校卫生、生活饮用水供水单位、采供血机构和放射诊疗单位监督覆盖率均达100%，医疗机构监督覆盖率99.21%。共查处各类违法案件157起，警告97起，罚款115起、36.9万元，没收非法所得4起、5515元。

【爱国卫生工作】 2016年，长治市实现省级卫生县城（城市）全覆盖，国家卫生县城（城市）数量和占比均列全省首位。长子县成为全省农村垃圾治理示范县。在全省爱国卫生清洁运动综合考核中，长治市名列全省11个地市第2位，受到省政府通报表彰。

【应急处置机制】 2016年，长治市市级突发公共卫生事件专家咨询委员会和市级卫生应急队伍调整充实。举办输入性疟疾处置演练和急性传染病处置培训班。市120救援中心全年派车4915次，救治4706人。

【扶贫工作】 2016年，长治市推行“先诊疗后付费”服务方式。建立“住院费用周转金制度”，开通建档立卡贫困人口及医疗保障扶贫对象就医“绿色通道”，贫困人口孕产妇县域内实行免费住院分娩。全年，7110人次累计享受新农合上浮报销144.51万元。为武乡县、壶关县、平顺县、沁县、沁源县5个贫困县培养51名农村医学生。缓解村医老化后继无人问题。全市健康扶贫“五个一”活动共组建医疗工作队291支、赠送健康手册16.69万套、开展疾病筛查4.54万人、出具健康处方15.22万份、签订服务协议18.29万份、留下亲情号码25.75万个。制订出台大病集中救治工作方案。市级集中救治的241名病人新农合起付线降至300元、报销比例提高到80%。2016年，全市共有111名患者入住指定医疗机构治疗，94名患者已治愈出院。

（刘琰青）

（责任编辑：栗　苗）

疾病预防控制

【概述】长治市疾病预防控制中心成立于2004年9月，是市政府举办的实施疾病预防控制与公共卫生技术管理和服务的公益性事业单位，为正处级建制，隶属于市卫生局管理，核定编制83人。截至2016年年底，实有在编职工69人，其中领导班子主任、副主任各1人，科级干部28人（其中正科16名，副科12名）；专业技术人员占职工总数的68.12%，其中高级职称12人，中级职称25人，初级职称10人；内设15个科室（行政办公室、党办、人事与宣传教育科、财务科、传染病与慢性非传染病防治科、免疫规划科、性病艾滋病防治科、结核病防治科、地方病防治科、应急与消杀科、质量控制管理科、综合卫生与职业病防治科、预防性健康体检中心、卫生检验中心、后勤管理科）；中心党组织建设为党总支，实有党员58名，分设行政、业务、老干3个党支部。

【传染病防控工作】2016年，长治市乡镇卫生院以上医疗卫生机构实现传染病疫情网络直报，建成市、县、乡、村四级传染病疫情报告网络；完善传染病自动预警系统，提升对疫情流行态势做出科学研判的能力。2016年，全市无甲类传染病报告，报告乙、丙类传染病19种，12024例，发病率351.54/10万，与2015年同期相比上升2.79%，死亡17例，死亡率0.50/10万。

【免疫规划】2016年，长治市完成25万名0～6岁儿童一类苗配送工作，完成常规疫苗接种90余万人次。全市以乡为单位免疫规划疫苗报告接种率达99.47%；对适龄儿童开展脊灰疫苗和麻风疫苗查漏补种工作；并对麻疹、脊灰、乙脑、流脑、乙肝等疫苗针对传染病疑似病例及疑似异常反应开展监测、流调工作。

【艾滋病防控】2016年，长治市监测各类重点人群911223人，发现HIV抗体阳性97例；新增治疗人数105人，共对349名艾滋病病人进行免费抗病毒治疗；开展艾滋病全方位服务和干预工作。

【结核病防控】2016年，长治市完成中盖结核病武乡项目试点工作。全年全市共登记活动性肺结核病人1325人，非结防机构网络报告应转诊肺结核患者和疑似患者1092例，总体到位1042例，总体到位率95.42%；全市上年同期登记新涂阳肺结核患者141例，治愈135例，治愈率95.74%。

【食品安全风险监测】2016年，长治市印发《2016年长治市食品安全风险监测实施方案》；对各县市区卫生行政部门、疾控机构、52家二级以上医疗机构相关人员进行食品安全风险监测业务知识培训；在黎城县试点开展食品安全风险监测县乡村一体化工作。截至2016年年底，长治市的食品污染物及有害因素监测和食源性疾病监测工作各县市区全覆盖，全年全市食品中化学污染物和有害因素监测采样166份，食源性致病菌采样224份，特定病原体病例信息采集243例，食源性疾病病例信息采集1830例；报告并及时处置食源性疾病暴发事件26起。

【卫生应急】2016年，长治市重新修订完善重大传染病疫情、食物中毒事件等应急处置预案，强化队伍建设和物资储备；与各县市区疾控中心联动，组建三支应急分队，建成功能完善、反应迅速、运转协调的全市突发公共卫生事件应急机制。12月16日，进行中东呼吸综合征病例应急处置桌面推演，提升应急处置工作水平和能力。

【地方病防治】2016年，长治市针对布病发病较高的沁源、武乡、沁县、屯留、长子、郊区、黎城、襄垣等县开展布病防治知识宣传到农村，行为干预到养殖户活动，通过现场挂横幅、设咨询台、问卷调查和发放药皂、围裙、乳胶手套等方式，向广大群众宣传布病防治知识，提高大众人群和职业人群自我防病意识。在沁源、沁县、黎城3个布病防治项目县开展摸底情况调查、血清学检测和行为干预工作。全市共报告新发病例239例，无死亡病例，无爆发疫情。

【消毒与病媒生物控制】2016年，长治市疾控中心监测医疗机构消毒质量67所，采样1006份，合格率为93.6%；监测托幼机构消毒质量21所，采样379份，合格率为93%。在城区开展登革热媒介伊蚊监测工作，共监测4次，调查811户次；在壶关县、长子县、潞城市和沁源县开展疟疾媒介监测工作，其中，壶关县疾控中心捕获一只中华按蚊。全年，各县市区共捕获成蚊2770只，密度为0.11，捕获苍蝇2427只，密度为6.49，捕获老鼠290只，密度为0.009，捕获蟑螂1291只，密度为0.15。

【卫生检测检验】2016年，长治市疾控中心完成艾滋病自愿咨询检测99人份，检出阳性13人，HIV（人类免疫缺陷病毒）复核157人份，CD4/CD8检测667份，HIV病人病毒载量检测标本分离233份，哨点监测770人份，自愿咨询检测外展1100人份；流感核酸检测253份，禽流感检测240份，手足口核酸检测393份，麻疹检测64份，风疹检测64份，疟疾检测复核140份，食源性腹泻检测239人份，食品中致病菌监测226份，公共卫生及消杀样品检测215份；外送水样150余份，水质监测1178份，农村环境监测土壤样品60份。并完成中心质控和省级、国家级盲样考核。

（龙青叶）

（责任编辑：栗　茁）

爱国卫生

【概述】 2016年，长治市爱国卫生运动委员会（以下简称长治市爱卫会）深入开展爱国卫生运动，巩固发展国家卫生城市、卫生县城创建成果，开展城乡爱国卫生清洁运动、农村改厕和病媒生物防制工作。

【城乡爱国卫生清洁运动】 2016年，长治市爱卫办组织机关、企事业单位、学校、城乡居民开展环境卫生大整治。治理垃圾围村、围路和村内乱堆乱放等乱象，改善乡村面貌。在全省爱国卫生清洁运动综合考核中，长治市在设区城市中名列第2、潞城名列县级市第3，武乡、长子、平顺、壶关县分别进入全省县（区）前27名，壶关县大峡谷进入全省旅游景区前15名，受到省政府通报表彰。

【国家卫生县城“满三年复审”】 2016年，长治市壶关、沁源2县于6月接受省爱卫办复审暗访考核，通过国家卫生县城“满三年复审”关。

【农村改厕】 2016年，长治市爱卫办将5.77万座农村改厕任务分解到各县（市、区），制订改厕工作方案，印制并下发宣传资料，组织人员参加全省农村改厕技术专门培训会，潞城、长子、平顺、郊区等改厕试点县（市、区）取得改厕经验，市爱卫办对全市的农村改厕工作进行督导检查。在市财政配套资金不到位的情况下，完成省下拨的以奖代补资金到位的2000座改厕任务，并通过省爱卫办专家的检查验收。

【病媒生物防制】 2016年，长治市爱卫办下发《全市开展春季灭蚊活动的通知》，转发国家卫计委《关于加强寨卡病毒、登革热等蚊媒传染病防控工作的通知》，免费为贫困村发放除四害药物。各县市区结合春夏秋冬季节特点，开展环境卫生整治活动，消灭卫生死角，铲除四害孳生地，按照“统一指挥、统一行动、统一时间、统一用药、统一方法”开展病媒生物防制工作，完成全年病媒生物防制任务。

【爱卫月活动】 2016年4月是全国第28个爱卫月。长治市各级爱卫会组织发动群众，开展春季爱卫运动。其间，开展城乡环境整洁行动，开展除害防病工作，开展多种形式的宣传活动，市爱卫办邀请健教专家对200余名环卫工人进行健康知识讲座。制订《长治市建立城乡环境卫生管理长效机制》。

【扶贫工作】 2016年，长治市爱卫办印发《长治市开展贫困村“村容村貌、户容户貌、民容民貌”专项整治实施方案》，制订贫困村“村容村貌”“户容户貌”“民容民貌”达标标准，印制宣传挂图和手册，制作“三容三貌”宣传片，在全市范围内开展贫困村“三容三貌”达标活动，为改变全市贫困村的精神面貌打下基础。

（李　杨）

（责任编辑：栗　茁）

血液采供

【概述】 2016年，长治市中心血站采集全血28788人、54069单位，同比2015年下降0.7%，血小板采集1764人、3197单位，同比2015年增长5.1%。临床供红细胞制剂52723单位，同比去年增长0.8%；机采成分血3163单位，比去年增长6.1%。支援其他兄弟血站红细胞747单位、血小板9个治疗量。固定献血人数17066人次，占采集总人数的56%。

【血液检测】 2016年，长治市中心血站酶免实验室做实验410次，检测样本30552份；比上年下降0.25%。核酸实验室做实验299次，检测样本累计30465份。合格样本30006份，占检测总数的98.21%；不合格样本548份，占检测总数的1.79%。不合格样本中ALT 283份（0.93%），HBsAg51份（0.17%），抗-HCV 59份（0.19%），梅毒抗体80份（0.26%），抗-HIV 21份（0.07%），HBV-DNA不合格15份（0.049%），HIV-RNA1份（0.003%），HIV-RNA1份（0.003%），其他41份（0.13%）。

全年参加国家卫计委临检中心组织的室间质评（传染病标志物、血型3次，全血细胞计数2次）、省临检中心组织的室间质评2次，参加山西省CDC性病艾滋病监测中心的室间质评1次，均为合格。

市中心血站送市CDC检抗-HIV初筛有反应样本21份，其中，有5

长治市献血车

份为阳性，2份可疑，14份为阴性。

市中心血站送国家卫计委临检中心核酸有反应样本17份，回馈14份，其中HBV-DNA份阳性9份，HCV-RNA阳性1份。

【世界献血者日活动】 2016年6月14日，长治市卫生计生委、市红十字会、市中心血站及各有关医疗机构等在八一广场集会，拉开长治市纪念世界献血者日系列活动帷幕。在活动现场，医务工作者向过往群众讲解献血知识，免费测血压和化验血型500余人次。市无偿献血志愿者服务队发放宣传资料1000余份。当天共有169人参加献血，献血量达61800毫升。

【无偿献血宣传】 2016年，长治市中心血站依靠新闻媒体扩大无偿献血宣传工作，与市电视台、上党晚报、新闻网等多家新闻媒体联系，保证宣传效果。长治日报和上党晚报在6月14日刊登长治市“全国无偿献血奉献奖”获得者人员名单，刊登副市长王贵平致全市无偿献血者的感谢信；在有线电视平台上播放流水字幕和公益广告宣传献血知识；黄河新闻对长治市无偿献血和志愿服务工作进行访谈。市中心血站与长治广播电视台围绕2016年献血日主题合作拍摄专题片，激发公民参与无偿献血的热情。

市中心血站向市直、驻市二级以上医疗机构及各县级医院提供世界献血者日宣传海报200余份，张贴在医院醒目位置，营造无偿献血氛围；向各医疗机构提供各种无偿献血宣传资料5000余份，便于开展无偿献血宣传活动。

6月13日至14日长治市中心血站为3.5万余名献血者发送节日祝福短信。血站内部印制无偿献血宣传资料，制作4块大型宣传版面和5条主题条幅，订制宣传海报。通过长治血站网、短信平台等发布献血知识。

（郭雅玲）

（责任编辑：栗　茁）

红十字会

【概述】 2016年，长治市红十字会贯彻落实《山西省人民政府关于促进红十字事业发展的实施意见》，出台《长治市人民政府关于促进红十字事业发展的实施意见》。开展“博爱一日捐”工作。做好灾情上报及应对工作。争取爱心企业支持，为市天使特殊教育学校的孤残儿童捐赠10万元善款。做好红十字会与红新月国际联合会资助的第三轮耐药/复治结核病预防与救助项目，为参与项目的50名贫困耐药结核病患者提供经济援助、医疗救助和心理支持。推进应急救护知识“进机关、进企业、进社区、进学校、进农村”工作，制订《长治市机关、企事业单位红十字应急救护培训工作方案》，普及培训7725人，发证培训662人。宣传招募造血干细胞捐献志愿者507名；实施公民逝世后器官捐献3例，捐献大器官8个，使7位脏器衰竭患者获得新生；3人成功捐献眼角膜，使6位眼疾患者重见光明；1人捐献遗体。

【“博爱一日捐”活动】 2016年，长治市共募捐善款252.1569万元。其中，市级29.5248万元，县级222.63万元。争取爱心企业支持，在第26个“全国孤残日”为长治市天使特殊教育学校募集善款10万元。与市卫计委联合尝试建立困难群体救助金，探索建立常态募捐机制。

【强化备灾救灾能力】 2016年，长治市县两级红十字会健全完善应急救援体系，修订完善《自然灾害和突发公共事件应急预案》，加强备灾仓储管理，新增应急备灾仓库240平方米。截至2016年年底，全市共储备145万元救灾金和53.8万元的帐篷、棉被、雨具等救灾物资。开展应急救援演练2次，组织参与应急救援8次，转移灾民、救助受困人员430人，发挥应急救援作用。全市13个县（市、区）上报灾情，得到中国红十字会总会和香港特别行政区红十字会、省红十字会重视，支援长治市救灾家庭包300箱，价值96390元。

【博爱系列救助活动】 2016年，长治市各级红十字会筹集价值65万元的救助物资发放到困难群众手中。争取中国红十字基金会天使阳光、小天使基金支持，上报先心病和白血病患儿救助材料32人份，21人得到53万元的医疗救助。武乡县争取到太原市嘉隆房地产开发有限公司定向捐赠的价值50万元医疗器械，改善革命老区群众的就医条件。

申报4个AAAA级旅游景点“幸福天使”卫生站项目。做好红十字会与红新月国际联合会资助的第三轮耐药/复治结核病预防与救助项目。此项目争取国际援助33.71万元。

【应急救护普及培训】 2016年，长治市制订《长治市机关、企事业单位红十字应急救护培训工作方案》，明确责任分工、工作要求、培训任务和进度。全年15个企事业单位、8个社区、8所学校、2支救援队和1支志愿者服务队接受培训。全市培训居民7725人，662人取得急救证。组织参加全省中小学红十字应急救护知识专题教育活动，提高学生应急救护知识水平。

【献血工作】 2016年6月14日“世界献血者日”，长治市红十字会与市卫计委联合组织开展宣传活动。红十字无偿献血者志愿服务队20多名志愿者参与无偿献血宣传和献血服务；71名市民自愿无偿献血，捐献血液14200毫升。7月，由屯留县红十字会提供场所，市中心血站提供技术支持的全市第一个县级爱心献血屋建成启用，当天有74名群众自愿无偿献血，捐献血液28000毫升。2016年，全市 21584 人次无偿献血，捐献血液 40914 单位，同比增长 1.7%。

【造血干细胞捐献】 2016 年，长治市红十字会成功招募造血干细胞捐献志愿者 507 名，累计 8334 人份。全年进行高分辨血样采集 8 人份；3 人实施捐献。

【人体器官捐献工作】 2016 年，长治市 47 人进行人体器官捐献登记；实施公民逝世后器官捐献 3 例，捐献大器官 8 个，使 7 位脏器衰竭患者获得新生；3 人成功捐献眼角膜，使 6 位眼疾患者重见光明；1 人捐献遗体。

【红十字青少年与志愿服务工作】 2016 年，长治市红十字会组织红十字青少年参加中国红十字会报刊社开展的防灾避险知识竞赛。“世界防治结核病日”期间，邀请专家到长治市二中、火炬中学，举办健康教育讲座。与市防艾办联合在长治医学院、长治学院开展“青春红丝带”创意宣传大赛，收集作品 77 件，27 件作品获奖。

组织造血干细胞志愿者学习应急救护知识和红十字知识，提高志愿者的综合素质和服务能力。“3·5”学雷锋日，组织无偿献血志愿服务队和造血干细胞志愿服务队两支志愿者队伍开展学雷锋志愿服务活动。2016 年，参与活动志愿者 2570 人次，志愿服务时间达 7710 小时。

（张峥嵘）

（责任编辑：栗　茁）

医　院

长治医学院附属和平医院

【概述】 长治医学院附属和平医院（以下简称和平医院），成立于 1946 年 7 月 1 日，前身是中国人民解放军晋冀鲁豫军区白求恩国际和平医院总院。和平医院是长治规模最大、专业齐全、设备先进、技术力量雄厚的集医疗、教学、科研、预防、保健、康复为一体的大型综合性三级甲等医院，医疗服务范围涵盖山西、河南、河北等地，人口达千万以上。

2016 年，和平医院占地面积 11 万平方米，建筑面积 18 万平方米，编制床位 1500 张，实际开放床位 1800 张，职工 2334 名，其中卫生技术人员 1741 名，高级职称人员 409 名，博士、硕士研究生 488 名。2012 年经国务院学位委员会批准，开展“服务国家特殊需求人才培养项目”——学士学位授予单位培养硕士专业学位研究生试点工作，有博士生导师、硕士生导师 22 名。2016 年，门急诊量近 70 万人次，出院病人 4.5 万人次，病床使用率超过 100%，平均住院日 11.53 天，药品占业务收入比为 33.42%。

和平医院为全国综合医院中医药工作示范单位、山西省新农合重大疾病省级定点医院、山西省首批护理岗位管理试点医院、山西省首家全国微移植协作组定点医院、山西省儿童先心病定点救治医院、山西省重症监护专科护士培训基地、山西省肿瘤专科护士培训基地。通过国家认可委“ISO15189 实验室”认可。医院设置各类专业科室 55 个，其中血液学科、心血管学科为省级重点学科，神经外科、普通外科、心外科、内分泌科为山西省省级临床重点专科，生殖遗传科是通过卫生部验收能够从事辅助生殖技术的学科，感染性疾病科是长治市定点收治传染性疾病的专业学科。

【医疗工作】 2016 年，和平医院将医疗质量相关工作制度、医疗质量评价与考核标准等汇编成册，加强质量监控。强化技能训练，医疗和护理代表队在长治市医疗机构医务人员岗位技能选拔赛中，获得总分第一名，并代表长治市参加全省总决赛，收获 7 项大奖，医疗护理代表队获得一等奖，医院被山西省劳动竞赛委员会授予集体一等功，两名选手分获个人一等奖和二等奖。注重医联体建设，实现优质资源下沉，提高帮扶医院管理能力和服务水平。推进分级诊疗，支持双向转诊，为联合体内成员单位转诊患者开辟绿色通道。开展卫生支农工作，派出医务人员帮扶壶关县、襄垣县、屯留县人民医院开展工作。对各类突发事件实施医疗救援。

【新技术、新项目】 2016 年，和平医院开展肺内结节性病灶使用胸腔镜微创术等新技术、新项目 39 项。医院医师的手术视频分获全国手术视频大赛一等奖、菁英赛北区“食管组”第一名、“胸腔镜食管癌根治术视频大赛”广州站最具潜力奖、西北区胸腔镜视频大赛第二名的成绩。

【护理工作】 2016 年，和平医院修订和完善 200 余项护理规章制度、风险预案及流程。申报医疗护理员及助产专科护士培训基地两个，培养省级以上专科护士 14 名。坚持优质资源下沉，确保护理服务全面融入区域社会。开展护理质控品管圈活动，并在省级竞赛中获两个三等奖和先进集体称号。

【院感和临床路径工作】 2016 年，和平医院落实医院感染管理的八个规范，坚持医院感染管理的持续性改进。2016 年，在 23 个专业开展临床路径，共有 95 个病种 5932 例进入路径。对 22 种疾病和手术进行单病种质量管理。

【预防保健工作】 2016 年，和平医院执行传染病直报制度。开展多种形式的健康教育及科普宣传活动，全年发放健康教育宣传资料 70 余万份。完成健康体检 1.7 万人次。

【药事管理】 2016 年，和平医院破除以药补医机制，实行药品零差价。抗生素占药品收入比例控制在9.77%。药占显降低，药品使用更趋合理。

【医疗服务】 2016年，和平医院开通微信挂号和预约服务。开设山西省首家早癌筛查门诊。开展“午间服务”和“延时服务”，方便患者就医。对出院患者进行二次回访，患者对住院诊疗满意度达90%。开通“和平病案”公众号微信预约复印病历。

【社区卫生工作】 2016年，和平医院获山西省“提升工程示范中心”称号。参加山西省基层卫生岗位练兵和技能竞赛，获团体及个人社区护理组比赛第一名、个人城市医疗比赛第二名，并分别记集体一等功。

【教学工作】 2016年，和平医院加大投入力度，补充教学模型，完善教学设施设备，为临床实践教学工作提供硬件条件。组织教学管理人员、临床专家到实习医院对医院实习生实习、教学情况进行教学督导、检查。组织青年教师参加微课、教学基本功、课件设计等教学比赛，提高教师教学水平。获全国高校（医学类）微课教学比赛二等奖1项。

【科研工作】 2016年，和平医院修订和出台《重点学科建设管理办法》等制度，加大科技投入，重奖科技功臣，设立课题配套基金和重点学科建设基金等。坚持以重点学科为依托，发展强项、扶持特色，建设优势学科群体。设立重点学科建设专项经费，为医院学科发展提供保障。

【学科建设】 2016年，和平医院心胸外科、内分泌科、神经内科申报山西省卫生计生委医学临床重点专科，顺利通过评审。医学影像学、消化内科、耳鼻喉科、临床心理科4个医学重点学科和重症医学科、感染科、肿瘤内科、儿内科、呼吸内科5个医学临床重点专科申报长治市卫生计生委医学重点学科和医学临床重点专科，全部通过评审。

【学术交流】 2016年，和平医院举办建院70周年系列学术交流活动。组织举办省市学术会议28次，全院及科室专题学术讲座329次。开展技术交流与和合作。特邀中科院院士吴祖泽等国内外知名专家98人到院进行学术交流与业务技术指导。医院成为京津冀·环渤海医联体联盟理事单位。

【科研成果】 2016年，和平医院获得国家自然科学基金——青年科学基金项目1项，省级科研项目2项，长治医学院科研启动基金项目21项，长治医学院博士科研启动基金20项，发表SCI学术论文19篇，获市级科技成果奖励1项，出版学术专著28部。

【信息化建设】 2016年，和平医院对网络的基础设施部分进行升级改造，建设完成院级PACS/RIS图文传输系统，安装院感系统、输血系统等。

（高　娟）
（责任编辑：栗　茁）

市人民医院

【概述】 2016年，长治市人民医院（以下简称市医院）门诊量642890人次，出院病人31725人次，床位使用率92.5%；平均住院日10.60天，比上年度减少1.3天；手术及操作例数为16754例，比上年度增长了30%；平均住院费用为10073.63元，比上年度下降11.25%，业务收入5.06亿元，比上年度增长6.92%。各项指标均稳中有进。2016年，共抢救突发集体伤害救护事件35起，137人次，急诊成功抢救病人1433人次，抢救成功率98.5%。2016年，市医院肿瘤内科被批准为市级重点学科；呼吸内科、神经内科、泌尿外科和护理专业被批准为市级临床重点专科。2016年8月，市医院护理品管圈“齐心圈”和“同心圈”在第二届山西省医院品管圈华人杯大赛上获三等奖，市医院获“第二届山西省医院品管圈华人杯大赛先进集体奖”；在国家卫计委医政医管局指导、健康报社主办的“医疗扶贫，与爱同行”医疗扶贫颁奖大会上，市医院作为全省唯一一家地市级医院获“医疗扶贫贡献奖”。

【医疗监管】 2016年，市医院坚持强化核心制度的执行力，加强环节质量的全程监管。尤其是依据评审细则对18种重点疾病和18类重点手术的指标进行严格监管，并进行横向和纵向对比，通过分析指标变化趋势查找问题、实施整改，确保医疗安全。

【临床路径和单病种管理】 2016年，市医院临床路径试点专业达21个，试点病种达104种。入组率93.35%，完成率86.03%。加大医疗文书书写培训检查力度，针对存在严重缺陷的病历对科主任和责任人进行约谈，并将病历质量考评结果与职称聘任晋升挂钩。

【多学科诊疗】 2016年，市医院修订多学科会诊制度和流程，对疑难危重、恶性肿瘤等患者实施多学科综合诊疗。10月成立创伤中心，收治多发性创伤患者54人，开通严重多发创伤绿色通道2人次。

【药品耗材监管】 2016年，市医院完善对临床合理使用辅助用药监管的长效机制，对不合理用药科室和个人进行公示；医用耗材实行阳光采购，制订控制耗材费用的管理措施，并将科室药占比与耗材比纳入绩效考核标准，促进药品和耗材的合理使用。2016年药占比为33.91%，耗材比为15.57%，均较上年有所下降。

【三甲医院复审】 2016年10月18日至19日，省卫计委等级医院评审专家组对市医院进行第三周期三级甲等医院现场评价，针对专家组提出的问题，多次召开专题会议研究部署和督促整改落实工作，促进医院内涵建设。

【人才培养】 2016年，市医院重新修订《长治市人民医院外出进修、学术交流管理办法》，提高进修人员待遇，鼓励职工学习进修；共派出45人次到北京协和医院、北大肿瘤医院、郑大一院等知名医院进修学习。12月30日，市医院签订战略合作协议，首批与眼科、心脏外科、口腔科对接。全院各科室共主办或承办省级继续医学教育项目8次、市级学术活动和继续医学教育项目32次、全院性的学术会议和培训学习39次、科内业务学习或专题活动共1200余次。

【学科建设】 2016年，市医院选派55名带教老师到北京、成都、武汉等地参加师资培训和观摩交流，提升骨干师资力量；召开教学会议十余次，进行教学质量考核；购置教学管理软件，提高管理效率。山西省住院医师规范化培训评估专家组来院进行现场评估检查，市医院在全省住培基地中排名第七。

2016年，市医院承担251名住培学员及28名长治医学院专业硕士学位研究生并轨住培学员的培训工作。完成127名山西医科大学等医学院校实习生带教；12名县级医院骨干医师培训工作和36名全科医生转岗培训任务；有两项课题通过市级科技成果鉴定；共发表省级以上科研论文30余篇。

2016年，市医院在全省三级医院中各项业务和技术指标表现良好。肿瘤内科被批准为市级重点学科；呼吸内科、神经内科、泌尿外科和护理专业被批准为市级临床重点专科。

研究制定《引进博士生管理规定》《高层次人才和特殊岗位人员（非编）的薪酬待遇规定》等一系列制度，为优秀人才的成长提供支持。

【医护服务】 2016年，市医院病区开展优质护理服务和“5S管理”；优化护理服务流程；开展无陪试点病房；住院患者对护理人员的平均满意度为95.86%。

8月，患者随访回访中心成立，患者平均随访率从59.62%提升到99.11%，通过随访回访共收到患者或家属对医务人员的表扬233人次，提出意见38条，帮助患者解决实际问题6个。

2016年，市医院开通微信服务平台，实现手机预约挂号、缴费、报告查询、预约检查等功能；自助机进入实施阶段。

2016年，市医院修订以法规科牵头负责的全院投诉处理管理机制，全年共接待投诉52例133人次，并将以往多年遗留的复杂纠纷引导至法律途径予以解决。

【健康宣教】 2016年，市医院与市卫计委和市图书馆共同开设全市健康大讲堂，由医院专家进行健康宣讲，截至12月底，共举办11场，1700余人次参加讲座；在心血管内科、消化内科等六个科室组办72场院内健康讲座，1200名患者及家属参与活动，发放健康资3700余份。

【卫生下乡支农】 2016年，市医院累计派出36支下乡医疗队，抽调技术骨干120人次，义诊人数达4325人次。帮助开展新业务、新技术8项，进行专题学术讲座146次。

【医疗联合体】 2016年，在与长治市17个县区、厂矿与民营医院成立医联体的基础上，市医院将长钢社区等7个社区纳入医联体，完善分级诊疗、双向转诊制度，构建布局合理、结构优化、功能完善的公立医院服务体系。

2016年，市医院与解放军总医院（301）和郑大一院开通远程医疗系统，并以市医院为市级分中心覆盖全市各县级医疗机构，建立视频、病理、影像和心电图的远程会诊系统。截至2016年年底，开通平顺县和沁县两县的远程会诊工作。心电会诊与长安东社区等6家社区卫生服务站开通。

【惠民举措】 2016年，市医院开设济

2016年4月17日，由中国人口福利基金会联合美国微笑联盟、美国国际整形、美国容德国际三家慈善机构共同发起的“幸福微笑”免费救助唇腭裂儿童大型公益活动在长治正式启动　（张蔷　供图）

困门诊、济困病房和医疗救助通道，全年共为169名困难群众减免各项费用22万余元；微笑列车唇腭裂项目共为21名困难群众减免14.21万余元。与中国人口福利基金会和美国微笑联盟基金会共同主办的“幸福微笑——救助唇腭裂儿童”大型公益活动，市医院医务人员与来自6个国家地区的13名国际一流医疗专家志愿者为78名患者进行免费唇腭裂修复手术，市医院共为患者减免费用33万余元。

【医辅工作】2016年，市医院住院医师规范化培训楼落成，病人就餐环境改善；12月，二期综合楼、全科医生培训中心开工建设；购置更新飞秒准分子激光、骨科C型臂、彩超、高清晰内窥镜系统等35台万元以上医疗设备；重点部门安装EPS应急电源、一键报警装置、新风系统等设施；荣获全国“节约型公共机构示范单位”。

（张　蕾）

（责任编辑：栗　茁）

长治市第二人民医院

【概述】2016年，长治市第二人民医院（以下简称市二院）占地面积2.5万平方米，建筑面积6.5万平方米；编制开放床位1000张，编制职工575名，实有职工1202人，其中，卫生技术人员918名，高级职称人员151名，硕士研究生导师11名，医学硕士研究生136名。2016年，市二院设置临床医技科室48个，其中，中医老年病科为省级重点专科，骨科、皮肤科、口腔科、烧伤科、神经内科、神经外科、妇科、产科为市级重点专科。全年总诊疗316052人次，同比下降1.17%；出院病人1.6万人次，同比增长1.4%；平均住院日14.8天，同比减少0.3天，手术6833例次，同比增长10.84%。获中国癌症基金会公益活动二等奖，长治市2016年度卫生计生工作先进单位、“先进基层党组织”等称号。

【等级医院创建】2016年，市二院三甲创建工作，医院住院患者死亡率、出院患者重返率、平均住院费用、四级手术占比等指标，位居长治市三级综合医院前列；10月20日至22日，迎接省医疗机构评审委员会等级医院实地评审，制订《等级医院评审专家反馈问题整改实施方案》。

【医疗工作】2016年，市二院实施临床路径3938列，入组率92.71%，完成率91.03%；医院药占比34.6%，抗菌药物占比9.4%，分别下降0.67%、1.1%；医院感染发病率1.27%，同比下降0.31%；《颅内动脉瘤显微开颅术》《308准分子光》等7项新技术新项目达到省级先进水平。

【优质护理】2016年，市二院组建护理“点滴圈”，进行“提高静脉输液时患者身份确认制度的规范执行率”活动，指导改善由3.7%提升至94.37%；静脉留置针使用率由13.2%提升至27.2%；责任制整体护理执行率100%，分级护理合格率100%，基础护理合格率100%，住院患者平均满意度99.37%。

【科研教学】2016年，市二院引进国产1.5T磁共振等设备76台件；全年组织院内院外学术讲座30次，其中省级学术会议2次，分别是《山西省毛发疾病与儿童皮肤病诊疗新进展学术研讨会》《影像高峰论坛暨东软1.5TMRI临床应用》。全年发表中华级论文2篇，视同中华1篇，省级论文16篇。

【院院合作】2016年4月19日，市二院与来访的大韩民国光州全南大学医院副院长尹明夏就落实《友好合作关系协议书》达成共识；6月17日，市二院与首都医科大学北京友谊医院签订《合作医院协议书》；11月18日，市二院北京胡大一医疗团队签订《合作协议》，成立胡大一心脏中心。

【医疗服务】2016年，市二院新增微信预约方式，门诊预约达83480人次、预约率达27.21%，复诊预约达77949人次、预约率达25.78%；患者随访12136人次，回访11473人次，成功率94.54%，同比增加0.23%；在门诊楼、住院楼新安装价格公示查询机、住院费用查询机，CT核磁胶片、检验报告自助打印机。

【医联体建设】2016年，市二院新增城区紫金社区服务中心等6所社区医疗联合体；体检科被中国健康促进基金会确定为“全国健康管理示范基地”及“全国早期胃癌复查应用协作单位”，骨科被北京积水潭医院确定为骨科医院联盟单位，呼吸科被国家呼吸病研究中心·中日医院联合体确定为“呼吸专科医联体单位”。

【医养结合】2016年，市二院依托英雄南路社区卫生服务中心探索医养结合新模式；6月3日与长治县安馨养老康复中心签订《合作协议书》，并完成医疗康复设备采购、养老护理员招聘培训等前期准备，项目被市卫生计生委确定为长治市医养结合试点单位。

【医辅工作】2016年，市二院完成医院综合楼（含儿科住院楼）建设项目前期申报审批工作；开展完成综合病房楼、医技楼、急诊楼、地下车库、食堂和英雄南路社区服务中心改造项目。

【平安医院建设】2016年，市二院修订《医院应急预案汇编》，开展应急预案演练月活动，举办应急演练30余次；筹资80万元，为800余名医务人员缴纳医疗责任险，1100余名职工缴纳意外伤害险，被市安委会推荐为全市平安观摩单位。

（司文辉）

（责任编辑：栗　茁）

市中医医院

【概述】2016年，长治市中医医院（以下简称市中医院）占地面积26650平方米，建筑面积43632.6平方米，医疗用房28969.9平方米，开放床位430张。职工514人，主任、副主任医（药）师35人，中级专业技术人员87人，硕士研究生导师3人，硕士学历43人，长治市新技术世纪学术带头人111人才工程4人，省级名中医4人，市级名老中医3人，市级名中医11人，全国中药特色技术传承人才1人，山西省百千万卫生人才1人。设有急诊科、外科、骨伤科、妇产科、肛肠科一、二、三个病区、肾病科、脑病科、肺病科、糖尿病科、心血管病科、老年病科、肿瘤科、脾胃病科、颈腰椎病科、针灸科、风湿病科、治未病中心、推拿科、眼科、口腔科、耳鼻喉科、皮肤科等临床医技科室34个，开设专病门诊35个。其中一级临床科室14个，二级临床科室10个，国家级重点专科1个，省级重点专科1个，国家中医药管理局重点专科建设单位1个，国家中医药管理局重点专科协作组成员单位4个，省级重点专科建设单位2个，市级重点专科2个。拥有磁共振、西门子16排螺旋CT、多功能全数字X射线装置、飞利浦C形臂、肌电图机、高档心脏彩超、电子胃肠镜、内窥镜、全自动生化分析仪、血球仪、飞利浦DR、CR、腹腔镜、纤维胆道镜、超声刀、粒子植入近距离治疗系统、中医经络检测仪、脊椎内窥镜系统、骨密度测量仪、麻醉机、呼吸机等先进大中型诊疗设备。

2016年，全院门诊人数97927人次，出院人数8786人次，床位使用率82.8%，平均住院日13.9天，病床周转次数20.4人次，药占比25.21%（不含中药饮片收入）。全院抗菌药物品种35种，全年抗菌药物收入占药品收入比例为5.48%。血液透析19128人次，创历史新高。医院被评为“省级文明单位”。

【医院管理】2016年，市中医院建立职工代表大会制度，召开医院第一届第一次、第二次职工代表大会、第二届第一次工会代表大会和第二届第一次团员代表大会，审议通过医院“十三五”发展规划（草案），选举产生第二届工会委员会委员和第二届团委委员。重新启动行政查房和院务会制度，完成《医院应急预案》《规章制度》《岗位职责》《医院管理流程》的修订汇编工作，使医院管理有规可循、有章可循。成立大型医院巡查领导组，细化指标，责任到人，组织召开三级医院巡查工作动员会，完成自查自纠工作。组建病人回访中心，对出院患者进行跟踪随访、回访，实现医患双方有效沟通，患者对医院总体满意率为96%。

【专科建设】2016年，市中医院肛肠科与北京广安门医院和南京市中医院建立协作关系，传统治疗、PPH、PPT、激光、保守治疗等治疗手段受患者好评，尤其是二病区开展的复杂肛瘘虚挂技术，提高高位肛瘘的治愈率；外科腹腔镜、颈腰椎病科椎间孔镜手术200余台，糖尿病科与广东省中医院、山西省中医院建立临床路径协作单位；脑病科脑电图检查诊治水平提升；肿瘤科中西结合治疗肿瘤在全市影响力剧增，深受同行的认可和支持；肾病科试点启动“无陪护”病床服务，血液透析室开展全市首例人造血管移植内瘘术、甲状旁腺切除术、DSA下透析血管通路狭窄球囊扩张术、超声引导下甲状旁腺穿刺硬化术，四项技术均达省内先进、市内领先水平；组建中医妇科，内窥镜室归口内四科，老年病科被确立为市级重点专科；眼耳鼻喉科、口腔科、手术室、皮肤科也有不同程度的进步。影像科、检验科、医学超声科等医技科室支撑临床科室和大专科的发展。

【医疗工作】2016年，市中医院严格执行首问负责制，重点检查核心制度落实，改善医疗服务行动计划推进，医疗质量与服务水平提高。全年开展临床路径管理病种29个，开展中医护理技术操作35项，中医护理优势病种15个。门诊处方中中药（饮片、颗粒、中成药）处方比例占门诊处方比例为73.62%（标准为≥60%），中药饮片处方占门诊处方总数的比例为51.97%（标准为≥30%），采用非药物中医技术（针灸、推拿按摩、理疗康复等）治疗人次占医院门诊总人次的10.1%（标准为≥10%），全院一类手术切口感染率0，死亡率0.2%，预防接种安全率100%，丙级病历率为0。全年无一例医疗事故和重大医疗纠纷。

【人才培养】2016年，市中医院新招录聘用员工32人，选拔11名中青年骨干委以重任，完成新入职员工岗前培训和新一轮岗位续聘、薪级工资调整工作，调整职称晋职晋级105人。组织院内培训、考核61次，外出参加各级各类培训170人次，参加各级各类学术交流活动54人次，邀请上级专家到院讲学、坐诊、指导6人次。出台《进修学习和科研学术创新管理办法》，鼓励职工外出进修学习和开展科研学术创新，全年共外派进修11人次，选送1人参加临床药师培训，推荐1人参加全国名中医、3人参加省级名中医候选人评选。李彩莲入选山西省百千万人才，孙艳玲、郭莉峰入选全国中医护理骨干人才培训班，冀丽君在山西省护理学会第二届护理用品创新大赛获“三等奖”，李荷英被评选为中国中医药研究促进会肛肠分会第一届理事会常务委员。

【科研教学】2016年，市中医院接收进修生33人，协助山西中医学院完成专升本护理人员学历授课16学时。举办省级、市级继续教育项目5个，开展护理新技术新项目4项，临床新技术新项目1项，全年省级科研课题立项4个，发表论文6篇（其中国家级1篇）。

【医辅工作】 2016年，市中医院对门诊大厅一、二楼走廊、大厅进行整体装修，更新更换门诊大厅LED高清电子显示屏和名医榜、专家栏，启动门诊医生工作站，按照病种对门诊诊室进行重新划分调整；597万元购置骨密度测量仪、纤维胆道镜、超声刀、网络心电图采集系统等设备35类73台（件），组建微生物实验室、病理科、ICU建设，完成PACS系统上线和医保系统接口升级。根据医院发展所需，完成国家“十三五”时期“中医药传承与创新工程”储备项目编报、规划、可行性研究报告。

【安全生产】 2016年，市中医院强化安全生产责任和应急管理，组织应急预案演练2次，完成为期一周的“感控周活动”。坚持“两议一报”制度，与消防维保单位签订维保合同，加大安全资金投入，对检查发现的所有安全消防隐患进行整改，全年无一起安全隐患事故发生，推进“平安医院”建设。

【结对帮扶】 2016年，市中医院整合六大医疗结对帮扶任务，组建成立医疗下乡小分队和医疗帮扶工作队，全年举办学术培训3次，7个分诊疗中心深入县级中医院对接帮建21次，选派医技专家服务147人次，举办学术讲座7场，业务查房20次，开展各类适宜技术及健康知识培训50余场，接收成员单位医务人员11名到院进修。

（张建忠）

（责任编辑：栗　茁）

市中医研究所附属医院

【概述】 长治市中医研究所附属医院（以下简称市中医研究所附属医院），位于长治市英雄南路紫坊巷2号，是一所集医疗、教学、科研、康复、保健于一体的三级乙等中医医院。2016年，医院占地面积20000平方米。编制床位400张，有职工383人，其中卫技人员333人。卫技人员中，高级职称36人，中级职称88人，初级职称202人。硕士研究生学历42人，本科学历199人。医院设有急诊科、脑病科、心病科、肾病科、脾胃病科、肺病科、糖尿病科、风湿病科、外科、康复科、推拿科、口腔科、皮肤科、妇科等临床科室22个，药学部、功能检查科、医学检验科、医学影像科、放射科、麻醉科、制剂科、消毒供应科等医技科室8个。

市中医研究所附属医院脑病科以针灸为主、中西医结合、辅之以配套的康复训练，治疗各种急、慢性脑血管病疗效显著，自成特色。1998年，被山西省卫生厅授予“山西省中医特色专科”。2012年，成为国家“十二五”重点专科。开放床位220张，是省内规模较大的中医特色专科。心病科、肾病科以中西医结合治疗心血管病、肾病疗效突出，被命名为“山西省重点中医专科”。脾胃病科、风湿病科、肺病科被列为省级中医重点专科建设项目。

【科研工作】 2016年，市中医研究所附属医院科研项目《针刺干预治疗中风后吞咽障碍技术引进与推广应用》获长治市应用研究及成果转化类科学技术二等奖；科研项目《针药联合治疗强直性脊柱炎的临床研究》获长治市应用研究及成果转化类科学技术三等奖；科研项目《针药联合运用治疗急性期周围性面瘫的临床研究》获长治市科学技术进步二等奖。

医院严格加强行业作风建设，药品、耗材实行网上招标采购，药品网采配送率达94.29%，位列全市卫生系统前8位。

【医疗工作】 2016年，市中医研究所附属医院落实三级医院持续改进活动方案，完善中医临床路径、中医诊疗方案，开展中医非药物疗法，中医特色突出。入出院诊断符合率99.57%，入院三日确诊率94.22%，治愈好转率93.52%，病房中医治疗率92.53%；一级护理合格率100%，基础护理合格率99.3%。诊治孤立性脑炎、脑桥髓鞘中央溶解症、疯牛病、自身免疫性脑炎、脑干脊髓炎等10余种少见、罕见疑难病。脑病科参与完成三项国家级科研课题任务。检验科连续两年获“山西省临床检验中心先进单位”称号。门诊效应和中药品牌效应扩大，门诊诊次11.9万人次，调剂中药39万余付。

【长治市中医适宜技术培训班】 2016年10月，市中医研究所附属医院承办“长治市基层医疗卫生机构中医适宜技术培训班”，各县（市）中医医院中医技术骨干、乡镇卫生院及社区卫生服务中心的中医同仁共195人参加培训，提高基层医务人员中医药服务能力。

【“上党文化大讲堂”中医讲座】 2016年12月17日，市中医研究所附属医院心肾科主任王佐明在“上党文化大讲堂”作《从心而论话健康》中医专题讲座，受到观众好评。应邀为全市财贸系统职工进行专场讲座。2016年，王佐明被授予“首批山西老中医药专家学术经验继承工作指导老师”。

【卫生支农】 2016年，市中医研究所附属医院继续对口支援壶关县石坡乡卫生院、平顺县中医院，托管黎城县南委泉乡卫生院，完成“进村接地气，入户送健康”巡回医疗任务。

【医联体工作】 2016年，市中医研究所附属医院与黎城县中医院、平顺县中医院、惠丰医院、黎城县南委泉卫生院组建医疗联合体后，又与城区延安南路社区卫生服务中心、淮海及清华5个社区服务机构建立医联体。医院定期派技术骨干到基层单位坐诊，进行技术指导，帮助提升基层医疗机构服务水平。医院派出的援疆人员柴益庭圆满完成任务，并获得“优秀援疆工作者”称号，记“三等功”。

【医疗服务】 2016年，市中医研究所附属医院开通微信、支付宝预约挂号、缴费、查询等服务，方便广大患者就诊；组建“回访中心”，开展随访回访，出院病人对医务人员服务满意率为99.55%；开展健康教育讲座85次，为病人及其家属、社区群众讲解健康知识；开展医疗下乡活动30余次，为山村百姓健康义诊；实行药品零差率销售，使人民群众享受到医改成果。

（郭俊萍）

（责任编辑：栗　苗）

市妇幼保健院

【概述】 2016年，长治市妇幼保健院（以下简称市妇幼保健院）门诊人次46.9万，出院量18711人次，分娩量6979人次，手术量3834例，分别同比增长26.31%、29.09%、62.42%、25.95%。市妇幼保健院被中国妇幼保健协会授予“全国妇幼保健医疗技术促进工程优秀基地，中国医院品管圈联盟授予“第四届全国医院品管圈大赛”优秀奖，山西省卫生计生委授予“山西省儿童早期发展示范基地”“全省首批助产士临床培训基地”；山西省医院协会授予第二届山西省医院品管圈华仁杯大赛“先进集体”和“医院护理三等奖”等称号。

【围产保健】 2016年，市妇幼保健院强化围产工作制度，规范产科诊疗流程，重视质量控制及改进，促进自然分娩，剖宫产率36.52%，同比降低15个百分点；8月成立产科急诊后，共接诊孕产妇3497人，其中急诊接诊1623人；针对在产程和分娩中出现的问题，完善肩难产、脐带脱垂、急诊剖宫产等应急预案流程，并进行多科协作应急演练模拟培训及实战演练；开展危重孕产妇评审工作，出台《危重孕产妇管理制度》；产房推出“为新生命剪彩（父亲脐带剪彩）”的活动，并在父亲节举行首剪；开展自由体位分娩和音乐镇痛分娩，采取跪式分娩2例。

【儿童保健】 2016年，市妇幼保健院延伸儿童眼保健服务，深入全市76所托幼机构对10689名儿童进行眼保健宣教和检查，共筛查出视力异常儿童395名，于11月新引进开展新生儿眼底筛查，成功开展61例；新生儿科加强危重新生儿及早产儿管理工作，转诊周边县级医院的新生儿接转诊工作，筹备成立长治市新生儿复苏中心，被全国妇联授予“全国三八红旗集体”称号；儿内科继续加强小儿内镜技术发展，开展纤维支气管镜支气管肺泡灌洗术130余例，5月开展小儿胃镜，截至2016年年底，开展40余例；市卫计委批准该院为长治市小儿外科专业委员会主任委员单位，新开展中西医结合治疗小儿疖肿、淋巴结炎及蜂窝组织炎，缩短患儿疗程。

【妇女保健】 2016年，市妇幼保健院完善妇科内分泌学科建设，成立长治市妇产科专业委员会妇科内分泌学组，每月邀请北京妇产医院博士张巧利指导坐诊妇科内分泌门诊，针对更年期、青春期及不孕患者制订规范的诊治流程，会诊300余人满意度100%；中医妇科门诊开展针灸、穴位贴敷、耳针等中医技术，辅助治疗人数1545人，有效率90%；妇科成功自主开展腹腔镜全盆底修复手术3例，腔镜技术日臻熟练，住院人次再创新高；妇女体检与健康管理科细化体检流程，体现人性化服务理念，全年共体检25家单位2415人次。

【医疗服务】 2016年，市妇幼保健院手术麻醉科执行医院感染管理制度，无菌手术感染率为0；药剂科坚持从“山西省药械集中采购平台”采购药品，采购金额达1160余万，位列市辖医院阳光采购第一；检验科新开展3项与围产保健二级专科相关的产前血型血清学检测项目，参加卫生部和省临检中心“室间质量评价”的项目全部通过；医学遗传室山西省首家开展无创DNA测序技术并运用于临床工作、全省唯一独立完成遗传性耳聋、新生儿遗传代谢病、常见智力低下综合征等疾病基因诊断的医疗机构；产前诊断染色体核型分析成绩满分，成为全国仅有的8家满分单位之一；随着二胎的全面放开，产科四维彩超人数4322例，同比增长63%；另外配合遗传室开展产前诊断羊水、绒毛及脐血穿刺406例，其中确证染色体异常28例；病理科开展全自动DNA肿瘤细胞检测，帮助4539例妇女发现宫颈病变；影像科新开展泌尿系统CTU检查技术，通过重建图像，为临床诊断提供影像信息。

【公立医院改革】 2016年，市妇幼保健院优化医疗保健环境，改善群众就医感受，全市首家开通微信预约挂号、微信及支付宝支付系统，2016年，完成微信挂号25351例，通过微信及支付宝支付126.05万元；12月开始实施药品“零差价”，药占比19.71%，同比下降6.45%；深度推进卫生计生机构整合，完成与计生技术服务机构优化整合，成立下属事业单位长治市计划生育健康服务中心，机构设置、人员编制和职责任务已整合到位。

【基层公共卫生】 开展“健苗工程”。2016年，市妇幼保健院耳聋基因筛查共采集新生儿血样36093份，检测出基因突变者1169人，阳性率为3.75%，其中，确诊药物性耳聋易感者89例，基因突变携带者1078人，全部进行生活指导；检测出先天性耳聋患儿2人，通过聋儿康复教育中心建立绿色通道纳入残联救助项目；新生儿48项遗传代谢病共采集检测血片36086人，其中确诊阳性18人（其中苯丙酮尿症9人），均提供生活指导和遗传咨询。自2015年中国出生缺陷救助基金会开始救助项目以来，共申请34人，实际救助共计20人13.8万元；并被省卫计委批准成为“山西省先天性结构畸形救助项目试点单位”。

推进“母婴安康工程”。2016年，市妇幼保健院牵头成立长治市促进自然分娩专业委员会、长治市儿科专业委员会新生儿科学组等四个学术交流组织，推广产科适宜技术、新生儿复苏技术；强化对各县区开通危急重症孕产妇、新生儿转诊急救绿色通道的管理，保障母婴在第一时间得到救治；2016年，共接收基层危重孕产妇140人次，同比增加62.8%，抢救成功率100%；接诊基层新生儿171人次，同比增加48.7%；做好全市妇幼培训工作，举办“山西省第二届促进自然分娩研讨会及产科质控部培训年会暨长治市首届促进自然分娩研讨会”、长治市儿科专业委员会新生儿学组第一届学术培训会暨新生儿复苏培训、长治市2016高级产科生命支持教程ALSO培训班等省级培训1次、市级培训13次，免费培训市级基层学员2510人次；通过孕妇学校宣教自然分娩、母乳喂养健康知识，全年共组织孕妇学校专题讲座201场4764人次参加，利用母亲节、父亲节、圣诞节等举办水果拼盘秀、插花、编织、抚触大赛、音乐镇痛、母乳喂养周等活动，通过中国妇幼保健协会“全国示范孕妇学校”评审。

基层质控督导工作。2016年，市妇幼保健院配合省、市卫计委，完成国家基本公共卫生服务项目（妇幼专项）和免费孕前优生健康检查的督导工作；配合省、市预防艾滋病、梅毒、乙肝母婴传播督导组完成督导任务，并对长治市沁县、沁源、壶关、长子、武乡五个县区关于开展创建妇幼健康服务示范县、乡级妇女儿童保健门诊规范化建设，以及爱婴医院复核进行督导检查；由保健部牵头组织20余人次完成全市13县区妇幼卫生工作质量控制工作，内容包括“三网监测”“削峰”工程、新生儿听力筛查、“两病”筛查、托幼机构管理等项目，并协助长治县鑫新妇产医院、长子县、壶关县妇幼保健院开展无创DNA检测、早、中孕期唐氏筛查、叶酸代谢障碍和维生素D检测；开展基层妇女“两癌”筛查督导和技术指导，并由妇女保健部刘桂芝主任带队到沁源、长治县、武乡和长子开展义诊宣教活动，免费体检妇女500余人；配合市卫计委针对“如何降低孕产妇死亡率”专题组织召开全市十三县区妇幼院长例会2次、新生儿死亡评审会议1次评审死亡病例20例；在全市首次组织危重孕产妇评审工作，并组织孕产妇死亡评审会议2次评审死亡病例6例；全年免费接收晋中市、汾阳市、沁源县、长治县、平顺县等共15家基层医疗机构34名医护人员来院进修。

【医联体建设】 2016年，市妇幼保健院为落实分级诊疗制度，提升社区卫生服务机构医疗服务能力，深入太西、常青、英雄中路、县前巷、东营5家社区卫生服务机构签署医联体合作协议书，并组织召开社区卫生服务机构医联体工作座谈推进会，为每家社区合作单位进行授牌；该院医疗联合服务体系覆盖范围包括1家省级医疗机构、13个县级医疗机构和5家社区卫生服务机构；北京儿童医院集团、郑州市儿童医院医疗联合体11月24日在该院举行揭牌仪式，借助这一平台开展双向转诊工作，促进该院儿科在诊疗水平、医疗质量、科研能力等多方面改进和发展，全年共组织6名医务人员赴郑州市儿童医院进修，组织45人次医务人员参加郑州市儿童医院医联体开展的学习培训班18期，向郑州儿童医院转诊患儿25人；申请加入北京福棠儿童医学发展研究中心，多次到北京对接。

【对口支援】 2016年，按照中国妇幼保健协会和省卫计委工作安排，应内蒙古鄂尔多斯达拉特旗妇幼保健院要求，市妇幼保健院选派儿童保健科主任于红梅等3人前往达拉特旗，对儿童保健二级专科进行实地考察指导，对该旗托幼机构园长、保健医师及儿童保健工作人员300人进行培训，并到当地3所托幼机构进行现场指导和培训，帮助内蒙古鄂尔多斯达拉特旗妇幼保健院开展托幼机构卫生保健工作及儿童早期发展工作，促进受援单位服务能力的提高，被中国妇幼保健协会、内蒙古卫计委联合授予“手拉手支援活动先进单位”称号。

【科研教学】 2016年，市妇幼保健院邀请国内知名专家来院带教、指导工作共28人次；举办单位自管项目继续医学教育培训共计12场2000余人次参加；全年组织“三基”考试5次，合格率95.8%，其中1次考试通过英腾医学考试系统进行；加强二级学科人才梯队建设，“三大部”二级专科选派业务骨干赴全国21省4个直辖市进修40人次；外出学习539人次参加培训217场次；接收长治医学院等5所院校73人到院实习；根据二级学科发展需要，引进23名硕士研究生及本科生等医护人员到院工作。

2016年，市妇幼保健院成为长治医学院非直属附属医院事宜，长治医学院和长治市已分别做出批示，等待挂牌；该院职工在万方医学网下载各类论文次数达10775次，大医医学搜索系统访问4万余次；截至2016年年底，市妇幼保健院在《中国妇幼保健》《中国保健营养》等17种国家、省级核心期刊发表论文30篇；组织全院29人次共36篇论文参与评选长治市科学技术协会举办的长治市第十三届优秀学术论文评选活动；该院医学遗传室课题《长治地区19113例新生儿耳聋基因突变研究》、护理部课题《极低出生体重儿应用两种静脉输液途径效果评价及成本分析》分别获长治市科学技术奖自然科学类二等奖；新生儿科课题《新型喂养方式对极低出生体重儿生长发育的临床应用》获长治市科学技术进步类三等奖，该院护理科研课题实现“零突破”；医学遗传室、小儿外科、妇科通过市级医学重点学科评审。

【医辅工作】 2016年，市妇幼保健院落实上级部门综合治理的各项工作要求，加强应急安全管理，组织全院消防、停电应急安全演练2次，科室自行组织演练10余次；后勤每日进行水、电、电梯线路巡检维修；加强安保力量，与长治市保安公司签订劳动用工合同24人次;安装智能停车系统，加强院内停车场管理；改善院内就诊环境，装修改造门诊大楼；积极与上级有关部门沟通，“围产保健大楼”项目已通过市政府审批。在综合治理方面，增强安全意识，加强隐患排查，确保全院安全生产秩序井然。

（王慧丽）

（责任编辑：栗　茁）

体　育

【概述】 2016年，长治市推进体育场地建设工作、逐步完善健身组织体系、开展全民健身活动。较好完成山西省第十五届运动会年度比赛，体彩销售工作安全平稳，承办第二届全国青运会两项赛事等国家级、省级比赛。完成市体校新建工程部分设施、场馆搭建。体育宣传、档案、人事、统计、综合治理等工作均取得进展。

【群众体育】 体育场地建设。2016年，长治市建设4个乡镇全民健身广场（武乡县2个、沁县1个、潞城市1个），2个笼式足球场、2个多功能社区运动场（城区、市体育中心各1个）、在市体育中心配置室外拼装式游泳池一座；开展体育设施进公园、广场、农村社区活动，为长治市51个村、32个社区配备健身器材1162件、乒乓球台166副、篮球架83副；黎城县“雪碳工程”场馆建设开工；平顺县全民健身活动中心进入选址阶段；为29个农村、社区、广场购置更新健身器材，支持10所具备条件的学校体育场馆向社会免费开放。截至2016年年底，长治市市区15分钟、县区10分钟健身圈基本形成，全市人民健身硬件设施完善。

完善健身组织体系。2016年，长治市组建成立长治市瑜伽协会等11个单项体育协会、俱乐部，全市总数达68家，且管理规范，活动广泛，工作高效。健身辅导站点总数达2181个。发展各级社会体育指导员365名，总数达7667名。举办各类体育培训27次，受益人群2万人次。其中，市足协开展免费足球推广课活动，培训中小学生达6000余人次。在全市形成较为完善的全民健身组织网络体系。

开展全民健身活动。2016年，长治市群众体育工作围绕“强健体魄·阳光生活·共享青运”主题，唱响“全民运动·健康长治”主旋律，推进全民健身与全民健康融合。承办第二届“全国柔力球之乡”交流活动、全国“元老杯”足球邀请赛、全省第十二届羽毛球友谊赛等多项赛事活动。打造中国黎城太行红山骑游活动、沁县端午文化龙舟赛等精品赛事。全年共举办市级以上各类赛事活动300余次，参与人数达15万人次，活动数量、效益、普及程度、覆盖层面均超过往年，在全市掀起全民健身热潮。

【竞技体育】 2016年，长治市完成山西省第十五届运动会年度比赛，共506名运动员参加田径、游泳等20个单项的比赛，取得金牌62枚、银牌59枚、铜牌81枚，总分2225.5分。2016年，长治市运动员还获得世锦赛金牌1枚，巴西里约奥运会摔跤（亚洲区）预选赛金牌1枚，全国比赛金牌2枚、银牌2枚、铜牌2枚。其中，潞城籍运动员王潞敏在里约奥运会上夺得古典摔跤50公斤级第八名，创造长治市奥运历史上最好成绩。2016年，长治市争取到第二届全国青运会女子足球及羽毛球两项赛事的承办权；承办全国首届百城市

2016年10月19日，中国黎城“太行红山”山地自行车越野挑战赛在长治市黎城县隆重举行。
（郭鑫　供图）

足球峰会暨明星推广赛、“李宁杯”全国女子青年联赛、中原经济协作区篮球交流大会、山西省田径少儿分龄赛，2016年度省十五运田径、网球、乒乓球比赛，山西省田径、网球、乒乓球锦标赛等10余项国家级省级比赛。改革创新青少年竞赛机制，将原有只限在校学生参加的比赛更名为青少年锦标赛，拓宽广大青少年参赛渠道，使更多更优的竞技体育后备人才脱颖而出。市体校、潞城市少体校被国家体育总局命名为全国高水平体育后备人才基地。

【体育产业】 2016年，长治市体彩销售工作安全平稳，保障预算公益金的年度规划实施，推进全市体育事业发展大局。全年新增销售网点42个，清理无效网点49个，完成销售1.815亿元，同比增长23%，增速全省第三，销售总额全省第五，超额完成年度目标任务。山西省体育局在长治市召开体彩宣传培训会，推广长治体彩销售服务经验。2016年11月28日，长治市彩民中出体彩722万大奖，这是长治市2001年体彩发行以来中出的金额最大奖金。为切实做好体育产业联系点工作，长治市出台《长治市人民政府关于加快发展体育产业促进体育消费的实施意见》，确定全市体育产业发展方针策略。2016年9月下旬，国家体育总局督查组对长治市体育产业工作进行专项督查，对长治市开展全国体育产业联系点工作肯定成绩。研究制订“两山一带”体育产业链规划，打造老顶山全民健身户外营地和巖山体育休闲园区。长治市体育产业公司加快运营步伐，吸引社会投资1234万元，市体育中心各场馆全面开始运营。山西省澳瑞特健康产业股份有限公司被命名为国家体育产业示范单位。

【规划管理】 2016年，长治市体育局制订出台《长治市“十三五”体育事业发展规划》《长治市全民健身计划（2016—2020年）》《长治市承办第二届全国青年运动会赛事工作方案》《长治市体教结合工作实施办法》等政策性文件，市政府常务会通过《长治市人民政府办公厅关于推进长治市足球改革发展的实施意见》。出台十四项规章制度，加强机关内部管理。开展“双随机一公开”工作，加大体育行业行政执法力度。市体校新建搬迁工作完成手续办理、招投标及“三通一平”（通水通路通电平整场地）前期准备工作，10月15日奠基开工，截至2016年年底，完成工程办公设施搭建、施工道路铺设、大型施工机械进场、部分施工原料进场等，射击射箭馆、教学楼打桩开建。

（郭　鑫）

（责任编辑：栗　苗）

长治市体育中心田径赛场

居民生活

【收入状况】 2016年，长治市城镇常住居民人均可支配收入为28094元，比上年增长6.4%；农村常住居民人均可支配收入11863元，比上年增长6.9%。城镇居民家庭恩格尔系数（即居民家庭食品消费支出占家庭消费支出的比重）25.6%，农村居民家庭恩格尔系数35.6%。

【消费与物价】 2016年，长治市社会消费品零售总额566.6亿元，增长8.0%。其中，城镇消费品零售额459.8亿元，增长8.0%；乡村消费品零售额106.8亿元，增长8.3%。

居民消费价格比上年上涨0.9%，其中，食品烟酒价格上涨2.5%；商品零售价格上涨0.3%；工业生产者出厂价格上涨3.3%；工业生产者购进价格上涨4.3%。

【社会保障】 2016年，长治市基本养老保险参保205.48万人，其中，企业职工参保46.14万人，新型农村社会养老保险参保138.09万人；城镇基本医疗保险参保99.78万人。其中，城镇职工基本医疗保险参保61.60万人，城镇居民基本医疗保险参保38.18万人。失业保险参保41.32万人；工伤保险参保56.96万人，其中，农民工24.31万人；生育保险参保43.85万人。

全年全市全纳入城市最低生活保障的居民3.1万人，发放城市低保资金1.3亿元；纳入农村最低生活保障的居民9.9万人，发放农村低保资金2.0亿元。

年末全市各类福利院床位数6431张，收养3076人。城镇各种社区服务设施263个。全年销售社会福利彩票2.6亿元，接收社会捐赠款26万元。

全年全市城镇新增就业4.06万人。转移农村劳动力3.71万人。年末城镇登记失业率1.96%。

（责任编辑：曾晋芳）

计划生育

【概述】 2016年，长治市人口出生率8.21‰，人口自增率4.29‰，符合政策生育率97.78%，均达到考核要求。

【全面两孩政策】 2016年1月1日起，长治市生育两个以内（含两个）子女的，不再审批，生育三孩及以上子女的再生育审批下放到乡（镇）人民政府或者街道办事处。推出免费增补叶酸，孕产妇健康管理，农村住院分娩补助等12项惠民服务。全市共出生二孩11860人，比2015年增加3334人。

【计生家庭发展水平】 2016年，长治市共发放计划生育奖励扶助金7617.91万元，惠及11.32万奖扶对象。323户计生特殊家庭享受家庭医生签约服务，1494名农村独生子女落实升高中加分优待政策。市医院、市二院、市中医院等17家医院开通计生特殊家庭就医“绿色通道”。对302名重点对象进行领导包扶责任分解，全年无失独人员进京赴省上访。城区杨小亮家庭获得首批“全国幸福家庭”称号。

【流动人口服务管理】 2016年，长治市共建立流动人口健康档案17911份，孕产妇和儿童保健管理1722人。为符合条件的123户流动人口计生家庭办理意外伤害保险，慰问留守家庭556户，发放慰问品慰问金70100元，落实计划生育奖励资金22.66万元。落实流动人口计划生育服务管理联席会议和联合督查机制。启动流动人口健康教育和促进行动计划，实现流动人口婚育证明电子化。

【县乡卫生计生服务机构融合】 2016年，市卫计委联合市编办印发《关于进一步优化整合基层妇幼保健和计划生育技术服务资源的通知》，各县卫生计生局和妇幼保健计划生育服务中心“一把手”到晋中市的榆次区、介休市进行参观学习。郊区、武乡县、长子县、沁县成为新一轮全国、全省计划生育优质服务先进单位。解决990名离岗村级计划生育服务员补助待遇。

（刘琰青）
（责任编辑：栗　茁）

民政事业

【概述】 长治市民政局是市政府主管有关社会行政事务的职能部门。主要负责全市救灾救济、双拥优抚安置、社会福利和社会事务、民间组织管理、基层政权和社区建设、区划地名、城乡居民最低生活保障等工作。内设11个职能科室，13个直属单位。服务对象面向全市广大人民群众，担负着保障广大人民群众特别是困难群众基本生活，调节社会利益，化解社会矛盾，促进社会公平，维护社会稳定的重要责任。2016年，长治市民政工作呈现出重点突破、整体推进的发展态势，行政区划调整工作、全国第二次地名普查工作、四大民生项目、兜底保障工作、关爱农村留守儿童等多项工作成为全省的亮点。长治市被命名表彰为“全国双拥模范城”和“全省双拥模范城”。

【城乡社会救助】 完成城乡低保提标，实现农村低保标准与国家扶贫标准两线合一。2016年，长治市民政局加强政策衔接，全市的10万名农村低保对象中，建档立卡扶贫对象占到7万人。12个涉农县低保标准提高到3030元，高于3026元的国家扶贫线标准，在全省率先实现低保标准与扶贫标准的“两线合一”。

推进临时救助工作。2016年，长治市民政局的临时救助工作完善政策措施，健全工作机制，强化责任落实，增强救助时效，补“短板”、扫“盲区”，编实织密困难群众基本生活安全网，切实保障困难群众基本生活权益，市、县、乡三级救助在全市推行，提升社会救助综合效益，确保全市社会救助安全网网底不破，使城乡困难群众基本生活都能得到保障，兜住底线。

部署应用全国低保信息软件。为确保低保信息化管理系统应用工作的按时完成，长治市参加省厅9月举办的信息系统应用操作培训班，全市低保信息同步工作结束，更新系统信息。

规范医疗救助制度。长治市民政局以市政府名义出台《关于进一步完善医疗救助制度全面开展重特大疾病医疗救助工作的实施意见》，医疗制度普惠更多困难群众。2016年，全市累计发放医疗救助金7624.59万元，救助对象达155989人次。全市城乡医疗救助总人次155989人，住院救助26298人，门诊救助2763人，资助参保参合126928人。支出总金额7624.59万元，住院救助支出5289.94万元，门诊救助支出410.22万元，资助参保参合1924.45万元。医疗救助工作惠及更多困难群众。

2016年10月，长治市民政局举办社会救助培训会　（樊留波　供图）

落实城乡低保家庭中高龄失能老人新补贴标准。城乡低保家庭中高龄失能老人新补贴标准于2016年1月起执行，城市低保新补贴标准按月进行发放，农村低保新补贴标准按季发放。其中，城市低保家庭中80到99岁老年人每月补贴30元，每月发放355户、362人，10860元；60到99岁的失能老人每月补贴60元，月发放141户、142人，8520元。农村低保家庭中80到99岁老年人每月补贴30元，季发放3835户、4020人，361800元；60到99岁的失能老人每月补贴60元，季发放2119户、2520人，453420元。

完善低保对象认定办法，做到精准施保。针对农村低保对象的认定主要是村（居）委干部群众评议，随意性较大，容易出现真正贫困的人吃不上低保、不贫困的人吃低保的问题，长治市完善低保对象认定办法，以量化收入为基础，明确规定“三排除”、“三纳入”对象。2016年在全市推行家庭困难程度积分评估法，破解低保对象认定难的问题，使低保对象的认定科学合理、简单明了，做到精准施保。

【自然灾害应急救助】 2016年，长治市各县区均遭受不同程度的风雹、洪涝灾害。据统计共造成农作物受灾面积47160公顷，绝收面积6020公顷，倒塌房屋1367间，严重损毁房屋1148间，一般损毁房屋18812间，受灾人口515608人，直接经济损失35626万元。结合灾情情况，长治市民政局向上级争取救灾资金，全市全年下拨救灾资金4320万元，出台《长治市自然灾害生活救助指导标准》，提高长治市灾害救助的精准化水平。长治市民政局开展冬春救助工作，上报《长治市今冬明春受灾困难群众救助资金申请报告》，确保受灾困难群众能及时得到救助，生活不出现任何问题。

【精准救灾】 为规范自然灾害生活救助工作，2016年，长治市民政局制订出台《长治市自然灾害生活救助指导标准》，要求及时准确有效掌握灾情。加强救灾工作体制机制建设。以政府办公厅名义下发《关于调整长治市减灾委成员单位的通知》《关于成立长治市减灾委专家委员会的通知》。8月12日，对长治市132个乡镇192名基层民政助理员及分管副乡长进行灾害信息员业务培训，为防灾、减灾、救灾工作夯实根基。

【减灾示范社区创建】 按照省市要求和部署，2016年，长治市民政局开展"减灾示范社区"创建活动，取得成效。对长治市2个国家级减灾示范社区和7个省级减灾示范社区进行检查验收，并上报省厅、民政部。开展"5·12"防灾减灾日系列宣传活动，下发《关于做好2016年防灾减灾日有关工作的通知》，让群众较系统的学习了解各类灾害成因和危害、灾害前兆、监测报警和避险自救等基本防灾常识，共接受市民咨询达10000余人次。增强广大人民群众在防汛抗旱、洪涝灾害防范、地质灾害防治、防震减灾、森林草原防火和有害生物防治、沙尘暴防治、应急救助等方面的知识和避险自救的技能。

【农村五保供养】 2016年，长治市民政局根据市委市政府关于农村五保供养对象供养标准与扶贫标准"两线合一"工作部署，与财政局协商，将长治市五保供养标准进行调整，对全市14752名五保对象供养标准进行提高，提标后长治市分散供养平均标准达每人每年4500元，居全省第三，集中供养平均标准达每人每年7844元，居全省第二，实现扶贫标准与五保标准的衔接，提高五保对象生活水平。

【社会捐助和救灾物资储备】 2016年10月，下发《中共长治市委办公厅 长治市人民政府办公厅关于开展"送温暖、献爱心"社会捐助活动的通知》，在全市组织开展经常性社会捐助工作。

【优抚工作】 2016年，长治市民政局预拨各项经费，提高重点优抚对象补助标准。全年全市下拨抚恤补助资金10433万元，医疗补助资金683万元，市级配套资金355.7万元，下拨提标资金419.6万元，市级配套资金6.49万元。长治市民政局筹集资金调整提高1至4级残疾军人护理费标准。落实省民政厅《关于调整一至四级残疾军人护理费标准的通知》，督促各县（市、区）民政局于2016年1月1日起，调整提高一至四级分散安置残疾军人护理费标准。建立优抚对象信息核查机制，对全市优抚对象按照要求比例入户核查，完成入户核查任务，复核比例达80%，超额完成任务。优抚对象身份信息采集认证工作也全部完成，信息采集率达95%，优抚对象二代身份证信息扫描达90%以上。完成参试人员体检及评残报批工作，于9月组织全市参试人员870余人进行体检，上报评残人员140余人次。

【安置工作】 2016年，长治市共安置符合条件士兵94名，安置率达94%以上，为全市自主就业退役士兵1195名发放自主就业一次性补助1867万元。长治市民政局于8月19日召开全市安置工作会议，下达2015、2016两年安置计划，实行"阳光安置"，2016年，遗留问题中符合安置条件的退役士兵安排上岗；长治市民政局与计划接受企业联系沟通，主要同潞矿、清华、三元、晋煤等企业达成安置协议。对2015年冬季退役的自主就业士兵或办理自谋职业的士兵开展职业教育和技能培训工作，为他们创造就业机会。

【双拥创建】 2016年7月29日，全国双拥模范城（县）命名表彰大会在北京召开，长治市被全国双拥工作领导小组、民政部、中央军委政治部命名为全国双拥模范城，实现创建全国双拥模范城"五连冠"的目标。

【基层民主政治建设】 开展全市城乡协商工作和农村社区试点建设。2016年，长治市民政局制订出台全市城乡协商实施方案。主要从协商内容、协商主体、协商形式、协商程序、协商成果等方面开展落实，力争到2018年，各县市区城乡社区协商制度建立，协商主体、协商内容明确，协商活动全面开展。到2020年，形成协商主体广泛、内容丰富、形式多样、程序科学、制度健全、成效显著的城乡社区协商新局面。各县市区出台相应的措施，开展试点工作。落实农村社区试点建设工作。结合实际，就推进农村社区建设试点工作制订出台详细的实施意见。各县市区结合山西省社会主义新农村建设的总体要求，以打造一批管理有序、服务完善、文明祥和的农村社区建设示范点为目标，选取长子县、长治县为试点县，长子县宋村乡、长子县南漳镇、长治县南宋乡、长治县荫城镇为试点乡镇，22个建制村为试点社区，其他各县（市、区）分别选取5个村开展试点工作，长子县农村社区工作在全县铺开。

加强城市社区阵地建设，创新城市社区治理模式。推进"三社联动"，创新社区治理工作。长治市"三社联动"工作围绕基层社会治理体系建设，加强社区阵地建设、培育社区社会组织、指导社工开展专业化运作。城区12个社区利用省级100万"三社联动”专项经费开展专业化项目运作，取得社会效益。

【社会养老服务事业】 2016年，长治市民政局出台《长治市困难残疾人生活补贴和重度残疾人护理补贴实施办法》，下达省级配套资金760.02万元，市级配套资金396.54万元，县级配套资金378.815万元，按每人每月50元的标准发放到位。引导鼓励社会资本参与养老服务业，以市政府名义出台《关于支持社会力量发展养老服务业的实施意见》，加大对社会力量发展养老服务业的支持力度。养老机构建设推进。2016年，长治市建设农村老年人日间照料中心50个，全市共建农村老年人日间照料中心206个，夯实农村养老服务平台和载体。

【关爱农村留守儿童】 2016年，长治市在全省率先建立关爱农村留守儿童保护工作联席会议制度，为完善关爱服务体系、健全救助保护机制，解决工作遇到的重大问题提供政策支撑。全市共有农村“三留守”人员9360余人，其中，留守儿童5660人，留守老人1300人，留守妇女2400人。对其中的800多名留守儿童通过心理辅导、政策帮扶、购买学习用品等形式进行救助，得到社会认可。制订出台《长治市农村留守儿童关爱保护工作实施方案》，完成“夏季送清凉”“寒冬送温暖”等专项活动，共救助各类困难对象3513人次。

【福利彩票】 2016年，长治市共销售各种福利彩票2.6亿元，筹集社会公益金8000万元，在“扶老、助残、救孤、济困”中发挥作用。福利彩票销售点实现全年安全运行“零事故”，资金归集到位，做到全年零欠款，推动长治市福利彩票事业发展。

【殡葬改革】 2016年清明节期间，长治市民政局以市政府名义发布《长治市人民政府关于做好清明节期间安全文明祭扫工作的通知》，制订清明节祭扫活动的应急方案，组织召开相关单位参加的清明节祭扫工作会议。到长治市3个公墓进行安全隐患排查。祭扫期间工作人员到各祭扫点全天进行督促检查。实行24小时双值班制度，确保长治市清明节期间的祭扫安全。开展老一辈革命家签名倡导火葬活动。下发《长治市民政局办公室关于开展老一辈革命家签名倡导火葬60周年纪念宣传活动的通知》，组织开展纪念宣传活动。落实殡葬服务“六公开”制度（公开项目、标准、内容、程序、承诺、监督）。全年长治市殡仪馆火化尸体1791具，尸骨564具，共2355具。做好全国殡葬信息化应用网上填报工作。

2016年11月，长治市脱贫攻坚“送温暖献爱心”捐赠活动上，市民踊跃捐款 （樊留波 供图）

【老龄工作】 2016年，长治市有百岁以上老人19人。九九重阳节，长治市民政局按每人每月300元标准把百岁老人全年的生活补贴发放到位。向全市19位百岁老人发放“百岁福”福利彩票公益金每人1000元。农村社会养老和城镇居民养老保险制度推行全覆盖，参保人数分别为136万多人和53万多人，新型农村合作医疗参合人数达230万多人，参合率为99.71%，保持全省最高。全市累计为老年人办理老年优待证35万多人，开通免费公交线路120多条，免费旅游景点90多个，免挂号医院39所。加强基层老龄工作、老龄宣传、引深“敬老文明号”创建活动、启动“敬老月”活动。其间，长治市举行为具有本市常住户口年满60岁以上老年人配发“爱心一键通”敬老手机活动。依托长治市“三位一体”网络化管理服务平台，为老年人提供居家养老、紧急救护等有偿、抵偿、无偿优惠服务，满足和方便老年人的日常生活需求。“老年节”期间，全市共走访慰问高龄老人4983人，百岁老人25人，共投入资金1500多万元，为全市70岁以上52840人发放生活补贴，营造敬老爱老氛围。

【收养登记工作和婚姻登记】 2016年，长治市民政局严格按照标准要求，确保收养档案工作规范有序。全年长治市各县市区共办理收养登记10例。严格依据法定要件和程序办理结婚登记、离婚登记，维护公民的合法权益。全年结婚登记61505对，离婚登记6057对，根据《民政部办公厅关于开展全国婚姻收养工作规范化督查的通知》要求，按照督查内容组织开展自查工作并上报省厅。按照要求完成1994年后婚姻历史数据的补录工作。

【社会组织登记管理】 2016年，长治市民政局完成全市1500余家民间组织和民办非企业单位社会信用代码赋码和转换工作，完成对市直380家民间组织和民办非企业单位的新证书换发工作，完成对涉及领导兼职的35家民间组织清理扫尾工作。根据国务院《社会团体登记管理条例》和《民办非企业单位登记管理暂行条例》的规定，完成对市直500家民间组织和民办非企业的年度检查工作。起草并出台《长治市行业协会商会与行政机关脱钩实施方案》，在市脱钩领导小组的领导下，推进长治市的行业协会商会与行政机关脱钩工作。

【区划地名工作】 2016年，长治市民政局推进第二次全国地名普查和地名地址库专项工作，通过电视、报纸等各类媒体及主城区灯箱式街路牌印制、粘贴宣传海报进行宣传。其中主城区在灯箱式双立柱街路牌设立100块地名普查宣传画报，让市民了解地名普查工作、内容、意义以及地名知识；各县市区完成地名普查目录、跨界自然地理实体调查、地名普查技术方案、一普资料数字化，为完成普查工作打下基础。第二次全国地名普查工作开展后，长治市民政局向部、省两级申请地名普查专项资金，两年共申请中央专项资金596万元；经过争取，长治市被确定为山西省唯一的“全国地名地址库试点示范市”。完成第三轮各级行政区域界线联检工作任务，开展平安边界创建工作。行政区域界线第三轮联检山西河北线长治邯郸段2016年由长治市牵头，黎城、平顺做好配合工作，10月，完成晋冀线长治邯郸段省级界线的联检任务，联检报告提交省民政厅。完成长治晋城线地市界线的联检任务。完成城区长治县线、郊区潞城线、壶关郊区线、黎城武乡线、屯留沁县线5条县界联检任务，维护边界稳定。按照省委市委要求，长治市民政局进行长治市行政区划调整前期调研工作，并拟定三套工作方案。对长子县关于调整丹朱镇行政区划设立街道办事处的请示方案及相关资料进行调研和审核，并上报市政府审批。推进市行政区划调整工作，完成专家调研论证并上报通过市委常委会议、市政府常务会议，各类申报请示及社会稳定评估报告逐步推进。长治市民政局还在市级行政区域界线探索建立管护信息员制度，即在长治市界涉及的218个行政村聘请当地居住生产且有责任心的村委干部或村民对省级界线实施管护，实施电话月报告制度，对界线周围异常情况发现并上报。截至2016年年底，对218名市级界线信息员建立工作档案，市财政对信息员的工作补贴也列入财政预算。

【民政人才建设】 2016年，长治市民政局制订出台《长治市民政局 长治市财政局关于加快推进社会救助领域社会工作发展的实施意见》《长治市民政局 长治市财政局关于加快推进社区社会工作服务的实施意见》等规范性文件。发放2015年社会工作者职业水平证书67件。发放2014年度、2015社会工作者登记证书90件。组织开展2016年国际社工日主题宣传活动。完成民政人才建设情况及社会工作专业人才资源统计工作。组织开展长治市第二批全国社会工作领域领军人才选拔活动，推荐人员2名。对全市通过2016年度社会工作考试的218名人员进行审核。截至2016年取得社会工作师资格人数378人，其中取得社会工作师人数达146人，取得助理社会工作师人数达232人。

（樊留波）

（责任编辑：闫国风）

城　区

【自然条件】 2016年，长治市城区总面积55.6平方千米。下辖10个办事处28个行政村（菜场），55个社区居委会。主要河流3条，其中石子河最大，境内全长8千米。

【人口】 2016年，城区总人口41.92万人，比上年增加0.49万人，男性人口20.68万人，女性人口21.23万人，男女性别比（女=100）为97.4。全年人口出生率10.39‰，死亡率5.97‰，自然增长率4.42‰。城镇人口比重100%。人口密度每平方千米0.75人。

【经济概况】 2016年，城区生产总值206.4亿元。其中，第一产业增加值0.53亿元，第二产业增加值43.3亿元，第三产业增加值162.6亿元。全年全区公共财政预算收入4.6亿元。全区公共财政预算支出10.0亿元。

【农业】 2016年，城区农作物播种面积447.3公顷。全区粮食种植面积202.9公顷，蔬菜种植面积246.8公顷。全年全区粮食总产量1554.8吨，平均亩产510.86公斤。蔬菜总产量21240.7吨。全年全区猪牛羊肉类总产量985.7吨。年末生猪存栏0.67万头，生猪出栏1.02万头。禽蛋产量1184.6吨；奶产量2201.8吨。

【工业】 2016年，城区规模以上工业企业24家，全年规模以上工业增加值15.9亿元，其中轻工业增加值10.1亿元，重工业增加值5.8亿元。全年全区规模以上工业企业主营业务收入56.8亿元。实现利税4.4亿元，其中实现利润3.4亿元。

【建设环保】 2016年，城区污水处理量2372.36万吨。生活垃圾年清运量31.73万吨。全年全区空气质量二级以上天数为219天，比上年减少23天。

【投资贸易】 2016年，城区固定资产投资199.6亿元，比上年增长14.8%，其中国有及国有控股投资39.46亿元，增长25.4%。分产业看，第一产业投资0.05亿元，增长300%；第二产业投资12.75亿元，增长1.9%；第三产业投资186.4亿元，增长15.7%。全区在建固定资产投资项目51个。全年房地产开发投资30.6亿元。2016年全区社会消费品零售总额325.8亿元，比上年增长8%。

【教育科技】 2016年，城区普通中小学32所，其中小学28所，普通高中2所，普通初中4所。全年初中在校学生6224人。全年小学在校学生29898人。全年全区专利申请量为477件。

【文体卫生】 2016年，城区共有艺术表演团2个，文化馆1个，档案馆1个。全区广播电台1座，电视台1座，广播、电视综合人口覆盖率分别100%和100%。全区人均体育场地面积1.6平方米。全区共有医院3个，妇幼保健院1个，疾病预防控制中心1个。全区新型农村合作医疗覆盖率100%。

【社会生活】 2016年，城区城镇常住居民人均可支配收入30136元，比上年增长6.7%。全区城镇基本医疗保险职工参保人数为81000人，失业保险职工参保人数为9586人，工伤保险参保2.87万人。全区全年纳入城市最低生活保障的居民0.71万人，发放城市低保资金2622.88万元。

【年内大事】

淮海小学被授予“2015全国生态文明教育示范学校”称号。2016年1月16日，第四届全国环境教育年会在北京举行。淮海小学被授予“2015全国生态文明教育示范学校”称号，这是长治市唯一获此殊荣的学校。该学校的教育教学围绕以“绿”为核心的办学理念，强化校园的生态建设。

在获得全国首批“绿色学校”“国际生态学校”“全国环境教育示范学校”的基础上，淮海小学能够再获此殊荣。

长治市城区法院举行首批入额法官集体宣誓仪式。2016年1月21日，长治市城区法院举行首批入额法官集体宣誓仪式。宣誓仪式上，有关领导宣读《山西省高级人民法院关于长治市城区人民法院首批入额法官的决定》。随后，城区法院首批28名员额制法官进行宣誓，标志着城区法院第一批员额制法官产生，司法体制改革试点工作进入新阶段。

长治市城区通过义务教育发展基本均衡区国家认定。2016年2月23日，从教育部新闻发布会上传来喜讯，城区通过义务教育发展基本均衡区国家认定。“十二五”期间，城区坚持教育适度超前发展，履行政府职责，加大义务教育均衡发展工作推进力度，有效扩大优质资源覆盖面，实现办好家门口每一所学校、让每一个孩子都能接受优质义务教育的普惠政策和目标。

长治市城区检察院举行首批入额检察官宣誓仪式。2016年3月4日，长治市城区检察院举行首批入额检察官宣誓仪式。2015年11月15日至12月1日，城区检察院在山西省检察院首批检察官遴选委员会的统一部署与指导、监督下，经过严格的程序，并报经山西省检察院首批检察官遴选委员会审核同意，最终确定21人进入检察官员额，成为城区检察院司法体制改革后的首批入额检察官。宣誓仪式上，全体人员高唱《中华人民共和国国歌》；由检察长领誓，20名首批入额检察官庄严宣誓。

长治市城区第一家社区惠民社会工作室——淮海工作室正式挂牌成立。2016年4月7日，城区第一家社区惠民社会工作室——淮海工作室挂牌成立。据了解，城区惠民社会工作服务中心是长治首家民办非企社工专业机构，以“助人自助”为宗旨，以承接各类社会服务项目、孵化培训本土专业社工机构，链接指导各类社会组织，辅助完善政府社工网络为目标开展工作。淮海工作室的设立，对于进一步加强延南街道社会工作，解决辖区各种民生问题，更专业地在辖区老年人、青少年、家庭等社会工作领域普惠于民，推动城区社会工作健康发展，有重要的现实意义。

长治市城区举行晋东南国际电子商务产业园项目签约仪式。2016年4月25日，城区举行晋东南国际电子商务产业园项目签约仪式。晋东南国际电子商务产业园项目以创建国家级电子商务示范基地为建设目标，通过发展电子商务产业，以信息化带动本地第三产业的发展，促进产业结构调整，整合本地企业资源，聚集人流、物流、资金流、信息流，形成本地经济发展的新动力，形成“长治电商产业集群”。为社会提供2000个以上就业岗位，促进创业就业工作落实。签约仪式上，长治市10家异地商会代表和晋东南国际电子商务产业园项目负责人进行签约，签约金额达20亿元。

长治市城区政府部门“两单两图”在城区政府网向社会公布。2016年4月29日，城区政府部门“两单两图”（权力清单、责任清单，行政职权运行流程图、廉政风险防控图）在城区政府网向社会公布。按照“六权治本”工作要求，城区政府部门“两单两图”编制工作从2015年5月启动，经过自查自清、集中审核、“三上三下”反复协商，完成合法性审查、专家组论证、网上试运行等环节工作。经区政府常务会议和区委常委会议研究通过，确认保留区级行政权力事项1392项和政府部门共性行政权力事项7项，并向社会公布。

长治市城区举行“长治国家高新技术产业开发区城南工业区”挂牌仪式。2016年5月11日，城区举行“长治国家高新技术产业开发区城南工业区”挂牌仪式。根据市委、市政府关于长治高新区实行“一区多园”的决策部署，为发挥长治国家高新区在政策、产业、科研等方面的功能优势，优化长治市工业园区布局，形成各具特色的经济板块，实现资源共享、共同发展，研究决定相关县市区工业园区统一挂长治国家高新区牌子。

长治市城区上党堆锦文化研究会注册“长治堆锦”地理商标，获得商标注册证。2016年5月24日《长治城区新闻》报道：从国家工商行政管理总局传来喜讯，长治市城区上党堆锦文化研究会注册“长治堆锦”地理商标，获得商标注册证。城区上党堆锦文化研究会成立于2013年。“长治堆锦”是经国家工商行政管理总局商标局核准注册的地理标志证明商标，用于证明长治堆锦产品的原产地域和特定品质。长治市城区上党堆锦研究会是“长治堆锦”地理标志证明商标的注册人，对该商标享有专用权。

长治市城区公车改革取消车辆公开拍卖。2016年6月22日至23日，城区公车改革取消的车辆在市政务服务中心四楼电子竞价大厅进行公开拍卖。城区区委、区人大、区政府、区政协、区纪委、区发改委、区审计局、区财政局等部门全程参与和监督，确保拍卖公开、公平、公正。此次城区对公车改革取消的车辆进行拍卖在长治市各县区尚属首次。对帕萨特、普桑、五菱之光等车型共133辆公车进行公开拍卖，共有250余人预约报名。

中国共产党长治市城区第十次代表大会。于2016年8月25日在区机关后六楼西会议召开。市人大常委会主任李年善，省换届风气督查组副组长陈丽萍，市换届风气督查组组长孙希谋到会指导。大会由杨隽主持。应到代表296名，实到代表290名。城区区委书记李国强代表中国共产党长治市城区第九届委员会向大会作题为《构建一园两带，率先全面小康，为建设品质之城幸福之区而努力奋斗》的报告。

政协长治市城区第九届委员会第

一次会议。于2016年8月28日在区机关后六楼东会议室召开。市换届风气督查组组长孙希谋及督查组其他成员到会指导。此次会议出席委员179人，实到177人。杨栖莺向大会作工作报告。姬双平受政协长治市城区第八届委员会常务委员会的委托，向大会作政协长治市城区第八届委员会常务委员会提案工作情况报告。

长治市城区第十四届人民代表大会第一次会议。于2016年8月29日在区机关后六楼西会议室召开。大会执行主席、主席团常务主席杨黎峰主持会议。该次大会应到代表180名，实到176名。区长杨隽代表区人民政府向大会作《政府工作报告》。

长治市城区召开会议部署禁止燃放烟花爆竹工作。2016年9月9日，城区召开会议部署禁止燃放烟花爆竹工作。10个街道相关负责人、区安监、消防、市容等相关部门负责人和区公安分局中层以上干部参加会议。市公安局党委委员、副区长、区公安分局局长贾虎山出席并主持会议。会议宣读《长治市人民政府关于主城区禁止燃放烟花爆竹的通告》《长治市公安局城区分局关于城区禁止燃放烟花爆竹工作的实施方案》《长治市公安局城区分局关于在城区开展禁止燃放烟花爆竹宣传方案》《长治市公安局关于查处违反长治市政府通告燃放烟花爆竹案件的指导意见》。

长治市城区组织召开"铁腕治污""五道五治"暨城中村改造推进大会。2016年12月26日，城区在长治医学院科学会堂组织召开"铁腕治污"、"五道五治"暨城中村改造推进大会。会议贯彻落实省委、省政府，市委、市政府关于做好"铁腕治污""五道五治"和长治市主城区全面改造的指示精神，动员、分解任务、细化责任、鼓足干劲，确保"三项工作"开局良好、进展顺利、成效明显。大会由区委副书记崔云峰主持。区委副书记、区长杨隽作大会动员讲话，并对"三项工作"作安排部署。区委书记李国强作重要讲话。全区副科以上领导干部；区环保局、区城管局、区城改办全体工作人员；各派出所所长，各街道综合执法队队长，区属中小学校、幼儿园负责人，区属各医院及社区卫生服务中心负责人；55个社区、28个农村（菜场）"两委"成员及部分村民代表；驻区金融、保险机构，移动、电信、联通以及各大型市场、酒店、饭店负责人代表等，共1000余人参加会议。

【领导名单】

区委书记	孙刘琳（2016年7月前）
	李国强（2016年7月后）
副书记	李国强（2016年7月前）
	宋福庭（2016年8月前）
	杨　隽（2016年8月后）
	崔云峰（2016年8月后）
常　委	孙刘琳（2016年7月前）
	李国强
	宋福庭（2016年8月前）
	杨　隽（2016年8月后）
	崔云峰
	李　峰
	董有忠
	王沁平（2016年8月前）
	牛文庭（2016年8月前）
	秦玉琪（2016年8月前）
	王　敏（2016年8月后）
	任国华（2016年8月后）
	李　飞（2016年8月后）
	吴志刚（2016年8月后）
	张俊杰（2016年8月后）
	王　辉（2016年8月后）
人大常委会主任	杨黎峰
副主任	郭旭亮
	郭卫华
	王书平
	程　琳
区　长	李国强（2016年7月前）
	杨　隽（2016年8月后）
副区长	焦双林
	贾俊旺（2016年8月前）
	秦玉琪（2016年8月前）
	李　飞（2016年8月前）
	吴志刚（2016年8月前）
	张俊杰（2016年8月后）
	姬双平（2016年8月后）
	侯　敏（2016年8月后）
	邢张鹏（2016年8月后）
	贾虎山（2016年8月后）
	陈建军（挂职，2016年11月后）
政协主席	杨栖莺（2016年8月前）
	宋福庭（2016年8月后）
副主席	陈贵月
	姬双平（2016年8月前）
	姬世晓（2016年8月前）
	何玉清（2016年8月前）
	张华兴（2016年8月后）
	王政强（2016年8月后）
	焦明珍（2016年8月后）

（刘瑞林）

（责任编辑：尚竹英）

郊　区

【自然条件】 2016年，长治市郊区总面积290.84平方千米。下辖1个乡5个镇2个办事处1个开发区122个行政村。矿藏5种。主要河流5条，其中浊漳河最大，境内全长30.5千米。旅游景点5个。

【人口】 2016年，郊区常住人口289397人，比上年增加1889人。其中：男性人口147325，占人口总数的50.91%；女性人口142072，占人口总数的49.09%。城镇常住人口200877人，占人口总数69.41%；乡村常住人口88520，占人口总数30.59%。出生人口3057人，人口出生率10.6‰；死亡人口1168人，死亡率4.1‰，性别比（女=100）为103.70。

【经济概况】 2016年，郊区地区生产总值165.60亿元，比上年增长5.1%。

其中，第一产业增加值3.14亿元，增长1.1%，占生产总值的比重为1.9%；第二产业增加值108.01亿元，增长3.0%，占生产总值的比重为65.2%；第三产业增加值54.44亿元，增长10.3%，占生产总值的比重为32.9%。财政总收入209420万元，比上年下降1.0%。公共财政预算支出110137万元，比上年增长18.2%。金融机构各项存款余额1373871万元，比年初增长6.5%；各项贷款余额707807万元，比年初增长13.8%。

【农业】 2016年，郊区农作物种植面积9166.3公顷，比上年减少8.7公顷，其中，粮食种植8095.9公顷，比上年增加8.9公顷；蔬菜种植面积795.1公顷，比上年增加26.1公顷。粮食总产量54995吨，比上年增加1550.8吨。肉类总产量5478.84吨，比上年减少6.28%，其中，猪肉产量4503吨，减少4.88%；牛肉产量108吨，增长3.85%；羊肉产量179吨，减少20.4%。生猪年末存栏35994头，减少14.46%；生猪出栏58452头，减少7.4%。禽蛋产量10400吨，增长9.01%。牛奶产量5008吨，增长0.85%。

【工业】 2016年，郊区规模以上工业企业40家，规模以上工业增加值102.95亿元，增长1.9%。规模以上工业企业实现主营业务收入246.5亿元，增长0.2%。其中煤炭、焦炭、冶金和电力工业分别实现主营业务收入109.61亿元、15.19亿元、57.57亿元和30.81亿元，分别比上年同期增长0.2%、增长17.7%、增长4.9%和下降17.5%。规模以上工业实现利税17.63亿元，增长58.8%，实现利润6.77亿元，增长749.3%。

【建设环保】 2016年，郊区建筑业实现总产值32892万元，比上年下降8.4%，具有建筑业资质等级的总承包和专业承包建筑业企业24家，实现利润476万元。建成区面积637.7公顷（指五镇一乡），绿化覆盖面积183.40公顷，建成区绿化覆盖率28.76%。空气质量Ⅱ级以上天数为300天。

【投资贸易】 2016年，郊区固定资产投资（不含农户）213.78亿元，增长14.6%。按产业分：第一产业投资22.81亿元，下降36.2%；第二产业投资103.12亿元，增长28.3%；第三产业投资87.85亿元，下降24.7%。其中国有及国有控股投资36.58亿元，增长2.9%。在建固定资产投资项目389个。房地产开发投资48402万元，同比下降30.28%。社会消费品零售总额47.9亿元，同比增长7.5%。限额以上批发零售企业零售总额315855.2万元，比上年下降9.3%。进出口总额4933.73万美元，同比下降59.3%。

【教育科技】 2016年，郊区各级各类学校有147所，其中：职业高中6所，在校学生2649人；普通中学19所，在校学生8570人；教育部门办小学54所，在校学生14501人；幼儿园67所，在园幼儿8719人；教师进修校1所。有效发明专利拥有量达37件，海森生物制药重新申报成功国家级高新技术企业，新认定3家企业为山西省民营科技企业。

【文体卫生】 2016年，郊区有博物馆1座，公共图书馆1个，藏书76244册，图书馆网站访问量18850页人次。档案馆1个。艺术表演团体5个。有线电视台1座。卫生机构238个，床位数1645张，各类卫生技术人员1600人，其中医院、卫生院24个，妇幼保健站1个，疾病预防控制中心1个，卫生监督所1个。157202人参加合作医疗，新型农村合作医疗参合率97.1%。

【社会生活】 2016年，郊区农村常住居民人均可支配收入16240元，比上年增长6.9%；城镇常住居民人均可支配收入35086元，增长7.0%；在岗职工平均工资47823元，增长9.7%。基本养老保险参保人数113478人。城镇居民基本医疗保险参保人数23063人。职工生育保险参保达98%以上。失业保险参保人数为17700人。城市居民最低生活保障共有1749户、3029人；农村居民最低生活保障共有1156户、1821人。各类收养性社会福利单位6所，床位438张。

【年内大事】

2016年1月20日，中国共产党长治市郊区第七届委员会第七次全体（扩大）会议召开。全会贯彻党的十八届五中全会精神，落实省委十届七次全会和市委十届八次全会精神，听取讨论《区委常委会工作报告》，审议通过《中共长治市郊区委员会关于制定国民经济和社会发展第十三个五年规划的建议》、区委七届七次全会决议和有关事项，研究部署全区“十三五”时期经济社会发展和2016年重点工作。

2016年1月，在第二届中国青年志愿者服务项目大赛总决赛上，郊区大爱助残福利公司的将大爱助残事业进行到底项目在全国5509个申报项目中获铜奖。

2016年6月28日，由山西省政府和全国工商联共同主办的民营企业助推山西转型创新发展大会在太原召开。郊区组团参加并成功签约两大项目，项目总投资额达62亿元。河北重庆商会商业综合体项目，总投资额30亿元，初步选址于郊区堠北庄镇西外环一带，占地200亩左右。长治市郊区景兴商业综合体项目由深圳山西商会投资建设，项目总投资32亿元，占地350亩，选址在堠北庄镇火车站附近。

2016年8月21日至23日，中国共产党长治市郊区第八次代表大会在区机关会议厅召开，大会选举产生新一届区委常委会，金所军以全票当选区委书记。

2016年8月29日至9月1日长治市郊区第十届人民代表大会第一次会议在机关会议厅胜利召开，大会选举张晋伟为郊区政府区长，张耀华为区人大常委会主任。

2016年10月13日，国家万里茶道申遗办专家组深入西白兔乡中村，实地考察申家大院。万里茶道是欧亚大陆上始于18世纪初并延续约两个半世纪的一条重要国际商道，从福建武夷山市起，途经江西、湖南、湖北、河南、山西、河北、内蒙古等7省区，经库伦（现蒙古国首都乌兰巴托），在俄罗斯境内继续延伸，再传入中亚和欧洲其他国家，使茶叶之路延长到13000千米之多。明清晋商是万里茶道的开拓者和主力军，中村原生态的申家古产业是万里茶道申遗的活标本。考察组先后深入府君庙、前头院、盐店院、中庭院等，详细了解当地的历史发展情况，仔细对古建筑进行拍照，做好各项记录，为申家大院申遗工作提供依据。

2016年10月15日，由市委、市政府主办，市经信委承办的“中国·山西·第二届长治制造展销推介周”在市体育中心开幕。郊区有23家企业参展，展销推介产品48种，涵盖新能源、新材料、生物医药、食品加工业等7大行业领域。

2016年10月21日，郊区金果园保障性住房建设项目和2条农村旅游公路及14条区乡村公路项目集中启动。金果园保障性住房建设项目位于大辛庄镇果园村，总投资2.2459亿元，规划占地面积为36362平方米，可解决城镇低收入家庭经济适用房701套，公租房102套。2条农村旅游公路分别为太行湖水利风景区旅游路和207国道（朝阳村）—老顶山（滴谷寺）旅游路，总长为18.451千米，总投资1.42亿元；14条区乡村公路项目建设总里程为69.2千米，总投资1.57亿元。

2016年11月，从山西省召开的国家义务教育发展基本均衡县督导检查反馈会上获悉，郊区义务教育均衡发展工作通过国家督导检查组评估认定。

2016年11月29日，2016山西企业100强排行榜发布，郊区南耀集团、霍家工业有限公司两家民营企业分别以390000万元和121177万元的营业收入入围百强。

2016年12月10日，在第三届中国农村博物馆年会上，中国名村影响力课题组发布“2016中国名村影响力排行榜（300佳）”，郊区西白兔乡霍家沟村上榜。

2016年12月20日，郊区举行《长治市郊区红色文化教育读本》首发仪式。该套丛书由《抗大一分校在故县》《八路军总部在郊区》《烽火硝烟的红色教育》《长钢——红色钢铁的摇篮》《石圪节——从历史深处走来的矿山》五本书籍组成。

【领导名单】

区委书记　潘贤掌（2016年7月前）
　　　　　金所军（2016年7月后）
副书记　金所军（2016年8月前）
　　　　张晋伟（2016年8月后）
　　　　张耀华（2016年8月前）
　　　　李维祥（2016年8月后）
常　委　潘贤掌（2016年7月前）
　　　　金所军
　　　　张晋伟（2016年8月后）
　　　　张耀华（2016年8月前）
　　　　李维祥
　　　　卢展中（2016年8月前）
　　　　王咏刚（2016年8月后）
　　　　韩晓红（2016年2—8月）
　　　　赵九大（2016年2月前）
　　　　刘　忠（2016年8月后）
　　　　王跃林（2016年8月前）
　　　　何庆红
　　　　高绍奎
　　　　赵晚花（2016年8月后）
　　　　王红霞（2016年8月后）
　　　　张宏伟（2016年8月后）
人大常委会主任
　　　　陈世和（2016年9月前）
　　　　张耀华（2016年9月后）
副主任　冯国文（2016年9月前）
　　　　崔艳萍（2016年9月前）
　　　　冯　辉（2016年9月前）
　　　　戴新建（2016年9月前）
　　　　张锦秀（2016年9月前）
　　　　张俊生
　　　　张秦利
　　　　刘国斌（2016年9月后）
　　　　龙玉明（2016年9月后）
区　长　金所军（2016年8月前）
　　　　张晋伟（2016年8月后）
副区长　王跃林（2016年8月前）
　　　　赵晚花
　　　　李晓路
　　　　陈晋峰
　　　　牛过忠（2016年9月后）
　　　　杨书旗（2016年9月后）
　　　　李保增（2016年9月后）
政协主席　崔子庆
副主席　王忠玲
　　　　邢书明（2016年9月前）
　　　　张连进（2016年9月前）
　　　　张灵芳
　　　　杨书旗（2016年9月前）
　　　　王勇斌（2016年9月后）

（姜玉罡）
（责任编辑：李杨涛）

长治县

【经济概况】2016年，长治县地区生产总值完成1331336万元。可比价增速3.5%，增幅同比提高2.1个百分点，全市排位第十二。其中，第一产业完成64753万元，可比价增速7.8%；第二产业完成717711万元，可比价增速0.1%；第三产业完成548872万元。可比价增速7.7%。一、二、三产比重分别为：4.9∶53.9∶41.2，产业结构优化。

【财政收入】 2016年，长治县财政总收入275235万元。同比下降5.2%，降幅同比收窄16.3个百分点。其中，地方财政收入125276万元，增长3.8%，增幅同比提高33.8个百分点，全市排位第六。一般公共预算支出193150万元，同比下降13.8%。

【农林畜牧渔业】 2016年，长治县农林牧渔业总产值完成126080万元，增速6.44%。其中，农业总产值完成51528万元，增速-1.27%；林业总产值完成3240万元，增速37.1%；畜牧业总产值完成68305万元。增速12.3%；渔业总产值完成108万元，增速1.12%。全年粮食产量134883.2吨，增速-3.7%：畜牧业逐年增长，占比达54.2%，超过农业13.3个百分点，成为长治县农林畜牧渔业的主导产业。截至2016年末，生猪存栏14.16万头，增速-0.1%，出栏26.22万头，增速21.5%；家禽存栏299.6万只，增速10.5%，禽蛋产量增速达12.5%。畜牧业成为农民增收的重要来源。

【工业】 2016年．长治县规模以上工业增加值完成688481万元，可比价增速0.23%，增幅同比提高17.83个百分点，全市排位第十二。全县推动“三去一降一补”，狠抓煤炭去产能、减量化，全年原煤产量完成2437.3万吨，同比下降5.44%。

【贸易】 2016年，长治县社会消费品零售总额完成297110.7万元，增速9.5%，增幅同比提高2.6个百分点，全市连续4个季度排位第一。其中，限额以上贸易企业社会消费品零售总额完成51883.1万元，增速14.04%，按消费形态分：餐饮业收入422.1万元，增速20.77%；商品零售收入51461万元，增速13.99%。

【固定资产投资】 2016年，长治县固定资产投资完成1494296万元，增速2.1%，增幅同比下降8.5个百分点，全市排位第十二。按产业分：第一产业完成54918万元，增速348.3%；第二产业完成343365万元，增速-22.4%；第三产业完成1096013万元，增速8.6%。按控股类型分，国有完成408962万元，增速10.7%；民间投资完成1085334万元。增速-0.8%。按构成分，建安投资完成1357655万元，增速6.8%；设备等购置完成107407万元，增速-34.3%；其他完成29234万元，增速-0.1%。

长治县振兴村

【居民收入】 2016年，长治县城镇居民人均可支配收入28346元，增速6.3%，全市排位第八；农村居民人均可支配收入14941元，增速6%，全市排位第十二。

【年内大事】

2016年4月，山西省首批物流和微型客车电动汽车样车在长治县成功集团下线。12月8日，国家工信部首次敲定678款车型入选第四批新推荐目录并发布63号公告，山西成功集团作为山西省唯一入列企业，5款车型获生产许可“入场券”。

2016年6月3日，山西省委常委、常务副省长高建民深入长治县日盛达太阳能科技有限公司、成功集团等民营企业调研，详细解企业的发展状况和面临的机遇与挑战，对长治县民营经济的超前发展给予肯定。

2016年7月，易通集团LCO法项目在长治县潞安焦化投运，取得烟气变蒸汽，烟尘变化肥，节能又减排的效果。由易通集团承建的全省首个农业废弃物资源化综合利用示范工程开工建设，该项目总投资2000万元，通过生物质锅炉燃烧、低温余热发电、烟气净化等流程，将农村生活垃圾、秸秆、污水等废弃物集中处理，并全部转化为有机肥料和电能，实现全循环利用和零排放。

2016年8月23日至24日，中国共产党长治县第十二次代表大会召开。县委书记裴少飞代表中共长治县第十一届委员会作题为《坚定信念，奋发作为，为实现黎都振兴崛起而努力奋斗》的工作报告。8月24日，中共长治县第十二届委员会举行第一次全体会议，选举裴少飞、王现敏、段尧刚、张芬芬、秦玉琪、陈文广、李瑜、李文斌、张延节、秦彦伟为长治县委十二届常务委员会委员。选举裴少飞为县委书记，王现敏、段尧刚为县委副书记。8月24日下午，中共长治县第十二届纪律检查委员会召开第一次全体会议，大会首先通过中国共产党长治县第十二届纪律检查委员会选举办法，选举李瑜、王瑛、李强等7名纪委委员为县纪律检查委员会常务委员会委员，选举李瑜为县纪律检查委员会书记，选举王瑛、李强为县纪律检查委员会副书记。

2016年8月28日至30日，政协长治县十六届委员会第一次会议在长治县文化中心召开。县政协主席杜玉岗代表政协长治县十五届委员会常务委员会向大会做工作报告。会议选举魏俊英为政协长治县十六届委员会主席。刘志安、秦国锁、宋志兵、郭海波当选为政协长治县十六届委员会副主席。

2016年8月29日至31日，长治县第十六届人民代表大会第一次会议在县宾馆大会议室召开。县委副书记、代县长王现敏代表县人民政府向大会作政府工作报告。经会议选举，李安虎、杜建明、李维山当选为长治县第十六届人民代表大会常务委员会副主任，李文斌、贾晓伟、王练兵、李玮、史宇荣、侯立峰当选为长治县人民政府副县长，李建平当选为长治县人民法院院长，史高峰当选为长治县人民检察院检察长。

2016年11月15日，时任代省长楼阳生深入长治县太焦高铁神农隧道工程建设现场、成功集团、易通环能、日盛达太阳能科技有限公司，就重点工程建设、工业转型项目建设情况进行调研。

2016年12月18日，长治县“五道五治”工作推进大会在成功集团大会议室召开。

2016年，山西省人力资源和社会保障厅、山西省文化厅下发《关于表彰第三届山西省文化强县创建工作先进单位的决定》，长治县以全省第二名的成绩跻身“全省文化十强县”行列。

【领导名单】

县委书记　裴少飞
副书记　李文兵（2016年8月前）
　张向东（2016年8月前）
　王现敏（2016年8月后）
　段尧刚（2016年8月后）
常　委　裴少飞
　李文兵（2016年8月前）
　张向东（2016年8月前）
　杨立宏（2016年8月前）
　王建良（2016年8月前）
　魏俊英（2016年8月前）
　郑成钢（2016年8月前）
　杨志飞（2016年8月前）
　张宏山（2016年8月前）
　王现敏（2016年8月后）
　段尧刚（2016年8月后）
　张芬芬（2016年8月后）
　秦玉琪（2016年8月后）
　陈文广
　李　瑜（2016年8月后）
　李文斌（2016年8月后）
　张延节（2016年8月后）
　秦延伟（2016年8月后）
人大常委会主任
　崔惠斌（2016年8月前）
　张向东（2016年8月后）
副主任　李安虎
　杜建明
　王练兵（2016年8月前）
　李维山（2016年8月后）
县　长　李文兵（2016年8月前）
　王现敏（2016年8月后）
副县长　王建良（2016年8月前）
　魏俊英（2016年8月前）
　席卫健（2016年8月前）
　张芬芬（2016年8月前）
　李文斌（2016年8月后）
　贾晓伟
　王练兵（2016年8月后）
　李　玮（2016年8月后）
　史宇荣（2016年8月后）
　侯立峰（2016年8月后）
政协主席　杜玉岗（2016年8月前）
　魏俊英（2016年8月后）
副主席　李志文（2016年8月前）
　申有宝（2016年8月前）
　鲍金章（2016年8月前）
　刘志安
　秦国锁（2016年8月后）
　宋志兵（2016年8月后）
　郭海波（2016年8月后）

（付小波　武俊英）
（责任编辑：申　泳）

襄垣县

【自然条件】 2016年，襄垣县总面积为1178平方千米。下辖8镇3乡1个园区1个县城区8个居委会323个行政村。全县耕地保有量63.40万亩，有水库10座，其中后湾水库最大，年蓄水量6200万立方米。矿藏30余种。主要河流4条，其中浊漳河最大，境内全长31.38千米。

【人口】 根据人口抽样调查，2016年末襄垣县总人口27.7945万人，其中，男性14.1597万人，女性13.6348万人，男女性别比为（女=100）103.85，城镇人口13.3611万人，乡村人口14.4334万人，城镇人口比重达48.07%，比上年提高1.63个百分点。人口密度235人/平方千米。根据卫计部门统计，2016年出生率7.99‰，比上年上升0.9个千分点，死亡率4.29‰，下降0.33个千分点，人口自然增长率3.69‰，比上年上升1.22个千分点。

【经济概况】 2016年，襄垣县生产总值完成148.07亿元，比上年增长3.7%。其中，第一产业增加值6.64亿元，第二产业增加值95.01亿元，第三产业增加值46.42亿元。全年全县公共财政预算收入完成12.45亿元，比上年增长0.46%。全年公共财政预算支出20.14亿元，比上年下降23.17%。全县金融机构各项存款余额211.05亿元，比上年增长5.3%，各项贷款余额172.45亿元，比上年增长4.8%。

【农业】2016年，襄垣县农林牧渔业总产值完成116678.8万元。其中，农业产值84812.75万元，增长2.74%；林业产值3592.66万元，增长46.76%；牧业产值18445.89万元，增长20.84%；渔业产值727.5万元，增长98.07%，服务业产值9100万元，增长12.18%。全年粮食作物播种面积28361.3公顷，比上年下降2.64%；油料作物播种面积1139.4公顷，增长62.24%；蔬菜总播种面积1850.5公顷，增长2.91%。粮食总产量176925.6吨，比上年增长2.25%。蔬菜总产量110480.6吨。畜牧业：2016年肉类总产量6368.87吨，其中猪肉产量3756吨，牛肉产量320吨，羊肉产量762吨，禽蛋产量4497吨。

【工业】2016年，襄垣县规模以上工业企业完成工业总产值261.82亿元，比上年增长15.88%；工业产品销售率92.58%。全年完成工业增加值90.13亿元，比上年增长2.65%，其中煤炭开采和洗选行业82.26亿元，增长2.93%；炼焦行业0.4亿元，增长40.02%。规模以上工业企业主营业务收入215.6亿元，比上年增长20.2%。实现利税25.66亿元，增长40.2%，其中实现利润9.76亿元，增长675.9%。

【建设环保】2016年，襄垣县具有资质等级总承包和专业承包的建筑企业5家，实现总产值7526万元，实现利税140.8万元，其中利润亏损176.9万元。全县建成区绿地面积548.74万平方米，建成区绿化覆盖面积701.15万平方米，建成区绿化覆盖率达46.71%。全年城市供水总量450万立方米。全县集中供热面积463万平方米。煤气供气总量2870万立方米。处理污水274万立方米。生活垃圾年清运量37711吨。全年全县县城建成区空气质量二级以上天数达到331天。

【交通邮电】2016年，襄垣县公路通车总里程统计为1092.08千米。其中，国道2条75.247千米，省道2条66.751千米，县道11条201.52千米。改造红官线（小河至高崖底段）、史返线、南桥线（高家岩至桥上段）、南韩线共51.031千米；对乡村公路进行完善提质和窄路基路面拓宽改造；对县城至下良快速通道（滨河西路至郝村段）进行续建。2016年，开通县城公共自行车租赁系统，新上自行车1000辆。县城世通公交3条免费公交线路覆盖县城区域75%以上；创新公交运营辐射到10个乡镇、224个村。邮电：全年全县完成邮电业务总量15625.16万元，其中，邮政业务总量1904.89万元；电信业务总量13720.27万元。固定电话用户13742户，全县移动电话用户235671户，互联网用户49829户。全年全县接待国由外旅游人数382.21万人次，旅游综合收入28.52亿元。

【投资贸易】2016年，襄垣县全社会固定资产投资完成197.7亿元，比上年增长2.7%，分产业看，第一产业投资36.9亿元，增长72.5%；第二产业投资119.3亿元，下降1.0%；第三产业投资41.5亿元，下降18%。全年房地产开发投资完成3.38亿元，商品房销售面积2.4万平方米，销售额0.8亿元。2016年全县社会消费品零售总额26.9亿元，比上年增长8.4%。

【教育科技】2016年，襄垣县各类学校共120所，其中中等职业学校2所、普通中学13所、小学41所、特殊教育学校1所、幼儿园63所。在校学生36438人，教职工2497人。在园幼儿8171人。全年全县共申报省级科技项目5项。全年全县共完成专利申请43件，其中发明专利6件，职务发明35件，企业发明35件，全县有效发明专利拥有量46件。

【文体卫生】2016年，襄垣县有文化馆1个，文博馆1个，公共图书馆1个，全县馆藏图书达到82277册，档案馆1个。全县广播电台1座，电视台1座，广播、电视综合人口覆盖率分别达100%和100%。电视台自主播出固定栏目8个，播出时间5840小时。2016年，举办各级各类体育健身活动20余次，参加市级以上大型全民健身活动和比赛10余次。体育健身场地总面积达56.28平方米，人均场地面积达2.01平方米。2016年，全县共有医疗卫生计生机构449个，其中县级副科以上医疗卫生计生单位7个，乡镇卫生院（计生指导站）11个、分院9个；村卫生所（室）389个，驻县厂矿医院2个，民营医院3个，煤矿医院1个、个体诊所和医务室27个。床位1348张。卫生计生技术人员1532人，其中医生678人。

【社会生活】据抽样调查，2016年，襄垣县城镇常住居民人均可支配收入为31686元，农村常住居民人均可支配收入13641元。全县企业职工养老保险参保人数为20993人，机关事业养老保险参保6176人，城乡居民养老保险参保122444人，城镇基本医疗保险参保63318人，新型农村合作医疗保险参保174020人，参合率98.34%。失业保险职工参保人数为16420人，工伤保险参保46127人，生育保险参保28632人。全年城镇低保对象721人，共计发放低保资金352万元。农村低保对象5301人，共计发放低保金1073万余元。全年共1394名建档立卡贫困人口实现脱贫，唯一贫困村马鞍山村全部搬迁新村实现“摘帽”。

【年内大事】

山西省第一批员额制法官诞生。襄垣县法院为全省司法改革试点单位。2016 年 1 月 21 日，县人民法院 17 名法官向国旗宣誓，标志着襄垣县第一批员额制法官正式诞生，司法体制改革试点工作进入新阶段。

段爱平获“年度女性榜样”大奖。2016 年 1 月，襄垣县王桥镇返底村党支部书记、村委会主任段爱平获“年度女性榜样”大奖。该奖是由联合国妇女署和网易女人频道共同举办并颁发的 16 个奖项之一。2 月 25 日，全国妇联决定授予 10 名杰出女性“全国三八红旗手标兵”称号。段爱平成为山西省唯一获此殊荣的杰出女性代表。7 月 1 日，庆祝中国共产党成立 95 周年大会在北京人民大会堂举行，段爱平获“全国优秀共产党员”称号。

山西省文化局长会议暨“乡村文化记忆工程”推进会。于 2016 年 3 月至 4 日在襄垣县召开，启动全省“乡村文化记忆工程”第二批试点工作。省文化厅党组书记、厅长张瑞鹏出席并讲话。与会人员还参观襄垣县非遗体验馆、县文化馆、虒亭镇乡村文化记忆工程、襄子老粗布手工技艺保护园，并观摩点评新编大型历史剧《法显》。会议为第三批省级文化产业示范基地授牌。

山西省国新能源集团长治区域建设项目在襄垣县启动。2016 年 3 月 14 日，山西省国新能源发展集团长治区域液化调峰、加气站集群、世行城网项目暨中药材产业建设项目启动仪式在襄垣县富阳工业园区举行。

县城免费公共自行车投入运营。2016 年 6 月，襄垣县启动公共自行车服务系统，新上 1000 辆公共自行车，建设 40 个站点，覆盖县城建成区。这是襄垣继县城开通免费公交之后方便群众出行的又一惠民举措，在全省县级城市中尚属首家。

襄垣县遭遇强对流等恶劣天气。2016 年 6 月，襄垣县境内连续出现强降雨、大风、冰雹等恶劣天气，夏店镇、富阳工业园区、虒亭镇的农田、大棚遭受重创，直接经济损失达 2000 万元。特别是 6 月 13 日下午 14 时 16 分至 14 点 40 分，襄垣县夏店和下良两个乡镇遇强对流天气降雹，最大冰雹直径 45 毫米。灾情发生后，县红十字会第一时间上报灾情，经过努力，襄垣县灾情受到上级红十字会的关注，香港红十字会通过省红会向襄垣县捐赠价值 321300 元的救灾生活包。

大型秧歌剧《法显》在北京上演。2016 年 7 月 7 日，山西省文化厅专家组陈燕萍一行到襄垣县，就大型秧歌剧《法显》进行评审。7 月 15 日、16 日，该剧在北京梅兰芳大剧院上演。该剧由桑爱平担任编剧，国家一级导演张平执导、国家一级作曲家刘建斌担任作曲、中国戏剧学院教授党宁担任舞美设计，全省首届“杏花奖”得主张宏亮等演员出演。此次进京演出，是经山西省委宣传部、山西省文化厅推荐，参加中宣部、文化部主办的“全国基层院团戏曲会演”。此次会演活动全国共有 31 家院团参加，山西省仅此一家。

中国共产党襄垣县第十三次代表大会。于 2016 年 8 月 23 日至 24 日在襄垣会堂召开。县委书记张志刚代表县委十二届委员会向大会作题为《着力强基固本 推进创新创业 坚决打赢管党治党和经济振兴两场硬仗》的工作报告。会上，中共襄垣县第十二届纪律检查委员会工作报告以书面形式提请大会审查。

襄垣县两条旅游公路开工。2016 年 9 月 27 日，仙堂山旅游公路西王桥至南沟段（滨河东路南延）项目、208 国道通屯留老爷山景区（大关线）旅游公路改造工程开工启动。仙堂山旅游公路西王桥至南沟段（滨河东路南延）项目，全长 5.011 千米，起点古韩镇西王桥村东与滨河东路和省道榆长线相接，总体走向延漳河由北向南，下穿太焦铁路，终点王桥镇南沟村与城际快速路相接。208 国道通屯留老爷山景区（大关线）旅游公路改造工程，起点位于史家岭村北，总体走向由北向南，途径南凹、北庄、榆林、关上，终点与屯留县老爷山旅游路相接，全长 10.108 千米。

襄垣县东湖全景图

县政府与乐氏同仁科技集团有限公司举行签约仪式。2016年11月5日上午，县政府与乐氏同仁科技集团有限公司就中药材种植及饮片加工项目举行签约仪式。

襄垣县慈善会成立暨首届会员代表大会。于2016年12月27日上午召开。会议审议、表决通过襄垣县慈善会《章程》、襄垣县慈善会会费标准和管理办法，襄垣县慈善会选举办法，选举产生慈善会第一届理事会理事（常务理事）、慈善会会长、副会长、秘书长。

【领导名单】

县委书记　张志刚
副 书 记　胡三虎
　据海鹏（2016年8月前）
　孙泽强（2016年8月后）
常　　委　张志刚
　胡三虎
　据海鹏（2016年8月前）
　孙泽强
　桑爱平
　贺思宇
　张　剑（2016年8月前）
　崔玉彪（2016年8月前）
　李智越（2016年8月后）
　王振力（2016年8月后）
　贾林波（2016年8月后）
　边军强
　杜建伟（2016年8月后）
人大常委会主任
　王守国（2016年8月前）
　崔玉彪（2016年9月后）
副 主 任　魏晋民（2016年8月前）
　赵菊香（2016年8月前）
　秦文国
　霍联中（2016年8月前）
　李树清（2016年8月前）
　薛智敏（2016年9月后）
　王保堂（2016年9月后）
　王高林（2016年9月后）
县　　长　胡三虎
副 县 长　贺思宇（2016年8月后）
　桑爱平（2016年8月前）
　张华兴（2016年8月前）
　罗　列（2016年8月前）
　原书玲（2016年8月前）
　侯慧萍（2016年8月前）
　刘　飞（2016年8月后）
　陈雪平（2016年8月后）
　史红宾（2016年8月后）
　牛志强（2016年8月后）
　冯丽华（2016年8月后）
　郭春雷（2016年10月后）
政协主席　杨飞华（2016年8月前）
　侯慧萍（2016年8月后）
副 主 席　韩国章（2016年8月前）
　包梅林
　刘焕珍（2016年8月前）
　李智越（2016年8月前）
　李治军（2016年8月后）
　王占俊（2016年8月后）
　马　丽（2016年8月后）

（万瑞星　黄旭琴　李　玲）
（责任编辑：曾晋芳）

屯留县

【自然条件】 2016年，屯留县总面积1142平方千米。下辖4个乡7个镇3个开发区294个行政村。耕地4.6016万公顷。矿藏8种。主要河流3条，其中绛河最大，境内全长81.2千米。旅游景点8个。

【人口】 2016年，屯留县总人口27.24万人，比上年增加1239人，男性人口14.23万人，女性人口13.01万人，男女性别比（女=100）为109.43。全年全县出生人口3049人，人口出生率11.22‰，死亡率6.66‰，自然增长率4.56‰。城镇人口比重39.90%，乡村人口比重60.10%。

【经济概况】 2016年，屯留县生产总值86.68亿元，比上年增长0.2%。其中，第一产业增加值6.56亿元，增长2.7%，第二产业增加值57.66亿元，下降1.7%，第三产业增加值22.46亿元，增长4.5%。全年全县财政总收入14.82亿元，比上年下降2%；地方财政收入6.47亿元，增长5.47%。全县金融机构各项存款余额78.33亿元，比年初增加55829万元，全县金融机构各项贷款余额36.37亿元，比年初增加40719万元。

【农业】 2016年，屯留县粮食种植面积34.36千公顷，其中玉米种植面积31.63千公顷，小麦种植面积1.05千公顷；蔬菜种植面积1.61千公顷。

全年全县粮食总产量26.29万吨，蔬菜总产量9.85万吨，增产4.78%。全年全县肉类总产量9484吨，其中，猪牛羊肉类总产量8280吨，禽蛋产量9259吨。生猪存栏4.09万头，出栏8.16万头；牛存栏4488头，出栏3670头；羊存栏96528只，出栏84521只；家禽存栏812136只，出栏788722只。全县农林牧渔总产值12.32亿元，增长5.53%。

【工业】 2016年，屯留县全年全县规模以上工业企业22家，全年规模以上工业增加值50.49亿元，比上年下降2%，其中轻工业增加值1.54亿元，增长64.67%；重工业增加值48.95亿元，下降6.36%。工业产品销售率96.29%，下降2.7%。主要工业产品产量中，原煤产量1090.69万吨，下降14.42%；洗精煤432.47万吨，下降18.19%；焦炭产量236.15万吨，下降9.77%。全年全县规模以上工业企业实现销售收入104.40亿元，比上年增长27.13%。实现利税83806.5万元，增长446.79%，其中实现利润-2102万元，减亏96.56%。

【建设环保】 2016年，屯留县全社会建筑业实现总产值21.66亿元，比上年下降6.7%。具有建筑业资质等级的总承包和专业承包建筑业企业实现营业利润2009.4万元，下降54.2%。

【交通邮电】 2016年，屯留县公路线路里程914.801千米。其中，国道104.074千米，省道48.761千米，县级及以下761.966千米。邮电：全年全县完成邮电业务总量958.07万元，邮政业务收入1329.97万元；邮政单程长度163千米，农村投递线路单程长度936千米。

【投资贸易】 2016年，屯留县固定资产投资73.89亿元，比上年下降44.9%，其中国有及国有控股投资53.04亿元，下降24.6%。非国有投资20.85亿元，下降67.3%。分产业看，第一产业投资2.97亿元，下降80.4%；第二产业投资54.55亿元，下降35.7%；第三产业投资16.37亿元，下降52%。全县在建固定资产投资项目130个。全年房地产开发投资6.99亿元，增长0.6%，商品房销售面积120805平方米，增长42.7%。全年全县社会消费品零售总额15.62亿元，比上年增长7.4%。

【教育科技】 2016年，屯留县各级各类学校共125所。其中，完全中学1所，职业中学1所，普通初中10所，教师进修学校1所，九年一贯制学校1所，小学112所，独立设置幼儿园83所。全县在校学生31678人，教职工2566人。全年高中招生1392人，在校学生4469人。全年初中招生3026人，在校学生8434人。全年小学招生3233人，在校学生18286人。全县共有产品质量检验机构1个。全年对1家企业实施产品认证。全县共有法定计量技术机构1个，全年强制检定计量器具2081台件。

【文体卫生】 2016年，屯留县共有文化馆1个，公共图书馆1个，公共图书馆藏书量7.45万册，农村书屋实现294个行政村全覆盖，档案馆1个。全县广播电视台1座，全县接收数字信号用户达到55000户。全县成立乡镇体育工作站14个，各类体育协会25个，基层健身辅导站294个，各级社会体育指导员610人。全年共参加市级以上活动比赛6次，获得各类奖项20个。全县共有医疗卫生机构412个，其中县直公立医院2个，疗养院1个、社区卫生服务站1个、门诊部1个、妇幼保健院1个，疾病预防控制中心1个，卫生监督机构1个，其他卫生机构1个、卫生院17个，村级卫生所366个，诊所13个，民营医院6个，厂矿医院1个。全县病床位1087张，卫生技术人员832人。全县新型农村合作医疗覆盖率99%。

【社会生活】 2016年，屯留县农村居民人均可支配收入13672元，比上年增长6.7%；城镇居民人均可支配收入23884元，比上年增长5.6%。全县城镇基本医疗保险参保人数为41420人，城镇基本医疗保险职工参保人数为17300人，城镇居民基本医疗保险参保人数为24120人。全县全年享受城市最低生活保障的居民1894人，发放城市低保资金799万元；享受农村最低生活保障的居民7464人，发放农村低保资金1940万元。全县共有各类福利单位5所，床位360张，集中供养152人。

【年内大事】

2016年3月16日，屯留县首届互联网+县域经济暨屯留588商城启动大会召开。

2016年3月，屯留县康乐职业培训学校是全市唯一一所被省残联和省财政厅在省级“一店三基地”创建活动中评为“省级残疾人实训基地”的学校。

2016年4月25日，位于屯留县久安路的北大附属长治实验学校开工奠基。该校是北大青岛文教集团与长治市在2015年4月1日正式签约的国际化精品学校。

2016年5月5日至9日，屯留县11个乡镇相继完成党委换届选举工作，选举产生新一届乡镇党委班子和纪委班子，选出乡镇党委委员118人、纪委委员33人、出席县第十三次党代会代表265名。

2016年5月12日，屯留县在潞安煤基合成油建设工地发现一片战国古墓群。该古墓群位于余吾镇西邓村，占地面积约46600多平方米。经考古勘探，发现从战国到汉代时期古墓葬122座，灰坑2处。

2016年5月13日，屯留县举行2016年首批新型职业农民颁证仪式，31位农民领取新型职业农民资格证书，是屯留县首批获得新型职业农民资格认定的农民。

2016年5月18日至19日，屯留县环保局、县公安局等相关部门集中开展大气污染防治联合执法强制取缔行动，取缔卖石灰散堆场5处，卖煤炭散堆场12家，土法烧制木炭窑4孔。

2016年7月13日，山西省农村信用社社史展馆在屯留县吾元镇罗村建成开馆。

2016年7月23日，屯留县公安局破获一起涉案金额达数十万元迷信诈骗案，共抓获犯罪嫌疑人5名。

2016年7月29日，屯留县召开干部大会，宣布省委、市委关于中共屯留县委主要领导职务调整的决定。省委、市委决定：马先明任中共屯留县委委员、常委、书记，免去郭泽兵书记、常委、委员职务。

2016年7月，屯留县的“上村双桥”和“抗大一分校北岗旧址”被列为全省第五批省级文物保护单位。“上村双桥”是小河北村金代石桥和积石村桥两座石桥。因两桥相隔不到5里，一河之上，遥相辉映，又同属上村镇辖区，故称“上村双桥”。

2016年8月11日，屯留县在宾馆大会议室召开干部大会，宣布市委对屯留县县政府主要领导调整的决定。长治市委决定：翟卫华任屯留县委副书记，提名屯留县政府县长候选人。免去段树新屯留县委副书记、常委、委员职务，提名屯留县县长职务。

2016年8月11日，屯留县公安局破获一起部督非法买卖制毒物品案，抓获4名犯罪嫌疑人，缴获硫酸32.1吨，缴获盐酸32.46吨。

2016年8月15日至18日，“巍山杯”全国元老足球邀请赛在屯留县巍山足球产业园举行，八一队、云南队、李宁队和山西队4支男子足球元老代表队的100多名运动员应邀参加比赛。　2016年8月24日至25日，中国共产党屯留县第十三次代表大会召开。大会以无记名投票的方式，选举产生中国共产党屯留县第十三届委员会委员41名、候补委员9名，中国共产党屯留县纪律检查委员会委员16名，出席中国共产党长治市第十一次代表大会代表26名。

2016年8月25日，中共屯留县第十三届委员会第一次会议召开。会议选举产生中共屯留县第十三届委员会常务委员和书记、副书记。马先明当选为中共屯留县委书记，翟卫华、杨志飞当选为中共屯留县委副书记，会议选举马先明、翟卫华、杨志飞、李文平、禄江、段联刚、原书玲、焦彦平、柳建勋、李书红为中共屯留县委常务委员会委员。

2016年8月30日，政协第九届屯留县委员会第一次会议召开第五次全体会议。会议选举产生政协第九届屯留县委员会主席、副主席、常务委员。赵旭光当选为政协第九届屯留县委员会主席；李莲、郭红芳、孙军旗、申金刚当选为政协第九届屯留县委员会副主席。

2016年8月31日，屯留县第十六届人民代表大会第一次会议召开第三次全体会议。会议选举产生新一届县人大常委会班子、县人民政府班子和法检“两长”。冯贵兴当选为屯留县第十六届人民代表大会常务委员会主任，翟卫华当选为屯留县人民政府县长，马卓、张建法、崔建军、王建平当选为屯留县第十六届人民代表大会常务委员会副主任，段联刚、牛浩刚、暴红卫、高中玉、曾涛、郝晓英当选为屯留县人民政府副县长，陈建龙当选为屯留县人民法院院长，李国善当选为屯留县人民检察院检察长。

2016年8月，屯留县在渔泽镇寺底村建成第一家农村电影院，每周放映两场电影，辐射周边3个行政村，2个煤矿，受益群众近3000人。

2016年9月1日，山西省委书记骆惠宁到屯留县抗大一分校旧址调研，就弘扬抗大文化，传承抗大精神，抓好党史教育，做好抗大一分校旧址的修缮、保护、开发利用工作提出指导性意见。

2016年9月8日，屯留县城乡公交一体化建设启动暨县城公交开通仪式在屯留会堂前举行，县城公交投入运营，首期开通2条线路，共投入9辆公交车，营运总里程约为20千米，惠及人口近4万，结束屯留县城无公交的历史。

2016年9月13日，屯留县与山西中医学院签订校地合作协议。

2016年9月29日，长治市农村旅游公路项目签约暨启动仪式在屯留县举行。老爷山旅游公路项目是长治市农村旅游公路重点项目之一。

2016年10月18日，屯留县法院结案率在全市考核排名第一，这是屯留县法院在审判质效工作上首次获全市第一。

2016年11月16日，山西省代省长楼阳生到屯留县抗大一分校旧址调研，充分肯定抗大一分校在革命战争中作出的历史性重大贡献，从保护抗大旧址，传承革命精神，开发红色旅游，建设社会主义新农村方面提出指导性意见。

2016年11月，屯留县实行城乡环卫一体化改革，组建屯留县城乡环境卫生管理中心。

2016年12月12日，“榜样的力量——长治好人上党公仆”巡回演讲在屯留县举行。屯留县被评为“长治好人”的李拴州以及来自长治市各县（市区）的10位优秀代表参加演讲。

2016年12月30日，丰宜镇石泉葫芦山庄被山西省农业厅、山西省旅游委员会认定为“休闲农业和乡村旅

屯留煤油循环工业园区

游示范点”。

2016年12月，屯留县河神庙乡卫生院获国家级“群众满意乡镇卫生院”称号。

2016年12月，屯留县1947名贫困人口实现脱贫。

【领导名单】

县委书记 郭泽兵（2016年7月前）
马先明（2016年7月后）
副书记 段树新（2016年8月前）
李晓峰（2016年8月前）
仇志勇（2016年5月前）
翟卫华（2016年8月后）
杨志飞（2016年8月后）
常委 郭泽兵（2016年7月前）
段树新（2016年7月前）
李晓峰（2016年8月前）
仇志勇（2016年5月前）
秦建宇（2016年7月前）
冯贵兴（2016年8月前）
王忠强（2016年8月前）
王彦慧（2016年6月前）
马先明（2016年8月后）
翟卫华
杨志飞（2016年8月后）
焦彦平
李文平（2016年8月后）
禄江（2016年8月后）
段联刚（2016年8月后）
原书玲（2016年8月后）
柳建勋（2016年6月后）
李书红（2016年8月后）
人大常委会主任
倪建中（2016年8月前）
冯贵兴（2016年8月后）
副主任 杜天才（2016年8月前）
张双双（2016年1月前）
郭学斌（2016年8月前）
马卓（2016年8月后）
张建法
崔建军
王建平（2016年8月后）
县长 段树新（2016年8月前）
翟卫华（2016年8月后）
副县长 翟卫华（2016年8月前）
马卓（2016年8月前）
贾林波（2016年8月前）
任江鸿（2016年8月前）
牛浩刚
段联刚（2016年8月后）
暴红卫（2016年8月后）
高中玉（2016年8月后）
曾涛（2016年8月后）
郝晓英（2016年8月后）
政协主席 赵旭光
副主席 罗俊保（2016年8月前）
李莲
郭红芳
孙军旗
申金刚（2016年8月后）

（段蓓蓓）

（责任编辑：张洁）

平顺县

【自然条件】 2016年，平顺县总面积1550平方千米。下辖7个乡5个镇262个行政村。耕地1.26万公顷。矿藏15种。主要河流5条，其中浊漳河最大，境内全长53千米。旅游景点4个。年平均气温10.0摄氏度，年降水量649.0毫米。

【人口】 2016年，平顺县总人口15.15万人，比上年增加0.05万人，男性人口7.64万人，女性人口7.51万人，男女性别比（女=100）为101.66。全年人口出生率9.7‰，死亡率6.44‰，自然增长率3.26‰。城镇人口比重32.32%，比上年提高2.07个百分点。人口密度每平方千米97.74人。少数民族16个，共59人。

【经济概况】 2016年，平顺县生产总值21.14亿元。其中，第一产业增加值2.16亿元；第二产业增加值7.78亿元；第三产业增加值11.20亿元。全年全县公共财政预算收入0.85亿元。全县公共财政预算支出12.36亿元。全县金融机构各项存款余额39.91亿元，全县金融机构各项贷款余额19.91亿元。

【农业】 2016年，平顺县粮食种植面积9980.9公顷，比上年减少385.1公顷，下降3.7%。其中玉米种植面积6912.1公顷，小麦种植面积1139.2公顷；油料种植面积35.6公顷，比上年增加10.7公顷；蔬菜种植面积554.8公顷，比上年减少24.3公顷。全年全县粮食总产量53642吨，比上年增加3025吨，平均亩产358.30公斤。蔬菜总产量15073.4吨。全年肉类总产量4585吨，增长3.62%，其中猪肉产量3848吨；牛肉产量104吨；羊肉产量316吨；禽肉产量317吨。禽蛋产量3172吨。全年农业机械总动力为4.77万千瓦特；全县拥有大中型拖拉机235台，比上年增加了20台；农业化肥施用量（折纯量）4060.23吨；地膜使用量187.11吨；全年有效灌溉面积1310公顷；全县耕地保有量12520.13公顷。

【工业】 2016年，平顺县规模以上工业企业13家，全年规模以上工业企业增加值6.91亿元。规模以上工业总产值完成19.43亿元，规模以上工业实现工业销售产值17.76亿元，工业产品销售率91.92%。规模以上工业企业实现主营业务收入16.71亿元，实现利税0.94亿元。

【建设环保】 2016年，平顺县有三级以上资质证书建筑企业1家，建筑业完成总产值0.23亿元；实现利润0.0083亿元。全县有出租汽车86辆。全县有公园8座，总面积193055.99平方米。全年总用水量1480万吨。其中，生活用水306万吨，工业用水117.42万吨，农业用水965万吨，生态补水53万吨，当年解决农村饮水安全人口10323人。全县液化气供气总量7.3吨，天然气供应量36万立方米。全县集中供热面积122万平方米，其中住宅供热面积可达87万平方米。全县污水处理能力0.5万吨每日，全年污水处理量186万吨。生活垃圾年清运量0.15万吨，无害化处理率为100%。全年全县空气质量二级以上天数为337天，比上年减少23天。

【交通邮电】 2016年，平顺县公路线路里程396.79千米。全县民用汽车保有量10877辆，其中私人汽车保有量10621辆。民用轿车保有量9265辆，增长9.3%，其中私人轿车9173辆，增长13.4%。邮电：全年全县完成邮电业务总量5172万元。其中，邮政业务总量864万元，增长13.7%；电信业务总量4308万元，下降1.7%。邮政业全年完成邮政函件业务2.1万件，包裹业务11.2万件，快递业务量6.7万件。固定电话用户7226户，移动电话户数达83618户，固定及移动电话用户总数达到90844户。电话普及率达60部/百人。宽带安装户数14717户，互联网普及率达25.7%。

【投资贸易】 2016年，平顺县固定资产投资41.24亿元，其中国有及国有控股投资12.52亿元。分产业看，第一产业投资21.59亿元；第二产业投资7.22亿元；第三产业投资12.43亿元。全县在建固定资产投资项目106个。2016年全县社会消费品零售总额8.72亿元。

【教育科技】 2016年，平顺县普通中小学92所，其中小学82所，普通高中2所，普通初中8所。全年普通高中招生679人，在校学生2213人。全年初中招生1160人，在校学生3372人。全年小学招生1074人，在校学生6211人。全县幼儿园28所，在园幼儿2548人。全年全县专利申请与授权量分别为5件和1件。

【文体卫生】 2016年，平顺县有文化馆1个，博物馆1个，公共图书馆1个，公共图书馆藏书量8.0万册，档案馆1个。各类广播电视播出机构共有1座，有线数字电视用户14000户。全县共有医疗卫生机构288个，其中县级医院2个，乡镇卫生院12个，村卫生室265个，妇幼保健院（所）1个，疾病预防控制中心1个，卫生监督机构1个。床位620张，卫生技术人员429人。全县新型农村合作医疗覆盖率99.74%。

【社会生活】 2016年，平顺县农村居民人均可支配收入5494元，比上年增长8.7%；城镇居民人均可支配收入20675元，比上年增长6%。年末全县基本养老保险参保98266人，其中，企业职工参保6752人，城乡居民社会养老保险参保84140人。城镇基本医疗保险参保19207人，其中，城镇职工基本医疗保险参保9531人，城镇居民基本医疗保险参保9676人。失业保险参保7596人，年末全县领取失业保险金24人。工伤保险参保14004人，其中农民工3491人。生育保险参保9378人。全年全县城镇基本社会保障覆盖率达99%。年末农村参加基本养老保险人数为83137人。年末全县共有城镇低保对象843户，1526人，共发放最低生活保障金777.08万元；年末全县共有农村低保对象7476户，9120人，共发放最低生活保障金1983.48万元。年末全县共有社会服务及养老机构4个，床位230张，全年收养救助各类人员42人。

【年内大事】

2016年1月16日，澳大利亚魏基成“天籁列车”在平顺县举行助听器捐赠活动，共免费为平顺县捐赠助听器442台，投影仪2台，总价值92.4万元。

2016年1月22日，平顺县召开脱贫攻坚动员大会，贯彻落实中央扶贫开发工作会议和省、市脱贫攻坚大会精神，动员全县上下咬定目标、苦干实干，齐心协力打赢脱贫攻坚这场硬仗，确保平顺县到2019年摘掉“贫困”帽子。

2016年3月1日，申纪兰赴北京参加第十二届全国人民代表大会第四次会议。

2016年5月6日至7日，山西省扶贫开发工作督查组在平顺县督导检查精准扶贫开发工作。

2016年5月12日，山西省中药材产业发展研讨会、考察交流活动暨全国第二届中药材商品规格等级标准联盟成员会议在平顺县举行考察交流活动。

2016年5月18日，山西省委第28批农村工作队进驻平顺。

2016年5月28日，全国政协委员、甘肃省政协副主席马文云赴西沟看望慰问老劳模申纪兰。

平顺县全景图

2016年6月2日，平顺县创业孵化基地在青羊购物广场挂牌成立。

2016年7月13日，平顺县脱贫攻坚大会召开，对当前和今后一个时期的脱贫攻坚工作进行再安排、再部署、再落实、再推进，动员全县上下齐心协力、真抓实干，全力以赴、攻坚克难，坚决打赢脱贫攻坚这场硬仗。

2016年8月10日，北京景惠仁厚集团与西沟村签订合作协议整体开发西沟旅游项目。

2016年8月28日至30日，中国人民政治协商会议平顺县第九届委员会第一次会议召开。会议选举王建中为政协平顺县第九届委员会主席，刘俊英、杨红平、申建国、陈成新为政协平顺县第九届委员会副主席，马宁、马江明等30名同志为政协平顺县第九届委员会常务委员。会议通报政协平顺县第九届委员会第一次会议提案征集审理情况，通过政协平顺县第九届委员会第一次会议政治决议、县政协常委会工作报告决议和县政协提案工作报告决议。

2016年8月29日至31日，平顺县第十五届人民代表大会第一次会议完成各项议程，胜利闭幕。大会选举宋忠义为平顺县第十五届人大常委会主任，秦军为平顺县人民政府县长，李建民、王丙旗、张安庆、郭江明当选为平顺县第十五届人大常委会副主任，刘林松、杨红梅、郭力毅、武鹰、牛海江、张秀斌当选为平顺县人民政府副县长，曹勇当选为平顺县人民政府挂职副县长，郭晓华当选为平顺县人民法院院长，梁艳华当选为平顺县人民检察院检察长，吕玉昌、石艳玲等26名同志当选为平顺县第十五届人大常委会委员，并进行宪法宣誓。大会表决通过《平顺县人民政府工作报告》《平顺县人大常委会工作报告》《平顺县人民法院工作报告》《平顺县人民检察院工作报告》，表决批准《平顺县国民经济和社会发展第十三个五年规划纲要》《平顺县2015年国民经济和社会发展计划执行情况与2016年国民经济和社会发展计划（草案）的报告》《平顺县2015年财政预算执行情况和2016年财政预算（草案）的报告》。

2016年9月1日，省委书记骆惠宁到平顺调研并看望全国著名劳模申纪兰，参观西沟展览馆，了解西沟儿女的奋斗历史、当前农村经济发展情况。

2016年9月14日，平顺县干部入企服务动员会议召开，贯彻落实全省万名干部入企服务和全市千名干部入企服务会议精神，全面安排部署平顺县干部入企服务工作。

2016年9月23日，平顺县天脊山国家地质公园揭碑开园。省国土资源厅地环处长朱景学代表国土资源部宣读关于平顺天脊山国家地质公园的批准文件，并为天脊山国家地质公园进行授牌。

2016年10月20日，平顺县召开2016年国产软件应用试点工作启动会。

2016年10月21日，平顺县召开健康扶贫政策解读培训会，对全县健康扶贫政策进行解读。

2016年11月6日，平顺县举办“政府搭台就业脱贫”专场企业用工招聘会。

2016年11月16日，代省长楼阳生深入平顺县就中药材产业发展、文化旅游业发展和脱贫攻坚等工作进行实地调研，并专程到西沟看望全国著名劳模、一至十二届全国人大代表申纪兰。

2016年11月23日，山西省委组织部送学下乡专题培训讲座在平顺县举行，中国人民大学法学博士、山西大学法学院党委书记、副教授张钧作专题讲座。

2016年12月4日，平顺县召开“五道五治”行动动员部署会。

2016年12月8日，平顺县召开神龙湾等五条旅游公路建设情况汇报会。

2016年12月15日，平顺县召开中船重工300兆瓦光伏发电项目协调会。

2016年12月20日，平顺县召开“五道五治”暨脱贫攻坚再推进大会。

【领导名单】

县委书记	吴小华
副书记	秦　军
	赵永进（2016年8月前）
	张宏方（2016年8月后）
常　委	吴小华
	秦　军
	赵永进（2016年8月前）
	张宏方
	安拴平（2016年8月后）
	刘林松
	翟建光
	宋立刚（2016年8月后）
	申庆斌（2016年8月后）
	刘沁梅（2016年8月后）
	乔毅慧（2016年8月前）
	宋忠义（2016年8月前）
	李玉忠（2016年8月前）
人大常委会主任	
	苏和平（2016年8月前）
	宋忠义（2016年8月后）
副主任	李建民
	王丙旗
	张安庆
	郭江明（2016年8月后）
	路爱国（2016年8月前）
	冯支庆（2016年8月前）
县　长	秦　军
常务副县长	乔毅慧（2016年8月前）
	刘林松（2016年8月后）
副县长	杨红梅
	曹　勇（挂职，2016年8月后）
	郭力毅（2016年8月后）
	武　鹰（2016年8月后）
	牛海江（2016年8月后）
	张秀斌（2016年8月后）
	李玉忠（2016年8月前）
	牛志川（2016年8月前）
	王建中（2016年8月前）

宋保华（挂职，2016年8月前）
政协主席　赵小平（2016年8月前）
　　　　　王建中（2016年8月后）
副主席　刘俊英
　　　　杨红平
　　　　申建国
　　　　陈成新（2016年8月后）
　　　　曹建国（2016年8月前）

（张国梅）

（责任编辑：尚竹英）

黎城县

【自然条件】 2016年，黎城县总面积1101平方千米。下辖4个乡5个镇1个生态功能保护区，255个村级单位，其中242个行政村。耕地1.91万公顷。矿藏22种。主要河流6条，其中浊漳河最大，境内全长39.6千米。旅游景点10个。年平均气温11.6摄氏度，年降水量675.3毫米。

【人口】 2016年，黎城县总人口16.19万人，比2015年增加0.02万人，男性人口8.28万人，女性人口7.91万人，男女性别比（女=100）为105。人口出生率9.84‰，死亡率8.72‰，自然增长率1.12‰。城镇人口比重42.37%，比2015年提高1.55个百分点。人口密度每平方千米147人。少数民族11个，共36人。

【经济概况】 2016年，黎城县生产总值31.77亿元，比2015年增长3.6%。其中，第一产业增加值3.54亿元，第二产业增加值10.63亿元，第三产业增加值17.60亿元。公共财政预算收入1.61亿元，比2015年下降8.53%。公共财政预算支出11.07亿元，比2015年增长0.5%。金融机构各项存款余额60.15亿元，比年初增长9.5%；各项贷款余额16.15亿元，比年初下降22.5%。

【农业】 2016年，黎城县粮食种植面积1.47万公顷，其中玉米种植面积1.17万公顷，小麦种植面积0.13万公顷；油料种植面积71.6公顷，棉花种植面积6.8公顷；蔬菜种植面积500.2公顷。粮食总产量6.85万吨，比2015年增长15.15%，平均亩产310公斤。蔬菜总产量9770.9吨。猪牛羊肉类总产量5029.3吨，下降8.0%，其中猪肉产量4556.3吨，牛肉产量169吨，羊肉产量304吨。生猪存栏5.3万头，出栏7.71万头。禽蛋产量4230吨；奶产量1212吨。

【工业】 2016年，黎城县规模以上工业企业13家，规模以上工业增加值9.32亿元，比2015年增长0.3%，其中轻工业增加值0.07亿元，重工业增加值9.25亿元。主要工业产品产量中，发电量0.73亿千瓦时，焦炭产量57万吨，钢材产量192.37万吨。全县规模以上工业企业主营业务收入47.76亿元，比2015年增长40.7%。实现利税1.04亿元，增长94%。

【建设环保】 2016年，黎城县全社会建筑业实现总产值0.47亿元，比2015年增长14.8%；城市建成区面积5.96平方千米，建成区绿化覆盖率43.57%。城市交通运营车辆45辆，出租汽车70辆。公园2座，总面积1250平方千米。城市供水总量5488万吨，人均生活用水量25000升。液化气供气总量500吨，天然气供应量140万立方米。集中供热面积112万平方米。污水处理能力0.64万吨/日，污水处理量233.94万吨。生活垃圾年清运量2.29万吨，无害化处理率为100%。空气质量二级以上天数为297天，比2015年减少36天。

【交通邮电】 2016年，黎城县公路线路里程1142.08千米。民用汽车保有量1.48万辆，比2015年增长3.33%，其中私人汽车保有量1.24万辆，增长3.23%。民用轿车保有量9100辆，增长0.44%，其中私人轿车8650辆。完成邮电业务总量8700万元。其中，邮政业务总量1678万元；电信业务总量7022万元。移动电话用户12.25万户，其中，3G移动电话用户4万户，4G移动电话用户4.1万户。互联网接入用户2.45万户。

【投资贸易】 2016年，黎城县固定资产投资62.10亿元，比2015年增长9%。分产业看，第一产业投资18.04亿元，增长49.1%；第二产业投资13.73亿元，下降20.6%；第三产业投资30.33亿元，增长9.9%。在建固定资产投资项目163个。房地产开发投资6.43亿元。社会消费品零售总额13.44亿元，比2015年增长7.9%。

【教育科技】 2016年，黎城县有普通中小学106所，其中小学96所，普通高中1所，普通初中8所。高中在校学生2685人。初中招生1923人，在校学生5795人。小学招生1651人，在校学生10491人。幼儿园82所，在园幼儿4938人。全县专利申请与授权量分别为5件和14件。

【文体卫生】 2016年，黎城县有艺术表演团33个，文化馆1个，博物馆1个，公共图书馆1个（藏书量5.69万册），档案馆1个。有广播电台1座，电视台1座，广播、电视综合人口覆盖率均为100%。有线电视用户1.04万户，其中数字信号用户1.04万户。人均体育场地面积1.37平方米。医疗卫生机构256个，其中医院3个、乡镇中心卫生院13个，妇幼保健院1个，疾病预防控制中心1个。床位581张，卫生技术人员516人。新型农村合作医疗覆盖率100%，参合率97.52%。

【社会生活】 2016年，黎城县农村居民人均可支配收入7790元，比2015年增长6.3%；城镇居民人均可支配收入16956元，比2015年增长6.3%。

城镇基本养老保险参保3.54万人，新型农村社会养老保险参保11.35万人；城镇基本医疗保险职工参保1.02万人，失业保险职工参保1.29万人，工伤保险参保2.54万人。纳入城市最低生活保障的居民0.23万人，发放城市低保资金901.18万元；纳入农村最低生活保障的居民0.76万人，发放农村低保资金1942.7万元。全县各类福利院床位557张，收养356人。接收社会捐赠款198.79万元（送温暖献爱心捐款16.92万元，慈善捐款164.99万元，红十字会捐款16.88万元）。

【年内大事】

2016年2月，黎城县被山西省政府改善人居环境领导组办公室和山西省电力公司联合授予“新农村电气化县”，成为全省2015年度获此殊荣的6个县之一。

2016年3月26日，山西省首家大型秸秆沼气提纯项目在黎城县新材料工业园区开工奠基。该项目计划投资2.6亿元，建成一座年产1520万立方的大型秸秆沼气提纯项目。

2016年4月28日，黎城县召开“两学一做”学习教育工作会，贯彻落实中央“两学一做”学习教育工作座谈会和省、市委“两学一做”学习教育视频会议精神，对在全县党员中开展“两学一做”学习教育工作进行部署。

2016年5月，“第十三届（2016）中外避暑旅游口碑金榜”在香港向全球发布，该榜以夏季清凉舒适气候旅游目的地为主要导向，黎城县太行红山以“群峰攀壁”美誉登“2016中外避暑旅游口碑金榜”中“2016中国避暑名山百佳榜”第89位。

2016年7月12日，左权至黎城高速公路主干线贯通，在晋中市左权县举行的贯通仪式。

2016年8月25日至27日，中国共产党黎城县第十五次代表大会召开，共349名（应到代表359人）党员代表参加。大会听取部双庆代表中国共产党黎城县第十四届委员会作题为《唱响太行红山、打造创新强县、建设宜居黎城，为如期全面建成小康社会而努力奋斗》的工作报告。大会选举部双庆为中共黎城县委书记，牛晨霞、郭卫斌为中共黎城县委副书记，张晓明、魏振东、任江鸿、田晓赋、杨学武、岳保国为中共黎城县委常委。

2016年8月28日至30日，政协黎城县第九届委员会第一次会议召开，应到委员150名，实到委员146名。刘永清代表政协黎城县第八届委员会常务委员会向大会作工作报告。大会选举刘永清为政协黎城县第九届委员会主席，张玉芳、祝志杰、段爱军为副主席。

2016年8月29日至31日，黎城县第十六届人大一次会议召开。应到代表151人，实到146人。大会听取并审议牛晨霞代表黎城县人民政府向大会所作的政府工作报告，杨和贵代表黎城县第十五届人大常委会所作的工作报告。大会选举高玉飞为黎城县第十六届人大常委会主任，杨江贤、崔喜龙、孙广兴、王宽明为副主任，选举产生黎城县人民政府新一届领导班子，选举牛晨霞为黎城县人民政府县长，魏振东、王力敏、郭益民、程宇波、江永兴、申晓峰为副县长。

2016年10月14日，黎城县在洗耳河景区举办中央媒体聚焦山西黎城太行红山采风暨中国军事文化研究会摄影艺术研究中心建立创作基地授牌仪式。出席活动仪式的有中国军事文化研究会会长程宝山中将，常务副会长兼秘书长姚文怀少将，副会长秦保中少将，中国军事文化研究会摄影艺术研究中心主任江志顺等。

2016年10月16日，来自全国9个省市区100多名黎氏后裔齐聚黎城县西周古墓遗址现场，按照古代黎国王侯祭祖祖制举行2016年全球黎氏黎侯王陵祭祖典礼活动，共同祭拜黎氏祖先。

2016年10月29日，黎城县召开脱贫攻坚工作再推进动员大会，宣读《黎城县推进脱贫攻坚工作的实施方案》，布置各项工作。

2016年11月，住建部官网公布列入第四批中国传统村落的名录，黎城县有东阳关镇枣镇村、西井镇东骆驼村入选。至此，黎城县“国家级传统村落”达4个。

2016年11月，由国家旅游局确定的全国第二批“国家全域旅游示范区”创建名单出炉，黎城县入选“国家全域旅游示范区”。

2016年11月，原越共中央总书记黎可漂接见中国黎氏文化考察团部分人员。黎城县的国家级非物质文化遗产——黎侯虎作为首选礼品赠送给黎可漂，同时赠送的还有黎氏广西书法家“天下黎氏一家亲”的书法作品。这是黎侯虎首次被外国国家元首收藏。

2016年12月11日，由八路军研究会、中共山西省委宣传部联合出品

2016山西黎城太行红山第四届国际自行车骑游文化活动启动仪式

（王利芳　供图）

的电视连续剧《黄崖洞》在黎城县谷堆坪村开机拍摄。

【领导名单】

县委书记　郜双庆
副 书 记　牛晨霞
　牛玉书（2016 年 8 月前）
　郭卫斌（2016 年 8 月后）
常　　委　郜双庆
　牛晨霞
　牛玉书（2016 年 8 月前）
　郭卫斌（2016 年 8 月后）
　常　庆（2016 年 8 月前）
　刘永清（2016 年 8 月前）
　田晓赋
　段联刚（2016 年 8 月前）
　袁素军（2016 年 6 月前）
　张晓明（2016 年 8 月后）
　魏振东（2016 年 8 月后）
　任江鸿（2016 年 8 月后）
　杨学武（2016 年 6 月后）
　岳保国（2016 年 8 月后）
人大常委会主任
　杨和贵（2016 年 8 月前）
　高玉飞（2016 年 8 月后）
副 主 任　郭联宾（2016 年 7 月前）
　杨江贤
　崔喜龙
　孙广兴
　王宽明
代 县 长　牛晨霞（2016 年 8 月前）
县　　长　牛晨霞（2016 年 8 月后）
副 县 长　郭卫斌（2016 年 8 月前）
　刘　飞（2016 年 8 月前）
　王振力（2016 年 8 月前）
　张晓明（2016 年 8 月前）
　魏振东（2016 年 8 月后）
　王力敏（2016 年 8 月后）
　郭益民（2016 年 8 月后）
　程宇波（2016 年 8 月后）
　江永兴（2016 年 8 月后）
　申晓峰（2016 年 8 月后）
政协主席　刘永清
副 主 席　李雪冰（2016 年 7 月前）
　李爱民（2016 年 7 月前）
　张玉芳
　王力敏（2016 年 8 月前）
　祝志杰（2016 年 8 月后）
　段爱军（2016 年 8 月后）

（王利芳）

（责任编辑：王姝杰）

壶关县

【自然条件】 2016 年，壶关县总面积 1007.7 平方千米。下辖 7 个乡 5 个镇 1 个开发区 390 个行政村。耕地 2.74 万公顷。矿藏 8 种。主要河流 5 条，其中淅河最大，境内全长 49 千米。年平均气温 10.3 摄氏度，年降水量 690.9 毫米。

【人　口】 2016 年，壶关县总人口 29.77 万人，比上年增加 0.16 万人，男性人口 14.93 万人，女性人口 14.84 万人，男女性别比（女 =100）为 100.6。全年人口出生率 10.69‰，死亡率 5.18‰，自然增长率 5.51‰。城镇人口比重 30.43%，比上年提高 2.02 个百分点。

【经济概况】 2016 年，壶关县生产总值 47.9 亿元，比上年增长 6.0%。其中，第一产业增加值 5.42 亿元，第二产业增加值 20.68 亿元，第三产业增加值 21.80 亿元。全年全县公共财政预算收入 3.29 亿元，比上年下降 17.1%。全县公共财政预算支出 17.14 亿元，比上年增长 17.6%。全县金融机构各项存款余额 81.90 亿元，比年初增长 17.5%，全县金融机构各项贷款余额 34 亿元，比年初增长 13.7%。

【农　业】 2016 年，壶关县粮食种植面积 16080.5 公顷，其中玉米种植面积 15012.5 公顷，小麦种植面积 1.7 公顷；油料种植面积 202.4 公顷，蔬菜及食用菌种植面积 860 公顷。全年全县粮食总产量 123299.9 吨，比上年增加 830.80 吨，增产 0.7%。蔬菜及食用菌产量 76049.6 吨，比上年增加 378.7 吨，增产 0.5%。全年全县猪牛羊肉类总产量 12733.69 吨，增长 14.8%。生猪存栏 83098 万头，生猪出栏 127724 万头。禽蛋产量 11863.29 吨；奶产量 100.8 吨。

【工　业】 2016 年，壶关县规模以上工业企业 15 家，全年规模以上工业增加值 19.48 亿元，比上年增长 4.12%，其中轻工业增加值 5.35 亿元，重工业增加值 14.14 亿元。主要工业产品产量中，乳制品产量 40439 吨，比上年下降 3.45%，软饮料产量 60665 吨，比上年增长 0.33%，纸制品产量 721 吨，比上年增长 1.69%，饮料产量 109631 吨，比上年增长 18.68%，商品混凝土产量 1614491 立方米，比上年增长 208.35%，食醋产量 4804 吨，比上年增长 6.19%。全年全县规模以上工业企业主营业务收入 76.06 亿元，比上年下降 3.37%。实现利税 3.7 亿元，增长 19.4%，其中实现利润 3 亿元，增长 25.52%。

【建设环保】 2016 年，壶关县全社会建筑业实现增加值 0.66 亿元，比上年增长 7.5%，全县城市建成区面积 13 平方千米，建成区绿化覆盖面积 630 万平方米，覆盖率 48.47%。全年城市供水总量 1503 吨，人均生活用水量 40 升。全县集中供热面积 175 万平方米。全年全县空气质量优良以上天数为 301 天，比上年减少 35 天。

【交通邮电】 2016 年，壶关县公路线路里程 1193.46 千米，其中高等级公路 121.3 千米。全年邮政业务总量 1218.02 万元。全年全县共接待海内外游客 323.6 万人次，比上年增长 27.3%。其中国内游客 317.82 万人次，增长 27%；海外游客 5.78 万人次，增长 48.6%。旅游总收入 37.62 亿元，比上年增长 15.2%。其中国内收入 36.15 亿元，增长 14.3%；海外收入 1969.9 万美元，增长 15%。

【投资贸易】 2016 年，壶关县固定

资产投资62.81亿元，比上年增长16.2%，其中国有及国有控股投资0.28亿元，下降87.3%。非国有控股625335万元，增长20.6%。分产业看，第一产业投资13.32亿元，增长32.7%；第二产业投资18.35亿元，下降22.5%；第三产业投资31.15亿元，下降15.0%。全年房地产开发投资6.43亿元，比上年减少25.6%。2016年全县社会消费品零售总额18.52亿元，比上年增长8.9%。

【教育科技】 2016年，壶关县普通中小学47所，高中3所，初中21所，小学23所。全年高中招生1630人，在校学生4899人。全年初中招生2694人，在校学生7931人。全年小学招生3153人，在校学生15366人。全县幼儿园74所，在园幼儿8186人。全年全县专利申请与授权量分别为45件和1件。

【文体卫生】 2016年，壶关县共有艺术表演团9个，文化馆1个，博物馆1个，公共图书馆1个，公共图书馆藏书量120千册，档案馆1个。全县广播、电视综合人口覆盖率分别93%和98%。全县有线电视用户52500户，其中数字信号用户16800户。全县人均体育场地2个。全县共有医疗卫生机构435个，其中医院、卫生院14个，妇幼保健院1个，疾病预防控制中心1个。床位817张，卫生技术人员701人。全县新型农村合作医疗覆盖率92%。

【社会生活】 2016年，壶关县农村居民人均可支配收入5243元，比上年增长8.5%；城镇居民人均可支配收入20620元，比上年增长6.7%。全县城镇基本养老保险参保人数为23475人，新型农村社会养老保险参保15.08万人；城镇基本医疗保险职工参保人数为29465人，失业保险职工参保人数为19051人。全县全年纳入城市最低生活保障的居民2063人，发放城市低保资金883万元；纳入农村最低生活保障的居民14136人，发放农村低保资金2239.9万元，农村居民最低生活保障人数14136人，发放农村低保资金2239.9万元；农村五保供养人数1593人。全县各类收养性社会福利单位9个，床位734张。

【年内大事】

脱贫攻坚首战首胜。2016年，壶关县精准识别建档立卡贫困人口26419户61423人。落实“六帮联动”工作机制和“4321”党员干部精准帮扶责任制，在特色产业、移民搬迁、教育扶贫、健康扶贫、低保扶持、生态扶贫、金融扶贫等方面取得成效。

转型综改取得突破。2016年，壶关县新开工项目12个，总投资40.3亿元。中钢特材公司整合已停产的常平钢铁有限公司和山西环鑫源不锈钢有限公司，盘活闲置资产，完善生产工艺，截至2016年年底，中钢特材200万吨特钢生产线项目投入生产。产业扶贫方面，大胆尝试利用光伏发电，转变扶贫项目工作机制，引进并依托潞安集团的先进光伏产业技术，该项目建成进入验收并网阶段。全年全县共签约项目15个，签约金额106.48亿元。

峡谷旅游再攀新高。据旅游部门统计，截至2016年年底，壶关县共接待游客323.6万人次，营业收入8010万元，旅游社会总收入37.62亿元，接待游客、营业收入、旅游社会总收入连续三年实现25%以上的高增长、快增长、稳增长。

2016年壶关县实施“生态立县、旅游兴县”战略，创新“举县办旅游”机制，以创建“国家全域旅游示范区”为契机，打造“两谷两带两园”旅游发展新格局，“两谷”即东部太行山大峡谷和北部太行欢乐谷，“两带”即旅游专线铁路富民经济带和旅游公路富民经济带，“两园”即东山旅游园和西山文化园，在全县掀起新一轮旅游发展高潮，旅游产业成为脱贫攻坚、强县富民的支柱产业。总投资4.2亿元的王牌景区八泉峡对外开放，成为“地面看、水中游、天上观、云中行”的立体式旅游景区，3000米的国内唯一一条高空拐弯索道、208米的户外旅游观光电梯、2千米的蓄水游览大坝、760米的观光隧道吸引众多游客前来观光体验，社会反响良好。总投资10亿元的太行欢乐谷项目和总投资1.5亿元的常平太行风情小街项目完成一期工程。加大宣传促销力度，举办第四届冲关大峡谷节目。

十件实事兑现。2016年，壶关县十件实事总投资2.4亿元，一是足额配套机关事业单位干部职工住房公积金；二是为乡镇工作人员发放岗位补贴；三是提高村级管理费标准，平均达8万元；四是增加农村支村两委主干工资和补助，每人至少达1万元以上；五是重奖壶关学籍在本县中高考取得优异成绩的优秀学生和老师，提高民办学校生均公用经费、特殊教育和寄宿生公用经费标准；六是实施中医院门诊医技楼、妇幼院病房楼和乡镇卫生院业务用房建设项目；七是实施农村饮水安全工程，解决和改善100个村的饮水安全问题；八是实施易地移民搬迁工程，易地搬迁915户2550人；九是对旱地西红柿、中药材和有机旱作谷子等特色种植给予补助；十是提高农村低保和五保对象保障标准，实现低保线和脱贫线“两线合一”。

人居环境登2016中国深呼吸小城百佳榜。2016年，壶关县登中国深呼吸小城百佳榜，这是壶关县连续3年登中国深呼吸小城百佳榜。榜单显示，壶关县以“爱河情谷雄关美峡”之称排在第49位。

“十二五”期间，壶关县实施“文化强县、生态立县、旅游兴县”战略，大搞造林绿化，加强生态文明建设，全县绿化覆盖率达52.6%；狠抓太行山大峡谷旅游开发，打造全域旅游示范区；狠抓铁腕治污和“五道五治”行动，推进环境保护，县城空气质量二级以上天数连续五年稳定在330天左右。

【领导名单】

县委书记　李全心
副 书 记　张宏伟（2016年8月前）
　　　　　孙　伟（2016年8月后）
常　　委　李全心
　　　　　崔江华
　　　　　张宏伟（2016年8月前）
　　　　　孙　伟（2016年8月后）
　　　　　郭　伟
　　　　　段尧刚（2016年8月前）
　　　　　张月飞
　　　　　毛晨霞
　　　　　郭亚哲
　　　　　秦元忠（2016年8月后）
　　　　　郭太国（2016年8月后）
　　　　　张　文（2016年8月后）
人大常委会主任
　　　　　卫　明
副 主 任　李志平
　　　　　魏海玲
　　　　　马国民
　　　　　栗建平
　　　　　徐玉明
县　　长　崔江华
副 县 长　赵文栋
　　　　　秦元忠
　　　　　郭太国
　　　　　孙文常（挂职副县长）
政协主席　王明德
副 主 席　高联喜
　　　　　贾金花
　　　　　秦志平
　　　　　秦庆祥

（秦慧艳）
（责任编辑：罗　艳）

长子县

【自然条件】 2016年，长子县总面积1029平方千米。下辖5个乡7个镇2个办事处399个行政村。年末全县耕地4.52万公顷，与上年基本持平。森林面积1.76万公顷，森林覆盖率17.5%。矿藏12种。主要河流6条，其中浊漳河最大，境内全长42千米。年平均气温10.4 ℃，最高气温33.4 ℃（6月22日）；最低气温－21.6℃（1月24日），年降水量344毫米，无霜期194天。2016年长子县境内没有出现浮尘、扬沙和沙尘暴天气，境内最大风力是6月13日的8级西北偏北风。

【人口】 2016年，长子县总人口364292万人，比上年增加2588人，共有130400户，其中男性人口184915万人，女性人口179377人，男女性别比（女=100）为103。全年人口出生人数3691人，出生率10.13‰；死亡人数943人，死亡率2.59‰；自然增长率7.54‰。城镇人口75039人，城镇人口比重20.60%。人口密度每平方千米354人。少数民族16个，共620人。

【经济概况】 2016年，长子县生产总值111.86亿元，比上年增长6.2%。其中，第一产业增加值11.55亿元，第二产业增加值68.88亿元，第三产业增加值31.43亿元。全年全县财政收入9.03亿元，比上年增长17.01%。一般公共财政预算收入7.56亿元，比上年增长18.66%。全县公共财政预算支出17.06亿元，比上年增长－1.64%。全县金融机构各项存款余额113.31亿元，比年初增长7.9%，全县金融机构各项贷款余额48.75亿元，比年初增长5.6%，住户存款89.52亿元，同比增长11.03%。

【农业】 2016年，长子县农林牧渔总产值20.67亿元，增长4.55%。其中，农业总产值13.76亿元，增长2.94%；林业产值0.23亿元，增长－8.24%；牧业产值6.38亿元，增长8.04%。全县粮食种植面积3.60万公顷，其中玉米种植面积2.71万公顷，小麦种植面积0.20万公顷；蔬菜种植面积0.65万公顷。全年全县粮食总产量24.51万吨，比上年增长3.6%。蔬菜总产量38.92万吨，比上年增长3.32%。全年全县猪牛羊肉类总产量1.61万吨，增长2%。生猪存栏7.02万头，生猪出栏1.05万头。禽蛋产量2.30万吨。

【工业】 2016年，长子县规模以上工业企业23家，规模以上工业增加值65.72亿元，比上年增长4.17%，其中轻工业增加值1.51亿元，重工业增加值64.21亿元。主要工业产品产量中，原煤产量1987万吨，洗煤203.8万吨。全年全县规模以上工业企业主营业务收入100.09亿元，比上年增长15.70%。全年全社会用电量113370万千瓦时,增长1.52%,。其中：工业用电量93003万千瓦时，增长0.14%；居民生活用电量10198万千瓦时，增长6.51%。

【建设环保】 2016年，长子县城市建成区面积902万平方米，建成区绿化覆盖面积365.65万平方米，建成区绿化覆盖率40.6%。全县出租汽车152辆。全县有公园5座，总面积101.35公顷。全年城市供水总量258万吨，人均日生活用水量22升。全县液化气供气总量2450吨，天然气供应量882万立方米。全县集中供热面积410万平方米。全县污水处理能力1.51万吨每日。生活垃圾无害化处理率为96.70%。全年全县空气质量二级以上天数为329天，比上年增加1天。

【交通邮电】 2016年，长子县公路线路里程840千米。全县民用汽车保有量达到20549辆，其中私人汽车保有量20505辆。邮电：全年全县完成邮电业务总量15672万元。其中，邮政业务总量1736万元；电信业务总量13936万元。全县移动电话用户220102户，全县互联网接入用户57890户。

【投资贸易】 2016年，长子县固定资产投资143.24亿元，比上年增长16.52%。分产业看，第一产业投资41.18亿元，增长67.84%；第二产业投资64.94亿元，增长-21.22%；第三产业投资37.11亿元，增长132.62%。全年全县社会消费品零售总额18.20亿元，比上年增长7.1%。

【教育科技】 2016年，长子县普通中小学104所，其中小学83所，普通高中2所，普通初中19所。全年高中招生1917人，在校学生5890人；全年初中招生2902人，在校学生8491人；全年小学招生3144人，在校学生18438人。全县幼儿园93所，全年幼儿园招生3393人，在园幼儿10622人。全年全县专利申请为18件。

【文体卫生】 2016年，长子县共有名胜风景区和文物保护单位892个，全年接待国内外游客115.8万人次，实现门票收入65万元。共有艺术表演团60个，文化馆1个，博物馆1个，公共图书馆1个，公共图书馆藏书量13.8万册，档案馆1个。全县电视台1座。年末全县接收数字信号用户75722户。全县共有医疗卫生机构591个，其中医院、卫生院23个，妇幼保健院1个，疾病预防控制中心1个。床位1000张，卫生技术人员736人。全县新型农村合作医疗覆盖率99.36%。

【社会生活】 2016年，长子县农村居民人均可支配收入12574元，比上年增长6.9%；城镇居民人均可支配收入26193元，比上年增长7.5%。全县新型农村社会养老保险参保291180人；城镇基本医疗保险职工参保人数为30355人，全县全年纳入城市最低生活保障的居民1952人，纳入农村最低生活保障的居民14633人。全县各类福利院床位829张。

【年内大事】

长子县委办公室610办获“全国先进集体”称号。2016年2月，在北京召开的全国防范和处理邪教系统表彰大会上，长子县委办公室610办荣获全国先进集体称号。山西省仅长子县一家获此殊荣。国务委员、公安部长郭声琨发表讲话并颁奖，长子县作为受表彰的16个先进集体之一上台领奖。长子县委办公室610办在开展反邪教工作中，健全县、乡、村三级组织，为反邪教工作奠定坚强的组织保障；注重“防范、打击、转化”三者结合，挤压邪教活动空间；狠抓警示教育，筑牢广大群众反邪教思想防线。

孙绍骋在长子县走访慰问。2016年2月3日，山西省委常委、统战部长孙绍骋深入长子县走访慰问敬老院老人和低保对象，长治市市委书记马天荣，市委副书记、市长席小军等一同慰问。

田喜荣调研长子县种子“一法一条例”贯彻落实情况。2016年4月21日，由山西省人大常委会副主任、省总工会主席田喜荣带队的省人大常委会执法检查组莅临长子县，就贯彻落实种子“一法一条例”情况进行调研。市委副书记卢建明，市人大常委会主任李年善等市县领导陪同检查。在方兴现代农业示范园区，田喜荣一行详细了解长子县农作物种子生产、经营、使用和质量监管等情况，以及在贯彻实施种子“一法一条例”过程中存在的困难和问题。调研中，田喜荣对全县贯彻落实种子“一法一条例”工作所取得的成绩给予肯定。

盛茂林在长子县调研。2016年8月8日，山西省委常委、组织部长盛茂林深入长子县，就推进“两学一做”学习教育进行调研。长治市委书记席小军，市委常委、组织部长姚逊等陪同调研。盛茂林一行先后深入康宝集团、高河电厂和县城建重点工程项目拆迁改造现场进行实地调研。

长子县示范幼儿园开园。2016年9月1日，长子县示范幼儿园开园。示范幼儿园是长子县2016年重点民生工程，概算投资2000万元，占地面积9984.62平方米，总建筑面积6722.66平方米。项目于2015年8月开工，2016年7月完工。幼儿园建设规模为8规制24个教学班，可容纳720名幼儿入园就读。

长子县举行棚户区改造项目签约仪式。2016年9月27日，长子县在县宾馆二楼会议室举行棚户区改造项目签约仪式。山西省城镇建设投资有限责任公司总经理李成喜、副总经理卢晋波，长治市农发行行长王瑾，长子县四套班子领导王震、赵永进等出席签约仪式。各城建项目指挥部指挥长、法人代表，长子县县直有关单位、丹朱镇政府、城内七村有关负责人，以及棚户区改造片区群众代表参加签约仪式。长子县棚户区改造涉及同福村ABC区、同新村ABC区、同昱村ABCD区、同昱村气象站地块、科技局地块、庆丰村A区、同富村AB区改造项目共15个，涉及总征收户数为2300余户，还迁1900余户，总占地面积约16.60万平方米，项目总规模约58.21万平方米，新建安置房2980套，项目总投资约17.68亿元，其中已纳入山西省住建厅棚改项目12个，其余项目在办理相关审批手续。此次签约同新ABC和同福ABC六个项目总投资8.1亿元，涉及融资6.5亿元，涉及拆迁安置户992户，拆迁面积146300平方米，建设6栋17层高层底商住宅楼、1栋29层高层底商住宅楼、5栋24层底商住宅楼、2层沿街商铺及基础配套设施等，新建安置房1550套。规划总面积283011.17平方米。还迁安置工程按照“一快六好”要求，于9月动工建设。省城投公司、市农发行与县政府三方代表进行签约。省城投公司与长子县住建局签订棚户区改造政府购买服务合同。签约仪式前，与会人员还深入丹朱大街地下综合管廊、慈林大街棚户区改造、县示范幼儿园、北大街棚户区改造现场等地进行实地考察。

中欧丝路科技小镇合作项目备忘录签约仪式。2016年10月22日，长子县与中欧商业协会、法国培格索斯集团在北京举行中欧丝路科技小镇合作项目备忘录签约仪式。法国前总理、参议院外交、军事、国防委员会主席，展望与革新基金会主席拉法兰，培格索斯集团首席执行官巴和伟，中欧商业协会会长胡雄哲，长治市委副书记、市长卢建明，长子县委书记王震，县委副书记、县长赵永进等出席签约仪式。长子县委副书记、县长赵永进代表县政府同法国培格索斯集团、中欧商业协会签订中欧丝路科技小镇合作备忘录。

长子鼓书《山西面食》获中国曲艺牡丹奖。2016年10月29日，在全国第九届曲艺类牡丹奖大赛中，长子县创编的曲艺节目《山西面食》获中国曲艺最高奖项牡丹奖表演奖。在长子县选送的7个曲目中，经过省市和中国曲协选拔，最终确定3个优秀节目入围决赛。长子县的3个曲艺节目赢得全国第九届曲艺类牡丹奖大赛评委和观众一致好评。其中，刘引红表演的鼓书《山西面食》获牡丹奖表演奖。

丹朱大街通车。2016年12月1日，长子县丹朱大街全线通车。长子县丹朱大街项目于2016年5月开工建设改造，道路西起西环路，东至湖滨西路，道路全长4100米，控制红线50米，总投资3.99亿元。由北京市政建设集团有限责任公司承建。竣工后的丹朱大街包括机动车道6条，非机动车道2条，路面通行能力得到提升。长子县政府下发《丹朱街严管责任清单》，为环卫、交通、交警等相关责任单位明确任务，细化责任，确保丹朱大街整洁、文明、有序。

长子县南沟发现金代壁画墓。2016年12月12日，山西省考古工作者对长子县南沟村被盗的一座金代墓葬进行抢救性发掘。出土的彩绘壁画《二十四孝行图》，精美传神，其中的一些孝子故事仍在山西的地方戏剧中广泛传唱。该座金墓壁画保存较完整，内容丰富，为研究晋东南时期壁画及丧葬习俗提供案例。

长子城乡建设跨越发展。2016年，长子县坚持规划、征收、融资、建设、管理“五位一体”统筹推进，城市建设步入快车道。聘请中规院、中建院等20多家国内一流设计单位，编制完成城乡建设、产业发展、土地利用等“多规合一”控制性详规，13个城市建设专项规划，以及“一区五馆”等10多个节点城市设计方案。确立主体功能区，划定生态红线、土地红线、城市边界红线，引领城乡建设走上科学发展之路。2016年，长子县被确定为全市唯一的“山西省‘多规合一’试点县”。四个月完成房屋征迁2600多户60多万平方米，为推进县城改造奠定基础。通过整合资源、搭建平台、拓宽渠道、深度包装、精准对接，采用政策性融资、债券转换等方式，融回资金25亿元。全年总投资23亿多元，铺开城建重点项目15个，其中有全省首条县级6.1千米地下综合管廊、丹朱大街道路改造、慈林大街、市民广场改造、环会堂道路及周边环境整治等一批城建工程；全省最大的还迁小区北大街还迁小区、南大街还迁小区开工；集中供热、供水、供气等扩能改造进度加快，新建、改建换热站7座，新敷设各类管网50多千米，新增供气用户8000余户。探索交警、交通、住建等相关部门综合执法，开展三轮车非法营运、城市违章建筑整治。2016年5月，全市城市工作现场推进会在长子召开，吸引40多个县（市区）到长子县参观考察。

长子县丹朱大街

【领导名单】

县委书记	王　震
副 书 记	马先明（2016年7月前）
	赵永进（2016年8月后）
	丁向东（2016年7月前）
	王旭琴（2016年8月后）
常　　委	王　震
	马先明（2016年7月前）
	赵永进（2016年8月后）
	丁向东（2016年7月前）
	王旭琴（2016年8月后）
	牛恩毅（2016年7月前）
	杨　隽（2016年7月前）
	王成枝（2016年7月前）
	高玉飞（2016年7月前）
	元文波（2016年8月后）
	尚志安（2016年7月前）
	郭志新（2016年7月前）
	王育红（2016年8月后）
	李卫东（2016年8月后）
	吴　斌（2016年8月后）
	闫小龙

王　斌（2016 年 8 月后）
王志宏（2016 年 8 月后）

人大常委会主任
花俊富（2016 年 7 月前）
王成枝（2016 年 8 月后）

副 主 任　和晚富（2016 年 7 月前）
杨建虎（2016 年 7 月前）
程子健（2016 年 7 月前）
李迈先
薛宏刚
李峰岩（2016 年 8 月后）
王华庆（2016 年 8 月后）

县　　长　马先明（2016 年 7 月前）
赵永进（2016 年 8 月后）

副 县 长　杨　隽（2016 年 7 月前）
元文波（2016 年 8 月后）
范连星
郭志新（2016 年 7 月前）
王全林（2016 年 8 月后）
杜素青
李卫东（2016 年 7 月前）
申丽光（2016 年 8 月后）
刘爱红（2016 年 8 月后）

政协主席　崔万英（2016 年 7 月前）
郭志新（2016 年 8 月后）

副 主 席　康庆宏
鲍根籽（2016 年 7 月前）
高之军
张广太
乔先苗（2016 年 8 月后）

（王卫星）
（责任编辑：李杨涛）

武乡县

【自然条件】 2016 年，武乡县总面积 1610 平方千米。下辖 9 个乡 5 个镇 1 个开发区 377 个行政村。耕地 3.16 万公顷。矿藏 7 种。主要河流 5 条，其中浊漳河最大，境内全长 32 千米。旅游景点 5 个。年平均气温 10.1 摄氏度，年降水量 645 毫米。

【人口】 2016 年，武乡县总人口 21.13 万人，男性人口 11.26 万人，女性人口 9.87 万人，出生 1598 人，男性 819 人，女性 776 人，男女性别比（女 =100）为 105.54。全年人口出生率 7.68‰，死亡率 4.86‰，自然增长率 3.78‰。少数民族 15 个，共 98 人。

【经济概况】 2016 年，武乡县生产总值 51.73 亿元，比上年增长 5.7%。其中，第一产业增加值 3.26 亿元，第二产业增加值 23.85 亿元，第三产业增加值 24.61 亿元。全年全县公共财政预算收入 6.5 亿元，比上年下降 2.6%。全县公共财政预算支出 14.2 亿元，比上年增长下降 0.6%。全县金融机构各项存款余额 71.64 亿元，比年初增长 10.2%，全县金融机构各项贷款余额 31.4 亿元，比年初下降 9.7%。

【农业】 2016 年，武乡县粮食种植面积 26838.6 公顷，油料种植面积 537 公顷，蔬菜种植面积 1059.5 公顷，瓜果种植面积 265.9 公顷。全年全县粮食总产量 111820 吨，比上年增长 2.6%。蔬菜总产量 25200 吨。全年全县猪牛羊肉类总产量 6515 吨，增长 9.5%，禽蛋产量 2494 吨；奶产量 439 吨，全县水产品产量 330 吨。

【工业】 2016 年，武乡县全年规模以上工业增加值 22.93 亿元，比上年增长 2.6%，其中轻工业增加值 1.19 亿元，重工业增加值 21.73 亿元。

【建设环保】 2016 年，武乡县建成区绿化覆盖率 44.65%。全县公交汽车运营车辆 12 辆，公交车 2 路，出租汽车 60 辆。全县有公园 4 座，总面积 192000 平方米。全年城市供水总量 165 万吨，人均生活用水量 26100 升。全县集中供热面积 191 万平方米。全县县城污水处理能力 0.8 万吨每日，全年县城污水处理量 234 万吨。生活垃圾年清运量 2.91 万吨，无害化处理率为 100%。全年全县空气质量二级以上天数为 286 天。

【交通邮电】 2016 年，武乡县公路通车里程 1133 千米。全县民用汽车拥有量 1.2 万辆．电信业务收入总量 470 万元。全县移动公司电话用户 1.25 万户。全县互联网接入用户 2.1 万户。

【投资贸易】 2016 年，武乡县固定资产投资 34.98 亿元，比上年增长 12.7%，其中国有控股企业增加值 11.94 亿元，增长 34.4%。分产业看，第一产业投资 14.91 亿元，增长 42.4%；第二产业投资 11.29 亿元，增长 –5.7%；第三产业投资 8.77 亿元，增长 2.1%。2016 年全县社会消费品零售总额 13.38 亿元，比上年增长 8.6%。

【教育科技】 2016 年，武乡县普通中小学 63 所，其中小学 47 所，普通高中 1 所，普通初中 15 所。全年高中招生 1000 人，在校学生 3208 人。全年初中招生 2127 人，在校学生 6009 人。全年小学招生 1696 人，在校学生 10814 人。全县幼儿园 40 所，在园幼儿 4668 人。

【文体卫生】 2016 年，武乡县共有艺术表演团 4 个，文化馆 1 个，公共图书馆 1 个，公共图书馆藏书量 11.5 万册，档案馆 1 个。全县广播电台 1 座，电视台 1 座，广播覆盖率分别 96%。全县数字信号用户 4.1 万户。全县人均体育场地面积 1.74 平方米。全县共有医疗卫生机构 416 个，其中医院 3 个、卫生院 14 个，妇幼保健院 1 个，疾病预防控制中心 1 个。床位 340 张，卫生技术人员 545 人。全县新型农村合作医疗覆盖率 98%。

【社会生活】 2016 年，武乡县农村常住居民人均可支配收入 5950 元，比上年增长 9%；城镇常住居民人均可支配收入 21058 元，比上年增长 5.9%。全县城镇参加基本养老保险人数为企业 14373 人，事业在编人员 5700 人，参加城乡居民社会养老参保 11.08 万人，发放领取 2.96 万人；参加城镇基本医疗业保险人数 35627 人，参加失业保险职工人数为 13273 人，参加工伤保险 2.82 万人。全县全年纳入城乡最低生活保障的居民 71423 户，1.14 万人，发放城乡低保资金 2276.9925 万元；纳入农村最低生活保障的居民 6096 户，0.95 万人，发放农村低保资金 1471.26 万元。全县城镇各种社区服务设施 4 个。全县民政局在“送温暖、献爱心”活动中接收社会捐赠款 5.04 万元。

【年内大事】

2016 年 2 月，武乡县故城镇中心敬老院改扩建项目竣工，该工程总投资 510 万元，主体楼占地面积 703 平方米，建筑面积 2272 平方米，绿化面积 1600 平方米，楼内设施功能完备，有公用厨房、浴室、娱乐室、阅读室等，可供养老人 150 余名。

2016 年 6 月 13 日，武乡县境内突降雷阵雨、冰雹并伴有大风，风雨雹交夹。上司乡、石盘开发区、故县乡、丰州镇、蟠龙镇、石北乡、监漳镇等 7 个乡镇 16 个行政村严重受灾，成灾面积 145 公顷，冲毁村级道路 500 米，造成直接经济损失 46 万元。

2016 年 7 月 18 日至 20 日，武乡县持续间断性的普降暴雨，致使武乡县的墨灯乡、洪水镇、蟠龙镇、韩北乡、大有乡、贾豁乡、故县乡、丰州镇、石北乡、故城镇、分水岭乡、石盘开发区 12 个乡镇的 71 个行政村遭受暴雨、大风灾害的袭击，给群众生产生活带来严重影响。据统计，受灾人口约 15612 人、受灾面积约 961 公顷、成灾面积约 787 公顷、死亡羊 4 只、倒塌大棚 2 座、倒塌房屋 17 间，损坏房屋 129 间，雷击电视 6 台、雷击冰箱 1 台，冲毁村级道路 60 米，杨树被刮倒 8 棵，紧急转移安置 182 人，造成直接经济损失 246 万元，其中农业经济损失 206 万元。

2016 年 6 月 28 日至 30 日，中央电视台财经频道《生财有道》栏目编导孟斌一行在武乡县对精准扶贫、产业扶贫工作进行为期 3 天的采访拍摄活动，对故城镇权店村梅杏种植基地、大有乡李峪村等地，通过走访入户采访村民群众、党员干部等不同群体，对武乡县贫困户如何脱贫等情况进行详细的调查和采访。

2016 年 7 月 1 日，武乡梅杏节启动及苏宁易武乡特色馆上线新闻发布会在县文化园军艺社隆重举行。

2016 年 7 月 29 日，中央企业扶贫工作座谈会在八路军太行纪念馆召开。国务院国资委群工局副局长、中央企业扶贫办副主任张相红出席，省扶贫办党组成员、副主任张晓红主持，中央企业驻晋挂职干部等参加。

2016 年 8 月 19 日，由国家艺术基金资助的 2015 年度传播交流推广资助项目《太行故事——民俗版画展》全省巡展长治展在八路军太行纪念馆半景画馆开展。

2016 年 10 月，国家旅游局公布第二批创建“国家全域旅游示范区”名单，武乡县被入选。

2016 年 11 月 23 日，武乡县进宝民俗文化博物馆开馆仪式在丰州镇聂村举行。山西人民出版社副社长李晨，省、市、县相关单位及丰州镇负责人参加。

2016 年，武乡中学高考成绩再创辉煌。二本 B 类以上达线 321 人。理工类高分段 600 分以上 5 人。武乡职中对口高考，609 名学生参加考试，本科达线 403 名，其中第一批达线 219 名，第二批达线 184 名，达线率高达 66%，达线人数、达线率连续六年稳居全省第一。

【领导名单】

县委书记　胡　坚
副 书 记　阎新平
　秦书良（2016 年 7 月前）
　刘英魁（2016 年 5 月后）
　李　强（2016 年 5 月前）
　路晓波（2016 年 8 月后）
常　　委　胡　坚
　阎新平
　秦书良（2016 年 7 月前）
　刘英魁（2016 年 5 月后）
　李　强（2016 年 5 月前）
　路晓波（2016 年 8 月后）
　魏书文（2016 年 7 月前）
　郭　强（2016 年 7 月前）
　王　霖（2016 年 7 月前）
　郝炳宏（2016 年 7 月前）
　路晓波（2016 年 7 月前）
　刘水源
　王淑英（2016 年 8 月后）
　李军印（2016 年 8 月后）
　王书文（2016 年 8 月后）
　张志鹏（2016 年 8 月后）
　元海波（2016 年 8 月后）
　吕志刚（2016 年 8 月后）
　刘钢平（2016 年 8 月后）
人大常委会主任
　袁俊山（2016 年 7 月前）
　郝炳宏（2016 年 8 月后）
副 主 任　路新印（2016 年 7 月前）
　郝炳宏（2016 年 8 月后）
　王月岗
　李树生
　赵保红（2016 年 7 月前）
县　　长　阎新平
副 县 长　魏书文（2016 年 7 月前）
　郭　强（2016 年 7 月前）
　常红兵（2016 年 7 月前）
　王淑英（2016 年 7 月前）
　李军印（2016 年 7 月前）
　王书文（2016 年 7 月前）
　张志鹏（2016 年 6 月后）
　李朝阳（2016 年 8 月后）
　张　帆（2016 年 8 月后）
　高怀碧（2016 年 8 月后）
　郭　斌（2016 年 8 月后）
政协主席　魏书文
副 主 席　杨树宏
　顾彩娥
　高红旗
　赵德新（2016 年 7 月前）
　郝秉章（2016 年 8 月后）

（魏春洲　曹小莉）
（责任编辑：张　洁）

沁 县

【自然条件】 2016年，沁县总面积1319平方千米。下辖7个乡6个镇6个社区居民委员会306个行政村。耕地3.4万公顷。矿藏8种。主要河流12条，其中 浊漳河西源 最大，境内全长38.9千米。旅游景点6个。年平均气温10.1摄氏度，年降水量803.0毫米。

【人口】 2016年，沁县总人口17.63万人，比上年增加0.26万人，男性人口8.93万人，女性人口 8.70万人，男女性别比（女=100）为103。全年人口出生率8.08‰，死亡率2.89‰，自然增长率5.19‰。城镇人口比重19.55%，比上年提高0.13个百分点。人口密度每平方千米134人。少数民族11个，共51人。

【经济概况】 2016年，沁县生产总值23.53亿元，比上年增长5.9%。其中，第一产业增加值5.93亿元，第二产业增加值3.6亿元，第三产业增加值14亿元。全年全县地方财政收入0.94亿元，比上年增长10.01%。全县公共财政预算支出12亿元，比上年下降4.89%。全县金融机构各项存款余额47.7亿元，比年初增长8.7%，全县金融机构各项贷款余额18.31亿元，比年初增长10.9%。

【农业】 2016年，沁县粮食种植面积25518.3公顷，其中玉米种植面积21322.4公顷，小麦种植面积62.9公顷，油料种植面积8.4公顷，蔬菜种植面积715.8公顷。全年全县粮食总产量186252.1吨，比上年增长2.7%，平均亩产487公斤。蔬菜总产量28150.7吨。全年全县猪牛羊肉类总产量21534吨，增长20%，其中猪肉产量4434吨，牛肉产量3620吨，羊肉产量1030吨，禽肉产量11815吨。生猪存栏3.971万头，生猪出栏5.922万头。禽蛋产量4355吨；奶产量885吨。

【工业】 2016年，沁县规模以上工业企业6家，全年规模以上工业增加值2.45亿元，比上年增长7.83%，其中轻工业增加值1.13亿元，重工业增加值1.32亿元。主要工业产品产量中焦炭产量45万吨。全年全县规模以上工业企业主营业务收入7.9亿元，比上年增长16.2%。实现利税0.09亿元，增长50.1%,其中实现利润 -0.21亿元。

【建设环保】 2016年，沁县全社会建筑业实现增加值0.35亿元，比上年增长34.05%，全县城市建成区面积591万平方米，建成区绿化覆盖率46.5%。全县城市交通运营车辆729辆，出租汽车113辆。全县有公园6座，总面积76.7万平方米。全年城市供水总量103.5万吨，人均生活日用水量90.3升。全县液化气供气总量249.4吨，天然气供应量21.85万立方米。全县集中供热面积106万平方米，其中县城供热公司集中供热面积75万平方米。全县污水处理能力0.8万吨每日，全年污水处理量292万吨。生活垃圾年清运量4.38万吨。全年全县空气质量二级以上天数为359天。

【交通邮电】 2016年，全县公路线路里程1094.78千米。全县民用汽车保有量6617辆，比上年增长3.8%，其中私人汽车保有量6324辆，增长2.4%。民用轿车保有量3108辆，减少5.2%,其中私人轿车2408辆。邮电：全年全县完成邮电业务总量1871万元。其中，邮政业务总量1451万元；电信业务总量420万元。全县移动电话用户65000户，其中，3G移动电话用户3300户，4G移动电话用户32000万户。全县互联网接入用户27410户。

【投资贸易】 2016年，全县固定资产投资43.56亿元，比上年增长13.6%，其中国有及国有控股投资9亿元，增长17.2%。分产业看，第一产业投资20.33亿元，增长22.5%；第二产业投资6.65亿元，增长33%；第三产业投资14.95亿元，增长27.5%。全县在建固定资产投资项目152个。全年房地产开发投资1.62亿元。2016年全县社会消费品零售总额9.83亿元，比上年增长7.2%。

【教育科技】 2016年，全县普通中小学101所，其中小学88 所，普通高中4所，职业高中1所，普通初中7所，九年一贯制 1所。职业中学全年招生 364 人，在校生535人，全县全年高中招生1455人，在校学生4889人。全年初中招生2027人，在校学生5970人。全年小学招生1445人，在校学生9395人。全县幼儿园36所，在园幼儿4185人。

【文体卫生】 2016年，全县共有艺术表演团57个，文化馆1个，博物馆3个，公共图书馆1个，公共图书馆藏书量5.5万册，档案馆1个。全县广播电台1座，电视台1座，广播、电视综合人口覆盖率分别98.69%和98.69%。全县有线电视用户43350户，其中数字信号用户34609户。全县人均体育场地面积2.5平方米。全县共有医疗卫生机构354个，其中医院、卫生院15个，妇幼保健院1个，疾病预防控制中心1个。床位435张，卫生技术人员421人。全县新型农村合作医疗覆盖率98%。

【社会生活】 2016年，全县农村居民人均可支配收入5650元，比上年增长8.1%；城镇居民人均可支配收入17489元，比上年增长7.1%。全县城镇基本养老保险参保人数为15914人，新型农村社会养老保险参保61087人；城镇基本医疗保险职工参保人数为32503人，失业保险职工参保人数为

6091人，工伤保险参保9020人。全县全年纳入城市最低生活保障的居民4400人，发放城市低保资金1679.4万元；纳入农村最低生活保障的居民8600人，发放农村低保资金1684.2万元。全县各类福利院床位577张，收养355人。全县城镇各种社区服务设施6个。接收社会捐赠款7万元。

【年内大事】

“智慧沁县”手机台上线。2016年1月4日，“智慧沁县”手机台上线。“智慧沁县”手机台由沁县电视台与山西欣誉达文化传媒有限公司合作，由山东电视台轻快平台提供技术支撑，打造移动新媒体。

王丁戌获全国书法美术大展金奖。2016年1月，在第十一届“金鼎奖”全国书法美术大展中，沁县在外乡亲、长治市书法家协会原主席王丁戌获金奖，并被授予“中国书法美术百杰”称号。王丁戌的书法以隶书见长，真、草、隶、篆都有涉及，形成以汉隶“石门颂”“居延汉简”相融合的艺术风格特征，作品曾入选中国书协主办的首届“王羲之奖”全国书法作品展，被《人民日报》授予“中华艺苑名家”称号。

沁县主办中国山西首届创意大赛实战赛。2016年2月1日，由沁县人民政府主办、山西康禾农业有限责任公司承办的2016，我们一起创意——中国山西首届创意大赛首季实战赛拉开帷幕。山西康禾集团是一家以桑葚种植和深加工为主、兼容特色种植、养殖及观光旅游开发为一体的现代化企业，主要产品有东方木酒（桑果酒）、桑果汁、桑果干、桑叶茶、桑叶面等桑系列健康产品。

沁园春矿泉水入选“2016年N1中国优水地图”。2016年3月21日，沁园春矿泉水水源在第十四届国家健康饮用水论坛暨2016年中国优水地图发布会上入选2016年N1中国优水地图，并获得“最佳口感奖”。6月5日，沁园春矿泉水有限公司在“第二届2016年中国健康饮业高峰会”上，被推选为中国健康饮水典范企业。7月13日，沁园春矿泉水有限公司获得矿泉水采矿权，是山西省第一家也是唯一一家获得矿泉水采矿权的企业。

沁县选送《放羊汉进城》获手机网民最喜爱节目奖。2016年3月25日，沁县选送的节目《放羊汉进城》在“跨域·融媒·协作·共赢——2016广电移动互联网+事业与产业发展春季分享交流大会”上获手机网民最喜爱节目奖。

沁县5人入选“中国好人榜”候选人。2016年4月1日，由中央文明办主办、中国文明网承办的“我推荐、我评议身边好人”活动2016年4月份网络评议揭晓，沁县推荐的“助人为乐”王德怀、“诚实守信”石耀武、“敬业奉献”吴建萍、“孝老爱亲”赵雪莲、安玉莲等5人入选“中国好人榜”候选人。

沁县获批“省级出口农产品质量安全示范区”，“沁州牌”沁州黄小米获批“山西省首个生态原产地保护产品”。2016年4月7日，在创建国家级出口农产品质量安全示范区和生态原产地产品保护推进会上，沁县获批“省级出口农产品质量安全示范区”，“沁州牌”沁州黄小米获批“山西省首个生态原产地保护产品”两项荣誉。

沁县举办第八届端午民俗文化节暨山西省第四届龙舟公开赛。2016年6月9日，第八届端午民俗文化节暨山西省第四届龙舟公开赛启动仪式在沁县西湖举行。此届端午民俗文化节以“美丽沁州·相约端午”为主题，活动三天，设置有8大版块15项内容。民俗展演、文化巡游、祭祀活动、曲艺表演、户外活动、摄影展览、经典诵读、乡村体验等，让游客近距离感受端午传统文化。“吴琠献米”“王通讲学”“皇后神泉”等历史名人故事演绎，舞龙、旱船、跑驴、高跷等社火表演街头亮相，三弦书、鼓书、坠子同台献艺，集中展示水城沁州优美的生态环境和以“中国曲艺之乡”为代表的厚重的非遗文化魅力，达到宣传沁县、认识沁县、投资沁县的目的，为建设“北方水城·美丽沁州”扩大影响，凝聚力量，赢得商机。期间签约项目20个，金额61亿元。

沁县新壹购新农村N2N电商平台诞生。2016年6月24日，沁县新壹购新农村N2N电商平台启动。沁县东方商贸有限公司于60多户民营商户和个人创业者签约。

沁县洪济寺被公布为第五批省级文物保护单位。2016年6月22日，沁县郭村镇仁胜村洪济寺被山西省人民政府公布为第五批省级文物保护单位。此次公布的第五批省级文物保护单位共178处，其中包括古遗址、古墓葬、古建筑、石窟寺和近现代文物，洪济寺属于古建筑类。

沁县千泉湖湿地公园通过国家湿地公园验收。2016年9月1日，国家林业局公布2016年国家湿地公园验收结果，66处试点国家湿地公园通过验收，沁县千泉湖国家湿地公园成为“国家湿地公园”。千泉湖国家湿地公园位于沁县县域西北部，规划总面积1054.03公顷，其中湿地面积407.24公顷，湿地率为38.64%。园内有8座小型水库。公园内自然景观独特，是白鹳、黑鹳、苍鹭、大天鹅等多种珍稀濒危动物的栖息地。

沁县获批国家级食品农产品质量安全示范区。2016年9月，国家质量监督检验检疫总局在全国新增65个国家级出口食品农产品质量安全示范区名单中，沁县榜上有名。截至2016年年底，沁县认证有机基地近26万亩，认证谷子、豆类、玉米、蔬菜、薯类、核桃、酒、茶8大类34个品种，认证面积和认证品种在全国名列前茅，促进国家级出口食品农产品质量安全示范区创建。

沁县县城集中供热点火运营。2016年11月15日晚6点，沁县县城集中供热点火运营。县委县政府拿出2000万元用于入户管网接入费用，成为长治市第一家，也是唯一一家入户管网政府买单的县。县城集中供热工程项目包括新建2×58兆瓦煤粉锅炉热源厂，换热站25座，一次管网总长度14882米，供热负荷96.32兆瓦，供热面积可达到168万平方米。

沁县中学上划移交市管。2016年11月4日，沁县与市教育局签订协议，沁县中学上划归市级管理，学校原隶属关系、行政管理、在编教职工以及学校资产等移交给市教育局，由市教育局接管。沁县中学是省首批重点中学，山西省示范高中，有在编教职工308人，高中在校生2600人，初中在校生1036人。建校以来面向全市招生。2011年经市编办批准，明确沁县中学为市直普通正处级中学，为加快沁县中学发展，解决"市校县管"的问题，县政府和市教育局向市政府请示批准理顺本校管理体制。经2016年4月8日市政府第72次常务会研究决定，同意由市教育局接收沁县中学并负责管理。

王德怀获2016年感动长治十大人物。2016年12月，退休干部王德怀被誉为"2016年感动长治十大人物"，并出席颁奖典礼；他的事迹先后在《中国农民报》《长治日报》《上党晚报》、山西公共频道、长治电视台、沁县电视台等新闻媒体刊登播出。

【领导名单】

县委书记　卢展明
副书记　王现敏（2016年8月前）
　张宏伟（2016年8月后）
　孙　伟（2016年8月前）
　郭爱斌（2016年8月后）
常　委　卢展明
　王现敏（2016年8月前）
　张宏伟（2016年8月后）
　孙　伟（2016年8月前）
　郭爱斌（2016年8月后）
　裴润山（2016年8月前）
　郗淑芳（2016年8月后）
　韩晓红（2016年8月前）
　冯　华（2016年8月后）
　田耀德（2016年8月后）
　陆　盛
　张东文
　李　炜（2016年8月后）
人大常委会主任
　刘光清
副主任　王建宏
　张树堂
　郝玉清
　任守忠（2016年8月前）
　王丽萍（2016年8月前）
　温劲松（2016年8月后）
县　长　王现敏（2016年8月前）
　张宏伟（2016年8月后）
副县长　裴润山（2016年8月前）
　郗淑芳
　郭爱斌（2016年8月前）
　邱建英（2016年8月前）
　安拴平（2016年8月前）
　郭建宇（2016年8月前）
　王丽萍（2016年8月后）
　魏　瑛（2016年8月后）
　李佩璋（2016年8月后）
　曹　乾（2016年8月后）
　武虹波（2016年8月后）
　顾　宁（2016年5月前）
政协主席　王元英（2016年8月前）
　郭建宇（2016年8月后）
副主席　刘瑭瑛（2016年8月前）
　王小宁
　郭庆宏
　田耀德（2016年8月前）
　张建伟（2016年8月后）

（王淑红）
（责任编辑：闫国风）

沁源县

【自然条件】 2016年，沁源县总面积2549平方千米。下辖9个乡5个镇6个社区254个行政村。耕地2.29万公顷。矿藏10种。主要河流8条，其中沁河最大，境内全长328千米。旅游景点4个。年平均气温9.6摄氏度，年降水量680.9毫米。

【人口】 2016年，沁源县总人口16.29万人，比上年增加0.1万人，男性人口8.5万人，女性人口7.79万人，男女性别比（女=100）为109.1。全年人口出生率10.3‰，死亡4.41‰，自然增长率5.89‰。城镇人口比重达44.39%，比上年提高1.66个百分点。人口密度每平方千米64人。少数民族11个，共94人。

【经济概况】 2016年，沁源县生产总值102.86亿元，比上年增长4.5%。其中，第一产业增加值2.72亿元，第二产业增加值71.99亿元，第三产业增加值28.15亿元。全年全县公共财政预算收入7.42亿元。全县公共财政预算支出12.9亿元。全县金融机构各项存款余额56.8亿元，比年初增长8.2%，全县金融机构各项贷款余额23.84亿元，比年初下降9%。

【农业】 2016年，沁源县粮食种植面积13940.1公顷，其中玉米种植面积8145.4公顷，马铃薯种植面积2980.5公顷，蔬菜种植面积781公顷。全年全县粮食总产量75216.1吨，比上年减少0.01%。蔬菜总产量17923.9吨。全年全县猪牛羊肉类总产量1217吨，减少0.41%，其中猪肉产量579吨，牛肉产量65吨，羊肉产量573吨。年末生猪存栏5728头，生猪出栏7688头。禽蛋产量2203吨，奶产量2757吨。

【工业】 2016年，沁源县规模以上工业企业21家，全年规模以上工业增加值68.9亿元，比上年增长2.52%。主要工业产品产量中，原煤产量1100.7万吨，发电量7.14亿千瓦时，焦炭产量127.3万吨。全年全县规模以上工业企业主营业务收入71.5亿元，比上年增长7.2%。实现利税8.7亿元。

【建设环保】 2016年，沁源县全社会建筑业实现增加值1.2亿元，比上年增长16.9%。全县具有资质等级总承包和专业承包的建筑企业1家。全县城市建成区面积5.25平方千米。全县建成区绿化覆盖率44%。全县城市交通运营车辆6辆，出租汽车95辆。全县有公园12座，总面积109.45万平方米。全年城市供水总量160万吨。全县集中供热面积232万平方米。全县污水处理能力0.7万吨每日，全年污水处理量284.37万吨。生活垃圾无害化处理率为100%。全年全县空气质量二级以上天数为319天，比上年减少40天。

【交通邮电】 2016年，沁源县公路线路里程892.64千米。全县民用汽车保有量达15416辆，比上年增长0.05%，其中机动车保有量1.6206万辆。邮电：全年全县完成邮电业务总量10437万元。其中，邮政业务总量1215万元；电信业务总量9222万元。全县移动电话用户达12.1万户。全县互联网用户累计达2.6万户。

【投资贸易】 2016年，沁源县固定资产投资108.36亿元，比上年增长1.3%。分产业看，第一产业投资45.5亿元，增长24.3%；第二产业投资55.8亿元，增长37.85%；第三产业投资25.01亿元，减少16.4%。全县在建固定资产投资项目262个。2016年全县社会消费品零售总额23.36亿元，比上年增长9.2%。

【教育科技】 2016年，沁源县普通中小学81所，其中小学73所，普通高中1所，普通初中7所。全年高中招生650人，在校学生2314人。全年初中招生1262人，在校学生3567人。全年小学招生1704人，在校学生9883人。全县幼儿园27所，在园幼儿5583人。全年全县申报专利15项。

【文体卫生】 2016年，沁源县共有艺术表演团6个，文化馆1个，文物馆1个，公共图书馆1个，公共图书馆藏书量13.8万册，档案馆1个。全县广播电台1座，电视台1座，电视综合人口覆盖率达到93%。全县有线电视用户达到3.5万户，其中数字信号用户1.22万户。全县共有医疗卫生机构19个，其中医院、卫生院17个，妇幼保健院1个，疾病预防控制中心1个，卫生技术人员1316人。全县新型农村合作医疗覆盖率100%。

【社会生活】 2016年，沁源县农村居民人均可支配收入12745元，比上年增长7.1%；城镇居民人均可支配收入30438元，比上年增长6.8%。新型农村社会养老保险参保83261人，城镇基本医疗保险职工参保人数为31437人，失业保险职工参保人数为20050人。全县全年纳入城市最低生活保障的居民1596人，发放城市低保资金589.36万元，纳入农村最低生活保障的居民6855人，发放农村低保资金1180.28万元。全县敬老院14所，床位498张，收养244人。

【年内大事】

沁源县获“国家园林县城”称号。2016年1月29日，在住房和城乡建设部公布的2015年国家园林城市名单中，沁源县榜上有名，跻身“国家园林县城”行列。沁源县通过三年创建，对县城总体规划进行修编，编制《沁源县城市绿地系统规划》，县城园林绿化初步构建起“一环、一轴、三横、十点”的绿地系统格局。县城建成区绿地面积达203.3公顷，城市绿化覆盖面积达231.4公顷，公园绿地面积达109.4公顷，建成区绿化覆盖率达44%，绿地率达38.7%，人均公园绿地面积达23.85平方米以上，各项指标均达到“国家园林县城”标准。

省人民医院全面托管县人民医院普外科。2016年3月18日，山西省人民医院普外科全面托管县人民医院普外科启动仪式在县人民医院举行。县委常委、常务副县长连树斌参加会议并讲话。

《义务教育学校管理标准》省级实验工作。2016年5月18日，沁源县举行《义务教育学校管理标准》省级实验工作启动仪式。副县长孙建政出席仪式并讲话。

举行纪念任之恭博士诞辰110周年暨铜像揭幕仪式。2016年10月2日，在人民路游园举行纪念任之恭博士诞辰110周年暨铜像揭幕仪式。任之恭博士长女任峻明、女婿顾屏山、次女任峻玲、铜像捐赠代表卫建智及县委副书记、县长连树斌，县人大主任王宏斌，县政协主席马建峰，县委常委、县委办主任黄贵河，副县长孙建政和县直相关负责人等参加揭幕仪式。连树斌、王宏斌，任峻玲、卫建智共同为任之恭博士铜像揭幕。孙建政主持揭幕仪式。

功能农业综合示范县战略合作签约与授牌仪式。2016年10月26日，在太岳国际大酒店三楼会议室举行功能农业综合示范县战略合作签约与授牌仪式。中国扶贫开发协会博士后工程中心分别与沁源县人民政府、景风乡人民政府、卧龙农林牧有限公司签订功能农业综合示范县基地建设战略合作框架协议、景风乡功能农业示范乡战略合作框架协议、功能农业示范基地战略合作框架协议。中国扶贫开发协会副会长黄祖绍分别为沁源县功能农业综合示范县、功能农业产业促进中心、功能农业综合示范乡、生态循环功能农业产业基地授牌，县委书记李丁夫为功能农业博士后科研工作站授牌。李丁夫，县委副书记、县长连树斌分别为功能农业受聘专家颁发聘书。

举行山西沁源陈赓红军小学授旗授牌及陈赓将军铜像揭幕仪式。2016

年10月27日，为纪念中国工农红军长征胜利80周年，沁源县举行中国工农红军山西沁源陈赓红军小学授旗授牌及陈赓将军铜像揭幕仪式。中共中央办公厅机关党委原副书记、全国红军小学建设工程理事会副理事长李永平，副理事长兼秘书长方强，陈赓将军之子陈知建、陈知庶及陈赓将军其他亲属出席活动，县委副书记、县长连树斌，县人大主任王宏斌，县政协主席马建峰，县委常委、县人武部政委马验习，副县长孙建政出席活动。陈赓将军家属陈知建、陈知庶，县领导连树斌、王宏斌、马建峰共同为陈赓将军铜像揭幕，陈赓将军家属代表向陈赓将军铜像献花。

长青村镇银行入驻沁源。2016年10月27日，沁源县召开长青村镇银行创立大会暨第一次股东大会，宣布长青村镇银行成立入驻沁源。长青村镇银行有限责任公司是经中国银行业监督管理委员会批准并由山西长子农村商业银行股份有限公司作为主发起行发起设立的一家地方法人金融机构。

秧歌小戏《重生》在"长治好人颂"长治市首届曲艺大赛上荣获二等奖。2016年11月30日，在"长治好人颂"长治首届曲艺大赛决赛中，县委宣传部获优秀组织奖，沁源县选送、县晋剧团精心编排的秧歌小戏《重生》获小戏类二等奖，县文化馆编排的《诚信好人——常二林》也深得观众喜欢。

沁源县获全国法制宣传教育先进县称号。2016年，沁源县被中宣部、司法部表彰为2011—2015年全国法制宣传教育先进县。

沁源县3人入围"中国好人榜"候选人。2016年，沁源县城实守信好人常二林、敬业奉献好人刘桂萍、孝老爱亲好人段建娥3人进入4月"中国好人榜"候选人名单。

古寨村列入第四批中国传统村落名录。2016年，住建部公布拟列入第四批中国传统村落的名录，沁源县古寨村继入选中国历史文化名村后又入选中国传统村落。古寨村位于沁源县北部，临近平遥、介休，是晋东南地区唯一的汾河流域区，村域面积13.949平方千米，常住人口2000人，以采矿业、种植、养殖业为主。由于直接受汾河流域绵山文化尤其是晋商活跃的明清时代的文化影响，形成整个村的古文化居民建筑群，从村西到村东有康熙年间所修古宅60余座，明代所修古窑洞40余处；有古老的陆轴街、五道爷街、城里街、观音堂街四条街连接1000余米，东、西、南、北四道古门贯通；有窑套楼两层的五道爷堂、观音堂、真武庙、娘娘堂、龙王庙、阎王庙，石旋窑洞，民国初年修建的欧式大院一所，中式大院2所，还有孙氏祖墓、回回墓两处特殊的古文化遗产。在艺术传承方面，古寨村有古音乐将军令、隔山腔、老七店、登登钗，古民歌有地方腔调小曲子。传统文化内容和价值十分丰富，保护相对完整、构成活态传承的农耕文明遗产保护群。

中国流动科技馆走进沁源二中校园。2016年，中国流动科技馆走进县沁源二中校园展出。中国流动科技馆是以"体验科学"为主题，通过"科学探索""科学生活""科学实践"三部分内容相结合，达到激发科学兴趣、启迪科学观念、培养实践能力的目的。

程永贵被评为"全国优秀农民工"。2016年，全国优秀农民工名单出炉，长治市3人榜上有名，沁新能源集团股份有限公司沁新煤矿职工程永贵名列其中。程永贵是土生土长的李元镇马兰沟村农民，中共党员。自工作以来，任劳任怨，兢兢业业，从一个农民转身为"全国优秀农民

沁源县灵空山全景图　　（李慧娟　供图）

工”，成为沁新煤矿的技术骨干和业务能手，多次受到公司的表彰和奖励，2007年成为沁新煤矿抽放队队长。

【领导名单】

县委书记　李丁夫

副书记　光宇航（2016年7月前）

连树斌（2016年8月后）

申秀琴（2016年8月后）

常　委　李丁夫

光宇航（2016年7月前）

连树斌（2016年8月后）

申秀琴（2016年8月后）

王旭琴（2016年8月前）

任国华（2016年8月前）

逯　江（2016年8月前）

张小平（2016年8月前）

石卫兵（2016年8月前）

张文波（2016年8月后）

尚高明（2016年8月后）

马验习（2016年8月后）

王宇红（2016年8月后）

黄贵河（2016年8月后）

胡亚明（2016年8月后）

人大常委会主任

赵海军（2016年8月前）

王宏斌（2016年8月后）

副主任　段留康

杨庆峰

郑昌瑞

许振华（2016年8月前）

王拴义

县　长　连树斌（2016年8月后）

副县长　连树斌（2016年8月前）

逯　江（2016年8月前）

吕双河（2016年8月前）

马建峰（2016年8月前）

孙建政

王新礼（2016年8月前）

胡亚明（2016年8月后）

暴安宁（2016年8月后）

李共和（2016年8月后）

李建萍（2016年8月后）

崔　晨（2016年8月后）

政协主席　王宏斌（2016年8月前）

马建峰（2016年8月后）

副主席　郭黎明

郑曙林

张中武

暴安宁（2016年8月前）

（宋江华）

（责任编辑：闫国风）

潞城市

【自然条件】 潞城市总面积615平方千米。2016年辖3个乡4个镇2个办事处202个行政村。耕地6.2万公顷。矿藏14种。主要河流11条，其中浊漳河最大，境内全长20千米。旅游景点12个。年平均气温9.5摄氏度，年降水量503.7毫米。

【人口】 2016年末，潞城市总人口234554人，比上年末增加1410人。全年全市出生人口2601人，人口出生率为11.12‰；死亡人口1191人，死亡率为5.09‰；自然增长率为6.03‰。性别比为（女＝100）为95.64。

【经济概况】 2016年，潞城市生产总值90.5亿元，比上年增长3.9%。其中，第一产业增加值4.65亿元，第二产业增加值56.15亿元，第三产业增加值29.73亿元。全年全市财政收入11.1653亿元，比上年下降12.7%。全市一般预算支出11.3623亿元，比上年下降8.9%。全市金融机构各项存款余额99.2亿元，比年初增长12.7%，全市金融机构各项贷款余额43.33亿元，比年初增长13.3%。

【农业】 2016年，潞城市农作物种植面积17926.3公顷，比上年减少4%。粮食总产量120685吨，比上年增产10%。蔬菜总产量70489吨。畜牧业：2016年肉类总产量8087.2吨，比上年减少10.7%，其中猪肉7469.9吨，减少0.2%；禽蛋产量5021吨，增长8.3%；奶产量2420吨，增长7.2%。

【工业】 2016年，潞城市共有规模以上工业企业37家。全年规模以上工业企业实现工业总产值144.6亿元，实现规模以上工业增加值53.6亿元，比上年增长4.4%。主要工业产品产量中，原煤产量54.1万吨，比上年下降7.8%；焦炭产量507.14万吨，增长6.3%；水泥产量311.2万吨，增长1.3%；发电量63.9亿千瓦时，增长5.3%；钢材产量56.1万吨，减少2.8%。

【建设环保】 2016年，潞城市城市建成区面积10.5平方千米，全市建成区绿化面积360公顷，覆盖率45%，人均公共绿地面积为9.5平方米。全年城市供水总量297万吨，人均日生活用水量63.4升。全市集中供热面积300万平方米。全市污水处理量370.53万吨。生活垃圾漕运量2.47万吨，垃圾处理量2.44万吨，无害化处理率为99%。全年全市空气质量二级以上天数为263天。

【交通邮电】 2016年，潞城市公路通车里程700.5千米。邮电：全年全市完成邮电业务总量12139.7万元，比上年增长7.7%。其中，邮政业务总量1319万元，增长8.4 %；电信业务总量10820.7万元，增长4.99%。固定电话用户达到1.66万户，全市移动电话用户达到8.7万户。全市互联网用户累计达3.38万户。

【投资贸易】 2016年，潞城市全社会固定资产投资170.61亿元，比上年增长12.9%，第一产业投资9.5亿元，增长12%；第二产业投资109.51亿元，增长68.5%；第三产业投资51.6亿元，下降33.6%。全年房地产开发投资2289万元。2016年全市社会消费品零售总额15.3亿元，比上年增长7.8%。

【教育科技】 2016年，潞城市共有各级各类学校167所，其中幼儿园68所，小学83所，初中10所，高中4

所，职高1所，特殊教育学校1所。各类学校在校生32423人，其中：幼儿5427人，小学生14530人，初中生7039人，高中生4784人，职业高中生643人。全市教师2835人，其中：专职教师2516人，幼儿教师233人，小学教师1170人，初中教师610人，高中教师654人，职业高中教师134人。全年全市专利申报量26件，比上年减少44件。

【文体卫生】 2016年，潞城市共有文化事业机构8个，文化馆1个，博物馆1个，公共图书馆1个，公共图书馆藏书量5.7万册，档案馆1个。全市有线电视台1座，电视台1座，电视综合人口覆盖率达到90%。全市数字信号用户3.8万户。全市人均体育场地面积达到1.59平方米。全市共有医疗卫生机构303个，其中医院、卫生院9个，妇幼保健院1个，疾病预防控制中心1个。床位667张，卫生技术人员1238人。全市新型农村合作医疗覆盖率98.38%。

【社会生活】 2016年，潞城市农村居民人均可支配收入12199元，比上年增长6.4%；城镇居民人均可支配收入25785元，比上年增长6.1%。城镇参加基本养老保险人数为28310人。参加基本医疗保险职工人数为46787人。参加失业保险职工人数为26189人。全年城镇最低生活保障人数7729人，农村最低生活保障人数6718人。

【年内大事】

潞城市召开全市干部大会。1月22日，潞城市在潞城大酒店二楼会议室召开全市干部大会。长治市委常委、组织部长郭康锋宣布长治市委决定：在潞城市委书记配备之前，由长治市委常委、副市长王玉圣负责潞城市委全面工作，潞城市委副书记、市长张斌负责潞城市委日常工作。长治市委常委、副市长王玉圣讲话。市委副书记、市长张斌主持会议。市委副书记、统战部长陈铁群，市人大主任王新政，市政协主席张书平等市四套班子领导出席会议。

中共潞城市委五届六次全体会议暨全市经济工作会议召开。2月1日，中共潞城市委五届六次全体会议暨全市经济工作会议召开。会议听取讨论《市委常委会工作报告》，审议通过《中共潞城市委关于制定国民经济和社会发展第十三个五年规划的建议》、市委五届六次全会决议和有关事项，安排部署“十三五”时期经济社会发展和2016年各项工作。

农业部督查调研潞城市农村集体资产股份权能改革试点工作。3月23日，由农业部经管司资产处处长余葵带队的督导组一行在潞城市调研指导农村集体资产股份权能改革试点工作。市委副书记、市长张斌，副市长王秋良，省农业厅、省经管站、省农研所、长治市农经局及潞城市农经局相关负责人陪同调研。

宋卫国被评为第二批全国岗位学雷锋标兵，研究项目荣获大赛银奖。3月，潞城市安全公益宣教基地主任宋卫国被中宣部命名第二批50个全国学雷锋活动示范点和50名全国岗位学雷锋标兵。宋卫国研究的志愿项目“童安工程”在10月第三届中国青年志愿服务大赛暨志愿服务交流会上荣获全国大赛银奖。

潞城市率先全面实施基层医疗机构医疗责任保险制度。4月，市卫计委与中国人寿财险潞城市支公司达成医疗责任保险框架协议，在潞城市全面实施公立医疗机构医疗责任保险统保工作。全市186家政府办公立医疗机构全部完成医疗责任保险投保。

农业部“百乡万户调查”工作组在潞城市调研。5月22日，由农业部农村合作经济经营管理总站副巡视员袁志军带领的农业部“百乡万户调查”第四调查组一行来到潞城市翟店镇小天贡村，通过进村入户、实地走访和召开座谈会的方式，就农村集体资产股份权能改革试点工作进行调研。

潞城市57名城乡学员免费接受月嫂培训。6月15日至22日，由市总工会主办、小蚂蚁家政公司具体承办的初级月嫂培训班开班，这也是市总工会组织举办的首期免费培训。其获取相应资格证书后，将被推荐至北京等大城市及本市的家政服务市场就业。

潞城市红旗剧团进京展演。7月9日至10日，受中国戏曲学院邀请，潞城市红旗剧团在北京梅兰芳大剧院参加国家级非物质文化遗产展演，演出新编现代戏《拜师》和优秀传统剧目《朱元璋斩婿》。

潞城市召开全市领导干部大会。7月29日，潞城市召开全市领导干部大会。长治市委常委、组织部长郭康锋，长治市委常委、副市长王玉圣出席会议并作重要讲话。会议宣布省委和长治市委关于潞城市委主要领导调整的决定：李文兵同志任潞城市委委员、常委、书记。

省人大副主任张茂才在潞宝集团调研红色旅游工作。8月3日，省人大副主任张茂才一行40余人深入潞城市潞宝集团毛主席博物馆，就红色旅游工作进行专题调研。

潞城市召开领导干部大会。8月11日，潞城市召开领导干部大会，宣布长治市委关于干部任职的决定：秦苏良任潞城市委委员、常委、副书记，提名为潞城市人民政府市长候选人。长治市委组织部副部长张爱玲出席会议并讲话，潞城市市委书记李文兵主持会议并讲话。

潞城市召开干部入企服务工作动员会。9月14日，潞城市在宣传文化中心一楼会议室召开干部入企服务工作动员会，正式启动潞城市干部入企服务工作。长治市驻潞城市入企服务工作领导组组长、副组长等到会指导。

潞宝园区举行百万吨精细化工项目投产暨奠基。9月29日，潞宝园区举行百万吨精细化工项目投产暨奠基仪式，并召开入企服务座谈会。

路城市举行2016年烈士纪念日公祭活动。9月30日，潞城市在烈士陵园举行2016年烈士纪念日公祭烈士活动。市委书记李文兵出席并宣读《公祭烈士活动祭文》。市委副书记、市长秦苏良主持活动。市四套班子其他领导与市直机关单位负责人、政法干警、驻潞官兵、少先队员代表和自发到场的广大群众参加公祭活动。

潞城市喜获全省农建“禹王杯”。11月，潞城市被省政府表彰为2016年度农田水利基本建设“禹王杯”先进县。据了解，全省共有8个县（市）区受到表彰，潞城市排名第二，是长治地区唯一获此殊荣的县（市）区。

长治市工业经济运行调度会在路城市召开。11月22日，长治市工业经济运行调度会在潞城市兴宝钢铁公司召开，会议总结盘点2016年1至10月长治市工业运行情况，并就下一步工作进行安排部署。

潞城市召开“五道五治”专项行动指挥部会议。12月10日，潞城市召开“五道五治”专项行动指挥部会议。市委书记李文兵作强调要求。市委副书记、市长秦苏良主持会议。市委副书记、统战部长张维斌对“五道五治”专项行动进行安排部署。市领导柴哲、王斌、曹枫、李明、史黎武、孙敬明分别就“五道五治”行动各分指挥部的工作作出安排。全市“五道五治”专项行动各分指挥部和工作组成员单位负责人、各乡镇办事处党（工）委书记参加会议。

共青团潞城市第五次代表大会召开。12月27日，共青团潞城市第五次代表大会在市宣传文化中心一楼会议室召开。大会听取和审议共青团潞城市第四届委员会工作报告，选举产生共青团潞城市第五届委员会。韩晓坤当选为团市委书记，刘婷婷、宋鑫宇当选为团市委副书记。

【领导名单】

书　记　唐立浩（2016年1月前）
　　　　李文兵（2016年7月后）
副书记　张　斌（2016年7月前）
　　　　陈铁群（2016年7月前）
　　　　秦苏良（2016年8月后）
　　　　张维斌（2016年8月后）
常　委　唐立浩（2016年1月前）
　　　　李文兵（2016年7月后）
　　　　张　斌（2016年7月前）
　　　　秦苏良（2016年8月后）
　　　　陈铁群（2016年7月前）
　　　　张维斌（2016年12月前）
　　　　孙彩虹（2016年8月前）
　　　　程　琦（2016年8月前）
　　　　元文波（2016年8月前）
　　　　王国勤（2016年8月前）
　　　　王　斌
　　　　肖学斌（2016年6月前）
　　　　王忠强（2016年8月后）
　　　　柴　哲（2016年8月后）
　　　　翟　勇（2016年8月后）
　　　　牛红宇（2016年8月后）
　　　　赵增强（2016年6月后）
　　　　曹　枫（2016年8月后）
人大常委会主任
　　　　王新政（2016年8月前）
　　　　孙彩虹（2016年8月后）
副主任　侯忠阳（2016年8月前）
　　　　靳玉德
　　　　王全乐
　　　　王惠斌
　　　　杨忠民（2016年8月前）
　　　　赵云斌（2016年8月后）
市　长　张　斌（2016年7月前）
　　　　秦苏良（2016年8月后）
副市长　孙彩虹（2016年8月前）
　　　　元文波（2016年8月前）
　　　　史淑枝（2016年8月前）
　　　　柴　哲
　　　　王咏刚（2016年8月前）
　　　　王秋良（2016年8月前）
　　　　张大平（2016年8月后）
　　　　李　明（2016年8月后）
　　　　郭贺红（2016年8月后）
　　　　史黎武（2016年8月后）
　　　　孙敬明（2016年8月后）
政协主席　张书平（2016年8月前）
　　　　琚海鹏（2016年8月后）
副主席　王　敏（2016年8月前）
　　　　王仁苗（2016年8月前）
　　　　冯长虹（2016年8月前）
　　　　侯安善
　　　　王国勤（2016年8月后）
　　　　王秋良（2016年8月后）
　　　　杜进才（2016年8月后）

（申俊良）

（责任编辑：申　泳）

高新技术产业开发区

【概述】 长治高新区于1992年11月经省政府批准成立，是山西省最早成立的5个开发区之一；2015年2月经国务院批复升级为国家高新区，成为继太原高新区后全省第二家国家高新区。核心区规划面积7.53平方千米，四至范围为东至鹿家庄村、长钢铁路专用线、长兴北路，南至长治市太行大街，西至太焦铁路，北至关杜庄村、长钢铁路专用线。共辖捉马、史家庄、化家庄和小化家庄四个村，2016年，常住人口10万人，其中户籍人口3.17万人。

【经济发展】 2016年，长治高新区完成营业收入220亿元，增长15.78%；工业总产值175.3亿元，增长12.37%；工业增加值94.1亿元，增长8.16%；地区生产总值111.1亿元，增长8.92%；财政总收入16.99亿元，增长5.58%；地方财政预算收入6.55亿元，增长22.64%；一般预算收入2.21亿元，增长18.42%；固定资产投资13.1亿元，增长29.4%。

【产业发展】 2016年，长治高新区加大招商引资力度，举办海峡两岸暨香港、澳门地区知名民企创新成果推介会、新材料新技术创新项目推介会等招商引资活动，引进厦门万佳城市综合体、中石油煤层气生产调度与开采技术先导实验基地、奥科植保无人机、易捷互联网大数据分析等大项目、好项目。全年招商引资签约项目 18 个，总投资 60.7 亿元，占年度目标任务的 101.2%;完成外贸出口任务 176 万美元，占年度目标任务的 100%。推进总投资 71.32 亿元的 39 个项目，其中，久豪电动汽车充电桩、炎黄照明新型玻璃 LED 等 19 个项目竣工或投入生产。

【科技创新】 2016 年，长治高新区深化与中国科学院、中国军事医学科学院、清华大学、北京大学、英国曼彻斯特大学等高等院校和科研院所的合作，涌现出新型玻璃 LED、雾霾沉降路灯、激光再制造、高效抗艾滋病病毒多肽药物、单层石墨烯等一批国际国内领先的新技术或新产品。全年申报 11 家企业全部通过高新技术企业专家评审，久安人工心脏研发院士工作站、德益高功率储能技术博士工作站通过评审。山西佰和园技术中心被认定为省级中小企业技术中心。忠慧育乐园被评为山西省少儿科普基地。全年高新技术企业完成营业收入 135.63 亿元，增长 5.85%，占全区的 61.65%；纳税 10.36 亿元，同比增长 1.67%，占全区的 60.98%。

【发展环境】 2016 年，长治高新区共投入基础设施建设资金 1482 万元，完善工业园区的基础设施。研究出台《长治高新区关于推进科技创新金融振兴民营经济发展的实施意见》和《长治高新区财政科研项目和资金管理办法》，加强对创新性人才和项目的扶持力度。财政金融担保公司注册资本金增加至 1 亿元，为企业提供融资担保服务。推进产业基金和发行债券工作。山西凯康电梯股份有限公司成为 2016 年长治市唯一在新三板上市企业。开展干部入企服务工作，抓住国家直供电改革的契机，高新区与漳泽电力签署战略合作协议，打破直供电只是针对用电大户的限制，将园区企业整体打包、抱团用电，每年可帮助园区企业节约电费 1300 余万元。

【城市建设】 截至 2016 年年底，长治高新区共完成拆迁 870 户，拆迁面积 30.64 万平方米，开工建设面积 152.5 万平方米，建成 84.4 万平方米，回迁安置 148 户，完成投资 33.2 亿元，拆迁进度走在全市前列。推进棚户区改造，共开工建设保障性住房 1003 套，占年度目标任务的 100.3%，其中货币化安置 308 套；建成 721 套，占年度目标任务的 151.8%；完成投资 3.55 亿元，占年度目标任务的 100.3%。圆满完成北二环路、延安北路的道路征迁工作，保证两条道路建设。

【社会事业】 2016 年，长治高新区推进火炬中学改扩建、容海学校新建、中心医院建设、消防站建设等城建重点工程。提升社会保障能力，为低保户、优抚对象、“五老”人员、一户多残家庭、失独家庭等弱势群体发放补助金 250 余万元。坚持以“四铁”要求狠抓安全生产，不留死角全面查、重点行业专家查、严格整改跟踪查“三查”工作机制，实现全年安全生产零事故和零死亡。加大信访问题化解力度，实现赴省进京零非访目标。

【领导名单】

党工委副书记、管委会主任
张　圣
党工委委员、管委会常务副主任
陈　平
党工委委员、管委会副主任
谢　琪
党工委委员、纪工委书记
姚俊芳（2016 年 8 月任党工委副书记、免去纪工委书记）
党工委委员、管委会副主任
孙希谋
党工委委员、纪工委书记
张　剑（2016 年 8 月后）
党工委委员
乔毅慧（2016 年 12 月后）

（李立平）
（责任编辑：牛　琪）

长治高新区主办2016 年全国大学生移动应用创新大赛　（李立平　供图）

人物·先进集体

全国三八红旗手标兵 段爱平

2016年2月29日，纪念“三八”国际妇女节暨全国三八红旗手（集体）表彰大会在首都北京，人民大会堂隆重举行。段爱平等10位杰出女性荣膺“全国三八红旗手标兵”荣誉称号，并受到中共中央政治局委员、国务院副总理刘延东，中共中央政治局委员、国家副主席李源潮等国家领导人的亲切接见。

“我是山西长治市襄垣县返底村一名普通的村支书。”紧紧握住刘延东和李源潮两位国家领导人的手，段爱平热泪盈眶，激动地回答着他们的亲切询问。

段爱平，一位普通的村党支部书记，连续任职17年，倾尽百万家产，与癌症抗争10年，却不忘初衷，用生命践行着“每年要为老百姓办一件实事”的铮铮誓言，羸弱的双肩扛起父老乡亲沉甸甸的期盼！

带领乡亲们调产致富

调产试验缘于段爱平和村民的几次闲聊。在聊天中，她总是听村民抱怨：现在种玉米简直不划算，价格低，没有销路，一亩下来连成本都保不住。抱怨的声音越多，就越是坐不住，为村民操惯了心的段爱平开始在心里琢磨着开展一项调产试验。可是，调产调什么，调产怎么调？一系列问题接踵而至，时刻折磨着这位病魔缠身的村党支部书记。

那段时间，段爱平白天忍着病痛四处奔波，晚上则靠安眠药解决长期失眠的困扰。就在这样的奔忙中，段爱平结识了赵亚梁，两人不谋而合，以每亩1000元的价格流转村民土地100多亩，开始种植丹参等中药材。

几年下来，段爱平和赵亚梁不断往合作社投资，也不断总结着调产试验的结论：种药材的确比种玉米赚钱，合作社模式让村民都挣了钱，但两个负责人却赔了钱，段爱平每年光支付村民工资和土地租赁费就得11万元，赵亚梁更是把投资的100余万元几乎全赔了进去。

但这项调产试验，取得了良好的社会效益：在他们的带动下，周边十几个乡镇的上千名村民纷纷开始调产种起了丹参，种植面积达3000余亩。

为扭转赔钱局面，也为让村民挣更多的钱，段爱平和赵亚梁商量决定，让村民自己种植，他们负责全程技术指导和各种服务。2016年，段爱平还自掏腰包，为村民免费深松土地。

“只能段爱平我赔钱，绝不能让乡亲们吃亏。”如今，看着村民一个个鼓起了钱袋子，脸上露出灿烂的笑容，赵亚梁也逐渐读懂这句话的深刻含义。

身体每况愈下，担心不能再为百姓做事

四邻八乡的残疾人来找段爱平，希望能帮忙找一个自食其力的工作，一向热心助人的段爱平再也坐不住了。一个通宵的认真思考后，她决定办一个专门安置残疾人就业的服装厂。一番市场考察后，段爱平投资80余万元，在襄垣县富阳园区西北阳村，租赁了6800余平方米的厂房，注册了一家名为“善谐爱平服装有限公司”的服装厂。服装厂安置残疾人42名，年龄最大的60多岁，占到全厂职工总数的86%以上。“有的残疾人不幸失去右腿，有的不幸失去左胳膊，厂里量身订制，专门给他们调整缝纫机的构造，并安装各种生活辅助设施……正是有扶残养残的良好口碑，潞城、黎城、屯留等县市区的残疾人也纷至沓来。”

“服装厂现在效益不算太好，但从未拖欠过工人一分钱工资。段书记还专门交代，吃住不能收大家一分钱，在生活上要多给他们提供方便。”交谈中，善谐爱平服装有限公司总经理李志明表示。

一个服装厂，圆了残疾人的“就业梦”，更帮助他们发现自我价值。看着一个个围坐在机器旁忙碌的身影，段爱平很欣慰，却也伤感地说，“现在身体一天不如一天，真怕没有更多的精力再做这些。”

为百姓谋福的好书记

2015年开春，段爱平上演了一次现实版的“愚公移山”，她用村集体攒下的10万余元，在清草街山上开垦出41.9亩土地。

和以前修学校、改造电网、建养老院一样，20多天时间里，段爱平亲自在大山上指挥，赶时间、抢进度，为的是不耽误村民们当年下种。

经过一番努力，50块山地被开垦出来，可问题也接踵而来。

“村里村民70户，可土地只有50块，厚谁薄谁都不合适。”在支村“两委”干部大会上，段爱平和同样犯难的班子成员一致商量后决定，采用最原始也最公平的抓阄方式进行分配。

在抓阄之前，一些村民曾有过质疑，村干部是不是把好地都留下了？但当50块山地分完后，村民们再也抑制不住内心的感激，一拥而上团团围住段爱平，各种感激的话语最终汇集成一句话:“段书记，我们信赖您！”

段爱平还提意“按照50元~100元不等的标准，亚梁中药材种植专业合作社对村民的土地进行流转，流转后的土地用来种植丹参等中药材，合作社统一负责回收，可以说，村民不用承担任何风险。”段爱平说，其实，开山造田的想法也是缘于调产试验的尝试，但苦于村民责任田不够，才不得已“逼”出了这个办法。这样，老百姓除了原来的土地收入，这些山地每亩还能带来1000元的收入。

作为偏远乡村的老百姓，他们有一个共同的梦想，那就是过上和城里人一样的好生活；作为一位偏远乡村的村党支部书记，段爱平还有另一个远大梦想，那就是在返底村贫瘠的土地上，种出更多的“摇钱树”，争取让全村老百姓到2020年与全国同步过上小康生活。

这就是段爱平，一位目不识丁的村党支部书记，却以一片赤诚在兴村富民的火热实践中，书写出一张张优秀的民生答卷，用实际行动诠释出一名共产党员对党和人民的绝对忠诚！

（姜国栋）

长治市“全国岗位学雷锋标兵”宋卫国

26年苦口婆心讲安全

46岁的宋卫国是山西三元煤业股份有限公司培训中心的职工，之前他是潞安集团的一名普通矿工，但在许多人眼里，他却显得有些“另类”。

他是我国第一位安全宣传志愿者。一提起“志愿者”，在人们的印象中，他们可能是这样一群人：为了某种信仰，利用自己的闲暇时间，不计报酬为他人、为社会做着一些事情，他们可能有些偏执、可能有些“怪异”，因为他们在做着别人想不到，或者想到也不愿去做的事情。

宋卫国就是这样一名志愿者，也是周围人眼里有些“怪异”的人。作为一名普通职工，26年来，他在工作之余坚持进行公益安全宣传活动，苦口婆心地向人们宣传“安全大于天”的理念。2010年，他舍弃每年3万元的房屋租赁收入，投资8万元在自己家创办了全国首个民间安全公益教育基地。

宋卫国家是一栋三层楼房，建筑面积约400平方米，近一半被宋卫国用作教育基地。一层主客厅的墙上贴满了各种安全科普漫画、挂图和安全警示标语，安装有播放安全知识的47英寸液晶电视，客厅地上整整齐齐摆放着许多小板凳。还专门设立预防溺水安全教育室、阅览室。

执著是因为一切都值得

宋卫国的工资基本用在他的爱好或者叫追求的事业上。宋卫国坦诚地说，并不是一开始他就有这样的想法，只是一起发生在自己身边的惨案，震撼了他的心灵，也让他看到幸福家庭瞬间毁于一旦的悲惨景象。他觉得自己需要呐喊，需要奔走，需要把“安全第一”讲给周围每一个人。

于是，宋卫国开始关注发生在周围的安全事故，开始热衷于把事故教训向周围的群众进行宣讲。为了把事故起因、危害程度等弄清楚。每当周边地区有重大事故发生，他都要抽时间跑到事故现场去看一看。

从1994年克拉玛依油田的大火现场，到5·12汶川地震北川现场、4·14玉树地震现场、3·28山西王家岭煤矿透水事故现场……宋卫国不仅亲眼目睹事故给人民生命财产带来的巨大灾难，也使他更加坚定自己宣传安全知识的信念。

每当从事故现场回来，宋卫国都要把他看到的每一个细节用笔记录下来，再认真编排现场照片，做成宣传单或宣传展板。每逢节假日，他总要带上安全宣传资料和事故案例资料，到全市工矿企业和学校社区进行安全宣传。

不仅如此，每次出差，宋卫国把到景区拍照留念改为到处宣讲安全，北京史家学校、枣庄临山学校、河北唐山煤矿……面对成百上千的听众时，他慷慨激昂的演讲总能与大家产生强烈的共鸣，空中久久回荡着人们大声地回答“绿灯可以再等，生命不能重来”。

这件事要一直做到老

在宋卫国家中，有很多他自己选编的涉及家庭、校园、消防、瓦斯防范等方面的安全诗歌，通俗易懂，朗朗上口。比如“瓦斯防范综合篇”：儿子下井娘牵挂，违章出事老婆怕，瓦斯防范别要滑，不出事故也重罚……再如“家庭防火安全篇”：电视电脑电器多，用完断电才防火。电器着火先断电，干粉灭火才安全……

靠着一次次的执著，宋卫国用声音的力量，唤醒很多人漠视安全的意识。26年里,宋卫国先后自费开展“全国煤矿安全宣讲万里行”“全国百校安全宣讲行”“全国消防安全宣讲万里行”等活动。

由于成绩突出，宋卫国被中央政府网、新华网、人民网等上百家媒体宣传报道，并被授予“感动中国的矿工十大杰出人物”“全国优秀志愿者”“山西省首届道德模范”“山西省十大公益事业功臣”等称号。

其实，26年里宋卫国就干了一件事，全国各地义务宣讲安全。“固执”“另类”“作秀”，宋卫国听过周围人用这些词来形容他，他也曾想过放弃，可是坚持久了就变成了习惯。

他说，当自己年老时，会回想起就是这一件事，让他一辈子都过得有意义。毕竟不是任何一个人都能将一件事做26年，并且还将继续。

（丁德令）

2016年“全国五一劳动奖章”“全国五一劳动奖状”“全国工人先锋号”获奖者及获奖单位

“全国五一劳动奖章”获奖者

王建军，男，1963年10月生，山西榆社人，1985年6月加入中国共产党，沁县环卫中心队长。2002年，王建军迎难而上，勇挑沁县环卫中心队长重担，他立足实际，先后制订出清扫清运管理、环卫监察六项三十六条制度，使沁县环卫工作做到有章可循，纳入规范运行轨道。每天凌晨五点，王建军骑上自行车开始一天的工作。每一条街，每一个巷道，每一个垃圾点都是他必须巡查的地方；每一位环卫工人，都是他落实任务、布置工作、检查督导的对象。在队伍管理方面，落实“定人、定时、定段、定任务、定工资标准”的包干责任制，实行日查、周评、月考，严查、严管、严教，构建起“全城覆盖、全日保洁、无缝管理”的环卫格局，从而打造一支吃苦耐劳、踏实苦干、乐于奉献的环卫队伍。为沁县的靓丽做出较大的贡献，创新城乡环卫一体化机制在全市推广，在多次省、市爱国卫生检查县城环境卫生中以100%的合格率得到肯定。王建军获“全国环卫文化建设先进工作者”“全国基层十佳环卫工作者”；山西省“优秀共产党员”“省劳模”“省特级劳模”、创先争优“十佳标兵”；长治市“劳动模范”“特级劳模”“优秀共产党员”、创先争优“优秀共产党员”等称号。

“全国五一劳动奖状”获奖单位

山西康宝生物制品股份有限公司

康宝公司始建于1991年，是国家卫生部批准的生物制品定点生产企业。有血液制品、固体制剂、小容量综合液体制剂、原料药、雪莲、体外生物诊断试剂、功能食品7个生产车间，机器人生产基地1个，单采血浆站8个，主要生产人血白蛋白、静注丙种球蛋白、破伤风人免疫球蛋白、狂犬病人免疫球蛋白、康宝得维、留普安、康多宁、普力安、小儿消食口服液、法莫替丁、红花注射液等20余种产品。该公司研发项目中获国家发明专利43项，36个项目列入国家及省级科研计划，1个项目获国家科技进步一等奖。在新领域创新方面，研制成功国内首套智能移动弧焊机器人，建成一个智能机器人生产基地。获国家重点高新技术企业、国家重合同守信用企业、全国质量信誉AAA级企业、山西省科技先导型企业、山西省优秀企业、山西省“五一”劳动奖状等称号。

全国工人先锋号”获奖单位

长子县融汇村镇银行总行营业部 作为长子县融汇村镇银行的窗口单位、形象网点，每位员工始终勤勤恳恳、踏踏实实奋战农村金融服务的第一线。营业部成立五年来累计缴纳税款9998万余元，其中涉农贷款累计33.49亿元，真正做到扎根一方、立足丹朱、惠及三农，服务中小微为己任，在做好本职工作的同时，热心于公益事业，多次组织大家前往养老院、孤儿院奉献爱心团聚力量，每年中高考免费为考生及家长送水送药做好后勤保障等等，曾获得2013年度山西省“工人先锋号”荣誉，2014年度“长治市职工职业道德建设十佳单位；2015年被评为长治市“五一巾帼先进集体”的殊荣，其总行营业部负责人获长治市五一巾帼标兵；2011—2016年连续被评为长子县融汇村镇银行“先进集体”等殊荣。

2016年“山西省五一劳动奖章”“山西省五一劳动奖状”获奖者及获奖单位

“山西省五一劳动奖章”获奖者

安桂红，女，48岁，汉族，群众，大学本科学历，长治液压有限公司工人。由一名普通的技术员成为一名工程师，成为企业加工中心、数控车床的编程、刀具调试及磨削方面的技术能手。经她参与试制成功的新产品多达30种，满足山推股份、重汽大齿、柳州ZF、三一重工、西安双特、常柴股份等主机配套需要，有的还出口到西班牙、新加坡、马来西亚、意大利、德国等10多个国家和地区。

李琴，女，25岁，汉族，共青团员，中专学历，长治市公共交通总公司三分公司13路乘务员。她在工作中真情服务，无私奉献，感染身边每一位同事和沿线的每一位乘客。2010年5月参加工作荣获“2011年度劳动模范”“2012年度劳动模范”“2013年度优质服务标兵”“三八红旗手”“五四岗位奉献先进个人”“2014年度劳动模范”。

申飞飞，男，30岁，汉族，中共党员，大学本科学历，壶关县公安局鹅屋派出所指导员，一级警司警衔。长期扎根基层，坚守在壶关县最偏远的山区派出所。他在基层岗位上，用心维护着基层党员民警的形象，赢得群众的信任。他始终把群众装在心中，时时处处关心群众疾苦，千方百计帮助群众解决困难，把党和政府的温暖送到群众心坎上。获“全国公安机关爱民模范”“全国特级优秀人民警察”“中国好人”等荣誉和称号。

李旭魁，男，48岁，汉族，群众，大学学历，漳泽发电分公司生产技术部技术监督管理工程师及金属专业技术带头人，主要分管锅炉防磨防爆及金属监督检验工作。从事专业技术监督工作20余年来，组织攻关多项技术难题。获“山西电力十佳青工”“漳泽发电分公司岗位技术标兵”“漳泽电力劳动模范”“山西省劳动竞赛个人一等功”等荣誉。

赵德法，男，49岁，汉族，大专文化，山西康宝生物制品股份有限公司血液制品车间主任，助理工程师。带领车间技术骨干优化产品生产工艺、提高产品质量标准，以先进的产品制备方法和工艺控制水平使公司具有良好的收益率，完善的质量控制保障了公司产品的安全性和有效性。在生产工艺的改进上，完成静注人免疫球蛋白及人血白蛋白生产工艺的优化，取得良好的经济效益，推动企业的技术创新和工艺升级。技术革新成果每年为企业增收1.01亿元。

田悦慧，女，35岁，汉族，中共党员，大学本科学历，八路军纪念馆讲解员。成功地接待了党和国家领导人以及社会各界观众40多万人次，并率八路军精神宣讲小分队外出宣讲600余场，在纪念馆大型扩建改陈工程中，勇挑重担，参与并完成2005年、2015年主展馆“八路军抗战史陈列”和北京《太行精神光耀千秋》大型巡展等重要讲解接待任务。被山西省总工会评为山西省“十佳讲解员”。

贾云珍，男，53岁，汉族，中共党员，大专学历，长治市住建局照明管理处维护三所所长。1995年从部队复转后，开始从事城市照明设施维护维修工作。作为一名城市照明设施维护最基层的一线工人，他21年如一日立足本职，脚踏实地，默默工作。为了城市的亮丽和市民的出行方便，他夏天顶酷暑、冬日战严寒，高空迎风修灯具、趴泥卧冰查线路，维护修理照明设施。他担任所长后，身先士卒带领全所员工不懈努力，保证所辖区域的着灯率达到99.17%。

朱治国，男，35岁，汉族，中共党员，硕士学历，中国人民解放军第四三二八工厂技术处副处长。从事技术研发14年，研发10余型保障装备。研发的某型供气设备服役于我国首艘航母16舰上；研发的某型气源类装备属国内领先水平，2015年获得总装备部“军队科技进步三等奖”；负责承建的海军高压容积气瓶定检中心，弥补军用空白。

李拴州，男，57岁，汉族，群众，初中文化程度，屯留县吾元镇岭村村医。16岁高位截肢，与拐杖为伴。经过自己努力钻研，取得行医资格，成为一名乡村医生，从业38年，无论刮风下雨，只要村民有事，随叫随到。曾获得“山西省道德模范”“全国道德模范提名奖”等荣誉。

高卫斌，男，50岁，汉族，中共党员，中专学历。武乡县墨镫乡新村党支部书记、村委会主任。投资4000余万元建设蔬菜大棚20座、发展核桃树500亩，改善村小学、卫生所、村级活动场所等基础设施；投资5000余万元组建武乡县运输有限公司，解决就业200余人，促进村民人均增收7000多元；每年为村民缴纳医疗保险、养老保险等18项惠民福利共300余万元。获“山西省百名优秀党支部书记”称号。

陈雪亮，男，47岁，汉族，中共党员，高中学历，长治县红都生态种植专业合作社理事长、长治县苏店镇东贾村党支部书记、村委主任。在他的领导下，东贾村成了远近闻名的绿色无公害蔬菜之乡和新农村建设示范村。他先后被评为“返乡创业带头人”“优秀共产党员”“劳动模范”等称号。

宋宏伟，男，45岁，汉族，中共党员，高中学历，长子县丹朱镇中部村党支部书记、村委会主任，长子县华丰农业科技开发有限公司董事长。积极推广规模化、现代化的农业生产销售模式，改变传统农业靠天吃饭的状况，成为科技兴农的带头人。多次被评为县优秀共产党员、先进个人，成为长治市“农村拔尖实用人才”、2014年度荣获“全国百强农产品经纪人”等称号。

秦晓中，男，52岁，汉族，中共党员，大学本科学历，长治市人民医院口腔科主任，主任医师，教授。在工作中，他常常带领大家深入基层，寻找需要帮助的孩子，免费为300余例唇腭裂贫困患者进行手术治疗，共减免费用150余万元。入选长治市“111”人才工程，是山西省优秀慈善工作者、市劳动模范，山西省卫生厅授予“省牙防专家”称号，获长治首届“好医生”称号。

秦小红，女，48岁，汉族，中共党员，大学本科学历，长治市科技情报研究所所长，正高职称（研究员）。先后主持、承担国家、省、市科研项目近20余项，其中国家级项目课题3项，省级科技计划项目5项。有13项科研成果获省、市科技奖励，其中省级科技三等奖1项，市科技进步奖一等奖5项、二等奖6项。出版专著2部，有20余篇专业论文在国家、省级专业刊物发表或学术会议交流。连续多年被评为山西省科技情报工作先进个人，先后获长治市“三八红旗手”“优秀科技工作者”“长治市创建国家可持续发展实验区先进个人”“长治市科普工作先进个人”“长治市行业巾帼标兵”等称号。

李纪堂，男，59岁，汉族，中共党员，大学本科学历，长治市土壤肥料工作站站长，高级农艺师。享受市政府特殊津贴。在农业科研、土壤肥料技术推广战线工作多年来，工作上认真负责、兢兢业业，大胆实践，主持和参与多项新技术、新项目的研究、试验、示范与推广工作，2015年全市推广测土配方施肥面积360万亩，项目区亩均增产粮食31.5公斤，亩均节肥1.5公斤，亩增收节支43.8元。获农业部丰收奖1项、获省级技术承包奖4项、荣立个人一等功一次、多次获得省级先进工作者称号。

李怀林，男，52岁，汉族，中共党员，研究生学历，首钢长钢公司副总经理，高级工程师。在抓好安全生产，推动实现安全生产形势持续向好方面做出突出贡献。2015年，首钢长钢全年经营生产运行稳顺，工亡、重伤、重大火灾事故为零。修订完善工艺技术规程、岗位技术操作规程、设备规程、安全操作规程1992个，组织三规一制培训考试18378人次，培训与考试合格人数占作业岗位人数比例100%，为安全生产打牢坚实基础。荣立省个人一等功一次。

李宏伟，男，39岁，汉族，中共党员，大学学历，长子县融汇村镇银行董事长。带领组建成立全市首家村镇银行，进入全国村镇银行100强。成立累计缴纳税款9998万余元，其中涉农贷款累计33.49亿元，做到扎根一方、服务地方、惠及三农。以人为本，关爱职工，热心公益事业，市优秀企业家，2015年获“山西省全心全意依靠职工办企业优秀企业家”称号。

赵文锁，男，52岁，汉族，中共党员，大学本科学历，国网山西省电力公司潞城市供电公司经理，工程师。在他的带领下，国网潞城市供电公司先后被评为“国家电网公司一流县级供电企业”“山西省十佳标准化县级城网”“山西省十佳电气化县”“国网山西省电力公司先进集体”等称号，连续三年被授予“支持地方经济建设先进单位”称号，2013年、2015年，他个人两次被评为潞城市“劳动模范”。

张伟，男，40岁，汉族，中共党员，大学本科学历，二级警督警衔，长治市公安局交警支队法制科教导员，市直七大队组建负责人。主办、审核一般程序交通违法、交通事故案件万余件，无一起错案和群众不满意引发的投诉案件，案件执法质量名列全省前列。全省事故大比武竞赛中取得现场勘查第二名、案卷制作二等奖和事故业务带头人的成绩。被山西省劳动竞赛委员会立一等功。

郭翠兰，女，46岁，汉族，群众，大专学历，建设银行长治分行客户经理。2015年，日均吸储200万元，在全年储蓄提取业务后，年终净储蓄5000万元。签约行政事业单位公务卡协议单位5个，办理交通龙卡170余张。2016年新增财政定存款1.8亿元，定期存款15.7亿元。

荣获“山西省五一劳动奖状”集体

长治市市政管理处　城市建设管理重点单位。负责管理长治市主城区市政设施资产总值27.26亿元，道路212条、总长255.2千米、机动车和非机动车道总面积550.3万平方米、人行道总面积124.7万平方米，排水总长357.8千米，桥梁56座。在市委市政府“大干城建年”中，工作任务重、成绩突出，保证道路拓宽、铁路立交桥、人行过街天桥等工程的保质按期完成。

长治市中级人民法院　2016年共受理各类案件30090件，审执结27161件，同比上升15.02%和7.56%。全院共有6个集体和6名个人分别受到省、市表彰。研究室、刑事审判一庭被最高法院表彰为“全国法院信息工作先进单位”和“全国法院先进集体”。全年大案要案审理、全省首批司法体制改革试点工作、提升案件质效十大措施、双“三一一”工程等工作成绩显著。在省高院组织的多项考核中名列法院系统前列。

潞安集团余吾煤业有限责任公司　潞安集团现生产矿中高瓦斯矿井，连续6年获全国安康杯竞赛优胜单位。

山西中技金谷新型建材有限公司　山西中技金谷新型建材有限公司是固体废弃物综合利用循环经济产业化的高科技型企业，承担国家科技支撑计划课题任务，利用山西粉煤灰、石英砂尾矿、脱硫石膏等工业固体废弃物研发、生产、集成预制装配式建筑体系及产业化建筑部品、部件。项目列入国家发改委建材行业低碳技术创新及产业化示范重点支持项目列入国家“十二五”科技支撑计划，列入住建部2013年重点科技项目计划。2015年实现销售收入4000万元，上缴税金300余万元，安置当地劳动力170余人。

山西佰和园食品有限公司　专业生产各种山西面食为主而且将山西面食由厨房制作转化为工业化生产的高新技术企业。公司自主研发的“阶梯式速冻保鲜新技术”获得市政府颁发的“科学技术进步奖”。公司自主研发和设计新款和面机、仿手工猫耳朵制作机、削面机等五款机器，为企业创新发展奠定良好基础。山西省指定“放心早餐工程”实施企业，公司在市区设置的20多个早餐车，受到社会各界的一致好评。研发出分段对流式速冻保鲜，无添加延期保鲜等技术填补国内空白。

荣获“山西省工人先锋号”集体

长治市城区市容监察队　担负着城区范围的市容监察任务，为全市文明城市创建、城市管理作出贡献。2012年获市工人先锋号。

天脊煤化工集团有限公司合成氨厂中央控制室　负责上世纪80年代引进的世界最大的合成氨装置，技术难度高、自动化程度高。2005年技术改造由年产30万吨合成氨提高到年产45万吨，产值由不足9亿元增至13.5亿元。多项技术获国家及省科技奖，环保装置经技术改造实现‘四为零、两达标”目标。该班组人员多次发现重大事故隐患，保证企业安全生产。

长治市微商电子商务有限公司长治环渤海电子商务与金融基地 郊区新兴互联网+企业，成立于2014年12月，占地面积达4800平方米，建筑面积达4100平方米，入驻基地企业16家，为入驻企业搭建高效、低成本的创业服务平台，达到“电商、金融、物流”三者的有机融合，通过吸纳、整合长治市以及外省市的各种创业资源，实现中介服务机构、投融资机构以及产业化基地等众多创业资源的共享，以“孵化加创投”的模式为入驻企业提供创业创新环境。

中国邮政集团公司山西沁县分公司营业所 2015年营业所完成金融总资产6978万元，完成总收入538.84万元，两项指标均超额完成目标任务。受到省市公司及信息业工会联合会的多次表彰。获得山西省邮政公司先进集体、全省邮政巾帼立功先进班组荣誉称号，山西省信息业工会工人先锋号。

山西汽运集团长治汽车运输有限公司太行山大峡谷分公司 提升职工队伍综合素质，司乘人员仪容、仪表规范，着装统一，驾驶员在工作中做到“五勤”，乘务员做到“五心”。分公司旅游大巴车队担负大峡谷5个景区接送游客的任务，克服旅游高峰期路面较窄弯路较多等困难，安全运送游客45万余人次，无一人滞留，创建“零投诉”“零上访”记录。

山西平顺农村商业银行股份有限公司营业部 2016年，该营业部完成各项存款余额49074.08万元，各项贷款余额175948.92万元，实现各项收入1779.28万元；其中利息收入1499.65万元；手续费收入4.84万元。多次被省联社、省联社长治办事处、平顺县农商银行评为“文明单位”“综合考评先进基层单位”“百家文明规范服务示范单位”，被平顺县委评为“政风行风建设先进基层站所”。

山西三元煤业股份有限公司机电队 承担全矿供电、通风、提升、运输、排水、供暖等生产任务。以“人本管理”为核心，制订“五严四化”工作法，即严格交接班、严格巡回检查、严格操作规程、严格岗位责任制、严格要害场所，管理制度化、行为规范化、作业标准化、环境优美化。取得十几项科技创新成果，均在实际工作中取得效果，促进企业安全生产。

交通银行股份有限公司长治分行 交通银行山西省分行在长治地区设立的二级分行。成立后以支持地方企业为核心，围绕出台相关政策、创新金融产品，在现代煤化工循环经济、生物制药、特色农产品加工等方面服务地方经济，截至2015年年底，累计投放资金139亿元，被市委、市政府评为“金融支持实体经济优秀单位”。

2016年度长治市入选“道德模范”名单

一. 助人为乐道德模范

王亮，男，城区人力资源和社会保障局干部

李社香，女，长治锻压厂退休职工

二. 见义勇为道德模范

冯成柱、崔爱景，夫妻，长治县韩店镇南王庄村农民

郭永芳，男，长治县荫城镇琚寨村农民

三. 诚实守信道德模范

常二林，男，沁源县景凤乡南湾村农民

四. 敬业奉献道德模范

宋雯霞，女，长治市人民医院产科主任

程玉珍，女，壶关县五龙山乡刘寨村党支部书记、村委会主任

五. 孝老爱亲道德模范

李红丽，女，郊区西白兔乡漳村农民

赵雪莲，女，沁县漳源镇庄立村农民

段建娥，女，沁源县景凤乡景凤村农民

秦立强，男，潞城市微子镇神头村农民

（责任编辑：尚竹英）

文件公告

长治市排污权有偿取得和交易办法

第一章 总则

第一条 为规范排污权有偿取得和交易工作，保障排污权交易依法有序进行，促进排污单位树立环境意识，主动减少污染物排放，加快推进产业结构调整，切实改善环境质量，根据国务院办公厅《关于进一步推进排污权有偿使用和交易试点工作的指导意见》（国办发〔2014〕38号）和山西省人民政府办公厅《关于印发山西省进一步推进排污权有偿使用和交易试点工作方案的通知》（晋政办发〔2015〕102号），结合我市排污权有偿取得和交易工作实际，制定本办法。

第二条 排污权是指排污单位经环境保护主管部门核定、允许其排放污染物的种类和数量。

本办法所称的排污权交易，是指在满足环境质量和主要污染物总量控制要求的前提下，交易主体通过交易平台对进入市场的排污权进行买卖的行为。

长治市实行排污权有偿取得和交易的污染物暂定为二氧化硫、氮氧化物、化学需氧量、氨氮、烟尘、工业粉尘。

第三条 受市环境保护主管部门委托，长治市排污权交易中心负责建设和管理排污权交易系统，履行排污权交易登记鉴证职能，开展排污权交易统计分析，受理全市范围内排污权回购、出让、受让、租赁等排污权交易业务。

长治市排污权交易中心设立排污权交易业务受理窗口，受理全市范围内排污权交易业务。

第四条 试点初期，我市按照省发改、财政、环境保护主管部门制定的排污权交易基准价（即排污权交易指导价）执行。排污权交易价格不低于排污权交易基准价。

排污权交易双方应按省发改、财政、环境保护主管部门规定的标准向长治市排污权交易中心缴纳交易手续费。

第二章 排污权的取得

第五条 现有排污单位排污权暂不实行有偿取得，条件成熟后逐步开展。新建、改建、扩建排污单位新增主要污染物排污权，原则上通过排污权交易有偿取得。

第六条 有偿取得排污权的排污单位，不免除其依法缴纳排污费等相关税费的义务。

第七条 排污单位排污许可证到期后，有管辖权的环境保护主管部门可根据有关法律法规标准、主要污染物总量控制要求对其无偿取得的排污权重新进行核定，通过有偿方式取得的排污权原则上不进行变更。

第八条 可交易排污权包括排污单位可出让排污权和政府储备排污权两部分。

排污单位可出让排污权指排污单位通过淘汰落后设施、清洁生产、污染治理、技术改造等措施，减少污染物排放后形成的富余排污权。排污单位可出让排污权不得超过其经环境保护主管部门核定的排污权。

政府储备排污权主要来源包括：

（一）预留初始排污权；

（二）通过市场交易回购排污单位的富余排污权；

（三）政府投入资金进行污染治理形成的富余排污权；

（四）排污单位破产、关停、被取缔、迁出本行政区域或不再排放实行总量控制的污染物等原因，收回的无偿取得的排污权。

（五）排污单位削减的五年规划期基准年排放量大于其拥有初始排污权的部分。

第三章 排污权交易一般规定

第九条 排污权交易主体为长治市行政区域内的排污权出让方、受让方和长治市排污权交易中心。

第十条 在遵守国家有关法律、法规和信贷规定的前提下，排污单位以自有的排污权为抵押物，可向金融机构申请贷款。

排污单位用于抵押的排污权不得超过其排污许可证载明的排污权。

排污权抵押具体政策执行省环境保护、财政部门会同金融机构制定的相关规定。

第十一条 经市环境保护主管部门同意，市排污权交易中心可依申请回购抵押金融机构的排污权和排污单位富余排污权。

第十二条 除以下限制条件外，排污权可跨区域交易。

（一）涉及水污染物的排污权交易仅限于在同一流域内进行。

（二）在环境质量现状中某项主要污染物超过环境功能要求的区域，不得作为受让方接受其他区域的该项污染物总量指标，只限在本区域交易；

（三）国家、省规定的其他限制条件。

本办法所指跨区域交易，是指在不同县（市、区）行政区域之间的交易。跨区域交易完成后，市排污权交易中心应函告当地环境保护主管部门。

第十三条 除下列限制条件外，排污权可跨行业交易。

（一）火电排污单位（包括其他行业自备电厂，不含热电联产机组供热部分）大气污染物排污权原则上不得与其他行业排污单位进行排污权交易；

（二）工业污染源不得与农业污染源和机动车污染源进行排污权交易；

（三）国家、省规定的其他限制条件。

第十四条 政府储备排污权出让，原则上以公开拍卖方式为主。

第十五条 排污单位排污权出让，可采取公开拍卖方式、协商议价交易方式以及有关法律法规规定的其他交易方式进行。

第十六条 排污权交易在全省统一交易平台中进行，禁止场外交易。

第十七条 排污单位出让排污权所得收益归排污单位所有。

环境保护主管部门或委托的排污权交易机构收取政府储备排污权出让收入时，应当向排污单位开具省级财政部门统一印制的票据。

第十八条 政府储备排污权出让收入纳入一般公共预算，统筹用于污染防治。

政府回购排污单位的排污权、排污权交易平台建设和运行维护等排污权有偿使用和交易相关工作经费，由市财政预算予以安排。

排污权交易手续费主要用于长治市排污权交易中心业务经费及运转支出。

第十九条 政府储备排污权出让收入属于政府非税收入，全额上缴省级国库，省市按照 2 ∶ 8 比例分成，市县按照 4 ∶ 6 比例分成，市县分成收入纳入本级财政预算管理。

第四章 交易程序

第二十条 排污单位可出让排污权的交易由本单位负责委托。

政府储备排污权由市环境保护主管部门负责出让委托。市排污权交易中心回购形成的政府储备排污权出让，受市环境保护主管部门委托，由市排污权交易中心负责出让。

第二十一条 各县（市、区）环境保护主管部门委托市排污权交易中心出让政府储备排污权，需提供书面委托函、政府储备排污权认定表，说明委托交易的政府储备排污权种类、数量、来源。

排污权抵押贷款金融机构申请市排污权交易中心回购排污权，需提供书面回购申请，并附排污权抵押贷款合同等证明资料。

第二十二条 排污单位委托市排污权交易中心出让排污权，需提交以下资料：

1.《主要污染物排污权出让委托书》；

2.《排污许可证》正本和副本原件及复印件（现有排污单位因暂时停产或建设项目不再建设等原因不具备领取排污许可证条件的排污单位，提供排污权核定文件、排污权交易鉴证书等排污权有效证件）；

3. 工商营业执照和组织机构代码证正本复印件（已换发“三证合一、一照一码”新式工商营业执照的排污单位，提供新式工商营业执照复印件）；

4. 出让方法定代表人身份证复印件；

5. 取缔、淘汰、关停项目的证明材料或项目减排的证明资料（环境保护主管部门现场检查记录或取缔、淘汰、关停设施照片或有资质环境监测机构出具的主要污染物排放监测报告等）。

以上资料加盖排污单位公章。排污单位对其所提交材料的真实性负责。

第二十三条 市排污权交易中心在收到排污单位出让委托资料之日起 3 个工作日内，完成委托资料的审核，经审核符合有关规定的，向出让方出具《主要污染物排污权出让委托受理通知书》；不符合有关规定的，书面说明理由并退回。

第二十四条 排污单位委托市排污权交易中心出让排污权时，可针对特定交易对象，通过协议出让方式进行，也可采取公开出让方式。

委托交易时，出让委托方有明确出让意向的，经市排污权交易中心审核后可直接办理交易手续，并发布交易信息。采取公开出让方式的，市排污权交易中心向出让方出具《主要污染物排污权出让委托受理通知书》之日起3个工作日内，在长治市环境保护局官方网站发布《主要污染物排污权出让公告》。公告期为10个工作日。

第二十五条 《主要污染物排污权出让公告》应包括以下内容：

1. 出让标的名称；

2. 出让标的数量；

3. 出让标的当前所在的区域位置；

4. 出让标的交易竞价起始价；

5. 受让方须具备的条件；

6. 受让方申请受理截止时间；

7. 其他需要公开的事项。

在排污权出让信息公告期内，排污权出让方可采取协议出让的方式，与符合本办法规定的排污权意向受让方达成排污权交易协议，经市排污权交易中心审核后符合交易条件的，办理排污权交易手续，并由市排污权交易中心变更出让公告信息。

公告期满后，市排污权交易中心可对公告出让排污权组织交易。

第二十六条 有购买意向的受让方，可到市排污权交易中心填写意向受让登记表，并提交以下资料：

1.《排污权受让申请书》；

2. 工商营业执照和组织机构代码证正本复印件（已换发“三证合一、一照一码”新式工商营业执照的排污单位，提供新式工商营业执照复印件）；

3. 受让方法定代表人身份证复印件。

第二十七条 市排污权交易中心在收到意向受让方申请资料后，在3个工作日内完成审核，对资料齐全的，出具《主要污染物排污权受让申请受理通知书》。意向受让方在约定时间内按照排污权交易基准价向市排污权交易中心缴纳购买所需排污权全部交易金额40%的交易保证金及全部交易手续费。

第二十八条 交易双方委托成立后，市排污权交易中心在长治市环境保护局官方网站发布交易方式公告。

第二十九条 在排污权交易过程中有下列情形之一的，应暂停交易：

（一）第三方对出让标的权属提出异议，且提供合法有效证明材料的；

（二）交易竞价中所有报价低于规定的交易基准价的；

（三）其他需要暂停交易的情形。

排污权交易暂停后，由市排污权交易中心对交易标的和价格重新审核认定，符合有关规定的，交易继续进行；不符合有关规定的，交易中止，退回受让方交易保证金和交易手续费。

第三十条 排污权交易意向达成后，排污权出让委托方和受让方在市排污权交易中心组织下签订主要污染物排污权交易合同。交易合同一式三份，分别由市排污权交易中心和交易双方留存。

第三十一条 交易价款结算：

（一）交易双方签订主要污染物排污权交易合同后，受让方此前缴纳的受让保证金可用于冲抵交易价款，其余款项在排污权交易合同签订后3个工作日内转入市排污权交易中心指定账户。

（二）交易价款统一以人民币结算。

第三十二条 缴纳政府储备排污权交易金额较大、一次性缴纳确有困难的排污单位，经企业申请，市环境保护主管部门同意，可分期缴纳政府储备排污权交易资金。缴纳期限不得超过五年，且在建设项目环境保护设施竣工验收前必须全部缴清。缴款比例为：

（一）政府储备排污权交易资金总额在300万元以下（含300万元）的，购买企业需一次性缴清；

（二）政府储备排污权交易资金总额在300万元～800万元（含800万元）的，首次缴款不得低于应缴款总额的50%；

（三）政府储备排污权交易资金总额在800万元以上的，首次缴款不得低于应缴款总额的40%。

第三十三条 受让保证金及交易手续费的处置：

（一）在《主要污染物排污权受让申请受理通知书》约定的有效服务期限内，意向受让方没有取得受让排污权的，其保证金和交易手续费在服务期结束之日起3个工作日内由市排污权交易中心全额退还。

（二）意向受让方在《主要污染物排污权受让申请受理通知书》约定的有效服务期限内，未取得申请受让排污权全部数额的，其交易价款少于受让保证金金额的，其受让保证金与交易价款差额部分在服务期结束之日起3个工作日内由市排污权交易中心退还。交易手续费按实际发生的交易业务量依标准收取，多余退还。

（三）受让申请得到受理，无故未参加市排污权交易中心组织的交易活动的，受让保证金由市排污权交易中心全额退还，但已按照排污权交易基准价和意向受让方全部受让申请排污权核算交易金额缴纳的交易手续费不予退还。

（四）排污权交易合同签订后，受让方不履行或不完全履行排污权交易合同的，已缴纳的排污权交易手续费不予退还。按照合同法的规定，由出让方向合同对方当事人追究相应的违约责任。

（五）市排污权交易中心退还受让保证金和交易手续费时，不计利息。

第三十四条 市排污权交易中心在交易双方完成交易合同签订和交易价款结算手续后，向排污权交易双方出具《主要污染物排污权交易鉴证书》，并在出让方排污许可证副本原件上备书盖章，注明排污单位已出让的排污权及出让时间。

出让排污权的有效证件不是排污许可证的，由市排污权交易中心将出让信息书面告知负责核发排污许可证的环境保护主管部门。

分期缴纳排污权交易金额的，市排污权交易中心向受让方出具《主要污染物排污权交易鉴证书》时，应同时备注分期缴纳要求。

市排污权交易中心在向交易双方出具《主要污染物排污权交易鉴证书》之日起 7 个工作日内，将交易价款（不含利息）转入出让方指定账户。

第三十五条　市排污权交易中心在向交易双方出具《主要污染物排污权交易鉴证书》之时排污权交易即为生效。

第三十六条　排污单位应在排污权交易生效之日起 15 个工作日内，向负责核发排污许可证的环境保护主管部门办理《排污许可证》变更登记手续。

第五章　排污权租赁

第三十七条　排污单位可将本单位拥有的部分或全部排污权通过市排污权交易中心按年度予以出租。排污权按年度出租，排污单位下年度排污权种类和数量不发生变化。

排污权出租不得跨年度。

承租的排污权不得转租。

第三十八条　排污单位委托市排污权交易中心出租排污权，需提交以下资料：

1.《主要污染物排污权出租委托书》；

2. 委托单位为现有排污单位的，提供《排污许可证》正本和副本的原件及复印件；委托单位为新建、改建、扩建项目建设单位的，提供《主要污染物排污权交易鉴证书》。

3. 工商营业执照和组织机构代码证正本复印件（已换发“三证合一、一照一码”新式工商营业执照的排污单位，提供新式工商营业执照复印件）；

4. 出让方法人代表身份证复印件。

以上资料加盖排污单位公章。排污单位对其所提交材料的真实性负责。

第三十九条　有承租意向的排污单位，可到市排污权交易中心填写承租意向受让登记表，并提交以下资料：

1.《排污权承租受让登记表》；

2.《排污许可证》正本和副本的原件和复印件；

3. 工商营业执照和组织机构代码证正本复印件（已换发“三证合一、一照一码”新式工商营业执照的排污单位，提供新式工商营业执照复印件）；

4. 受让方法人代表身份证复印件。

以上资料加盖排污单位公章。排污单位对其所提交材料的真实性负责。

第四十条　市排污权交易中心根据排污权交易相关规则，组织租赁双方进行交易。

第四十一条　租赁双方完成排污权租赁手续后，市排污权交易中心在双方排污权凭证上备书盖章，排污权租赁即为生效。

现有排污单位出租排污权后，当年实际主要污染物排放总量不得超过扣除出租排污权后的剩余排污权。

第六章　监督管理

第四十二条　市排污权交易中心应严格执行国家、省关于交易场所的有关管理规定及排污权交易业务规定，规范运行管理，加强风险防控。市环境保护、财政、发改主管部门按照职能加强对排污权交易和市排污权交易中心运作的监管，及时查处各种违法违规行为。各县（市、区）环境保护主管部门加强对排污单位排污行为的执法监管，完善在线监控系统，依法查处超标排放污染物的违法行为。

第四十三条　排污单位在排污权交易过程中不得有虚报、瞒报、谎报有关情况或者提供虚假材料等弄虚作假行为。

第四十四条　各级环境保护主管部门及市排污权交易中心工作人员玩忽职守、滥用职权、徇私舞弊的，应当依法追究相关责任。

第七章　附　则

第四十五条　本办法自公布之日起施行，原长治市人民政府《关于印发长治市主要污染物排污权交易实施办法（试行）的通知》（长政发〔2015〕61 号）同时废止。

长治市人民政府关于主城区禁煤的通告

为减少燃煤散烧所产生的有害气体对主城区空气质量影响，努力创造健康宜居的生活环境，依据《中华人民共和国大气污染防治法》、《山西省大气污染防治二十条强化措施》和《长治市建成区高污染燃料禁燃区建设规划》等法律法规和政策规定，市政府决定在主城区推广使用清洁焦范围内全面禁止使用燃煤。现将有关事项通告如下：

一、禁煤区域：东至东环路及老顶山镇、老顶山旅游开发区（含山门村、金口村和二龙山村），南至南环东西街，西至西二环路（含堠北庄镇蒋村），北至北环东西街以内的区域。

二、禁煤对象：禁煤区内所有党政机关、企事业单位和商业、服务业等 10 蒸吨及以下燃煤锅炉，所有居民的生产和生活用煤。

三、禁煤区内全面禁止经营、运输、使用燃煤，各类涉煤生产企业和经营单位必须停止生产和经营行为，将生产、经营场地迁移至禁煤区域以外。

四、按照“属地管理”原则，由城区、郊区政府，高新区管委会分别组织城管、工商、食药、卫生、公安和街道（乡镇）等部门，对辖区禁煤区域内违规运输、经营、使用燃煤行为进行查处。

五、因特殊情况需要用煤的单位，须经“三区”政府批准。

六、对违反本通告规定，擅自经营、运输、使用燃煤的，任何单位和个人有义务劝阻和举报。举报电话：12369。

本通告自下发之日起执行。

特此通告

长治市人民政府

2016年12月9日

长治市人民政府关于主城区禁止燃放烟花爆竹的通告

为减少燃放烟花爆竹对大气环境质量影响，预防火灾事故发生，有效保障公共安全和人民群众身心健康，依据《中华人民共和国大气污染防治法》、《中华人民共和国治安管理处罚法》、《烟花爆竹安全管理条例》等有关法律法规，市政府决定在主城区禁止燃放烟花爆竹，现将有关事项通告如下：

一、禁止燃放烟花爆竹区域：东至东环路及老顶山镇、老顶山旅游开发区，南至南环东西街，西至西二环路，北至北环东西街以内的区域。

二、禁止燃放烟花爆竹时间：自2016年9月15日起。

三、禁止燃放烟花爆竹区域内，任何单位和个人不得生产、经营、储存、燃放烟花爆竹。

四、安监部门负责组织查处禁放区域内烟花爆竹违规经营等行为；环保部门负责组织查处燃放烟花爆竹造成大气污染、噪声污染等行为；公安部门负责查处禁放区域内烟花爆竹违法运输、储存、违规燃放等行为，对违反本通告规定、阻碍执法人员依法执行公务的，由公安机关依法处置；情节严重构成犯罪的，依法追究刑事责任。

五、各级党政机关、企事业单位以及国家公职人员应模范遵守、带头执行本通告的相关规定。如有违反，按程序严格实施追责问责。

六、按照“属地管理”原则，城区、郊区人民政府，高新区管委会承担本辖区内禁止燃放烟花爆竹的主体责任。从通告发布之日起，要分别组织相关职能部门，细化工作方案，严明工作责任，采取有力措施，确保本辖区禁止燃放烟花爆竹工作落实到位。

七、各新闻媒体要广泛宣传、积极引导广大市民移风易俗，自觉遵守禁放规定，营造良好社会氛围，共同维护城市公共环境。

八、若有全市性的重大活动确需燃放烟花爆竹的，由主办单位向公安部门申请，经审核后报市政府批准。

九、对擅自燃放烟花爆竹的，任何单位和个人都有义务劝阻和举报，举报电话：110。

特此通告

长治市人民政府

2016年8月29日

长治市人民政府关于全面整治烧烤摊点的通告

为进一步改善大气质量，保障食品卫生安全和市民身体健康，有效控制露天烧烤污染，依据《中华人民共和国食品安全法》、《中华人民共和国大气污染防治法》、《中华人民共和国治安管理处罚法》、国务院《无照经营查处取缔办法》等法律法规，市人民政府决定对主城区烧烤摊点进行全面整治。现将有关事项通告如下：

一、严禁任何单位和个人在专项整治区域内从事露天烧烤或以“啤酒节”、“消夏晚会”等名义摆设露天烧烤摊点。专项整治区域：东至东环路及老顶山镇、老顶山旅游开发区，南至南环东西街，西至西二环路，北至北环东西街以内的区域。

二、经营烧烤的单位和个人必须依法办理工商登记、餐饮服务许可等证照，合法经营。

三、按照“烧烤进室，炉子进店，油烟进管”的“三进”原则，经营单位必须使用无烟烧烤炉具，安装油烟净化装置，确保油烟排放达标。经营面积、从业人员、卫生条件、食品原料等应符合相关规定，确保安全卫生。

四、经营单位要严格按照经营范围和营业时间规范经营，不得乱泼乱倒、乱搭乱建、不得占道经营、损坏绿化，保持周边环境卫生整洁。

五、按照“属地管理”原则，由城区、郊区政府，高新区管委会分别组织城管、工商、食药、卫生、公安和街道（乡镇）等部门，于2016年5月底前依法全面取缔本辖区内露天烧烤摊点、无证经营和证照不全的烧烤经营单位。

六、城区、郊区政府，高新区管委会要在2016年6月底前按照统一整治标准，督促本辖区内合法经营的烧烤经营单位严格整改并通过核查验收。逾期整改不到位的要责令停业。

七、在全面整治烧烤摊点行动中，对妨碍、阻挠行政机关执法人员依法履行公务的，由公安机关依法处置；情节严重构成犯罪的，依法追究刑事责任。

八、新闻媒体要加大露天烧烤对影响市容环境和危害市民身心健康的宣传力度，通过正确的舆论引导，不断提升全民素质，共同营造良好的城市环境。

九、市人民政府将对烧烤摊点整治情况进行督查，对行动迟缓、整治不力的部门和单位实施责任追究。

本通告自发布之日起施行。

长治市人民政府

2016年5月25日

统计资料

【2016 年长治市行政区划表】

单位：个

	街道、办事处、乡、镇					居委会、村委会			
	合计	街道办事处	镇	乡	类似乡级单位	合计	居委会	村委会	类似居委会
总　计	155	14	68	64	9	3591	140	3446	5
城　区	10	10				83	55	28	
郊　区	8	2	5	1		142	20	122	
长治县	13		6	5	2	259	4	254	1
襄垣县	13		8	3	2	331	8	323	
屯留县	14		7	4	3	296	1	294	1
平顺县	12		5	7		265	3	262	
黎城县	9		5	4		255	13	242	
壶关县	13		5	7	1	393	3	390	
长子县	12		7	5		401		399	2
武乡县	14		5	9		381	4	377	
沁　县	13		6	7		312	6	306	
沁源县	14		5	9		260	6	254	
潞城市	9	2	4	3		204	13	191	
高新技术产业开发区	1				1	9	4	4	1

【2016 年长治市土地总面积统计表】

	总计（平方千米）	平川（%）	丘陵（%）	山地（%）
总　计	13955.2	15.9	33.4	50.7
城　区	53.4	100		
郊　区	290.8	68.5	11.8	19.7
长治县	482.3	48.9	25.5	25.6
襄垣县	1177.9	10.5	57.6	31.9
屯留县	1190.4	37.8	26	36.2
平顺县	1510.3			100
黎城县	1113.3	11.1	30.9	58
壶关县	1007.7	8.9	18.1	73
长子县	1031.2	36.8	17	46.2
武乡县	1614.5	12	65.6	22.4
沁　县	1319.9	15	65.5	19.5
沁源县	2548.8		27	73
潞城市	614.4	35.2	37.5	27.3

【2016 年长治市自然资源统计表】

	年末耕地总资源(万亩)	矿产资源		
		煤炭		铁矿储量（万吨）
		勘探面积（平方千米）	保有储量（亿吨）	
全市	537.74	3396.49	133.93	5901.97
城区	0.8			
郊区	17.03	178.2	14.03	
长治县	38.7	387.21	26.60	
襄垣县	63.42	446	14.10	109.2
屯留县	72.48	341.5	25.80	
平顺县	21.48			601.99
黎城县	28.62	60.04		4936.41
壶关县	41.06	40.2	1.62	236
长子县	68.59	897	25.15	
武乡县	59.95	188.4	7.36	18.37
沁　县	56.85	86.94		
沁源县	33.79	712	18.77	
潞城市	34.98	59	0.53	

【2016 年长治市气候条件统计表】

	年降水量（毫米）	年日照时数（小时）	年平均气温（℃）	无霜期（天）
全市	670.5	2177.9	10.4	220
长治县	730.1	2302.8	11	227
襄垣县	520.4	2165.9	10.8	215
屯留县	645	2364.2	10.1	217
平顺县	690.9	2490.4	10.3	227
黎城县	802.9	2012	10.1	216
壶关县	680.9	2281.2	9.6	217
长子县	638.7	2179.4	10.2	216
武乡县	649	2474.8	10	217
沁　县	764.7	1956	10.4	224
沁源县	667.1	2002	11.5	217
潞城市	586.2	1725.1	10.8	227

【2016 年长治市农林牧渔业总产值】

单位：万元

	2015 年	2016 年	比上年增长 %
按现行价格计算	1062050.8	1124347.4	3.97
农业	651053.6	688013.2	2.24
林业	43522.4	46481.3	5.19
牧业	3204505	339880.8	7.03
渔业	4964	5550	8.82

【2016 年长治市工业企业主要经济指标统计表】

单位：万元

	企业单位数（个）	亏损企业（个）	工业总产值（当年价格）	工业销售产值（当年价格）	主营业务收入	主营业务税金及附加
总 计	316	110	15437907	14458387	12779582	343907
一、按登记注册类型分组：独资企业	17	6	1065727	1059288	992955	4899
国有企业	7	4	604277	598076	556132	3901
中央企业	2	0	18708	18485	18435	5
集体企业	2	0	154084	154321	130045	413
私营独资企业	7	2	294754	294361	294246	511
合作、合伙企业	1	0	324157	318422	317471	27108
股份有限公司	22	5	1672050	1539349	1059129	40842
有限责任公司	276	99	12375973	11541328	10350027	271058
二、在总计中：农村工业	6	2	298742	285833	268775	1988
在总计中：轻工业	40	9	1125592	1054289	1030953	4686
重工业	276	101	14312315	13404098	11688629	339221
在总计中：大型企业	40	11	8372457	7679396	6628700	267387
中型企业	87	36	3438060	3239482	3094179	62678
小型企业	189	63	3627390	3539509	2996703	13841
在总计中：内资企业	307	105	14741029	13801222	12027586	315475
港、澳、台商投资企业	5	2	72089	71681	71682	348
外商投资企业	4	3	624789	585484	620314	28084
国有控股企业	89	31	7178401	6530053	6079840	264130

续表

	利润总额	亏损企业亏损金额	利税金额	本年应交增值税	全部从业人员年平均人数（人）
总 计	755635	324259	1773232	659321	214477
一、按登记注册类型分组：独资企业	-40454	58107	-10976	23891	11040
国有企业	-53735	57398	-26008	23139	10491
中央企业	876		884	3	547
集体企业	467		1350	470	122
私营独资企业	10476	709	11206	219	397
合作、合伙企业	54252		115997	34637	3731
股份有限公司	183315	12442	325219	101062	19867
有限责任公司	558522	253710	1342992	499731	179839
二、在总计中：农村工业	12717	673	22507	7802	1900
在总计中：轻工业	81199	6495	130255	44369	13744
重工业	674436	317764	1642977	614952	200733
在总计中：大型企业	627697	141674	1404324	495659	138059
中型企业	5631	147941	201398	132408	56524
小型企业	122307	34645	167510	31255	19894
在总计中：内资企业	717403	303159	1662256	615252	205804
港、澳、台商投资企业	1759	3321	2429	323	1013
外商投资企业	36473	17779	108546	43747	7660
国有控股企业	457843	184422	1192750	456684	132844

【2016 年长治市邮政电讯事业统计表】

	单位	合计	邮政	快递	电信	移动	联通	铁通
邮电业务总量	万元	449210.38	29278.51		41304.3	359920	16883.57	1824
邮电业务收入	万元	228605.24	29516.74		18293	111211	67867	1718
订销报纸总计	万份	4076.04	4076.04					
订销杂志总计	万份	163.13	163.13					
函件	万件	167.41	167.41					
包件	万件	1.8	1.8					
快递包裹	万件	603.91		603.91				
电话机部数	万部	24.87			0.83			1.04
市话	万部	20.63			0.59			1.04
农话	万部	4.24			0.24			
移动电话用户	户	3064358			22.37	193.26	90.81	
互联网用户	户	550806			12.05	15.51	27.52	
基站数	个	10952			900	7616	2436	

【2016 年长治市财政收支统计表】

	2015 年	2016 年	比上年增长 %
总收入	2030132	1956938	-3.6
公共财政预算收入	964350	985278	2.17
增值税	130084	246310	89.34
营业税	133233	71688	-46.19
资源税	81111	87305	7.64
企业所得税	90811	59013	-35.0
城市维护建设税	38824	39510	1.77
公共财政预算支出	2415636	2343437	-2.99
教育	457758	452597	-1.13
社会保障和就业	376469	359335	-4.55
农林水事务	321722	326489	1.48
城乡社区事务	151829	160625	5.79
公共安全	123174	134527	9.22
环境保护	61934	58307	-5.86
医疗卫生	276208	272895	-1.20
文化体育与传媒	60155	61653	2.49

【2016 年长治市各级各类学校情况统计表】

	合计	高等学校	中等专业学校	普通中学	小学
学校数	1739	7	47	209	643
在校学生数	564243	46883	34005	174684	207548
平均每万人拥有在校生	1642	136	99	508	604
招生数	161748	12360	12040	59953	36392
毕业生数	171280	14557	12135	68249	37159
教职工数	46625	3002	3318	18884	14523
专任教师	40891	2030	2536	16764	15107
每个教师负担学生数	14	23	13	10	14

【2016 年长治市固定资产投资统计表】

单位：万元

	2015 年	2016 年	比上年增长 %
一、固定资产投资完成额	14415118	15144247	5.1
5000 万元以上项目投资	11126553	7810840	-29.8
1. 按登记注册类型分：国有	4237723	4162962	-1.8
非国有	10177395	10981285	7.9
2. 按构成分：建筑安装工程	10608348	11526579	8.7
设备工器具购置	2525858	2503327	-0.9
其他费用	1280912	1114341	-13
3. 按产业分：第一产业	2100613	2530306	21.9
第二产业	5943896	5983094	1.1
第三产业	6370609	6630847	3.2
二、施工项目（个）	1900	2369	24.7
新开工项目	1539	2096	36.2
竣工项目	1646	1997	21.3

【2016 年长治市商品零售价格指数统计表】

上年 =100

	指数		指数
商品零售价格总指数	100.3	六、文化办公用品	98.5
一、食品类	102.5	七、日用品	100.7
粮食	98.9	八、体育娱乐用品	101.0
食用油	96.4	九、交通通信用品	97.0
畜肉类	111.7	十、家具	101.0
蛋	94.1	十一、化妆品	101.3
菜	111.5	十二、金银珠宝	105.3
二、饮料及烟酒	101.8	十三、中西药品及医疗保健用品	105.8
三、服装鞋帽	98.8	十四、书报杂志及电子出版物	101.3
四、纺织品	100.0	十五、燃料	98.5
五、家用电器及音像器材	99.7	十六、建筑材料及五金电料	99.2

【2016 年长治市常住居民收入情况统计表】

单位：元

	城镇常住居民收入情况		农村常住居民收入情况	
	2016 年	比上年增长 %	2016 年	比上年增长 %
居民人均可支配收入	28094	6.4	11863	6.9
工资性收入	16455	6.7	5180	6.1
经营性净收入	3422	7.1	4464	5.9
财产性净收入	424	15.8	187	12.7
转移性净收入	7793	5.0	2032	11.0

【2016年山西省各市主要指标完成情况对比统计表】

市名	常住人口（万人）			地区生产总值（亿元）	第一产业增加值（亿元）	第二产业增加值（亿元）	第三产业增加值（亿元）	地区生产总值同比增长%
	合计	城镇	乡村					
全　省	3681.64	2069.63	1612.01	12928.3	784.6	4926.4	7217.4	4.5
太原市	434.44	367.32	67.02	2955.6	38.2	1068.0	1849.3	7.5
大同市	342.19	212.18	130.01	1025.3	59.4	374.6	591.3	1.0
阳泉市	140.36	93.59	46.77	622.9	10.2	299.2	313.5	3.4
长治市	343.54	177.03	166.51	1269.2	60.1	646.9	562.2	4.6
晋城市	232.09	135.41	96.68	1049.3	49.9	554.9	444.6	3.9
朔州市	176.81	95.84	80.97	918.1	56.3	395.2	466.6	4.2
晋中市	334.87	177.24	157.63	1091.1	108.7	468.2	514.2	5.1
运城市	530.52	252.78	277.74	1222.4	201.6	443.9	576.9	4.0
忻州市	315.53	151.14	164.39	716.1	63.3	315.9	336.9	4.7
临汾市	445.80	223.04	222.76	1205.2	96.0	561.1	548.1	3.4
吕梁市	385.49	184.06	201.43	995.3	53.7	555.4	386.3	4.1

续表

市名	固定资产投资（亿元）		居民消费价格指数（上年=100）	商品零售价格指数（上年=100）	人均可支配收入（元）		农林牧渔业增加值（亿元）	猪牛羊禽肉总产量（万吨）
	合计	其中：房地产开发投资			城镇居民	农村居民		
全　省	13859.35	1597.35	101.1	100.5	27352	10082	827.1	83.3
太原市	2027.71	681.90	101.2	100.8	29632	14591	40.1	5.6
大同市	1212.82	167.73	101.1	100.4	26273	8217	61.0	14.3
阳泉市	617.14	63.98	100.7	100.2	27801	12172	10.5	2.0
长治市	1514.42	67.80	100.9	100.3	28094	11863	62.4	11.1
晋城市	1150.37	80.36	100.7	100.0	28223	11635	50.8	16.5
朔州市	637.68	28.07	100.8	101.0	28989	11478	58.0	9.0
晋中市	1375.84	179.04	101.2	101.3	29149	11525	110.5	21.1
运城市	1483.72	116.31	101.5	100.9	25636	9365	216.1	17.6
忻州市	1167.66	44.10	100.9	99.4	24987	7025	65.3	12.1
临汾市	1394.25	97.53	100.5	100.0	27085	10005	97.8	13.9
吕梁市	1118.46	70.53	100.6	101.0	24180	7644	54.6	16.8

续表

市名	粮食播种面积（千公顷）	粮食产量（万吨）	工业总产值（亿元）	工业增加值增速（%）	发电量（亿千瓦小时）	粗钢产量（万吨）	水泥产量（万吨）	社会消费品零售总额（万元）	进出口总额（万美元）
全　省	3241.4	1318.5	13251.4	1.1	2498.7	3936.1	3595.4	64805384	10989659
太原市	73.4	31.3	2197.4	7.0	279.2	1106.2	492.7	16662362	8793832
大同市	277.1	112.7	783.1	–14.5	361.0	15.3	501.7	6090130	236305
阳泉市	54.1	25.9	536.7	2.1	98.4		251.9	3062665	85892
长治市	242.9	161.7	1538.2	2.5	271.6	523.1	385.9	5666196	51211
晋城市	169.0	90.1	833.9	2.5	226.3	357.8	193.3	3861943	395071
朔州市	265.2	127.0	751.5	2.7	267.5		218.1	2910719	52736

续表

市名	粮食播种面积(千公顷)	粮食产量(万吨)	工业总产值(亿元)	工业增加值增速(%)	发电量(亿千瓦小时)	粗钢产量(万吨)	水泥产量(万吨)	社会消费品零售总额(万元)	进出口总额(万美元)
晋中市	256.8	184.4	1167.4	5.0	200.2	165.8	220.9	5692111	138825
运城市	622.1	321.5	1291.1	2.1	160.7	500.0	484.3	7047230	800872
忻州市	423.5	176.7	703.3	2.6	283.6	52.8	150.7	3380208	120434
临汾市	521.5	267.9	1299.6	–0.4	195.0	931.9	281.7	6094418	129356
吕梁市	351.4	111.6	1381.7	2.6	155.2	283.3	414.2	4337402	190524

续表

市名	外商直接投资额(万美元)	接待入境过夜游客人数(人次)	国内旅游人数(万人次)	旅游外汇收入(万美元)	公共财政收入(亿元)	公共财政支出(亿元)	居民储蓄存款余额(亿元)
全省(省级)	233242	629836	44329.7	31738.5	1557.0(502.4)	3428.9(719.0)	16309.0
太原市	46214	153644	5666.2	8445.8	282.7	424.1	3720.9
大同市	20110	69658	4041.5	4022.1	88.9	285.9	1719.4
阳泉市	31546	4823	2733.3	107.0	41.3	95.7	775.2
长治市	47502	25170	3751.0	1560.8	98.5	234.3	1360.2
晋城市	18000	12819	3885.3	714.0	89.3	172.8	986.2
朔州市	9833	6405	1717.0	219.0	49.1	127.7	871.7
晋中市	37870	227075	6335.1	12125.5	100.8	247.2	1503.6
运城市	2229	31832	5321.6	914.1	59.1	287.8	1366.5
忻州市	3321	54697	3410.9	1827.9	69.2	247.6	1309.7
临汾市	16616	38196	4024.1	1588.3	86.0	311.0	1424.5
吕梁市		5517	3443.8	214.0	89.6	275.9	1271.1

续表

市名	公路通车里程(千米)	公路客运量(万人)	公路货运量(万吨)	卫生机构数(个)	医生数(人)	床位数(张)
全 省	142066	18702	102200	13178	91748	189784
太原市	7401	876	15043	2759	20835	37897
大同市	12574	1381	10315	1402	9389	19445
阳泉市	5656	1104	3709	596	3843	7280
长治市	11643	3295	8713	872	7840	16888
晋城市	9135	1416	5990	852	5532	11257
朔州市	10216	1210	3244	475	2827	7684
晋中市	15988	2065	11021	969	6813	15501
运城市	16088	2921	13432	1787	10937	29002
忻州市	17443	1579	7906	1015	5877	12813
临汾市	18541	1463	14669	1281	10587	19815
吕梁市	17382	1391	8159	1170	7268	12202

注：1.各市固定资产投资不含跨省、市项目投资；2.工业指标为规模以上口径；3.居民储蓄存款余额为本外币口径；4.医生数包含执业医师数和执业助理医生数。

（以上统计数据来自于长治市统计局印制的《2017长治统计提要》）

常用缩略语解释

1.“四个全面”战略布局：是指党中央提出的重大战略布局，即全面建成小康社会、全面深化改革、全面依法治国、全面从严治党。

2.一个指引、两手硬：是省委提出治晋理政的重大思路和要求。“一个指引”就是以习近平总书记系列重要讲话为指引。“两手硬”，一是按照全面从严治党的要求，持续推进党风廉政建设和反腐败斗争，着力构建良好政治生态；二是自觉践行新发展理念，多策破解经济下行压力，着力推动经济稳步向好。

3.三去一降一补：是指去产能、去库存、去杠杆、降成本、补短板。

4.千人计划：是指海外高层次人才引进计划。主要是围绕国家发展战略目标，从2008年开始，在国家重点创新项目、学科、实验室以及中央企业和国有商业金融机构、以高新技术产业开发区为主的各类园区等，引进2000名左右人才并有重点地支持一批能够突破关键技术、发展高新产业、带动新兴学科的战略科学家和领军人才来华创新创业。

5.万人计划：是指国家高层次人才特殊支持计划，是面向国内高层次人才的支持计划。总体目标是，从2012年起，用10年左右时间，有计划、有重点地遴选支持10000名左右自然科学、工程技术、哲学社会科学和高等教育领域的杰出人才、领军人才和青年拔尖人才，形成与引进海外高层次人才计划相互补充、相互衔接的国内高层次创新创业人才队伍开发体系。

6.PPP模式：是Public-Private-Partnership的字母缩写，指政府与私人组织之间，为了合作建设城市基础设施项目，或是为了提供某种公共物品和服务，以特许权协议为基础，彼此之间形成一种合作关系，并通过签署合同来明确双方的权利和义务，以确保合作顺利完成，最终使合作各方达到比预期单独行动更为有利的结果。

7.海绵城市：是指城市能够像海绵一样，在适应环境变化和应对雨水带来的自然灾害等方面具有良好的“弹性”，下雨时吸水、蓄水、渗水、净水，需要时将蓄存的水“释放”并加以利用。

8.全域旅游：是指在一定区域内，以旅游业为主导产业，实现区域资源有机整合、产业深度融合和社会共同参与，通过旅游业带动经济社会协调发展的理念和模式。

9.“放管服效”：是简政放权、放管结合、优化服务、提高效能的简称。

10.小巨人企业：是指业绩良好，极具发展潜力和培育价值处于成长初期的小企业。

11.小升规企业：是指规模以下小微企业（即年主营业务收入2000万元以下的企业）转型升级为规模以上企业。

12.“一带一路”：是指“丝绸之路经济带”和“21世纪海上丝绸之路”的简称。

13.城乡人居环境改善“四大工程”：包括城市人居环境改善“四大工程”和农村人居环境改善“四大工程”两个方面。城市人居环境改善“四大工程”是指全面实施设施提升、城市安居、城中村改造和环境提质“四大工程”。农村人居环境改善“四大工程”是指全面实施完善提质、农民安居、环境整治、宜居示范“四大工程”。

14.“4+2”主要污染物：是指在环境保护工作中，国家考核的二氧化硫、化学需氧量、氨氮、氮氧化物四项指标和省里考核的烟尘、粉尘两项指标。

15.“两议一报”制度：是指从2014年7月起在全市实行的安全生产制度，主要包括两个方面的内容：一是安全工作每月“两议制”，各县市区和各有关单位每月要至少召开两次专题会议研究安全生产工作。二是安全工作每月“报告制”，各县市区和各有关单位要每月向市政府安委办报告上月安全生产工作情况。

16.“两学一做”学习教育：是指党中央在全体党员中开展“学党章党规、学系列讲话，做合格党员”学习教育。

17.紧扣“两个规划”，突出“一个中心”，坚持“两个抓手”，强化“三大支撑”：是指在市委十一届二次全会暨经济工作会议上提出的工作思路和部署。“两个规划”就是中原经济区规划和中原城市群规划。“一个中心”就是着力打造省委“六大工程”的长治版。“两个抓手”就是一手抓新兴产业培育，一手抓传统产业升级改造。“三大支撑”就是改革支撑、创新支撑、开放支撑。

18.“双改”：是指供给侧结构性改革和转型综改。

19.“八大工程二十个专项行动”：是指省委、省政府《关于坚决打赢全省脱贫攻坚战的实施意见》提出的全力推进特色产业扶贫、易地扶贫搬迁、培训就业扶贫、生态补偿脱贫、社会保障兜底、基础设施改善、公共服务提升、社会力量帮扶等八大工程二十项行动。

20.“六大工程”：省第十一次党代会提出要着力实施产业转型“六大工程”，具体为战略性新兴产业培育工程、能源产业创新工程、传统优势产业提质工程、现代服务业发展工程、特色现代农业增效工程、“双创”孵化新产业新业态工程。

21.“双创”：是指大众创业、万众创新。

22.“三品一标”：即无公害农产品、绿色食品、有机农产品和农产品地理标志。

23.“五规合一”：即国民经济和社会发展规划、城镇规划、土地利用规划、产业发展规划、生态环境保护规划合并为一个规划。

24. 开发区“三化三制三改”：是指省委、省政府提出的关于开发区改革创新发展的思路和要求。“三化”就是专业化、市场化、国际化。“三制”就是领导班子任期制、全员岗位聘任制和绩效工资制。“三改”就是改变散小乱的现象，改变招商引资模式，改变经济发展环境。

25. “铁、公、机”：是指铁路、公路、机场（航空）等基础设施的简称。

26. “岸、港、网”：岸，包括航空口岸、铁路口岸、公路口岸等内陆口岸。港，包括海港、无水港、物流港、数字港等各类港。网，包括互联网、移动互联网、物联网等网络基础设施。

27.“五道五治”：是指在全市范围的国道、省道、县道、乡道、村道沿线开展的治违、治乱、治污、治路、治理五项整治行动。

28. “2+26”城市群：“2”是指北京市，天津市。“26”是指包括石家庄、唐山、济南、淄博、郑州、新乡、太原、长治等城市在内的周边26座城市。

29. “河长制”：中共中央办公厅、国务院办公厅《关于全面推行河长制的意见》明确提出，由省、市、县、乡各级党委或政府主要同志担任“河长”，负责辖区内河流的水污染治理、水资源保护、河湖水域岸线管理保护、水生态修复、河湖执法监管等工作。

30. “两癌”：即宫颈癌、乳腺癌。

31. “三支一扶”：是指大学生在毕业后到农村基层从事支农、支教、支医和扶贫工作。

32. “1331”工程：是省里提出的推动我省高校振兴崛起的重要举措。“1”就是始终围绕立德树人、办好中国特色社会主义大学这一根本任务；“3”就是突出抓好高校重点学科、重点实验室、重点创新团队三项建设；“3”就是全面加强高校协同创新中心、工程技术研究中心、产业技术创新联盟（研究院）三大创新载体建设；“1”就是推动高校产出一批对国家和我省经济社会发展具有重大贡献的标志性成果。

33. “两票制”：是指药品从生产企业卖到流通企业开一次发票，流通企业到医疗机构开一次发票，旨在净化药品流通环节、降低药品虚高价格、强化医药市场监督。

34. “三条底线”：省里提出的不发生重大安全事故、不发生重大群体性事件、不发生重大金融风险三条底线。

35. “双随机、一公开”：即在监管过程中随机抽取检查对象，随机选派执法检查人员，抽查情况及查处结果及时向社会公开。

36. “13710”：“1”就是对省政府部署的重点任务、重点工作当天要研究部署；“3”就是3天内要向省政府反馈办理情况；“7”就是一般性问题原则上7天内要落实解决；“1”就是重大问题包括一些复杂问题要在1个月内落实解决，确实解决不了的，要拿出解决的时间节点和方案；“0”就是所有事项都要跟踪到底、销号清零，事事有着落，件件有结果。

37. “1+8+8”机制：是长治市检察院出台的落实司法责任制的配套制度体系，“1”是指《关于落实司法责任制的实施办法》；第1个“8”是指8项配套机制，即：检委会议事和工作细则、检察官办案权力清单、司法责任追究办法、案件分配管理办法、案件流程监控实施细则、案件质量评查工作办法、检察官业绩考评工作办法、检察官执法档案管理办法；第2个“8”为侦监、公诉、刑事执行检察、民行检察、控申检察、职务犯罪预防、案件管理等8类业务的《实施细则》。

38. 检调对接：是指检察院在办理轻微刑事案件、民事申诉案件及涉检信访案件过程中，依托人民调解组织等各类矛盾纠纷调处工作平台，衔接配合，共同促使当事人就案件中的民事责任和解息诉的工作机制。

39. 巡回检察：下沉检力、延伸检察触角的一项措施，主要围绕“三项职能、三种形式、十项任务”开展工作：履行“监督、服务、宣传”三项职能，通过“定期巡回、带案巡回、跟踪巡回”三种形式，落实受理举报、控告申诉、监督基层执法部门和农村“两委”、监督社区矫正工作等十项任务，努力提高巡回检察针对性和实效性。

40. 行贿犯罪记录查询：为预防贿赂犯罪，在政府项目招投标、政府采购等方面，提供有无行贿犯罪记录的查询，促进社会诚信系统建设。

41. 立案监督：是指检察院依法对侦查机关和检察院侦查部门的刑事立案活动是否合法进行的专门法律监督，包括对应当立案而不立案的监督和对不应当立案而立案的监督。

42. “免疫工程”：在全市范围内组织开展的职务犯罪社会化预防工作，旨在通过构建教育、监督、惩治、预防为一体的“免疫”系统，增强党员干部、国家工作人员的“免疫力”，从源头减少和预防职务犯罪的发生。

43. “十项机制”：预防职务犯罪工作组织联络、协作配合、信息交流、同步预防、风险预警、考核评价、职务犯罪案件通报、检察建议跟踪落实、定期警示教育十项机制。

44. “六进”：预防职务犯罪工作进机关、进企业、进社区、进乡村、进行业、进学校。

45. “两大信息平台”：建立巡回检察信息平台和涉农工程预防信息平台，实现与市县两级农业、水利、扶贫开发、基层乡镇等涉农部门和财政、审计、发改等相关部门的数据对接，实时对基层行政执法、涉农项目和资金进行同步动态监督。

46. 刑事申诉：是指对检察院诉讼终结的刑事处理决

定以及对人民法院已经发生法律效力的刑事判决、裁定不服的申诉。

47. 四类特赦罪犯：①参加过抗日战争、解放战争的；②中华人民共和国成立后，参加过保卫国家主权、安全和领域完整对外作战的；③年满75周岁、身体严重残疾且生活不能自理的；④犯罪的时候不满18周岁，被判处3年以下有期徒刑或剩余刑期在1年以下的。

48. “2+9”检务公开机制：是指在“阳光检察”工程中，以院名义出台的两个综合《指导意见》，以及9个业务部门分别出台的具体《实施办法》，形成的一套内容覆盖比较完整的“阳光司法”制度体系。

49. 一站式阳光检务大厅：“阳光检察”便民措施，整合案管、控申、预防、民行等部门资源，完善约谈室、心理疏导室、公开听证室、信息查询中心等功能区，实现线索举报、控告申诉、法律咨询、律师接待、行贿档案查询等一站式受理，一条龙服务。

50.11 种情形：人民检察院办理直接受理立案侦查案件工作中的有关情形：①应当立案而不立案或者不应当立案而立案的；②超期羁押或者延长羁押期限决定违法的；③采取指定居所监视居住强制措施违法的；④违法搜查、查封、扣押、冻结或者违法处理查封、扣押、冻结财物的；⑤阻碍当事人及其辩护人、诉讼代理人依法行使诉讼权利的；⑥应当退还取保候审保证金而不退还的；⑦应当给予刑事赔偿而不依法予以赔偿的；⑧检察人员在办案中有徇私舞弊、贪赃枉法、刑讯逼供、暴力取证等违法违纪情况的；⑨拟撤销案件的；⑩拟不起诉的；⑪犯罪嫌疑人不服逮捕决定的。

51. “五零”目标：在“平安检察院”创建活动中提出的“零违纪、零违法、零错案、零事故、零涉检进京访”工作目标。

52. “一学一练，一人一优”：“一学”，就是加强检察理论学习，以处为单位每名干警轮流授课，提高法学素养；“一练”，就是加强业务技能锻炼，通过案件观摩、疑难案例论辩等提升实战能力；通过“一学一练”达到每名干警至少擅长一项办案主攻领域或打造一项优势专业特长。

53. “三争创”活动：即争创学习创新型检察院、争创学习创新型处室、争做学习创新型干警活动。

54. 一报告两评议：地方党委常委会每年都要向全委会专题报告年度干部选拔任用工作情况，并在规定范围内接受对本级党委干部选拔任用工作和新选拔任用领导干部的民主评议。

55. 五个一管理办法：一人一本工作日志、一周一次工作记录、一月一次党日活动、一季一次例会总结、一年一次评比表彰。

56. “1+5”包联机制：每1个软弱涣散基层党组织，都有1名县级四套班子党员干部联系、有1支工作队入驻整顿、有1个下乡驻村单位帮扶、有1个与突出问题关联度大的只能单位帮组、有1名组工干部负责督导。

57. 三联帮建：先进联后进、机关联农村、富裕联贫困。五帮联动：坚持领导干部带头，机关单位包村，党员干部到户，工作队驻村，第一书记任职。

58. “四账”工作法：1、建账；2、算账；3、交账；4、结账。

59. 蓝信平台：采用加密的“蓝信”平台实行“全方位，零死角”监督。市委组织部为每一个驻县区督查组配备一个装有“蓝信”平台的安全手机，各督查组向所督查的地区公布联系方式，全天候受理关于换届风气的举报。在换届期间，各督查组实行日报制，即每日下午五点前，通过“蓝信”安全通信平台向市委组织部干部监督科汇报当日换届风气监督情况。要求各县（市、区）也实行日报告制度，对举报件及发现的苗头性、倾向性问题及时上报市督查组，市督查组通过“蓝信”平台第一时间上报市委组织部干部监督科。责成专人负责，各县（市、区）委、纪委、组织部及相关部门及时进行核查，层层监督、层层落实，形成市县乡三级换届监督平台，将问题处理在萌芽状态，使换届风气监督工作真正做到“全方位，零死角”监督。

60. 三重一大：重大决策、重要干部任免、重大项目安排和大额度资金的使用。

61. “双学一跟”：根据《中共山西省委统战部关于印发〈在全省党外代表人士中开展“双学一跟”活动的意见〉的通知》（晋统发〔2016〕4号），“双学一跟”即学习讲话、学习作风、跟党奋进。

（责任编辑：曾晋芳）

索 引

说 明

一、本索引采用分析索引方法，按汉语拼音字母（同音字按声调，拼音相同的按笔画）顺序排列，第一字相同，按第二字音序排列，依次类推。

二、索引后的阿拉伯数字表示内容所在页码，数字后的字母（a，b，c）表示栏别（即版面的一、二、三栏）。

三、内容有交叉的款目，为便于索引，在本索引中重复出现。

四、大事记不作索引。

五、首字为数字的目排在索引最后，为方便表格检索，设置有表格索引。

A

B

C

D

表格索引

（责任编辑：曾晋芳）